高等學校文科教材

中國歷史文選

周予同　主編

上

上海古籍出版社

本書由周予同主編。

參加一至三版初稿編選和修訂的，有復旦大學歷史系教師朱維錚、汪槐齡、徐連達、黃世曄、鄧廷爵、蘇乾英；曾參加初版初稿編選的，還有丁長洪、王春瑜、李祖德、唐玉田、趙人龍等。（以姓氏筆劃為序）

三版及本版修訂稿由朱維錚執筆。

三 版 前 言

本書是《中國歷史文選》上册的第三版。

"中國歷史文選",作爲高等學校文科歷史專業的課程之一,在綜合大學和部份師範院校的歷史系中,已經設置多年了。它的主要目的,在於通過各種典型的歷史作品,培養學生閱讀并運用一般文言文史料的能力,也向學生介紹一點有關中國史料學和中國史學發展概況的常識。1956年,我接受高等教育部的委託,根據以上要求,起草了《中國歷史文選教學大綱》(草案)。多年的教學實踐證明,這門課程對於引導學生學好基礎知識,是有益的,因而也是必要的。但在長時間裏,由於缺乏一部比較合適的教材,以致教和學雙方都遇到頗多困難。所以,在1961年高等學校文科教材編選計劃會議之後,我們不揣淺陋,便擔負了編寫本書的任務。

本書上册初稿在1961年夏完成,下册在次年暑假間完成,先作爲"中國歷史文選"課程的試用教材,在高等學校範圍內發行。1962年上册初版重印時,我們對初稿中若干不當之處,作過必要的改正。1963年,根據高等學校文科教材編寫工作的領導部門的意見,本書作爲高等學校歷史專業"中國歷史文選"課程的選擇教材,公開發行。因此,我們決定根據本書試用過程中所吸取的各方面意見,對本書的初稿,由選材、校勘、標點、解題到註釋,進行一番較詳細的修訂,以使它能以比較完整的面目正式出版。本書上册的修訂工作,於1964年完成,同年由中華書局出了第二版,下册也在次年着手修訂,但沒有做完。

我在上册再版後記裏説過:"本書初稿雖然經過幾次修訂,其中仍然可能存在問題以至錯誤,若干地方還顯得很粗糙,所以現在還只能算是一部很不成熟的出版物。"我和參加編選工作的同志,都希望讓它經過一段教學實踐的考驗,再進行修訂,以使它比較成熟一點,也算我們對於無產階級的教育事業,添了一磚一瓦。

從去年春天開始，我們就着手對本書再次進行修訂，以適應恢復了的"中國歷史文選"課程的教學需要。在這次修訂過程中，對於十多年來各方面提出的意見，都進行了仔細審慎的研究。其中許多意見，已儘可能予以吸取採納。但也有一些意見，或在學術界還沒有比較一致的看法，或涉及尚待深入研究的某些問題，或與我們的認識不很相同而我們還來不及消化吸收，祇能暫予保留。同樣，本書中的解題和註釋，對於某些作品的評介或史料的解釋，也是我們的意見；這些意見僅供各校教師和同學教學時的參考。另外，考慮到目前"中國歷史文選"課程的講授時數比過去減少，而參考書、工具書又暫時比較缺乏，我們在修訂註釋時，加詳了一些，以利於同學的課外自學。我們殷切期望選用本書作教材的有關單位、教師、同學和所有本書的讀者，繼續幫助審閱，給我們批評和指正。

周予同

1978 年 8 月

再版重印附記

　　本册作爲高等學校歷史系"中國歷史文選"課程的選擇教材,初版於1962年12月,再版於1980年11月。在教育部要求本書編者進行修訂以出新版時,主編周予同教授因健康欠佳,委託我擔任全書的執筆修訂工作。我雖然不揣陋鈍,勉力完成了任務,但本册再版以來,仍發現若干修訂不當之處,限於紙型挖改困難,祇能於歷次重印時作必要的訂正。現因原紙型已不堪使用,本册決定重排,但不幸周予同教授已歸道山。修訂者有尊重主編生前審訂的版本的義務,因而此次仍未作大的增訂,祇在保持原貌的前提下略事訂補。上海古籍出版社姜俊俊同志,數年來爲此書編輯付出的勞動,令修訂者感激。至於修訂本的苴漏誤謬之處,自當接受兄弟院校學者和所有讀者的審正。

朱維錚

1983年5月

修 訂 説 明

　　此書經朱維錚先生生前修訂。主要是對解題部分作了較大修改，廢棄了某些時代特色比較鮮明的用語。朱先生原擬調整部分篇目，因身體原因而未果，今僅增加了《詩經·公劉》一篇。部分篇目的解題，朱先生尚未及修訂，今由編輯根據其修訂原則作了用語上的統一。

上海古籍出版社

2013 年 4 月

編 輯 說 明

一、本書供綜合大學（或師範院校）歷史系"中國歷史文選"課程教學之用。

二、本書分爲上下二册，供課堂講授和課外自學之用。

三、本書所選篇目，根據以前所訂目録加以修正補充，因爲時間匆促，未能普遍徵求有關院校教師的意見，擬以後再加删補。

四、本書原文根據比較完善的刻印本，參考最近校註出版的印本或其他善本，經再三校勘、分段標點後付印。但因時間較緊，人力不够，復旦大學圖書館藏書版本還不够完備，很可能還有衍、奪、錯誤，希望試用的各校教師同學來函指正，以便更能改善。

五、本書註釋和解題，經編選組反復討論，決定採用"簡註"法，就是説：爲了發揮各校教師教學的能力，爲了培養各校同學使用工具書和原始資料的能力，我們祇是重點地加以註解，力求"繁簡適中"。我們雖曾將每篇詞目和註文分組討論，但很可能因各人瞭解、體會和經驗不同，而没有做到這"適中"的程度。因此，也希望試用的各校教師同學來函指正，以便將來再版時訂正，或另印"補遺"本。

六、爲了培養歷史系一、二年級同學將來能直接閱讀和使用我國豐富的史料原文，本書採用繁體字排印，並保留了一部分的古體字。

七、本書在編選過程中，參考了多年來若干已出版的選註本註釋，時有吸取。對於這些辛勤工作的學者們，我們深致感謝，恕不一一列名。

目　録

一、甲骨文和金文

二、書

三、詩

四、左　傳

五、國　語

六、世　本

七、戰　國　策

八、楚　辭

九、史記(西漢·司馬遷)

一〇、漢書(東漢·班固)

一一、後漢書(劉宋·范曄)

一九、史通（唐·劉知幾）

二〇、大唐西域記（唐·玄奘）

二一、通典（唐·杜佑）、通志（宋·鄭樵）、文獻通考（元·馬端臨）

二二、通鑑（宋·司馬光）、續通鑑長編（宋·李燾）、續通鑑（清·畢沅）

二三、通鑑（宋·袁樞）、宋史紀事本末（明·陳邦瞻）

二四、明　實　録

武丁卜辭〔甲骨文〕(二則)

一

癸巳卜㱿貞[1]，旬亡囚[2]？王固曰[3]：㞢祟[4]，其㞢來婎[5]。乞至五日丁酉[6]，允㞢來婎自西[7]，沚㦱告曰[8]：土方征于我東啚[9]，戋二邑[10]，𢀛方亦牧我西啚田[11]。

——據 1914 年出版《殷虛書契菁華》第一頁第二片，文字參考科學出版社 1962 年版《甲骨文字研究》第七三頁

二

乙巳卜㱿貞，王大令衆人曰叶田[12]，其受年[13]？十一月。

——據 1933 年出版《殷虛書契續編》卷二第二八頁第五片，1912 年出版《殷虛書契前編》卷七第三〇頁第二片，1937 年出版《殷契粹編》第八六六片

【解題】

甲骨文，我國已發現的早期文字史料。這種文字，刻寫在龜甲和獸骨上，内容大部份是占卜的記録，起初在河南安陽的殷都廢墟中出土，所以過去又叫契文(刀刻文字)、卜辭或殷虛文字。

人類的社會生活轉入文明生活，文字的創造是一個重要的標記。甲骨文在 1899 年才引起人們注意。它的發現，使我國有文字可考的文明社會歷史，上溯到了三四千年前的商朝。它的文字構造，已脱離原始的圖畫文字形態，而以象形爲基礎，輔以形聲字和假借字，是一種相當進步的漢字。這和考古發現的商朝青銅器的高度製造技術相印證，表明古華夏族跨入文明時代，必然早於商朝。

目前已發現的商朝甲骨，大約有十餘萬片，其中許多是碎片，完整的和能綴合復原的

較少。所使用的文字,據不完全統計,大概是五千字左右,已認識的約有一千五百字左右。甲骨文的内容,絕大部分是商朝王室的占卜記録,也有少量的記事文字。古代早有殷人"敬鬼"的説法。從商朝卜辭來看,商朝的王室貴族十分重視用神權維護政權,凡事必定卜問鬼神,一事常卜多次。留下來的記録,涉及的範圍很廣,包括商朝的宗教、戰争、農業、牧業、手工業、天文、氣象、田獵,以及政權組織、方國狀况、文化生活等,都有反映。將這些記録和其他文獻、實物資料相對照,可以清楚看到商朝已處於華夏文明的成熟期。

甲骨文字的研究,從清末王懿榮從中藥材龍骨中辨識出文字,到董作賓的《殷曆譜》、劉鶚《鐵雲藏龜》開始發表材料,接着孫詒讓發表第一部研究性著作《契文舉例》,以後便逐漸形成一種專門學問,叫做甲骨學。在文字研究上有成就的,有孫詒讓、羅振玉、王國維、董作賓、郭沫若、胡厚宣等。保存資料較多的著作,早期有《鐵雲藏龜》、《殷虚書契前編》和《後編》、《殷虚書契菁華》、《戩壽堂所藏殷虚文字》等,後期有郭沫若的《卜辭通纂》、《殷契粹編》等。徵引甲骨資料研究和解釋商史的著作,由王國維《古史新證》發其端,而以董作賓的《殷曆譜》、郭沫若《中國古代社會研究》、胡厚宣《甲骨學商史論叢》等書影響較廣泛。中國社會科學院歷史研究所組織編輯的《甲骨文合集》,凡一部十三本,是集八十年來甲骨文出土材料之大成的鉅製。此外,考古研究所等單位,也作了不少整理研究工作。

武丁卜辭是較早期的商朝甲骨文。這裏選録二則。第一則反映卜辭的較完整的程式。第二則反映商朝使用奴隸進行農業生產的情况。

【注釋】

[1] 癸巳卜散貞:癸巳,即癸巳日。商朝用干支紀日,以甲至癸十干和子至亥十二支互相配合以標識日期。卜,灼龜見兆,也就是卜者鑽灼龜甲或獸骨後所呈現的裂紋,觀察它來判斷所問事件的吉凶。散,卜人名。貞,卜問。以上在卜辭中稱"前辭",記録卜問鬼神的日期和占卜官的名字。

[2] 旬亡囚:亡囚,即無禍。謂以後十天有没有災禍? 這叫"命辭",即命龜之辭,也就是由卜人通過甲骨向鬼神請示某事。

[3] 王固曰:固,讀作占,視兆而問。謂商王觀察卜兆來判斷吉凶。

[4] 业希:"有祟"的假借字。祟,神禍。謂鬼神要降禍。

［5］ 其㞢來嬉：嬉，讀作戚，憂戚。謂似有禍患就要來臨。以上稱“占辭”，即根據卜兆判定的吉凶。

［6］ 乞至五日丁酉：乞，迄。五日，由卜日起的第五天，即丁酉日。

［7］ 允㞢來嬉自西：允，信。謂果真有禍事來自西邊。

［8］ 沚戠告曰：沚戠，沚國的諸侯，名戠，屢見於武丁時卜辭。其地當在商都西北。告，向商王報告。

［9］ 土方𢓊于我東啚：土方，商都西北的方國，約今内蒙古自治區包頭附近。𢓊，即征字。我，甲骨文中常用作第一人稱代詞的複數，這裏意爲“我邦”。啚，鄙的本字，這裏指邊邑。

［10］ 𢦏二邑：𢦏，古文“在”字，假借爲“災”字；一説即“災”的本字，字原作𢦔，從戈從屮，象兵刃傷人。𢦏二邑，謂使兩個邑受了損害。

［11］ 𢀛方亦牧我西啚田：𢀛，也寫作𠰛、邛。商都西北的方國，當在土方更西，沚國就在它們中間。牧，字原作𢼊，象手執鞭牧牛，或釋爲“侵”字。此即謂𢀛方也來侵犯沚國西邊的農田。以上稱“驗辭”，即追記商王占兆後應驗的事實。

［12］ 王大令衆人曰劦田：令同命。大令，君王命令的尊稱。衆人，從事農業生産的奴隸，説見郭沫若《奴隸制時代》1973年版第二三頁。劦，“協”的本字，原是商代祭名，即大合祭的“祫”。劦田，謂合力耕田；一説意爲協耕，即兩人用耜並耕的“耦耕”法。

［13］ 其受年：年，穀物成熟。這是卜問鬼神：今年會有好收成嗎？

大 盂 鼎 銘〔金文〕

　　唯九月[1]，王在宗周[2]，命盂[3]。王若曰[4]：盂，丕顯文王受天有大命[5]，在武王嗣文作邦[6]，闢厥匿[7]，匍有[8]四方，畯[9]正厥民。在于御事[10]，酓酒無敢醾[11]，有柴蒸祀無敢醉[12]，故天翼臨子[13]，法保先王[14]，囗[15]有四方。我聞殷墜命[16]，唯殷邊侯甸粤殷正百辟[17]，率肆于酒[18]，故喪師祀[19]。女妹辰又大服[20]，余唯即朕小學[21]，汝勿克余乃辟一人[22]。今我唯即型憲于文王正德[23]，若文王令二三正[24]。今余唯令汝盂紹榮敬雝德經[25]，敏朝夕入諫[26]，享奔走[27]，畏天畏[28]。王曰：於[29]，令汝盂型乃嗣祖南公[30]。王曰：盂，迺紹夾死司戎[31]，敏諫罰訟[32]，夙夕昭我一人烝四方[33]。粤我其遹省[34]先王，受民受疆土[35]。錫汝鬯一卣[36]，冕衣[37]、市舄[38]、車馬[39]。錫乃祖南公旂用狩[40]。錫汝邦司四伯[41]，人鬲自馭至于庶人[42]六百又五十又九夫。錫夷司王臣[43]十又三伯，人鬲千又五十夫。囗囗囗自厥土。王曰：盂，若敬乃正[44]，勿廢朕命。盂用對王休[45]，用作祖南公寶鼎[46]。唯王廿又三祀[47]。

——據郭沫若《奴隸制時代》人民出版社1973年第二版卷首圖版四《大盂鼎銘》釋文

【解題】

　　金文也是我國已發現的早期文字史料。在文字形態上，它和甲骨文實際同屬於一個體系。所不同的，金文是鑄在青銅器上的銘文，以記錄歷史事件和表彰祖先功德的內容居多，時代也比甲骨文略晚，商朝的銘文很少，西周和春秋的很多。由於刻在鐘鼎盤盂一類禮器和樂器上的銘文，最早引起人們注意，所以過去又將金文叫作鐘鼎文，或鐘鼎彝器銘文。

　　青銅器的製造和使用，是中國古華夏文明的一個重要特徵。商周之際是這個文明的全盛時期，因而金文的製作也高度繁榮。已發現有銘文的商周青銅，約有四五千件。

銘文有僅一二字的鑄器款識,也有四五百字的鴻篇鉅製。從具體内容來說,有戰争的記録、祖先的頌辭、天子的册命,也有結盟的誓約、争訟的券書。這些銘文,同卜辭一樣,是古代殷周統治者留下的歷史記録,其中混雜着宗教的欺騙、事實的歪曲以及大量的階級的偏見。但是,由於它們不像《尚書》、《詩經》那樣,經過後人的傳寫改製,所以仍可算作比較可靠的第一手文字史料。

自漢朝開始,金文已引起文字學家的注意。宋朝和清朝兩代著録的銘文較多。但歷代學者,不是將商周銅器作爲古董來賞鑑,便是對鐘鼎文進行純文字學的研究。祇是到近代,特别是到 20 世紀中葉,金文所反映的社會歷史内容,才受到應有的重視。清末以來,關於金文文字考釋的著作很多,可參考郭沫若的《殷周青銅器銘文研究》《兩周金文辭大系考釋》,容庚的《金文編》和《續編》、《商周彝器通考》,羅振玉的《三代吉金文存》等。1949 年以來,隨着文物考古事業的巨大進展,新發現的商周銅器數量驚人,其中許多件都有銘文,爲中國古代歷史的研究提供了極其重要的第一性資料,也對學術界開拓新的課題起了重要作用,可參看文物編輯委員會編的《文物考古工作三十年》等。

《大盂鼎》,西周康王時青銅器,清朝道光初年出土於陝西岐山禮村的溝岸中,現藏中國歷史博物館。鼎上有銘文二百九十一字,記載周康王對於名叫盂的貴族進行賞賜時所作的訓示。談話中追述了周朝開國君主文王、武王的功業,力圖證明周天子的權力是神授的。但最令人注意的,是銘文中關於賞賜“人鬲”的記録。這則記録,中外學者有不同解釋,歧義紛出。以下注釋,取其一端而矣。

【注釋】

[1] 唯九月:唯,語助詞,用在句首幫助判斷語氣。九月,周曆建子,以仲冬月即夏曆十一月爲正月,九月相當於夏曆七月。

[2] 王在宗周:據郭沫若說,《大盂鼎》是周康王時代的器物;則王當指康王。宗周,西周都城鎬京的别稱,在今陝西西安市西豐鎬村西北。

[3] 命盂:盂,鼎主之名,據王國維考證,大約是周初貴族南宫括之孫,周康王的大臣。《小盂鼎銘》記載了他受王命攻克鬼方,獻俘周廟而受慶賞的事。

[4] 王若曰:若是語助詞,猶言“王如此說”,《尚書》中記載臣子概括敍述君主

訓示時也常用這種口氣。

[5] 丕顯……大命：丕，語助詞。丕顯即顯，彰明的意思。文王，周康王的曾祖父姬昌。周公曾説文王中年接受"天命"，做了五十年天子，見《尚書·無逸》。

[6] 武王嗣文作邦：武王，周康王的祖父姬發。作，始。嗣文作邦，謂武王繼承文王開創的事業，建立了周朝。

[7] 闢厥匿：匿，讀爲慝。闢厥慝，屏除其邪惡，指武王伐紂事。

[8] 匍有：匍有，王國維釋爲"敷佑"；楊樹達説匍是撫的假借字，撫即有。

[9] 畯：周朝貴族派到田間監督奴隸勞動的農官。

[10] 在于御事：于，《經傳釋詞》："于，猶越也、與也，連及之詞。"御事，治事。

[11] 虘酒無敢醻：虘，發聲詞，同都；一説是嘆詞，同嗟。醻，通湛、沉。

[12] 有柴蒸祀無敢醉：柴，燔柴祭天；蒸，冬至祭天；都是古代帝王舉行的宗教儀式。以上是説，武王治民的同時，處理祭祀一類大事，都不敢沉溺於酒，即使行祭天禮時也不敢喝醉。

[13] 子：通慈。

[14] 法保先王：法，本作灋，王國維説讀爲廢，意思是大。先王，舊説指文王、武王，郭沫若説指周成王，即康王之父姬誦。

[15] □：原字磨滅，下同。

[16] 墜命：失去"天命"。

[17] 唯殷……百辟：侯甸，侯服和甸服。相傳夏朝開始，王都四周五百里以內的諸侯國稱甸服，甸服外五百里地區內的諸侯國稱侯服。粵，連詞，與、以及。辟，君。殷正百辟，殷朝掌權的百官之長，指王都內的貴族大臣。

[18] 率肆于酒：率，用，猶言以、由於。肆，通肄，習。肄于酒，指殷末貴族嗜酒成風。

[19] 故亖師祀：亖，今字作喪。師，軍隊。祀，銘文原作，王國維讀爲"己"，以爲屬下句；郭沫若近釋作祀，列入上讀，今從。

[20] 女妹辰又大服：女即汝，爾、你。妹辰，未詳。大服，要職、重職。

[21] 小學：《師嫠殷銘》有"在先王小學女，女敏可吏"語，楊樹達説學當讀作教，"小學"即"小教"，見《積微居金文説》。

[22] 汝勿克余乃辟一人：勿，語助詞。勿克即克，任、能的意思。余乃辟一人，郭沫若譯作"余即汝君之唯一人"。

[23] 今我唯……正德：正德，純一的德行，形容治國方式很純正。這裏是說，現在我就以文王之治作榜樣。

[24] 二三正：兩三名官長。

[25] 唯令……德經：紹，右、助。榮，銘文原作"父"，人名，又見於《小盂鼎》、《周公殷》等銘，郭沫若說是康王時重臣。敬雝德經，猶言敬和德治。這裏是王對盂的訓示，要他輔助榮所擔任的職務，主持"敬德"事宜。

[26] 敏朝夕入諫：敏，疾。入同内，即納。這是告誡盂要及時聽取下面關於糾正過失的意見。

[27] 享奔走：享，獻，指祭祀和各種奉獻事宜。奔走，指供使令。這是告誡盂要勤於祭祀等事。

[28] 畏天畏：下畏即威。這是告誡盂不要玩忽職守，要警惕"天"的賞罰。

[29] 於：嘆詞。

[30] 型乃嗣祖南公：謂以你的嫡祖父南公為模式。王國維說南公即《南宫鼎》提到的南宫，并疑即隨武王伐紂的南宫括。南宫括事見《史記·周本紀》。

[31] 迺紹夾死司戎：迺，通乃，其。夾，郭沫若說是人名，事無可考。死通尸，主。這是命盂輔助夾主持戎事，即軍事。

[32] 敏諫罰訟：諫，楊樹達《全盂鼎再跋》釋為諌，意為急促，謂刑獄之事當急速處理，不要滯留。較可通。

[33] 夙夕……四方：夙夕，早晚。畟，君。謂日夜輔佐我一人君臨大下。

[34] 遹省：郭沫若說："如今人言觀摩也。"見《兩周金文辭大系考釋》上編《宗周鐘》銘釋。

[35] 受民受疆土：自"王曰盂"至此，是王在表彰盂過去的功勞，宣佈將根據"先王"的慣例，賜給盂一批奴隸和封地，讓他享用。

[36] 鬯一卣：鬯（chàng），香酒，專用於祭祀時降神。卣（yǒu），古代用作禮器的酒尊。

[37] 冕衣：指冕服，古代帝王貴族祭神時所着的禮冠禮服，屬於吉服。

[38] 市舄：市(fú)，韍的本字。韍是用獸皮特製的護膝，祭神時服用。舄(xì)，複底履，在鞋底下加一層特製的木底以防泥濕。

[39] 車馬：以上是王賜給盂以天子所用的器物，表示特殊榮寵。

[40] 旂用獸：即准許盂在氏族旗幟上畫某種獸紋。

[41] 邦司四伯：《説文》段玉裁注："凡爲長者皆曰伯。"郭沫若説邦司是管家奴隸，即周人舊有的奴隸總管。邦司四伯，就是説邦司四名。

[42] 人鬲自馭至于庶人：鬲，郭沫若《奴隸制時代》："鬲與人鬲就是古書上的民儀與黎民，黎、儀、鬲(歷)是同音字。鬲就是後來的鼎鍋，推想用鬲字來稱呼這種'自馭至於庶人'的原因，大概就是取其黑色。在日下勞作的人被太陽曬黑了，也就如鼎鍋被火烟橸黑了的一樣。今文家的'民儀'字樣，古文家稱爲'民獻'，推想是古文家讀了別字，把鬲字誤認爲矚字去了。"馭，駕車的奴隸。庶人，就是衆人，郭沫若説是從事農耕的奴隸，卜辭衆字作"日下三人形"，像多數的人在太陽底下從事工作。

[43] 夷司王臣：郭沫若《奴隸制時代》："《大盂鼎》把'邦司'與'夷司王臣'分成兩項寫，同樣的'人鬲'也分成兩項寫，我的理解是前一種是周人舊有的，後一種是從殷人接收過來的。'邦司'是原有的管家娃子，'夷司王臣'是殷人管理夷人的王家娃子。""所謂'夷人'，就是被殷紂王征服了的東南夷的人民，東南夷在卜辭中是稱爲夷方的。"

[44] 若敬乃正：謂你要謹慎處理你的政事。

[45] 用對王休：用通于。休，美。謂在受策後盂再拜稽首以答謝和頌揚王的美命。

[46] 用作祖南公寶鼎：用，以，也作發語詞。鼎，由陶鬲演化的金屬烹飪器，後也用作爲禮器，通常是圓體、三足、兩耳，鼎身多鑄出雷紋及饕餮紋。作祖南公寶鼎，西周慣例，作禮器記錄功德，均將功德歸於死去的父祖，這裏祇提祖南公，表明盂的父親尚在世。

[47] 唯王廿又三祀：這是説明鑄鼎的時間，在周康王二十三年。

牧　　誓〔今文尚書〕

時甲子[1]昧爽[2]，王朝至于商郊牧野[3]，乃誓。王左杖黄鉞[4]，右秉白旄以麾[5]。曰："逖矣，西土之人！"[6]

王曰："嗟！我友邦冢君[7]，御事[8]：司徒、司馬、司空、亞旅、師氏、千夫長、百夫長[9]，及庸、蜀、羌、髳、微、盧、彭、濮[10]人。稱爾戈[11]，比爾干[12]，立爾矛，予其誓。"王曰："古人有言曰：'牝雞無晨；牝雞之晨，惟家之索'[13]。今商王受[14]，惟婦[15]言是用；昏棄厥肆祀，弗答[16]；昏棄厥遺王父母弟，不迪[17]。乃惟四方之多罪逋逃，是崇是長，是信是使，是以爲大夫卿士，俾暴虐于百姓，以姦宄[18]于商邑。今予發[19]，惟恭行天之罰。今日之事，不愆于六步、七步，乃止，齊焉[20]。夫子勖[21]哉！不愆于四伐、五伐、六伐、七伐，乃止，齊焉[22]。勖哉夫子！尚桓桓[23]，如虎如貔[24]，如熊如羆，于商郊[25]。弗御克奔，以役西土[26]。勖哉夫子！爾所弗勖，其于爾躬有戮。"

——據阮元刻《十三經注疏》本《尚書正義》，參考原刻本簡朝亮《尚書集注述疏》

【解題】

《尚書》，我國上古歷史文件和部份追述古代事蹟著作的彙編。相傳由孔子編選而成；但有些篇，如《堯典》、《禹貢》等，顯然是後來儒家補充進去的。原稱爲《書》，到漢代改稱《尚書》，即上代的書。

《尚書》的記錄，上起傳說的堯舜，下迄春秋中葉的秦穆公，時間約相當於公元前的二千二百年至六百多年，按虞夏商周四代順序編輯。《尚書》的體例，傳統分成典、謨、訓、誥、誓、命六種，其實除《禹貢》似地理記而外，餘則概爲訓下和告上之詞，相當於後世帝王的詔令和臣僚的奏議。主要内容也不外兩類，一是説要敬天法祖，二是説要討伐逆命，即所謂"國之大事在祀與戎"。它的大多數篇章，文字古雅，語言質樸，保存了商周二代，特別是西周初期的不少重要史料。將《尚書》記錄同甲骨文、金文等相參證，對於我們研究古典時代乃至中世紀初期的社會政治狀況，宗教、文化等觀念，都很有價值。

《尚書》在西漢初已散佚。後由濟南伏勝傳授,經漢廷文學掌故晁錯記録,存二十八篇,因爲用漢時通行文字隸書鈔寫,故名《今文尚書》。另相傳在漢武帝時,從孔子舊宅壁中得書,較《今文尚書》多十六篇,因爲用漢以前的古文字鈔寫,故名《古文尚書》,亦稱《逸書》,已佚,現衹存篇目和少量佚文。對孔壁古文,歷代"古文經學家"以爲可信,清代"今文經學家"如魏源等疑爲僞造,成爲晚清經今、古文學爭論問題之一。今傳《古文尚書》二十五篇和漢孔安國《尚書傳》,係東晉人梅賾所獻。唐初將《尚書》定爲王朝認可的"五經"之一,其中便包括晚出的二十五篇經傳。宋代學者吳棫、朱熹開始懷疑,經過明代梅鷟,清代閻若璩、惠棟等,相繼考證、辨僞,學術界已公認它是僞作。現在通行的《十三經注疏》中的《尚書》,就是《今文尚書》和僞《古文尚書》的合編本,引用時必須慎重對待。歷代注解《尚書》的著作很多。清孫星衍采輯漢魏隋唐舊注,兼取清代學者王鳴盛、江聲、段玉裁等的研究成果,撰成《尚書今古文注疏》,是《尚書》注釋本較完備的一種。

《牧誓》,通行本《尚書》列入《周書》,居全書第十三篇,記述周武王起兵滅商,在牧野決戰前的誓辭。内容是訓示從征將領和聯盟部落,要知道爲甚麽伐紂,如何列陣攻擊,以及處理俘虜。一說是後人追記的作品。

【注釋】

[1] 甲子:古人記日的干支之一。依周曆推算,是周武王即位後十三年的二月五日。但據《史記·周本紀》,則是武王十一年。近年有從《淮南子·兵略》記載武王伐紂那年有哈雷彗星出現,推算此年即公元前 1057 年,但尚待更早的資料證明。

[2] 昧爽:指天將明未明的時候。

[3] 牧野:牧,一作坶。古地名,在殷都朝歌(今河南淇縣朝歌鎮南)以南七十里。

[4] 左杖黄鉞:杖,持;鉞,圓口大斧。謂左手持着黄色的大斧,以象徵武王具有最高軍事統帥的權力。

[5] 右秉白旄以麾:秉,拿着。旄,用旄牛尾繫於旗竿頂端;白旄,即白色的旗。一說:白旄即大白(帛),也即旆,是商、周時王所拿的軍旗。麾(huī),通摩,指揮之義。意謂右手拿着白旗(或王旗)以指揮師旅諸侯。

［6］　邁矣，西土之人：邁，或作邊，遠的意思。西土是商、周地域相對的稱呼，
　　　泛指隨周武王征戰的西方各部族。這是對遠道從征諸部族將士的慰
　　　勞語。

［7］　冢君：冢，大；冢君，即友邦的大君。這是對各友邦首領的尊稱。

［8］　御事：御，治；御事，即治事之臣。這是泛指下文司徒、司馬、司空諸臣
　　　而言。

［9］　司徒……百夫長：司徒，金文多作“司土”，周王室主管土地和人民的長
　　　官。司馬，周王室主管軍政和軍賦的長官。司空，金文都作“司工”，周王
　　　室主管工程的長官。亞，次；旅，衆。亞旅指職位低於卿的大夫、士等將
　　　官。師氏本是守衛的官員，這裏指隨王出征的守衛官。千夫長、百夫長，
　　　據鄭玄説就是師帥、旅帥，周朝軍隊的基本單位是師、旅。

［10］　庸、蜀、羌、髳、微、盧、彭、濮：都是西方古部族名。但在今何地，古今學者
　　　説法不一。據近人考證：庸，約在今湖北竹山西南；蜀，約在今陝西漢中
　　　東南；盧，約在今湖北宜城西南；彭，約在今湖北穀城、房縣之間；濮，約在
　　　今湖北鄖縣和河南鄧縣之間；這五國都在漢水流域。羌、微大約在渭水
　　　流域，羌約在甘肅南部渭水源之南，微約在陝西郿縣附近。髳，疑在今山
　　　西南端黄河北岸。武王伐紂能率領這八國人，説明當時周人已控制了它
　　　的東南地區。

［11］　稱爾戈：稱，舉。戈，古長兵器名，形狀類似彎刀，裝有長柄，作戰時用來
　　　鉤挽敵人，故稱句兵；也可用來啄刺敵人，故或稱啄兵。

［12］　比爾干：比，相比次，即排列。干，盾，周代多革製。

［13］　牝雞無晨；牝雞之晨，惟家之索：索、素同義，意即空、散、盡。謂母雞是不
　　　能報曉的；如果母雞報曉，家就敗盡了。武王引這古語，斥責殷紂王聽信
　　　寵婦妲己的話。

［14］　商王受：即殷紂王，也稱帝辛，相傳名受或受辛。

［15］　婦：指妲己。本是己姓諸侯有蘇氏之女，名妲。

［16］　昏棄厥肆祀，弗答：昏，同泯，作盡、滅講。昏棄，同泯棄，即輕蔑地抛棄了
　　　之意。肆祀，祭名，是殺牲以祭的一種祭祀。答，作對、報講。謂紂王輕
　　　蔑地抛棄了祭祀，對祭祀的禮節不聞不問。

［17］昏棄厥遺王父母弟，不迪：王父母即祖父、祖母。王父母弟即同祖的從兄弟。迪，作進用講。謂紂王昏亂無道，遺棄同祖的弟兄，不加任用。

［18］姦宄：《史記·周本紀》作"姦軌"。宄，同軌。姦軌，即犯法作亂。

［19］發：武王名。

［20］不愆于六步、七步，乃止，齊焉：愆，作過講。意謂不超過六步、七步，就停下來，整齊一下。按：古代作戰列成一定陣式進行。周制以八尺爲一步。這是給士兵下達在進擊時如何保持陣容的命令。

［21］勖（xù）：勉。夫子勖哉，謂大丈夫們盡力啊！

［22］不愆于四伐、五伐、六伐、七伐，乃止，齊焉：伐，即刺殺；一擊一刺，稱爲一伐。這是教士兵攻擊之法，謂戰鬥中，不超過四五回合，六七回合，就停一下，整頓一下陣容。

［23］桓桓：《説文》引作"狟狟"，威武貌。

［24］貔（pí）：豹屬猛獸，見《説文》。

［25］于商郊：于，往。郊，都城之外。

［26］弗御克奔，以役西土：御，同禦，作強暴講。克，即殺。意謂不得虐殺紂軍中奔來投降的人，讓他們爲西方周人服務。

克　殷　解〔逸周書〕

周車三百五十乘,陳于牧野。帝辛從[1]。武王使尚父與伯夫致師[2]。
王既誓[3],以虎賁[4]、戎車馳商師,商師大崩[5]。商辛奔内,登于鹿臺[6]之
上,屏遮而自燔于火[7]。武王乃手大白[8]以麾諸侯。諸侯畢拜,遂揖之。商
庶百姓咸俟于郊,羣賓僉進曰:"上天降休[9]。"再拜稽首。武王答拜。先入,
適王所,乃克射之,三發,而後下車。而擊之以輕吕[10],斬之以黄鉞,折縣諸
大白[11]。乃適二女[12]之所,既縊。王又射之三發。乃右擊之以輕吕,斬之
以玄鉞,縣諸小白。乃出場于厥軍[13]。

翼日,除道,修社[14]及商紂宫。及期,百夫荷素質之旗于王前[15]。叔
振奏拜假[16],又陳常車[17]。周公把大鉞[18],召公[19]把小鉞,以夾王。散
宜生、泰顛、閎夭[20]皆執輕吕,以奏王。王入,即位于社,太卒之左[21],羣臣
畢從。毛叔鄭奉明水[22],衛叔封傅禮[23],召公奭贊采[24],師尚父牽牲[25],
尹逸筴曰[26]:"殷末孫受德,迷先成湯之明,侮滅神祇,不祀,昏暴商邑百姓,
其章顯聞于昊天上帝。"武王再拜稽首。"膺受大命,革殷,受天明命。"[27]武
王又再拜稽首。乃出。

立王子武庚[28],命管叔相[29]。乃命召公釋箕子[30]之囚,命畢公、衛叔
出百姓之囚,表商容之閭[31]。乃命南宫忽[32]振鹿臺之錢,散巨橋[33]之粟。
乃命南宫百達、史佚遷九鼎三巫[34]。乃命閎夭封比干[35]之墓,乃命宗祝崇
賓饗禱之于軍[36]。乃班。

——據《清經解續編》本朱右曾:《逸周書集訓校釋》

【解題】

《逸周書》,原名《周書》,《漢書·藝文志》説是"周史記"。西漢劉向説即"周時誥誓號
令"。因所載不見於《尚書》的《周書》部分,東漢許慎《説文解字》開始將它叫作《逸周書》。

又因晉初在汲郡的戰國魏王墓出土的竹簡内有《周書》,《隋書·經籍志》於是稱它爲"汲冢書",并推測它可能是孔子删《書》所剩下的材料,也可備一説。

漢時《逸周書》七十一篇。今本連序,篇數同,但十一篇有目無書,實存六十篇,或説是舊本和汲冢書的合編本。從今本内容看,關於周初文王、武王、周公的篇幅,約佔全書五分之四,體裁不限於誥誓號令,還有涉及生産活動和哲學宗教等方面的記載。從今本文字看,有的簡古,有的誇飾,但都同西周金文的風格不同,説明它也和《尚書》一樣,屢經后人删改增飾,有些篇顯然是後人擬作。但書中有些話,《左傳》、《戰國策》已有轉録,漢、魏人著書引用的更多,司馬遷所撰《史記·周本紀》就是一個突出的例子。本書編撰時間可能較晚,或出於戰國時期,但向來被認爲是研究周代歷史有價值的參考資料。如書中《度邑》、《作雒》等篇,記載周公營建洛邑的情況,比《尚書》和《史記》都要詳細;《職方》所述九州人口、山川、物産等,《王會》有關古代氏族部落的傳説等,某些内容已不見於它書。另外,《克殷》、《世俘》、《太子晉》等篇,雖語多誇飾,或以爲是古代小説的藍本,但所述事實,學者多認爲必有根據。至於書中保存的宗教和哲學資料,儘管都用文武周公談話記録的形式出現,思想文風卻不像周初作品,使用時需作審慎的考辨。

本書最早有晉孔晁注,今本有十七篇及序一篇無注。清代學者屢有考訂,以朱右曾《逸周書集訓校釋》比較詳備。近人孫詒讓《周書斠補》、劉師培《周書補正》等,也可供參考。

《克殷解》,在《逸周書》篇目内,次列第三十六篇。舊題《克殷》,晉五經博士孔晁爲《逸周書》作注時才題爲《克殷解》(《逸周書》每篇篇名都是這樣)。内容敍録周武王牧野誓師、勝利滅殷的過程,建立周王朝時的儀式,以及爲鞏固統治秩序所採取的各種措施。所記史實,同《史記·周本紀》相合。

【注釋】

[1] 帝辛從:帝辛,殷紂王號。從,隨,指迎戰,《史記·周本紀》:"帝紂聞武王來,亦發兵七十萬人距武王。"

[2] 使尚父與伯夫致師:尚父,即姜尚。姜姓,吕氏,名望。也即下文的師尚父(師是武官名)。伯夫,古軍隊編制,四卒百人,其長官名伯夫,即百夫長。致師,挑戰。

[3] 誓:即《尚書·牧誓》。或説指《詩·大雅·大明》"上帝臨女,無貳爾心"

等語。

[4]　虎賁：勇士的稱號。賁,同奔。形容勇士的威猛,像猛虎奔馳追獸一樣。
據孟子説,武王伐紂,有虎賁三千人。

[5]　商師大崩：牧野之戰時,商朝統治者臨時將大批奴隸和夷人戰俘武裝起
來應戰。結果,"紂師皆倒兵以戰,以開("開"即"啓",避漢景帝諱改)武
王;武王馳之,紂兵皆崩畔紂"(《史記·周本紀》)。

[6]　鹿臺：商都朝歌境内大型建築物的名稱。據傳高千尺,佔地三里,歷時七
年才建成。

[7]　屏遮而自燔于火：屏遮,遮蔽。《逸周書·世俘解》："甲子夕,商王紂取天
智玉琰五,環身厚以自焚;凡厥有庶告:焚玉四千。"

[8]　手大白：白,通帛;大白,旗名。謂手持大白以指揮。

[9]　上天降休：休,善美或吉慶意。謂武王克殷勝利,紂王自焚,是上天降賜
的大喜事。

[10]　輕吕：寶劍名。

[11]　折縣諸大白：謂斷紂頭懸掛在大白旗上示衆。

[12]　二女：指紂王寵妾妲己和另一嬖妾。

[13]　乃出場于厥軍：《史記·周本紀》作"武王已乃出復軍"。意謂武王從紂宫
出來後,在廣場中整理他的軍隊。

[14]　修社：修,整治。社,古代祭后土的場所。

[15]　百夫荷素質之旗于王前：《史記·周本紀》作"百夫荷罕旗以先驅"。謂由
軍官百夫長肩扛着白旗在武王前面作先導。

[16]　叔振奏拜假：叔振,武王之弟曹叔振鐸。假,義同嘉。謂曹叔振鐸奏請武
王拜受上天的嘉命。

[17]　陳常車：陳,陳列。常車,儀仗的車;車上插有太常旗,故名。太常旗是畫
着日月的旗。

[18]　周公把大鉞：周公,武王之弟,名旦。因采邑在周(今陕西岐山),故稱周
公。武王死後,曾輔成王,攝行政事,是魯國諸侯始祖,傳見《史記·魯周
公世家》。把,秉持。大鉞,大柯斧,與下文"小鉞"均屬軍事權力的象徵。

[19]　召公：《史記·周本紀》作"畢公"。按下文又説到召公奭,似作畢公屬是。

畢公，名高，周文王子，戰國魏國諸侯始祖。

[20] 散宜生、泰顛、閎天：均爲周初名臣，文王被紂囚禁時，得他們營救而被釋；周公曾加以稱頌，見《尚書•君奭》。

[21] 太卒之左：清俞樾《古書疑義舉例》以爲：自"散宜生"至"太卒之左"，文本作"散宜生、泰顛、閎天皆執輕呂，以奏王太卒。王入，即位于社之左"。奏，進。謂散宜生等執王的輕呂以當門，並進王的大卒以保衛王。俞氏以爲後人蓋誤讀"皆執輕呂以奏王"爲句，謂與上文"周公把大鉞，召公把小鉞以夾王"相對成文，因移"太卒"於"社"字之下，但晉孔晁作注時，尚未誤。又據近人劉師培考證，奏當作夾，和上句"以夾王"同。

[22] 毛叔鄭奉明水：毛叔，周文王的庶子，名鄭，毛國的始祖。奉，用手捧着。"明水"，用"鑑"在月下取得的水，本用以釀造"玄酒"——古代酒的一種。舉行隆重的祭祀時，捧着盛有明水的器物，表示敬禮。按，此則乃周予同先生考證所得，已由考古出土的"鑑"所證實。

[23] 衛叔封傳禮：衛叔，即衛康叔，名封，武王之弟，衛國諸侯的始祖。傳禮即相儀，襄助行禮的官員。謂在這個隆重儀式上，由衛康叔封任禮官"宗伯"，主持典禮。

[24] 召公奭贊采：召公，姬姓，周朝王族，名奭，燕國諸侯始祖。贊，佐助。采即"幣帛"，古代用以贈送、致敬的物品。謂行禮時，由召公奭拿着這些致敬的物品，佐助禮節，任"冢宰"職位，表示他爲王輔佐，統屬百官。

[25] 牽牲：殺牛羊用於祭祀或宴客的稱爲牲。謂由師尚父呂尚牽引着準備用於典禮的牲口，就"司徒"職，表示他爲王教導人民。

[26] 尹逸筴曰：尹，官名，內史之長。逸，或作佚，人名。筴，古策字，即竹簡。謂尹逸讀祭神的册文。

[27] 膺受大命，革殷，受天明命：謂接受天的大命以革殷"命"，并接受天的明命以王天下。據朱右曾說，這幾句也是祭神册文內容，上面"武王再拜稽首"一語，是插敍武王在宣讀過程中向上帝致敬的禮節。

[28] 武庚：紂子，被周武王封爲商後，治理商朝餘眾，周成王初曾與管、蔡及東方各諸侯發動叛亂，被周公討滅。

[29] 命管叔相：管叔，名鮮，武王之弟，周初被封於管（今河南鄭州），與蔡叔度

(也是武王之弟,封於蔡,即今河南上蔡)等受命監視殷人。周公攝政,他們不服,同武庚串通叛亂,被周公平定。相,佐、助。

[30] 箕子:商朝貴族,箕是采邑名。紂的親戚,因勸紂勿淫佚,不聽,於是佯狂爲奴,但仍被紂囚禁。

[31] 表商容之間:商容,本爲紂臣,《史記·殷本紀》:"商容賢者,百姓愛之,紂廢之。"故武王命人表彰他的里門。

[32] 南宮忽:南宮,複姓。《史記·周本紀》作南宮括,《漢書·古今人表》作南宮适。即下文的南宮百達,周初名臣。

[33] 巨橋:倉名,紂王搜刮民粟儲藏於此。一說係鉅鹿水上的大橋。

[34] 九鼎三巫:九鼎,相傳爲夏禹所鑄,是以後帝王傳國之寶,象徵王權。三巫疑寶玉之誤,亦係國寶。《史記·周本紀》作"九鼎寶玉",當是。一說:巫通筮,三巫指商人卜筮的重器。

[35] 比干:商朝王子,紂的叔父,因强諫紂,被剖心而死。

[36] 乃命宗祝崇賓饗禱之于軍:宗祝,主祭之官。崇賓,宗祝名。饗同享,祭祀之意。謂武王命令主祭官宗祝崇賓祭神于軍中。

七　月〔詩·豳風〕

七月流火[1],九月授衣[2]。一之日觱發[3],二之日栗烈[4];無衣無褐,何以卒歲! 三之日于耜[5],四之日舉趾[6];同我婦子,饁彼南畝[7]。田畯至喜[8]。

七月流火,九月授衣。春日載陽[9],有鳴倉庚[10]。女執懿筐[11],遵彼微行[12],爰求柔桑[13]。春日遲遲,采蘩祁祁[14]。女心傷悲,殆及公子同歸[15]。

七月流火,八月萑葦[16]。蠶月條桑[17],取彼斧斨[18],以伐遠揚[19],猗彼女桑[20]。七月鳴鵙[21],八月載績[22]。載玄載黃,我朱孔陽[23],爲公子裳。

四月秀葽[24],五月鳴蜩[25]。八月其穫,十月隕蘀[26]。一之日于貉[27]:取彼狐狸,爲公子裘。二之日其同[28],載纘武功[29]。言私其豵[30],獻豜于公[31]。

五月斯螽動股[32]。六月莎雞振羽[33]。七月在野[34],八月在宇,九月在戶,十月蟋蟀入我牀下。穹窒熏鼠[35],塞向墐戶[36]。嗟我婦子,曰爲改歲,入此室處。

六月食鬱及薁[37]。七月亨葵及菽[38]。八月剝棗[39],十月穫稻。爲此春酒[40],以介眉壽[41]。七月食瓜,八月斷壺[42],九月叔苴[43]。采荼薪樗[44],食我農夫。

九月築場圃,十月納禾稼。黍稷重穋[45],禾麻菽麥。嗟我農夫:我稼既同[46],上入執宮功[47]! 晝爾于茅[48],宵爾索綯[49]。亟其乘屋[50],其始播百穀。

二之日鑿冰沖沖[51],三之日納于凌陰[52]。四之日其蚤[53],獻羔祭韭[54]。九月肅霜[55],十月滌場[56]。朋酒斯饗[57],曰殺羔羊。躋彼公堂[58],稱彼兕觥[59],"萬壽無疆"!

——據阮元刻《十三經注疏》本《毛詩正義》

【解題】

《詩經》是我國最早的詩歌總集。《論語》屢記孔子命其子及學生學《詩》,可知。本來祇稱《詩》,漢武帝立五經後,才稱《詩經》。漢初傳《詩》的有齊(轅固)、魯(申培)、韓(燕人韓嬰)三家,都立於學官,屬於"經今文學"。《毛詩》(毛公)晚出,未得立,《漢書·藝文志》才著録《毛詩》和《毛詩故訓傳》,屬於"經古文學"。後來齊、魯、韓三家詩都亡缺,《毛詩》獨傳,所以《詩經》也稱《毛詩》。東漢末,鄭玄作《箋》;唐初,孔穎達等作《正義》。凡四十卷。分爲《風》、《雅》、《頌》三部分:《風》包括周南、召南、邶、鄘、衛、王、鄭、齊、魏、唐、秦、陳、鄶、曹、豳等十五國,凡一百六十篇;《雅》分《大雅》、《小雅》,凡一百零五篇;《頌》分《周頌》、《魯頌》、《商頌》,凡四十篇;總共三百零五篇。各篇創作年代,上起西周初年,下至春秋中葉,約五百多年。編成年代當在春秋末葉,相傳曾經孔子刪訂。地域包括現在陝西、山西、河南、河北、山東及甘肅的南部,代表了當時經濟文化比較發達的地區。

《風》、《雅》、《頌》的區分,歷代學者意見還不一致,大體是從音樂的性質來分的。《風》是地方樂歌,就是各地的土樂。這些詩篇相傳是由周政府派專人(所謂"行人"或"遒人")遊行四方,采集而得,所以後人稱爲"采風"。《國風》詩篇大部分是各地民間歌謡,但不是照原樣保留下來,而是經過采集者們的整理和潤色的。詩中對於統治者的剝削和壓迫、勞動人民所遭受的痛苦,都有一定程度的反映;對於農業生產、社會生活、戀愛、婚姻以及各地民情風俗,也有許多描寫。《雅》是宮廷和京畿一帶所演唱的樂歌。在當時的統治者看來,西周的京畿是全國的政治中心,文化程度最高,所以這一帶地方的樂歌通稱爲"雅樂",也就是所謂"正樂"或"正聲",以與南方"蠻夷"的俗樂有所區別。"雅樂"大部分是貴族們的作品,後來由於時代的不同和音調的變化,而有《大雅》、《小雅》之分。《大雅》詩篇全部產生於西周,音調比較沉厚。《小雅》詩篇則產生於西周末期和東周,音調比較輕快。《大雅》比較集中地搜録了周王朝東遷以前各歷史階段的史詩,所反映的多是西周王朝興起的事蹟和西周盛時的農業生產情況。《小雅》所反映的多是西周末期政治廢弛,以及東周社會的混亂情況。據《論語》說,"詩言志"。西周末以後的《風》和《雅》,大抵反映亂世人們的心情,發憤之音,激楚之言,奔放之詞,時有所見。這不合歷來解《詩》者所謂怨而不怒,哀而不傷,樂而不淫的說法,因而又被稱爲《變風》、《變雅》。《頌》是宗廟祭祀時所演唱的樂歌。這些都是貴族們的作品,辭句雖然比較典雅,但音調節奏遲緩板滯,内容都是歌頌祖先神靈之辭,但其中也有不少篇章屬於史詩性的作品。

《詩經》作品的形式,主要是四言(字),但也有少僅一言、多至八言的。聲調則多采用"雙聲疊韻",但也有不這樣的。以表現手法說,過去又分成三種:賦,直抒其情;比,借物言志;興,託物興辭。字句的多少不拘,協韻與不協韻没有嚴格的規定。《詩經》是一部優秀的文學作品,可是它内容所包含的豐富的社會歷史資料,很多爲其他記録所没有,因此完全有理由把它稱爲一部古代優秀的歷史作品。

《七月》是《國風》中第一長篇。全詩凡八章八十八句,内容是描寫豳邑一年四季的農業勞動和勞役、田獵等事。豳,也作邠(今陝西旬邑西),周族的祖先,自公劉到古公亶父初,曾在這裏居住過。《詩序》説這首詩是陳述周的先公、先王建成王業的艱難,所以從漢以來,説詩的都以爲是周公陳王業的詩。可是從内容看來,不僅描寫了當時農業生產的某些實際狀況,同時還反映了當時階級關係的一定情況。奴隸們從年初勞累到年終,男耕女織,畫夜不得休息,可是收穫的所有好東西,都要奉獻給貴族享用,而自己則吃苦菜,住破屋,“無衣無褐”,還要被驅迫爲貴族去幹那些服不完的勞役。因此,它基本上是出於勞動者的口氣,並非脱離生產的貴族所能做得出。這首詩流傳在民間可能相當長久,後來經過采詩者的加工寫定,而且無疑大加删改,去其悲憤,裝點歡容,才變成這個模樣。但當時奴隸被剥削的殘酷程度,仍在詩中處處流露。自漢至清的不少學者,將它解釋成“農夫”甘願爲統治者效勞的牧歌,完全錯誤。

【注釋】

[1] 七月流火:七月,指夏曆。這首詩中所説的“月”都用夏曆,如下文四月至十月;説“日”都用周曆,如下文一之日至四之日。周曆建子,夏曆建寅,周曆比夏曆早兩個月。周人兼用夏曆,特別用在農業方面,這好像我國雖已改用陽曆多年,而農耕還習慣用夏曆一樣。流,下降;火,星名,或稱大火,即心宿二,天蝎座的主星。每年夏曆五月的黄昏,這星出現在正南方,方向最正,位置最高;六月以後,就開始偏西下降。“火”星下降,表示暑氣已退,寒氣將來。

[2] 授衣:謂授人以衣,使有所禦寒。另説謂將裁製冬衣的工作交給婦女們。按這裏用授字,不用制字;《詩經》中説到裁製衣裳的,每用制字,不用授字,如:“制彼裳衣”(《東山》),故當以前説爲是。

[3] 一之日觱發:一之日猶言一月之日,指周曆的正月,即夏曆的十一月。以下言日的照此類推。觱發(bì bá),寒風狀。

［4］　栗烈：猶言凜冽，寒氣狀。

［5］　于耜：于猶爲，指修理。耜(sì)，挖土的㭒；古代用木製，後世用鐵製；這裏泛指農具。謂夏曆正月裏修理農具，準備耕種。

［6］　舉趾：趾，足趾。謂夏曆二月裏舉足下田，開始耕種。

［7］　饁彼南畝：饁(yè)，饋送：謂把飯送到田間，給農夫吃。

［8］　田畯：畯(jùn)；田畯，農官，也叫農正或田大夫，古代貴族派到田間去監督農業勞動的下級官吏。喜，鄭玄説讀爲饎(chì)，酒食。謂在田間吃飯時，田畯來了，要設酒食招待。

［9］　載陽：載，則，一説開始；陽，溫暖。

［10］　倉庚：鳥名，即黄鶯，也叫離黄或黄鸝。

［11］　懿筐：深筐。

［12］　遵彼微行：遵即循；行(háng)；微行，即小徑。謂循着桑間的小路走去。

［13］　柔桑：嫩的桑葉，飼幼蠶用。

［14］　采蘩祁祁：蘩，菊科植物，即白蒿。祁祁，眾多貌。據明徐光啓説：蠶子未孵化，煮白蒿葉汁澆它，容易出來。當是蠶種催青(人工促使蠶種胚子發育)的古老方法。這是説出去采白蒿的女子很多。一説意爲春天白晝過得慢，采到的蘩很多，形容勞動時間長。

［15］　殆及公子同歸："殆及"猶言"將與"。據近人説：農村少女恐怕隨時被貴族公子擄去，所以不免傷悲。

［16］　萑葦：萑(huán)；萑葦即蒹葭，也叫蘆荻。八月割取萑葦，曬乾後可以做蠶箔，用以居蠶。

［17］　蠶月條桑：蠶月指夏曆四月；條桑猶言伐桑條。

［18］　斧斨：斨(qiāng)，伐木的斧頭。斧頭柄孔圓的叫做斧，方的叫做斨。

［19］　遠揚：指長得高大的枝條。

［20］　猗彼女桑：猗即掎，掎摭，摘取之意。女桑即柔桑。謂攀着桑枝，採取嫩葉。

［21］　鵙(jué)：鳥名，也叫伯勞。

［22］　績：績麻。

［23］　載玄載黄，我朱孔陽：載，古關聯詞，猶今口語"又是"。玄，黑紅色；指絲

麻織品所染玄或黃的顏色。朱,朱紅色;孔,猶今口語"極其";陽,鮮明。謂:所染的各種顏色,以朱紅色爲最鮮明。

[24] 秀葽:秀,植物結子。葽(yāo),植物名,舊説或謂王瓜,或謂遠志,但均非四月結實的草本植物。《説文》引劉向説它味苦,名苦葽,或是四月結子的某種苦菜。

[25] 蜩(tiáo):即蟬、知了。

[26] 隕蘀:隕(yǔn),墜落;蘀(tuō),乾葉。

[27] 于貉:于,往;貉,清馬瑞辰説字通禡。禡即禡祭,出兵時祭神。古代狩獵也是"習兵之禮",所以貴族集合奴隸田獵前也用此禮。

[28] 其同:同,聚合,指冬季聚衆狩獵。

[29] 載纘武功:纘(zuǎn),謂繼續練習武功,指田獵事。

[30] 言私其豵:豵(zōng),一歲的小野猪,這泛指一般的小野獸。謂獵得的小野獸乃歸獵者私有。

[31] 獻豜于公:豜(jiān),三歲的大野猪,這泛指一般的大野獸。謂獲得的大野獸就要獻給公家。

[32] 斯螽動股:螽(zhōng)。斯螽,蟲名,即螽斯,以翅摩擦發音,古人誤以爲能用兩股相切發聲。

[33] 莎鷄振羽:莎(suō)。莎鷄,蟲名,即紡織娘,屬螽斯科,以翅摩擦發聲,故云"振羽"。

[34] 七月在野:這一句和以下三句的主語都是蟋蟀,前三句主語省略。謂蟋蟀的鳴聲,自遠而近,先在野,後移屋檐下,再移户内,最後到了牀下。蟋蟀的鳴聲越來越近,表示天氣逐漸寒冷。

[35] 穹窒熏鼠:穹(qióng),窮盡;窒(zhì),填塞。謂把屋子的破洞都填塞起來,並且用火熏逐老鼠。

[36] 塞向墐户:向,北向的窗;墐(jìn),用泥塗抹,指修治柴竹編的門,以阻擋寒氣侵入。

[37] 鬱、薁:都是植物名。鬱,鬱李,薔薇科落葉小灌木,果實小球形,可食。薁(yù),蘡薁,葡萄科木質藤本植物,果實黑色,可釀酒。

[38] 亨葵及菽:亨同烹。葵,菜名,也名冬葵,我國古代蔬菜之一,或稱爲"百

菽之主”。菽，大豆，也是豆類總名。

[39] 剝棗：剝讀如撲，敲打意，猶如現在口語“打棗”。

[40] 春酒：冬天釀酒，經春才成，故名。一説爲凍醪，即今帶滓的米酒。

[41] 以介眉壽：介，讀爲匄（gài，古丐字），祈求；眉壽，猶言長壽。唐孔穎達疏
説：人到老了，眉上長有毫毛，叫做秀眉，所以稱長壽爲眉壽。

[42] 斷壺：斷，摘斷；壺，通瓠，瓠瓜，也叫扁蒲、夜開花，葫蘆科草本，嫩果
作菜。

[43] 叔苴：叔，拾取；苴，大麻的雌株，也叫子麻；麻子可熬糝，爲粗食。

[44] 荼、樗：荼（tú），苦菜，葉有齒，嫩苗可食。樗（shū），臭椿，苦木科落葉喬
木，木材粗硬，古代伐來作薪。

[45] 黍稷重穋：黍，穀物名，有兩種，通常稱種子性粘者爲黍或黍子，不粘者爲
穄或糜子。稷，即粟，今北方通稱穀子。重，或寫作種（chóng），是一種先
種後熟的穀。穋，或寫作稑（lù），是一種後種先熟的穀。當今何物不詳。

[46] 既同：既，已經；同，聚集。謂農夫把收成下來的穀物聚集起來送進倉庫。

[47] 上入執宮功：上通尚，猶言“還要”；宮指貴族的宮室；功即工作。謂農事
既畢，還須替貴族服勞役，爲他們修建宮室，或做室内的工作。

[48] 晝爾于茅：爾，你，一説是語助辭；于茅，採取茅草。

[49] 索綯：索，絞製，猶現在口語“搓”；綯（táo），繩子。

[50] 亟其乘屋：亟，趕快。乘，上去；乘屋是説爬到屋頂去修理房子。

[51] 沖沖：沖古讀如沉（chén），鑿冰的聲音。

[52] 凌陰：凌是聚集的冰；陰即窨；凌陰即冰窖，藏冰以供貴族祭祀和夏天納
涼時享用。

[53] 其蚤：蚤即早字，宋朱熹説即早朝，指下文的祭祖儀式。

[54] 獻羔祭韭：古禮，仲春二月（周曆四月），開冰獻羔，用以祭祀祖先，所以這
裏説用羔羊和韭菜祭祖。

[55] 肅霜：猶言肅爽，清白貌。謂九月天高氣爽。一説：肅霜，霜降後，萬物
收縮。

[56] 滌場：場通蕩。滌蕩，廣大貌，王國維説這和“肅霜”都是雙聲的古聯緜
字。謂十月萬物蕭索，天空較九月更爲澄净。一説：滌場，指農事完畢，

場地上打掃乾淨。

[57] 朋酒斯饗：朋酒，兩樽酒；饗同享，享受意。連下句"曰殺羔羊"，描寫年終宴飲之樂。

[58] 躋彼公堂：躋(jī)，升登；公堂指古代農村裏的公共場所，不一定是國君的朝堂。

[59] 稱彼兕觥：舉杯敬酒叫做稱。觥(gōng)，古代一種盛酒和飲酒兼用的大酒尊；兕觥，牛首形的觥，俗稱"虎頭彝"。

公　　劉〔大雅〕

篤公劉[1]！匪居匪康[2]。廼場廼疆[3]；廼積廼倉[4]。廼裹餱糧[5]，于橐于囊[6]。思輯用光[7]。弓矢斯張[8]，干戈戚揚[9]，爰方啓行[10]。

篤公劉！于胥斯原[11]。既庶既繁[12]，既順廼宣[13]，而無永嘆。陟則在巘[14]，復降在原。何以舟之[15]？維玉及瑤[16]，鞞琫容刀[17]。

篤公劉！逝彼百泉[18]，瞻彼溥原[19]。廼陟南岡，乃覯于京[20]。京師[21]之野，于時處處[22]，于時廬旅[23]，于時言言，于時語語[24]。

篤公劉！于京斯依[25]。蹌蹌濟濟[26]，俾筵俾几[27]。既登乃依[28]，乃造其曹[29]。執豕于牢[30]，酌之用匏[31]。食之飲之，君之宗之[32]。

篤公劉！既溥既長[33]，既景廼岡[34]；相其陰陽[35]，觀其流泉[36]。其軍三單[37]，度其隰原[38]，徹田爲糧[39]。度其夕陽[40]。豳居允荒[41]。

篤公劉！于豳斯館[42]。涉渭爲亂[43]，取厲取鍛[44]。止基廼理[45]，爰衆爰有[46]。夾其皇澗，遡其過澗[47]。止旅乃密[48]，芮鞫之即[49]。

——據阮元刻《十三經注疏》本《毛詩正義》

【解題】

《公劉》是周族敍述開國歷史的詩篇之一。據《史記》，周族在西方崛起，始於后稷，但傳至夏末的公劉，以恢復農耕爲主，吸引四方百姓歸順，"周道之興自此始"。《詩·大雅》收入的這篇史詩，便歌詠公劉從邰遷豳的事跡。全詩凡六章八十句。第一章寫啓程前的準備工作；第二章寫初到豳地相土安民；第三章寫營造都邑；第四章寫宴飲羣下；第五章寫觀察水土氣候，開拓田地；第六章寫營建房屋，使民定居。《詩序》說這首詩是召康公戒成王之作，因成王將親政，要他學公劉厚愛人民。其實詩中並沒有戒辭，當是世代傳唱的豳地歌謠。豳邑在今陝西旬邑西，故芮水注入涇水的交匯處以北。

【注釋】

［1］ 篤公劉：據《史記》，公劉是后稷的裔孫，但所述世數不可信；公是稱號，名劉。篤作厚解，頌公劉厚愛國人。

［2］ 匪居匪康：匪，同非。居，住；康，安寧。據《大雅·生民》，周族始祖后稷定居於邰（今陝西武功西南），世代務農，這裏説傳至公劉在邰不能安居。

［3］ 廼場廼疆：廼，同乃，猶於是。場音易（yì）。場和疆都是田界，場小，疆大。謂：公劉劃定田界，明確封疆。

［4］ 廼積廼倉：積（zǐ），即庾，露天堆穀處；倉，有屋的糧倉。

［5］ 餱糧：乾糧。

［6］ 于橐于囊：橐，無底袋，盛物時用繩繫兩端；囊，有底袋。或説囊大橐小。于，在。

［7］ 思輯用光：輯，和睦；用，因而；光，發揚光大。謂公劉要使人心和睦，以光大族羣。

［8］ 斯：作乃解。張，施弓弦，謂弓箭待發。

［9］ 干戈戚揚：干，盾；戈，平頭的戟；戚，斧；揚，鉞，即大斧。

［10］ 爰方啟行：爰，猶於是；方，開始；啟行，動身。

［11］ 于胥斯原：胥，相，占視；斯原，指豳地原野。廣平、高平的土地都可稱原。

［12］ 既庶既繁：庶，衆多；繁，通蕃，茂盛。謂人口已經很多，物產也很茂密。

［13］ 既順廼宣：順，從，指心服而和；宣，通暢。連下句，謂人心既已和順，上情就能下達，沒有怨嘆的聲音。

［14］ 陟則在巘：陟，登；巘（yǎn），小山。連下句，謂公劉上山下原，形容他忙於巡視新疆的土地居民。

［15］ 何以舟之：舟通周，作帶解，即周身環繞意。這句設問遠望的公劉裝束。

［16］ 瑤：美玉，一説美石如玉。

［17］ 鞞琫容刀：鞞（bǐng），刀鞘；琫（běng），佩刀上部的物。容，裝飾，作動詞用。連上句，謂用玉和瑤裝飾琫鞞的漂亮佩刀。

［18］ 逝彼百泉：逝，往；百泉，衆泉，極言其多。

［19］ 瞻彼溥原：瞻，展望；溥（pǔ），廣大；溥原，與百泉都在今陝西旬邑境內。

[20]　乃覯于京：覯，看見，此處有發現意；京，人造的高丘。連上句，謂公劉登南岡之上，發現了一處可築京邑的地方。按，早期城市建築多先將地基墊高。

[21]　京師：師，都邑的通稱；京師，猶言京邑。京師連稱始此，後世才變成帝王所居城邑的專稱。野，郊外，此謂京師的城郊，是庶民（野人）的居住區。

[22]　于時處處：于時，即於是；處，居住。

[23]　于時廬旅：廬和旅都作寄居解。連上句，大意是：常住的人有安居之所，作客暫住的人也有寄居之處。清馬瑞辰《毛詩傳箋通釋》，根據上下文的句法，疑此句原作"廬廬"或"旅旅"，與上句及下句同爲疊字句，其説近是。

[24]　于時言言，于時語語：形容隨公劉遷來的人們歡言笑語。

[25]　于京斯依：依，倚，指宗廟宮室都因築京而修建；下文的飲宴，就是慶賀宗廟宮室落成的禮節。

[26]　蹌蹌濟濟：蹌（qiāng）蹌，按節奏趨行貌。濟讀上聲；濟濟，莊重恭敬貌。此語形容祭典參加者依禮而行。

[27]　俾筵俾几：俾，使；筵，坐席，或説筵長席短，鋪在席下以陳飲食；几，坐時憑倚的小案。

[28]　既登乃依：登，登席；依，依几。謂赴宴者都已按序就坐。

[29]　乃造其曹：據馬瑞辰説，造，告祭；曹，禱的借字，"祭豕先"；因殺豬宴客，先祭豬的祖先神。

[30]　牢：養牲畜的圈牢。

[31]　匏：酒器；瓠曬乾后，剖爲二，用以盛酒，叫作匏爵或匏樽。

[32]　君之宗之：君，君主；宗，宗主。君主是對異姓者而言，宗主是對同姓者而言。連上句，謂公劉飲宴羣下，做他們的君王，又做本族的大宗。

[33]　既溥既長：指開墾的土地，又廣闊又遙遠。

[34]　既景廼岡：景同影，作動詞用，指測日影以定方向。岡，也作動詞用，指登高岡以望遠，觀察地氣的厚薄。

[35]　相其陰陽：相，觀察；陰，山北，背陰寒冷的地方；陽，山南，向陽和暖的地方。謂勘察地勢是否寒暖得宜。

[36] 觀其流泉：觀察其地可供灌溉的泉水流向。

[37] 其軍三單：軍，軍隊；單讀爲禪(shàn)，與禪義近，有更番代替意。三單，猶言使軍隊分成三批，輪班服役。

[38] 度其隰原：度(duó)，測量；隰，地勢較低的濕地原，地勢較高的旱地。

[39] 徹田爲糧：徹，歷代學者解釋不同。一說：徹，通、均；徹田爲糧，謂井田制下的農民通力合作，計畝均收。一說：徹，治或治理；謂制定田稅。一說：徹田，指開墾荒田。按本詩上下文義，當指兵農合一，按所耕田地的土質定產量，確定實物稅的比例。

[40] 夕陽：山的西面，夕時見日，所以叫做夕陽；謂：爲了擴展耕地，還勘測了山的西面。

[41] 豳居允荒：允，當，可信；荒，大空曠。謂豳人的居地真是大得不見邊際。

[42] 館：館，館舍。在豳修建房屋。

[43] 涉渭爲亂：渭，渭水；亂，用船隻截流橫渡。

[44] 取厲取鍛：厲同礪，質地粗糙的石，供磨物用；鍛通碫，供椎物之石。礪、鍛都是修建房屋所需要的工具，因產在渭南諸山，須橫渡渭水取得。或說這表明公劉時代已有粗鍛的鐵器，尚未見周原考古證明。

[45] 止基廼理：止基，指居處的基址；理，治理。

[46] 爰衆爰有：衆，多；有，古讀已，與衆同義，與理協韻。謂來居住的人非常衆多。

[47] 夾其皇澗，遡其過澗：皇澗、過澗都是豳地的澗名。遡，逆向。謂居民或夾着皇澗或上溯過澗。

[48] 止旅乃密：旅，寄居；密，繁密。謂來此寄居的人，日見繁密。

[49] 芮鞫之即：芮，一作汭(ruì)，水厓向內凹進處，或叫隩。鞫一作沢(jū)，水厓向外凸出處。之，猶是；即，就。謂他們的住處都挨着兩水的交匯點。按，據清初胡渭《禹貢錐指》考證，公劉所居豳城，正在芮水注入涇水的相會內曲處，其後人衆而地不能容，又經營其外曲以安置新來移民。見該書卷十"涇屬渭汭"。

閟　宮〔詩·魯頌〕

閟宮有侐[1]，實實枚枚[2]。赫赫姜嫄[3]，其德不回[4]，上帝是依[5]。無災無害，彌月不遲[6]。是生后稷，降之百福。黍稷重穋[7]，植稺[8]菽麥。奄有下國[9]，俾民稼穡。有稷有黍，有稻有秬。奄有下土，纘禹之緒[10]。

后稷之孫，實維大王[11]。居岐之陽[12]，實始翦商[13]。至于文、武，纘大王之緒。致天之屆[14]，于牧之野。無貳無虞[15]，上帝臨女。敦商之旅[16]，克咸厥功[17]。

王曰叔父[18]，建爾元子[19]，俾侯于魯；大啓爾宇，爲周室輔。乃命魯公，俾侯于東。錫之山川，土田附庸[20]。周公之孫，莊公之子[21]。龍旂承祀[22]，六轡耳耳[23]。春秋匪解，享祀不忒。皇皇后帝[24]，皇祖后稷。享以騂犧[25]，是饗是宜。降福既多，周公皇祖[26]，亦其福女。秋而載嘗，夏而楅衡[27]。白牡騂剛[28]，犧尊將將[29]。毛炰胾羹[30]，籩豆大房[31]。萬舞洋洋[32]，孝孫[33]有慶。俾爾熾而昌，俾爾壽而臧。保彼東方，魯邦是常。不虧不崩，不震不騰[34]。三壽作朋[35]，如岡如陵。

公車千乘[36]，朱英綠縢[37]。二矛重弓[38]，公徒三萬[39]。貝胄朱綅[40]，烝徒增增[41]。戎、狄是膺[42]，荊、舒是懲[43]，則莫我敢承[44]。俾爾昌而熾，俾爾壽而富。黃髮台背[45]，壽胥與試[46]。俾爾昌而大，俾爾耆而艾[47]。萬有千歲，眉壽無有害。

泰山巖巖，魯邦所詹[48]。奄有龜、蒙[49]，遂荒大東[50]。至於海邦，淮夷來同[51]。莫不率從，魯侯之功。

保有鳧、繹[52]，遂荒徐宅[53]。至於海邦，淮夷蠻貊。及彼南夷[54]，莫不率從。莫敢不諾，魯侯是若。

天錫公純嘏[55]，眉壽保魯。居常與許[56]，復周公之宇。魯侯燕喜[57]，令妻壽母[58]。宜大夫庶士[59]，邦國是有。既多受祉，黃髮兒齒[60]。

徂徠之松，新甫之柏[61]。是斷是度，是尋是尺。松桷有舄[62]，路寢孔碩[63]。新廟奕奕[64]，奚斯所作[65]。孔曼且碩[66]，萬民是若。

——據阮元刻《十三經注疏》本《毛詩正義》

【解題】

《閟宮》是《詩經》中最長的詩篇，凡八章、一百二十句。内容可分三部份：前兩章追述周的始祖姜嫄、后稷到太王、文王、武王時，周族的起源和興盛過程；第三章敍述魯國受封的由來和魯僖公時祭祀的盛況；後五章頌美僖公的恢復疆土和修建宫廟等功業，是全詩的主體。《詩序》説這詩是歌頌僖公能够恢復周公時的疆宇。從内容上看，尤以首章透露西周仍保留的姜嫄時代遺俗最可注意，它反映出周族母系氏族社會的遺蹟、早期農業生產的情況以及逐漸由西北向東南發展的過程；透露出從伯禽受封後到僖公即位前，魯國地位逐漸衰落的消息，以及僖公前期，魯國軍事、政治力量有所恢復的狀況；同時，也提供了一些當時貴族祭天祀祖儀式奢華的史料。但因爲它是祭祀時的頌歌，在涉及僖公德業時，自多誇張諛美。《閟宮》大概作於僖公四年(前六五六)以後魯國和齊桓公結盟時期。作者是誰，歷代學者争辯很多，大概以魯大夫公子奚斯作爲是。

【注釋】

[1] 閟宫有侐：閟(mì)，深閉。宫，就是廟。閟宫，古代注家多以爲是指祭祀傳説中周族始祖后稷的母親姜嫄的神廟，因這廟每年一祭，經常關閉，故稱。侐(xù)，清静。一説，閟同秘，指神媒，古代青年男女常在這種神廟中戀愛，故稱閟宫。

[2] 實實枚枚：實實，廣大貌；宋朱熹釋爲鞏固。枚枚，緊密貌；漢今文《韓詩》説釋爲閉眼無人貌。

[3] 赫赫姜嫄：赫赫，顯著貌。從這句到以下"纘禹之緒"句止，都是追敍周族起源和早期生產活動情況。姜嫄是傳説中周族始祖后稷的母親。據《詩·大雅·生民》篇和《史記·周本紀》記載，姜嫄出遊，見到巨人的脚印，將自己的脚踏在它的大拇指上，因此感動有孕。滿十月生子，以爲不祥，就把嬰兒抛入隘巷，丢到林中；最後丢在冰上，有大鳥飛來用翅膀覆蓋他。姜嫄以爲有神護佑，於是收養他，命名爲棄。棄長大後努力農耕，

教民稼穡。被帝堯封於邰(今陝西武功西南),號爲后稷,別姓爲姬。按
《生民》篇説后稷是姜嫄感天而生,説明了母系氏族社會時期知母而不知
父的情況。

[4]　其德不回:回,違,邪。謂她的德行貞正而不邪僻。

[5]　上帝是依:依,憑依。説天帝憑依她,下降精氣,使她懷孕。一説,上帝
　　　"依其子孫",謂眷顧她的子孫。

[6]　彌月不遲:彌,終。謂懷孕足月而不延遲。

[7]　黍稷重穋:已見本書所選《詩・豳風・七月》注[45]。

[8]　稙稚:稙(zhí),先種;稚,同稚(zhì),後種。

[9]　奄有下國:奄,覆蓋;下國,泛指天下,同下文"下土"義同。

[10]　纘禹之緒:纘,繼續;緒,事業。傳説堯時洪水爲害,堯命禹治平洪水,又
　　　命棄爲稷官,教民播種五穀,所以這裏説后稷繼承了大禹的事業。

[11]　大王:大同太。太王,就是古公亶父。據《史記・周本紀》,后稷曾孫公
　　　劉,從邰遷豳,定居務農;古公亶父是公劉的九世孫,領導周族復修后稷、
　　　公劉的事業,但被薰育、戎、狄等族所壓迫,就舉族從豳遷岐,鄰近部族來
　　　歸附的也很多,周族逐漸昌盛。古公傳位季歷。季歷子昌,就是周文王。
　　　到武王建立周朝,追尊古公爲太王。

[12]　居岐之陽:岐,岐山,在今陝西。陽,山南。

[13]　實始翦商:翦,有兩種解釋:一作翦滅解,《説文》引本句作"戩商",戩訓
　　　爲滅。東漢鄭玄訓翦爲斷,説太王從豳遷岐,已有王者的迹象,開始滅商
　　　的事業。一作整齊、勤勞解,説太王修朝貢殷王朝的禮節,勤勞於王事。
　　　按史實,以前説爲妥。

[14]　屆:極;極通殛,有罰意。

[15]　無貳無虞:虞,通誤。謂不得有貳心,不敢有過誤。

[16]　敦商之旅:敦,治;旅,衆。謂武王克殷,治服商的臣民。

[17]　克咸厥功:咸,備,成。謂能够共同完成事功。

[18]　王曰叔父:王,周成王;叔父,指武王弟、成王叔父周公旦。

[19]　元子:長子,指周公旦的長子伯禽。據《史記・魯周公世家》,周武王滅
　　　商,封弟周公旦於曲阜,即魯公。武王卒,周公攝政當國,派長子伯禽就

封於魯。

[20] 土田附庸:附庸,附属於諸侯大國的小國。謂賞賜給魯公伯禽在那裏的山川、土田和附庸小國。

[21] 莊公之子:指魯僖公。魯莊公少子,名申。《史記》作釐公。

[22] 龍旂承祀:龍旂,畫着交龍的大旂,是諸侯朝覲、祭天、祀祖時的儀仗。承祀,舉行祭祀。

[23] 六轡耳耳:轡,馬繮,四馬有六轡。耳耳,猶爾爾,即濔濔,衆多、華盛貌。

[24] 皇皇后帝:皇皇,贊美詞;后帝,上帝,即天帝。依古禮,諸侯不得祭天。周成王以周公功大,命魯郊祭天帝時也得配以始祖后稷。清江永以爲魯僖公祭天是僭禮,所以《春秋》在僖公三十一年以前都不載魯公郊天事。

[25] 享以騂犧:騂(xīng),字亦作觲,赤色。騂犧,純毛赤色牛。周代色尚赤,天子郊祭所用的犧牲必須是純赤色。魯因奉天子命郊祭,所以也得和天子的犧牲同色。

[26] 周公皇祖:漢鄭玄以爲皇祖指伯禽。朱熹以爲泛指羣公。清陳奐以爲這是倒句,猶上言"皇祖后稷",是指周公。

[27] 楅衡:衡,同横。楅(fú)衡,謂秋天開始舉行"嘗"祭,夏天便先畜養祭牛;爲了防止祭牛觸抵人,在牛角上縛一横木,使牠有所逼束。清段玉裁以爲楅衡指牛欄,不同於安置在牛角上的"告"。按段説較妥。

[28] 白牡騂剛:指兩種毛色的祭牲。剛,牰的借字,訓爲特,就是大公牛。騂牰猶言騂牡,即赤脊的公牛。白牡是用以祭周公的,騂剛是祭魯公的。

[29] 犧尊將將:尊,酒器;犧尊,鑄成牛形的酒器,今上海博物館藏有山西渾源縣李峪村戰國墓葬出土的犧尊。又《毛傳》和鄭玄《詩箋》以爲犧借爲沙,即婆娑;犧尊謂酒器上刻畫禽鳥羽毛婆娑的形狀,故名,和上説不同。將將,集合貌。

[30] 毛炰胾羹:炰,同炮,乾燒;毛炰,燒去豬毛再烤熟的肉。胾(zī),切成大塊的肉。羹指大羹和鉶羹;大羹,肉湯;鉶羹,盛在鉶器中加菜的肉湯。

[31] 籩豆大房:籩(biān),古盛肉器;竹製名籩,木製名豆。房,訓爲旁。古禮:祭天地,牲用全體;祭宗廟,用半體,就是所謂房。大房,指盛半體祭肉的俎。一説:俎飾以玉,足間有横,下有跗,好像堂後有房,故名。

[32] 萬舞洋洋：萬，舞名，舞者手執干和羽以舞，本是天子專用的禮。洋洋，衆多貌。

[33] 孝孫：孝，享；孝孫，享祀的嗣孫，指魯僖公。

[34] 不虧不崩，不震不騰：虧、崩，都訓毁壞。震，動；騰，本作滕，沸騰。謂：像永不崩毁的山岳，永不震騰的江河。

[35] 三壽作朋：三壽，三老，古代天子諸侯崇尊年高德劭的爲三老、五更，作爲提倡統治階級道德的表率。三壽作朋，謂魯君和三老合德。

[36] 公車千乘：春秋時，戰爭以車戰爲主，諸侯、卿、大夫，都在自己的采地内徵發軍賦。軍賦的計算，各説互異。據《漢書·刑法志》，各采邑内地方一里爲井，四井爲邑，四邑爲丘。每丘出戎馬一匹、牛三頭。四丘爲甸，每甸出戎馬四匹、兵車一乘、牛十二頭、甲士三人、步卒七十二人，都自備武裝。諸侯中大國約有兵車千乘。魯是公國，所以在僖公時也有兵車千乘。但據《左傳》哀公七年(前488)，春秋末，魯國勢漸衰，能徵發的兵車已減到八百乘。

[37] 朱英緑縢：朱英，用朱紅色的羽毛纏束在矛頸上作爲裝飾。縢，繩；緑縢，用緑色的繩索繫束弓衣。

[38] 二矛重弓：古代車戰，每輛兵車上甲士三人：左持弓，右持矛，中一人駕車。弓、矛都具備兩副，以防作戰過程中有所折壞。

[39] 公徒三萬：徒，步卒。春秋時，大國軍隊分上、中、下三軍，每軍一萬二千五百人，三軍甲士步卒共三萬七千五百人。但如以每乘甲士三人、步卒七十二人通計，兵車千乘當有甲士三千、步卒七萬二千人。因此引起歷代學者的爭論。宋朱熹以爲：作戰時不可能全部徵發，説三萬，是折中舉成數而已。

[40] 貝胄朱綅：貝胄，用貝殼裝飾盔胄。綅(qīn)，線；用紅線將貝綴在盔胄上。

[41] 烝徒增增：烝，進行，增增，衆多貌；描寫大隊的兵士在前進。

[42] 戎、狄是膺：戎，西戎；狄，北狄；泛指居住在今北方和西北地區的非華夏族。膺，《魯詩》作應，打擊。當時齊桓公稱霸，魯和齊結盟，曾參加齊桓公抵禦戎、狄進攻的軍事活動。這裏是在誇示魯僖公的武功。但清陳奂

等以爲這一章仍是頌揚周公的功德,不是指魯僖公。

[43] 荆、舒是懲:荆,楚國的別稱;舒,羣舒,指居住在今安徽舒城及其附近的舒、舒庸、舒鳩、舒蓼諸小國,都是當時楚國的與國。魯僖公曾多次參加齊桓公率領的諸侯盟軍對楚國的戰爭和會盟活動(如著名的召陵之盟、葵丘之會等),並從中發展了魯國的勢力,所以説懲治了荆、舒的侵陵。

[44] 承:抵禦。

[45] 黄髮台背:黄髮,説老人鬢髮由白轉黄。台,一作鮐;鮐魚背有黑紋,和老人背部有色斑相似。黄髮台背,都是長壽老人的特徵。

[46] 壽胥與試:胥,相,皆;試,用。謂:能用老人以安定國家。

[47] 艾:老人頭髮蒼白像艾色,因此古代有些地方對老人尊稱爲"艾",見《方言》。

[48] 魯邦所詹:詹,至;謂高高的泰山,魯的國境就到這裏。一説,詹同瞻(《魯詩》作"魯侯是瞻"),謂高高的泰山,魯國的人都仰望着它。

[49] 奄有龜、蒙:奄,同;龜、蒙,都是魯國東境的山名。在今山東新汶東南一帶。

[50] 遂荒大東:荒,古通憮,訓有;《韓詩》作忼,訓至;大東,極東。謂魯國境到達了極東地區。

[51] 淮夷來同:淮夷,指當時居住在淮、泗一帶的非華夏族。同,同盟。

[52] 鳧、繹:繹,《魯詩》作嶧。鳧、繹都是魯國南部的山名。在今山東鄒縣西南和東南。

[53] 遂荒徐宅:宅,居地。徐有二説:一指徐方,在今安徽泗縣北的小國;另清陳奐以爲:徐讀爲邾(tú),春秋前,在今山東曲阜東有徐州,是邾戎的舊居,西周初被伯禽所征服。

[54] 南夷:指楚國。魯僖公四年(前656),齊桓公率齊、魯、宋、陳、衛、鄭、許、曹等八國諸侯軍攻楚,楚成王被迫遣大夫屈完來求和,訂立召陵(今河南偃城東)之盟,楚表示服從齊的霸業。這一章頌美魯僖公能開拓疆界,樹立威德。

[55] 純嘏:純,大;嘏,受福。

[56] 居常與許:常,又作嘗,魯邑名,在薛(今山東滕縣南)附近,兩周之際被齊

所侵佔。魯莊公十三年(前681),齊、魯二君會於柯,魯大夫曹劌劫持齊
桓公,逼還失地。許,指許田,魯桓公元年(前711),被鄭莊公用璧玉換
去。魯僖公同齊桓公結盟,屢次援鄭拒楚,因乘機索還許田。所以本章
歌頌魯僖公收復失地,使魯國的疆域恢復到像周公初封時一樣。

[57]　燕喜:燕,通宴,宴飲。謂宴飲喜樂。

[58]　令妻壽母:令,善。謂僖公在内宴上,祝福妻善母壽。

[59]　宜大夫庶士:宜,相宜。謂僖公和羣臣宴飲時,祝福大夫和衆士一切
順利。

[60]　兒齒:兒,齯的借字;《魯詩》即作齯。齯齒,謂老人齒落更生,像小兒的細
齒。這裏作爲祝福長壽的吉利語。

[61]　徂徠、新甫:都是魯國山名。徂徠即今山東的徂徠山;新甫山,在今山東
新泰西北,西漢以後改名宮山。

[62]　松桷有舄:桷(jué),屋椽;舄(xì),大貌。

[63]　路寢孔碩:路寢,正寢;孔,甚,很;碩,寬大。

[64]　新廟奕奕:新廟,僖公新修的宗廟。奕奕,美好貌;《魯詩》作繹繹,屋宇相
連貌。這新廟究竟祭祀誰,歷代學者爭論很多。毛傳以爲是閔公廟;鄭
玄以爲是姜嫄廟;清姚際恒以爲是僖公的禰廟,即魯莊公廟。

[65]　奚斯所作:奚斯,魯大夫公子奚斯,即公子魚。按這句爭論很多:或認爲
奚斯是營建新廟的監護人,或以爲奚斯是《閟宮》這一頌詩的作者。

[66]　孔曼且碩:曼,長。因上句有問題,這句也有兩種解釋:一說指新廟長大
寬廣;一說指這篇詩長而且美。

宋楚泓之戰

〔左傳·魯僖公二十一年、二十二年〕(節録)

〔《春秋》〕(僖公)二十有一年，春，狄侵衛。○宋人、齊人、楚人盟于鹿上。○夏，大旱。○秋，宋公、楚子、陳侯、蔡侯、鄭伯、許男、曹伯會于盂，執宋公以伐宋。○冬，公伐邾。○楚人使宜申來獻捷。○十有二月，癸丑，公會諸侯盟于薄，釋宋公。

二十有二年，春，公伐邾，取須句。○夏，宋公、衛侯、許男、滕子伐鄭。○秋，八月，丁未，及邾人戰于升陘。○冬，十有一月，己巳，朔，宋公及楚人戰于泓，宋師敗績。

二十有三年，春，齊侯伐宋，圍緡。○夏，五月，庚寅，宋公兹父卒。○秋，楚人伐陳。○冬，十有一月，杞子卒。

(僖公)二十一年[1]，春，宋人爲鹿上之盟[2]，以求諸侯於楚[3]。楚人許之。公子目夷[4]曰："小國争盟，禍也。宋其亡乎！幸而後敗[5]。"……

秋，諸侯會宋公于盂[6]。子魚曰："禍其在此乎！君欲已甚，其何以堪之？"於是楚執宋公以伐宋[7]。冬，會于薄[8]以釋之。子魚曰："禍猶未也，未足以懲君[9]。"……

二十二年[10]，……三月，鄭伯[11]如楚。夏，宋公伐鄭[12]。子魚曰："所謂禍在此矣[13]！"……

楚人伐宋以救鄭。宋公將戰，大司馬固諫曰[14]："天之弃商久矣[15]，君將興[16]之，弗可赦也已[17]。"弗聽。

冬，十一月，己巳，朔[18]，宋公及楚人戰于泓[19]。宋人既成列[20]，楚人未既濟[21]。司馬[22]曰："彼衆我寡，及其未既濟也，請擊之。"公曰："不可！"既濟而未成列，又以告[23]。公曰："未可！"既陳[24]而後擊之，宋師敗績。公傷股[25]，門官殲焉[26]。

國人皆咎公[27]。公曰：“君子不重傷[28]，不禽二毛[29]。古之爲軍也，不以阻隘也[30]。寡人雖亡國之餘[31]，不鼓不成列[32]。”

子魚曰：“君未知戰！勍敵[33]之人，隘而不列[34]，天贊我也。阻而鼓之，不亦可乎？猶有懼焉[35]。且今之勍者，皆吾敵也，雖及胡耇[36]，獲則取之，何有於二毛？明恥教戰[37]，求殺敵也，傷未及死，如何勿重[38]？若愛重傷，則如勿傷；愛其二毛，則如服焉[39]。三軍以利用也[40]，金鼓以聲氣也[41]。利而用之，阻隘可也。聲盛致志，鼓儳[42]可也。”……

二十三年，春，齊侯[43]伐宋，圍緡[44]，以討其不與盟于齊也[45]。夏，五月，宋襄公卒，傷於泓故也。

—— 據阮元刻《十三經注疏》本：《春秋左傳正義》，參考 1959 年科學出版社出版劉文淇：《春秋左氏傳舊注疏證》

【解題】

《左傳》是周朝的著名編年史，相傳爲魯國歷史家左丘明所撰。它按魯國十三個君主的順序編寫，起自魯隱公元年(前 722)，終於魯悼公十四年(前 454)，計二百六十九年，十八餘萬字。

編年體歷史在我國出現很早，周代各國都有，或稱《春秋》，如燕、齊、宋等；或別定它名，如晉《乘》、楚《檮杌》等。編年體注意歷史事件的時間聯繫，有利於明白時勢。現存的最早的編年史是《春秋》。相傳這是孔子依據魯國史官的記錄，加以整理刪訂而成的。它按年、時、月、日編排史事，以春秋代表四時，初具編年史的樣子。但它記載太簡，每述一事，最少的祇有一個字，最長的也不過四十餘字，同時措詞隱晦，每事祇記結果或結論，很多重要事件都未加著錄，因此使得後來的學者有許多的引申解釋。由於《春秋》同孔子整理編定的其它著作一樣，被儒家各派尊爲“經”，因而各派對它的解釋，便稱作“傳”。漢代有五種傳，即《左氏傳》三十卷，《公羊傳》、《穀梁傳》、《鄒氏傳》、《夾氏傳》各十一卷。《鄒氏》、《夾氏》兩傳早亡。流傳下來而可確定是孔門後學解釋《春秋》的專著，祇有《公羊傳》、《穀梁傳》二種。《左傳》到西漢末才在宮廷藏書內發現，古文經學派說也是專爲解釋《春秋》的，但今文經學派不承認，斥之爲劉歆的僞作。這樣，《左傳》的真僞，自唐以來便成了學者們長期爭論不休的問題。

據各種資料研究，《左傳》似應是完成於戰國初期的作品，出自魯國史官的手筆，整理者可能是左丘明。它吸收了以往編年史重視時間觀念的長處，但傳文內容同所謂《春秋》經文，並不密切配合，記載的史實，也比《春秋》多二十七年。作者重視交待歷史事件的原委，注意記錄各種歷史人物的政治主張、歷史見解和宗教觀點。《左傳》特別重視戰爭活動的記錄，它敘述的不少戰役的過程，都已成中國戰史中的有名戰例。《左傳》還集錄了很多有關春秋以前的歷史事實和傳說。全書文字生動，在文學上價值也很高。總之，《左傳》雖同《春秋》一樣，也把一部春秋史描寫成王公貴族史，但它不是漢朝人偽造的《春秋》"傳"，而是體裁比較完備的古代編年史，因而理所當然地被看作研究先秦歷史的重要資料。

現存的《左傳》通行本，是晉杜預《春秋經傳集解》，它將《春秋》拆開分別編入每年傳文之前；唐孔穎達作疏，稱《春秋左傳正義》。清代不少學者對杜注不滿，重新輯錄和研究漢人解說，較著名的有李貽德《左傳賈(逵)服(虔)注輯述》和劉文淇《春秋左氏傳舊注疏證》，但劉書未完，祇到魯襄公五年。近人章炳麟有《春秋左傳讀》等書，也是專家之學，可供參考。

《宋楚泓之戰》，節自《左傳》僖公二十一年至二十三年。標題是編者加的。本篇記敘了春秋時宋國同楚國爭霸而失敗的歷史。作者描寫宋襄公，怎樣固執那種自以為合乎傳統的仁義道德，結果在泓之戰中，主觀指導錯誤，使宋軍已取得的優勢和主動地位，完全喪失，自己也化為敗軍之將。為了便於參見早期編年史的面貌，本篇和下一篇《晉楚城濮之戰》，仍將《春秋》原文附在前面。

【注釋】

[1] 僖公二十一年：當公元前 639 年，周襄王十三年，宋襄公十二年，楚成王三十三年。

[2] 宋人為鹿上之盟：宋人，指宋襄公，名茲父，一作茲甫。鹿上，宋國地名，一說在今安徽阜陽南(或說是楚地)，一說在今山東菏澤東北。盟，盟會，春秋時諸侯聚會歃血結盟，實際是承認盟會召集者的霸權的一種形式。宋襄公在前 643 年齊桓公死後，曾糾合鄰國諸侯平息齊國內亂，自此便"修行仁義，欲為盟主"。

[3] 以求諸侯於楚：謂謀求楚國承認他是諸侯領袖。

[4]　公子目夷：宋國貴族子魚之名。他是宋桓公的長子，襄公的庶兄，故稱公子。《左傳》説襄公任命他爲司馬，主管宋國軍政。

[5]　幸而後敗：謂後失敗就是僥幸，即爭盟祇能加速失敗。

[6]　盂：宋國地名，在今河南睢縣西北。

[7]　楚執宋公以伐宋：《史記·楚世家》：“宋襄公欲爲盟會，召楚。楚王怒曰：‘召我，我將好往襲辱之。’遂行，至盂，遂執辱宋公。”

[8]　薄：通亳，商朝故都，在宋都商邱(今屬河南)東南。

[9]　未足以懲君：懲，戒。謂這次失敗還不會使宋襄公放棄稱霸野心。

[10]　二十二年：當公元前 638 年，泓之戰即在這年。

[11]　鄭伯：即鄭文公。鄭始封爲伯爵，故沿稱其君爲鄭伯。

[12]　宋公伐鄭：指宋襄公仍以霸主自居，得知鄭文公承認楚國的霸權，便出兵“懲罰”。

[13]　所謂禍在此矣：意爲攻打鄭國就等於向楚國挑戰，必定要遭到楚國反攻，所以宋國禍事臨頭了。

[14]　大司馬固諫曰：固，《國語》韋昭注、《左傳》杜預注均以爲是人名，即公孫固，宋莊公之孫。

[15]　天之弃商久矣：宋國公族是商朝王族微子啓的後裔，至宋襄公時已臣屬周朝約七百年。

[16]　興：起、盛。

[17]　弗可赦也已：謂宋襄公爭霸，意味着復興商族的統治地位，這違背“天”意，罪不可赦。

[18]　朔：陰曆的每月初一日。這裏注明己巳日適爲月首。

[19]　泓：水名，故道約在今河南柘城縣西北。

[20]　成列：整好行列，謂已布成戰陣。

[21]　未既濟：既，盡。謂還沒有完全渡過泓水。

[22]　司馬：《史記·宋微子世家》作“目夷”，即子魚。沈欽韓謂當指“大司馬”，即公孫固。

[23]　又以告：指楚軍已全部渡過泓水而尚未布成陣勢的時候，宋國司馬又建議立即下令出擊。

［24］　陳：同陣。

［25］　傷股：大腿受傷,《史記·楚世家》説爲楚軍射傷。

［26］　門官殲焉：門官即門子,由卿大夫子弟組成的侍衛軍官。殲,盡。

［27］　國人皆咎公：國人,指宋國的大小貴族。《史記》作"國人皆怨公"。

［28］　不重傷：傷,創。謂不忍傷害已經負傷的敵人。

［29］　不禽二毛：禽是擒的借字。頭髮斑白叫二毛。此謂不去捕捉年老有白髮
　　　　的敵人。

［30］　不以阻隘：章炳麟《春秋左傳讀》説,阻讀爲祖,先的意思,不以阻隘即不
　　　　因爲己方先佔據險要地形而鉗制對方。

［31］　亡國之餘：謙詞,意思説自己本是滅亡了的商朝餘孽。

［32］　不鼓不成列：不下令進擊没有排好陣勢的敵人。古代擊鼓進軍,鳴金收
　　　　兵。這裏是説要嚴格按軍禮辦事。

［33］　勍敵：勍(qíng),強,一説武。此謂楚國。

［34］　隘而不列：《文選·弔魏武帝文》李善注引此語作"隘而不成列"。謂楚軍
　　　　處於險境,布不成陣。

［35］　阻而鼓之……猶有懼焉：謂搶先下令出擊,又有什麼不可以? 就這樣還
　　　　怕打不贏呢。

［36］　胡耇：胡,壽。耇(gǒu),老。

［37］　明恥教戰：謂教育軍隊懂得什麼叫可恥,從而作戰勇敢。《吳子》:"凡制
　　　　國治軍,必教之以禮,屬之以誼(義),使有恥也。夫人有恥,在大足以戰,
　　　　在小足以守。明恥以教戰者,所以屬其勇。"子魚這裏是批評宋襄公以對
　　　　敵人"不仁"爲恥。

［38］　傷未及死,如何勿重：謂負傷未死的敵人,還可能危害自己,怎能不給予
　　　　重創? 一説,傷未及死,指對敵軍的輕傷員和快死的重傷員不能同樣
　　　　對待。

［39］　若愛重傷……則如服焉：如,即不如。謂如果愛敵人而不忍重創,就不如
　　　　不打仗;如果愛敵人而不忍俘虜其老兵,就不如趁早俯首做敵人的奴隸。

［40］　三軍以利用也：軍,春秋時軍隊編制的最高單位。大國常設三軍,分左中
　　　　右,或上中下,中軍爲主力。三軍一般都有兵車千乘,士卒三萬。利,

銳利。

[41] 金鼓以聲氣也：謂軍隊鳴擊金鼓，本爲以聲音振奮士氣。

[42] 鼓儳：儳(chán)，行列雜亂。鼓儳即下令出擊尚未佈成陣勢的敵人。

[43] 齊侯：指齊孝公。齊始封爲侯國，故沿稱其君爲齊侯。

[44] 緡：宋邑，在今山東金鄉境内。

[45] 討其不與盟于齊也：指魯僖公十九年，齊、楚、陳、蔡、鄭、魯等國諸侯，在齊國會盟，表示"無忘齊桓之德"。漢服虔説："宋襄公欲行霸道，不與盟。"現齊孝公借此爲名打擊宋國，企圖恢復齊國地位。

晉楚城濮之戰

〔左傳・魯僖公二十七年、二十八年〕(節録)

〔《春秋》〕(僖公)二十有七年,春,杞子來朝。○夏,六月,庚寅,齊侯昭卒。○秋,八月,乙未,葬齊孝公。乙巳,公子遂帥師入杞。○冬,楚人、陳侯、蔡侯、鄭伯、許男圍宋。十有二月,甲戌,公會諸侯盟於宋。

二十有八年,春,晉侯侵曹,晉侯伐衛。○公子買戍衛,不卒戍,刺之。楚人救衛。○三月,丙午,晉侯入曹,執曹伯,畀宋人。○夏,四月,己巳,晉侯、齊師、宋師、秦師及楚人戰于城濮,楚師敗績。楚殺其大夫得臣。○衛侯出奔楚。○五月,癸丑,公會晉侯、齊侯、宋公、蔡侯、鄭伯、衛子、莒子,盟于踐土。陳侯如會。公朝于王所。○六月,衛侯鄭自楚復歸于衛。衛元咺出奔晉。○陳侯款卒。○秋,杞伯姬來。○公子遂如齊。○冬,公會晉侯、齊侯、宋公、蔡侯、鄭伯、陳子、莒子、邾人、秦人于溫。○天王狩于河陽。壬申,公朝于王所。○晉人執衛侯,歸之于京師。衛元咺自晉復歸于衛。○諸侯遂圍許。曹伯襄復歸于曹。遂會諸侯圍許。

(僖公)二十七年[1]……秋,……楚子[2]將圍宋,使子文治兵於睽[3]。終朝而畢,不戮一人。子玉復治兵於蒍[4]。終日而畢,鞭七人,貫三人耳[5]。國老[6]皆賀子文,子文飲之酒。蒍賈[7]尚幼,後至,不賀。子文問之。對曰:"不知所賀。子之傳政於子玉,曰:'以靖國也。'靖諸內而敗諸外,所獲幾何!子玉之敗,子之舉也。舉以敗國,將何賀焉。子玉剛而無禮,不可以治民。過三百乘,其不能以入矣[8]。苟入而賀,何後之有。"

冬,楚子及諸侯圍宋。宋公孫固[9]如晉告急。先軫[10]曰:"報施救患[11],取威定霸,於是乎在矣。"狐偃[12]曰:"楚始得曹而新昏於衛,若伐曹、衛,楚必救之,則齊、宋免矣[13]。"於是乎蒐于被廬[14],作三軍,謀元帥。趙衰[15]曰：“郤縠[16]可。臣亟聞[17]其言矣，説禮、樂而敦《詩》、《書》。《詩》、《書》，義之府也；禮、樂，德之則也；德、義，利之本也。《夏書》曰：‘賦納以言，明試以功，車服以庸。’[18]君其試之。”乃使郤縠將中軍，郤溱[19]佐之。使狐偃將上軍，讓於狐毛而佐之。命趙衰爲卿，讓於欒枝、先軫。使欒枝將下軍，先軫佐之。荀林父御戎，魏犨爲右。

晉侯[20]始入而教其民。二年，欲用之。子犯曰：“民未知義，未安其居。”於是乎出定襄王[21]，入務利民。民懷生矣[22]，將用之。子犯曰：“民未知信，未宣其用。”於是乎伐原以示之信[23]。民易資者，不求豐焉，明徵其辭[24]。公曰：“可矣乎？”子犯曰：“民未知禮，未生其共[25]。”於是乎大蒐以示之禮，作執秩[26]以正其官。民聽不惑，而後用之。出穀戍，釋宋圍，一戰而霸，文之教也[27]。

二十八年，春，晉侯將伐曹，假道于衛，衛人弗許。還，自河南濟，侵曹，伐衛。正月，戊申，取五鹿。二月，晉郤縠卒，原軫將中軍，胥臣[28]佐下軍，上德也。

晉侯、齊侯盟于斂盂[29]。衛侯請盟，晉人弗許。衛侯欲與楚，國人不欲，故出其君以説于晉。衛侯出居于襄牛[30]。

公子買[31]戍衛。楚人救衛，不克。公懼於晉，殺子叢以説焉。謂楚人曰：“不卒戍也。”

晉侯圍曹，門[32]焉多死，曹人尸諸城上[33]。晉侯患之，聽輿人之謀，曰[34]：“稱舍于墓[35]。”師遷焉。曹人兇[36]懼，爲其所得者，棺而出之。因其兇也而攻之。三月，丙午，入曹。數之[37]；以其不用僖負羈[38]，而乘軒者三百人也[39]。且曰：“獻狀[40]。”令無入僖負羈之宫而免其族，報施也。魏犨、顛頡怒曰：“勞之不圖，報於何有！”爇僖負羈氏。魏犨傷於胸。公欲殺之，而愛其材，使問，且視之。病，將殺之。魏犨束胸見使者，曰：“以君之靈，不有寧也。”距躍三百，曲踊三百[41]。乃舍之。殺顛頡以徇于師。立舟之僑以爲戎右[42]。

宋人使門尹般如晉師告急。公曰：“宋人告急，舍之則絶；告楚不許；我欲戰矣，齊、秦未可。若之何？”先軫曰：“使宋舍我而賂齊、秦，藉之告楚。我執曹君，而分曹、衛之田以賜宋人。楚愛曹、衛，必不許也。喜賂怒頑[43]，能無戰乎?"公說,執曹伯,分曹、衛之田以畀宋人。

楚子入居于申[44],使申叔去穀,使子玉去宋,曰:"無從晉師。晉侯在外,十九年矣,而果得晉國。險阻艱難,備嘗之矣;民之情偽,盡知之矣。天假之年[45],而除其害[46]。天之所置,其可廢乎!《軍志》曰:'允當則歸。'又曰:'知難而退。'又曰:'有德不可敵。'此三志者,晉之謂矣。"子玉使伯棼[47]請戰,曰:"非敢必有功也,願以間執讒慝之口[48]。"王怒,少與之師,唯西廣、東宮與若敖之六卒[49]實從之。

子玉使宛春告於晉師曰:"請復衛侯而封曹,臣亦釋宋之圍。"子犯曰:"子玉無禮哉!君取一,臣取二,不可失矣。"先軫曰:"子與之。定人之謂禮,楚一言而定三國,我一言而亡之,我則無禮,何以戰乎!不許楚言,是棄宋也;救而棄之,謂諸侯何!楚有三施,我有三怨[50],怨讎已多,將何以戰?不如私許復曹、衛以攜[51]之,執宛春以怒楚,既戰而後圖之。"公說,乃拘宛春於衛,且私許復曹、衛。曹、衛告絕於楚。子玉怒,從晉師。晉師退。軍吏曰:"以君辟臣,辱也;且楚師老矣,何故退?"子犯曰:"師直為壯,曲為老,豈在久乎!微楚之惠不及此;退三舍辟之,所以報也。背惠食言,以亢其讎[52],我曲楚直。其眾素飽[53],不可謂老。我退而楚還,我將何求。若其不還,君退臣犯,曲在彼矣!"退三舍。楚眾欲止,子玉不可。夏,四月,戊辰,晉侯、宋公、齊國歸父、崔夭、秦小子憖次于城濮[54]。

楚師背酅而舍[55],晉侯患之,聽輿人之誦,曰:"原田每每[56],舍其舊而新是謀。"公疑焉。子犯曰:"戰也!戰而捷,必得諸侯。若其不捷,表裏山河,必無害也。"公曰:"若楚惠何?"欒貞子[57]曰:"漢陽諸姬,楚實盡之[58],思小惠而忘大恥,不如戰也。"晉侯夢與楚子搏,楚子伏己而盬[59]其腦,是以懼。子犯曰:"吉。我得天,楚伏其罪,吾且柔之矣[60]!"

子玉使鬬勃請戰,曰:"請與君之士戲,君馮軾[61]而觀之,得臣與寓目焉。"晉侯使欒枝對曰:"寡君聞命矣。楚君之惠,未之敢忘,是以在此。為大夫退,其敢當君乎!既不獲命矣,敢煩大夫謂二三子,戒爾車乘,敬爾君事,詰朝將見。"

晉車七百乘,韅、靷、鞅、靽[62]。晉侯登有莘[63]之墟以觀師,曰:"少長有禮,其可用也!”遂伐其木,以益其兵。己巳,晉師陳于莘北,胥臣以下軍之佐當陳、蔡。子玉以若敖之六卒將中軍,曰:“今日必無晉矣!”子西將左,子上將右[64]。胥臣蒙馬以虎皮,先犯陳、蔡。陳、蔡奔,楚右師潰。狐毛設二旆而退之,欒枝使輿曳柴而偽遁,楚師馳之。原軫、郤溱以中軍公族橫擊之,狐毛、狐偃以上軍夾攻子西,楚左師潰。楚師敗績[65]。子玉收其卒而止,故不敗。

晉師三日館穀[66],及癸酉而還。甲午,至于衡雍[67],作王宮于踐土[68]。鄉役之三月[69],鄭伯如楚,致其師。爲楚師既敗而懼,使子人九行成于晉。晉欒枝入盟鄭伯。五月,丙午,晉侯及鄭伯盟于衡雍。丁未,獻楚俘于王,駟介[70]百乘,徒兵千。鄭伯傅王,用平禮[71]也。己酉,王享醴,命晉侯宥[72]。王命尹氏及王子虎、内史叔興父策命晉侯爲侯伯[73]。賜之大輅之服,戎輅之服[74],彤弓一,彤矢百,玈弓矢千[75],秬鬯一卣[76],虎賁三百人。曰:“王謂叔父,敬服王命,以綏四國,糾逖王慝[77]。”晉侯三辭,從命,曰:“重耳敢再拜稽首,奉揚天子之丕顯休命[78]!”受策以出,出入三覲。……

癸亥,王子虎盟諸侯于王庭,要言[79]曰:“皆獎王室[80],無相害也!有渝此盟,明神殛之!俾隊其師[81],無克祚國[82]。及其[83]玄孫,無有老幼!”君子謂是盟也信;謂晉於是役也,能以德攻。……

是會也,晉侯召王,以諸侯見,且使王狩。仲尼曰:“以臣召君,不可以訓。”故書曰:“天王狩于河陽。”言非其地也,且明德也。……

———據阮元刻《十三經注疏》本《春秋左傳正義》,參考 1959 年科學出版社出版劉文淇:
《春秋左氏傳舊注疏證》

【解題】

本篇節自《左傳》僖公二十七、二十八年。標題是編者加的。發生在公元前 632 年的城濮之戰,開始時楚軍佔優勢。但力量相對弱小的晉軍主觀指導正確,採取先讓一步,然後選擇楚軍力量薄弱的左右兩翼,予以沉重打擊的策略,結果化爲優勢,大敗楚軍。本篇描寫的就是中國戰史上以少擊衆、以弱勝强的這一著名戰例。

【注釋】

[1] 魯僖公二十七年：當公元前 633 年、周襄王十九年、晉文公四年、楚成王三十九年。

[2] 楚子：即楚成王，名熊惲。周初封楚爲子爵，故稱楚子。

[3] 子文治兵於睽：子文，鬬穀於菟（穀音 kòu；於音 wū）的字。曾任楚令尹，當時已去職，亦稱令尹子文。古代在農閑時教民習戰，出師稱治兵，收兵稱振旅。睽，楚邑，今地不詳。

[4] 子玉復治兵於蔿：子玉，成得臣的字。因伐陳有功，被子文薦爲令尹。城濮戰役中，任楚軍統帥；失敗後，自殺。蔿，楚邑，今地不詳。

[5] 貫三人耳：貫耳，古代軍隊中刑罰之一，用箭穿耳。見《司馬法》。這指三人受這種刑罰。

[6] 國老：國内退休的老臣。

[7] 蔿賈：楚國大夫，楚名相孫叔敖的父親。

[8] 過三百乘，其不能以入矣：三百乘，二萬二千五百人。説子玉没有將帥之才，如果統率超過三百乘的軍隊作戰，必定失敗，不能再回入國門。

[9] 公孫固：宋莊公的孫子，曾任大司馬，見前《宋楚泓之戰》注[14]。

[10] 先軫：晉大夫，因食采邑於原，又名原軫。

[11] 報施救患：報施，指報宋襄公贈馬的恩施；救患，指現在救宋國被圍的患難。晉文公未即位時，流亡過宋，宋襄公曾贈馬二十乘，見《左傳》僖公二十三年。

[12] 狐偃：字子犯，晉文公的母舅，故又稱舅犯。和其兄狐毛隨從文公流亡。文公即位，任大夫，是文公的主要謀臣。

[13] 齊、宋免矣：前六三四年，楚攻占齊穀邑，命申公叔侯留戍，以威脅齊國。這裏説楚軍若去救曹、衛，則齊宋兩國都可免去威脅。

[14] 蒐于被廬：蒐（sōu），通過狩獵以大規模的演習軍隊。被廬，晉國地名，今地不詳。

[15] 趙衰：字子餘，曾隨從晉文公流亡。文公即位，任大夫，輔佐文公建立霸業。

[16] 郤縠：晉國大夫。

[17] 亟聞：亟(qì)，屢次之意。亟聞，即屢次聽到。

[18] 夏書曰："賦納以言，明試以功，車服以庸。"：《夏書》，《尚書》的一部份。引文見於今本《尚書·堯典》，但"賦納"作"敷奏"。賦納猶言聽取。功作事解，指具體的任務。庸，功績。謂使用人材，應該聽取他的意見言論，將具體任務交給他，使受明確的考查；如果有了成績，便用車馬服飾賞賜他，以表酬勞。按《堯典》晚出，這三句實誤抄自《尚書·皋陶謨》："敷納以言，明庶以功，車服以庸。"敷讀輔，明庶即萌庶(庶民)，車服即服車馭馬的臣僕(和後世所謂"車服"異義)。謂承輔納諫，庶民納賦(貢)，臣僕納庸(役)。《左傳》因襲誤文，曲解了原意。

[19] 郤溱：晉大夫，郤至的上代。

[20] 晉侯：即晉文公重耳，曾在外流亡十九年，前636年，回國即位。

[21] 出定襄王：公元前636年，周襄王被其弟叔帶所逐，奔居於鄭。次年，文公出兵救周，殺叔帶，護送襄王復位。

[22] 民懷生矣：懷，懷戀；生，生計。說百姓懷戀舊土，各安生計。

[23] 伐原以示之信：原，小國名，在今河南省濟源西北。公元前635年，晉文公出兵攻原，命軍隊攜帶三天的軍糧，糧盡未下，諜報原將投降，文公仍下令撤退，以取信於軍民。

[24] 民易資者，不求豐焉，明徵其辭：易資，交換物資；豐，滿。謂商人不求過高的利潤，定價公平，切實注重信用。

[25] 共：同恭，恭敬。

[26] 作執秩：作，開始設置。執秩，主持爵祿秩位的官，但據清劉文淇疏證，指的是制度，非官名。

[27] 文之教也：指上述退穀戍、釋宋圍，及下述城濮之戰，一戰而霸，都是晉侯以文德教民的結果。

[28] 胥臣：臼季，也即司空季子，曾隨晉文公流亡。

[29] 斂盂：衛地名，在今河南濮陽縣東南。

[30] 襄牛：衛地名，後歸宋，今河南睢縣。

[31] 公子買：字子叢，魯大夫。魯本同楚盟，令公子買帥魯師戍衛。這時晉、楚主力還未接觸，魯國弱，便採取兩面手法，殺公子買以討好晉；同時又

告訴楚人，說他不能盡職，所以殺他。

[32] 門：這裏作動詞用，指攻打曹國城門。

[33] 尸諸城上：尸作磔解；謂曹人在城上將晉兵尸體剮碎，以威嚇城下攻者。一說：尸，將死屍陳列在城上。

[34] 聽輿人之謀，曰：輿，衆，指役卒。"曰"，據清王引之考證，疑是衍文。

[35] 稱舍于墓：稱，揚言。謂將軍隊駐紮在曹人的墓地上，表示要發掘墳墓。

[36] 兇：兇通恟，擾攘恐懼之意。一說：兇通哅；哅哅，喧嘩聲。

[37] 數之：數讀上聲，列舉罪狀責問他。之指曹國國君曹共公。

[38] 僖負羈：曹大夫。晉文公未即位時，流亡過曹，僖負羈曾送盤飧，而在飧下置璧。下文"報施"，即報這件事。

[39] 乘軒者三百人：軒，大夫所乘的車。謂曹國雖小，却濫封官爵，大夫多至三百人。

[40] 獻狀：質問曹大夫們究竟有何功狀而獲得祿位。一說：晉文公未即位時，流亡過曹，曹君聽說文公駢脅（肋骨比緊，好似一片），一定要看。所以文公故意說："我現在將自己的形狀獻給你們看！"

[41] 距躍三百，曲踊三百：距躍，向前跳；曲踊，曲膝向上跳。百，各說不同，可訓爲陌，指跳躍的距離，如口語"一箭地"。另也可指跳躍的次數。

[42] 舟之僑以爲戎右：舟之僑，本虢國舊臣，後奔晉。戎右，兵車的右衛。

[43] 喜賂怒頑：言齊、秦喜得宋國的賄賂，又要被楚國的頑抗所激怒。

[44] 申：國名，姜姓，被楚所滅，地在今河南南陽。

[45] 天假之年：假，給予。說晉文公兄弟九人，只有他一個人獨存，這是上天賜給他年壽。據《史記·晉世家》，文公即位，年已六十二。

[46] 除其害：指除晉惠公、懷公及其黨羽的禍害。

[47] 伯棼(fén)：伯棼，楚臣，即鬭椒，又字子越，鬭伯比的孫。

[48] 間執讒慝之口：執，服；間執，乘機折服意。讒慝，播弄是非的人，這指上文蒍賈等說他"過三百乘不能以入"的話。

[49] 西廣、東宮與若敖之六卒：都是楚軍名稱。楚軍制分東、西廣；西廣相當於右軍。東宮，一說是太子宮中的衛隊。若敖本是子玉的祖父，這指以若敖命名的親兵；六卒，六百人。

[50] 楚有三施,我有三怨:復衛,封曹,釋宋,楚施恩於三國,故曰三施。如果不聽子玉的話,招致三國的怨恨,故曰三怨。

[51] 攜:離間,離間曹、衛同楚的關係。

[52] 背惠食言,以亢其讎:《左傳》僖公二十三年,晉文公流亡過楚,楚成王用諸侯禮招待他,問他如回晉國,怎麼報答?文公說:"晉楚治兵,遇於中原,其辟君三舍。"這裏子犯因說晉軍如不退避三舍(舍,三十里),就是對楚負恩失信。以,因;亢,據清王念孫說,扞蔽之意;讎,仇怨。說宋國是楚國的怨敵,而晉國却擋住楚軍,不讓它攻宋,就使楚國佔了理。故下文謂"我曲楚直"。

[53] 其眾素飽:素,本;飽,滿。說楚軍士氣本來就很飽滿。

[54] 宋公、齊國歸父、崔天、秦小子憖次于城濮:宋公,宋成公王臣;國歸父、崔天,都是齊大夫。小子憖(nìng),秦穆公的兒子。城濮,衛地名,在今山東范縣西南舊濮縣南;一說在今河南陳留附近。

[55] 背酅而舍:酅(xié),地名,是險要的丘陵地帶。舍,駐軍。說楚軍背依險要丘陵地帶,駐紮軍隊。

[56] 原田每每:每同莓,草盛貌;一說:通脢,作肥美解,說原田很肥美。輿人即晉軍眾人用這句話來譬喻形勢大好,要文公忘掉在流亡時曾蒙楚成王優遇的舊惠。

[57] 欒貞子:即晉下軍主將欒枝。

[58] 楚實盡之:指漢水以北的姬姓諸國已被楚吞併。

[59] 鹽(gǔ):吸、吮。即用口微吸之。

[60] 楚伏其罪,吾且柔之矣:楚子面向地,所以釋爲"伏罪"。柔作動詞用;腦,柔物,古謂"柔可克剛"。這是子犯曲解夢境,以安慰晉文公。

[61] 馮軾:馮同憑(píng),依托意;軾是兵車前供扶手的橫木。

[62] 韅(xiǎn)、靷(yǐn)、鞅、靽(bàn):都是戰馬身上的韁繩絡頭之類。在背叫韅,在胸叫靷,在腹叫鞅,在足叫靽。這形容晉軍的裝備整齊。

[63] 有莘:古國名,故址在今山東曹縣北十八里。一說在今河南陳留縣東北。

[64] 子西將左,子上將右:子西名鬬宜申,子上名鬬勃,都是楚大夫。

[65] 敗績:軍隊潰敗叫敗績。

[66] 館穀：館作舍解，即住下來休息。穀，指吃楚軍的糧食。

[67] 衡雍：鄭地名，即垣雍，故址在今河南原陽西南舊原武縣西北五里。

[68] 踐土：鄭地名，今河南原陽西南。一說舊滎澤西北有王宮城，城內東北隅有踐土臺，就是它的故址。

[69] 鄉役之三月：鄉同曏(xiàng)，猶言"不久之前"。杜預注謂"城濮役之前三月"。

[70] 駟介：用四匹披甲的馬駕一輛戰車。

[71] 用平禮：平禮指當初周平王接待晉文侯的儀式，現在周襄王用以來接待晉文公。

[72] 宥：古代宴會上贈送禮物的禮節。一說：同侑，即酬酢，勸人飲酒。

[73] 侯伯：以侯爲方伯，故曰侯伯。伯，訓長，諸侯之長。

[74] 大輅之服，戎輅之服：輅(lù)，即車；大輅，塗金的車，祭祀時所乘；乘時，以鷩冕(鷩音 bié，赤羽的雉雞；用鷩羽作飾的冕)爲服。戎輅即兵車；乘時以韋弁(熟皮所製的冠)爲服。

[75] 彤弓、旅弓：彤弓，紅色的弓。旅(lú)，黑色的弓。古代天子往往賜予諸侯弓矢，以表示這個諸侯掌有征伐之權。

[76] 秬鬯一卣：秬，黑黍。鬯(chàng)，香草，即鬱金香。秬鬯，用黑黍香草釀的香酒，用以祭神。卣(yǒu)，酒器名。

[77] 糾逖王慝：糾，檢舉；逖，別除；慝(tè)，惡。謂處治那些不利於周王室的壞人壞事。

[78] 奉揚天子之丕顯休命：奉，奉受；揚，發揚。丕，大；顯，光明；休，美；形容天子所下的命令。

[79] 要言：要(yāo)言猶約言。

[80] 皆獎王室：獎，扶助；謂加盟者都應扶助王室。

[81] 俾隊其師：隊同墜，落、隕；師，眾(古代師、眾一義，不專指軍隊)。謂(誰不遵守此盟)，就使他喪失民眾。

[82] 無克祚國：祚(zuò)，作位解；謂國位不能長久。

[83] 及其：據清阮元刻《十三經注疏》本《春秋左傳正義》附《春秋左傳校勘記》考證：當作"及爾"。

越王句踐滅吳〔國語·越語上〕

越王句踐棲於會稽之上，乃號令於三軍曰：“凡我父兄、昆弟及國子姓[1]，有能助寡人謀而退吳者，吾與之共知越國之政。”大夫種[2]進對曰：“臣聞之：賈人夏則資皮，冬則資絺，旱則資舟，水則資車，以待乏也。夫雖無四方之憂，然謀臣與爪牙之士[3]不可不養而擇也。譬如蓑笠，時雨既至，必求之。今君王既棲於會稽之上，然後乃求謀臣，無乃後乎！”句踐曰：“苟得聞子大夫之言，何後之有！”執其手而與之謀。

遂使之行成[4]於吳，曰：“寡君句踐乏無所使，使其下臣種，不敢徹聲聞於天王，私於下執事，曰：‘寡君之師徒不足以辱君矣[5]，願以金玉子女賂君之辱：請句踐女女於王，大夫女女於大夫，士女女於士；越國之寶器畢從。寡君帥越國之眾，以從君之師徒，唯君左右之[6]！若以越國之罪爲不可赦也，將焚宗廟，係妻孥[7]，沈金玉於江。有帶甲五千人，將以致死，乃必有偶[8]，是以帶甲萬人以事君也。無乃即傷君王之所愛乎！與其殺是人也，寧其得此國也，其孰利乎？’”

夫差將欲聽與之成。子胥[9]諫曰：“不可。夫吳之與越也，仇讎敵戰之國也。三江[10]環之，民無所移。有吳則無越，有越則無吳，將不可改於是矣。員聞之：陸人居陸，水人居水。夫上黨之國[11]，我攻而勝之，吾不能居其地，不能乘其車。夫越國，吾攻而勝之，吾能居其地，吾能乘其舟，此利也，不可失也已。君必滅之。失此利也，雖悔之，亦無及已！”越人飾美女八人納之大宰嚭[12]，曰：“子苟赦越國之罪，又有美於此者將進之。”大宰嚭諫曰：“嚭聞：古之伐國者，服之而已。今已服矣，又何求焉！”夫差與之成而去之。

句踐說於國人曰：“寡人不知其力之不足也，而又與大國執讎[13]，以暴露百姓之骨於中原，此則寡人之罪也。寡人請更。”於是葬死者，問傷者，養生者；弔有憂，賀有喜；送往者，迎來者；去民之所惡，補民之不足。然後卑事夫差宦士三百人於吳，其身親爲夫差前馬[14]。句踐之地，南至于句無，北至于禦兒,東至于鄞,西至于姑篾[15],廣運[16]百里。乃致其父兄昆弟而誓之,曰:"寡人聞古之賢君,四方之民歸之,若水之歸下也。今寡人不能,將帥二三子夫婦以蕃[17]。"命壯者無取老婦,令老者無取壯妻。女子十七不嫁,其父母有罪;丈夫二十不取,其父母有罪。將免[18]者以告,公令醫守之。生丈夫,二壺酒,一犬;生女子,二壺酒,一豚。生三人,公與之母;生二人,公與之餼[19]。當室者死,三年釋其政[20];支子[21]死,三月釋其政,必哭泣葬埋之如其子。令孤子、寡婦、疾疹、貧病者,納宦其子。其達士,潔其居,美其服,飽其食,而摩厲[22]之於義。四方之士來者,必廟禮之。句踐載稻與脂於舟以行,國之孺子之游者[23],無不餔也,無不歠[24]也,必問其名。非其身之所種則不食;非其夫人之所織則不衣。十年不收於國,民俱有三年之食。

國之父兄請曰:"昔者夫差恥吾君於諸侯之國,今越國亦節矣,請報之!"句踐辭曰:"昔者之戰也,非二三子之罪也,寡人之罪也。如寡人者,安與知恥,請姑無庸戰。"父兄又請曰:"越四封之內,親吾君也,猶父母也。子而思報父母之仇,臣而思報君之讎,其有敢不盡力者乎! 請復戰。"句踐既許之,乃致其眾而誓之,曰:"寡人聞古之賢君,不患其眾之不足也,而患其志行之少恥也。今夫差衣水犀之甲者億有三千,不患其志行之少恥也,而患其眾之不足也。今寡人將助天滅之。吾不欲匹夫之勇也,欲其旅進旅退[25]也。進則思賞,退則思刑;如此,則有常賞。進不用命,退則無恥;如此,則有常刑。"果行,國人皆勸。父勉其子,兄勉其弟,婦勉其夫,曰:"孰是君也,而可無死乎?"是故敗吳於囿[26],又敗之於沒[27],又郊敗之。

夫差行成,曰:"寡人之師徒不足以辱君矣,請以金玉子女賂君之辱。"句踐對曰:"昔天以越與吳,而吳不受;今天以吳予越,越可以無聽天之命而聽君之令乎? 吾請達王甬、句東[28],吾與君為二君乎!"夫差對曰:"寡人禮先壹飯[29]矣,君若不忘周室而為弊邑宸宇[30],亦寡人之願也。君若曰:'吾將殘女[31]社稷,滅女宗廟。'寡人請死,余何面目以視於天下乎! 越君其次[32]也!"遂滅吳。

——據《四部叢刊》本《國語》,參考中華書局出版徐元誥:《國語集解》

【解題】

《國語》是春秋時期的國别史,分周、魯、齊、晉、鄭、楚、吳、越八語,共二十一篇。除《周語》《鄭語》記有西周少量史實外,主要是春秋列國的史料。下限同《左傳》一致,到韓、趙、魏三家滅智伯(前453),説明成書也不會早於戰國初期。因司馬遷説過"左丘失明,厥有《國語》",所以一般認爲作者就是左丘明。

《國語》的編纂,以"國"分類,以"語"爲主。前一特色,反映春秋間各個地區的社會關係發展不平衡,因而同一時間的歷史在不同空間表現的差異,引起了歷史家的注意。後一特色,反映春秋時不同地域政治力量的消長變化,在人們中間有很不相同的議論,也促使歷史家去采輯。《國語》着重記載齊、晉、楚、吳、越五國霸業的興衰,以曾在中原稱霸而終被三家瓜分的晉事特詳,同時對向稱落後的楚、吳、越三地區的歷史表示重視,正是反映了那個時代的特點。

同《左傳》相對照,《國語》記敍的事件很多相同,但記原委很簡單,記言論則詳細,似乎二書在"記事"和"記言"方面有分工。因此東漢的班固、王充都曾把《國語》叫做《春秋外傳》或《左氏外傳》。但唐朝以來,不斷有人懷疑,最極端的今文經學家,還説今本《國語》已由劉歆竄改,并將其中一部分割裂成《左傳》。其實,《國語》從内容到形式,都是自成一體的史學著作。它展示歷史的横斷面,同編年史可以互相補充,因而成爲研究先秦史的重要資料。至於作者是誰,并不重要。

從漢以來,學者們對本書加以研究訓釋的,有東漢鄭衆、賈逵,三國吳虞翻、唐固等,惜多失傳。現存的《國語》較早注本,只有三國吳韋昭的《國語解》。到了清代,有些學者再加校釋,比較有名的,有洪亮吉《國語韋昭注疏》、汪遠孫《國語校注本三種》。近人吳曾祺撰《國語韋解補正》,徐元誥撰《國語集解》,也便參考。

《越王句踐滅吳》,選自《國語·越語上》。改革内政,發展生産,安定民生,并招致人材,這是春秋戰國之際新興諸國所常見的措施。本篇記敍的越國由弱變强的過程,就是一例。由此也可瞭解《國語》的史學特色。

【注釋】

[1] 國子姓:與王同姓的宗族。

[2] 大夫種:即文種。種字子禽,本爲楚人,後入越,任下大夫,和范蠡同助句

踐,終滅吴國。後遭句踐所忌,被迫自殺。

［3］ 爪牙之士：有多種涵義,此處指武臣將士。

［4］ 行成：成作平解,行成謂要求停戰、協議和平。

［5］ 寡君之師徒不足以辱君矣：寡君指句踐。師徒即軍隊。謂我國的軍隊已不足以屈辱您(吴王夫差)親來討伐了。

［6］ 唯君左右之：左右,動詞,即隨您擺佈的意思。

［7］ 係妻孥：係同繫。謂與妻子死生同命,不作吴國的俘虜。

［8］ 將以致死,乃必有偶：偶訓對、倍。謂將拚死決戰,必定人人勇氣百倍,能以一當二。

［9］ 子胥：伍員的字。員,楚人。父兄都被楚平王聽信讒言殺死,員被迫投奔吴國,事吴王闔廬爲行人,積極佐吴伐楚,經過五次戰役攻入楚都郢。後因反對許越求和,又屢請吴王夫差謀越,被越縱反間計,賄賂太宰嚭進讒,中傷他有異謀,爲吴王夫差賜劍自殺。員死時,曾預言越必滅吴,後果然。

［10］ 三江：有三説：岷江、松江(吴淞江)、浙江(錢塘江)；松江、錢塘江、浦陽江；松江、婁江(瀏河)、東江(今已堙塞)。近人以爲三江乃多條水道的總稱。

［11］ 上黨之國：黨,處所；上黨即高地。這裏泛指中原齊、魯、晉、鄭等國。一説：上黨是地名。

［12］ 大宰嚭：大讀如太。大宰,官名,吴正卿。嚭,人名,姓伯,本楚人,避禍奔吴。

［13］ 執讎：執,結；執讎即結仇。

［14］ 其身親爲夫差前馬：前馬,前驅在馬前。謂句踐親爲吴王夫差的前驅。

［15］ 句無,禦兒,鄞,姑篾：都是古地名。句無,在今浙江諸暨南；禦兒,在今浙江桐鄉崇德鎮東南；鄞,今浙江寧波；姑篾,在今浙江舊龍游(今分屬金華、衢縣)北。

［16］ 廣運：東西爲廣,南北爲運。

［17］ 蕃：通繁,繁殖人口。

［18］ 免：免即娩,或作挽,生子。

[19] 饎(xì)：即食物。

[20] 當室者死，三年釋其政：當室，嫡子。政，指徭役。謂嫡子死，免除徭役三年。

[21] 支子：凡嫡妻的次子以下及妾子爲"支子"。

[22] 摩厲：即磨礪，原指磨琢玉石，這裏借喻人的修養身心。

[23] 國之孺子之游者：孺子，幼童；游，同遊。謂句踐遇到了國中正在遊玩的兒童。

[24] 歠：古文啜字，給以飲料。

[25] 旅進旅退：旅，俱。謂作戰時必須進則俱進，退則俱退，行動紀律必須嚴格。

[26] 圉：即笠澤。笠澤，一説即今太湖；一説是太湖東岸一小湖，在今江蘇吳江境；一説即今吳淞江。後人一般用作吳江縣或吳淞江的別稱。

[27] 没：古地名。今地未詳。

[28] 吾請達王甬、句東：達，遣送。甬、句東，《左傳》和《史記·吳世家》都作"甬東"。甬東，據考證，即今浙江舟山島。一説：甬，甬江；句，句章，古地名，今浙江餘姚東南。

[29] 禮先壹飯：壹飯猶言微有恩惠。謂從情禮上説，以前曾經有恩於越。指以前允許越求和事。

[30] 若不忘周室而爲弊邑宸宇：宸宇，屋檐下，含有蔭庇意。謂越假如還看周王的情面（因吳和周同姓），而肯在越的屋檐下庇護吳，即允許吳作爲越的附庸。

[31] 女：即"汝"字。

[32] 次：部隊留宿。行軍一宿稱"舍"，再宿稱"信"，超過再宿稱"次"。

楚昭王問於觀射父〔國語·楚語下〕

　　昭王問於觀射父[1]曰:"《周書》[2]所謂重、黎實使天地不通[3]者,何也?若無然,民將能登天乎?"對曰:"非此之謂也。古者民神不雜[4]。民之精爽不攜貳者,而又能齊肅衷正;其智能上下比義,其聖能光遠宣朗[5];其明能光照之,其聰能聽徹之;如是,則明神降之,在男曰覡,在女曰巫[6],是使制神之處位次主,而爲之牲器時服[7]。而後使先聖之後之有光烈,而能知山川之號、高祖之主、宗廟之事、昭穆之世[8]、齊敬之勤、禮節之宜、威儀之則、容貌之崇、忠信之質、禋絜之服,而敬恭明神者,以爲之祝[9]。使名姓之後,能知四時之生、犧牲之物、玉帛之類、采服之宜、彝器之量、次主之度、屏攝之位[10]、壇場之所[11]、上下之神祇[12]、氏姓之所出,而心率舊典者,爲之宗[13]。於是乎有天地神明類物[14]之官,是謂五官[15],各司其序,不相亂也。民是以能有忠信,神是以能有明德。民神異業,敬而不瀆,故神降之嘉生,民以物享,禍災不至,求用不匱。及少皞[16]之衰也,九黎亂德[17]。民神雜糅,不可方物[18]。夫人作享,家爲巫史[19],無有要質,民匱於祀,而不知其福。烝享無度,民神同位。民瀆齊盟[20],無有嚴威。神狎民則,不蠲其爲[21]。嘉生不降,無物以享。禍災荐臻,莫盡其氣。顓頊受之,乃命南正重司天以屬神[22],命火正黎司地以屬民[23],使復舊常,無相侵瀆,是謂絕地天通[24]。其後三苗復九黎之德[25],堯復育重、黎之後不忘舊者,使復典之,以至於夏、商。故重、黎氏世敘天地,而別其分主者也。其在周,程伯休父[26]其後也。當宣王時,失其官守,而爲司馬氏。寵神其祖,以取威於民,曰:'重寔上天,黎寔下地。'遭世之亂[27],而莫之能禦也。不然,夫天地成而不變,何比之有?"

　　子期[28]祀平王,祭以牛,俎於王[29]。王問於觀射父曰:"祀牲何及?"對曰:"祀加於舉[30]。天子舉以大牢[31],祀以會[32]。諸侯舉以特牛,祀以大牢。卿舉以少牢，祀以特牛。大夫舉以特牲，祀以少牢。士食魚炙，祀以特牲。庶人食菜，祀以魚。上下有序，則民不慢。”

王曰：“其小大若何？”對曰：“郊禘不過繭栗，烝嘗不過把握[33]。”

王曰：“何其小也？”對曰：“夫神，以精明臨民者也，故求備物[34]，不求豐大。是以先王之祀也，以一純、二精、三牲、四時、五色、六律、七事、八種、九祭、十日、十二辰[35]以致之，百姓、千品、萬官、億醜、兆民、經入、畡數以奉之；明德以昭之，和聲以聽之[36]。以告徧至，則無不受休[37]。毛以示物，血以告殺；接誠拔取以獻具[38]，爲齊敬也。敬不可久，民力不堪，故齊肅以承之。”

王曰：“芻豢幾何？”對曰：“遠不過三月，近不過浹日[39]。”

王曰：“祀不可以已乎？”對曰：“祀所以昭孝息民[40]，撫國家，定百姓也，不可以已。夫民氣縱則底[41]，底則滯；滯久而不震，生乃不殖[42]。其用不從，其生不殖，不可以封。是以古者先王日祭、月享、時類、歲祀[43]，諸侯舍日，卿大夫舍月，士庶人舍時。天子徧祀羣神品物，諸侯祀天地、三辰及其土之山川，卿大夫祀其禮[44]，士庶人不過其祖。日月會於龍狵[45]，土氣含收，天明昌作[46]；百嘉備舍[47]，羣神頻行[48]；國於是乎烝嘗，家於是乎嘗祀。百姓夫婦，擇其令辰，奉其犧牲，敬其粢盛，絜其糞除，慎其采服，禋其酒醴，帥其子姓[49]，從其時享，虔其宗祝，道其順辭，以昭祀其先祖；肅肅濟濟，如或臨之。於是乎合其州鄉朋友婚姻，比爾兄弟親戚。於是乎弭其百苛，殄其讒慝，合其嘉好，結其親暱，億[50]其上下，以申固其姓。上所以教民虔也，下所以昭事上也。天子，禘郊之事，必自射其牲；王后必自舂其粢。諸侯，宗廟之事，必自射牛、刲羊、擊豕；夫人必自舂其盛。況其下之人，其誰敢不戰戰兢兢，以事百神！天子親舂禘郊之盛，王后親繰其服；自公以下，至於庶人，其誰敢不齊肅恭敬，致力於神！民，所以攝固者也，若之何其舍之也！”

土曰：“所謂一純、二精、七事者，何也？”對曰：“聖王正端冕，以其不違心，帥其羣臣精物，以臨監享祀，無有苛慝於神者，謂之一純。玉、帛爲二精。天、地、民及四時之務爲七事。”

王曰：“三事者何也？”對曰：“天事武，地事文[51]，民事忠信。”

王曰：“所謂百姓、千品、萬官、億醜、兆民、經入、畡數者，何也？”對曰：

"民之徹官百[52]。王公之子弟之質[53]能言、能聽、徹其官者,而物賜之姓[54],以監其官,是爲百姓。姓有徹品,十於王謂之千品[55]。五物之官,陪屬萬,爲萬官[56]。官有十醜,爲億醜[57]。天子之田九畡[58],以食兆民[59]。王取經入[60]焉,以食萬官。"

——據《四部叢刊》本《國語》,參考中華書局出版徐元誥:《國語集解》

【解題】

《楚昭王問於觀射父》二則,録自《國語·楚語下》。標題是編者加的。前一則記載觀射父關於原始宗教發展的看法,表明春秋時的貴族已很懂得神權的作用。後一則記載楚昭王和觀射父關於祭祀的幾段對話,清楚地説明提倡宗教對於凝聚民心的作用。其中也保存了一些社會思想的重要史料。

【注釋】

[1] 觀射父:春秋時楚國大夫,《楚語》下記王孫圉説他"能作訓辭,以行事於諸侯,使無以寡君爲口實",因而是"楚之所寶"。

[2] 周書:周穆王相甫侯所作的刑書,即今《尚書·周書·吕刑》篇。

[3] 重、黎實使天地不通:重、黎,傳説中顓頊氏時的兩個人名。《世本》謂二人同是顓頊之後,這裏以爲同爲顓頊臣。一説重黎乃官名,非人名。實使天地不通,《尚書·吕刑》有"乃命重黎,絶地天通"語,楚昭王誤解爲斷了登天之路。

[4] 民神不雜:司民的官同司神的官不相混亂。

[5] 其智……宣朗:義讀爲儀,訓爲度;比儀即比度的意思。光遠,清王引之説讀作廣遠;宣朗即明朗。謂精誠純一、嚴肅中正之民,他的智慧比於天地,通達至於四方。

[6] 在男曰覡,在女曰巫:覡(xí)、巫是專爲人們向鬼神祈禱或自謂能傳達鬼神意旨的人。男子也可稱巫。

[7] 是使……時服:主,即木主。牲,準備供祭祀或飲宴用的家畜。謂祭祀時,祭壇上的祭位、木主要遵照一定的尊卑、先後、遠近的次序排列,以分

別獻上毛色大小不同的牲口,安排形製不一的祭器,規定四時祭祀所應穿着的服色。

[8] 昭穆之世:古代宗廟、墓葬的排列,都是始祖居中,以下父(二、四、六代)爲昭,子(三、五、七代)爲穆;昭居左,穆居右。當祭祀時,子孫也分昭穆。昭穆之世就是用"父昭子穆"來分別世代的先後。

[9] 祝:古代的神職人員,主持祭祀儀式,"知山川之號"以下説的就是祝的十項任務。

[10] 屏攝之位:屏,屏風;攝即翣扇,屏風的一種。屏風本是室内的陳飾,用以分隔主人和侍從;這裏指祭祀時分別尊卑的位置。一説:屏作并解,攝有代意。謂:祭祀時,祭祀的正主(宗子)不在時,庶子可以代理,但不得居正主的位。

[11] 壇場之所:築土堆高爲壇,闢除一塊地方稱場,是古代祭神之所。朝會、盟誓等事,舉行隆重的儀式,也設壇場。

[12] 上下之神祇:天神曰神,包括上天及日、月、星等;地神曰祇,包括地、山林、川谷、丘陵。

[13] 而心率舊典者,爲之宗:舊典,故法、故事,指以上十事的傳統規定。凡名門貴族的後代,遵循舊典,就可以掌管祭祀,稱爲宗,也是神職人員。王室、諸侯、貴族都有宗,周王室的宗稱爲宗伯。

[14] 類物:辨別善惡、利用器物的官。《史記·曆書》作"物類",即各以物類稱它的職掌,如"土正"稱爲"后土"等。

[15] 五官:五行之官,即:木正曰句芒,火正曰祝融,金正曰蓐收,水正曰玄冥,土正曰后土。見《左傳》昭公二十九年。

[16] 少皞:傳説中居於空桑(今山東曲阜)的部落首領,也作少昊,與黃帝同時或略後。或説,少昊有二人:一名清陽,是黃帝之子;一名摯,爲清陽之子,號金天氏。

[17] 九黎亂德:九黎是傳説中少昊時的諸侯,在少昊末年,曾效法蚩尤,發動叛亂。或説爲部族名,蚩尤即九黎族首領,這裏指蚩尤同黃帝大戰事。

[18] 不可方物:方,區別;物,名物。謂由於民神相混,不能區别名位。

[19] 夫人作享,家爲巫史:夫,發語詞;夫人,人人;享,祭享。巫掌接神,史序

神位。謂人人自爲祭享,家家作起巫史。

[20] 民瀆齊盟:瀆,變易,褻慢。齊,古文"粢"的假借字;盟,古文"明"的假借字;齊明,即明齊,盛着黍稷的祭器。謂庶民們褻慢了原來莊嚴的敬神儀式。

[21] 神狎民則,不蠲其爲:狎,狎習、輕狎。蠲(juān),清潔。則,據清俞樾説,與"祇"同,語助辭。謂民神混雜,所有的行爲毫不祇誠潔净。

[22] 乃命南正重司天以屬神:正,長官;南正,古官名。屬,會合。神的本意爲天和人的媒介,即祭祀、降神等事。命南正重主管天事,以會合羣神,即謂祭祀等事由部落貴族專管。

[23] 命火正黎司地以屬民:火正,古官名。《漢書・五行志》説掌祭火星,行火政。司地,東漢應劭説古以火數爲二,二又是地數,所以命火正黎主管土地,以會集人民。但《史記・太史公自序》謂顓頊命"北正黎以司地"。因而或説,火正應作北正,北是陰位,故主地,見《國語》韋昭注。

[24] 絕地天通:隔絕地上人民同天上神祇相通的道路。表明在原始社會後期,神權被部落貴族所壟斷。

[25] 其後三苗復九黎之德:其後,指傳説中顓頊以後的高辛氏時。三苗,堯舜時居於洞庭湖附近的部落,九黎的後裔,相傳堯舜禹都曾同三苗大戰。

[26] 程伯休父:程,國名,在今陝西咸陽東。伯,封爵名。休父,《史記・太史公自序》作休甫,火正黎的後裔。

[27] 遭世之亂:指西周、東周之際的幽王、平王時代。

[28] 子期:楚平王子,昭王弟,名結,官大司馬。

[29] 祭以牛,俎於王:俎,古代盛放牲肉的木几。王,指昭王。謂以牛祀平王,而以俎祀牛獻給昭王。

[30] 祀加於舉:加,增加;舉,古代貴族在朔望那一天的殺牲盛饌。謂增加祭牲以祭祀。

[31] 大牢:大讀如太;太牢,牛、羊、豕三牲具備;只備羊豕叫少牢,一牛叫特牛,一豕叫特牲。

[32] 祀以會:會,會聚三個太牢。天子舉行大祭,要用三太牢,并用四方的貢物作爲祭禮。

[33] 郊禘……把握：郊禘，即祭天禮。繭，蠶繭；這裏用繭、栗比喻牛角的形狀，烝，冬祭。嘗，秋祭。把握，也是比喻牛角的長短。謂祭天只用角粗如繭栗的小牛，秋冬祭祖也只用角長不出一把的小牛。

[34] 備物：完整精潔的物品。

[35] 六律、七事、八種、九祭、十日、十二辰：六律，指古樂十二律中的陽聲律，即黃鐘、太蔟、姑洗、蕤賓、夷則、無射。七事，指天、地、民和四時的事。八種，即八音，是金、石、絲、竹、匏、土、革、木等八種樂器發出的聲音。九祭，九州助祭的物產。十日，甲至癸，即天干十位；十二辰，子至亥，即地支十二位；謂選擇吉日良辰以祭神。

[36] 和聲以聽之：韋昭注謂"中和之聲，使神聽之"。實即奏樂迎神。

[37] 以告徧至，則無不受休：至，指神靈下降。休，作福慶解。

[38] 接誠拔取以獻具：接誠，對神表示虔誠。拔取，殺牲後拔毛取血。獻具，向神獻上完整潔淨的祭品。按清俞樾考證，以爲"接誠"上有缺文，當爲"□□以接誠"和下"拔取以獻具"對句。

[39] 遠不過三月，近不過浹日：浹日即十天。謂牛羊豕三牲養到三個月，雞鴨之類養到十天，就可用作祭品。

[40] 息民：繁殖人口。

[41] 底：作停止解。

[42] 生乃不殖：生，指一切生物；殖，成長。謂神不降福，生物都不能蕃殖。

[43] 日祭、月享、時類、歲祀：日祭，祭先父和祖父。月享即月祭，祭曾、高祖。時類，祭遠祖，告以事類。歲祀，一年一次的大祭。清汪中考證，以爲古無日祭的禮。古代天子諸侯出門，必用幣帛等告祖，或係日祭的儀式。

[44] 卿大夫祀其禮：禮，指卿大夫須要遵守的祭法，即祭自己的嫡系祖先。此外，有采地的卿大夫可以同諸侯一樣，祭司命、中霤、門、行、屬等五祀；沒有采地的，衹能祭門、行、屬三祀。

[45] 日月會於龍�：�　(dòu)，即"龍尾"，星座名，也就是二十八宿中的尾宿，由天蝎座中九顆星構成。謂周曆十二月即夏曆十月，這時候，日在尾，月追及日，會合於尾宿所在天區。

[46] 天明昌作：昌，盛；作，上升。謂地面陽氣上升天上，表示初冬已至。

[47] 百嘉備舍：百嘉，豐收的各種穀物；備舍，儲入倉舍。

[48] 羣神頻行：頻同並，謂羣神一起來求祀。

[49] 子姓：子，衆子，指同姓宗族。

[50] 億：作安解。

[51] 天事武，地事文：古人有天地乾坤之説；乾象徵剛健，故稱武；坤質柔順，故稱文。

[52] 民之徹官百：徹，作達解。謂民做官，可以直接對上通名的，有百官。古制天子千官，諸侯百官；楚是諸侯國，故説徹官百。

[53] 質：性。韋昭注謂"有賢質"。

[54] 物賜之姓：物指事功。古代官有世襲職事，因事功而成爲官族，如"司馬"、"司徒"等。

[55] 姓有徹品，十於王謂之千品：品不能言徹，"十於王"也不通，故疑"徹"、"十"互倒，當作"姓有十品，徹於王者謂之千品"。謂姓可分流品，姓有十品，百姓就共有千品，百姓都可上達於王，故謂"徹於王謂之千品"。

[56] 五物之官，陪屬萬，爲萬官：五物，韋昭注："謂天地神明類事之官也。"即一切神職和世俗官員。陪，重；臣之臣叫陪屬，每品下又有十等，千品的陪屬有萬名。

[57] 官有十醜，爲億醜：醜，類。古數以十萬爲億。萬官各十醜，故稱億醜。

[58] 九晐：晐同垓，古代計數的最高單位：十萬爲億，十億爲兆，十兆爲經，十經爲垓，見徐岳《數術紀遺》。這裏用九晐來形容"普天之下，莫非王土"，天子之田多得不可勝數。一説，九指九州，九晐謂天子的田畝達到九州之內的最高數。

[59] 食兆民：謂民都耕而食於"天子之田"中。兆民，也形容極多，古稱所謂天子臣民叫"兆民"，諸侯臣民叫"萬民"。

[60] 經入：經，常；經入即經常的稅收。或説經同京，十兆爲京，經入指稅收的數量也多得數不清。

作　　篇〔世本〕（輯佚）

燧人造火[1]。

伏犧制以儷皮嫁娶之禮[2]。伏羲造琴瑟[3]。芒[4]作網。芒氏作羅[5]。

女媧作笙簧[6]。隨作竽[7]，隨作笙。

神農和藥濟人[8]。神農作琴[9]，神農作瑟。巫彭作醫[10]。垂作規矩準繩[11]。垂作耒耜[12]，垂作銚耨[13]。

蚩尤以金作兵器[14]。宿沙作煮鹽[15]。

黃帝造火食[16]、旃冕[17]。黃帝使羲和占日[18]，常儀占月[19]，臾區占星氣[20]，伶倫造律呂[21]，大撓作甲子[22]，隸首作算數[23]，容成[24]綜此六術，著調曆[25]。黃帝使伶倫造磬[26]，垂作鐘[27]，沮誦、蒼頡作書[28]，史皇作圖[29]。伯余製衣裳[30]，胡曹作冕[31]，胡曹作衣，於則作扉履[32]。雍父作舂[33]，雍父作杵臼[34]。夷牟作矢[35]，揮作弓[36]。共鼓、貨狄作舟[37]。

祝融作市[38]。

鯀作城郭[39]。化益作井[40]。咎繇作耒耜[41]。后益作占歲之法[42]。皋陶制五刑[43]。巫咸作筮[44]，巫咸作鼓[45]，巫咸作醫[46]。毋句作磬[47]。

舜始陶[48]。舜造簫[49]。夔作樂[50]。垂作鐘[51]。叔造磬[52]。儀狄始作酒醪[53]，變五味[54]。

禹作宮室[55]。少康作箕帚[56]。杜康[57]造酒。少康作秫酒[58]。杼作甲[59]，杼作矛。逢蒙作射[60]。昆吾作陶[61]。

奚仲作車[62]。相土作乘馬[63]。胲作服牛[64]。膜作駕[65]。微作褌、五祀[66]。紂爲玉牀[67]。

——據 1957 年商務印書館出版《世本八種》的雷學淇、茆泮林兩輯本合編，內容有刪節

【解題】

《世本》是先秦的史官檔案記錄的彙編，書已佚。據各種古書徵引的文字來看，內容

有七部分：《帝繫》《世家》，記黄帝到東周列國王侯的世系；《譜》，記周王室和諸侯國執政的世卿大夫的年表；《傳》，記春秋前的名人事蹟；《氏姓篇》，是先秦大小貴族的起源和宗支分化狀況的族譜；《居篇》，記三代王都和列國都邑的變遷；《作篇》，記上古的技術發明和禮樂初制。各篇文字都很簡單，僅錄事狀而無評論。材料以春秋前最詳，也有一點戰國到西漢初的記録。因而後人推斷它原是周王室史官分門別類保管的歷史檔案，由秦漢間人彙編增補而成。

《世本》很受後代歷史家重視。司馬遷的《史記》，從取材到體例，都明顯地受了《世本》的影響。因而可説《世本》是歷代王朝紀傳體“正史”的雛形。但也由於它的大部份内容，不過是古代文明早期的貴族家譜，對於處在“君子之澤，五世而斬”的春秋戰國之交的世襲貴族來説，自有其特殊意義，但隨着歷代王朝的不斷更替，這類古老家譜就逐漸喪失了存在價值。因此到宋朝以後，《世本》完全散亡，便不足爲奇。

明清的輯佚學者搜集《世本》佚文的著作很多，以清朝秦嘉謨輯本最詳盡，但濫收他書文字不少，不如茆泮林、雷學淇二輯本嚴謹。商務印書館曾將明清輯本彙刻爲《世本八種》，校勘較精，可參看。清張澍的輯本，在三國時宋衷注的基礎上作了補注，但考證較粗；近人章炳麟的《訄書·尊史》篇、梁啓超的《中國歷史研究法》等，對《世本》的史學價值都有估計，也可參看。

《作篇》是《世本》的一篇，詳記我國遠古到戰國期間各種生產工具、應用技術、武器和樂器的發明史。作者把一切新技術的出現，都歸功於某個聖人賢人，這是古典史觀的表現。然而篇中所述的事件，不僅大體符合生產力變革的一般情形，而且如“胲作服牛”等記録，也已得到甲骨文的證明。因此，本篇不是純屬想像的神話，而是累世相傳的關於技術發展歷史的記録，缺點是對周朝的技術發明講得很少。

【注釋】

[1]　燧人造火：燧是古代摩擦生火的工具，用木叫木燧，用石叫石燧。燧人，我國古代傳説的人工取火技術的發明者。《韓非子·五蠹》：“上古之世，……民食果蓏蚌蛤，腥臊惡臭而傷害腹胃，民多疾病。有聖人作，鑽燧取火，以化腥臊，而民説（悦）之，使王天下，號之曰燧人氏。”

[2]　伏犧……之禮：伏犧，也作伏羲、庖犧、宓羲、伏戲，古代傳説的漁獵技術的發明者。《周易·繫辭下》：庖犧氏“作結繩而爲網罟，以佃以漁”。又

說他"始作八卦"。儷,匹偶。儷皮,兩鹿皮,先秦時貴族訂婚要用一對鹿皮作聘禮,這裏説起源於伏羲時,反映那時已開始對偶婚制。

[3]　琴瑟:古代的兩種弦樂器,相傳伏羲削桐爲琴,五弦,又作瑟,五十弦。

[4]　芒:一作句芒,相傳爲伏羲之臣。

[5]　羅:鳥網。

[6]　女媧作笙簧:女媧有兩種傳説,一説她曾鍊石補天,積蘆灰止洪水,摶黄土作人,是人類之母;一説她和伏羲是兄妹,在洪水過後結成夫婦以綿延人類。笙,古代的簧樂器,簧是其中吹氣振動發聲的薄葉,用竹箬或銅片製成。

[7]　隨作竽:隨,相傳爲女媧之臣。竽,類似笙的簧樂器,最初笙十三簧,竽三十六簧。

[8]　神農和藥濟人:神農,傳説的農耕技術的發明者,《周易·繫辭下》説他"斲木爲耜,揉木爲耒",《淮南子·脩務訓》説他教民播種五穀,又嘗百草,發現了醫藥。或説神農即古代居於中原地區的炎帝族祖先,姓姜。

[9]　神農作琴:也見《説文》及桓譚《新論》。本篇中同一器物常記不同作者,反映許多技術發明者非一人。

[10]　巫彭作醫:巫是原始宗教中跳神驅鬼的人物。古代醫出於巫,故稱巫醫。巫彭,傳説發明醫術的古巫,名又見《山海經·海内西經》。

[11]　垂作規矩準繩:垂,也作倕,傳説的原始時代名匠,古記載提到他在神農、黄帝、帝嚳、堯、舜時,都有創作,當是古代工匠的通名。規即圓規,畫圓的工具。矩即後世木工的曲尺,畫方形的工具。準,定水平的工具。繩,定曲直的工具。另説,規矩的創造者是伏羲,或説規矩準繩均爲夏禹治水時造。

[12]　耒耜:古代起土用的木臿或石臿,耒是木柄,耜是木或石製的臿。一説,耒是兩股叉似的耕具。

[13]　銚耨:古代兩種除草工具。銚是大鋤,一説爲鐮。耨是蚌製或石製的鋤。原始時代遺址中没有發現過金屬農具,銚字從金,出現應較晚。

[14]　蚩尤以金作兵器:金即銅。蚩尤,傳説是東方部落的首領,與少昊族結成聯盟;一説是原居南方的九黎族首領,後自稱炎帝,號阪泉氏,《山海經》

说"蚩尤作兵伐黄帝",《管子》说蚩尤得到銅礦山而"作五兵",即戈、矛、戟、酋矛、夷矛。

[15] 宿沙作煮鹽:宿沙,一作夙沙,傳說爲炎帝時諸侯,一說是黄帝臣。煮鹽即煮海水爲鹽。

[16] 黄帝造火食:黄帝,傳說的古代中原各族的祖先,姬姓,號軒轅氏,原居於黄河中上游,後同炎帝族結成部落聯盟,打敗蚩尤,逐漸定居在中原地區。火食,熟食,《逸周書》說黄帝始蒸穀爲飯。

[17] 旒冕:旒通毓,毛織物。冕,古代禮冠。《周禮・春官・司服》說王者祭祀上帝"則服大裘而冕",祭祀山川"則毳冕"。

[18] 羲和占日:羲和,傳說爲黄帝時的天文官;一說羲、和爲二氏,是顓頊時主管天地的重、黎氏的後代。占日,觀測太陽視運動,以定"年"的長度。這是陽曆的基礎,大約商朝已使用。

[19] 常儀占月:常儀,一作尚儀,傳說爲黄帝時的天文官,一說爲帝嚳的次妃。占月,觀測月亮運動,以定"月"即朔望月的長度。這是陰曆的基礎,出現要比占日法早。

[20] 臾區占星氣:臾區,一作鬼臾區,號大鴻,傳說爲黄帝時諸侯。占星氣,占星望氣。相傳夏朝已觀測歲星運動情況來占候年成豐歉,同時也觀測彗星、流星、隕星等推測人事吉凶,稱占星術。氣指氣象、氣候,最初的望氣可能指判斷節氣,同農業有密切關係,後變成占星術的一種,指望雲氣以占吉凶。

[21] 伶倫造律呂:伶倫,也作冷倫、泠淪,傳說爲黄帝時樂師,相傳曾到崑崙山北嶰谿之谷取竹,製成十二管,以筒的長短來區別聲音的清濁,分陰陽各六,陽爲律,陰爲呂,以校正樂律。

[22] 大撓作甲子:大撓,一作太撓,傳說爲黄帝時史官。甲子,即干支紀日法,殷代甲骨文中已普遍應用,後來推廣到用以紀年、紀月、紀時。

[23] 隸首作算數:隸首,也作黔如,傳說爲黄帝時史官。算指籌算,即用一定規格的竹籌進行計算的方法。數指十進位文字計數,在殷代甲骨文中已普遍使用,並用百千萬等數。

[24] 容成:傳說爲黄帝時史官,或說爲黄帝師。

[25]　著調曆：調，樂律。調曆，律曆，一説曆法名，即後世傳説的《黄帝曆》。詳
　　　見《史記·曆書》。

[26]　磬：古代石製打擊樂器，後也用玉製。

[27]　鐘：古代銅製打擊樂器。

[28]　沮誦、蒼頡作書：沮誦、蒼頡，傳説都是黄帝時史官。書，文字。古代關於
　　　蒼頡造文字的傳説很多，或謂視龜紋而造，或謂仿鳥跡而造，反映最初的
　　　文字爲象形字。

[29]　史皇作圖：史皇，傳説爲黄帝臣，一説即蒼頡。圖，圖畫。象形字最初由
　　　畫畫發展而來，故作圖的時代當較作書爲早。

[30]　伯余製衣裳：伯余，傳説爲黄帝臣，一説即黄帝。上裝叫衣，下裙爲裳。
　　　《淮南子·氾論訓》：“伯余之初作衣也，緂麻索縷，手經指挂，其成猶
　　　網羅。”

[31]　胡曹：傳説爲黄帝臣。

[32]　於則作扉屨：於則，傳説爲黄帝臣。扉（fēi），麻、葛鞋，揚雄《方言》：“扉、
　　　屨，麤履也，徐、兖之郊謂之扉，自關而西謂之屨。”履，絲或革鞋，也泛
　　　指鞋。

[33]　雍父作舂：雍父，傳説爲黄帝臣。舂，搗，謂發明將穀物舂搗脱殼的技術。

[34]　杵臼：舂穀物的工具。傳説黄帝時斷木爲杵，掘地爲臼，用火將臼烤硬，
　　　使民搗粟。一説爲伏羲作。

[35]　夷牟作矢：夷牟，又作牟夷，傳説爲黄帝臣，當是以製造弓矢著名的東夷
　　　部落。矢即箭。

[36]　揮作弓：揮，傳説爲黄帝臣，一説是黄帝之孫，即青陽之子。另有傳説，謂
　　　夷羿作弓，或説少昊子般始作弓，則弓也是東夷部落的發明。

[37]　共鼓、貨狄作舟：傳説二人均係黄帝臣。相傳共鼓見空心木可浮水渡人，
　　　於是“剄木爲舟”，貨狄見魚尾划水而游，於是“剡木爲楫”。

[38]　祝融作市：祝融，傳説爲顓頊之子，名黎，高辛氏時任火正，即主管土地、
　　　會集人民的官員。市即商業集市。一説，神農時，“日中爲市，致天下之
　　　民，聚天下之貨，交易而退，各得其所。”見《周易·繫辭》下。

[39]　鯀作城郭：鯀，也作鮌，傳説爲堯臣，見本書《天問》注[6]。

[40] 化益作井：化益，即伯益，傳說是同禹一起征服洪水的東夷部落首領，見本書《天問》注[36]。

[41] 咎繇作耒耜：咎繇，據近人章炳麟考證，即傳說中堯想禪讓天下給他而他不受的許由。

[42] 后益作占歲之法：后益即益，也即化益，傳說他曾繼禹爲君。后即君。占歲，預測年成吉凶。一本無"之法"二字。

[43] 皋陶制五刑：皋陶(gāo yáo)，傳說堯時的東夷部落首領，舜時作士，即獄官之長，禹時曾被推選爲部落聯盟首領的候選人，先禹而卒。五刑，今文《尚書·堯典》説舜命皋陶作五刑，即墨、劓、剕、宮、大辟。

[44] 巫咸作筮：巫咸，傳說堯時的巫醫，一説爲黃帝時人，或說殷時人，可能是世襲的原始宗教貴族。筮(shì)，用蓍草占卦。

[45] 鼓：打擊樂器名。傳說巫咸創製銅鼓。

[46] 作醫：傳說巫咸曾爲堯之醫。

[47] 毋句作磬：毋句，一作無句，傳說是堯臣，曾製磬十六枚，堯又曾命他製琴。

[48] 舜始陶：舜，傳說是有虞氏部落成員，名重華，後繼堯任部落聯盟首領。陶，指製作陶器。

[49] 簫：排簫，古代的管樂器，編竹而成，大的二十三管，小的十六管。傳說舜所造的爲十管。

[50] 夔作樂：夔(kuí)，傳說爲舜時樂正，事又見《呂氏春秋·察傳》。

[51] 垂：這裏的垂，傳說爲舜時的共工(工官)。

[52] 叔：傳說是舜時人，一説即毋句。

[53] 儀狄始作酒醪：儀狄，傳說爲禹臣。事又見《戰國策·魏策》三。醪(láo)，酒精濃度高的有滓甜酒。

[54] 五味：辛、酸、鹹、苦、甘。一説，指醯(醋)、酒、飴蜜、薑、鹽之類。

[55] 禹作宮室：禹，傳說是夏朝的建立者，參見本書《天問》。《呂氏春秋》等書説黃帝時已作宮室。

[56] 少康作箕帚：少康，傳說爲夏朝的第六代君主，見本書《天問》注[61]。箕，簸箕，揚米去糠的工具。帚，掃帚。

[57] 杜康：傳說爲夏朝人，《説文》謂即少康。一説是黄帝時人。後來被奉作
酒神。

[58] 秫酒：秫，稷中有黏性的一種，古代北方稱作黄米，常用來製酒。

[59] 杼作甲：杼，一作予，傳説爲少康之子，夏朝第七代君主。甲，鎧甲，相傳
最初用犀兕皮製成。

[60] 逄蒙作射：逄蒙，也作蓬蒙、蠭門等，傳説爲夏時有窮氏君主羿的家臣。
射，射箭技術。

[61] 昆吾作陶：昆吾，相傳是顓頊的後裔，己姓部落的首領，曾爲夏伯（諸侯之
長），傳説他“製作陶冶，埏埴爲器”，改進了製陶技術；又傳説夏啓曾遣使
至昆吾鑄鼎。

[62] 奚仲作車：奚仲，傳説爲夏初任姓部落首領，禹時任車正。《山海經·海
內經》：“奚仲生吉光，吉光是始以木爲車。”説略異於《世本》。

[63] 相土作乘馬：相土，商族始祖契之孫，夏帝相時爲商族部落首領。乘馬，
馬車。

[64] 胲作服牛：胲即王亥，相土四世孫。服牛，牛車，一説用牛作負重工具。
王亥曾駕着牛車在各部落間做生意，後被狄族的有易氏殺死，牛也被
奪去。

[65] 膶作駕：膶即胲。駕，駕車，也指車乘。《吕氏春秋·勿躬》説“乘雅作
駕”。另有傳説，謂王亥發明了牛車的靷，乘雅發明了馬車的軏。

[66] 微作禓、五祀：微即上甲微，王亥之子，他曾借河伯的兵打敗有易氏，奪回
了牛。禓，祭祀以驅强死鬼。五祀，舊説不一，當謂以血祭祭五種神。

[67] 紂爲玉牀：紂是商朝末代君主，被後來統治者説成淫佚亡國的人物。

秦圍趙之邯鄲〔戰國策・趙策三〕

秦圍趙之邯鄲[1]，魏安釐王[2]使將軍晉鄙救趙，畏秦，止於蕩陰[3]，不進。魏王使客將軍辛垣衍[4]間入邯鄲，因平原君謂趙王[5]曰：“秦所以急圍趙者，前與齊閔王爭强爲帝，已而復歸帝，以齊故[6]。今齊閔王益弱[7]，方今唯秦雄天下。此非必貪邯鄲，其意欲求爲帝。趙誠發使尊秦昭王爲帝，秦必喜，罷兵去。”平原君猶豫未有所決。

此時魯仲連[8]適游趙，會秦圍趙，聞魏將欲令趙尊秦爲帝，乃見平原君曰：“事將奈何矣？”平原君曰：“勝也何敢言事！百萬之衆折於外[9]，今又内圍邯鄲而不去。魏王使客將軍辛垣衍令趙帝秦，今其人在是。勝也何敢言事！”魯連曰：“始吾以君爲天下之賢公子也，吾乃今然後知君非天下之賢公子也。梁客辛垣衍安在？吾請爲君責而歸之！”平原君曰：“勝請爲召而見之於先生。”平原君遂見辛垣衍曰：“東國有魯連先生，其人在此，勝請爲紹介而見之於將軍。”辛垣衍曰：“吾聞魯連先生，齊國之高士也。衍，人臣也，使事有職，吾不願見魯連先生也。”平原君曰：“勝已泄之矣。”辛垣衍許諾。

魯連見辛垣衍而無言。辛垣衍曰：“吾視居此圍城之中者，皆有求於平原君者也。今吾視先生之玉貌，非有求於平原君者，曷爲久居此圍城之中而不去也？”魯連曰：“世以鮑焦無從容而死[10]者，皆非也。今衆人不知，則爲一身。彼秦，棄禮義、上首功[11]之國也，權使其士，虜使其民。彼則肆然而爲帝，過而遂正於天下[12]，則連有赴東海而死矣！吾不忍爲之民也！所爲見將軍者，欲以助趙也。”辛垣衍曰：“先生助之奈何？”魯連曰：“吾將使梁及燕助之，齊、楚固助之矣。”辛垣衍曰：“燕則吾請以從矣。若乃梁，則吾乃梁人也，先生惡能使梁助之邪？”魯連曰：“梁未睹秦稱帝之害故也。使梁睹秦稱帝之害，則必助趙矣。”

辛垣衍曰：“秦稱帝之害將奈何？”魯仲連曰：“昔齊威王嘗爲仁義矣，率天下諸侯而朝周。周貧且微，諸侯莫朝，而齊獨朝之。居歲餘，周烈王崩，諸侯皆弔,齊後往。周怒,赴[13]於齊曰:'天崩地坼,天子下席[14],東藩之臣田嬰齊後至,則斮之!'威王勃然怒曰:'叱嗟!而母婢也[15]!'卒爲天下笑。故生則朝周,死則叱之,誠不忍其求也。彼天子固然,其無足怪!"辛垣衍曰:"先生獨未見夫僕乎?十人而從一人者,寧力不勝智不若邪?畏之也。"魯仲連曰:"然梁之比於秦若僕邪?"辛垣衍曰:"然。"魯仲連曰:"然吾將使秦王烹醢[16]梁王。"辛垣衍怏然不說曰:"嘻!亦太甚矣,先生之言也!先生又惡能使秦王烹醢梁王?"

魯仲連曰:"固也。待吾言之:昔者鬼侯、鄂侯、文王[17],紂之三公也。鬼侯有子而好[18],故入之於紂。紂以爲惡,醢鬼侯。鄂侯爭之急,辨之疾,故脯鄂侯[19]。文王聞之,喟然而歎,故拘之於牖里之庫[20]百日而欲令之死。曷爲與人俱稱帝王,卒就脯醢之地也?齊閔王將之魯,夷維子[21]執策而從,謂魯人曰:'子將何以待吾君?'魯人曰:'吾將以十太牢待子之君。'夷維子曰:'子安取禮而來待吾君?彼吾君者,天子也。天子巡狩,諸侯避舍,納于筦鍵[22],攝衽抱几,視膳於堂下。[23]天子已食,退而聽朝也。'魯人投其籥,不果納[24],不得入於魯。將之薛,假涂於鄒。當是時,鄒君死,閔王欲入弔,夷維子謂鄒之孤曰:'天子弔,主人必將倍殯柩[25],設北面於南方[26],然後天子南面弔也。'鄒之羣臣曰:'必若此,吾將伏劒而死。'故不敢入於鄒。鄒、魯之臣,生則不得事養,死則不得飯含[27],然且欲行天子之禮於鄒、魯之臣,不果納。今秦萬乘之國,梁亦萬乘之國,交有稱王之名,睹其一戰而勝,欲從而帝之,是使三晉之大臣不如鄒、魯之僕妾也。且秦無已而帝,則且變易諸侯之大臣,彼將奪其所謂不肖而予其所謂賢,奪其所憎而與其所愛;彼又將使其子女讒妾爲諸侯妃姬,處梁之宮,梁王安得晏然而已乎!而將軍又何以得故寵乎!"

於是辛垣衍起,再拜謝曰:"始以先生爲庸人,吾乃今日而知先生爲天下之士也。吾請去,不敢復言帝秦。"

秦將聞之,爲却軍五十里。適會公子無忌[28]奪晉鄙軍以救趙擊秦,秦軍引而去[29]。

於是平原君欲封魯仲連,魯仲連辭讓者三,終不肯受。平原君乃置酒,酒酣,起前,以千金爲魯連壽。魯連笑曰:"此貴於天下之士者,爲人排患、釋難、解紛亂而無所取也。即有所取者,是商賈之人也,仲連不忍爲也。"遂辭平原君而去,終身不復見。

——據《四部叢刊》本《戰國策校注》,參考剡川姚氏本《戰國策》

【解題】

《戰國策》,戰國時期的史料彙編。初有《國策》、《國事》、《短長》、《事語》、《長書》、《脩書》等名稱。西漢末劉向校録宮廷藏書,發現這些不同寫本,始刪除重複,取長補短,合編成三十三篇,"以爲戰國時游士輔所用之國爲之筴謀,宜爲《戰國策》"(劉向《校戰國策書録》)。書分東周、西周、秦、齊、楚、趙、魏、韓、燕、宋、衛、中山十二國策,"其事繼《春秋》以後,訖楚漢之起,二百四十五年間之事"(同上引)。

本書主要録存縱橫家的言論。在諸侯割據稱雄的戰國時期,各國統治者競相養士,要他們幫忙出謀畫策,處理錯綜複雜的相互關係。這就使號稱縱橫家的策士在政治舞臺上大爲活躍,紛紛奔走於諸侯貴族之門,或説聯弱抗強才能救亡,以六國抗秦爲合縱;或説以弱事強方可圖存,以秦制六國爲連橫。爲了推行各自的政治主張和縱橫策略,他們引古稱今,互相辯論,在矛盾的陳述中暴露了戰國時政治矛盾和社會關係的大量情況,也透露了彼此搞陰謀詭計的不少實相。這對研究戰國歷史都是重要史料。但書中某些説詞,如蘇秦倡合縱而張儀破以連橫,經考訂與史實大有出入,因而有的學者以爲是後代説士揣摩遊説伎倆而虛擬故事的仿作。所以本書所載也不完全是信史,用時要考辨。

劉向所編古本《戰國策》,在我國堪稱古代雄辯術的結晶。孔子的私學便有"言語"一科,出過子貢那樣以雄辯著稱的外交家。戰國羣雄日趨增長的内政外交需求,促使儒法諸家無不揣摩涉及治術戰術的辭令。於是縱橫術以"君人南面之術"爲主要取向,而縱橫説士也漸成君主體制中新式官僚的早期主要成分。但在"儒術獨尊"以後,所謂通經致用之士化作文官主體,在西漢中葉仍然行時的縱橫術被擠出政治舞臺。《戰國策》及同類論著,也由受冷遇而受到正統思想的詆毀,如清陸隴其就寫過《戰國策去毒》一書。因此,本書雖歷年久遠,但學者誦習不多,或衍或脱,或先後失次,在北宋時已散佚不全,東漢高誘注也殘缺過半。今本是曾鞏訪求士大夫家藏本補充重編的。其中有幾十則,文字與《史記》雷同,清以來研究者多疑是後人割取《史記》文字補闕的。曾鞏以後,姚宏、鮑彪等又續爲校注。元吳師道對鮑注再加校正,成《戰國策校注》,清黃丕烈以吳校爲主,參校各本,著《重刻剡川姚氏本戰國策札記》三卷,均可供參考。一九七三年長沙馬王堆漢墓出土帛書内有戰國縱橫家作品二十七章,或以爲可訂正《戰國策》和《史記》譌誤。

　　《秦圍趙之邯鄲》,選自《戰國策·趙策》三。標題是編者加的。篇内記述戰國末兩名策士的一場辯論,其勝負關係趙國的和戰决策,在同類作品中較有代表性。但篇中或稱生人以死諡,或述事缺乏佐證,故錢穆《先秦諸子繫年》以爲"此文自出後人追記文飾",可備一説。

【注釋】

[1]　秦圍趙之邯鄲:事在公元前259至前257年,當秦昭襄王四十八至五十年,趙孝成王七至九年。前259年舊曆十月,秦國趁長平大戰消滅趙軍主力的餘威,進兵圍困趙國都城邯鄲(故址在今河北邯鄲西南),雙方相持兩年,也是戰國末著名的大戰。

[2]　魏安釐王:名圉(yǔ),魏國國君,公元前276—前243年在位。釐讀作僖(xī)。這時魏已把都城從安邑(今山西夏縣西北)遷到大梁(今河南開封市西北),所以又稱梁。

[3]　蕩陰:魏國邑名,今河南湯陰。魏安釐王二十年(前257),魏國派將軍晉鄙率軍十萬救趙,"秦王使使者告魏王曰:'吾攻趙,旦暮且下。而諸侯敢救者,已拔趙,必移兵先擊之!'魏王恐,使人止晉鄙,留軍壁鄴,名爲救趙,實持兩端以觀望"。見《史記·信陵君列傳》)。

[4]　客將軍辛垣衍:辛垣,也作新垣,複姓。辛垣衍不是魏人而仕魏爲將,所以稱客將軍。

[5]　因平原君謂趙王:平原君,名勝,趙武靈王子,好蓄士養客。是戰國時著名的四公子之一。在趙惠文王、趙孝成王時,三度爲相。趙王,指趙孝成王丹,趙惠文王子,公元前265—前245年在位。這裏説辛垣衍通過趙勝介紹而游説趙王。

[6]　前與齊閔王爭强爲帝,已而復歸帝,以齊故:閔王,一作湣王,公元前323—前284年在位。前288年,齊閔王稱東帝,秦昭王稱西帝,互相爭强。後齊廢去帝號,秦也被迫終止稱帝。事見《史記·田敬仲完世家》。

[7]　今齊閔王益弱:按"閔王"二字係衍文,時齊國襄王在位,閔王已死去二十四年,當作"今齊益弱"。

〔8〕 魯仲連：一作魯連，齊國人。戰國末著名策士，《史記》有傳。

〔9〕 百萬之衆折於外：指秦趙長平戰役。這一戰役，趙國全國動員，號稱百萬，結果，被秦將白起所敗，士卒投降而被坑的達四十萬人。

〔10〕 世以鮑焦無從容而死者，皆非也：鮑焦，春秋時隱者。從容，和緩貌。無從容，猶言器量狹窄。《莊子・盜跖》：“鮑焦飾行非世，抱木而死。”此以鮑焦喻己，謂處圍城而不去，正表明自己不畏從容而死。

〔11〕 上首功：上同尚，崇尚、注重。秦制，分爵爲二十級，凡斬一敵首，賞爵一級，以鼓勵士兵勇於作戰。上首功即以斬首計功。

〔12〕 過而遂正於天下：過，過越；遂，竟；正同政；意謂假如秦放肆地稱了帝，甚至於竟統治了整個天下。

〔13〕 赴：同訃，告喪。

〔14〕 天子下席：天子指周烈王的弟顯王。下席指從宮室移居草蘆苫蓆之上，是古代居喪時的一種禮節。

〔15〕 叱嗟！而母婢也：叱嗟，斥責聲。而，你。而母婢也，辱罵周顯王的母親是賤婢。按，齊威王朝周，僅見於《史記・六國年表》，徐廣曰。或以爲此處所載非史實。

〔16〕 醢(hǎi)：剁肉成醬。

〔17〕 鬼侯、鄂侯、文王：鬼侯，《史記・殷本紀》作九侯，封地在今河北臨漳境內。鄂侯，封地在今河南沁陽。文王，即周文王姬昌。

〔18〕 有子而好：子，子嗣，是古代子女的通稱，這裏指女兒。謂有女而美好。

〔19〕 脯鄂侯：脯，乾肉；這裏作動詞用，謂將鄂侯的屍體做成肉乾。

〔20〕 拘之於牖里之庫：牖里，一作羑里，故城在今河南湯陰北。庫，兵車的車庫，這裏指以庫作囚房。

〔21〕 夷維子：吾維，古地名，在今山東高密縣境。夷維子是因邑爲姓，齊人。

〔22〕 諸侯避舍，納于筦鍵：避舍，表示謙讓。筦，同管，筦鍵即鎖鑰。謂：天子巡狩來到侯國，諸侯應退出宮殿，交出鎖鑰，以表示敬意。按“于”字疑是衍文。

〔23〕 攝衽抱几，視膳於堂下：攝，持；衽，卧席；几，古人用以倚靠身體的凭几。謂：諸侯親自拿了坐席（古代席地而坐），捧着凭几，在堂下伺候天子

飲食。

[24] 魯人投其籥,不果納:籥,《史記·魯仲連鄒陽列傳》張守節正義:"即鑰匙也。"司馬貞索隱:"謂闔內門不入齊君。"或説籥是"關下牡",即以直木上貫關下插地。

[25] 倍殯柩:倍同背,換了相反的方向。古代以坐北向南爲正位,所以國君的靈柩都停在北面,嗣君也面南受弔。如果天子下弔諸侯,天子應坐北面南,居在正位,因此,嗣君必須換轉方向,背着殯柩,面北而哭,以便天子面南行弔。

[26] 設北面於南方:謂設靈位的方向,也當以坐北移爲坐南,搬到殯柩的另一面去。

[27] 飯含:古代殯殮時的一種儀式,在死者口中放進珠玉等物。所放的物,因等級而不同,如天子用珠,諸侯用玉,大夫用璧,士用貝,庶人用飯。

[28] 公子無忌:魏國公子信陵君,名無忌,魏安釐王的異母弟,趙平原君的姻親。好養士,門下食客多至三千人。因竊取兵符救趙、解除邯鄲之圍,名聞當時。詳見《史記·信陵君列傳》。

[29] 秦軍引而去:前257年,魏信陵君和楚春申君聯合救趙,秦軍受到内外夾擊,大敗,秦將鄭安平率部降趙。這一戰役,延緩了山東六國被秦攻滅的命運。

天　　問 〔楚辭〕（節録）

曰遂古[1]之初，誰傳道之？上下未形[2]，何由考之？冥昭瞢闇[3]，誰能極[4]之？馮翼惟像[5]，何以識之？……

不任汩鴻[6]，師何以尚之[7]？僉曰何憂[8]，何不課[9]而行之？鴟龜曳銜[10]，鮌何聽焉[11]？順欲成功[12]，帝何刑焉[13]？永遏在羽山[14]，夫何三年不施[15]？

伯禹腹鮌[16]，夫何以變化[17]？纂就前緒[18]，遂成考[19]功，何續初繼業，而厥謀不同[20]？洪泉[21]極深，何以寘之[22]？地方九則[23]，何以墳之[24]？應龍何畫[25]？河海何歷[26]？鮌何所營？禹何所成[27]？……

禹之力獻功[28]，降省下土方[29]，焉得彼嵞山女[30]，而通之于台桑[31]？閔妃匹合[32]，厥身是繼[33]，胡爲嗜不同味[34]，而快黿飽[35]？

啓代益作后[36]，卒然離蠥[37]，何啓惟憂[38]，而能拘是達[39]？皆歸躬篅[40]，而無害厥躬，何后益作革[41]，而禹播降[42]？啓棘賓商[43]，《九辯》《九歌》[44]，何勤子屠母[45]，而死分竟地[46]？

帝降夷羿[47]，革孽夏民[48]，胡躲夫河伯[49]，而妻彼雒嬪[50]？馮珧利決[51]，封豨是躲[52]，何獻蒸肉之膏[53]，而后帝不若[54]？浞娶純狐[55]，眩妻爰謀[56]，何羿之躲革[57]，而交吞揆之[58]？……

惟澆在戶[59]，何求于嫂[60]？何少康逐犬[61]，而顛隕厥首[62]？女歧縫裳[63]，而館同爰止[64]，何顛易厥首[65]，而親以逢殆[66]？

湯謀易旅[67]，何以厚之[68]？覆舟斟尋[69]，何道取之[70]？桀伐蒙山[71]，何所得焉？妺嬉何肆[72]，湯何殛焉[73]？（下略）

———據《四部叢刊》影印明繙宋本《楚辭》，參考影印宋端平本《楚辭集注》

【解題】

《楚辭》主要指戰國時屈原的詩篇。楚國在西周尚屬南蠻，自外於諸夏的"中國"。但至遲在東周初已迅速崛起，到春秋中葉已有力量"問鼎"中原，參與大國爭霸。而由江漢水鄉孕育的楚文化，也與北國黃土高原的諸夏文化不斷交融、互補，爲日後秦漢"大一統"的中國文化貢獻了不可或缺的組成部份。表徵之一，便是戰國時代的百家爭鳴，促進了文學的發展。屈原率先突破四言詩爲主的古老格調，吸取楚國民間歌謠的藝術特色，創造出一種新形式的韻文，句法參差錯落，聲調有濃郁的南國風味。如魯迅所說："較之於《詩》，則其言甚長，其思甚幻，其文甚麗，其旨甚明，憑心而言，不遵矩度。"（《漢文學史綱要》）因屈原是楚人作楚聲，故後來仿效者稱爲《楚辭》。

　　屈原以詩言志，從歷史和現實生活中廣泛地搜求創作的原料，大凡楚國的山川草木，政情民俗，祖宗行事，神靈信仰，以及戰國時代流傳的先民神話，思想學說等，無不有所反映。因而，《楚辭》不但給古代文學開了新生面，也是研究先秦歷史的好資料。

　　屈原以後，《楚辭》作者踵起，但大抵辭藻勝過内容。儘管如此，由於秦亡以後，楚漢相爭，雙方的權力核心都以楚人爲主，因而楚國聲歌在漢初一度成爲文學主流。西漢劉向曾輯集屈原、宋玉至漢人的同類作品，成《楚辭》一書。今存最早注本是東漢王逸的《楚辭章句》，宋洪興祖爲之作《補注》，合刊行世。以後校釋著作有上百種，以宋朱熹《楚辭集注》、清蔣驥《山帶閣注楚辭》、戴震《屈原賦注》，較流行。

　　《天問》是《楚辭》中著名的史詩。傳說爲屈原見楚國神廟内圖畫的歷史和神話故事後書壁呵問之作。全詩共提出一百七十八個問題，關於宇宙，關於自然，關於歷史，每事問。它的出現，反映了戰國時代科學的進步，大開人們認識自然的眼界，也對人們認識社會歷史的變化起着催醒作用。因而屈原才能"懷疑自遂古之初，直至百物之瑣末，放言無憚，爲前人所不敢言"（魯迅《摩羅詩力說》）。詩中保存的豐富史料，有些已由甲骨文證實。但屈原據以發問的故事，後多失傳。唐代柳宗元曾作《天對》，企圖解釋屈原的問題。但他所據，沒有超出漢代儒家認可的上古傳說，可謂答非所問。所以到現在，《天問》究竟講些甚麼，還沒有完全解釋清楚。我們節錄的僅是關於夏朝歷史的部份問題。而本篇注釋，也主要依據清代漢學家對《楚辭》的研究，擇善而從。

　　屈原（前340—前278），名平，楚國貴族。楚懷王時曾任三閭大夫、左徒，參預過國政。在政治上主張改革，聯齊抗秦，但遭讒臣陷害，一再被放逐。他彷徨山澤，憂國憂君，自傷無罪，而不敢抗爭，因以詩寫心，寄悲憤於吟詠。今存《離騷》、《天問》、《九歌》、《九章》等二十幾篇詩賦。後見懷王入秦囚死，楚國日益亂危，更加絕望，在秦軍攻破楚都郢的那年端午，投汨羅江自沉。傳見《史記》卷八三。

【注釋】

［1］ 遂古：往古。一説，遂通邃，遠的意思。

［2］ 上下未形：上下，天地。形，體貌。先秦傳説，自然界本是一團混沌，像雞蛋，後來輕清之氣上升爲天，重濁之質下凝爲地，天體地體就區分了。

［3］ 冥昭瞢闇：冥昭，晦明。瞢（méng）闇，模糊昏昧，形容自然界還在混沌中，分不清明暗晝夜的狀態。

［4］ 極：盡，窮究。

［5］ 馮翼惟像：馮，同憑。馮翼，無形之貌。像，擬，相似。這裏形容原始的自然界，没有成形的物體，只有似形非形的影像瀰漫一切。

［6］ 不任汨鴻：不任，不能勝任。汨（gǔ），治。鴻，大，指洪水。相傳堯時洪水泛濫，共工氏治水失敗，四嶽推舉鯀（音 gǔn，字也作鮌）繼任治水領導者；堯以爲鯀好名敗事，不能勝任。

［7］ 師何以尚之：師，衆。尚，尊。謂既然鯀擔負不起治水重任，大家爲甚麼推選他呢？

［8］ 僉曰何憂：僉，皆、都。憂，擔憂。相傳堯表示反對用鯀治水的意見後，四嶽仍堅持説可以讓他去試一試，見《尚書・堯典》。

［9］ 課：試。

［10］ 鴟龜曳銜：鴟，鷂鷹，也指猫頭鷹。曳銜，牽引銜接。

［11］ 鯀何聽焉：這個問題的本意，自東漢以來，衆説紛紜，或説指鯀死後被鴟龜所食，或説指鯀爲何不從堯命，聽任鴟龜毁壞治水工程。按，先秦傳説一致謂鯀治水用“堙”法，即繼續採取共工“欲壅防百川，墮高堙卑”的方法。因而此問上句當指共工築堤防洪的方法，築的堤好像鴟顧龜行一樣，高低蜿蜒，相引相接；下句説如果這個辦法不好，接替共工治水的鯀，爲何依然聽信？

［12］ 順欲成功：欲，指鯀的設想。謂如能順從鯀的設想，治水也會成功。

［13］ 帝何刑焉：帝，王逸説指堯，但據先秦傳説，當指舜。《吕氏春秋・行論》説，鯀得罪的原因，在於他反對舜擔任部落聯盟首領，因而被舜“殛之羽山”。此問即謂鯀受到誅罰，并非因爲治水無功。

[14]　永遏在羽山：遏，止、絕。羽山，古代傳說中東夷的山名。

[15]　三年不施：施，陳尸示衆。相傳鯀被遏羽山，三年而死。

[16]　伯禹腹鯀：伯禹，夏朝的創立者禹，相傳爲鯀之子，繼鯀爲崇伯。腹鯀，傳說禹是鯀死後腹中所生。一説，腹字是“夏”傳寫之誤，夏字意爲“行故道”，“言禹治水，亦惟行鯀之故道”，見清俞樾《讀楚辭》。

[17]　變化：逐漸改移叫變，突然而改叫化。

[18]　纂就前緒：纂，通續，繼。緒，事業。相傳舜即位後，四嶽推舉禹總領治水，“禹傷先人父鯀功之不成受誅，乃勞身焦思，居外十三年，過家門不敢入”（《史記·夏本紀》），終於將洪水治服。

[19]　考：父死後的稱謂。

[20]　厥謀不同：厥，其。相傳禹認爲鯀用“堙”法治水不合適，於是改用“導”法，以疏通河道，開鑿溝洫爲主。

[21]　洪泉：洪水。

[22]　何以寘之：寘，同填，填塞。相傳鯀堙洪水，曾經盜竊上帝的“息壤”（神話中能自生自長、永掘不盡的一種土壤）。但古代也有禹用“息土”填洪水的傳說。這裏即以爲禹其實沒有拋棄鯀的治水辦法。

[23]　地方九則：地方，指大地，古代誤以爲“天圓地方”。九則，一説指九等，相傳禹把黃河、長江流域的土地物產分成九等；一説，則謂表則，九則指禹治水時“封崇九山”（《國語·周語》下），作爲九州的標記。

[24]　何以墳之：一説，墳，分；謂這是問禹定九州土地物產有九等，根據甚麼來區分？一説，墳是高的意思，這是問禹平水土，封崇九山作爲地方的表則，他用甚麼辦法使它們從平地隆起的呢？按後説義長。此問也是説禹治水時并未排除用鯀的辦法。

[25]　應龍何畫：應龍，翼龍。相傳禹治水時，有應龍用尾畫地，所畫處就有水泉流通。

[26]　河海何歷：歷，過。謂禹是怎樣會把江河和大海溝通起來的呢？

[27]　禹何所成：成，定、平，與上問“鯀何所營”的“營”相對。營，亂、惑。謂：鯀有甚麼荒唐之處？禹憑甚麼治平水土？這是總括上面兩段的疑問。

[28]　禹之力獻功：王逸注：“言禹以勤力獻進其功。”

[29] 降省下土方：降省，俯察。下土方，指天下。

[30] 盦山女：盦，同塗。塗山女，傳說中的禹妻塗山氏。

[31] 通之于台桑：通，私通，這裏指非禮的婚姻。台桑，古地名，相傳在塗山西南。據《吳越春秋》說，禹年三十未娶，怕年老無嗣，於是娶塗山氏之女。

[32] 閔妃匹合：閔，同憫，憂。妃，配偶。匹合，結婚。謂擔心配偶問題而結婚。

[33] 繼：指子嗣。

[34] 胡爲嗜不同味：胡，何。嗜不同味，嗜好的不是一種滋味，譬喻見異思遷。

[35] 而快鼂飽：鼂，通朝。鼂飽，一朝之飽，這裏譬喻只圖片時滿足。相傳禹結婚四日便離去，塗山氏生子也不問，戰國時還有"禹有淫湎之意"（《呂氏春秋·當務》）的傳說。此問即隱含對禹的非難，說既然禹擔憂沒有配偶，結婚出於獲得子嗣的願望，那末他爲甚麼又見異思遷，把婚姻當作只圖片時滿足的事呢？

[36] 啓代益作后：啓，禹子，相傳是塗山氏所生，史稱夏后啓。益，一作伯益，相傳舜時爲掌管山澤的虞官，禹時曾被遴選爲君位繼承者，但禹死後君位即被啓奪去。后，君。

[37] 卒然離蠥：卒，同猝。離，遭。蠥（niè），災。相傳益代禹作君，就拘禁了啓，但啓反而起來攻殺了益，自己繼承禹位。

[38] 惟憂：惟，通罹，遭。憂，患難。

[39] 能拘是達：達，王夫之說"逸出興師也"。這是問爲甚麼遭遇不幸，卻能從囚禁中跑出來攻殺益？

[40] 皆歸躬籍：皆，指禹和益。躬籍，王逸說是"射鞠"的異字，意爲行窮。一說，二字疑爲"躬鞠"的古字傳寫之誤，意爲鞠躬，指傳說中益助禹治水，同禹一樣鞠躬盡瘁。按後說較可通。

[41] 后益作革：后益，即益，因傳說益在禹死後已受禪爲君，故稱后益。作，乍。革，更。

[42] 而禹播降：降，讀作隆。這是問，爲甚麼益所受的"命"很快被革除，而禹的後嗣卻那樣興旺？

[43] 啓棘賓商：棘，急；朱熹疑爲篆文"夢"字傳寫之誤，也可通。賓，服。商，

清朱駿聲以爲是"帝"的誤字;較舊注釋作音樂中宮商的商,義長。

[44]　九辯九歌:相傳是啓時的樂曲名。《山海經·大荒西經》:"開上三嬪于天,得《九辯》與《九歌》以下。"開即啓,嬪通賓。當與此問屬於同一傳説。

[45]　勤子屠母:相傳禹治水時曾化爲黄熊,塗山女見而羞慚,化爲石,石破生啓。清孫詒讓據此釋勤子屠母,"言母殷勤其子,而子反害其母,致其化石也"。此説較王逸等舊説義長,但據上下文意,勤子似指啓殷勤其子。

[46]　死分竟地:竟即境。指啓死,子太康襲位,太康弟武觀(一作五觀)叛變,夏朝内亂。

[47]　帝降夷羿:帝,上帝。夷羿,即羿,傳説是東夷的有窮氏首領,以善射著名。

[48]　革孽夏民:革孽,除害。太康時夏内亂,羿趁機起兵攻夏,逐走太康而自立爲君,《左傳》説他"因夏民以代夏政"。

[49]　胡躲夫河伯:躲,即射。謂爲甚麽要射河伯?相傳河伯(水神)化爲白龍出游,被羿射瞎左眼。

[50]　妻彼雒嬪:雒即洛。雒嬪,洛水女神,相傳羿曾夢娶洛神宓妃。一説,河伯是古代掌管祭祀黄河事宜的諸侯;羿射殺河伯,而奪取了其妻有洛氏。

[51]　馮珧利決:馮,同憑,大。珧(yáo),江珧、蛤蜊之類的貝殻,這裏指用貝殻飾弓弭的弓。決,也作抉,鈎弦器,射手套在拇指上以鈎弦發矢。馮珧利抉,大弓良抉,形容羿的武器精良。

[52]　封豨是躲:封豨(xī),大猪。謂羿只用他的好弓箭去射殺野猪。

[53]　獻蒸肉之膏:蒸肉,放在俎上的肉,即祭肉。膏,肥肉。古代君主出獵後,都要用獵獲物祭神,這裏説羿獻給神的祭肉,總是野猪身上最肥美的部份。

[54]　后帝不若:后帝,上帝。不若,不擇取。相傳羿酷喜狩獵,委政於親信寒浞,結果被寒浞謀殺。這裏就問爲甚麽羿對上帝那樣虔誠,而上帝卻不保佑他?

[55]　浞娶純狐:浞,寒浞,相傳是伯明氏所抛棄的善造讒言的人物,被羿收養後,又趁羿田獵之機將羿殺而烹之,自立爲君。純狐,相傳本是羿妻。

[56]　眩妻爰謀:眩,惑。爰,乃。謂寒浞迷戀純狐,於是二人謀畫殺羿。

[57]　躲革:傳説羿力能射穿有七層皮革的甲。

[58] 交吞揆之：交，俱。吞，吞咽。揆，通葵，菜。相傳羿死後被寒浞等烹食。這裏即問爲甚麼羿的本領那樣大，卻做了大家的口中食？

[59] 惟澆在户：澆，也作奡（ào），相傳是寒浞和羿妻所生的兒子。户，門。

[60] 何求于嫂：王逸説：“言澆無義，淫佚其嫂；往至其户，佯有所求，因與行淫亂也。”

[61] 少康逐犬：少康，夏后相子。逐犬，相傳相被澆殺死，以後少康派人在澆打獵時放犬逐獸，襲殺澆。

[62] 顛隕厥首：顛隕，跌落。相傳澆多力善走。這是問他爲甚麼會中少康之計，掉了頭呢？

[63] 女歧縫裳：女歧，澆嫂名。縫裳，相傳澆借女歧爲他縫製衣裳的時機，與女歧通姦。

[64] 館同爰止：館，屋舍。謂澆和女歧同屋而宿。

[65] 顛易厥首：易，掉換。相傳少康使人至女歧處夜襲澆，錯把女歧的頭當作澆頭砍掉。

[66] 親以逢殆：親，指女歧，她是澆嫂。殆，危。

[67] 湯謀易旅：湯，商朝建立者。旅，衆。謂湯策劃變易夏衆，使他們從商。

[68] 何以厚之：厚，厚待。這裏仍是問天，是説湯企圖奪取夏衆的行爲，同羿、澆相同，“天”爲甚麼會厚待他，保佑他成功？

[69] 覆舟斟尋：斟尋，夏的同姓諸侯國。相傳夏后相失國後投依斟尋氏、斟灌氏；澆與斟尋大戰，覆其舟滅之。

[70] 何道取之：此問與上問對應，意爲倘説湯得天命而勝，澆失天命而敗，那末澆大敗斟尋而滅相，取勝之道又是甚麼呢？

[71] 桀伐蒙山：桀，名履癸，夏朝的末代君主。蒙山，清代學者多以爲即古本《竹書紀年》“后桀伐岷山”的岷山。

[72] 妹嬉何肆：妹同末。妹嬉，桀妃。肆，放縱。據古本《竹書紀年》説，桀伐岷山，得二美女，便冷淡妹嬉，妹嬉就和湯臣伊尹結交而亂夏。此問當謂妹嬉對於湯有甚麼放縱之處？

[73] 湯何殛焉：殛（jí），誅殺。相傳湯滅了夏，就把妹嬉同桀一起流放到南巢而死。據古本《竹書紀年》，夏朝自禹至桀，共十七世，四百七十一年。

秦始皇本紀〔史記卷六〕（節録）

秦始皇帝者，秦莊襄王子也。莊襄王爲秦質子[1]於趙，見吕不韋姬，悦而取之，生始皇。以秦昭王四十八年正月生於邯鄲。及生，名爲政，姓趙氏。年十三歲，莊襄王死，政代立爲秦王。當是之時，秦地已并巴、蜀、漢中，越宛有郢，置南郡矣；北收上郡以東，有河東、太原、上黨郡；東至滎陽，滅二周，置三川郡。吕不韋爲相，封十萬户[2]，號曰文信侯；招致賓客游士，欲以并天下。李斯爲舍人[3]。蒙驁、王齮、麃公等爲將軍。王年少，初即位，委國事大臣。

晉陽反，元年，將軍蒙驁擊定之。

二年，麃公將卒攻卷，斬首三萬。

三年，蒙驁攻韓，取十三城。王齮死。十月，將軍蒙驁攻魏氏畼、有詭。歲大饑。

四年，拔畼、有詭。三月，軍罷。秦質子歸自趙，趙太子出歸國。十月庚寅，蝗蟲從東方來，蔽天。天下疫。百姓内粟千石，拜爵一級[4]。

五年，將軍驁攻魏，定酸棗、燕、虚、長平、雍丘、山陽城，皆拔之，取二十城。初置東郡。冬雷。

六年，韓、魏、趙、衛、楚共擊秦，取壽陵。秦出兵，五國兵罷。拔衛，迫東郡，其君角率其支屬徙居野王，阻其山以保魏之河内。

七年，彗星先出東方[5]，見北方，五月見西方。將軍驁死。以攻龍、孤、慶都，還兵攻汲。彗星復見西方十六日。夏太后死。

八年，王弟長安君成蟜將軍擊趙，反，死屯留，軍吏皆斬死，遷其民於臨洮。將軍壁死，卒屯留蒲鶮反，戮其屍[6]。河魚大上，輕車重馬東就食[7]。嫪毐[8]封爲長信侯。予之山陽地，令毐居之。宫室、車馬、衣服、苑囿、馳獵，恣毐。事無小大皆決於毐。又以河西太原郡更爲毐國。

九年，彗星見，或竟天。攻魏垣、蒲陽。四月，上宿雍。己酉，王冠，帶劍[9]。長信侯毐作亂而覺,矯王御璽及太后璽以發縣卒及衛卒、官騎、戎翟君公、舍人,將欲攻蘄年宮爲亂。王知之,令相國昌平君、昌文君[10]發卒攻毐。戰咸陽,斬首數百,皆拜爵;及宦者皆在戰中,亦拜爵一級。毐等敗走。即令國中:有生得毐,賜錢百萬;殺之,五十萬。盡得毐等。衛尉竭、内史肆、佐弋竭、中大夫令[11]齊等二十人皆梟首,車裂以徇,滅其宗。及其舍人,輕者爲鬼薪[12]。及奪爵遷蜀四千餘家,家房陵。四月寒凍,有死者。楊端和攻衍氏。彗星見西方,又見北方,從斗以南八十日。

十年,相國呂不韋坐嫪毐免。桓齮爲將軍。齊、趙來置酒。齊人茅焦説秦王曰:"秦方以天下爲事,而大王有遷母太后之名[13],恐諸侯聞之,由此倍[14]秦也。"秦王乃迎太后於雍而入咸陽,復居甘泉宮。

大索逐客[15]。李斯上書説,乃止逐客令。李斯因説秦王,請先取韓以恐他國,於是使斯下韓。韓王患之,與韓非謀弱秦。大梁人尉繚來,説秦王曰:"以秦之彊,諸侯譬如郡縣之君,臣但恐諸侯合從,翕而出不意,此乃智伯、夫差、湣王之所以亡也。願大王毋愛財物,賂其豪臣,以亂其謀。不過亡三十萬金,則諸侯可盡。"秦王從其計,見尉繚亢禮,衣服、食飲與繚同。繚曰:"秦王爲人,蜂準,長目,摯鳥膺,豺聲[16],少恩而虎狼心,居約易出人下,得志亦輕食人[17]。我布衣,然見我常身自下我。誠使秦王得志於天下,天下皆爲虜矣。不可與久游。"乃亡去。秦王覺,固止,以爲秦國尉,卒用其計策。而李斯用事。

十一年,王翦、桓齮、楊端和攻鄴,取九城。王翦攻閼與、橑楊,皆并爲一軍。翦將十八日,軍歸,斗食[18]以下,什推二人從軍。取鄴安陽,桓齮將。

十二年,文信侯不韋死,竊葬。其舍人臨者,晉人也,逐出之[19];秦人,六百石以上,奪爵,遷;五百石[20]以下不臨,遷,勿奪爵。自今以來,操國事不道如嫪毐、不韋者籍其門[21],視此。秋,復[22]嫪毐舍人遷蜀者。當是之時,天下大旱,六月至八月乃雨。

十三年,桓齮攻趙平陽,殺趙將扈輒,斬首十萬。王之河南。正月,彗星見東方。十月,桓齮攻趙。

十四年,攻趙軍於平陽,取宜安,破之,殺其將軍。桓齮定平陽、武城。韓非使秦,秦用李斯謀,留非,非死雲陽。韓王請爲臣。

十五年,大興兵,一軍至鄴,一軍至太原,取狼孟。地動。

十六年九月,發卒受地韓南陽假[23]守騰。初令男子書年[24]。魏獻地於秦。秦置麗邑。

十七年,内史騰攻韓,得韓王安,盡納其地,以其地爲郡,命曰潁川。地動。華陽太后卒。民大饑。

十八年,大興兵攻趙。王翦將上地,下井陘,端和將河内,羌瘣[25]伐趙,端和圍邯鄲城。

十九年,王翦、羌瘣盡定取趙地東陽,得趙王。引兵欲攻燕,屯中山。秦王之邯鄲,諸嘗與王生趙時母家有仇怨,皆阬之。秦王還,從太原、上郡歸。始皇帝母太后崩。趙公子嘉率其宗數百人之代,自立爲代王,東與燕合兵,軍上谷。大饑。

二十年,燕太子丹患秦兵至國,恐,使荆軻刺秦王。秦王覺之,體解軻以徇,而使王翦、辛勝攻燕。燕、代發兵擊秦軍,秦軍破燕易水之西。

二十一年,王賁攻薊。乃益發卒詣王翦軍,遂破燕太子軍,取燕薊城,得太子丹之首。燕王東收遼東而王之。王翦謝病老歸。新鄭反。昌平君徙於郢。大雨雪,深二尺五寸。

二十二年,王賁攻魏,引河溝灌大梁,大梁城壞,其王請降,盡取其地。

二十三年,秦王復召王翦,彊起之,使將擊荆。取陳以南至平輿,虜荆王。秦王游至郢、陳。荆將項燕立昌平君爲荆王,反秦於淮南。

二十四年,王翦、蒙武攻荆,破荆軍,昌平君死,項燕遂自殺。

二十五年,大興兵,使王賁將,攻燕遼東,得燕王喜。還攻代,虜代王嘉。王翦遂定荆江南地,降越君[26],置會稽郡。五月,天下大酺[27]。

二十六年,齊王建與其相后勝發兵守其西界,不通秦。秦使將軍王賁從燕南攻齊,得齊王建。

秦初并天下,令丞相、御史曰:“異日韓王納地效[28]璽,請爲藩臣,已而倍約,與趙、魏合從畔秦,故興兵誅之,虜其王。寡人以爲善,庶幾息兵革。趙王使其相李牧來約盟,故歸其質子。已而倍盟,反我太原,故興兵誅之,得其王。趙公子嘉乃自立爲代王,故舉兵擊滅之。魏王始約服入秦,已而與韓、趙謀襲秦,秦兵吏誅,遂破之。荆王獻青陽以西,已而畔約,擊我南郡,故發兵誅,得其王,遂定其荆地。燕王昏亂,其太子丹乃陰令荆軻爲賊,兵吏誅,滅其國。齊王用后勝計,絶秦使,欲爲亂,兵吏誅,虜其王,平齊地。寡人以眇眇之身,興兵誅暴亂,賴宗廟之靈,六王咸伏其辜,天下大定。今名號不更,無以稱成功,傳後世。其議帝號。"丞相綰、御史大夫劫、廷尉斯[29]等皆曰:"昔者五帝地方千里,其外侯服、夷服[30]諸侯或朝或否,天子不能制。今陛下興義兵,誅殘賊,平定天下,海內爲郡縣,法令由一統,自上古以來未嘗有,五帝所不及。臣等謹與博士議曰:'古有天皇,有地皇,有泰皇,泰皇最貴。'臣等昧死上尊號,王爲'泰皇'。命爲'制',令爲'詔',天子自稱曰'朕'。"王曰:"去'泰',著'皇',采上古'帝'位號,號曰'皇帝'。他如議。"制曰:"可。"追尊莊襄王爲太上皇。制曰:"朕聞太古有號毋謚;中古有號,死而以行爲謚。如此,則子議父,臣議君也,甚無謂,朕弗取焉。自今已來,除謚法。朕爲始皇帝;後世以計數,二世、三世至于萬世,傳之無窮。"

始皇推終始五德之傳[31],以爲周得火德,秦代周德,從所不勝。方今水德之始,改年始,朝賀皆自十月朔。衣服、旄旌、節旗皆上黑[32]。數以六爲紀:符、法冠皆六寸,而輿六尺,六尺爲步,乘六馬。更名河曰德水,以爲水德之始。剛毅戾深,事皆決於法,刻削毋仁恩和義,然後合五德之數[33]。於是急法,久者不赦。

丞相綰等言:"諸侯初破,燕、齊、荆地遠,不爲置王,毋以填之。請立諸子,唯上幸許。"始皇下其議於羣臣,羣臣皆以爲便。廷尉李斯議曰:"周文、武所封子弟同姓甚衆,然後屬疏遠,相攻擊如仇讎。諸侯更相誅伐,周天子弗能禁止。今海內賴陛下神靈,一統皆爲郡縣;諸子功臣,以公賦稅重賞賜之,甚足易制;天下無異意,則安寧之術也。置諸侯不便。"始皇曰:"天下共苦戰鬬不休,以有侯王。賴宗廟,天下初定,又復立國,是樹兵也,而求其寧息,豈不難哉!廷尉議是。"

分天下以爲三十六郡[34],郡置守、尉、監[35]。更名民曰"黔首"[36]。大酺。收天下兵,聚之咸陽,銷以爲鍾鐻,金人十二,重各千石,置廷宮中。一法度、衡石、丈尺,車同軌,書同文字。地東至海暨朝鮮,西至臨洮、羌中,南至北嚮戶[37],北據河爲塞,並陰山至遼東。徙天下豪富於咸陽十二萬戶。諸廟及章臺、上林皆在渭南。秦每破諸侯,寫放其宮室,作之咸陽北阪上,南臨渭,自雍門以東至涇、渭,殿屋複道周閣相屬。所得諸侯美人、鍾鼓,以充入之。

二十七年,始皇巡隴西、北地,出雞頭山,過回中焉。作信宮渭南,已更命信宮爲極廟,象天極。自極廟道通酈山,作甘泉前殿。築甬道[38],自咸陽屬之。是歲,賜爵一級。治馳道[39]。

二十八年,始皇東行郡縣,上鄒嶧山。立石,與魯諸儒生議,刻石頌秦德,議封禪[40]望祭山川之事。乃遂上泰山,立石,封,祠祀。下,風雨暴至,休於樹下,因封其樹爲五大夫。禪梁父。刻所立石,其辭曰:

> 皇帝臨位,作制明法,臣下脩飭。二十有六年,初并天下,罔不賓服。親巡遠方黎民[41],登兹泰山,周覽東極。從臣思迹,本原事業,祗誦功德。治道運行,諸產得宜,皆有法式。大義休明,垂于後世,順承勿革。皇帝躬聖,既平天下,不懈於治。夙興夜寐,建設長利,專隆教誨。訓經宣達,遠近畢理,咸承聖志。貴賤分明,男女禮順,慎遵職事。昭隔內外,靡不清净,施于後嗣。化及無窮,遵奉遺詔,永承重戒。

於是乃並勃海以東,過黃、腄,窮成山,登之罘[42],立石頌秦德焉而去。

南登琅邪,大樂之,留三月。乃徙黔首三萬户琅邪臺下,復十二歲。作琅邪臺,立石刻,頌秦德,明得意。曰:

> 維二十八年,皇帝作始。端平法度,萬物之紀。以明人事,合同父子。聖智仁義,顯白道理。東撫東土,以省卒士。事已大畢,乃臨于海。皇帝之功,勤勞本事。上農除末,黔首是富。普天之下,摶心揖志[43]。器械一量,同書文字。日月所照,舟輿所載。皆終其命,莫不得意。應時動事,是維皇帝。匡飭異俗,陵水經地。憂恤黔首,朝夕不懈。除疑定法,咸知所辟。方伯分職,諸治經易。舉錯必當,莫不如畫[44]。皇帝之明,臨察四方。尊卑貴賤,不踰次行。姦邪不容,皆務貞良。細大盡力,莫敢怠荒。遠邇辟隱,專務肅莊。端直敦忠,事業有常。皇帝之德,存定四極。誅亂除害,興利致福。節事以時,諸產繁殖。黔首安寧,不

用兵革。六親相保,終無寇賊。驩欣奉教,盡知法式。六合之内,皇帝之土。西涉流沙,南盡北户。東有東海,北過大夏。人迹所至,無不臣者。功蓋五帝,澤及牛馬。莫不受德,各安其宇。

維秦王兼有天下,立名爲皇帝,乃撫東土,至于琅邪。列侯武城侯王離、列侯通武侯王賁、倫侯[45]建成侯趙亥,倫侯昌武侯成、倫侯武信侯馮毋擇、丞相隗狀、丞相王綰、卿李斯、卿王戊、五大夫趙嬰、五大夫楊樛從,與議於海上。曰:"古之帝者,地不過千里。諸侯各守其封域,或朝或否,相侵暴亂,殘伐不止。猶刻金石,以自爲紀。古之五帝、三王,知教不同,法度不明。假威鬼神,以欺遠方。實不稱名,故不久長。其身未殁,諸侯倍叛,法令不行。今皇帝并一海内,以爲郡縣,天下和平。昭明宗廟,體道行德,尊號大成。羣臣相與誦皇帝功德,刻于金石,以爲表經。"

既已,齊人徐市[46]等上書,言海中有三神山,名曰蓬萊、方丈、瀛洲,仙人居之。請得齋戒,與童男女求之。於是遣徐市發童男女數千人,入海求仙人。

始皇還,過彭城,齋戒禱祠,欲出周鼎泗水。使千人没水求之,弗得。乃西南渡淮水,之衡山、南郡。浮江,至湘山祠。逢大風,幾不得渡。上問博士曰:"湘君何神?"博士對曰:"聞之,堯女,舜之妻,而葬此。"於是始皇大怒,使刑徒三千人皆伐湘山樹,赭其山。上自南郡由武關歸。

二十九年,始皇東游。至陽武博狼沙中,爲盜所驚[47]。求弗得,乃令天下大索十日。登之罘,刻石。其辭曰:

維二十九年,時在中春,陽和方起。皇帝東游,巡登之罘,臨照于海。從臣嘉觀,原念休烈,追誦本始。大聖作治,建定法度,顯箸綱紀。外教諸侯,光施文惠,明以義理。六國回辟,貪戾無厭,虐殺不已。皇帝哀衆,遂發討師,奮揚武德。義誅信行,威燀旁達,莫不賓服。烹滅彊暴,振救黔首,周定四極。普施明法,經緯天下,永爲儀則。大矣哉! 宇縣之中,承順聖意。羣臣誦功,請刻于石,表垂于常式。

其東觀曰：

維二十九年，皇帝春游，覽省遠方。逮于海隅，遂登之罘，昭臨朝陽。觀望廣麗，從臣咸念，原道至明。聖法初興，清理疆內，外誅暴彊。武威旁暢，振動四極，禽滅六王。闡并天下，甾害絶息，永偃戎兵。皇帝明德，經理宇內，視聽不怠。作立大義，昭設備器，咸有章旗。職臣遵分，各知所行，事無嫌疑。黔首改化，遠邇同度，臨古絶尤。常職既定，後嗣循業，長承聖治。羣臣嘉德，祗誦聖烈，請刻之罘。

旋，遂之琅邪，道上黨入。

三十年，無事。

三十一年十二月，更名臘曰“嘉平”[48]。賜黔首里六石米、二羊。始皇爲微行咸陽，與武士四人俱，夜出逢盜蘭池，見窘，武士擊殺盜，關中大索二十日。米石千六百。

三十二年，始皇之碣石，使燕人盧生求羨門、高誓。刻碣石門。壞城郭，決通隄防。其辭曰：

遂興師旅，誅戮無道，爲逆滅息。武殄暴逆，文復無罪，庶心咸服。惠論功勞，賞及牛馬，恩肥土域。皇帝奮威，德并諸侯，初一泰平。墮壞城郭，決通川防，夷去險阻。地勢既定，黎庶無繇，天下咸撫。男樂其疇，女修其業，事各有序。惠被諸産，久並來田，莫不安所。羣臣誦烈，請刻此石，垂著儀矩[49]。

因使韓終、侯公、石生求仙人不死之藥。始皇巡北邊，從上郡入。燕人盧生使入海還，以鬼神事，因奏録圖書曰：“亡秦者胡也。”始皇乃使將軍蒙恬發兵三十萬人北擊胡，略取河南地。

三十三年，發諸嘗逋亡人、贅壻、賈人，略取陸梁地[50]，爲桂林、象郡、南海，以適遣戍。西北斥逐匈奴。自榆中並河以東，屬之陰山，以爲四十四縣，城河上爲塞。又使蒙恬渡河取高闕、陽山、北假中，築亭障以逐戎人。徙謫，實之初縣。禁不得祠。明星[51]出西方。

三十四年,適治獄吏不直者,築長城及南越地。

始皇置酒咸陽宮,博士七十人前爲壽。僕射周青臣進頌曰:"他時秦地不過千里,賴陛下神靈明聖,平定海內,放逐蠻夷,日月所照,莫不賓服。以諸侯爲郡縣,人人自安樂,無戰争之患,傳之萬世。自上古不及陛下威德。"始皇悦。博士齊人淳于越進曰:"臣聞殷、周之王千餘歲,封子弟功臣,自爲枝輔。今陛下有海內,而子弟爲匹夫,卒有田常、六卿[52]之臣,無輔拂,何以相救哉?事不師古而能長久者,非所聞也。今青臣又面諛以重陛下之過,非忠臣。"始皇下其議。丞相李斯曰:"五帝不相復,三代不相襲,各以治,非其相反,時變異也。今陛下創大業,建萬世之功,固非愚儒所知。且越言乃三代之事,何足法也!異時諸侯並争,厚招游學。今天下已定,法令出一,百姓當家則力農工,士則學習法令辟禁。今諸生不師今而學古,以非當世,惑亂黔首。丞相臣斯昧死言:古者天下散亂,莫之能一,是以諸侯並作,語皆道古以害今,飾虛言以亂實,人善其所私學,以非上之所建立。今皇帝并有天下,別黑白而定一尊。私學而相與非法教,人聞令下,則各以其學議之;入則心非,出則巷議;夸主以爲名,異取以爲高,率羣下以造謗。如此弗禁,則主勢降乎上,黨與成乎下。禁之便。臣請:史官非秦記皆燒之。非博士官所職,天下敢有藏《詩》、《書》、百家語者,悉詣守、尉雜燒之。有敢偶語《詩》、《書》者棄市。以古非今者族。吏見知不舉者與同罪。令下三十日不燒,黥爲城旦[53]。所不去者,醫藥、卜筮、種樹之書。若欲有學法令,以吏爲師。"制曰:"可。"

三十五年,除道,道九原抵雲陽,塹山堙谷,直通之。於是始皇以爲:咸陽人多,先王之宮廷小,吾聞周文王都豐,武王都鎬,豐、鎬之間,帝王之都也。乃營作朝宮渭南上林苑中。先作前殿阿房,東西五百步,南北五十丈,上可以坐萬人,下可以建五丈旗。周馳爲閣道,自殿下直抵南山。表南山之顚以爲闕。爲復道,自阿房渡渭,屬之咸陽,以象天極、閣道絶漢抵營室也[54]。阿房宮未成;成,欲更擇令名名之。作宮阿房,故天下謂之阿房宮。隱宮[55]徒刑者七十餘萬人,乃分作阿房宮,或作麗山。發北山石椁,乃寫蜀、荆地材[56]皆至。關中計宮三百,關外四百餘。於是立石東海上朐界中,以爲秦東門。因徙三萬家麗邑，五萬家雲陽，皆復不事十歲。

盧生説始皇曰："臣等求芝奇藥、仙者常弗遇，類物有害之者。方中，人主時爲微行以辟惡鬼。惡鬼辟，真人至。人主所居而人臣知之，則害於神。真人者，入水不濡，入火不蓺，陵雲氣，與天地久長。今上治天下，未能恬惔[57]。願上所居宮毋令人知，然后不死之藥殆可得也。"於是始皇曰："吾慕真人，自謂'真人'，不稱'朕'。"乃令咸陽之旁二百里内宮觀二百七十，復道甬道相連，帷帳、鍾鼓、美人充之，各案署不移徙。行所幸，有言其處者，罪死。始皇帝幸梁山宮，從山上見丞相車騎衆，弗善也。中人或告丞相，丞相後損車騎。始皇怒曰："此中人泄吾語。"案問莫服。當是時，詔捕諸時在旁者，皆殺之。自是後莫知行之所在。聽事，羣臣受決事，悉於咸陽宮。

侯生、盧生相與謀曰："始皇爲人，天性剛戾自用，起諸侯，并天下，意得欲從，以爲自古莫及己。專任獄吏，獄吏得親幸。博士雖七十人，特備員弗用。丞相、諸大臣皆受成事，倚辨於上。上樂以刑殺爲威，天下畏罪持禄，莫敢盡忠。上不聞過而日驕，下懾伏謾欺以取容。秦法，不得兼方，不驗輒死。然候星氣者至三百人，皆良士，畏忌諱，諛不敢端言其過。天下之事無小大皆決於上，上至以衡石量書，日夜有呈，不中呈不得休息[58]。貪於權勢至如此，未可爲求仙藥。"於是乃亡去。始皇聞亡，乃大怒曰："吾前收天下書，不中用者盡去之。悉召文學方術士甚衆，欲以興太平，方士欲練以求奇藥。今聞韓衆去不報，徐市等費以巨萬計，終不得藥，徒姦利相告日聞。盧生等，吾尊賜之甚厚，今乃誹謗我，以重吾不德也。諸生在咸陽者，吾使人廉問，或爲訞言以亂黔首。"於是使御史悉案問諸生。諸生傳相告引乃自除[59]；犯禁者四百六十餘人，皆阬之咸陽，使天下知之，以懲後。益發謫徙邊。始皇長子扶蘇諫曰："天下初定，遠方黔首未集，諸生皆誦法孔子，今上皆重法繩之，臣恐天下不安。唯上察之。"始皇怒，使扶蘇北監蒙恬於上郡[60]。

三十六年，熒惑守心[61]。有墜星下東郡，至地爲石，黔首或刻其石曰："始皇帝死而地分。"始皇聞之，遣御史逐問，莫服，盡取石旁居人誅之，因燔銷其石。始皇不樂，使博士爲《仙真人詩》，及行所游天下，傳令樂人謌弦之。秋，使者從關東夜過華陰平舒道，有人持璧遮使者曰："爲吾遺滈池君[62]。"因言曰："今年祖龍[63]死。"使者問其故，因忽不見，置其璧去。使者奉璧具以聞。始皇默然良久,曰:"山鬼固不過知一歲事也。"退言曰:"祖龍者,人之先也。"使御府視璧,乃二十八年行渡江所沈璧也。於是始皇卜之,卦得游徙吉。遷北河、榆中三萬家。拜爵一級。

三十七年十月癸丑,始皇出游。左丞相斯從,右丞相去疾守。少子胡亥愛慕請從,上許之。十一月,行至雲夢,望祀虞舜於九疑山。浮江下,觀籍河,渡梅渚。過丹陽,至錢唐。臨浙江,水波惡,乃西百二十里從狹中渡。上會稽,祭大禹,望于南海,而立石刻頌秦德。其文曰:

皇帝休烈,平一宇内,德惠脩長。三十有七年,親巡天下,周覽遠方。遂登會稽,宣省習俗,黔首齋莊。羣臣誦功,本原事迹,追首高明。秦聖臨國,始定刑名,顯陳舊章。初平法式,審別職任,以立恒常。六王專倍,貪戾慠猛,率眾自彊。暴虐恣行,負力而驕,數動甲兵。陰通閒使,以事合從,行爲辟方。内飾詐謀,外來侵邊,遂起禍殃。義威誅之,殄熄暴悖,亂賊滅亡。聖德廣密,六合之中,被澤無疆。皇帝并宇,兼聽萬事,遠近畢清。運理羣物,考驗事實,各載其名。貴賤並通,善否陳前,靡有隱情。飾省宣義,有子而嫁,倍死不貞。防隔内外,禁止淫泆,男女絜誠。夫爲寄豭[64],殺之無罪,男秉義程。妻爲逃嫁,子不得母[65],咸化廉清。大治濯俗,天下承風,蒙被休經。皆遵度軌,和安敦勉,莫不順令。黔首脩絜,人樂同則,嘉保太平。後敬奉法,常治無極,輿舟不傾。從臣誦烈,請刻此石,光垂休銘。

還過吳,從江乘渡。並海上,北至琅邪。方士徐市等入海求神藥,數歲不得,費多,恐譴,乃詐曰:"蓬萊藥可得,然常爲大鮫魚所苦,故不得至,願請善射與俱,見則以連弩射之。"始皇夢與海神戰,如人狀。問占夢博士,曰:"水神不可見,以大魚蛟龍爲候。今上禱祠備謹,而有此惡神,當除去,而善神可致。"乃令入海者齎捕巨魚具,而自以連弩候大魚出射之。自琅邪北至榮成山,弗見。至之罘,見巨魚,射殺一魚。遂並海西,至平原津而病。

始皇惡言死,羣臣莫敢言死事。上病益甚,乃爲璽書賜公子扶蘇曰:"與喪,會咸陽而葬。"書已封,在中車府令趙高行符璽事所[66],未授使者。七月丙寅，始皇崩於沙丘平臺[67]。丞相斯爲上崩在外，恐諸公子及天下有變，乃祕之，不發喪。棺載輼涼車[68]中，故幸宦者參乘[69]，所至上食。百官奏事如故，宦者輒從輼涼車中可其奏事。獨子胡亥、趙高及所幸宦者五六人知上死。趙高故嘗教胡亥書及獄律令法事，胡亥私幸之。高乃與公子胡亥、丞相斯陰謀破去始皇所封書賜公子扶蘇者，而更詐爲丞相斯受始皇遺詔沙丘，立子胡亥爲太子。更爲書賜公子扶蘇、蒙恬，數以罪，其賜死。語具在《李斯傳》中。行，遂從井陘抵九原。會暑，上輼車臭，乃詔從官令車載一石鮑魚[70]，以亂其臭。

　　行從直道至咸陽，發喪。太子胡亥襲位，爲二世皇帝。九月，葬始皇酈山[71]。始皇初即位，穿治酈山，及并天下，天下徒送詣七十餘萬人，穿三泉[72]，下銅而致椁，宮觀百官、奇器珍怪徙臧滿之。令匠作機弩矢，有所穿近者輒射之。以水銀爲百川江河大海，機相灌輸，上具天文，下具地理。以人魚膏[73]爲燭，度不滅者久之。二世曰：“先帝後宮，非有子者，出焉不宜。”皆令從死。死者甚衆。葬既已下，或言工匠爲機，臧皆知之，臧重即泄。大事畢，已臧，閉中羨[74]，下外羨門，盡閉工匠臧者，無復出者。樹草木以象山。（下略）

——據 1959 年中華書局出版《史記》，參考《百衲本二十四史》版《史記》

【解題】

　　《史記》是我國第一部紀傳體通史，西漢司馬遷撰。

　　《史記》以前，我國已有《尚書》、《春秋》、《左傳》、《國語》、《戰國策》、《世本》、《楚漢春秋》等。在體裁方面，也已出現了記載帝王活動的“本紀”（如《禹本紀》、《尚書世紀》等），敍述諸侯王國事蹟的“世家”，類似後代“表”體的“譜牒”，和記事記言、解釋經典的“傳”等。這些記錄，是在諸侯割據的時代裏出現的，各個著述者的歷史觀點極不一致；又受視野的限制，記載的面也很狹隘。因此，在秦漢統一全國，特別是在西漢統治比較穩固以後，按照統治者的需要，對以往複雜而不統一的歷史記錄做一番綜合整理，便亟待進行。司馬遷的父親司馬談擔任太史令時，就曾計劃撰寫這樣一部著作。談死，遷繼任太史令，便着手爲撰寫這部通史進行準備。他一方面對皇家所藏的大量古代文獻和朝廷檔案，加以整理；一方面根據早年遍遊名山大川的實地見聞，對文獻資料加以訂補，於漢武帝太初元年(前104)開始寫作,到征和二年(前91)左右基本完成,但據說還有十篇只有目錄。本書起初稱爲《太史公書》。兩漢時學者也稱爲《太史公》、《太史公記》或《太史記》。直到魏、晉間,才逐漸專稱本書爲《史記》。

《史記》由十二"本紀"、十"表"、八"書"、三十"世家"、七十"列傳"組成,計一百三十篇,五十二萬六千多字。本紀,記載從黄帝起到漢武帝時的歷代大事,基本上是編年式的;表,用簡明的表格,概括排列錯綜複雜的史實;書,記述政治、經濟、天文、地理等方面的制度或重大事項;世家,記述貴族諸侯的活動及事蹟,列傳,分別記載各個時期的重要歷史人物,包括上層的官僚、士大夫和影響社會生活各有關方面的特殊人物,也包括當時我國邊疆各族和一些鄰國的歷史。以本紀和列傳爲主體,各體互相配合;這種體例成爲以後紀傳體歷史著作的典範。

作爲我國第一部綜合性的紀傳體通史,《史記》在史學史上取得了很高的地位。它不局限於某個歷史時期,使歷史的發展有清晰的脉絡可尋,記録面比古代社會中其他"正史"要寬廣得多,不僅注意帝王將相的活動,而且還注意到各類特殊人物的活動,爲他們分別立了專傳,像《循吏》、《儒林》、《酷吏》、《游俠》、《佞幸》、《滑稽》、《日者》、《龜策》、《貨殖》等。它對許多歷史人物的評價,比較公允,如對有才智而不被當時統治者所信用的屈原、鼂錯、賈誼、李廣等人的悲劇結局,表示深切的惋惜和同情。——這雖然出於對自己不幸遭遇的悲痛,但客觀上卻正暴露了統治者的腐朽和黑暗。他還爲陳涉、項羽等農民起義領袖立傳,並列入"世家"和"本紀",使《史記》被後世許多統治者長期地詆斥爲"謗書"。同時,《史記》不僅注意政治,也注意到經濟和文化,如《貨殖列傳》對當時全國各地的經濟生活狀況有很詳細的描述,《平準書》對漢朝統治者對人民的殘酷剝削有相當深刻的揭露,還强調"禮生於有而廢於無",多少接觸到一些推動社會發展的基本性問題。

司馬遷認爲撰史應該"究天人之際,通古今之變,成一家之言"。他希望揭開人與自然關係的奧秘,希望像認識日月五星運行法則以編製合適的曆法那樣,找出在人間起作用的"大數",即有時間序列可尋的隱祕規律,以使他在《伯夷列傳》等篇提出的那些令人困惑的歷史現象獲得解釋。限於歷史環境和科學水平,他所作的考察結論,没有能够越出唯心史觀的範疇。但他注意到會通古今,着重探索歷史變化的原因;既注意文獻資料,又重視實際見聞,隨時以生活閱歷所得訂補文獻的不足;卻給《史記》的具體歷史認識帶來許多不同於董仲舒輩的真知灼見。他在寫作過程中也較少受着固定體例的束縛,如列傳雖以人物爲主,但每傳都突出中心,重點敘述某些事件;全書"太史公曰"的論贊部分,或爲某些歷史事件、人物作總結,或補充正文以外的重要史實,並非空洞的議論或褒貶。最後,《史記》敘事,簡明扼要,系統清楚,生動活潑,文筆絢爛,反映了作者高度的文學修養。如魯迅所説,《史記》"雖背《春秋》之義,固不失爲史家之絶唱,無韻之《離騷》矣"(《漢文學史綱要》)。

《史記》中有鮮明的愛和憎,對所記述的歷史事件和歷史人物,有歌頌,有批判;但它的愛和憎,歌頌和批判,都不可能脱離時代眼光。如《史記》曾爲農民起義領袖陳涉、項羽立傳,它的目的就包含着爲西漢王朝統治的歷史尋求合理性根據,也爲了説明秦始皇不行仁政,所以陳勝揭竿起義,秦終覆亡;他取賈誼總結秦亡歷史教訓的《過秦論》三篇,分別爲《秦始皇本紀》和《陳涉世家》的贊,實寓有要漢朝統治者以秦亡爲鑑的深意。《史記》寫作的時代,正是《公羊》學派的"天人感應"説十分盛行之際,司馬遷受到這種思潮的影響,因此在書中雖有時對"天道"有無表示懷疑,但神祕主義氣息仍還相當濃厚。此外,敍事和議論也有自相矛盾的地方。

一般來説,《史記》用力最深的,是秦朝至西漢中葉百年間的歷史,也就是作者當時的近代史和現代史,更其重視統治階級的活動給社會歷史造成的影響。這部分記錄的史學價值也最高。不過,今本《史記》,有些篇是後人補寫的。這些篇,或是司馬遷本人當時還未寫定,或是已經寫定而在後世散失了或被竄改了。除《三王世家》等篇冠有"褚先生曰"四字可確定是褚少孫所補寫的以外,其他已很難確定哪些是後人所補寫,補寫者又是誰。

注釋《史記》的,有南北朝時宋裴駰的《集解》,唐司馬貞的《索隱》和張守節的《正義》。原各自別行,到北宋時,才合刊爲一編。後代研究注釋《史記》的很多,近代日本人瀧川資言根據各書,編成《史記會注考證》,水澤利忠又補編《史記會注考證校補》,還便參考。

《秦始皇本紀》,選自《史記》卷六。按照年月順序,編寫歷代帝王在位時期發生的主要事件,且往往冠以他們出生至即位的簡歷,就是"本紀"。它的性質類似全書的大綱。這種體裁已在先秦時出現。但給一個帝王,單獨寫一篇本紀,則是《秦始皇本紀》開的先例。本篇記載了我國第一個專制主義中央集權的王朝開創者秦始皇一生的事蹟,大體上反映了秦朝統一全國的過程。

司馬遷(前145—前86?),字子長,西漢左馮翊夏陽(今陝西韓城南)人,生於景帝中元五年(前145)。父司馬談,專治天文,熟悉史事,通曉先秦諸子學術。武帝建元(前140—前135)初,談任太史令;遷隨父移居茂陵(今陝西興平縣),開始學習。他十歲便能誦讀古書;二十歲後,開始旅行,除現在閩、廣一帶外,凡江、河流域的廣大地區幾乎都遊歷過,並曾向著名經學家孔安國、董仲舒等問學。他還有相當廣博的天文歷算知識。元封元年(前110),談死。三年後,遷繼任太史令,這使他有機會飽覽皇家所藏的大量書籍,即所謂"石室金匱之書"。這時,他一方面同當時專家們共同修訂《太初曆》,一方面整理、考核、排比史料。太初元年(前104),便着手撰寫《史記》。過了五年,他爲了替投降匈奴的將領李陵辯解,觸怒了漢武帝,下獄,受到慘酷的腐刑;獄中,仍繼續寫作。太始元年(前96),被赦出獄,任中書令。此職在當時大都由宦者充任,他因此更加發憤。據《左傳》、《國語》,采《世本》、《戰國策》,述《楚漢春秋》,終於在征和初(前92),基本定稿。不久,司馬遷也就逝世了。遷傳見《史記》卷百三十《自序》及《漢書》卷六十二。近人王國維撰有《太史公行年考》,見《觀堂集林》卷十一。今人郭沫若撰有《"太史公行年考"有問題》一文,對王說提出異議,見《歷史研究》1955年第六期。

【注釋】

［1］ 質子:春秋、戰國時,兩國爲了表示信任,互派國王的兒子或貴臣,居留在對方國內,叫做"人質"。莊襄王子楚當時是以秦王的兒子被質在趙國,所以稱"質子"。

［2］ 封十萬户:古代天子把土地分給諸侯,叫做"封"。後來國君按照臣僚功勞大小,賞賜土地,叫"封地"。封地大小,多以封地上繳納賦税的户數計算;封十萬户,就是封地上有十萬繳納賦税的民户。

［3］ 舍人:戰國時,貴族或顯宦家中,都養有一些門客,代他謀畫、接待賓客、處理事務。門客中同主人接近的叫舍人。舍人是對家臣的泛稱,不是職官稱號。

［4］ 內粟千石,拜爵一級:內同入,亦通作納。石,古代容量單位,重百二十斤。拜,授封。爵,爵位。秦國爵位分爲二十級;有爵位的人,可以按爵位高低享受不同的封建特權。秦國的爵位主要用以賞給立有軍功的人,有時規定向政府繳納一定數量糧食的也可以取得。

［5］ 彗星先出東方:據研究,這是指哈雷彗星,一顆著名的周期彗星,每隔七十六年在地球上空出現一次。我國保存着它在兩千二百多年內出現二十九次的完整觀測記録。《史記》這段記載,便是世界上關於哈雷彗星的第一次準確記録。古代迷信,以爲彗星出現,國家將有災變不祥的事,所以史書中常鄭重地把這些天文記録轉載下來。

［6］ 將軍壁死,卒屯留蒲鶮反,戮其屍:這節文義難解,疑有錯、漏字,歷來注

家解釋不同：（一）將軍，指長安君成蟜，因反未成，死在壁壘内；屯留、蒲
鶮都是地名。説屯留、蒲鶮二地的軍卒起來反抗，失敗，都被戮屍。
（二）壁、蒲鶮都是人名。壁是討成蟜的將軍，壁在討平成蟜後也死，他
的部卒屯留人蒲、鶮起事，未成功，死後被戮屍。（三）謂成蟜反未成，軍
吏都被殺，遷屯留民於臨洮，一士卒名蒲鶮也是屯留人，害怕被遷，恰好
領軍討成蟜的將軍壁死，所以乘機起來反抗，未成，被戮屍。按第三説較
爲妥當。

[7] 河魚大上……東就食：有兩種解釋：（一）河指黄河；説黄河的魚西上入
渭水，因此秦人都"輕車重馬"，趕往渭水邊去吃魚。（二）洪水汎濫，魚上
平地，災區居民都"輕車重馬"，往東遷徙，尋求食物。

[8] 嫪（lào）毐（ǎi）：嫪毐本是吕不韋的舍人，後假説是宦者，進入宫中，同始
皇的母親私通。

[9] 王冠帶劍：古時男子年滿二十歲，舉行"冠禮"，戴上簪髮的冠，表示已經
成年。同時按禮"帶劍"，以表示威儀。據考證，秦始皇這時已二十二歲；
古人凡不在二十歲生辰那天舉行冠禮儀式的，稱爲"變禮"；變即變通的
意思。

[10] 昌平君、昌文君：都是封號，姓名已不可考。據下文，昌平君，本楚公子，
相於秦。後遷居於郢，項燕反秦，曾立爲荆王。

[11] 衛尉、内史、佐弋、中大夫令：都是秦國官名。衛尉掌管宫廷警衛；内史掌
管京師政事；佐同左，左弋，掌管弋射的官；中大夫令，漢景帝時，稱爲
衛尉。

[12] 鬼薪：刑罰名，爲三年徒刑。犯者在刑期内須採拾薪柴以供給王家宗廟
之用，所以稱爲鬼薪。另一説："鬼薪"一作"鬼新"，實得名於"鬼親"（古
代薪、新、親三字可通用），原爲西方古族名（見《逸周書·王會》），這族被
周、秦人所滅，淪爲奴隸，秦人遂用作俘虜及刑徒通名。

[13] 大王有遷母太后之名：母太后指秦始皇的生母趙姬。趙姬同嫪毐私通，
嫪毐作亂，趙姬同謀。秦始皇捕殺嫪毐，并軟禁自己的母親於雍地。

[14] 倍：《説文》："反也。"這裏作背叛解。

[15] 大索逐客：大索，在國内大規模搜索。逐客，秦始皇認爲各國游士到秦國

進行政治活動,對秦國不利,下令驅逐。李斯上書見《史記·李斯列傳》"諫逐客書"。

[16] 蜂準,長目,摯鳥膺,豺聲:這是尉繚對始皇狀貌、聲音的醜化。蜂,通蠭,即蠍子;蜂準,尖而高的鼻子像翹起尾巴的蠍子。摯,通鷙,猛禽;摯鳥膺,挺胸聳肩像鷹鷙的樣子。豺聲,説話聲音像豺狼的嗥叫。

[17] 居約易出人下,得志亦輕食人:居約,當窮困不得志的時候;易出人下,容易謙卑地居於別人之下。"食"通"噬",咬。

[18] 斗食:秦制,下級官吏俸秩不滿百石的,每月或計日給與口糧,用斗計算,因而以"斗食"作爲下級官吏的代稱。

[19] 其舍人臨者,晉人也,逐出之:臨,弔喪。謂呂不韋的舍人來弔喪的,如果是晉人,便逐令返鄉。蓋防他們變亂。

[20] 六百石、五百石:都是秦國官秩名。六百石,其上有萬石、中二千石、二千石、比二千石、千石、比千石、八百石、比八百石等;其官如郡守丞、郡尉丞、萬户以上縣縣令;其下有五百石,如萬户以下縣縣長。

[21] 籍其門:籍,編入簿冊。籍其門,將他的全家家屬編入簿冊作爲徒隸。

[22] 復:復,免。這裏謂准許嫪毐舍人中被遷往蜀地的,可以回到原處。

[23] 假:代理、暫署。

[24] 初令男子書年:開始下令男子登記户口,要寫明年齡。這一措施是爲了便於徵發壯丁。

[25] 瘣:音 huì。

[26] 降越君:降,降服別人。謂使越君投降。

[27] 天下大酺:國中有喜慶大事,臣民聚會飲食,稱爲"酺"。秦、漢時,不准三人以上無故飲酒,違犯的要罰金。秦既滅韓、趙、魏、燕、楚五國,因此下令國中臣民聚會飲酒,以表示慶賀。

[28] 效:呈獻。

[29] 丞相綰、御史大夫劫、廷尉斯:綰,王綰;劫,馮劫;斯,李斯。

[30] 侯服、夷服:相傳周制,天子直轄的土地稱爲王畿,方千里;此外爲天子藩屬。一説,分爲九服,由近及遠,每隔五百里,定一個名稱。九服:侯服、甸服、男服、采服、衛服、蠻服、夷服、鎮服、藩服。説詳《周禮·夏官》篇。

[31] 五德之傳：古代人們把繁複的自然現象概括爲金、木、水、火、土五種元素，並用生尅來説明五種元素間轉化和制約的關係，如金尅木、木生火之類，叫做五行。戰國時齊人鄒衍一派用來解釋人事，説帝王换代、王朝興衰都是照着五行生尅的規律循環相承，叫做"五德之傳"。

[32] 上黑：上，通尚；上黑，認爲黑色最高貴。照古代"五行"説，黑象徵水，秦以水德王，所以上黑。

[33] 合五德之數：秦始皇爲"急法"找理論根據，以爲水爲陰，陰主刑殺，秦爲水德，所以應以刑殺爲主。

[34] 分天下以爲三十六郡：據裴駰《集解》，三十六郡爲：三川、河東、南陽、南郡、九江、鄣郡、會稽、潁川、碭郡、泗水、薛郡、東郡、琅邪、齊郡、上谷、漁陽、右北平、遼西、遼東、代郡、鉅鹿、邯鄲、上黨、太原、雲中、九原、鴈門、上郡、隴西、北地、漢中、巴郡、蜀郡、黔中、長沙，與京城咸陽所在的内史。清以來學者多數以爲裴説不足全信，但各家説法又各不相同，至今還没有定論。郡下轄縣若干，郡守、縣令由中央任命，隨時可以任免調動。

[35] 郡置守、尉、監：守，郡守，管理政治；尉，郡尉，管理軍事；監，監御史，負責監察。

[36] 更名民曰黔首：黔，黑色。黔首，各説不同。一説：由於勞動人民的臉曬得很黑，所以叫做"黔首"，猶如稱黑頭、黑腦袋，是統治階級對勞動者一種侮辱性的稱呼。一説：秦上黑色，當時平民都用黑布包頭，故稱。按這稱呼已早見於戰國時的著作中。

[37] 北嚮户：據清盧文弨考證，北户是地名，見《爾雅》，又見秦琅邪臺刻石頌文。嚮字衍。或説：北户指日南郡。這一郡在極南，門户向北開，以避免直射的陽光，所以叫做北户或北嚮户。

[38] 甬道：猶如後來的夾道，在大路兩旁築牆，皇帝在路上往來，外人不會看見。

[39] 馳道：寬廣的行車大道，闊五十步，高出地面。路中三丈寬的部分，種樹爲界，專供皇帝行車。秦代馳道通達全國各重要地區。

[40] 封禪：古代皇帝表示自己的政績，而祭告天地的一種最隆重的典禮。封是祭天，禪是祭地。那時認爲泰山是天下最高的山，所以祭天要到泰山

頂上舉行,然後再到山下的小山梁父山祭地,即所謂"封泰山、禪梁父"。

[41]　親巡遠方黎民:按銘文都是四字一句,這句六字,疑有誤。黎民二字疑是衍文。或説:原刻當作"親巡遠黎"。

[42]　罘:音浮(fú)。

[43]　摶心揖志:摶,古專字;揖通輯(jí)。

[44]　畫:同"劃",劃一齊整貌。

[45]　倫侯:秦有列侯,又有倫侯。倫,類;倫侯的爵位較列侯爲低。

[46]　徐市:市(fú),字同韍,又作巿。

[47]　至陽武博狼沙中,爲盜所驚:指張良乘始皇東游,和力士狙擊始皇於博浪沙,誤中副車,所以説"爲盜所驚"。博浪沙地在今河南原陽縣東南。

[48]　更名臘日嘉平:十二月,夏稱清祀,殷稱嘉平,周稱大臘,又稱臘,都是以祭名作爲十二月的代詞。秦用周制,原稱臘月,因爲始皇求神仙,聽到當時一首歌謠中有"帝若學之(仙)臘嘉平",所以改十二月爲嘉平月。

[49]　垂著儀矩:按秦《碣石頌》,當同其他刻石相同,每句四字,三句爲韻。今《史記》所載,已有殘缺。世傳宋徐鼎臣《臨秦碣石頌》,蓋不可信。説見清孫詒讓《籀高述林》。

[50]　發諸嘗逋亡人、贅婿、賈人,略取陸梁地:發,謫發。逋亡人,逃避兵役、勞役以及因他事逃亡的人。贅婿,貧民把兒子典押給人爲奴稱"贅子",過期不贖,主人給他配了妻子,仍舊爲奴,叫做贅婿。賈人,商人。秦代,這幾類人的社會地位低下,凡有苦役、戍邊,便先强制他們擔任。陸梁地,泛指五嶺以南的地區。

[51]　明星:即彗星。

[52]　田常、六卿:田常,春秋時齊國大夫,曾殺齊簡公,立齊平公。後來田氏奪取了齊國王位。六卿,春秋時晉國大夫韓、趙、魏、范、中行、智六家。這六家勢力强大,凌駕晉室,後來范、中行、智三家先亡,韓、趙、魏三家瓜分了晉國。

[53]　城旦:刑罰名,是四年徒刑。犯者謫發邊地,修築長城,天明便要起來服勞役,所以叫做城旦。

[54]　以象天極、閣道絶漢抵營室:天極即天球北極,指北辰(北極星),古代認

爲象徵帝王所居的中宮。閣道,古星名,指仙后座内的六顆星,古代認爲象徵"飛閣之道",即天橋。漢,銀漢,即銀河。營室,即二十八宿之一的室宿,指飛馬座内的兩顆星,古代認爲象徵野營。均見《史記·天官書》。這裏説,秦始皇築阿房宮比擬天極,築閣道、復道比擬天橋,通往隔着渭水(銀河)的咸陽(營室)。

[55] 隱宮:即"宮刑",又稱"腐刑",閹割男子的生殖器官。施行這一酷刑後,要將受刑者關在温密的室内養息百日,所以叫做"隱"。又因這温密屋子同養蠶的屋子相似,所以被宮刑的稱爲"下蠶室"。

[56] 寫蜀、荆地材:寫,輸出。謂運輸蜀、荆地區的木材。

[57] 恬惔:惔(tán),作安解,同恬淡義近。

[58] 上至以衡石量書,日夜有呈,不中呈不得休息:衡石量書,指所閲文件(竹簡)過多。按字面解釋,説法有二:(一)衡、石都指秤,衡是秤桿,石是秤錘。(二)衡指秤;石,一百二十斤。呈同"程",指限度、標準。謂:始皇每天秤取一定重量的公文來批閲,有一定的標準,不達標準,決不休息。

[59] 諸生傳相告引乃自除:傳相告引,互相牽引,由甲而乙,由乙而丙等。乃自除,引告他人,乃得除去己罪。

[60] 使扶蘇北監蒙恬於上郡:古代皇帝派將軍帶兵在外,往往另遣自己的兒子或親信隨軍監視,叫做"監軍"。這時蒙恬帶兵三十萬在北邊修築長城,以防禦匈奴。

[61] 熒惑守心:熒惑即火星,因它的亮度和視運動方向都變幻不定,使人眩惑,故名。心,二十八宿之一,也叫商星,由天蝎座内的三顆星組成。古代迷信,認爲心三星分别象徵天王及其太子、庶子,而熒惑則是妖星,如果火星運行到心宿所在天區,就預告着地上帝王將災禍臨頭。這裏就把熒惑守心和隕星兩種現象同時發生,看作是秦始皇將死而秦朝將亂的警報。

[62] 滈池君:水神名。由於秦始皇自稱以水德王,所以託名水神預告他死兆。

[63] 祖龍:暗指秦始皇。龍,古代作爲皇帝的象徵。

[64] 寄豭:豭(jiā),公豬。把公豬送到養母豬的人家,讓母豬交配得孕,叫做寄豭。夫爲寄豭,謂有婦之夫姦淫他婦,像寄豭一樣。

[65] 妻爲逃嫁，子不得母：妻子抛棄自己的本夫而逃嫁給他人，就不許前夫的兒子再認她作爲母親。

[66] 中車府令趙高行符璽事：車府令，秦官名，掌管皇帝的車輛。趙高是宦官，所謂"中人"，所以稱中車府令。行符璽事，兼管皇帝詔書的印璽。賜扶蘇的璽書須經過趙高的手，可是被他扣押不發。

[67] 沙丘平臺：地在今河北廣宗縣西北大平臺，相傳殷紂王在此築臺。

[68] 轀涼車：轀（wēn）涼，一作轀輬，即温涼，一種閉之則温、開之則涼的轎車。後世作爲喪車的專名。

[69] 參乘：即陪乘。古代乘車，主座居左，趕車的居中；另一人居右陪坐，叫做"參乘"。

[70] 鮑魚：濕的鹹魚，氣味腥臭。

[71] 酈山：一作驪山，在陝西臨潼縣東南。秦始皇陵在山東北麓。近年部分發掘，已發現規模宏偉的兵馬俑坑等處，證實司馬遷的有關描述完全可信。

[72] 三泉：張守節正義引顏師古説："三重之泉，言至水也。"

[73] 人魚膏：人魚，一説是鯢魚，有四足，會發出像小兒啼哭的聲音；一説是海牛類的儒艮；分見《史記》張守節正義引《廣志》和《異物志》。人魚膏即鯢魚油或儒艮油。

[74] 羨：字又作埏，讀作延，墓中的神道。説見《廣雅·釋宫》王念孫疏證。

六國年表〔史記卷一五〕(節録)

太史公讀《秦記》，至犬戎敗幽王，周東徙洛邑[1]，秦襄公始封爲諸侯，作西畤用事上帝，僭端見矣[2]。《禮》曰：“天子祭天地，諸侯祭其域内名山大川[3]。”今秦雜戎、翟之俗[4]，先暴戾，後仁義，位在藩臣，而臚於郊祀[5]，君子懼焉。及文公踰隴，攘夷狄，尊陳寶[6]，營岐、雍之閒；而穆公脩政，東竟至河，則與齊桓、晉文中國侯伯侔矣。是後陪臣執政，大夫世禄，六卿擅晉權，征伐會盟，威重於諸侯。及田常殺簡公而相齊國，諸侯晏然弗討，海内争於戰功矣。三國終之卒分晉，田和亦滅齊而有之，六國之盛自此始。務在彊兵并敵，謀詐用，而從衡短長之説起。矯稱蠭出，誓盟不信，雖置質剖符[7]，猶不能約束也。秦始小國僻遠，諸夏賓之[8]，比於戎、翟；至獻公之後，常雄諸侯。論秦之德義，不如魯、衛之暴戾者；量秦之兵，不如三晉之彊也；然卒并天下，非必險固便、形埶利也，蓋若天所助焉。

或曰：“東方，物所始生；西方，物之成孰。”夫作事者必於東南，收功實者常於西北。故禹興於西羌，湯起於亳，周之王也以豐、鎬伐殷，秦之帝用雍州興，漢之興自蜀漢。

秦既得意，燒天下《詩》、《書》，諸侯史記尤甚，爲其有所刺譏也。《詩》、《書》所以復見者，多藏人家；而史記獨藏周室，以故滅。惜哉，惜哉！獨有《秦記》，又不載日月，其文略不具。然戰國之權變亦有可頗采者，何必上古。秦取天下多暴，然世異變，成功大。傳曰：“法後王[9]。”何也？以其近己而俗變相類，議卑而易行也。學者牽於所聞，見秦在帝位日淺，不察其終始，因舉而笑之，不敢道，此與以耳食[10]無異，悲夫！

余於是因《秦記》，踵《春秋》之後，起周元王，表六國時事，訖二世，凡二百七十年，著諸所聞興壞之端。後有君子，以覽觀焉。

周	秦	魏獻子	韓宣子	趙簡子	楚	燕	齊
元王元年(公元前475)	厲共公元年	衛出公輒後元年		四二	楚惠王章二三年 吳伐我。	燕獻公一七年	齊平公驚五年
（中略）							
顯王元年(前368)	(秦獻公)一七 櫟陽雨金,四月至八月。	(魏惠王)三 齊伐我觀。	(韓莊侯)三	(趙成侯)七 侵齊,至長城。	(楚宣王良夫)二	(燕桓公)五	(齊威王因"齊")一一 伐魏,趙侵我長城。
二(前367)	一八	四	四	八	三	六	一二
三(前366)	一九 敗韓、魏洛陰。	五 與韓會宅陽。城武都。	五	九	四	七	一三
四(前365)	二〇	六 伐宋,取儀臺。	六	一〇	五	八	一四
五(前364)賀秦。	二一 章蟜與晉戰石門,斬首六萬,天子賀。	七	七	一一	六	九	一五
六(前363)	二二	八	八	一二	七	一〇	一六

續 表

周	秦	魏獻子	韓宣子	趙簡子	楚	燕	齊
七 (前362)	二一 與魏戰少梁，虜其太子。	九 與秦戰少梁，虜我太子。	九 魏敗我于澮。大雨三月。	一三 魏敗我于澮。	八	一	一七
八 (前361)	秦孝公元年 彗星見西方。	一○ 取趙皮牢。衛成侯元年。	一○	一四	九	燕文公元年	一八
九 (前360) 致胙于秦。	二 天子致胙。	一一	一一	一五	一○	二	一九
一○ (前359)	三	一二 星晝墮，有聲。	一二	一六	一一	三	二○
一一 (前358)	四	一三	韓昭侯元年 秦敗我西山。	一七	一二	四	二一 鄒忌以鼓琴見威王。
一二 (前357)	五	一四 與趙會鄗。	一三 宋取我黃池。魏取我朱。	一八 趙孟如齊。	一三 君尹黑迎女秦。	五	二二 封鄒忌為成侯。

續　表

周	秦	魏獻子	韓宣子	趙簡子	楚	燕	齊
一三（前356）	六	一五 魯、衛、宋、鄭侯來。	三	一九 與燕會阿。與齊、宋會平陸。	一四	六	三三 與趙會平陸。
一四（前355）	七 與魏王會杜平。	一六 與秦孝公會杜平。侵宋黃池，宋復取之。	四	二○	一五	七	三四 與魏會田於郊。
一五（前354）	八 與魏戰元里，斬首七千，取少梁。	一七 與秦戰元里，秦取我少梁。	五	二一 魏圍我邯鄲。	一六	八	三五
一六（前353）	九	一八 邯鄲降。齊敗我桂陵。	六 伐東周，取陵觀、廩丘。	二二 魏拔邯鄲。	一七	九	三六 敗魏桂陵。
一七（前352）	一○ 衛公孫鞅爲大良造。伐安邑，降之。	一九 諸侯圍我襄陵。築固陽。	七	二三	一八 魯康公元年	一○	三七

續表

周	秦	魏獻子	韓宣子	趙簡子	楚	燕	齊
一八 （前351）	一一 城商塞。衛鞅圍固陽，降之。	二〇 歸趙邯鄲。	八 申不害相。	二四 魏歸邯鄲，與魏盟漳水上。	一九	一一	二八
一九 （前350）	一二 初聚小邑爲三十一縣，令。開阡陌。	二一 與秦遇彤。	九	二五	二〇	一二	二九
二〇 （前349）	一三 初爲縣，有秩史。	二二	一〇 韓姬弒其君悼公。	趙肅侯元年	二一	一三	三〇
二一 （前348）	一四 初爲賦。	二三	一一 昭侯如秦。	二	二二	一四	三一
二二 （前347）	一五	二四	一二	三 公子范襲邯鄲，不勝，死。	二三	一五	三二
二三 （前346）	一六	二五	一三	四	二四	一六	三三 殺其大夫牟辛。

續 表

周	秦	魏獻子	韓宣子	趙簡子	楚	燕	齊
二四 （前345）	一七	二六	一四	五	二五	一七	三四
二五 （前344） 諸侯會。	一八	二七 丹封名會。丹,魏大臣也。	一五	六	二六	一八	三五 田忌襲齊,不勝。
二六 （前343） 致伯於秦。	一九 城武城。從東方牡丘來歸。天子致伯。	二八	一六	七	二七 魯景公偃元年	一九	三六
二七 （前342）	二〇 諸侯畢賀。會諸侯於澤,朝天子。	二九 中山君爲相。	一七	八	二八	二〇	齊宣王辟彊元年
二八 （前341）	二一 馬生人。	三〇 齊虜我太子申,殺將軍龐涓。	一八	九	二九	二一	二 敗魏馬陵。田忌、田嬰、田盼將,孫子爲師。
二九 （前340）	二二 封大良造商鞅。	三一 秦商君伐我,虜我公子卬。	一九	一〇	三〇	二二	三 與趙會,伐魏。

續　表

周	秦	魏獻子	韓宣子	趙簡子	楚	燕	齊
三〇（前339）	三三 與晉戰岸門。	三二 公子赫爲太子。	二〇	一一	楚威王熊商元年	二三	四
三一（前338）	三四 大荔圍合陽。商君公孫鞅反，死彤地。	三三 衛鞅亡歸我，我恐，弗內。	二一	一二	二	二四	五
三二（前337）	秦惠文王元年。楚,韓,趙,蜀人來。	三四	二二 申不害卒。	一三	三	二五	六
三三（前336）賀秦。	二 天子賀。行錢。宋太丘社亡。	三五 孟子來,王問利國,對曰："君不可言利。"	二三	一四	四	二六	七 與魏會平阿南。
三四（前335）	三 王冠。拔韓宜陽。	三六	二四 秦拔我宜陽。	一五	五	二七	八 與魏會于甄。

續　表

周	秦	魏獻子	韓宣子	趙簡子	楚	燕	齊
三五（前334）	四 天子致文、武胙。魏夫人來。	魏襄王元年 與諸侯會徐州，以相王。	二五 旱。作高門。屈宜臼曰："昭侯不出此門。"	一六	六	二八 蘇秦說燕。	九 與魏會徐州，諸侯相王。
三六（前333）	五 陰晉人犀首為大良造。	二 秦敗我彫陰。	二六 高門成，昭侯卒，不出此門。	一七	七 圍齊于徐州。	二九	一○ 楚圍我徐州。
三七（前332）	六 魏以陰晉為和，命曰寧秦。	三 伐趙。衛平侯元年	韓宣惠王元年	一八 齊、魏伐我，我決河水浸之。	八	燕易王元年	一一 與魏伐趙。
三八（前331）	七 義渠內亂，庶長操將兵定之。	四	二	一九	九	三	一二
三九（前330）	八 魏入少梁河西地于秦。	五 與秦河西地少梁，秦圍我焦、曲沃。	三	二○	一○	三	一三

續 表

周	秦	魏獻子	韓宣子	趙簡子	楚	燕	齊
四○ （前329）	九 度河，取汾陰、皮氏。圍焦，降之。與魏會應。	六 與秦會應。秦取汾陰、皮氏。	四	二一	一 魏敗我陘山。	四	一四
四一 （前328）	一○ 張儀相。公子桑圍蒲陽，降之。魏納上郡。	七 入上郡于秦。	五	二二	楚懷王槐元年	五	一五 宋君偃元年
四二 （前327）	一一 義渠君為臣。歸魏焦、曲沃。	八 秦歸我焦、曲沃。	六	二三	二	六	一六
四三 （前326）	一二 初臘。會龍門。	九	七	二四	三	七	一七
四四 （前325）	一三 四月戊午，君為王。	一○	八 魏敗我韓舉。	趙武靈王元年 魏敗我趙護。	四	八	一八

續表

周	秦	魏惠子	韓宣子	趙簡子	楚	燕	齊
四五 （前324）	相張儀將兵取陝。初更元年	一一 衛嗣君元年	九	二 城鄗。	五	九	一九
四六 （前323）	二 相張儀與齊、楚會齧桑。	一二	一〇 君為王。	三	六 敗魏襄陵。	一〇 君為王。	齊湣王地元年。
四七 （前322）	三 張儀免相，相魏。	一三 秦取曲沃。平周女化為丈夫。	一一	四 與韓會區鼠。	七	一一	二
四八 （前321）	四	一四	一二	五 取韓女為夫人。	八	一二	三 封田嬰於薛。

（下略）

——據1959年中華書局出版《史記》，參考《百衲本二十四史》版《史記》

【解題】

本篇節選自《史記》卷十五。用簡明的表格,概括排列錯綜複雜的歷史事實,以補充本紀和列傳的不足,并省却同一時事的重複介紹,這是《史記》在先秦譜諜體例基礎上的一個發展。《六國年表》實際是戰國年表,通過表列七國相互攻戰的大事,綜合介紹山東六國被秦攻滅的過程。

【注釋】

[1] 洛邑:即雒邑,故址在今河南洛陽洛水北岸。共有二城:今洛陽市王城公園一帶的王城和相傳故址在今市東郊白馬寺之東的成周。周平王東遷,就定都在王城。秦襄公因護送平王有功,被平王封爲諸侯。

[2] 作西畤用事上帝,僭端見矣:西畤,本縣名。畤,有止義,説是神靈所依止,因築壇以祭神。按古代禮制,天子祭天地,諸侯祇可祭國内的名山大川。秦襄公在西畤築壇祭祀上帝,所以被認爲已有越位犯上的跡象。一説:這時襄公始封,勢還弱,上説是漢人附會的話。

[3] 禮曰:"天子祭……大川":見《禮記·王制》篇。原文作"天子祭天地,……諸侯祭名山大川之在其地者"。

[4] 今秦雜戎、翟之俗:翟同狄。西周覆滅後西周王都地區爲戎、狄諸部佔領,秦國在同西戎鬥爭中,曾吸收戎、狄族的制度和文化,因而長期被東方各諸侯國看作戎狄之國。

[5] 臚於郊祀:臚,陳列。謂秦是諸侯國,但在祭祀的陳設、安排方面都同於天子,舉行郊祭天地,那是越位犯上。

[6] 陳寶:神名。秦文公十九年(前747),在陳倉(今陝西寶雞東)北阪城獲得雉形異石,就在那地築祠祭祀,所以稱爲陳寶。傳説見《漢書·郊祀志》。

[7] 置質剖符:質,人質,已見《史記·秦始皇本紀》注[1]。符是古代作爲憑信的工具,剖爲左右兩半,雙方各執其一,以備勘驗。

[8] 諸夏賓之:賓,通擯,疏遠、擯斥。秦是邊遠小國,中原諸國看不起它,齊

桓公稱霸時還不讓它參加諸侯盟會。

［9］ 法後王：就是以後王爲法。這是戰國時荀況一派所提出的政治理論，反
對孟軻一派侈談上古以先王爲法的觀點。見《荀子·王制》。

［10］ 耳食：進飲食必用嘴，耳食比喻不知味。

陳 涉 世 家 〔史記卷四八〕

陳勝者,陽城[1]人也,字涉。吳廣者,陽夏[2]人也,字叔。陳涉少時,嘗與人傭耕,輟耕,之壟上,悵恨久之,曰:"苟富貴,無相忘。"傭者笑而應曰:"若爲傭耕,何富貴也?"陳涉太息曰:"嗟乎,燕雀安知鴻鵠之志哉!"

二世元年七月,發閭左適戍漁陽[3]九百人,屯大澤鄉[4]。陳勝、吳廣皆次當行,爲屯長[5]。會天大雨,道不通,度已失期。失期,法皆斬。陳勝、吳廣乃謀曰:"今亡亦死,舉大計亦死,等死,死國可乎?"陳勝曰:"天下苦秦久矣。吾聞:二世,少子也,不當立,當立者乃公子扶蘇。扶蘇以數諫故,上使外將兵。今或聞無罪,二世殺之。百姓多聞其賢,未知其死也。項燕爲楚將,數有功,愛士卒,楚人憐之。或以爲死,或以爲亡。今誠以吾衆詐自稱公子扶蘇、項燕,爲天下唱,宜多應者。"吳廣以爲然。乃行卜。卜者知其指意,曰:"足下事皆成,有功。然足下卜之鬼乎[6]!"陳勝、吳廣喜,念鬼,曰:"此教我先威衆耳。"乃丹書帛曰"陳勝王",置人所罾魚腹中。卒買魚烹食,得魚腹中書,固以怪之矣。又間令吳廣之次所旁叢祠中[7],夜篝火,狐鳴呼曰:"大楚興,陳勝王。"卒皆夜驚恐。旦日,卒中往往語,皆指目陳勝。

吳廣素愛人,士卒多爲用者。將尉[8]醉,廣故數言欲亡,忿恚尉,令辱之,以激怒其衆。尉果笞廣。尉劍挺,廣起,奪而殺尉。陳勝佐之,并殺兩尉。召令徒屬曰:"公等遇雨,皆已失期;失期當斬。藉弟令毋斬,而戍死者固十六七[9]。且壯士不死即已,死即舉大名耳。王侯將相寧有種乎!"徒屬皆曰:"敬受命。"乃詐稱公子扶蘇、項燕,從民欲也。袒右,稱大楚。爲壇而盟,祭以尉首。陳勝自立爲將軍,吳廣爲都尉。攻大澤鄉,收而攻蘄。蘄下,乃令符離人葛嬰將兵徇蘄以東。攻銍、酇、苦、柘、譙,皆下之。行收兵。比至陳,車六七百乘,騎千餘,卒數萬人。攻陳,陳守令皆不在,獨守丞與戰譙門[10]中。弗勝,守丞死,乃入據陳。數日,號令召三老[11]、豪傑與皆來會計事。三老、豪傑皆曰:"將軍身被堅執銳,伐無道,誅暴秦,復立楚國之社稷,功宜爲王。"陳涉乃立爲王,號爲張楚[12]。

當此時,諸郡縣苦秦吏者,皆刑其長吏,殺之以應陳涉。乃以吴叔爲假王[13],監諸將以西擊滎陽。令陳人武臣、張耳、陳餘徇趙地,令汝陰人鄧宗徇九江郡。當此時,楚兵數千人爲聚者,不可勝數。

葛嬰至東城,立襄彊爲楚王。嬰後聞陳王已立,因殺襄彊,還報。至陳,陳王誅殺葛嬰。陳王令魏人周市北徇魏地。吴廣圍滎陽。李由爲三川守,守滎陽,吴叔弗能下。陳王徵國之豪傑與計,以上蔡人房君蔡賜爲上柱國[14]。

周文,陳之賢人也,嘗爲項燕軍視日[15],事春申君,自言習兵,陳王與之將軍印,西擊秦。行收兵至關,車千乘,卒數十萬,至戲,軍焉。秦令少府章邯免酈山徒人、奴產子生[16],悉發以擊楚大軍,盡敗之。周文敗,走出關,止次曹陽二三月。章邯追敗之,復走次澠池十餘日。章邯擊,大破之。周文自剄,軍遂不戰。

武臣到邯鄲,自立爲趙王,陳餘爲大將軍,張耳、召騷爲左右丞相。陳王怒,捕繫武臣等家室,欲誅之。柱國曰:"秦末亡而誅趙王將相家屬,此生一秦也。不如因而立之。"陳王乃遣使者賀趙,而徙繫武臣等家屬宫中,而封耳子張敖爲成都君,趣趙兵亟入關。趙王將相相與謀曰:"王王趙,非楚意也。楚已誅秦,必加兵於趙。計莫如毋西兵,使使北徇燕地以自廣也。趙南據大河,北有燕、代,楚雖勝秦,不敢制趙。若楚不勝秦,必重趙。趙乘秦之弊,可以得志於天下。"趙王以爲然,因不西兵,而遣故上谷卒史[17]韓廣將兵北徇燕地。

燕故貴人[18]豪傑謂韓廣曰:"楚已立王,趙又已立王。燕雖小,亦萬乘之國也,願將軍立爲燕王。"韓廣曰:"廣母在趙,不可。"燕人曰:"趙方西憂秦,南憂楚,其力不能禁我。且以楚之彊,不敢害趙王將相之家,趙獨安敢害將軍之家!"韓廣以爲然,乃自立爲燕王。居數月,趙奉燕王母及家屬歸之燕。

當此之時,諸將之徇地者,不可勝數。周市北徇地至狄,狄人田儋殺狄令自立爲齊王,以齊反擊周市。市軍散,還至魏地,欲立魏後故寧陵君咎爲魏王。時咎在陳王所,不得之魏。魏地已定,欲相與立周市爲魏王,周市不肯。使者五反，陳王乃立甯陵君咎爲魏王，遣之國。周市卒爲相。

將軍田臧等相與謀曰："周章軍已破矣，秦兵旦暮至，我圍滎陽城弗能下，秦軍至，必大敗。不如少遺兵，足以守滎陽，悉精兵迎秦軍。今假王驕，不知兵權，不可與計，非誅之，事恐敗。"因相與矯王令以誅吳叔，獻其首於陳王。陳王使使賜田臧楚令尹印，使爲上將。田臧乃使諸將李歸等守滎陽城，自以精兵西迎秦軍於敖倉。與戰，田臧死，軍破。章邯進兵擊李歸等滎陽下，破之，李歸等死。

陽城人鄧説將兵居郯，章邯別將擊破之，鄧説軍散走陳。銍人伍徐將兵居許，章邯擊破之，伍徐軍皆散走陳。陳王誅鄧説。

陳王初立時，陵人秦嘉、銍人董緤、符離人朱雞石、取慮人鄭布、徐人丁疾等皆特起，將兵圍東海守慶於郯。陳王聞，乃使武平君畔爲將軍，監郯下軍。秦嘉不受命，嘉自立爲大司馬，惡屬武平君。告軍吏曰："武平君年少，不知兵事，勿聽！"因矯以王命殺武平君畔。

章邯已破伍徐，擊陳，柱國房君死。章邯又進兵擊陳西張賀軍。陳王出監戰，軍破，張賀死。

臘月[19]，陳王之汝陰，還至下城父，其御莊賈殺以降秦。陳勝葬碭，謚曰隱王[20]。

陳王故涓人將軍呂臣爲蒼頭軍[21]，起新陽，攻陳下之，殺莊賈，復以陳爲楚。

初，陳王至陳，令銍人宋留將兵定南陽，入武關。留已徇南陽，聞陳王死，南陽復爲秦。宋留不能入武關，乃東至新蔡，遇秦軍，宋留以軍降秦。秦傳留至咸陽，車裂留以徇。

秦嘉等聞陳王軍破出走，乃立景駒爲楚王，引兵之方與，欲擊秦軍定陶下。使公孫慶使齊王，欲與并力俱進。齊王曰："聞陳王戰敗，不知其死生，楚安得不請而立王！"公孫慶曰："齊不請楚而立王，楚何故請齊而立王！且楚首事，當令於天下。"田儋誅殺公孫慶。

秦左右校復攻陳，下之。呂將軍走，收兵復聚。鄱盜當陽君黥布之兵相收，復擊秦左右校，破之青波，復以陳爲楚。會項梁立懷王孫心爲楚王。

陳勝王凡六月。已爲王，王陳，其故人嘗與傭耕者聞之，之陳，扣宮門曰:"吾欲見涉。"宮門令欲縛之。自辯數,乃置,不肯爲通。陳王出,遮道而呼涉。陳王聞之,乃召見,載與俱歸。入宮,見殿屋帷帳,客曰:"夥頤!涉之爲王沈沈者[22]!"楚人謂多爲夥,故天下傳之,"夥涉"爲王,由陳涉始。客出入愈益發舒,言陳王故情。或說陳王曰:"客愚無知,顓妄言,輕威。"陳王斬之。諸陳王故人皆自引去,由是無親陳王者。陳王以朱房爲中正,胡武爲司過,主司羣臣。諸將徇地,至,令之不是者,繫而罪之。以苛察爲忠;其所不善者,弗下吏,輒自治之。陳王信用之。諸將以其故不親附,此其所以敗也。

陳勝雖已死,其所置遣侯王將相竟亡秦,由涉首事也。高祖時,爲陳涉置守冢三十家碭[23],至今血食[24]。

——據1959年中華書局出版《史記》,參考《百衲本二十四史》版《史記》

【解題】

本篇選自《史記》卷四八。《世家》初見於《世本》,原是周朝各封國諸侯的宗譜。《史記》利用這種形式,記敍西周至西漢的主要諸侯國的興衰史,體裁介於《左傳》和《國語》之間。但也有例外。將秦末農民起義領袖陳勝的傳記,列入《世家》,就是《史記》的特創。

【注釋】

[1] 陽城:陳勝生地陽城有三說:一說在今河南登封東南告成鎮;一說在今河南商水西南;一說在今安徽宿縣南。舊多從第一說。據考證,當以第二說較爲正確。

[2] 陽夏:今河南太康。

[3] 閭左:閭,里門;閭左,住在閭里左邊的居民。秦代編制戶口,富人住閭右,貧民住閭左。徵發徭役,先徵有罪官吏、贅壻、商人、商人子孫,再次徵發閭左貧民。或說閭左即七科謫之一的"逋亡人"。適同謫,調發。漁陽,今北京市密雲縣西南。

[4] 大澤鄉:鄉名,在今安徽宿縣東南劉村集,附近有涉故臺遺址,說是秦末農民起義軍向羣衆宣傳的地方。

［5］ 屯長：戍邊途中被指派的隊長。

［6］ 然足下卜之鬼乎：足下，對人的敬稱，猶言"左右"，避免直呼"你"、"爾"
等。鬼，泛指鬼神。這是卜者暗示陳勝、吳廣假託鬼神的意旨來鼓動衆
戍卒起義。

［7］ 又間令吳廣之次所旁叢祠中：間令，密派，暗中指使。次所，戍卒駐紮的
地方。古代閭里各有"社"，選擇茂盛高大的樹木作爲神位，叫做"叢祠"。
一說，指樹木蔭蔽的神祠。

［8］ 將尉：尉，縣長吏，秦漢時，大縣有二人。尉將（統屬）屯卒九百人，所以稱
將尉。

［9］ 藉弟令毋斬，而戍死者固十六七：藉，假；弟，且；假設之詞。謂：假使能
說得讓我們暫免被斬，但因遠戍而死的本來也達十分之六七。

［10］ 譙門：城上築高樓以望敵，叫做譙，也叫譙樓。樓下有門，叫譙門。

［11］ 三老：鄉官，掌教化。秦制：十里一亭，亭有長；十亭一鄉，鄉有三老。

［12］ 號爲張楚：張楚，陳涉所立的國號，義取張大楚國。另一說，"張楚"非國
名；"號爲張楚"，謂以恢復或張大楚國作號召。上文說"稱大楚"，大楚才
是國號。但馬王堆出土天文星占帛書記有"張楚"，又似年號。目前尚無
確論。

［13］ 假王：假，已見本書《史記·秦始皇本紀》注［23］。陳涉稱王，以吳廣兼攝
王的職事，監督諸將。

［14］ 上柱國：也稱柱國，官名，始置於春秋戰國時的楚國。原是衛戍首都的
官，後轉爲最高武官，地位僅次於令尹。

［15］ 視日：占測時日吉凶的官。

［16］ 免酈山徒人、奴産子生：酈山徒人，判徒刑的人，發配在酈山服勞役者。
奴産子，奴婢所生的兒子。徒人和奴産子，在平時本不能充當兵士，因事
急，才取消這種限制，所以說"免"。"生"字，《漢書·陳勝傳》無，當係
衍文。

［17］ 卒史：郡守的屬官，分曹治事，也稱曹史。

［18］ 燕故貴人：燕國的殘餘貴族和舊官吏。

［19］ 臘月：十二月，已見本書《史記·秦始皇本紀》注［48］。

［20］　隱王：按諡法："不顯尸國曰隱"；又："隱，哀也。"陳涉起義最早而功業不成，時人哀悼他，所以諡爲隱王。

［21］　陳王故涓人將軍吕臣爲蒼頭軍：涓人即中涓，它的職位如漢時的謁者，主清潔宫室及傳達賓客等事。吕臣原是陳涉的涓人，當時已任將軍。他組織軍隊，頭戴青帽，以便識别，稱"蒼頭軍"。

［22］　夥頤！涉之爲王沈沈者：楚人説多爲夥；頤，助聲辭；二字合音，表示震驚。沈沈，形容陳涉所住的宫室深邃貌。

［23］　置守冢三十家碭：在碭郡陳涉葬地置三十户看管墳墓。《高祖紀》説"與守冢十家"，户數不同。

［24］　血食：祭祀用牲，因爲帶有毛血，所以叫做血食。

孫 子 列 傳〔史記卷六五〕

孫子武[1]者,齊人[2]也。以兵法見於吳王闔廬[3]。闔廬曰:"子之十三篇[4],吾盡觀之矣,可以小試勒兵[5]乎?"對曰:"可。"闔廬曰:"可試以婦人乎?"曰:"可。"於是許之。

出宮中美女,得百八十人。孫子分爲二隊,以王之寵姬二人,各爲隊長,皆令持戟[6]。令之曰:"汝知而心與左右手背乎?"婦人曰:"知之。"孫子曰:"前,則視心;左,視左手;右,視右手;後,即視背。"婦人曰:"諾。"

約束既布,乃設鈇鉞[7],即三令五申[8]之。於是鼓之右,婦人大笑。孫子曰:"約束不明,申令不熟,將之罪[9]也。"復三令五申而鼓之左,婦人復大笑。孫子曰:"約束不明,申令不熟,將之罪也;既已明而不如法者,吏士之罪也。"乃欲斬左右隊長。

吳王從臺上觀,見且斬愛姬,大駭,趣使使[10]下令曰:"寡人已知將軍能用兵矣! 寡人非此二姬,食不甘味,願勿斬也。"孫子曰:"臣既已受命爲將,將在軍,君命有所不受。"遂斬隊長二人以徇[11],用其次爲隊長。於是復鼓之。婦人左右前後跪起,皆中規矩繩墨[12],無敢出聲。

於是孫子使使報王曰:"兵既整齊,王可試下觀之,唯王所欲用之,雖赴水火猶可也。"吳王曰:"將軍罷休就舍,寡人不願下觀。"孫子曰:"王徒好其言[13],不能用其實。"於是闔廬知孫子能用兵[14],卒以爲將。

西破彊楚[15],入郢[16],北威齊、晉[17],顯名諸侯,孫子與有力焉。

孫武既死,後百餘歲有孫臏[18]。臏生阿、鄄[19]之間。臏亦孫武之後世子孫也。

孫臏嘗與龐涓[20]俱學兵法。龐涓既事魏,得爲惠王將軍,而自以爲能不及孫臏,乃陰使召孫臏。臏至,龐涓恐其賢於己,疾之,則以法刑斷其兩足而黥之[21],欲隱勿見[22]。

齊使者如梁[23],孫臏以刑徒陰見[24],說齊使。齊使以爲奇,竊載與之齊。齊將田忌[25]善而客待之。忌數與齊諸公子馳逐重射[26]。孫子見其馬足不甚相遠[27]，馬有上、中、下輩。於是孫子謂田忌曰："君弟[28]重射，臣能令君勝。"田忌信然之，與王及諸公子逐射千金[29]。及臨質[30]，孫子曰："今以君之下駟與彼上駟，取君上駟與彼中駟，取君中駟與彼下駟。"既馳，三輩畢，而田忌一不勝而再勝，卒得王千金。於是忌進孫子於威王。威王問兵法[31]，遂以為師。

其後魏伐趙，趙急，請救於齊。齊威王欲將孫臏。臏辭謝，曰："刑餘之人[32]不可。"於是乃以田忌為將，而孫子為師，居輜車[33]中，坐為計謀。田忌欲引兵之趙，孫子曰："夫解雜亂紛糾者不控捲[34]，救鬥者不搏撠[35]，批亢擣虛[36]，形格勢禁[37]，則自為解耳。今梁、趙相攻，輕兵銳卒必竭於外，老弱罷[38]於內。君不若引兵疾走大梁，據其街路[39]，衝其方虛[40]，彼必釋趙而自救。是我一舉解趙之圍而收弊於魏也[41]。"田忌從之。魏果去邯鄲[42]，與齊戰於桂陵[43]，大破梁軍。

後十三歲[44]，魏與趙攻韓，韓告急於齊。齊使田忌將而往，直走大梁。魏將龐涓聞之，去韓而歸，齊軍既已過而西矣[45]。孫子謂田忌曰："彼三晉[46]之兵，素悍勇而輕齊，齊號為怯，善戰者因其勢而利導之[47]。兵法，百里而趣利者蹶上將[48]，五十里而趣利者軍半至[49]。使齊軍入魏地為十萬竈，明日為五萬竈，又明日為三萬竈。"龐涓行三日，大喜，曰："我固知齊軍怯，入吾地三日，士卒亡者過半矣。"乃棄其步軍，與其輕銳倍日并行逐之[50]。孫子度其行，暮當至馬陵[51]。馬陵道陝[52]，而旁多阻隘，可伏兵，乃斫[53]大樹白而書之曰："龐涓死于此樹之下！"於是令齊軍善射者萬弩[54]，夾道而伏，期曰："暮見火舉而俱發。"龐涓果夜至斫木下，見白書，乃鑽火燭之[55]。讀其書未畢，齊軍萬弩俱發，魏軍大亂相失。龐涓自知智窮兵敗，乃自剄[56]，曰："遂成豎子[57]之名。"齊因乘勝盡破其軍，虜魏太子申以歸。孫臏以此名顯天下，世傳其兵法[58]。

——據 1959 年中華書局出版《史記》，參考《百衲本二十四史》版《史記》

【解題】

本篇選自《史記》卷六五。圍繞某個歷史人物的活動，描寫一個歷史時期社會生活的某個側面,就是司馬遷所發展的"列傳"體。《史記》立傳的人物,有許多著名的思想家、政治家、軍事家、科學家、文學家和藝術家,有從事各種特殊活動而知名的代表者,還有當時少數民族的統治者。這許多傳記同本紀、世家互爲經緯,以書、表做補充,交織成各個時代的歷史圖景。所謂紀傳體,就因它的主要部分是人物傳記而得名。本篇是列傳體裁一種類型的代表作,將相距百餘年的兩名著名軍事學家合立一傳,反映春秋到戰國年間,我國軍事思想和指揮戰爭藝術的發展。對於本篇所記孫武和孫臏各有兵法傳世的問題,人們長期有爭論,甚至懷疑司馬遷把一孫子錯當成兩孫子。1972 年山東臨沂銀雀山漢墓同時出土《孫子兵法》和《孫臏兵法》的竹簡,證實本篇記録可靠。

【注釋】

[1]　孫子武:子是古代對於有道德者和對於師長的敬稱,猶後世敬稱"先生"。孫武,我國古代著名的軍事學家,生卒年不詳,活動時期約在公元前 6 世紀末至 5 世紀初。事蹟又見《史記·吴太伯世家》和《吴越春秋》等。

[2]　齊人:孫武的先世和早年經歷不詳。宋歐陽修所撰《新唐書·宰相世系表》,始謂他是春秋時齊國大夫田子占的後裔。宋鄧名世《古今姓氏書辯證》,説同,并謂孫武祖父名田書,"字子占,齊大夫,伐莒有功,景公賜姓孫氏,食采於樂安(今山東博興)。生馮,字起宗,齊卿。馮生武,字長卿,以田鮑四族謀作亂,奔吴,爲將軍。"或説孫武爲吴人,見《吴越春秋》。

[3]　闔廬:一作闔閭。《吴越春秋》謂孫武見吴王闔閭,是伍員所推薦,事在闔閭三年,即公元前 512 年。

[4]　十三篇:即《孫子》,又稱《孫子兵法》。古本在漢代巳有散佚錯亂,今傳世本的作者,明清以來就有爭論,或以爲今本《孫子》是後人僞託,或以爲初著於孫武而完成於孫臏,或以爲今本十三篇是三國時曹操刪削補充後重新編定的。1972 年山東臨沂的西漢墓葬中同時發現《孫子兵法》和《孫臏兵法》兩部竹簡,其中《孫子兵法》的篇目,同宋刻《十一家注孫子》等傳世本基本相同,爲解決爭論提供了斷案依據。今本十三篇的目次:《計篇》、《作戰篇》、《謀攻篇》、《形篇》、《勢篇》、《虛實篇》、《軍爭篇》、《九變篇》、《行軍篇》、《地形篇》、《九地篇》、《火攻篇》、《用間篇》。

[5]　小試勒兵:勒,馬絡和銜口,引申爲控制、駕御。此謂演習一下統率軍隊

的技術。

[6] 戟：古兵器名，形狀各書所載不同。大致上其尖似矛，頸有橫枝，是刺鈎二用的武器。

[7] 鈇鉞：鈇(fū)，通斧。鈇鉞即長柄大斧，古軍隊中處死違犯軍法者的行刑專用兵器。

[8] 三令五申：三番五次申明軍令。三、五都是指多數。

[9] 將之罪：謂孫武本人的過錯。

[10] 趣使使：趣，急，讀作促。使使，命令使者。下"使"舊讀作 shì，名詞；上"使"字，動詞。

[11] 徇：巡行傳令，指以二隊長人頭示衆。

[12] 中規矩繩墨：規爲圓，矩爲方，繩墨是古代工匠用以矯正曲直長短的工具。謂婦女們的行動都合於法度。

[13] 徒好其言：祇是喜歡他的(孫武關於兵法的)議論。《吴越春秋》："吴王召孫子，問以兵法，每陳一篇，王不知口之稱善。"

[14] 知孫子能用兵：《吴越春秋》記此事較詳，可參考。

[15] 西破彊楚：公元前 512 年，吴王用孫武爲將軍，與伍員連年將兵攻打西境的強鄰楚國，四年内三戰三勝，奪取了楚國四邑。事詳《史記·吴太伯世家》。按孫武爲吴將伐楚事，《春秋》、《左傳》均不見記載；司馬遷當别有所本。

[16] 入郢：郢是楚國的都城，本在今湖北江陵西北，楚平王時遷到今江陵東南。公元前 506 年，孫武、伍員引兵通過唐、蔡二國潛行千里，迂迴到楚國東北進行奇襲，以三萬人擊破楚軍二十萬人，長驅攻陷郢都。按此事《春秋》、《左傳》也僅説伍員爲將，未録孫武之名。孫武與伍員共同獻計奇襲楚都，也見於《史記·吴太伯世家》。

[17] 北威齊晉：公元前 484 年，吴王夫差出兵北上攻齊，敗齊軍於艾陵(今山東萊蕪東北，一説在今山東泰安東南)。公元前 482 年，吴王夫差北上召集諸侯在黄池(今河南封丘西南)會盟，用重兵威脅晉國，爭到了盟長地位。

[18] 孫臏：我國古代著名的軍事學家，戰國時齊人，又稱齊孫子，生卒年不詳，

活動時期約在公元前4世紀中葉。真名也失傳,《史記·太史公自序》:
"孫子臏脚,而論兵法。"後世因以刑名爲其號。

[19]　阿鄄:阿(wō),齊邑,今山東陽穀東北的阿城鎮。鄄(juàn),本衛邑,後
被齊國奪取,今山東鄄城縣。

[20]　龐涓:戰國時魏人,相傳與孫臏同學於鬼谷子。

[21]　以法刑斷其兩足而黥之:法刑即刑法。斷其兩足,處以刖刑。刖刑本稱
臏刑,即去掉臏骨(膝蓋骨),周朝改爲刖足(斷足)。黥,墨刑,在額上刻
花紋并用礬石染成黑色,與刖刑同爲古五種肉刑之一。

[22]　欲隱勿見:見(xiàn),出仕。此謂龐涓想叫孫臏因受肉刑而潛藏不仕。

[23]　梁:即魏,魏惠王將國都由安邑遷到大梁(今河南開封),改國號爲梁,因
而魏國也稱梁國。

[24]　以刑徒陰見:以罪犯的身份私自請見齊國使者。

[25]　田忌:齊國王族,齊威王時任將軍。

[26]　馳逐重射:射(shí),猜度,指打賭。謂相互賽馬,并下很大的賭注。

[27]　見其馬足不甚相遠:謂發現各人的馬跑的速度相差不太多。

[28]　弟:但。

[29]　千金:即千鎰。或謂黃金二十四兩爲一鎰,或謂二十兩爲一鎰。

[30]　臨質:質,交質,押物以取信。謂將要押下賭注的時候。

[31]　威王問兵法:臨沂漢簡《孫臏兵法》有"孫子見威王"、"威王問"等篇,均爲
孫臏同齊威王、田忌的談話。《呂氏春秋·不二》曾說"孫臏貴勢",《孫臏
兵法·威王問》正是強調"兵勢"。

[32]　刑餘之人:指受過肉刑而殘廢的人,也指被赦免的罪人。

[33]　輜車:衣車,用帷圍起來的篷車。

[34]　解雜亂紛糾者不控捲:捲,通拳。謂要解開亂麻亂絲一類糾結,不能捏住
拳頭打。

[35]　救鬥者不搏撠:撠(jǐ),通拮,抓持。謂要止住正在進行的毆鬥,不能插
手去打去抓。

[36]　批亢擣虛:亢,《說文》:"人頸也。"指喉嚨。又通迒,《說文》:"獸迹也。"即
野獸踩出的小道。都是狹小孔道的意思。擣同搗。批亢擣虛是說解亂

結要從找隙縫下手。這是上文"不控捲"的具體説明。

[37] 形格勢禁：形指容色。勢指權力。這也與上文"不搏撠"相呼應,説"救鬥"的方法,應該以容色來阻止,即憤怒地喝止,或用權力來制止。

[38] 罷：通疲,勞困。

[39] 街路：通道和要地。

[40] 方虛：方,古通旁。方虛謂空隙。

[41] 收弊於魏：弊,困、惡。此謂收到魏國困頓的效果。孫臏的這個策略,就是著名的"圍魏救趙"之計。

[42] 邯鄲：戰國時趙國都城,故城在今河北邯鄲西南。

[43] 桂陵：魏國地名,在今河南長垣西。一説在今山東菏澤東北。

[44] 後十三歲：桂陵之戰在公元前 353 年,後十三年即公元前 341 年,當齊宣王二年,魏惠王三十年。

[45] 既已過而西矣：謂奔襲魏都的齊軍,已經越過齊國邊界,西入魏國境内了。

[46] 三晉：指魏、韓、趙。三國諸侯本來都是晉國的卿,公元前 376 年聯合滅掉晉國,三分其地,史稱"三家分晉",而泛稱三國爲三晉。

[47] 因其勢而利導之：勢指魏軍驕傲輕敵。這裏説要造成齊軍怯弱畏敵的假象,誘使魏軍急躁冒進,以便齊軍以逸待勞,出敵不意加以殲滅。

[48] 百里而趣利者蹶上將：趣同趨。趣利即爭取先機之利。蹶,挫。上將,先頭部隊的主將。

[49] 五十里而趣利者軍半至：軍半至謂只有半數人馬能趕到戰場。這兩句當引自《孫子兵法》,但與今本有出入。

[50] 與其輕鋭倍日并行逐之：輕鋭,輕車鋭卒。古代車戰,用裝載甲士的戰車率領步卒突擊,每乘輕車甲士三人,步卒七十二人,後隨裝載輜重的革車一乘,後勤兵二十五人。這裏説龐涓棄其步軍,只帶輕車甲士。倍日并進,兩天的路程併作一天走,形容龐涓輕兵冒進。

[51] 馬陵：齊國地名,在今河北大名東南。一説在今山東莘縣西南。

[52] 陝：峽的本字,也通狹。《史記·魏世家》張守節正義引虞喜《志林》:"馬陵在濮州鄄城縣東北六十里,有陵,澗谷深峻,可以置伏。"

[53] 斫(zhuó)：擊。

[54] 弩：裝置機括的硬弓。

[55] 鑽火燭之：燭，通爥，照。謂取火來照樹。

[56] 自剄：自刎。

[57] 豎子：小子，對人的蔑稱。

[58] 世傳其兵法：即《孫臏兵法》，《漢書·藝文志》稱爲《齊孫子》，同《吴孫子》
　　　即《孫子兵法》并列。1972 年 4 月在山東臨沂銀雀山一號漢墓出土大批
　　　漢代竹簡，其中有《孫子兵法》，篇名與傳世本同；另有四百四十餘枚竹
　　　簡，字數有一萬一千餘字，經考證即失傳已久的《孫臏兵法》，表明《史記》
　　　所載基本正確。

貨 殖 列 傳〔史記卷一二九〕

　　老子曰："至治之極，鄰國相望，雞狗之聲相聞，民各甘其食，美其服，安其俗，樂其業，至老死不相往來。"必用此爲務，輓近世塗民耳目[1]，則幾無行矣。

　　太史公曰：夫神農以前，吾不知已。至若《詩》、《書》所述虞、夏以來，耳目欲極聲色之好，口欲窮芻豢之味，身安逸樂，而心誇矜勢能之榮，使俗之漸民久矣，雖戶説以眇論，終不能化。故善者因之，其次利道之，其次教誨之，其次整齊之，最下者與之爭。

　　夫山西饒材、竹、穀、纑[2]、旄、玉、石；山東多魚、鹽、漆、絲、聲色；江南出柟、梓、薑、桂、金、錫、連[3]、丹沙、犀、瑇瑁、珠璣、齒革；龍門、碣石[4]；北多馬、牛、羊、旃裘、筋角；銅、鐵則千里往往山出棊置：此其大較也。皆中國人民所喜好，謠俗被服飲食奉生送死之具也。故待農而食之，虞[5]而出之，工而成之，商而通之。此寧有政教發徵期會哉！人各任其能，竭其力，以得所欲。故物賤之徵貴，貴之徵賤[6]。各勸其業，樂其事，若水之趨下，日夜無休時；不召而自來，不求而民出之。豈非道之所符，而自然之驗邪！《周書》曰："農不出則乏其食，工不出則乏其事，商不出則三寶[7]絕，虞不出則財匱少。財匱少而山澤不辟矣。"此四者，民所衣食之原也。原大則饒，原小則鮮。上則富國，下則富家。貧富之道，莫之奪予，而巧者有餘，拙者不足。

　　故太公望封於營丘，地潟鹵[8]，人民寡，於是太公勸其女功，極技巧，通魚鹽，則人物歸之，繦至而輻湊[9]。故齊冠帶衣履天下；海岱之間，斂袂而往朝焉。其後齊中衰，管子修之，設輕重九府[10]，則桓公以霸，九合諸侯，一匡天下；而管氏亦有三歸[11]，位在陪臣，富於列國之君。是以齊富彊至於威、宣也。故曰："倉廩實而知禮節，衣食足而知榮辱。"[12]禮生於有而廢於無；故君子富，好行其德；小人富，以適其力。淵深而魚生之，山深而獸往之，人富而仁義附焉。富者得勢益彰，失勢則客無所之，以而不樂，夷狄益甚。諺曰:"千金之子,不死於市。"此非空言也。故曰:"天下熙熙,皆爲利來;天下壤壤,皆爲利往。"[13]夫千乘之王,萬家之侯,百室之君,尚猶患貧,而況匹夫編户之民乎!

昔者越王句踐困於會稽之上,乃用范蠡、計然。計然曰:"知鬬則修備,時用則知物,二者形則萬貨之情可得而觀已。故歲在金,穰;水,毀;木,饑;火,旱[14]。旱則資舟,水則資車,物之理也。六歲穰,六歲旱,十二歲一大饑。夫糶,二十病農,九十病末[15]。末病則財不出,農病則草不辟矣。上不過八十,下不減三十,則農末俱利,平糶齊物,關市不乏,治國之道也。積著之理,務完物,無息幣[16]。以物相貿易,腐敗而食之貨勿留[17],無敢居貴。論其有餘不足,則知貴賤。貴上極則反賤,賤下極則反貴。貴出如糞土,賤取如珠玉。財幣欲其行如流水。"修之十年,國富,厚賂戰士,士赴矢石,如渴得飲,遂報彊吳,觀兵中國,稱號"五霸"。

范蠡既雪會稽之恥,乃喟然而歎曰:"計然之策七,越用其五而得意。既已施於國,吾欲用之家。"乃乘扁舟浮於江湖,變名易姓,適齊爲鴟夷子皮[18],之陶爲朱公。朱公以爲:陶,天下之中,諸侯四通,貨物所交易也。乃治產積居,與時逐而不責於人[19]。故善治生者能擇人而任時,十九年之中,三致千金,再分散與貧交疏昆弟。此所謂富好行其德者也。後年衰老而聽子孫,子孫脩業而息之,遂至巨萬。故言富者皆稱陶朱公。

子贛既學於仲尼,退而仕於衛,廢著[20]鬻財於曹、魯之間。七十子之徒,賜最爲饒益。原憲不厭糟糠,匿於窮巷。子貢結駟連騎,束帛之幣[21],以聘享諸侯;所至,國君無不分庭與之抗禮。夫使孔子名布揚於天下者,子貢先後之也。此所謂得勢而益彰者乎!

白圭,周人也。當魏文侯時,李克務盡地力[22],而白圭樂觀時變,故人棄我取,人取我與。夫歲孰取穀,予之絲漆;繭出,取帛絮,予之食。太陰在卯[23],穰;明歲,衰惡。至午,旱;明歲,美。至酉,穰;明歲,衰惡。至子,大旱;明歲,美,有水。至卯,積著率歲倍。欲長錢,取下穀;長石斗,取上種[24]。能薄飲食,忍嗜欲,節衣服,與用事僮僕同苦樂,趨時若猛獸摯鳥之發。故曰:"吾治生產,猶伊尹、呂尚之謀,孫、吳用兵,商鞅行法是也。是故其智不足與權變,勇不足以決斷,仁不能以取予,彊不能有所守,雖欲學吾術,終不告之矣。"蓋天下言治生祖白圭。白圭其有所試矣,能使有所長,非苟而已也。

倚頓用鹽鹽起。而邯鄲郭縱以鐵冶成業,與王者埒富。

烏氏倮[25]畜牧,及衆,斥賣,求奇繒物,間獻遺戎王。戎王什倍其償,與之畜,畜至用谷量馬牛。秦始皇帝令倮比封君,以時與列臣朝請[26]。而巴、蜀寡婦清,其先得丹穴,而擅其利數世,家亦不訾。清,寡婦也,能守其業,用財自衛,不見侵犯。秦皇帝以爲貞婦而客之,爲築女懷清臺。夫倮,鄙人牧長;清,窮鄉寡婦;禮抗萬乘,名顯天下,豈非以富邪!

漢興,海内爲一,開關梁,弛山澤之禁,是以富商大賈周流天下,交易之物莫不通,得其所欲,而徙豪傑諸侯彊族於京師。

關中自汧、雍以東至河、華,膏壤沃野千里,自虞、夏之貢以爲上田。而公劉適邠,大王、王季在岐,文王作豐,武王治鎬,故其民猶有先王之遺風,好稼穡,殖五穀,地重,重爲邪。及秦文、孝、繆居雍[27],隙隴、蜀之貨物而多賈。獻孝公[28]徙櫟邑,櫟邑北卻戎翟,東通三晉,亦多大賈。武昭[29]治咸陽,因以漢都,長安諸陵,四方輻湊並至而會,地小人衆,故其民益玩巧而事末也。南則巴、蜀。巴、蜀亦沃野,地饒巵、薑、丹沙、石、銅、鐵、竹、木之器。南御滇、僰,僰僮;西近邛、笮,笮馬、旄牛[30]。然四塞,棧道千里,無所不通,唯褒斜綰轂其口,以所多易所鮮。天水、隴西、北地、上郡與關中同俗,然西有羌中之利,北有戎翟之畜,畜牧爲天下饒。然地亦窮險,唯京師要其道。故關中之地,於天下三分之一,而人衆不過什三;然量其富,什居其六。

昔唐人都河東,殷人都河内,周人都河南。夫三河在天下之中,若鼎足,王者所更居也,建國各數百千歲,土地小狹,民人衆,都國諸侯所聚會,故其俗纖儉習事。楊、平陽陳[31]西賈秦、翟,北賈種、代。種、代,石北也,地邊胡,數被寇。人民矜懻忮[32],好氣,任俠爲姦,不事農商。然迫近北夷,師旅亟往,中國委輸,時有奇羨。其民羯羠不均[33],自全晉之時,固已患其僄悍,而武靈王益厲之。其謠俗猶有趙之風也。故楊、平陽陳掾其間[34],得所欲。溫、軹西賈上黨,北賈趙、中山。中山地薄人衆,猶有沙丘紂淫地餘民[35],民俗懁急,仰機利而食。丈夫相聚游戲,悲歌忼慨,起則相隨椎剽,休則掘冢作巧姦冶,多美物,爲倡優。女子則鼓鳴瑟,跕屣[36],游媚貴富,入後宮,徧諸侯。

然邯鄲亦漳、河之間一都會也。北通燕、涿，南有鄭、衛。鄭、衛俗與趙相類，然近梁、魯，微重而矜節。濮上之邑徙野王；野王好氣任俠，衛之風也。

夫燕亦勃、碣之間一都會也。南通齊、趙，東北邊胡。上谷至遼東，地踔遠，人民希，數被寇，大與趙、代俗相類，而民雕捍少慮，有魚、鹽、棗、栗之饒。北鄰烏桓、夫餘，東綰穢貉、朝鮮、真番之利。

洛陽東賈齊、魯，南賈梁、楚。故泰山之陽則魯，其陰則齊。

齊帶山海，膏壤千里，宜桑麻，人民多文綵布帛魚鹽。臨菑亦海岱之間一都會也。其俗寬緩闊達而足智，好議論，地重，難動搖，怯於衆鬭，勇於持刺，故多劫人者，大國之風也。其中具五民[37]。而鄒、魯濱洙、泗，猶有周公遺風，俗好儒，備於禮，故其民齪齪。頗有桑麻之業，無林澤之饒。地小人衆，儉嗇，畏罪遠邪。及其衰，好賈趨利，甚於周人。

夫自鴻溝以東，芒、碭以北，屬巨野，此梁、宋也。陶、睢陽亦一都會也。昔堯作游[38]成陽，舜漁於雷澤，湯止于亳。其俗猶有先王遺風，重厚多君子，好稼穡，雖無山川之饒，能惡衣食，致其蓄藏。

越、楚則有三俗。夫自淮北沛、陳、汝南、南郡，此西楚也。其俗剽輕，易發怒，地薄，寡於積聚。江陵故郢都，西通巫、巴，東有雲夢之饒。陳在楚、夏之交，通魚鹽之貨，其民多賈。徐、僮、取慮，則清刻，矜己諾。彭城以東，東海、吳、廣陵，此東楚也。其俗類徐、僮。朐、繒以北，俗則齊。浙江南則越。夫吳自闔廬、春申、王濞三人招致天下之喜游子弟，東有海鹽之饒，章山之銅，三江、五湖之利，亦江東一都會也。衡山、九江、江南、豫章、長沙，是南楚也，其俗大類西楚。郢之後徙壽春，亦一都會也。而合肥受南北潮[39]，皮革、鮑、木輸會也。與閩中、干越雜俗，故南楚好辭，巧說少信。江南卑溼，丈夫早夭；多竹木。豫章出黃金，長沙出連、錫，然堇堇[40]，物之所有，取之不足以更費。九疑、蒼梧以南至儋耳者，與江南人同俗，而楊越多焉。番禺亦其一都會也，珠璣、犀、瑇瑁、果、布之湊。

潁川、南陽，夏人之居也。夏人政尚忠朴，猶有先王之遺風。潁川敦愿。秦末世，遷不軌之民於南陽。南陽西通武關、鄖關，東南受漢、江、淮。宛亦一都會也。俗雜，好事，業多賈。其任俠，交通潁川，故至今謂之“夏人”。

夫天下物所鮮所多，人民謠俗，山東食海鹽，山西食鹽鹵，領南、沙北固往往出鹽，大體如此矣。

總之，楚、越之地，地廣人希；飯稻羹魚，或火耕而水耨，果隋[41]嬴蛤，不待賈而足；地勢饒食，無饑饉之患；以故呰窳[42]偷生，無積聚而多貧。是故江、淮以南，無凍餓之人，亦無千金之家。沂、泗水以北，宜五穀、桑麻、六畜，地小人衆，數被水旱之害，民好畜藏，故秦、夏、梁、魯好農而重民。三河、宛、陳亦然，加以商賈。齊、趙設智巧，仰機利。燕、代田畜而事蠶。

由此觀之，賢人深謀於廊廟，論議朝廷，守信死節、隱居巖穴之士，設爲名高者，安歸乎？歸於富厚也。是以廉吏久，久更富；廉賈歸富。富者，人之情性，所不學而俱欲者也。故壯士在軍，攻城先登，陷陣却敵，斬將搴旗，前蒙矢石，不避湯火之難者，爲重賞使也。其在閭巷少年，攻剽椎埋，劫人作姦，掘冢鑄幣，任俠并兼，借交報仇，篡逐幽隱，不避法禁，走死地如騖者，其實皆爲財用耳。今夫趙女、鄭姬，設形容，揳鳴琴，揄長袂，躡利屣，目挑心招，出不遠千里，不擇老少者，奔富厚也。游閑公子，飾冠劍，連車騎，亦爲富貴容也。弋射漁獵，犯晨夜，冒霜雪，馳阬谷，不避猛獸之害，爲得味也。博戲馳逐，鬬雞走狗，作色相矜，必争勝者，重失負也。醫方諸食技術之人，焦神極能，爲重糈也。吏士舞文弄法，刻章僞書，不避刀鋸之誅者，没於賂遺也。農、工、商賈、畜長，固求富益貨也。此有知盡能索耳，終不餘力而讓財矣。

諺曰："百里不販樵，千里不販糴。"居之一歲，種之以穀；十歲，樹之以木；百歲，來之以德。德者，人物之謂也。今有無秩禄之奉、爵邑之入，而樂與之比者，命曰"素封"[43]。封者食租税，歲率户二百。千户之君，則二十萬，朝覲聘享出其中。庶民農工商賈，率亦歲萬息二千户[44]，百萬之家則二十萬，而更[45]徭租賦出其中，衣食之欲，恣所好美矣。故曰：陸地牧馬二百蹄，牛蹄角千[46]，千足羊；澤中千足彘；水居千石魚陂；山居千章之材[47]；安邑千樹棗；燕、秦千樹栗；蜀、漢、江陵千樹橘；淮北、常山已南，河、濟之間，千樹萩[48]；陳、夏千畝漆；齊、魯千畝桑麻；渭川千畝竹；及名國萬家之城，帶郭千畝、畝鍾之田，若千畝巵、茜[49]，千畦薑、韭：此其人皆與千户侯等。然是富給之資也，不窺市井，不行異邑，坐而待收，身有處士之義而取給焉。若至家貧親老，妻子軟弱，歲時無以祭祀進醵[50]，飲食被服不足以自通，如此不慚恥，則無所比矣。是以無財，作力；少有，鬭智；既饒，爭時；此其大經也。今治生不待危身取給，則賢人勉焉。是故本富爲上，末富次之，姦富最下。無巖處奇士之行，而長貧賤，好語仁義，亦足羞也。

凡編戶之民，富相什則卑下之，伯則畏憚之，千則役，萬則僕，物之理也。夫用貧求富，農不如工，工不如商，刺繡文不如倚市門，此言末業，貧者之資也。通邑大都：酤一歲千醸，醯醬千瓨[51]，漿千甔[52]，屠牛、羊、彘千皮，販穀糶千鍾，薪藁千車，船長千丈，木千章，竹竿萬个，其軺車[53]百乘，牛車千兩，木器髤[54]者千枚，銅器千鈞，素木鐵器，若巵茜千石，馬蹄躈千[55]，牛千足，羊、彘千雙，僮手指千[56]，筋角[57]、丹沙千斤，其帛絮、細布千鈞，文采千匹，榻布[58]、皮革千石，漆千斗，蘗麴、鹽豉千荅[59]，鮐鮆[60]千斤，鯫[61]千石，鮑千鈞，棗、栗千石者三之，狐、貂裘千皮，羔羊裘千石，旃席[62]千具，佗果菜千鍾，子貸金錢千貫；節駔會[63]，貪賈三之，廉賈五之：此亦比千乘之家，其大率也。佗雜業不中什二，則非吾財也。

請略道當世千里之中，賢人所以富者，令後世得以觀擇焉。

蜀卓氏之先，趙人也，用鐵冶富。秦破趙，遷卓氏。卓氏見虜略，獨夫妻推輦，行詣遷處。諸遷虜少有餘財，爭與吏，求近處，處葭萌。唯卓氏曰："此地狹薄。吾聞汶山之下，沃野，下有蹲鴟[64]，至死不飢。民工於市，易賈。"乃求遠遷。致之臨邛，大喜，即鐵山鼓鑄，運籌策，傾滇、蜀之民，富至僮千人。田池射獵之樂，擬於人君。

程鄭，山東遷虜也，亦冶鑄，賈椎髻[65]之民，富埒卓氏，俱居臨邛。

宛孔氏之先，梁人也，用鐵冶爲業。秦伐魏，遷孔氏南陽，大鼓鑄，規陂池，連車騎，游諸侯，因通商賈之利，有游閑公子之賜與名。然其贏得過當[66]，愈於纖嗇，家致富數千金，故南陽行賈盡法孔氏之雍容。

魯人俗儉嗇，而曹邴氏尤甚，以鐵冶起，富至巨萬。然家自父兄子孫約：俛有拾，仰有取，貰貸行賈徧郡國。鄒、魯以其故多去文學而趨利者，以曹邴氏也。

齊俗賤奴虜，而刀閒獨愛貴之。桀黠奴，人之所患也，唯刀閒收取，使之逐漁鹽商賈之利，或連車騎，交守相，然愈益任之。終得其力，起富數千萬。故曰："寧爵毋刁[67]。"言其能使豪奴自饒而盡其力。

周人既纖，而師史尤甚，轉轂以百數，賈郡國，無所不至。洛陽街居，在齊、秦、楚、趙之中，貧人學事富家，相矜以久賈，數過邑不入門，設任此等，故師史能致七千萬。

宣曲任氏之先，爲督道倉吏。秦之敗也，豪傑皆争取金玉，而任氏獨窖倉粟。楚、漢相距滎陽也，民不得耕種，米石至萬，而豪傑金玉盡歸任氏，任氏以此起富。富人争奢侈，而任氏折節爲儉，力田畜。田畜人争取賤賈，任氏獨取貴善。富者數世。然任公家約，非田畜所出弗衣食，公事不畢則身不得飲酒食肉。以此爲閭里率，故富而主上重之。

塞之斥[68]也，唯橋姚已致馬千匹，牛倍之，羊萬頭，粟以萬鍾計。吳、楚七國兵起時，長安中列侯封君行從軍旅，齎貸子錢，子錢家以爲侯邑國在關東，關東成敗未決，莫肯與。唯無鹽氏出捐千金貸，其息什之。三月，吳、楚平。一歲之中，則無鹽氏之息什倍，用此富埒關中。

關中富商大賈，大抵盡諸田，田嗇、田蘭。韋家栗氏，安陵杜杜氏，亦巨萬。

此其章章尤異者也。皆非有爵邑奉禄、弄法犯姦而富，盡椎埋[69]去就，與時俯仰，獲其贏利；以末致財，用本守之；以武一切，用文持之；變化有概，故足術也。若至力農畜，工虞商賈，爲權利以成富，大者傾郡，中者傾縣，下者傾鄉里者，不可勝數。

夫纖嗇筋力，治生之正道也，而富者必用奇勝。田農，掘業，而秦揚以蓋一州[70]。掘冢，姦事也，而田叔以起。博戲，惡業也，而桓發用富。行賈，丈夫賤行也，而雍樂成[71]以饒。販脂，辱處也[72]，而雍伯千金。賣漿，小業也，而張氏千萬。洒削[73]，薄技也，而郅氏鼎食。胃脯[74]，簡微耳，濁氏連騎。馬醫，淺方，張里擊鍾。此皆誠壹之所致。

由是觀之：富無經業，則貨無常主；能者輻湊，不肖者瓦解。千金之家比一都之君，巨萬者乃與王者同樂。豈所謂"素封"者邪！非也！

——據 1959 年中華書局出版《史記》，參考《百衲本二十四史》版《史記》

【解題】

本篇選自《史記》卷一二九。這是司馬遷所寫傳記的又一類型的代表作,不是記敍個別人物的生平,而是描寫同一類特殊人物的活動,以及他們對社會生活的影響。寫法也不拘泥於傳記體的形式。本篇説明了商業發展和經濟都市的出現是自然趨勢。寫法就以論説爲主,而歷史事件和人物則作爲證據引用。

【注釋】

[1] 輓近世塗民耳目:輓通挽,挽引。意謂挽回近世的風俗。

[2] 穀、纑:穀(gǔ),楮樹,樹皮可以造紙。纑(lú),山中野麻類,可以織布。

[3] 連:未鍊過的鉛。

[4] 龍門、碣石:龍門,山名,《史記正義》謂指絳州龍門,地在今山西河津縣西北,即禹門口。碣石,山名,地在今河北樂亭縣西南,一説即今河北昌黎縣西北的碣石山。

[5] 虞:掌管山林川澤出產的官。

[6] 故物賤之徵貴,貴之徵賤:徵,徵兆;謂物價賤極必貴,貴極必賤;賤是貴的徵兆,貴是賤的徵兆。

[7] 三寶:指食、事、財。

[8] 潟鹵:潟亦作舄(xí)。鹵或作滷。潟鹵指鹽鹼地。

[9] 繈至而輻湊:繈,繩索;輻,輪輻。謂各處的人,都像繩索相連似的絡繹不絕于道,也好比車輪中衆輻湊集到轂上一樣,紛紛到齊國來。

[10] 輕重九府:《管子》有《輕重篇》,輕重是在各地貯積貨幣以調節穀價貴賤的辦法。九府,據《周禮》,周代管錢幣的官有九:大府、玉府、內府、外府、泉府、天府、職內、職金、職幣。

[11] 三歸:舊説有三:一説謂娶三姓女;一説是管仲自築的臺名;一説謂齊桓公賜給管仲的封地名。

[12] "倉廩實而知禮節,衣食足而知榮辱":語見《管子·牧民篇》。

[13] "天下熙熙,皆爲利來;天下壤壤,皆爲利往":這是當時的歌謠。壤,通攘,也作穰。熙熙壤壤,煩囂紛錯貌。

[14] 歲在金，穰；水，毀；木，饑；火，旱：歲，太歲，又稱歲陰、太陰。中國古代以歲星紀年，按照歲星即木星的恒星週期確定曆法週期。行星的視運動都按逆時針方向，由西向東運行。爲了占星術或製曆的便利，人們假設地上有個木星的影子，運行週期和站次都和木星相同，也是十二年公轉一週，即一紀；但按順時針方向，由東向西與太陽相伴而行。這個看不見的影子歲星，就叫做太歲，簡稱爲歲。歲在金云云，都表示太歲所處的方位；金指西方，水指北方，木指東方，火指南方。木星的視運動方位，每三年換一方，因而歲在金即指同木星相對應的太歲行至西方的三年，餘同此。穰，豐收。毀，荒歉。這是用陰陽五行說推算年成好壞；歲在金則豐收，在水則荒歉，在木則饑荒，在火則乾旱。但依此推算，則十二歲中祇有"三歲穰"，同下文"六歲穰"的說法不相應。疑"木饑"有誤。《玉函山房輯佚書》輯有《計倪子》佚文，內一段話與本篇所引計然語類似，但"木饑"作"三歲處木則康"，於文較合理。

[15] 夫糶，二十病農，九十病末：糶，出售糧食；末，逐末，指商賈。謂如果糧價賤到斗值二十，對農民不利；但糧食收購價格貴到斗值九十，則對商人不利。

[16] 積著之理，務完物，無息幣：著，古貯字。無，通毋；息，停滯；幣，貨幣。謂積貯貨物，應該注意貨物完好，不要讓貨幣停止流通。即下文"腐敗而食之貨勿留"、"財幣欲其行如流水"之意。

[17] 腐敗而食之貨勿留：食通蝕，謂腐敗容易蝕壞的貨物不要留存。

[18] 鴟夷子皮：鴟夷，古盛酒器名；用時能容納多量的酒；不用時可捲起來放在懷裏。范蠡隱匿行蹟，因以爲姓。鴟夷是用皮做的，所以取名子皮。

[19] 與時逐而不責於人：與時逐，謂隨時而作不同的交易，以獲取最大利益。責，同債。不責於人，謂交易時擇人而與，別人也不虧負他。

[20] 廢著：廢謂物貴則賣出，著謂物賤則買貯。或說廢當依《漢書》作發。

[21] 束帛之幣：帛長一丈八尺叫做端；兩端合卷成爲一匹；五匹一束，所以稱束帛，古時用作贈送的禮物。古代帛也稱爲幣，幣即禮物。

[22] 李克務盡地力：據考證，"盡地力之教"，是李悝，不是李克。李克名見《魏世家》和《吳起列傳》，都沒有說到盡地力事。又《漢書·藝文志》有《李

克》七篇,入儒家,和入法家的《李悝》三十二篇也不同。

[23] 太陰在卯:太陰,即太歲,已見本篇注[14]。卯,及下文午、酉、子等,都是以十二支紀年中與十二歲次對應的年份。如換成十二歲次在曆法上的名稱,則太陰在卯、午、酉、子,分別當歲在大荒落、涒灘、大淵獻、攝提格,而其對應的方位,則分別當正東、正南、正西、正北。白圭的占歲法,同計然的説法一致,可知上文引"歲在木則饑荒",實誤。太陰在卯,即太歲在木的方向(東方)。

[24] 欲長錢,取下穀;長石斗,取上種:下穀價廉,容易出售,成交數量大,獲利自然多,所以能長錢;上穀做種子,收穫量高,所以能長石斗。

[25] 烏氏倮:烏氏(zhī),縣名,故城在今甘肅平涼市西北。倮(luǒ),人名。

[26] 朝請:諸侯謁見皇帝,春曰朝,秋曰請。

[27] 及秦文、孝、繆居雍:按秦繆公前無孝公,別本及《通志》引都無孝字。或説:《秦本紀》有德公居雍語,孝或係德字之誤。

[28] 獻孝公:按孝字衍,《通志》引無孝字。

[29] 武昭:按武當作孝。

[30] 南御滇、僰,僰僮;西近邛、笮,笮馬、旄牛:御,止的意思。滇、僰、邛、笮都是古代西南地區的少數族:滇,在今雲南滇池地區;僰,在今四川南部和雲南東北部;邛,即邛都夷,在今四川西昌一帶;笮,即笮都夷,在今四川漢源一帶。僰僮,被掠賣爲奴僕的僰人。旄牛,即犛牛。

[31] 楊、平陽陳:按陳字衍。楊和平陽都是地名。

[32] 懁忮:懁(jì)忮(zhī),强直而狠。

[33] 羯羠不均:羯羠,中原人對北方少數族的泛稱。北邊羯族同漢族雜居,種類不一,所以説不均。

[34] 陳掾:猶言經營奔走。或説掾通緣,間古字作間;陳掾其間,猶言因緣其間。

[35] 猶有沙丘紂淫地餘民:沙丘在今河北廣宗西北,殷紂王曾在那裏築臺,畜養禽獸,聚樂嬉戲,本文説漢代中山人還留有淫樂的風氣。

[36] 跕屣:跕(tiě),輕輕地蹋着;屣,小巧而無跟的鞋子。

[37] 五民:一説:指士、農、工、商、賈;一説:指五方之民。

［38］ 游：不可解，疑於字之譌。

［39］ 南北潮：指南有長江，北有淮河。按《漢書·地理志》作"壽春、合肥受南北潮"。

［40］ 堇堇：堇讀爲僅(jǐn)；僅僅猶言少少。

［41］ 果隋(duò)：《漢書·地理志》作果蓏。清王引之考證，《易·説卦》"艮爲果蓏"，京房本作果墮，墮與隋通，果隋即果蓏。果是樹木的果實，蓏是葫蘆科植物的果實(瓜類)和薯蕷科植物的塊莖(薯類)的通稱。

［42］ 呰窳(yǔ)：呰或作訾(zǐ)。呰窳，苟且懶惰。

［43］ 素封：素，空；謂没有爵邑俸禄，而財富可以相比，等於封君，所以稱爲素封。

［44］ 二千户：《漢書·食貨志》，二千下無户字，此衍。

［45］ 更：即更賦。參見本書所選《漢書·食貨志上》。

［46］ 馬二百蹄，牛蹄角千：馬一匹四蹄，二百蹄就是五十匹。牛四蹄二角，一百六十七頭牛蹄角合計一千零二。言千，舉成數。

［47］ 章：大的木材。

［48］ 萩：當作楸，木名，木材密緻，古人用以製造車轅和各種器具。

［49］ 巵、茜：巵(zhī)，古梔字，梔的果實爲黄色染料。茜(qiàn)，茜草的根爲紅色染料。

［50］ 進釀：進讀爲齎，贈送禮物；釀，聚會飲食，猶現代口語"聚餐"。

［51］ 醯醬千瓨：醯，醋。瓨(hóng)，長頸甖。

［52］ 漿千甔：漿，各本作醬，因上文"醯醬"而誤。甔(dān)，容量一石的大缶器。

［53］ 軺車：馬車，指一匹馬拉的輕便馬車。

［54］ 髤：也作髹(xiū)，朱漆；一説音 shāo，以漆漆物，或謂器物一漆再漆叫髤漆。

［55］ 馬蹄躈千：躈(liào)，指馬口；蹄和口合計一千，爲馬二百四。或以爲躈指尻竅，即肛門。

［56］ 僮手指千：僮指奴婢。手指千，謂奴婢百人。

［57］ 筋角：製造弓弩和刀劍鞘的材料。

[58] 榻布：或作荅布、荅布（《漢書》作荅），粗厚的布，所以同皮革一樣，用秤來稱。或釋爲木棉所織的布，古稱白疊，疑不合。

[59] 荅：據清王引之考證，係莟字之誤。莟同台，即瓵（tái），瓦器，容一斗六升。

[60] 鮐鮆：鮐，海魚，也叫鯖或青花魚，一說即河豚。鮆（jì），《說文》謂：“刀魚也，飲而不食，九江有之。”即鱭。

[61] 鮿（zhé）：《漢書·貨殖傳》字作“鯫”，用雜小魚製成的乾魚。

[62] 旃席：旃通氈，毛織物。旃席即毛毯。

[63] 節駔會：節，節物貴賤，即估定物價。會即儈，會合、介紹賣買兩家交易的人。駔（zāng），作牛馬賣買的市儈，或說指市儈的首領。

[64] 蹲鴟：大芋。形如蹲着的鴟鳥，故名。

[65] 椎髻：也作魋結，束髮成一撮，形如椎，這是漢代南方人的普通髮式。

[66] 其贏得過當：謂孔氏拿錢給游閒公子花，博得施捨的美名，但他同這些人往來，帶來生意上的好處，使贏利超過花費的本錢，故謂“過當”。

[67] 寧爵毋刁：刁閒能畜豪奴，奴或有連車騎交通守相。豪奴貪利爲惡，百姓深以爲苦，因此民間相謂：寧可逢到有爵位的人，不要遇到刁氏的豪奴。或說“寧爵毋刁”，意爲：寧可不作民去求官爵，而要當刁氏的奴隸。

[68] 塞之斥：塞，邊塞。斥，開，指拓廣邊地。一說，斥指邊塞主斥堠之卒。

[69] 椎埋：疑當作推移；日本別本作推理，謂推測物價貴賤的道理，文較明晰。

[70] 蓋一州：《漢書·貨殖傳》作“甲一州”，謂富爲州中第一。

[71] 雍樂成：雍，地名；樂成，人名。也有認爲姓雍、名樂成。

[72] 販脂，辱處也：販賣油脂是下賤的職業。

[73] 洒削：磨刀業。謂磨刀洒水，去掉垢污，使更鋒利。

[74] 胃脯：將羊胃燙熟，抹上鹽、花椒、薑粉等，製成乾脯，即五香羊胃乾，容易出售。

武　帝　本　紀〔漢書卷六〕（節録）

　　孝武皇帝，景帝中子也。母曰王美人。年四歲，立爲膠東王。七歲，爲皇太子，母爲皇后。十六歲，後三年正月，景帝崩。甲子，太子即皇帝位，尊皇太后竇氏曰太皇太后，皇后曰皇太后。三月，封皇太后同母弟田蚡、勝皆爲列侯。

　　建元元年，冬十月[1]，詔丞相、御史、列侯、中二千石、二千石、諸侯相，舉賢良方正、直言極諫之士。丞相綰[2]奏：所舉賢良，或治申、商、韓非、蘇秦、張儀之言[3]，亂國政，請皆罷。奏可。春二月，赦天下，賜民爵一級[4]。年八十，復二算；九十，復甲卒[5]。行三銖錢。夏四月己巳，詔曰：“古之立教，鄉里以齒，朝廷以爵。扶世導民，莫善於德。然即於鄉里，先者艾，奉高年，古之道也。今天下孝子順孫願自竭盡以承其親，外迫公事，内乏資財，是以孝心闕焉。朕甚哀之。民年九十以上已有受鬻法[6]，爲復子若孫，令得身帥妻妾，遂其供養之事。”……

　　三年春，河水溢于平原，大饑，人相食。賜徙茂陵者户錢二十萬、田二頃。初作便門橋。秋七月，有星孛於西北，濟川王明坐殺太傅、中傅，遷防陵。閩越圍東甌[7]，東甌告急，遣中大夫嚴助持節發會稽兵，浮海救之。未至，閩越走，兵還。……

　　五年，春，罷三銖錢，行半兩錢。置五經博士[8]。……

　　元光元年，冬十一月，初令郡國舉孝廉[9]各一人。……五月，詔賢良曰：“朕聞：昔在唐、虞，畫象而民不犯[10]；日月所燭，莫不率俾。周之成、康，刑錯不用；德及鳥獸，教通四海；海外肅眘[11]，北發、渠搜[12]、氐、羌徠服；星辰不孛，日月不蝕；山陵不崩，川谷不塞；麟鳳在郊藪，河、洛出圖書[13]。嗚虖！何施而臻此與？今朕獲奉宗廟，夙興以求，夜寐以思，若涉淵水，未知所濟[14]。猗與！偉與！何行而可以章先帝之洪業休德，上參堯、舜，下配三王？朕之不敏，不能遠德，此子大夫之所睹聞也。賢良明於古今王事之體，受策察問[15]，咸以書對，著之於篇，朕親覽焉。"於是董仲舒、公孫弘等出焉[16]。秋七月，癸未，日有蝕之。

二年，冬十月，行幸雍，祠五畤[17]。春，詔問公卿曰："朕飾子女，以配單于；金幣文繡，賂之甚厚。單于待命加嫚，侵盜亡已。邊境被害，朕甚閔之。今欲舉兵攻之，何如？"大行王恢建議宜擊。夏六月，御史大夫韓安國爲護軍將軍，衛尉李廣爲驍騎將軍，太僕公孫賀爲輕車將軍，大行王恢爲將屯將軍，大中大夫李息爲材官將軍，將三十萬衆，屯馬邑谷中，誘致單于，欲襲擊之。單于入塞，覺之，走出。六月，軍罷，將軍王恢坐首謀不進，下獄死。……

（五年）夏，發巴蜀治南夷道，又發卒萬人治雁門阻險。……

六年，冬，初算商車[18]。春，穿漕渠通渭。匈奴入上谷，殺略吏民，遣車騎將軍衛青出上谷，騎將軍公孫敖出代，輕車將軍公孫賀出雲中，驍騎將軍李廣出雁門。青至龍城[19]，獲首虜七百級；廣、敖失師而還。詔曰："夷狄無義，所從來久。間者，匈奴數寇邊境，故遣將撫師。古者治兵振旅，因遭虜之方入，將吏新會，上下未輯。代郡將軍敖、雁門將軍廣，所任不肖，校尉又背義妄行，棄軍而北，少吏犯禁。用兵之法：不勤不教，將率之過也；教令宣明，不能盡力，士卒之罪也。將軍已下廷尉，使理正之，而又加法於士卒。二者並行，非仁聖之心。朕閔衆庶陷害，欲刷恥改行，復奉正義，厥路亡繇[20]，其赦雁門、代郡軍士不循法者。"夏大旱，蝗。六月，行幸雍。秋，匈奴盜邊，遣將軍韓安國屯漁陽。

元朔元年，冬十一月，詔曰："公卿大夫所使，總方略，壹統類，廣教化，美風俗也。夫本仁祖義，襃德祿賢，勸善刑暴，五帝、三王所繇昌也。朕夙興夜寐，嘉與宇内之士，臻於斯路。故旅耆老，復孝敬；選豪俊，講文學；稽參政事，祈進民心；深詔執事，興廉舉孝；庶幾成風，紹休聖緒。夫十室之邑，必有忠信；三人並行，厥有我師[21]。今或至闔郡而不薦一人，是化不下究，而積行之君子雍于上聞[22]也。二千石官長紀綱人倫，將何以佐朕燭幽隱、勸元元、厲蒸庶、崇鄉黨之訓哉！且進賢受上賞，蔽賢蒙顯戮，古之道也。其與中二千石、禮官、博士議不舉者罪。"有司奏議曰："古者諸侯貢士，壹適[23]謂之好德，再適謂之賢賢，三適謂之有功，迺加九錫[24]。不貢士，壹則黜爵，再則黜地，三而黜爵地畢矣。夫附下罔上者死，附上罔下者刑，與聞國政而無益於民者斥,在上位而不能進賢者退:此所以勸善黜惡也。今詔書昭先帝聖緒,令二千石舉孝廉,所以化元元、移風易俗也。不舉孝,不奉詔,當以不敬論。不察廉,不勝任也,當免。"奏可。……秋,匈奴入遼西,殺太守;入漁陽、雁門,敗都尉,殺略三千餘人。遣將軍衛青出雁門、將軍李息出代,獲首虜數千級。……

(二年)春正月,詔曰:"梁王、城陽王[25]親慈同生,願以邑分弟,其許之。諸侯王請與子弟邑者,朕將親覽,使有列位焉。"於是藩國始分,而子弟畢侯矣。匈奴入上谷、漁陽,殺略吏民千餘人。遣將軍衛青、李息出雲中,至高闕;遂西至符離,獲首虜數千級;收河南地,置朔方、五原郡。……

(五年)夏六月,詔曰:"蓋聞導民以禮,風之以樂。今禮壞樂崩,朕甚閔焉。故詳延天下方聞之士,咸薦諸朝。其令禮官勸學,講議洽聞,舉遺興禮,以爲天下先。太常其議予博士弟子,崇鄉黨之化,以厲賢材焉。"丞相弘請爲博士置弟子員[26],學者益廣。……

(元狩)四年,冬,有司言:關東貧民徙隴西、北地、西河、上郡、會稽,凡七十二萬五千口,縣官衣食振業,用度不足,請收銀錫,造白金及皮幣以足用。初算緡錢[27]。……

(元鼎三年)十一月,令民告緡者,以其半與之。……

(五年)夏四月,南越王相呂嘉反,殺漢使者及其王、王太后。赦天下。丁丑,晦,日有蝕之。秋,蝱、蝦蟆鬭。遣伏波將軍路博德出桂陽,下湟水;樓船將軍楊僕出豫章,下滇水;歸義越侯嚴爲戈船將軍,出零陵,下離水;甲爲下瀨將軍,下蒼梧;皆將罪人江淮以南,樓船十萬人。越馳義侯遺別將巴蜀罪人,發夜郎兵,下牂柯江,咸會番禺。九月,列侯坐獻黃金酎祭宗廟[28]不如法,奪爵者百六人。丞相趙周下獄死。樂通侯欒大坐誣罔要斬。西羌衆十萬人反,與匈奴通使,攻故安,圍枹罕。匈奴入五原,殺太守。

六年,冬十月,發隴西、天水、安定騎士及中尉,河南、河內卒十萬人,遣將軍李息、郎中令徐自爲征西羌,平之。行東,將幸緱氏,至左邑桐鄉,聞南越破,以爲聞喜縣。春,至汲新中鄉,得呂嘉首,以爲獲嘉縣。馳義侯遺兵未及下,上便令征西南夷,平之。遂定越地,以爲南海、蒼梧、鬱林、合浦、交阯、九真、日南、珠厓、儋耳郡。定西南夷,以爲武都、牂柯、越嶲、沈黎、文山郡。

秋,東越王餘善反,攻殺漢將吏,遣橫海將軍韓說、中尉王温舒出會稽,樓船將軍楊僕出豫章,擊之。又遣浮沮將軍公孫賀出九原,匈河將軍趙破奴出令居,皆二千餘里,不見虜而還。迺分武威、酒泉地,置張掖、敦煌郡,徙民以實之。

元封元年,冬十月,詔曰:"南越、東甌,咸服其辜;西蠻、北夷,頗未輯睦。朕將巡邊垂,擇兵振旅,躬秉武節,置十二部將軍,親帥師焉。"行自雲陽,北歷上郡、西河、五原;出長城北,登單于臺;至朔方,臨北河;勒兵十八萬騎,旌旗徑千餘里,威震匈奴。遣使者告單于曰:"南越王頭已縣於漢北闕矣。單于能戰,天子自將待邊;不能,亟來臣服;何但亡匿幕北寒苦之地爲?"匈奴讋[29]焉。還祠黃帝於橋山,迺歸甘泉。東越殺王餘善降,詔曰:"東越險阻反覆,爲後世患,遷其民於江、淮閒。"遂虛其地。……

(二年)夏四月,還祠泰山。至瓠子,臨決河,命從臣將軍以下皆負薪塞河隄,作《瓠子之歌》。……又遣將軍郭昌、中郎將衛廣發巴蜀兵,平西南夷未服者,以爲益州郡。……

(太初元年)夏五月,正曆,以正月爲歲首。色上黃,數用五[30],定官名,協音律。遣因杅將軍公孫敖築塞外受降城。秋八月,行幸安定。遣貳師將軍李廣利發天下謫民,西征大宛。……

(天漢)二年,春,行幸東海;還,幸回中。夏五月,貳師將軍三萬騎出酒泉,與右賢王戰于天山,斬首虜萬餘級。又遣因杅將軍出西河,騎都尉李陵將步兵五千人,出居延北,與單于戰,斬首虜萬餘級。陵兵敗,降匈奴。秋,止禁巫祠道中者。大搜。渠黎六國使使來獻。泰山、琅邪羣盜徐敦[31]等,阻山攻城,道路不通,遣直指使者暴勝之等,衣繡衣,杖斧,分部逐捕。刺史、郡守以下皆伏誅。冬十一月,詔關都尉曰:"今豪桀多遠交,依東方羣盜,其謹察出入者。"……

四年,春正月,朝諸侯王于甘泉宮。發天下七科謫[32]及勇敢士,遣貳師將軍李廣利將六萬騎、步兵七萬人,出朔方;因杅將軍公孫敖萬騎、步兵三萬人,出鴈門;游擊將軍韓說,步兵三萬人,出五原;彊弩都尉路博德,步兵萬餘人,與貳師會。廣利與單于戰余吾水上,連日,敖與左賢王戰,不利,皆引還。……

(征和)三年,春正月,行幸雍,至安定、北地。匈奴入五原、酒泉,殺兩都尉。三月,遣貳師將軍廣利將七萬人,出五原;御史大夫商丘成二萬人,出西河;重合侯馬通四萬騎,出酒泉。成至浚稽山,與虜戰,多斬首。通至天山,虜引去,因降車師,皆引兵還。廣利敗,降匈奴。……

(後元)二年,春正月,朝諸侯王于甘泉宫,賜宗室。二月,行幸盩厔五柞宫[33]。乙丑,立皇子弗陵爲皇太子。丁卯,帝崩于五柞宫,入殯于未央宫前殿。三月甲申,葬茂陵。

贊曰:漢承百王之弊,高祖撥亂反正,文、景務在養民,至于稽古禮文之事,猶多闕焉。孝武初立,卓然,罷黜百家,表章六經。遂疇咨[34]海内,舉其俊茂,與之立功。興太學,修郊祀;改正朔,定曆數,協音律,作詩樂;建封禪,禮百神;紹周後,號令文章,焕焉可述!後嗣得遵洪業,而有三代之風。如武帝之雄材大略,不改文、景之恭儉,以濟斯民,雖《詩》、《書》所稱,何有加焉!

——據中華書局 1962 年版《漢書》,參考《百衲本二十四史》版《漢書》

【解題】

《漢書》是我國第一部紀傳體斷代史,東漢班固撰。

司馬遷的《史記》只記載到漢武帝太初年間,後來褚少孫、劉向、劉歆、揚雄和班固父彪等十多人都曾經做過續補工作。班彪所續,稱爲《後傳》,計六十五篇(一說百篇以上)。班固認爲《後傳》内容還不够詳盡,於是在班彪死後進一步搜集史料,改訂體例,從東漢明帝永平元年(58)開始撰著《漢書》,前後經過二十多年,但死時還有八表和《天文志》未成,由其妹班昭和馬續寫完工。

《漢書》所記,從漢高祖元年(前 206)起,到王莽地皇四年(23)止,計二二九年,包括了整個西漢一代的歷史。全書由十二"帝紀"、八"表"、十"志"、七十"列傳"組成,計一百篇。因爲有些篇文字繁重,分爲子卷,共一百二十卷。體例方面,基本上繼承《史記》而有所變更。如:改"書"爲"志",創立了《藝文》、《地理》、《刑法》等志;取消"世家",併入"列傳"。内容方面,武帝以前的記載也多襲用《史記》原文,但也增補了許多史料,如:《蕭何傳》增"項羽負約,封沛公於巴、蜀爲漢王"等;並增立了《史記》所没有的《惠帝紀》和王陵、吳芮、蒯通、伍被、賈山等列傳,以及《百官公卿表》、《古今人表》等。同時,在帝紀中增載了不少重要詔令,在列傳中保存了許多反映當時社會政治、經濟狀況的奏疏等重要文獻,如董仲舒《限民名田疏》、晁錯《募民徙塞下疏》等。武帝以後部分,依據班彪《後傳》改寫,祇有元、成二帝紀和韋賢、翟方進、元后三傳襲用《後傳》原文。

從班固創立了斷代史,後世史家都紛紛仿效。斷代史能爲中國古代社會歷史進程中各個階段的矛盾運動提供例證,在史學上有重要價值。班固在修撰十"志"時,也並没有拘泥於斷代體例,而把先秦至西漢的政治、經濟、法律、文化、學術等方面分門綜合,貫通記述。其中《百官公卿表》《古今人表》等也都不限於西漢。《漢書》的十"志",雖是繼承《史記》的八"書"而作,但它在不少地方表現了作者的識見。如《史記·平準書》僅注意到古代國家對經濟生活(特别是商業活動)的干預,而《漢書·食貨志》却首先記録了國家對土地問題的處理。《漢書》也保存了很豐富的史料,能較多地注意社會生活的各方面。書中對某些歷史人物、事件的記録和評論,都還比較符合歷史事實。此外,行文結構比較嚴密,詞簡意賅,在文學史上也有相當地位。

但是,《漢書》以帝王將相爲中心,作者的思想浸透着正統意識。《漢書》批評《史記》:"其是非頗繆於聖人:論大道則先黄老而後六經,序游俠則退處士而進姦雄,述貨殖則崇勢利而羞貧賤,此其所蔽也。"(《司馬遷傳贊》)這恰好説明了作者對事物的認識和處理都以統治階級所核准的綱常名教學説爲標準。固然,《漢書》中記載的一些材料,如《鮑宣傳》載宣的"民有七亡而無一得"、"有七死而無一生"的奏疏等,客觀上暴露了統治者的黑暗面。由於《漢書》的寫作過程被漢明帝置於皇權直接監督之下,這就使全書更突出地頌揚"漢紹堯運,以建帝業",如班固《典引》所謂,劉邦、劉秀的帝業都是得自天授:"蓋以膺當天之正統,受克讓之歸運,蓄炎上之烈精,蘊孔佐之弘陳云爾。"因此,《漢書》的許多篇中都充斥着"五德終始"、天人感應、陰陽災異等濃厚的神秘宗教氣息。

後人注《漢書》的計數十家;清代學者也做了許多研究工作。現在最流行的是唐顔師古的《注》本和清末王先謙的《補注》本。中華書局於 1962 年點校出版的《漢書》,即以王本作爲底本,但祇收顔《注》,不收《補注》,便於一般閲讀。

《武帝本紀》,節選自《漢書》卷六。把"本紀"作爲記載"正統"的帝王在位時大事的專用體裁,自《漢書》始。從本篇可以看出,《漢書》本紀的敍事,比《史記》詳細,保存了不少皇帝詔令一類原始記録;但經常使用曲筆替統治者粉飾,借災異説人事的地方很多,比《史記》更富於神秘主義氣息。

班固(32—92),字孟堅,東漢右扶風安陵(今陝西咸陽市東北)人。家世顯貴。祖姑母被漢成帝選爲倢伃。伯祖班游因外戚的緣故,受到漢成帝寵幸,曾助劉向校羣書,並被皇帝賞賜以宮廷藏書的副本。從此班氏成爲吸引學者文士造門的文化貴族。班固父彪依賴家有賜書,得讀《史記》及其各種續本,既不滿於司馬遷的歷史見解時常違背經學觀念,也不滿於褚少孫、馮商、劉歆、揚雄等相繼編撰的續篇,於是重新加以續補,稱爲《後傳》。班固青年時,在太學讀書,博覽九流百家著作;在爲班彪居喪期間,決定改編《後傳》,從明帝永平元年(58)開始寫。永平五年(62),因有人告發,説他私改國史,被捕入獄。其弟班超求見明帝,陳説他著書意向;郡守也獻上他的原稿。明帝讚賞他的才能,派任蘭臺令史,參與編寫東漢開國史,即《東觀漢紀》的首批紀傳。後又升遷爲郎,奉詔撰寫《漢書》。他善寫稱揚皇帝功德的賦頌,以此甚得明、章二帝寵幸。章帝建初四年(79),曾參加討論孔門五經同異的白虎觀會議,並把記錄整理成《白虎通德論》一書。和帝永元元年(89),班固任中護軍,跟隨大將軍竇憲出征匈奴。大破匈奴後,作《燕然山銘》以紀功。永元四年(92),竇憲以謀反罪,被迫自殺;班固也被捕,死在獄中,年六十一。傳見《漢書》卷一百二十《敍傳》和《後漢書》卷七十。

【注釋】

[1] 建元元年冬十月:漢武帝以前,只有紀年年數而没有年號,年號始於建元元年,當公元前 140 年。或説建元只是以後追記。冬十月,《史記》、《漢書》記載歲始的方法。因西漢在頒行《太初曆》前,仍沿用秦《頊項曆》,以建亥爲歲首,以"冬十月"爲歲始;但又不以十月爲一月,這月數按夏正算。這種記時方法,表明當時曆法正處在過渡階段。

[2] 丞相綰:即衛綰,大陵(今山西文水東北)人,以車技雜戲得寵於文帝,任中郎將。景帝時因參與平吳楚"七國之亂",封建陵侯,不久任丞相。武帝初被免職。

[3] 或治申商韓非蘇秦張儀之言:申不害、商鞅、韓非都是戰國時代的法家。申不害任韓昭侯相,主張君主應執術以督責臣下,著有《申子》二篇。商鞅任秦孝公相,實行變法,秦因而强大。韓非是韓諸公子,著有《孤憤》、《五蠹》等篇,主張治國修法,法制無私。蘇秦、張儀都是戰國時代的縱横家,參見本書所選《戰國策·秦圍趙之邯鄲》解題。

[4] 賜民爵一級:秦商鞅變法,定爵爲二十級,按軍功分級賞賜。漢代沿用秦制,按爵級贖罪免賦。文帝時,頒佈賣爵令,民用粟米買到第九級(五大

夫)以上者,可免除賦役。武帝增民爵一級,表示恩惠。

〔5〕 年八十,復二算;九十,復甲卒:漢制,人丁從十五到五十六歲,每年出錢
一百二十文,稱爲一"算賦";到八十歲的,可免二口"算賦",即二百四十
文。"甲卒"是一種兵役的名稱;到九十歲的,一子可免除這種兵役。

〔6〕 受鬻法:鬻同粥;漢代立敬老法,民九十歲以上的,給予米粟以事供養,稱
爲"受鬻法"。

〔7〕 閩越圍東甌:漢惠帝時,立閩越君爲東海王,都東甌(今浙江溫州市)。
"七國之亂",吳王劉濞敗走東甌,被殺。濞子駒逃避閩越,怨父被殺,勸
閩越攻擊東甌。

〔8〕 五經博士:漢文帝時已置《詩》博士;景帝時增《春秋》博士;這時武帝又增
《書》、《禮》、《易》三經博士,總稱"五經博士"。

〔9〕 舉孝廉:漢制,地方郡國官吏推舉當地"孝事"父母或品行"方正"的人到
中央政府爲官,稱爲"舉孝廉"。這謂舉孝和廉各一人。

〔10〕 畫象而民不犯:相傳堯、舜時代,人民犯法,不用肉刑,而在他的服飾上按
犯罪的輕重,加以特殊標記,表示懲戒——如犯死罪的,穿無領布衣——
稱爲"畫象"。本文謂堯、舜制訂畫象之法而民不敢犯罪。

〔11〕 肅眘:即肅慎,古代東北地區的少數族。商、周時居不咸山(今長白山)
北,東濱大海,北至黑龍江中下游。周初便同中原地區建立了密切聯繫。

〔12〕 北發、渠搜:北發,據清代學者考證,是古代北狄的一個地名或族名,今地
未詳。渠搜,古代西域國名,《漢書·地理志》作渠叟;《隋書·西域傳》有
鏺汗國,謂即古渠搜國,據近人丁謙考證,鏺汗在今新疆喀什、莎車以西,
正居葱嶺的山巔。

〔13〕 河、洛出圖書:這是古代儒家對於《周易》和《尚書·洪範》來源的傳說。
《易·繫辭》上:"河出圖,洛出書,聖人則之。"伏羲即據這種龍馬從黃河
背負出的"河圖",神龜從洛水背負出的"洛書",畫成"八卦"。或說:夏禹
治理洪水時,上帝賜給他"洪範·九疇",就是今傳本《尚書·洪範》開頭
的幾句話。又北宋儒者所說"河圖"、"洛書",源於道士陳摶,同本文所說
無關。

〔14〕 若涉淵水,未知所濟:語本《尚書·大誥》:"予惟小子若涉淵水,予惟往求

朕攸濟。”原意謂：我(周成王自稱)好像一個準備渡過深水的人，必須找尋渡水的辦法。漢武帝詔書中借用它，表明渴望求得賢良的心情。

[15] 受策察問：漢代的考試制度。皇帝爲了要考察各地所舉的孝廉，發策問他們；地方的試士受策對答。策同冊，編連的竹簡。

[16] 於是董仲舒、公孫弘等出焉：據清代學者考證，董仲舒、公孫弘等，在武帝建元元年詔“舉賢良方正、直言極諫之士”後，就都已被舉對策；班固在本篇中把仲舒、弘等應詔對策繫於元光元年，蓋誤。但據本書編者考證，漢武帝時期“罷黜百家，獨尊儒術”，實在建元六年他的祖母竇太后去世以後，故班固此條記錄似可信。

[17] 五畤：五帝的畤。秦宣公建密畤，祭青帝；靈公建上畤，祭黃帝，下畤祭炎帝；獻公建畦畤，祀白帝；漢高祖建北畤，祭黑帝；合稱“五畤”。這五帝是中國古代迷信傳説中，分別主管東(青，一作蒼)、南(炎，一作赤)、中(黃)、西(白)、北(黑)五方的天帝。畤，祭祀五帝的基地。

[18] 算商車：對商賈所備的車船，令出算錢納税。

[19] 龍城：匈奴諸部大會祭祀祖先、天地、鬼神處，其地在今蒙古鄂爾渾河西側和碩柴達木湖附近。或説因匈奴族遊牧爲生，故龍城也無固定處所。

[20] 厥路亡繇：繇同由，謂：一陷重刑，失了歸路，無法再從正道。

[21] 十室之邑四語：《論語·公冶長》：“子曰：‘十室之邑，必有忠信如丘者焉。’”又《述而》：“子曰：‘三人行，必有我師焉。’”

[22] 雍于上聞：雍同壅，閉塞、隔絕；上，指天子。

[23] 壹適：古代諸侯選拔當地士人，推薦給皇帝，進賢能者一次，稱爲“壹適”。適説適得其人。

[24] 九錫：錫作賜講。古代皇帝對有大功的臣下，賜以器物殊禮。九錫即：車馬、衣服、樂器、朱户、納陛(即内陛，不露天立于陛下而進入内霤)、虎賁(衛隊)、鈇鉞、弓矢、秬鬯(以黑黍香草釀成的美酒)。

[25] 梁王、城陽王：指梁平王劉襄，城陽頃王劉延，均曾上書願割封地與弟。武帝從主父偃計，凡諸侯子弟都分地爲侯；名謂“推恩”，實分割王國，以削弱諸侯的勢力。

[26] 丞相弘請爲博士置弟子員：弘，公孫弘，西漢菑川薛(今山東微山)人，治

《公羊春秋》，武帝時任丞相。他建議命博士帶弟子，詳《史記·儒林列傳序》。

[27] 算緡錢：以繩貫錢，叫做"緡"。漢武帝令計商賈的錢物，每二千文出税錢一算；另農桑以外的手工業品，每值四千文也出一算，都稱爲"算緡錢"。下文的"告緡"者，指告發逃税的商賈。

[28] 獻黃金酎祭宗廟：漢代皇帝祭祀宗廟，諸侯須貢金助祭，以封邑户口計數，千口奉金四兩，交少府察視。酎，純酒，正月作，八月成，所以薦祭宗廟，故稱酎祭。武帝藉口酎金輕重或成色不合規格，奪去列侯的爵位。

[29] 慴(zhé)：失氣、喪氣、恐懼。

[30] 色上黃，數用五：漢代盛行五行説，謂金、木、火、水、土相生相尅。當時以爲，秦是水德，漢繼秦而王，當是土德。土色黄，所以重尚黄色；又土數五，所以官吏印章的字數也都用五計算。

[31] 徐敦：一作徐勃，武帝天漢元年(前100)，領導泰山、琅邪等地農民起義，攻城邑，佔兵庫，縛殺太守，衆達數千人。朝廷派兵鎮壓，起義軍失敗，餘部據險抗拒。武帝頒"沈命法"以加强鎮壓，刺史郡守以下官吏因捕拿不力、負罪而死的很多。

[32] 七科謫：把當時社會地位低賤的階層謫發到邊遠的地方戍守。七科即：有罪的官吏，逃亡人，典身爲奴後被配以妻的"贅婿"，商人，曾爲商賈有市籍的人，其祖父母或父母曾爲商賈有市籍的人。

[33] 盩厔五柞宮：盩厔(zhōu zhì)，縣名(今陝西周至東)。古代稱山曲爲盩，水曲爲厔，因當地水曲山複而得名。縣東南有五柞樹，樹身大可數人連抱，枝蔭茂盛，所以取爲宮名。

[34] 疇咨：疇，誰。咨，歎詞，嗟。出自《尚書·堯典》："疇咨若時登庸。"意謂：誰爲我訪得治世的賢人，即刻登任録用。後人把疇咨，引申作爲訪問、采訪解。

百官公卿表〔漢書卷一九〕（節錄）

……自周衰，官失而百職亂；戰國並爭，各變異。秦兼天下，建皇帝之號，立百官之職。漢因循而不革，明簡易，隨時宜也。其後頗有所改。王莽篡位，慕從古官，而吏民弗安，亦多虐政，遂以亂亡。故略表舉大分，以通古今，備"温故知新"[1]之義云。

相國、丞相，皆秦官。金印、紫綬，掌丞天子，助理萬機[2]。秦有左右。高帝即位，置一丞相。十一年，更名相國，綠綬。孝惠、高后置左右丞相。文帝二年，復置一丞相。有兩長史，秩千石。哀帝元壽二年，更名大司徒。武帝元狩五年，初置司直，秩比二千石，掌佐丞相舉不法。

太尉，秦官，金印、紫綬，掌武事。武帝建元二年，省。元狩四年，初置大司馬，以冠將軍之號。宣帝地節三年，置大司馬，不冠將軍，亦無印綬、官屬。成帝綏和元年，初賜大司馬金印、紫綬，置官屬，禄比丞相，去將軍。哀帝建平二年，復去大司馬印綬、官屬，冠將軍如故。元壽二年，復賜大司馬印綬，置官屬，去將軍，位在司徒上。有長史，秩千石。

御史大夫，秦官，位上卿，銀印、青綬，掌副丞相。有兩丞，秩千石。一曰中丞，在殿中蘭臺[3]，掌圖籍祕書。外督部刺史，内領侍御史員十五人，受公卿奏事，舉劾按章。成帝綏和元年，更名大司空，金印、紫綬，禄比丞相，置長史如中丞，官職如故。哀帝建平二年，復爲御史大夫。元壽二年，復爲大司空；御史中丞更名御史長史。侍御史有繡衣直指[4]，出討姦猾，治大獄，武帝所制，不常置。

太傅，古官。高后元年初置，金印、紫綬；後省。八年復置；後省。哀帝元壽二年復置，位在三公上。

太師、太保，皆古官。平帝元始元年皆初置，金印、紫綬。太師位在太傅上，太保次太傅。

前、後、左、右將軍，皆周末官。秦因之，位上卿，金印、紫綬。漢不常置。

或有前、後，或有左、右，皆掌兵及四夷。有長史，秩千石。

奉常，秦官，掌宗廟禮儀，有丞。景帝中六年，更名太常。屬官有太樂、太祝、太宰、太史、太卜、太醫六令丞；又均官、都水兩長丞；又諸廟、寢、園、食官令長丞；有雍太宰、太祝令丞；五畤[5]各一尉；又博士及諸陵縣皆屬焉。景帝中六年，更名太祝爲祠祀。武帝太初元年，更曰廟祀。初置太卜。博士，秦官，掌通古今，秩比六百石，員多至數十人。武帝建元五年，初置五經博士。宣帝黃龍元年，稍增員十二人。元帝永光元年，分諸陵邑屬三輔。王莽改太常曰秩宗[6]。

郎中令，秦官，掌宮殿掖門戶，有丞。武帝太初元年，更名光祿勳。屬官有大夫、郎、謁者，皆秦官。又期門、羽林[7]皆屬焉。大夫，掌論議，有太中大夫、中大夫、諫大夫，皆無員，多至數十人。武帝元狩五年，初置諫大夫，秩比八百石。太初元年，更名中大夫爲光祿大夫，秩比二千石。太中大夫，秩比千石如故。郎掌守門戶，出充車騎。有議郎、中郎、侍郎、郎中，皆無員，多至千人。議郎、中郎，秩比六百石；侍郎比四百石；郎中比三百石。中郎有五官、左、右三將，秩皆比二千石。郎中有車、戶、騎三將，秩皆比千石。謁者，掌賓讚受事，員七十人，秩比六百石。有僕射，秩比千石。期門掌執兵送從，武帝建元三年初置，比郎，無員，多至千人。有僕射，秩比千石，平帝元始元年，更名虎賁郎。置中郎將，秩比二千石。羽林掌送從，次期門，武帝太初元年初置，名曰建章營騎[8]，後更名羽林騎。又取從軍死事之子孫，養羽林官，教以五兵，號曰羽林孤兒[9]。羽林有令丞，宣帝令中郎將、騎都尉監羽林，秩比二千石。

僕射，秦官，自侍中、尚書、博士、郎，皆有。古者重武官，有主射以督課之。軍屯吏、騶、宰、永巷宮人[10]，皆有，取其領事之號。

衛尉，秦官，掌宮門衛屯兵，有丞。景帝初，更名中大夫令。後元年，復爲衛尉。屬官有公車司馬、衛士、旅賁三令丞，衛士三丞。又諸屯衛候、司馬二十二官皆屬焉。長樂、建章、甘泉[11]衛尉，皆掌其宮，職略同，不常置。

太僕，秦官，掌輿馬，有兩丞。屬官有大廄、未央、家馬三令，各五丞、一尉；又車府、路軨[12]、騎馬、駿馬四令丞；又龍馬、閑駒、橐泉、騊駼、承華[13]五監長丞；又邊郡六牧師菀[14]令各三丞；又牧橐、昆蹏[15]令丞，皆屬焉。中太僕,掌皇太后輿馬,不常置也。武帝太初元年,更名家馬爲挏馬[16],初置路軨。

廷尉,秦官,掌刑辟。有正、左、右監,秩皆千石。景帝中六年,更名大理。武帝建元四年,復爲廷尉。宣帝地節三年,初置左、右平,秩皆六百石。哀帝元壽二年,復爲大理。王莽改曰作士。

典客,秦官,掌諸歸義蠻夷,有丞。景帝中六年,更名大行令。武帝太初元年,更名大鴻臚[17]。屬官有行人、譯官、別火三令丞及郡邸長丞。武帝太初元年,更名行人爲大行令,初置別火。王莽改大鴻臚曰典樂。初置郡國邸,屬少府;中屬中尉;後屬大鴻臚。

宗正,秦官,掌親屬,有丞。平帝元始四年,更名宗伯。屬官有都司空令丞、内官長丞;又諸公主家令門尉皆屬焉。王莽并其官於秩宗。初,内官屬少府;中屬主爵;後屬宗正。

治粟内史,秦官,掌穀貨,有兩丞。景帝後元年,更名大農令。武帝太初元年,更名大司農。屬官有太倉、均輸、平準[18]、都内[19]、籍田五令丞,斡官[20]、鐵市兩長丞;又郡國諸倉、農監、都水、六十五官長丞皆屬焉。駿粟都尉[21],武帝軍官,不常置。王莽改大司農曰羲和,後更爲納言。初,斡官屬少府;中屬主爵;後屬大司農。

少府,秦官,掌山海池澤之税,以給共[22]養,有六丞。屬官有尚書、符節、太醫、太官、湯官、導官、樂府、若盧、考工室、左弋、居室、甘泉居室、左右司空、東織、西織、東園匠十二[23]官令丞;又胞人、都水、均官三長丞;又上林中十池監;又中書謁者、黃門、鉤盾、尚方、御府、永巷、内者、宦者八官令丞;諸僕射、署長、中黃門皆屬焉。武帝太初元年,更名考工室爲考工,左弋爲佽飛[24],居室爲保宮,甘泉居室爲昆臺,永巷爲掖庭。佽飛掌弋射,有九丞、兩尉。太官七丞,昆臺五丞,樂府三丞,掖庭八丞,宦者七丞,鉤盾五丞、兩尉。成帝建始四年,更名中書謁者令爲中謁者令。初置尚書員五人,有四丞。河平元年,省東織,更名西織爲織室[25]。綏和二年,哀帝省樂府。王莽改少府曰共工。

中尉,秦官,掌徼循京師,有兩丞、候、司馬、千人。武帝太初元年,更名執金吾[26]。屬官有中壘、寺互[27]、武庫、都船四令丞。都船、武庫有三丞;

中壘兩尉。又式道左右中候[28]、候丞，及左右京輔都尉、尉丞、兵卒皆屬焉。初，寺互屬少府；中屬主爵；後屬中尉。自太常至執金吾，秩皆中二千石，丞皆千石。

太子太傅、少傅，古官。屬官有太子門大夫、庶子、先馬、舍人。

將作少府，秦官，掌治宮室，有兩丞、左右中候。景帝中六年，更名將作大匠。屬官有石庫、東園主章[29]、左右前後中校七令丞，又主章長丞。武帝太初元年，更名東園主章爲木工。成帝陽朔三年，省中候及左右前後中校五丞。

詹事，秦官，掌皇后、太子家，有丞。屬官有太子率更、家令丞，僕、中盾[30]、衛率、廚廐長丞，又中長秋、私府、永巷、倉廐、祠祀、食官令長丞。諸宦官皆屬焉。成帝鴻嘉三年，省詹事官，并屬大長秋。長信詹事[31]，掌皇太后宮。景帝中六年，更名長信少府。平帝元始四年，更名長樂少府。

將行，秦官。景帝中六年，更名大長秋。或用中人[32]，或用士人。

典屬國，秦官，掌蠻夷降者。武帝元狩三年，昆邪王降，復增屬國[33]。置都尉、丞、候、千人。屬官，九譯令[34]。成帝河平元年，省并大鴻臚。

水衡都尉，武帝元鼎二年初置，掌上林苑，有五丞。屬官有上林、均輸、御羞、禁圃、輯濯、鍾官、技巧、六廐、辯銅[35]九官令丞；又衡官、水司空、都水、農倉，又甘泉、上林、都水七官長丞皆屬焉。上林有八丞、十二尉，均輸四丞，御羞兩丞，都水三丞，禁圃兩尉，甘泉、上林四丞。成帝建始二年，省技巧、六廐官。王莽改水衡都尉曰予虞。初，御羞、上林、衡官及鑄錢，皆屬少府。

內史，周官，秦因之，掌治京師。景帝二年，分置左〔右〕內史。右內史，武帝太初元年，更名京兆尹。屬官有長安、市廚兩令丞，又都水、鐵官兩長丞。左內史更名左馮翊；屬官有廩犧令丞尉；又有都水、鐵官、雲壘、長安四市四長丞皆屬焉。

主爵中尉，秦官，掌列侯。景帝中六年，更名都尉。武帝太初元年，更名右扶風，治內史右地。屬官有掌畜令丞；又有都水、鐵官、廐、雝廚四長丞皆屬焉。與左馮翊、京兆尹，是爲三輔，皆有兩丞。列侯更屬大鴻臚。元鼎四年，更置三輔都尉，都尉丞各一人。

自太子太傅至右扶風，皆秩二千石，丞六百石。

護軍都尉，秦官。武帝元狩四年，屬大司馬。成帝綏和元年，居大司馬府，比司直。哀帝元壽元年，更名司寇。平帝元始元年，更名護軍。

司隸校尉，周官。武帝征和四年初置。持節，從中都官[36]徒千二百人，捕巫蠱，督大姦猾。後罷其兵，察三輔、三河、弘農。元帝初元四年，去節。成帝元延四年，省。綏和二年，哀帝復置，但爲司隸，冠進賢冠[37]，屬大司空，比司直。

城門校尉，掌京師城門屯兵，有司馬，十二城門候。中壘校尉，掌北軍壘門內，外掌西域[38]。屯騎校尉，掌騎士。步兵校尉，掌上林苑門屯兵。越騎校尉，掌越騎。長水校尉，掌長水、宣曲胡騎。又有胡騎校尉，掌池陽胡騎，不常置。射聲校尉，掌待詔射聲士[39]。虎賁校尉，掌輕車。凡八校尉[40]，皆武帝初置，有丞、司馬。自司隸至虎賁校尉，秩皆二千石。

西域都護，加官，宣帝地節二年初置[41]。以騎都尉、諫大夫使護西域三十六國。有副校尉，秩比二千石。丞一人，司馬、候、千人各二人。

戊己校尉[42]，元帝初元元年置。有丞、司馬各一人，候五人，秩比六百石。

奉車都尉，掌御乘輿車。駙馬都尉[43]，掌駙馬。皆武帝初置，秩比二千石。

侍中、左右曹、諸吏、散騎、中常侍，皆加官。所加或列侯、將軍、卿大夫、將、都尉、尚書、太醫、太官令至郎中，亡員，多至數十人。侍中、中常侍，得入禁中；諸曹受尚書事；諸吏得舉法[44]；散騎騎並乘輿車。

給事中亦加官，所加或大夫、博士、議郎，掌顧問應對，位次中常侍。中黃門有給事黃門，位從[45]將、大夫，皆秦制。

爵：一級曰公士；二，上造；三，簪裊[46]；四，不更；五，大夫；六，官大夫；七，公大夫；八，公乘；九，五大夫；十，左庶長；十一，右庶長；十二，左更；十三，中更；十四，右更；十五，少上造；十六，大上造；十七，駟車庶長；十八，大庶長；十九，關內侯[47]；二十，徹侯[48]：皆秦制，以賞功勞。徹侯，金印、紫綬。避武帝諱曰通侯，或曰列侯。改所食國令長名相；又有家丞、門大夫、庶子。

諸侯王，高帝初置，金璽、盭綬[49]，掌治其國。有太傅輔王，內史治國民，中尉掌武職，丞相統衆官，羣卿大夫都官如漢朝。景帝中五年[50]，令諸侯王不得復治國，天子爲置吏。改丞相曰相；省御史大夫、廷尉、少府、宗正、博士官；大夫、謁者、郎諸官長丞，皆損其員。武帝改漢內史爲京兆尹，中尉爲執金吾，郎中令爲光祿勳；故王國如故。損其郎中令秩千石。改太僕曰僕，秩亦千石。成帝綏和元年，省內史。更令相治民，如郡太守；中尉如郡都尉。

監御史，秦官，掌監郡。漢省，丞相遣史分刺州，不常置。武帝元封五年，初置部刺史，掌奉詔條察州[51]，秩六百石，員十三人。成帝綏和元年，更名牧，秩二千石。哀帝建平二年，復爲刺史；元壽二年，復爲牧。

郡守，秦官，掌治其郡，秩二千石，有丞。邊郡又有長史，掌兵馬，秩皆六百石。景帝中二年，更名太守。

郡尉，秦官，掌佐守，典武職甲卒，秩比二千石[52]。有丞，秩皆六百石。景帝中二年，更名都尉。

關都尉[53]，秦官。農都尉、屬國都尉[54]，皆武帝初置。

縣令、長，皆秦官，掌治其縣。萬戶以上爲令，秩千石至六百石；減萬戶爲長，秩五百石至三百石。皆有丞、尉，秩四百石至二百石，是爲長吏。百石以下，有斗食[55]、佐史之秩，是爲少吏。大率十里一亭，亭有長。十亭一鄉，鄉有三老、有秩、嗇夫、游徼。三老，掌教化；嗇夫，職聽訟，收賦稅；游徼，徼循禁賊盜。縣大率方百里，其民稠則減，稀則曠；鄉亭亦如之；皆秦制也。

列侯所食縣曰國，皇太后、皇后、公主所食曰邑，有蠻夷曰道。凡縣道國邑，千五百八十七，鄉六千六百二十二，亭二萬九千六百三十五。

凡吏，秩比二千石以上，皆銀印、青綬；光祿大夫無。秩比六百石以上，皆銅印、黑綬；大夫、博士、御史、謁者、郎無。其僕射、御史治書尚符璽者，有印綬。比二百石以上，皆銅印、黃綬。成帝陽朔二年，除八百石、五百石秩。綏和元年，長相皆黑綬。哀帝建平二年，復黃綬。

吏員，自佐史至丞相，十二萬[56]二百八十五人。

年	相國／丞相／大司徒／太師／太傅／太保	太尉／大司馬	御史大夫／大司空	列將軍	奉常／太常	郎中令／光祿勳	衛尉／中大夫令	太僕	廷尉／大理	典客／大行令／大鴻臚	宗正／治粟內史／大司農	中尉執金吾／少府	水衡都尉／主爵都尉／右扶風	左內史／左馮翊／右內史／京兆尹
高帝建元年（公元前206年）	沛相蕭何爲丞相。		內史周苛爲御史大夫，守滎陽，三年死。					滕令夏侯嬰爲太僕。			執盾襄爲治粟內史。	職志周昌爲中尉。三年遷。		內史周苛遷。
（中略）														
孝武建元元年（前140）	六月，丞相綰免。後丙寅，魏其侯竇嬰爲丞相。	武安侯田蚡爲太尉。	齊相牛抵爲御史大夫。			郎中令王臧一年，有罪自殺。		淮南大守灌夫爲大僕。二年，爲燕相。		大行令光。		中尉張歐。九年遷。		中尉甯成爲內史。下獄。論。史印。

續表

年	丞相	太尉	御史大夫	太常	郎中令	廷尉	大行令	大農令	内史
二（前139）	十月，丞相嬰免。三月乙未，太常許昌爲丞相。	大尉蚡免，官省。	御史大夫趙綰有罪自殺。	南陵侯趙周爲大常，四年免。	郎中令石建，六年卒。	大理信。	大行令過期。		内史石慶。
三（前138）								北地都尉韓安國爲大農令，三年遷。	内史石偏。
四（前137）			武強侯莊青翟爲御史大夫，二年，坐竇太后喪不辦，免。			廷尉建。廷尉遷。			江都相鄭當時爲右内史，五年，貶爲詹事。
五（前136）						廷尉武。	大行令王恢。		

續　表

年	丞相	御史大夫	太常	衛尉	太僕	廷尉	大農令	主爵都尉	內史
六（前135）	六月癸巳，丞相昌免，武安侯田蚡爲丞相。	大農令韓安國爲御史大夫，四年，病免。	大常定。		大僕賀，三年十三〔遷〕。	廷尉殷。	大農令殷。	東海太守汲黯爲主爵都尉，十一年，徙。	內史充。
元光元年（前134）			大常王臧。	隴西太守李廣爲衛尉。					
二（前133）									
三（前132）									
四（前131）	三月乙卯，丞相蚡薨。五月丁巳，平棘侯薛澤爲丞相。	九月，中尉張歐爲御史大夫，五年，老，病免，食上大夫祿。	宜平侯張歐爲太常。						

續表

年	大常	衛尉	廷尉	大行令	大農令	中尉	內史
五（前130）			廷尉翟公。		詹事鄭當時爲大農令，十一年，免。	故御史大夫韓安國爲中尉，一年，遷。	右內史番係。博士公孫弘爲左內史，四年，遷。
六（前129）	大常司馬當時。	中尉韓安國爲（都）〔衛〕尉，二年，爲將軍。	大行令丘。			中大夫趙禹爲中尉。	
元朔元年（前128）							
二（前127）	膠侯孔臧爲大常，三年，坐南陵橋壞，衣冠道絕，免。						

續表

年	丞相	御史大夫	大常	郎中令	衛尉	廷尉	宗正	少府	中尉	主爵都尉	右內史	左內史
三（前126）		左內史公孫弘爲御史大夫，二年，遷。			衛尉蘇建。	中大夫張湯爲廷尉，五年，遷。		少府孟賁。	中尉李息。		右內史賁。	左內史李沮四年爲將軍。
四（前125）							宗正劉棄。	少府產。				
五（前124）	十一月乙丑，丞相澤免。御史大夫公孫弘爲丞相。	四月丁未，河東太守番係爲御史大夫。	山陽侯張當居爲大常，坐選子弟不實，免。					中尉趙禹爲少府。	中尉段宏。	主爵都尉李蔡。		
六（前123）			繩侯周平爲大常，四年，坐園陵不繕，免。	右北平太守李廣爲郎中令，五年，免。							主爵都尉汲黯爲右內史，五年，免。	

續表

年	丞相	太尉	御史大夫	衛尉	廷尉	大行令	宗正	中尉	主爵都尉	左内史
元狩元年(前122)			樂安侯李蔡爲御史大夫，一年，遷。			大行令李息。	宗正劉受。	中尉司馬安。	會稽大守買臣爲主爵都尉。	左内史敞。
二(前121)	三月戊寅，丞相弘薨。壬辰，御史大夫李蔡爲丞相。		三月壬辰，廷尉張湯爲御史大夫，六年，有罪自殺。							
三(前120)		冠軍侯霍去病爲驃騎將軍。		衛尉張騫。	廷尉李友。安。廷尉禹。			中尉霸。	主爵都尉趙食其，其年，爲將軍。	

續　表

年											
四 (前119)		大將軍衛青爲大司馬大將軍。票騎將軍霍去病爲大司馬票騎將軍。	戚侯李信成爲大常,二年,坐縱丞相李蔡侵道,免。				沈猷侯劉受爲宗正,二年,坐聽請不具宗室論。	大農令顏異,二年,坐腹非,誅。	河內太守王溫舒爲中尉,五年,遷。	中尉丞陽僕爲主爵都尉。	定襄太守義縱爲右內史,二年,下獄棄市。
五 (前118)	三月甲午,丞相李蔡有罪,殺。四月乙卯,大子少傅嚴青翟爲丞相。			郎中令李敢。	衛尉充國,三年,坐齋不謹,棄市。	廷尉司馬安。					

續　表

六 (前117)	九月, 大司馬 去病 薨。			俞侯欒 賁爲大 常,坐 犧牲不 如令, 免。	郎中令 自徐 爲，十 三年， 爲光祿 勳。	大農令 正夫。	右內史 王霸。
				（下略）			

——據中華書局 1962 年版《漢書》，參考《百衲本二十四史》版《漢書》

【解題】

本篇節選自《漢書》卷一九。斷代史如何處理歷史過程的連續和間斷的矛盾,時常發生困難。班固的解決辦法,便是在表、志中作一些追敍。《百官公卿表》的長序,概述先秦各代設官分職的變遷,而詳記秦、漢官制的設施,即爲一例。由於秦、漢的中央集權的國家政權組織形式,基本上爲歷代王朝所沿襲,因而本篇的記載,就有重要的史料價值。

【注釋】

[1] 溫故知新:語見《論語·爲政》和《禮記·中庸》篇。

[2] 萬機:也作"萬幾"。語出《尚書·皋陶謨》:"兢兢業業,一日二日萬幾。"後來專指皇帝要處理的頭緒紛繁的政務。

[3] 蘭臺:漢代宮中藏書處,設御史中丞管理;後增置蘭臺令史,典校圖籍,治理文書。

[4] 繡衣直指:漢武帝以後皇帝派遣查辦案件的特使,身穿繡衣,手執斧鉞,表示握有特別權力。武帝時,多由侍御史充任。但有時派遣其他官員處理特別緊急的事件,如鎮壓農民起義、"督捕盜賊",征發軍隊等,也給予同樣的權力和裝束,叫做"繡衣直指使者"或"直指繡衣使者",簡稱繡衣。

[5] 五時:已見本書《漢書·武帝本紀》注[17]。

[6] 王莽改太常曰秩宗:王莽代漢建立新朝以後,"托古改制",變更了許多秦、漢以來逐漸形成的典章制度。對於漢代的官制,只是把職官名稱按照《周禮》六官的名稱加以更改。本篇所記王莽所改官名,都見於《周禮》。

[7] 期門、羽林:都是漢代中央禁衛軍的名稱。武帝時常微服出行,選禁軍中有勇力的執着兵器隨行,在京城諸門等待,所以叫做期門。羽林,形容他們像羽翅一樣迅捷,像林木一樣衆多。一説:羽,象徵他們保衛皇帝,就像羽翼一般。

[8] 建章營騎:保衛建章宮的宮衛禁軍。

[9] 羽林孤兒:按在《漢書·宣帝紀》和趙充國、孔光等傳中才出現"羽林孤兒"的名稱,似宣帝時始置。

[10] 永巷宮人：永巷，皇帝宮殿中的旁舍，供后妃的宮嬪居住，也稱後宮。一說：是漢代皇帝宮中幽閉有罪宮嬪的長巷。永巷宮人，即管理永巷的內官職稱。

[11] 長樂、建章、甘泉：都是漢代的宮名。長樂宮在今西安市西北郊漢長安故城東南隅，漢高祖所造。建章宮在故長安城外；甘泉宮在今陝西淳化境內的甘泉山上，是漢代皇帝的夏宮；都是武帝時建築的。

[12] 路軨：路，路車，皇帝乘坐的大馬車。軨，本是小馬車車廂上的橫木，這裏指皇帝平時所乘的小馬車。

[13] 龍馬、閑駒、橐泉、駒駼、承華：都是漢代皇帝的御馬監名。有的以所在地方命名，如橐泉厩在橐泉宮下；有的以當時著名珍貴的駿馬名稱命名，如"龍馬"就是大宛所產的汗血馬，"駒駼"就是北方高原所產的駿馬；有的是一般名稱，如"閑駒"的閑就是指養馬的閑闌，承華也是普通嘉名。

[14] 邊郡六牧師菀：菀，通苑。牧師諸苑，都是指設在邊遠地區的國家牧場。漢代在河西六郡共設牧場三十六所，所以稱"邊郡六牧師菀"。

[15] 牧橐、昆蹏：橐指橐佗，即駱駝；牧橐令、丞，牧養橐佗的官吏。蹏，古蹄字。昆蹏，駿馬名，善於走山路；一說：是一種善於山行的獸名。

[16] 挏馬：挏(dòng)，原訓推動。挏馬，就是取馬乳以製馬酪(或名馬酒)。這裏作爲主持取馬乳製酒的官名。

[17] 大鴻臚：鴻，大聲；臚，傳導。指朝廷舉行大禮時，贊引賓客列班行禮的官員。平時專門管理邊境各少數族同中央關係和外交等事務。

[18] 均輸、平準：漢武帝時爲解決財政困難，曾在郡國置均輸官，令民輸納當地特產，由官轉賣他處。又在京師設平準官，掌握全國物資，賤買貴賣，調節物價。

[19] 都內：京師貯藏皇帝私人財物的處所，又稱"大內"、"中都內"。

[20] 斡官：管理鹽鐵專賣事務的官員。據近人考證，斡當作幹。

[21] 騪粟都尉：騪(sōu)粟都尉，也作搜粟都尉或治粟都尉。是武職，但也兼管一般農事，參見本書《漢書·食貨志》。

[22] 共：同供。

[23] 十二：應作"十六"。

［24］　佽飛：在武帝時，本專在上林苑中射雁以供宗廟祭祀；宣帝時，擴大名額，和期門都選拔"良家子"充任，參加征戰，成爲中央禁衛軍的一種。

［25］　省東織，更名西織爲織室：據清代學者考證，織室原是東、西二織的總稱，現省東織，所以把西織改名織室。

［26］　執金吾：吾，大棒名。金吾，銅製，兩頭塗上金色。西漢時，中尉拿着金吾，在皇帝出行時充當先導，以備非常事件，所以官名也稱執金吾。又這時的御史大夫、司隸校尉也可執金吾，而御史、校尉、郡守、都尉等都執木吾。

［27］　寺互：獄官。

［28］　式道左右中候：皇帝出行時的清道官。皇帝出，三式道候在前清道；皇帝回宮，三候先持麾到宮門，宮門才開。

［29］　主章：主管木材加工等事宜的工官。

［30］　中盾：在皇后、太子住所周圍巡察保衛的官吏。

［31］　長信詹事：長信，西漢皇太后所住的宮名。因各代皇太后有的住長信宮，有的住長樂宮，所以官名也有時稱爲長信詹事或少府，有時稱爲長樂少府。

［32］　中人：即宦官。

［33］　武帝元狩三年，昆邪王降，復增屬國：據《漢書·武帝紀》：元狩二年（前121）秋，匈奴昆邪王殺休屠王，率衆四萬餘人降漢，漢置安定、天水、上郡、西河、五原五屬國。這裏作元狩三年，疑誤。

［34］　九譯令：翻譯官名。九譯，指遠道各國，因爲言語不同，需要經過多次輾轉的翻譯，才能彼此通話。"九"表示多數。

［35］　上林、均輸、御羞、禁圃、輯濯、鍾官、技巧、六厩、辯銅：都是管理上林苑生產等事務的官吏。上林苑本秦時所置。漢初荒廢，並許民入苑開墾。武帝時，重收爲宮苑。苑周圍二百多里，建離宮、觀、館數十處，放養禽獸，供皇帝射獵遊樂。並在苑內經營各種生產，供應皇帝奢侈消費的部分需求，爲皇帝提供部分的私人收入。上林，是管理苑內一般事務的官吏。均輸，是負責將苑內部分生產物出售牟利的官吏。御羞、禁圃，專管爲皇帝生產珍饈食品的事務；一說：御羞即御宿，是另一宮苑名。輯濯，船官。

鍾官、技巧，分管鑄錢的冶鑄、刻範。六厩，苑內養馬官；一說：即上文提到的未央、承華、駒駼、騎馬、路軨、大厩等六厩。辯銅，主持分辨銅的種類。西漢上林苑故址在今陝西西安西和周至、戶縣境。

[36] 中都官：指京師中諸官府。

[37] 冠進賢冠：據清沈欽韓謂：這四字不合本篇體例，疑是以後注釋《漢書》的人攙入進去的。

[38] 掌西域：據清王念孫謂："西域"是"四城"之誤，係指京師四城門。

[39] 待詔射聲士：射聲士，善射的武士，能在昏暗中聞聲而射中目標。待詔，本是漢代對徵士的稱謂，一般的叫做待詔公車，優異的待詔金馬門，以備皇帝隨時諮詢顧問。這裏指射聲士直接受皇帝指揮，所以叫做"待詔射聲士"。

[40] 凡八校尉：指中壘校尉以下至虎賁校尉等統領各類禁軍的八校尉，城門校尉不計在內。

[41] 西域都護，加官，宣帝地節二年初置：按《漢書·宣帝紀》和《鄭吉傳》，西域都護一官初置於宣帝神爵二年（前 60），這裏作地節二年（前 68），蓋誤。

[42] 戊己校尉：西漢政府管理西域屯田的官員，駐交河城（今新疆吐魯番西北約五公里處）。另據唐顏師古注說，這時除戊己校尉外，還設有戊校尉和己校尉，都駐西域，管理屯田。

[43] 駙馬都尉：駙馬，即副馬，掌管皇帝副車的馬。魏、晉以後，成爲授給皇帝女婿的專職。

[44] 諸吏得舉法：謂給予諸吏以舉劾殿省吏不法行徑的權力。

[45] 從：據《漢書補注》，當是"次"字之譌。

[46] 簪裊：謂取得這一級爵後，就可以用一種絲織的帶綬裝飾自己的乘馬，以表示榮譽。

[47] 關內侯：封侯爵，但居京畿，沒有國邑。

[48] 徹侯：秦、漢時的最高爵位，有食邑。徹即通，謂封爵後可以上通天子。

[49] 金璽、盭綬：璽，漢代皇帝和諸侯王專用的印章名稱。皇帝璽用玉製，諸侯王璽用金製。三公、列侯以下各級官吏的印章都稱爲"印"，按官品尊

卑分別用金、銀、銅製成。藎(jìn),是能染出綠色的草。藎綬,就是綠綬。

[50] 景帝中五年:據《漢書·景帝紀》。"令諸侯王不得復治國"等事是在景帝中三年(前147)。

[51] 奉詔條察州:漢武帝時,劃分全國爲十三部(或稱州),每部都置刺史。奉詔條察州,就是部刺史奉皇帝命令分巡本部郡國,以下列六條察查地方政治:一、强宗豪右,田宅踰制,欺凌寡弱;二、二千石官吏,徇私違法,貪污聚斂,侵漁百姓;三、二千石刑賞猥濫,刻暴百姓,爲百姓痛恨;四、二千石選舉不平,阿私蔽賢;五、二千石子弟依恃權勢,請託所監;六、二千石勾結豪强,通行賄賂。但據清王鳴盛考證,漢武帝設置部刺史的目的,主要是直接監視督察各藩國的諸侯王。

[52] 秩比二千石:據清代學者考證,漢代三輔和大郡的都尉,秩都是二千石。

[53] 關都尉:駐守各險要關隘,如函谷關、玉門關、陽關的都尉。

[54] 農都尉、屬國都尉:農都尉,設置在邊疆地區,管理屯田殖穀。屬國都尉,設置在邊疆各少數族聚居地區,管理民事;有的下面還分縣,地位同於内地的郡守。

[55] 斗食:已見本書《史記·秦始皇本紀》注[18]。

[56] 十二萬:別本作十三萬。

食　貨　志　上〔漢書卷二四上〕（節錄）

　　……周室既衰，暴君污吏，慢其經界[1]；繇役橫作，政令不信；上下相詐，公田不治。故魯宣公初稅畝，《春秋》譏焉[2]。於是上貪民怨，災害生而禍亂作。陵夷[3]至於戰國，貴詐力而賤仁誼，先富有而後禮讓。是時李悝[4]爲魏文侯作盡地力之教，以爲：“地方百里，提封[5]九萬頃。除山澤邑居，參分去一，爲田六百萬畝。治田勤謹，則畝益三升；不勤，則損亦如之。地方百里之增減，輒爲粟百八十萬石矣。”又曰：“糴甚貴，傷民；甚賤，傷農。民傷則離散，農傷則國貧。故甚貴與甚賤，其傷一也。善爲國者，使民毋傷而農益勸。今一夫挾五口，治田百畝，歲收畝一石半，爲粟百五十石。除十一之稅十五石，餘百三十五石。食，人月一石半，五人終歲爲粟九十石，餘有四十五石。石三十，爲錢千三百五十。除社閭嘗新春秋之祠[6]，用錢三百，餘千五十。衣，人率用錢三百，五人終歲用千五百，不足四百五十。不幸疾病死喪之費，及上賦斂，又未與此。此農夫所以常困，有不勸耕之心，而令糴至於甚貴者也。是故善平糴者，必謹觀歲有上、中、下孰[7]。上孰其收自四，餘四百石；中孰自三，餘三百石；下孰自倍，餘百石。小饑則收百石，中饑七十石，大饑三十石。故大孰則上糴三而舍一，中孰則糴二，下孰則糴一，使民適足，賈[8]平則止。小饑則發小孰之所斂，中饑則發中孰之所斂，大饑則發大孰之所斂而糴之。故雖遇饑饉水旱，糴不貴而民不散，取有餘以補不足也。”行之魏國，國以富彊。

　　及秦孝公用商君，壞井田，開仟伯[9]，急耕戰之賞，雖非古道，猶以務本之故，傾鄰國而雄諸侯。然王制遂滅，僭差亡度。庶人之富者累鉅萬，而貧者食糟糠；有國彊者兼州域，而弱者喪社稷。至於始皇，遂并天下；內興功作，外攘夷狄；收泰半之賦，發閭左[10]之戍。男子力耕，不足糧饟；女子紡績，不足衣服。竭天下之資財以奉其政，猶未足以澹[11]其欲也。海內愁怨，遂用潰畔。

漢興，接秦之敝，諸侯並起，民失作業而大饑饉。凡米石五千，人相食，死者過半。高祖乃令民得賣子，就食蜀漢。天下既定，民亡蓋臧，自天子不能具醇駟[12]，而將相或乘牛車。上於是約法省禁，輕田租，什五而稅一；量吏祿，度官用，以賦於民。而山川、園池、市肆租稅之入，自天子以至封君湯沐邑，皆各爲私奉養，不領於天子[13]之經費。漕轉關東粟，以給中都官[14]，歲不過數十萬石。孝惠、高后之間，衣食滋殖。文帝即位，躬修儉節，思安百姓。時民近戰國，皆背本趨末，賈誼[15]説上曰：

《管子》曰："倉廩實而知禮節。"民不足而可治者，自古及今，未之嘗聞。古之人曰："一夫不耕，或受之飢；一女不織，或受之寒。"[16]生之有時，而用之亡度，則物力必屈。古之治天下至纖[17]至悉也，故其畜積足恃。今背本而趨末，食者甚衆，是天下之大殘也；淫侈之俗，日日以長，是天下之大賊也。殘賊公行，莫之或止；大命將泛，莫之振救。生之者甚少，而靡之者甚多，天下財産何得不蹶！漢之爲漢，幾四十年矣；公私之積，猶可哀痛。失時不雨，民且狼顧[18]；歲惡不入，請賣爵子[19]。既聞耳矣，安有爲天下阽危者若是而上不驚者！世之有饑穰，天之行也，禹、湯被之矣[20]。即不幸有方二三千里之旱，國胡以相恤！卒然邊境有急，數十百萬之衆，國胡以餽之！兵旱相乘，天下大屈。有勇力者，聚徒而衡擊；罷夫羸老，易子而齩其骨。政治未畢通也，遠方之能疑者，並舉而爭起矣。迺駭而圖之，豈將有及乎！夫積貯者，天下之大命也。苟粟多而財有餘，何爲而不成！以攻則取，以守則固，以戰則勝，懷敵附遠，何招而不至！今敺[21]民而歸之農，皆著於本，使天下各食其力。末技游食之民，轉而緣南晦，則畜積足而人樂其所矣。可以爲富安天下，而直爲此廩廩[22]也，竊爲陛下惜之！

於是上感誼言，始開籍田，躬耕以勸百姓。鼂錯[23]復説上曰：

聖王在上而民不凍飢者，非能耕而食之、織而衣之也，爲開其資財之道也。故堯、禹有九年之水，湯有七年之旱[24]，而國亡捐瘠者，以畜積多而備先具也。今海內爲一，土地人民之眾不避湯、禹，加以亡天災數年之水旱，而畜積未及者，何也？地有遺利，民有餘力，生穀之土未盡墾，山澤之利未盡出也，游食之民未盡歸農也。民貧則姦邪生。貧生於不足，不足生於不農，不農則不地著。不地著則離鄉輕家，民如鳥獸，雖有高城深池、嚴法重刑，猶不能禁也。夫寒之於衣，不待輕煖；飢之於食，不待甘旨。飢寒至身，不顧廉恥。人情一日不再食則飢，終歲不製衣則寒。夫腹飢不得食，膚寒不得衣，雖慈父不能保其子，君安能以有其民哉！明主知其然也，故務民於農桑，薄賦斂，廣畜積，以實倉廩，備水旱，故民可得而有也。民者在上所以牧之，趨利如水走下，四方亡擇也。夫珠玉金銀，飢不可食，寒不可衣，然而眾貴之者，以上用之故也。其爲物輕微易臧，在於把握，可以周海內而亡飢寒之患。此令臣輕背其主，而民易去其鄉，盜賊有所勸，亡逃者得輕資也。粟米、布帛，生於地，長於時，聚於力[25]，非可一日成也。數石之重，中人弗勝，不爲姦邪所利；一日弗得，而飢寒至。是故明君貴五穀而賤金玉。今農夫五口之家，其服役者不下二人，其能耕者不過百晦。百晦之收，不過百石。春耕，夏耘，秋穫，冬臧。伐薪樵，治官府，給繇役。春不得避風塵，夏不得避暑熱，秋不得避陰雨，冬不得避寒凍。四時之閒，亡日休息。又私自送往迎來，弔死問疾，養孤長幼在其中。勤苦如此，尚復被水旱之災，急政暴虐[26]，賦斂不時，朝令而暮改[27]。當具有者，半賈而賣；亡者，取倍稱之息。於是有賣田宅、鬻子孫以償責者矣！而商賈大者積貯倍息，小者坐列販賣，操其奇贏，日游都市，乘上之急，所賣必倍。故其男不耕耘，女不蠶織，衣必文采，食必粱肉。亡農夫之苦，有仟伯之得。因其富厚，交通王侯，力過吏埶，以利相傾。千里游敖，冠蓋相望，乘堅策肥，履絲曳縞。此商人所以兼并農人，農人所以流亡者也。今法律賤商人，商人已富貴矣；尊農夫，農夫已貧賤矣。故俗之所貴，主之所賤也；吏之所卑，法之所尊也。上下相反，好惡乖迕，而欲國富法立，不可得也。方今之務，莫若使民務農而已矣。欲民務農，在於貴粟。貴粟之道，在於使民以粟爲賞罰。今募天下入粟縣官[28]，得以拜爵，得以除罪。如此，富人有爵，農民有錢，粟有所渫[29]。夫能入粟以受爵，皆有餘者也。取於有餘，以供上用，則貧民之賦可損，所謂損有餘補不足，令出而民利者也。順於民心，所補者三：一曰主用足；二曰民賦少；三曰勸農功。今令民有車騎馬一匹者，復卒三人。車騎者，天下武備也，故爲復卒。神農之教曰：有石城十仞，湯池百步，帶甲百萬，而亡粟，弗能守也。以是觀之，粟者，王者大用，政之本務。令民入粟受爵，至五大夫以上，迺復一人耳，此其與騎馬之功相去遠矣。爵者，上之所擅，出於口而亡窮；粟者，民之所種，生於地而不乏。夫得高爵與免罪，人之所甚欲也。使天下人入粟於邊以受爵免罪，不過三歲，塞下之粟必多矣。

於是文帝從錯之言，令民入粟於邊：六百石，爵上造；稍增至四千石，爲五大夫；萬二千石，爲大庶長[30]。各以多少級數爲差。錯復奏言："陛下幸使天下入粟塞下以拜爵，甚大惠也。竊恐塞卒之食不足用，大渫天下粟。邊食足以支五歲，可令入粟郡縣矣。足支一歲以上，可時赦，勿收農民租。如此，德澤加於萬民，民俞[31]勤農。時有軍役，若遭水旱，民不困乏。天下安寧，歲孰且美，則民大富樂矣。"上復從其言。迺下詔，賜民十二年租稅之半。明年，遂除民田之租稅。後十三歲，孝景二年，令民半出田租，三十而稅一也。其後，上郡以西旱，復修賣爵令，而裁其賈以招民，及徒復作，得輸粟於縣官以除罪。始造苑馬以廣用，宮室、列館、車馬益增修矣。然婁[32]敕有司，以農爲務，民遂樂業。

至武帝之初，七十年間，國家亡事。非遇水旱，則民人給家足，都鄙廩庾盡滿，而府庫餘財。京師之錢，累百鉅萬，貫朽而不可校。太倉之粟，陳陳相因，充溢露積於外，腐敗不可食。衆庶街巷有馬，仟伯之間成羣，乘牸牝者，擯而不得會聚[33]。守閭閻者食粱肉，爲吏者長子孫，居官者以爲姓號。人人自愛，而重犯法，先行誼而黜媿辱焉。於是罔[34]疏而民富，役財驕溢，或至并兼；豪黨之徒，以武斷於鄉曲。宗室有土、公卿大夫以下，爭於奢侈，室廬、車服，僭上亡限。物盛而衰，固其變也。是後，外事四夷，內興功利，役費竝興，而民去本。董仲舒[35]說上曰："《春秋》它穀不書，至於麥禾不成則書之。以此見聖人於五穀最重麥與禾也。今關中俗不好種麥，是歲失《春秋》之所重，而損生民之具也。願陛下幸詔大司農，使關中民益種宿麥，令毋後時。"又言:"古者税民不過什一,其求易共[36];使民不過三日,其力易足。民財內足以養老盡孝,外足以事上共税,下足以畜妻子極愛,故民説從上。至秦則不然,用商鞅之法,改帝王之制,除井田,民得賣買;富者田連仟伯,貧者亡立錐之地。又顓[37]川澤之利,管山林之饒,荒淫越制,踰侈以相高。邑有人君之尊,里有公侯之富,小民安得不困!又加月爲更卒,已復,爲正一歲[38],屯戍一歲。力役三十倍於古,田租、口賦、鹽鐵之利二十倍於古。或耕豪民之田,見税什五。故貧民常衣牛馬之衣,而食犬彘之食。重以貪暴之吏,刑戮妄加。民愁亡聊,亡逃山林,轉爲盜賊。赭衣半道,斷獄歲以千萬數。漢興,循而未改。古井田法雖難卒行,宜少近古。限民名田[39],以澹不足,塞并兼之路。鹽鐵皆歸於民。去奴婢、除專殺之威。薄賦斂,省繇役,以寬民力,然後可善治也。"仲舒死後,功費愈甚,天下虛耗,人復相食。

武帝末年,悔征伐之事,迺封丞相[40]爲富民侯。下詔曰:"方今之務,在於力農。"以趙過爲搜粟都尉。過能爲代田,一畮三甽[41],歲代處,故曰代田,古法也。后稷始甽田,以二耜爲耦,廣尺深尺曰甽,長終畮;一畮三甽,一夫三百甽,而播種於甽中。苗生葉以上,稍耨隴草[42],因隤其土,以附苗根。故其《詩》曰:"或芸或芓,黍稷儗儗。"[43]芸,除草也;芓,附根也。言苗稍壯,每耨輒附根,比盛暑,隴盡而根深,能風與旱,故儗儗而盛也。其耕耘下種田器,皆有便巧。率十二夫爲田一井一屋,故畮五頃,用耦犂,二牛三人。一歲之收,常過縵田[44]畮一斛以上,善者倍之。過使教田太常、三輔[45]。大農置工巧奴與從事,爲作田器。二千石遣令、長、三老、力田及里父老善田者,受田器,學耕種養苗狀。民或苦少牛,亡以趨澤,故平都令光教過以人輓犂。過奏光以爲丞,教民相與庸輓犂[46]。率多人者,田日三十畮,少者十三畮,以故田多墾闢。過試以離宮卒田其宮壖地[47],課得穀,皆多其旁田畮一斛以上。令命家田三輔公田。又教邊郡及居延城。是後,邊城、河東、弘農、三輔、太常民,皆便代田,用力少而得穀多。至昭帝時,流民稍還,田野益闢,頗有畜積。

宣帝即位,用吏多選賢良,百姓安土,歲數豐穰,穀至石五錢,農人少利。時大司農中丞耿壽昌,以善爲算,能商功利[48],得幸於上。五鳳中[49],奏言:"故事,歲漕關東穀四百萬斛,以給京師,用卒六萬人。宜糴三輔、弘農、河東、上黨、太原郡穀，足供京師，可以省關東漕卒過半。”又白增海租三倍。天子皆從其計。御史大夫蕭望之奏言：“故御史屬徐宮，家在東萊，言：‘往年加海租，魚不出。長老皆言，武帝時縣官嘗自漁，海魚不出；後復予民，魚迺出。’夫陰陽之感，物類相應，萬事盡然。今壽昌欲近糴漕關內之穀，築倉治船，費直二萬萬餘。有動衆之功，恐生旱氣，民被其災。壽昌習於商功分銖之事，其深計遠慮，誠未足任，宜且如故。”上不聽。漕事果便。壽昌遂白令邊郡皆築倉，以穀賤時增其賈而糴以利農，穀貴時減賈而糶，名曰“常平倉”。民便之。上迺下詔，賜壽昌爵關內侯。而蔡癸以好農，使勸郡國，至大官。

元帝即位，天下大水，關東郡十一尤甚。二年，齊地饑，穀石三百餘，民多餓死；琅邪郡人相食。在位諸儒多言鹽鐵官及北假[50]田官、常平倉可罷。毋與民爭利。上從其議，皆罷之。又罷建章、甘泉宮衛，角抵，齊三服官[51]；省禁苑以予貧民；減諸侯王廟衛卒半；又減關中卒五百人。轉穀振貸窮乏。其後用度不足，獨復鹽鐵官。

成帝時，天下亡兵革之事，號爲安樂；然俗奢侈，不以畜聚爲意。永始二年，梁國、平原郡比年傷水災，人相食。刺史、守、相坐免。

哀帝即位，師丹輔政，建言：“古之聖王，莫不設井田，然後治迺可平。孝文皇帝承亡周亂秦兵革之後，天下空虛，故務勸農桑，帥以節儉，民始充實。未有并兼之害，故不爲民田及奴婢爲限。今累世承平，豪富吏民，訾數鉅萬，而貧弱俞困。蓋君子爲政，貴因循而重改作，然所以有改者，將以救急也。亦未可詳，宜略爲限。”天子下其議。丞相孔光、大司空何武奏請：諸侯王、列侯皆得名田國中、列侯在長安，公主名田縣道，及關內侯、吏民名田，皆毋過三十頃。諸侯王奴婢二百人，列侯、公主百人，關內侯、吏民三十人。期盡三年，犯者沒入官。時田宅奴婢，賈爲減賤。丁、傅用事[52]，董賢[53]隆貴，皆不便也。詔書且須後，遂寢不行。宮室、苑囿、府庫之臧已侈，百姓訾富，雖不及文、景，然天下户口最盛矣。

平帝崩，王莽居攝，遂篡位。王莽因漢承平之業，匈奴稱藩，百蠻賓服；舟車所通，盡爲臣妾；府庫百官之富，天下晏然。莽一朝有之，其心意未滿。陋小漢家制度，以爲疏闊。宣帝始賜單于印璽，與天子同，而西南夷鉤町稱王。莽乃遣使易單于印，貶鉤町王爲侯。二方始怨，侵犯邊境。莽遂興師，發三十萬衆,欲同時十道竝出,一舉滅匈奴。募發天下囚徒、丁男、甲卒,轉委輸兵器,自負海江、淮而至北邊。使者馳傳督趣,海内擾矣。又動欲慕古,不度時宜,分裂州郡,改職作官。下令曰:"漢氏減輕田租,三十而稅一;常有更賦,罷癃咸出。而豪民侵陵,分田劫假[54],厥名三十,實什稅五也。富者驕而爲邪,貧者窮而爲姦;俱陷於辜,刑用不錯。今更民天下田曰'王田',奴婢曰'私屬',皆不得賣買。其男口不滿八,而田過一井者,分餘田與九族鄉黨。"犯令,法至死。制度又不定,吏緣爲姦,天下警警[55]然,陷刑者衆。後三歲,莽知民愁,下詔:"諸食王田及私屬皆得賣買,勿拘以法。"然刑罰深刻,它政誖亂。邊兵二十餘萬人,仰縣官衣食,用度不足,數橫賦斂,民俞貧困。常苦枯旱,亡有平歲,穀賈翔貴。末年,盜賊羣起,發軍擊之,將吏放縱於外。北邊及青、徐地,人相食。雒陽以東,米石二千。莽遣三公將軍,開東方諸倉,振貸窮乏。又分遣大夫,謁者,教民煮木爲酪;酪不可食,重爲煩擾。流民入關者數十萬人,置養澹官以稟之。吏盜其稟,飢死者什七八。莽恥爲政所致,迺下詔曰:"予遭陽九之阸、百六之會[56],枯旱霜蝗,饑饉薦臻;蠻夷猾夏,寇賊姦軌[57];百姓流離,予甚悼之! 害氣將究矣!"歲爲此言,以至於亡。

——據中華書局 1962 年版《漢書》,參考《百衲本二十四史》版《漢書》

【解題】

本篇節選自《漢書》卷二四上。《漢書》的"十志"是《史記》"八書"的發展,《食貨志》就是由《平準書》脱胎而來。但班固將經濟制度記録的重點,放在土地制度和賦稅制度的變化上面,而不是像司馬遷那樣偏重於工商業政策的敍述。這就爲古代生産關係的研究,提供了更多資料。

【注釋】

[1] 慢其經界:慢,慢易、玩忽、輕蔑。經界,界限,指井田制的區劃。《孟子·滕文公上》:"夫仁政,必自經界始。經界不正,井地不均,穀禄不平,是故暴君污吏必慢其經界。"

［2］ 魯宣公初稅畝,《春秋》譏焉：魯宣公十五年(前594),對公、私田一律征稅,承認私田的合法性,同時使私田無法漏稅。《左傳》説:"初稅畝,非禮也。"《公羊傳》《穀梁傳》也加以譏評,説稅畝的辦法破壞了古代田制。

［3］ 陵夷：亦作陵遲、陵替,都是衰頹的意思。

［4］ 李悝：魏文侯相,是戰國初期著名的政治家,實行各種社會改革。《漢書·藝文志》著録有《李子》三十二篇,入法家。按書已佚。

［5］ 提封：據清王念孫説,大概的意思。

［6］ 除社閭嘗新春秋之祠：閭,里門。古代二十五家爲一閭,共立社神於里門。每年新穀初登場,祭祀社神,稱爲嘗新之祠。春初要祭祀社神,祈求年穀豐登;秋末收穫完畢,報答社神庇佑,也要祭祀;稱爲春、秋之祠。每次祭祀所需費用,都由里人分擔。

［7］ 孰：同熟。

［8］ 賈：同價。

［9］ 仟伯：同阡陌。

［10］ 閭左：已見前《史記·陳涉世家》篇注［3］。

［11］ 澹：同贍,作給予解。

［12］ 醇駟：一車四馬爲駟;醇,別本作醇,同純。醇駟,顏色相同的四匹馬。

［13］ 天子：據歷代學者考證,當係"天下"之誤。天下,指掌管全國經費的大司農。

［14］ 漕轉關東粟,以給中都官：漕,水運;轉,車運;中都官,已見前《百官公卿表》注［36］。

［15］ 賈誼：(前201—前169)西漢政論家、經學家、文學家,洛陽人。漢文帝時歷任博士、太中大夫和長沙王、梁懷王太傅。主張削弱封國勢力,抵抗匈奴,壓抑商人等。政論有《過秦論》等;經學上治《左傳》;又長辭賦,常以屈原自比。《漢書·藝文志》著録有《賈誼》五十八篇、賦七篇。

［16］ 古之人曰:"一夫……之寒"：語出《吕氏春秋·上農》:"神農之教曰:士有當年而不耕者,則天下或受其飢矣;女有當年而不績者,則天下或受其寒矣。"

［17］ 纖：同纖,纖細。

[18] 民且狼顧：狼怕有追它的，且行且顧。這裏指天旱不雨，民心不安，好像狼顧。

[19] 請賣爵子：《漢書補注》引《賈子》，作"請賣爵鬻子"，義較清楚。

[20] 世之有饑穰，天之行也，禹、湯被之矣：世，同歲；行，道。謂年歲有豐歉，是天道之常，連在夏禹、商湯這樣的聖王治理下都遭受過。

[21] 毆：別本作毆，都同驅。

[22] 稟稟：通懍；稟稟，危懼意。

[23] 鼂錯：(前？—前154)西漢政治家、經學家，潁川(今河南禹縣)人。初從張恢學習申不害、商鞅刑名之學，後從伏生受《尚書》。文帝時，曾任太子家令。景帝即位，任御史大夫，建議削奪封國的部分封地；吳、楚等國以誅他爲借口，發動叛亂，景帝被迫將他殺死。《漢書·藝文志》著錄有《鼂錯》三十一篇。

[24] 故堯、禹有九年之水，湯有七年之旱：據先秦諸子傳說：夏禹統治時，有長期大水災；商湯統治時，有長期大旱災。但遭災期限各家所說互異，也和這裏說法不同。漢代大約流行九年、七年說。

[25] 力：據清王念孫考證，應作"市"，是。

[26] 虐：據清代學者考證，本作"賦"，較可通。

[27] 朝令而暮改：據清王念孫考證："改"本作"得"，荀悅《漢紀》正作"得"。謂：急徵暴斂，早晨發出命令，傍晚就要到手。

[28] 縣官：古稱天子爲縣官，這裏指漢政府。

[29] 渫(xiè)：疏通。

[30] 上造、五大夫、大庶長：都是爵號。見前《百官公卿表》正文。

[31] 俞：古愈字。

[32] 婁：古屢字。

[33] 乘牸牝者，擯而不得會聚：牸(zǐ)，喂乳的雌馬。謂：當時富饒，人們以乘牸牝爲恥；凡乘牸牝的，都被排斥，不許他參加聚會。

[34] 罔：同網，指法網。

[35] 董仲舒：(前180—前115)西漢經學家，經今文學派開創者，廣川(今河北棗強東)人。因治《公羊春秋》，景帝時任博士。武帝時獻《天人三策》，爲

獨尊儒術的政策提供理論解釋；又以《春秋》附會刑法，爲專制君主用"誅心"爲藉口殺人提供理由，並使《公羊傳》上升爲西漢法典。歷官江都相、膠西王相。著作今存《春秋繁露》。

[36] 共：同供。

[37] 顓：同專。

[38] 月爲更卒，已復，爲正一歲：更卒，給郡縣地方政府服勞役，滿一月而更，故稱。正，正卒，給中央政府中都官服勞役。

[39] 限民名田：名田，占田。謂給一般地主規定佔有土地的最高限額，以延緩土地兼併日益劇烈的趨勢。

[40] 丞相：指車（本姓田）千秋。

[41] 一晦三甽：晦同畝，甽（juàn），同畎；廣尺深尺爲畎。謂一畝土地分三壟，進行條播，壟溝每年換位一次，保持地力，又避免整塊土地休耕。

[42] 苗生葉以上，稍耨隴草：據清王念孫考證，當作："苗生三葉以上，稍壯，耨隴草。"謂生三葉以上，禾苗稍壯，乃鋤去壟邊雜草。

[43] 詩曰："或芸或芋，黍稷儗儗。"見《詩·小雅·甫田》篇。儗（nǐ），茂盛貌。

[44] 縵田：指不作畎耕、進行散播的田地，這種田必須輪流休耕，上田一年，中田二年，下田三年，或種雜糧。因耕作方法粗放，產量很低。

[45] 太常、三輔：太常主管諸陵，陵有居民，所以也有耕種。三輔指京兆尹、左馮翊、右扶風三地。

[46] 相與庸輓犂：輓犂是用人力拉犂；庸，更代。相與庸輓犂，就是互相換工拉犂。

[47] 田其宮壖地：田，耕種。宮壖地，宮室內外牆之間的空地。

[48] 商功利：商是數學中的除法，謂耿壽昌能計算經濟措施的功利。一說，商功當爲專門名詞，是中國古代數學的一種。

[49] 五鳳中：五鳳，漢宣帝年號，當公元前57—前52年。

[50] 北假：古地名，指今內蒙古河套以北、陰山以南的夾山帶河地區。

[51] 角抵，齊三服官：角抵，又作角氏、轂抵，現稱摔角。古代帝王貴族，常令人角力以供戲樂，叫做角抵戲。齊指臨淄（今山東臨淄北）；服官，官名，負責督率工人織造絹、紬等絲繡衣冠供宮廷之用。臨淄服官，有官舍三

所,每所工人達數千,所以稱"齊三服官"。

[52] 丁、傅用事:丁、傅指漢哀帝劉欣時的外戚。傅氏,哀帝祖母;丁氏,哀帝生母。哀帝即位後,丁氏家和她的同母弟鄭惲家封侯的六人、大司馬二人、九卿二千石六人、侍中諸曹十多人;傅氏家封侯的二人、大司馬一人、將軍九卿二千石六人、侍中諸曹也有十多人。

[53] 董賢:董賢,漢哀帝的幸臣。年二十二,官大司馬、衛將軍,封高安侯。帝死,被王莽所劾,自殺。

[54] 分田劫假:分田,謂貧民佃種豪強地主的土地,共分收穫物。假,也指貧民租賃豪富的土地;劫假,謂豪富劫奪佃戶的土地收益。

[55] 謷(áo)謷:眾口怨愁聲。

[56] 陽九之阨,百六之會:西漢太初曆,以四千六百十七歲爲"一元",即推算曆法的最大週期。西漢末劉歆據太初曆造三統曆,並用《左傳》《周易》的哲理予以附會。他據《易傳》將"一元"分成九大段落,説是每段時間内都分布若干次自然災害,即所謂"阨"(厄)。逢單數的段落必爲旱災,即陽阨;逢雙數的段落則必爲水災,爲陰阨。"初入元"即第一段,時間爲一百零六年,應有陽阨的災歲九,故謂"百六、陽九"。劉歆曾以這套説法爲王莽奪取西漢政權提供"天意"的證明,而王莽在面臨失敗時也以此自欺欺人。

[57] 蠻夷猾夏,寇賊姦宄:語見《尚書·堯典》篇(今本在《舜典》)。猾,亂;夏,華夏,指中原。寇,聚衆攻劫;賊,殺害人。亂在外曰姦,在内曰宄。宄同宄,《尚書》作宄。

張　騫　傳〔漢書卷六一〕

張騫，漢中[1]人也。建元中，爲郎。時匈奴降者言匈奴破月氏王[2]，以其頭爲飲器[3]，月氏遁而怨匈奴，無與共擊之。漢方欲事滅胡，聞此言，欲通使，道必更[4]匈奴中，迺募能使者。騫以郎應募，使月氏，與堂邑氏奴甘父，俱出隴西[5]。徑匈奴，匈奴得之，傳詣單于。單于曰：“月氏在吾北，漢何以得往使！吾欲使越，漢肯聽我乎？”留騫十餘歲，予妻，有子。然騫持漢節不失。

居匈奴西，騫因與其屬亡鄉[6]月氏，西走數十日，至大宛[7]。大宛聞漢之饒財，欲通不得，見騫，喜，問欲何之。騫曰：“爲漢使月氏，而爲匈奴所閉道，今亡。唯王使人道[8]送我。誠得至，反漢，漢之賂遺王財物，不可勝言。”大宛以爲然，遣騫，爲發譯道，抵康居[9]；康居傳致大月氏[10]。大月氏王已爲胡所殺，立其夫人爲王[11]，既臣大夏[12]而君之。地肥饒，少寇，志安樂，又自以遠，遠漢，殊無報胡之心。

騫從月氏至大夏，竟不能得月氏要領。留歲餘還，並南山[13]，欲從羌中歸，復爲匈奴所得。留歲餘，單于死，國內亂。騫與胡妻及堂邑父[14]俱亡歸漢。拜騫太中大夫；堂邑父爲奉使君。

騫爲人彊力、寬大信人，蠻夷愛之。堂邑父，胡人，善射，窮急射禽獸給食。初騫行時，百餘人，去十三歲，唯二人得還。

騫身所至者，大宛、大月氏、大夏、康居，而傳聞其旁大國五六，具爲天子言其地形所有。語皆在《西域傳》。騫曰：“臣在大夏時，見邛竹杖、蜀布，問安得此。大夏國人曰：‘吾賈人往市之身毒國[15]。身毒國在大夏東南，可數千里。其俗土著，與大夏同，而卑溼暑熱。其民乘象以戰，其國臨大水焉。’以騫度之，大夏去漢萬二千里，居西南；今身毒又居大夏東南數千里，有蜀物，此其去蜀不遠矣。今使大夏從羌中險，羌人惡之；少北，則爲匈奴所得。從蜀宜徑，又無寇。”

天子既聞大宛及大夏、安息[16]之屬皆大國,多奇物,土著頗與中國同俗,而兵弱,貴漢財物;其北則大月氏、康居之屬,兵彊,可以賂遺設利朝也。誠得而以義屬之,則廣地萬里,重九譯[17],致殊俗,威德徧於四海。天子欣欣以騫言爲然。迺令因蜀、犍爲發閒使,四道並出,出駹,出笮,出徙、邛,出僰[18],皆各行一二千里。其北方閉氐、笮[19],南方閉嶲、昆明[20]。昆明之屬無君長,善寇盜,輒殺略漢使,終莫得通。然聞其西可千餘里,有乘象國,名滇越,而蜀賈閒出物者或至焉。於是漢以求大夏道,始通滇國[21]。初漢欲通西南夷,費多,罷之。及騫言可以通大夏,迺復事西南夷。

騫以校尉從大將軍[22]擊匈奴,知水草處,軍得以不乏,迺封騫爲博望侯。是歲,元朔六年也。後二年,騫爲衛尉,與李廣俱出右北平,擊匈奴。匈奴圍李將軍軍,失亡多;而騫後期,當斬,贖爲庶人。是歲,驃騎將軍[23]破匈奴西邊,殺數萬人,至祁連山。其秋,渾邪王率衆降漢。而金城、河西西竝南山,至鹽澤[24],空無匈奴;匈奴時有候者到,而希矣。後二年,漢擊走單于於幕北。天子數問騫大夏之屬,騫既失侯,因曰:“臣居匈奴中,聞烏孫王[25]號昆莫。昆莫父難兜靡,本與大月氏俱在祁連、燉煌間,小國也。大月氏攻殺難兜靡,奪其地,人民亡走匈奴。子昆莫新生,傅父布就翎侯[26]抱亡置草中,爲求食。還,見狼乳之,又烏衘肉翔其旁,以爲神,遂持歸匈奴。單于愛養之。及壯,以其父民衆與昆莫,使將兵,數有功。時月氏已爲匈奴所破,西擊塞王[27]。塞王南走,遠徙,月氏居其地。昆莫既健,自請單于,報父怨。遂西攻破大月氏。大月氏復西走,徙大夏地。昆莫略其衆,因留居,兵稍彊。會單于死,不肯復朝事匈奴。匈奴遣兵擊之,不勝,益以爲神而遠之。今單于新困於漢,而昆莫地空。蠻夷戀故地,又貪漢物,誠以此時厚賂烏孫,招以東居故地。漢遣公主爲夫人,結昆弟,其勢宜聽,則是斷匈奴右臂也。既連烏孫,自其西大夏之屬,皆可招來而爲外臣。”天子以爲然,拜騫爲中郎將,將三百人,馬各二匹,牛羊以萬數;齎金幣帛,直數千鉅萬;多持節副使,道可,便遣之旁國。

騫既至烏孫,致賜諭指,未能得其決。語在《西域傳》。騫即分遣副使使大宛、康居、月氏、大夏[28]。烏孫發譯道送。騫與烏孫使數十人、馬數十匹報謝;因令窺漢,知其廣大。騫還,拜爲大行。歲餘,騫卒。後歲餘,其所遣副使通大夏之屬者,皆頗與其人俱來,於是西北國始通於漢矣。然騫鑿空[29],諸後使往者,皆稱博望侯,以爲質於外國,外國由是信之。其後,烏孫竟與漢結婚。

初,天子發書《易》[30],曰:"神馬當從西北來。"得烏孫馬,好,名曰"天馬"。及得宛汗血馬,益壯。更名烏孫馬曰"西極馬",宛馬曰"天馬"云。而漢始築令居以西[31],初置酒泉郡,以通西北國。因益發使抵安息、奄蔡、犛軒、條支[32]、身毒國。而天子好宛馬,使者相望於道。一輩大者數百,少者百餘人,所齎操大放博望侯時。其後益習而衰少[33]焉。漢率一歲中,使者多者十餘,少者五六輩;遠者八九歲,近者數歲而反。

是時漢既滅越蜀,所通西南夷皆震,請吏。置牂柯、越嶲、益州、沈黎、文山郡,欲地接以前通大夏,迺遣使歲十餘輩出此初郡。皆復閉昆明,爲所殺,奪幣物。於是漢發兵擊昆明,斬首數萬。後復遣使,竟不得通。語在《西南夷傳》。

自騫開外國道以尊貴,其吏士爭上書言外國奇怪利害,求使。天子爲其絶遠,非人所樂,聽其言,予節,募吏民無問所從來,爲具備人衆遣之,以廣其道。來還,不能無侵盜幣物,及使失指,天子爲其習之,輒覆按致重罪,以激怒令贖[34],復求使。使端無窮,而輕犯法。其吏卒亦輒復盛推外國所有,言大者予節,言小者爲副。故妄言無行之徒皆爭相效。其使皆私縣官齎物[35],欲賤市以私其利。外國亦厭漢使人人有言輕重,度漢兵遠,不能至,而禁其食物,以苦漢使。漢使乏絶,責怨,至相攻擊。樓蘭、姑師[36]小國,當空道,攻劫漢使王恢[37]等尤甚;而匈奴奇兵又時時遮擊之。使者爭言外國利害,皆有城邑,兵弱,易擊。於是天子遣從票侯破奴,將屬國騎及郡兵數萬以擊胡,胡皆去。明年,擊破姑師,虜樓蘭王,酒泉列亭鄣至玉門矣。而大宛諸國,發使隨漢使來,觀漢廣大,以大鳥卵及犛軒眩人[38]獻於漢,天子大說。而漢使窮河源,其山多玉石,采來;天子案古圖書,名河所出山曰昆侖云。

是時,上方數巡狩海上,迺悉從外國客,大都多人則過之,散財帛賞賜,厚具饒給之,以覽視漢富厚焉。大角氏[39],出奇戲諸怪物,多聚觀者。行賞賜,酒池肉林,令外國客徧觀各倉庫府臧之積,欲以見漢廣大,傾駭之。及加其眩者之工,而角氏奇戲歲增變,其益興自此始。而外國使更來更去。大宛以西,皆自恃遠,尚驕恣,未可詘,以禮羈縻而使也。

漢使往既多,其少從率進孰於天子[40],言大宛有善馬在貳師城[41],匿不肯示漢使。天子既好宛馬,聞之,甘心[42]。使壯士車令等持千金及金馬,以請宛王貳師城善馬。宛國饒漢物,相與謀曰:“漢去我遠,而鹽水中數有敗[43],出其北有胡寇,出其南乏水草,又且往往而絶邑,乏食者多。漢使數百人爲輩,來常乏食,死者過半,是安能致大軍乎!且貳師馬,宛寶馬也。”遂不肯予漢使。漢使怒,妄言,椎金馬而去。宛中貴人怒,曰:“漢使至輕我。”遣漢使去,令其東邊郁成王遮攻,殺漢使,取其財物。天子大怒。諸嘗使宛婉定漢等,言宛兵弱,誠以漢兵,不過三千人,彊弩射之,即破宛矣。天子以嘗使浞野侯[44]攻樓蘭,以七百騎先至,虜其王,以定漢等言爲然。而欲侯寵姬李氏,迺以李廣利[45]爲將軍,伐宛。

騫孫猛,字子游,有俊才,元帝時爲光禄大夫,使匈奴,給事中,爲石顯[46]所譖,自殺。

——據中華書局 1962 年版《漢書》,參考《百衲本二十四史》版《漢書》

【解題】

本篇選自《漢書》卷六一。張騫出使西域,對於我國古代統一的多民族的國家的發展,對於漢朝和中亞、西南亞各古國友好聯繫的加強,都有重大貢獻。《史記·大宛列傳》就是主要記録張騫通西域事蹟的篇章。班固將《大宛列傳》有關張騫和他的後繼者活動的記載分出,另立專傳,使敍述更集中。由此也可見《漢書》和《史記》的同異。

【注釋】

[1]　漢中:漢郡名,治所在今陝西漢中。

[2]　匈奴破月氏王:月(ròu)氏(zhī),古西域族名,秦漢之際,游牧在今甘肅敦煌、祁連間。漢初,月氏爲匈奴冒頓單于所敗,接着月氏王被匈奴老上單于所殺,一部分人西遷(見下注[10]);一部分人進入祁連山區,同羌族雜居,稱小月氏。

［３］　飲器：便溺器。一説：即飲酒器。據近人朱起鳳《辭通》考證，以前説
　　　　爲妥。

［４］　更：經。

［５］　隴西：漢郡名，西漢時轄境相當於今甘肅東鄉族自治縣以東洮河中游和
　　　　武山以西的渭河上游，禮縣以北的西漢水上游，以及天水東部地區。

［６］　鄉（xiàng）：通向。

［７］　大宛：古西域國名，在今中亞細亞費爾干納盆地，納倫河橫貫其中。據
　　　　《漢書・西域傳》上，其王治貴山城（今蘇聯中亞列寧納巴德或卡散賽）。

［８］　道：通導，引。與下文“發譯道”之“道”同。

［９］　康居：古西域國名，爲游牧族，活動範圍相當於今中亞細亞巴爾喀什湖和
　　　　鹹海之間。其王治卑闐城，築於都賴水（今塔拉斯河）上。

［10］　大月氏：月支的一支。漢文帝初，月氏被匈奴所迫，部分人西遷到今伊犁
　　　　河上游流域，稱大月氏；景帝中，再爲烏孫所迫，王庭遷到嬀水（今阿姆
　　　　河）流域，一度臣服了大夏，開始定居。

［11］　立其夫人爲王：《史記・大宛列傳》作“立其太子爲王”。

［12］　大夏：古國名，音譯巴克特里亞（bactria），位於大月氏西南，今興都庫什
　　　　山與阿姆河上游之間（今阿富汗北部）。

［13］　並南山：並，傍的古字。南山指今天山南道諸山，即今崑崙山、阿爾金山、
　　　　祁連山。

［14］　堂邑父：即上文堂邑氏甘父。堂邑是漢人姓氏，其奴名甘父，本胡人。

［15］　身毒國：身毒（juān dǔ），也作天毒、天竺，均爲古印度的音譯。

［16］　安息：古國名，即帕提亞（parthia），在張騫使西域時屬阿薩息斯王朝統
　　　　治，領有今伊朗高原和兩河流域，爲西亞大國。

［17］　重九譯：參見本書《百官公卿表》注［34］。

［18］　嶲、筰、徙、邛、僰：都是古西南夷族名。嶲，即冄駹夷，羌族的一支，分佈
　　　　在今四川茂汶一帶，下文的汶山郡就置在這裏。筰，同笮。笮、邛、僰都
　　　　已見本書《貨殖列傳》注［30］。下文的沈黎郡置在笮地，越嶲郡置在邛
　　　　地。下文的牂柯郡則置在夜郎（今貴州西、北部）地。徙，《史記索隱》引
　　　　李奇云：“蜀郡有徙縣。”蜀郡在今四川成都周圍。

[19] 閉氐、莋：閉，關閉、阻塞。謂漢使被氐、莋攔阻，不得通過。

[20] 昆明：古西南夷族名，分佈在今四川西南部和雲南的西部、北部。又稱昆明夷。

[21] 滇國：古西南夷國名，今雲南滇池一帶。下文的益州郡就置在這裏。

[22] 大將軍：指衛青。

[23] 驃騎將軍：指霍去病。

[24] 鹽澤：一名蒲昌海，今新疆的羅布泊。

[25] 烏孫：原居甘肅西北的游牧族，被匈奴所迫，西遷伊犁河東南源特克斯河畔，建立烏孫國，王治在赤谷城（今蘇聯中亞伊什提克）。

[26] 布就翎侯：翎，同翕。翎侯，烏孫官名；猶如漢的將軍。布就是翎侯中的別號，猶如左將軍、右將軍。

[27] 塞王：塞，即閃族，西漢時部分居於今伊犁河上游流域。塞王被大月氏迫走後，南遷到今克什米爾境內（一說在喀布爾河下游流域），建立罽賓國。

[28] 騫即分遣……大夏：《史記·大宛列傳》作“騫因分遣副使使大宛、康居、大月氏、大夏、安息、身毒、于闐、扞罙及諸旁國。”

[29] 鑿空：鑿，鑿開；空，孔道。謂張騫開闢了通西域的道路。

[30] 發書易：古本作“發《易》書”，謂打開《易》書來占卜。

[31] 築令居以西：令居，縣名，漢置，晉廢。故城在今甘肅永登縣西北。謂從令居起築塞，西達酒泉。

[32] 奄蔡、犛靬、條支：奄蔡，古西域族名，位在康居西北，約分佈於今里海北部至鹹海一帶。犛靬（lí xuān），又名大秦國，即當時的羅馬共和國。一說，指當時附屬於大秦的埃及亞歷山大城。條支，古國名，臨西海（今波斯灣），當今伊拉克境內。

[33] 益習而衰少：衰（cuī），等衰，等差。謂使者對西域的情況日益熟習，所以每批使者的人數愈來愈少。

[34] 以激怒令贖：漢代法制，犯法可以金贖罪，罪愈重贖金愈多；使者由西域返朝後，每被皇帝責以重罪，令其用侵盜的幣物抵贖，激使他再求出使。

[35] 私縣官齎物：縣官，天子。謂將皇帝給西域諸國的禮物據爲己有。

[36] 樓蘭、姑師：都是古西域國名。樓蘭，後改名鄯善，都扜泥城（今新疆若

羌）。姑師,後改名車師,宣帝時分它爲前後二國:前國治交河城(今新疆吐魯番雅爾和屯);後國治務塗谷(今新疆吉木薩爾南山)。

[37] 王恢:武帝元封三年(前108)助趙破奴擊樓蘭有功,封爲浩侯。同武帝元光年間的王恢同名。

[38] 大鳥卵及犛靬眩人:大鳥,指駝鳥。眩人,古代的幻術家,玩弄吞刀吐火、植瓜種樹、屠人截馬等魔術。

[39] 大角氐:已見本書《漢書·食貨志》注[51]。

[40] 其少從率進孰於天子:漢時,隨使者出行國外的,稱爲少從,因爲少年從使而命名;進孰,進虛美的話。謂"少從"等用虛美的話慫恿天子。

[41] 貳師城:大宛城名,約在今中亞細亞吉爾吉斯西南馬爾哈馬特。

[42] 甘心:滿懷思念。

[43] 鹽水中數有敗:鹽水即鹽澤。羅布泊周圍均是鹽鹼沼澤地帶,外面是沙漠,旅行困難,古代行人通過時多死亡。數有敗,即每有死亡。

[44] 浞野侯:即從票侯趙破奴。他曾因罪失去侯位,武帝元封三年(前108)破樓蘭有功,還封浞野侯。

[45] 李廣利:西漢中山(今河北定縣)人,漢武帝李夫人之兄,此時武帝任他爲貳師將軍,率數萬軍越過蔥嶺攻破大宛,得善馬數十四,其他馬三千餘匹。

[46] 石顯:漢元帝時的宦官,任中書令,操縱朝政,陷害異己。甥孫張猛,任太中大夫,上書元帝,揭露顯的短處。顯羅致他的罪狀,猛自殺。

趙 充 國 傳〔漢書卷六九〕

趙充國字翁孫,隴西上邽[1]人也。後徙金城令居[2]。始爲騎士,以六郡良家子[3],善騎射,補羽林。爲人沈勇有大略,少好將帥之節,而學兵法,通知四夷事。武帝時,以假司馬從貳師將軍擊匈奴,大爲虜所圍,漢軍乏食數日,死傷者多。充國迺與壯士百餘人,潰圍陷陳,貳師引兵隨之,遂得解。身被二十餘創。貳師奏狀,詔徵充國詣行在所,武帝親見視其創[4],嗟歎之。拜爲中郎,遷車騎將軍長史。昭帝時,武都氐人反,充國以大將軍護軍都尉將兵擊定之。遷中郎將,將屯上谷。還爲水衡都尉。擊匈奴,獲西祁王。擢爲後將軍,兼水衡如故。與大將軍霍光定册尊立宣帝,封營平侯。本始中,爲蒲類將軍[5],征匈奴,斬虜數百級。還爲後將軍、少府[6]。匈奴大發十餘萬騎,南旁塞,至符奚盧山,欲入爲寇。亡者題除渠堂降漢,言之。遣充國將四萬騎,屯緣邊九郡[7]。單于聞之,引去。

是時,光禄大夫義渠安國使行諸羌,先零[8]豪言:"願時渡湟水北,逐民所不田處畜牧。"安國以聞。充國劾安國奉使不敬。是後羌人旁緣前言,抵冒渡湟水[9],郡縣不能禁。

元康三年,先零遂與諸羌種豪二百餘人解仇、交質、盟詛。上聞之,以問充國。對曰:"羌人所以易制者,以其種自有豪,數相攻擊,埶不壹也。往三十餘歲,西羌反時,亦先解仇合約攻令居,與漢相距五六年迺定。至征和五年[10],先零豪封煎等,通使匈奴。匈奴使人至小月氏,傳告諸羌曰:'漢貳師將軍衆十餘萬人降匈奴;羌人爲漢事苦[11]。張掖、酒泉,本我地;地肥美,可共擊居之。'以此觀匈奴欲與羌合,非一世也。間者匈奴困於西方[12],聞烏桓來保塞,恐兵復從東方起,數使使尉黎、危須諸國,設以子女貂裘,欲沮解之,其計不合。疑匈奴更遣使至羌中,道從沙陰地,出鹽澤,過長阬[13],入窮水塞,南抵屬國[14],與先零相直。臣恐羌變未止此,且復結聯他種,宜及未然爲之備。"後月餘,羌侯狼何果遣使至匈奴藉兵,欲擊鄯善、敦煌,以絶漢道。充國以爲狼何小月氏種,在陽關西南,埶不能獨造此計,疑匈奴使已至羌中,先零、罕[15]、开[16]迺解仇作約。到秋馬肥,變必起矣。宜遣使者行邊兵,豫爲備,敕視諸羌,毋令解仇,以發覺其謀。

於是兩府[17]復白遣義渠安國,行視諸羌,分別善惡。安國至,召先零諸豪三十餘人,以尤桀黠,皆斬之;縱兵擊其種人,斬首千餘級。於是諸降羌及歸義羌侯楊玉等,恐怒亡所信鄉[18],遂劫略小種,背畔,犯塞,攻城邑,殺長吏。安國以騎都尉將騎三千屯備羌。至浩亹[19],爲虜所擊,失亡車重兵器甚衆。安國引還,至令居,以聞。是歲,神爵元年春也。

時充國年七十餘,上老之;使御史大夫丙吉問誰可將者。充國對曰:"亡踰於老臣者矣!"上遣問焉,曰:"將軍度羌虜何如,當用幾人?"充國曰:"百聞不如一見,兵難隃[20]度,臣願馳至金城,圖上方略[21]。然羌戎小夷,逆天背畔,滅亡不久。願陛下以屬老臣,勿以爲憂!"上笑曰:"諾。"

充國至金城,須兵滿萬騎,欲渡河,恐爲虜所遮,即夜遣三校銜枚先渡,渡輒營陳;會明畢,遂以次盡渡。虜數十百騎來,出入軍傍。充國曰:"吾士馬新倦,不可馳逐,此皆驍騎難制,又恐其爲誘兵也。擊虜以殄滅爲期,小利不足貪。"令軍勿擊。遣騎候四望陜[22]中亡虜,夜引兵上至落都,召諸校司馬,謂曰:"吾知羌虜不能爲兵矣。使虜發數千人守杜四望陜中,兵豈得入哉!"充國常以遠斥候爲務,行必爲戰備,止必堅營壁,尤能持重;愛士卒,先計而後戰。遂西至西部都尉府[23],日饗軍士,士皆欲爲用。虜數挑戰,充國堅守。捕得生口,言羌豪相數責曰:"語汝亡反,今天子遣趙將軍來,年八九十矣,善爲兵。今請欲一鬬而死,可得邪?"充國子右曹中郎將印,將期門、佽飛、羽林孤兒、胡越騎[24]爲支兵,至令居。虜並出,絕轉道[25]。印以聞。有詔將八校尉[26]與驍騎都尉、金城太守,合疏捕山間虜,通轉道津渡。

初,罕、开豪靡當兒使弟雕庫來告都尉[27]曰:"先零欲反。"後數日果反。雕庫種人頗在先零中,都尉即留雕庫爲質。充國以爲亡罪,迺遣歸告種豪:大兵誅有罪者,明白自別,毋取并滅。天子告諸羌人:犯法者能相捕斬,除罪。斬大豪有罪者一人,賜錢四十萬;中豪,十五萬;下豪,二萬;大男,三千;女子及老小,千錢。又以其所捕妻子財物盡與之。充國計欲以威信招降罕、开及劫略者,解散虜謀,徼極迺擊之[28]。

時,上已發三輔太常徒[29]弛刑,三河、潁川、沛郡、淮陽、汝南材官,金城、隴西、天水、安定、北地、上郡騎士、羌騎,與武威、張掖、酒泉太守各屯其郡者,合六萬人矣。酒泉太守辛武賢奏言:“郡兵皆屯備南山[30],北邊空虛,埶不可久。或曰‘至秋冬迺進兵’,此虜在竟外之册[31]。今虜朝夕爲寇,土地寒苦,漢馬不能冬。屯兵在武威、張掖、酒泉萬騎以上,皆多羸瘦。可益馬食,以七月上旬齎三十日糧,分兵並出張掖、酒泉,合擊䍐、开在鮮水[32]上者。虜以畜産爲命,今皆離散。兵即分出,雖不能盡誅,宣[33]奪其畜産,虜其妻子,復引兵還。冬復擊之,大兵仍出,虜必震壞。”天子下其書充國,令與校尉以下吏士知羌事者博議。充國及長史董通年以爲:“武賢欲輕引萬騎,分爲兩道,出張掖,回遠千里。以一馬自佗負三十日食,爲米二斛四斗,麥八斛,又有衣裝兵器,難以追逐。勤勞而至,虜必商軍進退,稍引去,逐水屮[34],入山林。隨而深入,虜即據前險,守後阨,以絶糧道。必有傷危之憂,爲夷狄笑,千載不可復。而武賢以爲可奪其畜産,虜其妻子,此殆空言,非至計也。又武威縣、張掖、日勒,皆當北塞,有通谷水草。臣恐匈奴與羌有謀,且欲大入。幸能要杜張掖、酒泉,以絶西域,其郡兵尤不可發。先零首爲畔逆,它種劫略[35]。故臣愚册,欲捐䍐、开闇昧之過,隱而勿章,先引先零之誅,以震動之。宜悔過反善,因赦其罪,選擇良吏知其俗者,撫循和輯[36],此全師、保勝、安邊之册。”天子下其書,公卿議者咸以爲先零兵盛,而負䍐、开之助,不先破䍐、开,則先零未可圖也。上迺拜侍中樂成侯許延壽爲彊弩將軍,即拜酒泉太守武賢爲破羌將軍,賜璽書嘉納其册。以書敕讓充國曰:“皇帝問後將軍,甚苦暴露。將軍計欲至正月迺擊䍐羌,羌人當獲麥,已遠其妻子[37];精兵萬人,欲爲酒泉、敦煌寇。邊兵少,民守保不得田作。今張掖以東,粟石百餘,芻藁束數十。轉輸並起,百姓煩擾。將軍將萬餘之衆,不早及秋共水草之利,爭其畜食,欲至冬,虜皆當畜食,多藏匿山中,依險阻。將軍士寒[38],手足皸瘃[39],寧有利哉!將軍不念中國之費,欲以歲數而勝微[40]。將軍誰不樂此者!今詔破羌將軍武賢將兵六千一百人,敦煌太守快將二千人,長水校尉富昌、酒泉侯奉世[41],將婼、月氏兵四千人,亡虜萬二千人,齎三十日食,以七月二十二日擊䍐羌,入鮮水北句廉[42]上,去酒泉八百里,去將軍可千二百里。將軍其引兵便道西並進,雖不相及,使虜聞東方北方兵並來，分散其心意，離其黨與；雖不能殄滅，當有瓦解者。已詔中郎將卬，將胡、越、倣飛、射士、步兵二校，益將軍兵。今五星出東方，中國大利，蠻夷大敗。太白出高，用兵深入，敢戰者吉，弗敢戰者凶[43]。將軍急裝，因天時，誅不義，萬下必全，勿復有疑！”

充國既得讓，以爲將任兵在外，便宜有守，以安國家，迺上書謝罪，因陳兵利害，曰：

臣竊見騎都尉安國[44]，前幸賜書，擇羌人可使使罕，諭告以大軍當至，漢不誅罕，以解其謀，恩澤甚厚，非臣下所能及。臣獨私美陛下盛得至計亡已，故遣幵豪雕庫宣天子至德，罕、幵之屬皆聞知明詔。今先零羌楊玉，此羌之首帥名王，將騎四千及煎鞏[45]騎五千，阻石山木，候便爲寇；罕羌未有所犯。今置先零，先擊罕，釋有罪，誅亡辜，起壹難，就兩害，誠非陛下本計也。臣聞《兵法》：“攻不足者守有餘。”又曰：“善戰者致人，不致於人。”今罕羌欲爲敦煌、酒泉寇，宜飭兵馬，練戰士，以須其至。坐得致敵之術，以逸擊勞，取勝之道也。今恐二郡兵少，不足以守，而發之行攻，釋致虜之術而從爲虜所致之道，臣愚以爲不便。先零羌虜欲爲背畔，故與罕、幵解仇結約，然其私心不能亡恐漢兵至而罕、幵背之也。臣愚以爲其計常欲先赴罕、幵之急以堅其約；先擊罕羌，先零必助之。今虜馬肥，糧食方饒，擊之恐不能傷害，適使先零得施德於罕羌，堅其約，合其黨。虜交堅黨合，精兵二萬餘人，迫脅諸小種，附著者稍衆，莫須[46]之屬，不輕得離也。如是，虜兵寖多，誅之用力數倍。臣恐國家憂累，繇十年數，不二三歲而已。臣得蒙天子厚恩，父子俱爲顯列。臣位至上卿，爵爲列侯；犬馬之齒七十六。爲明詔，填溝壑，死骨不朽，亡所顧念。獨思惟兵利害，至孰悉也。於臣之計，先誅先零，已，則罕、幵之屬不煩兵而服矣。先零已誅，而罕、幵不服，涉正月擊之，得計之理，又其時也。以今進兵，誠不見其利。唯陛下裁察。

六月戊申奏。七月甲寅，璽書報從充國計焉。

充國引兵至先零在所，虜久屯聚解弛，望見大軍，棄車重，欲渡湟水，道陜狹，充國徐行驅之。或曰：“逐利行遲。”充國曰：“此窮寇，不可迫也。緩之，則走不顧；急之，則還致死。”諸校皆曰：“善。”虜赴水溺死者數百，降者及斬首五百餘人。鹵馬牛羊十萬餘頭、車四千餘兩。兵至罕地，令軍毋燔聚落，芻牧田中。罕羌聞之，喜曰：“漢果不擊我矣。”豪靡忘使人來言，願得還復故地。充國以聞，未報。靡忘來自歸，充國賜飲食，遣還諭種人。護軍以下皆爭之，曰：“此反虜，不可擅遣。”充國曰：“諸君但欲便文自營[47]，非爲公家忠計也！”語未卒，璽書報令靡忘以贖論。後罕竟不煩兵而下。

其秋，充國病。上賜書曰：“制詔後將軍：聞苦脚脛寒泄，將軍年老加疾，一朝之變不可諱，朕甚憂之。今詔破羌將軍詣屯所，爲將軍副。急因天時大利，吏士銳氣，以十二月擊先零羌。即疾劇，留屯毋行。獨遣破羌、彊弩將軍。”時羌降者萬餘人矣，充國度其必壞，欲罷騎兵，屯田以待其敝。作奏未上，會得進兵璽書，中郎將印懼，使客諫充國曰：“誠令兵出，破軍殺將，以傾國家，將軍守之可也。即利與病，又何足爭？一旦不合上意，遣繡衣[48]來責將軍，將軍之身不能自保，何國家之安！”充國歎曰：“是何言之不忠也！本用吾言，羌虜得至是邪！往者舉可先行羌者，吾舉辛武賢，丞相御史復白遣義渠安國，竟沮敗羌。金城、湟中穀斛八錢，吾謂耿中丞[49]：‘糴二百萬斛穀，羌人不敢動矣。’耿中丞請糴百萬斛，迺得四十萬斛耳；義渠再使，且費其半。失此二册，羌人故敢爲逆。失之毫釐，差之千里，是既然矣。今兵久不決，四夷卒有動搖，相因而起，雖有知者，不能善其後。羌獨足憂邪！吾固以死守之，明主可爲忠言。”遂上屯田奏曰：

臣聞：兵者所以明德除害也。故舉得於外，則福生於内，不可不慎。臣所將吏士、馬牛食，月用糧穀十九萬九千六百三十斛，鹽千六百九十三斛，茭藁二十五萬二百八十六石[50]。難久不解，繇役不息，又恐它夷卒有不虞之變，相因並起，爲明主憂，誠非素定廟勝之册[51]。且羌虜易以計破，難用兵碎也。故臣愚以爲擊之不便。計度臨羌東至浩亹，羌虜故田及公田，民所未墾，可二千頃以上。其間郵亭[52]多壞敗者。臣前部士入山，伐材木大小六萬餘枚，皆在水次。願罷騎兵，留弛刑[53]、應募及淮陽、汝南步兵與吏士私從者，合萬二百八十一人，用穀月二萬七千三百六十三斛,鹽三百八斛,分屯要害處,冰解漕下,繕鄉亭[54],浚溝渠,治湟陿以西道橋七十所,令可至鮮水左右。田事出,賦人二十晦[55],至四月草生,發郡騎及屬國胡騎伉健各千,倅馬什二[56],就草,爲田者遊兵,以充入金城郡,益積蓄,省大費。今大司農所轉穀,至者足支萬人一歲食。謹上田處及器用簿,唯陛下裁許。

上報曰:"皇帝問:後將軍言欲罷騎兵,萬人留田;即如將軍之計,虜當何時伏誅,兵當何時得決? 孰計其便,復奏。"

充國上狀曰:

臣聞:帝王之兵,以全取勝,是以貴謀而賤戰。"戰而百勝,非善之善者也。故先爲不可勝,以待敵之可勝。"蠻夷習俗,雖殊於禮義之國,然其欲避害就利,愛親戚,畏死亡,一也。今虜亡其美地薦草[57],愁於寄託,遠遯,骨肉離心,人有畔志。而明主般師罷兵,萬人留田,順天時,因地利,以待可勝之虜,雖未即伏辜,兵決可朞月而望。羌虜瓦解,前後降者萬七百餘人,及受言去者凡七十輩。此坐支解羌虜之具也。臣謹條不出兵留田便宜十二事:

步兵九校,吏士萬人,留屯以爲武備,因田致穀,威德並行,一也。又因排折羌虜,令不得歸肥饒之墜[58],貧破其衆,以成羌虜相畔之漸,二也。居民得並田作,不失農業,三也。軍馬一月之食,度支田士一歲,罷騎兵以省大費,四也。至春,省甲士卒,循河、湟漕穀至臨羌,以際[59]羌虜,揚威武傳世折衝之具[60],五也。以閒暇時,下所伐材,繕治郵亭,充入金城,六也。兵出,乘危徼幸;不出,令反畔之虜竄於風寒之地,離霜露、疾疫、瘃墯之患,坐得必勝之道,七也。亡經阻、遠追、死傷之害,八也。內不損威武之重,外不令虜得乘閒之埶,九也。又亡驚動河南大幵、小幵,使生它變之憂,十也。治湟陿中道橋,令可至鮮水,以制西域,信威千里,從枕席上過師[61],十一也。大費既省,繇役豫息,以戒不虞,十二也。留屯田,得十二便;出兵,失十二利。臣充國材下,犬馬齒衰,不識長冊,唯明詔博詳公卿議臣採擇。

上復賜報曰："皇帝問：後將軍言十二便，聞之。虜雖未伏誅，兵決可期月而望。期月而望者，謂今冬邪？謂何時也？將軍獨不計虜聞兵頗罷，且丁壯相聚，攻擾田者及道上屯兵，復殺略人民，將何以止之？又大开、小开前言曰：'我告漢軍先零所在，兵不往擊。久留，得亡效五年時不分別人而并擊我。'其意常恐。今兵不出，得亡變生，與先零爲一？將軍孰計，復奏。"

充國奏曰：

臣聞兵以計爲本，故多算勝少算。先零羌精兵，分餘[62]不過七八千人，失地遠客，分散飢凍。罕、开、莫須，又頗暴略其羸弱畜產，畔還者不絕，皆聞天子明令，相捕斬之賞。臣愚以爲虜破壞可日月冀，遠在來春，故曰兵決可期月而望。竊見北邊自敦煌至遼東，萬一千五百餘里。乘塞列隧，有吏卒數千人，虜數大衆攻之而不能害。今留步士萬人屯田，地埶平易，多高山遠望之便；部曲相保，爲塹壘木樵，校聯不絕[63]；便兵弩，飭鬭具，燹火幸通，埶及并力，以逸待勞，兵之利者也。臣愚以爲屯田內有亡費之利，外有守禦之備。騎兵雖罷，虜見萬人留田，爲必禽之具，其土崩歸德，宜不久矣。從今盡三月，虜馬羸瘦，必不敢捐其妻子於它種中、遠涉河山而來爲寇；又見屯田之士，精兵萬人，終不敢復將其累重、還歸故地。是臣之愚計所以度虜且必瓦解其處、不戰而自破之冊也。至於虜小寇盜，時殺人民，其原未可卒禁。臣聞戰不必勝，不苟接刃；攻不必取，不苟勞衆。誠令兵出，雖不能滅先零，亶能令虜絕不爲小寇，則出兵可也。即今同是，而釋坐勝之道，從乘危之埶，往終不見利，空內自罷敝，貶重而自損，非所以示蠻夷也。又大兵一出，還不可復留，湟中亦未可空，如是，繇役復發也。且匈奴不可不備，烏桓不可不憂；今久轉運煩費，傾我不虞之用，以澹一隅，臣愚以爲不便。校尉臨衆，幸得承威德，奉厚幣，拊循衆羌，諭以明詔，宜皆鄉風。雖其前辭嘗曰："得亡效五年。"宜亡它心，不足以故出兵[64]。臣竊自惟念：奉詔出塞，引軍遠擊，窮天子之精兵，散車甲於山野，雖亡尺寸之功，瑜得避慊之便，而亡後咎餘責：此人臣不忠之利，非明主社稷之福也。臣幸得奮精兵，討不義，久留天誅，罪當萬死；陛下寬仁，未忍加誅。今臣數得孰計，愚臣伏計孰甚，不敢避斧鉞之誅，昧死陳愚，唯陛下省察！

充國奏每上，輒下公卿議臣。初是充國計者什三，中什五，最後什八。有詔詰前言不便者，皆頓首服。丞相魏相曰：“臣愚，不習兵事利害；後將軍數畫軍冊，其言常是。臣任其計，可必用也。”上於是報充國曰：“皇帝問：後將軍上書言羌虜可勝之道，今聽將軍。將軍計善，其上留屯田及當罷者人馬數。將軍強食，慎兵事，自愛。”上以破羌、強弩將軍數言當擊，又用充國屯田處離散，恐虜犯之，於是兩從其計，詔兩將軍與中郎將卬出擊。強弩出降四千餘人；破羌斬首二千級；中郎將卬斬首降者亦二千餘級；而充國所降復得五千餘人。詔罷兵，獨充國留屯田。明年五月，充國奏言：“羌本可五萬人軍，凡斬首七千六百級，降者三萬一千二百人，溺河湟、飢餓死者五六千人，定計遺脱與煎鞏、黄羝[65]俱亡者不過四千人，羌靡忘等自詭必得，請罷屯兵。”奏可。

充國振旅而還。所善浩星賜[66]迎説充國曰：“衆人皆以破羌、強弩出擊，多斬首獲降，虜以破壞。然有識者，以爲虜執窮困，兵雖不出，必自服矣。將軍即見，宜歸功於二將軍出擊，非愚臣所及。如此，將軍計未失也。”充國曰：“吾年老矣，爵位已極，豈嫌伐一時事以欺明主哉！兵執，國之大事，當爲後法。老臣不以餘命，壹爲陛下明言兵之利害，卒死，誰當復言之者！”卒以其意對。上然其計，罷遣辛武賢歸酒泉太守官。充國復爲後將軍、衛尉。

其秋，羌若零、離留、且種、兒庫，共斬先零大豪猶非、楊玉首，及諸豪弟澤、陽雕、良兒、靡忘，皆帥煎鞏、黄羝之屬四千餘人降漢。封若零、弟澤二人爲帥衆王，離留、且種二人爲侯，兒庫爲君，陽雕爲言兵侯，良兒爲君，靡忘爲獻牛君。初置金城屬國，以處降羌。

詔舉可護羌校尉者。時充國病，四府[67]舉辛武賢小弟湯。充國遽起奏湯使酒，不可典蠻夷，不知湯兄臨衆。時湯已拜受節，有詔更用臨衆。後臨衆病免，五府復舉湯。湯數醉酗[68]羌人，羌人反畔，卒如充國之言。

初，破羌將軍武賢在軍中，時與中郎將卬宴語。卬道車騎將軍張安世，始嘗不快上，上欲誅之。卬家將軍以爲安世本持橐簪筆[69]，事孝武帝數十年，見謂忠謹，宜全度之。安世用是得免。及充國還言兵事，武賢罷歸故官，深恨,上書告卬泄省中語。卬坐禁止而入至充國莫府司馬中,亂屯兵,下吏自殺。充國乞骸骨,賜安車駟馬、黄金六十斤,罷就第。朝廷每有四夷大議,常與參兵謀,問籌策焉。年八十六,甘露二年薨,謚曰壯侯。

——據中華書局 1962 年版《漢書》,參考《百衲本二十四史》版《漢書》

【解題】

本篇選自《漢書》卷六九。趙充國是西漢身經百戰的老將。他在高齡時主持處理羌人問題,根據自己的調查,擬定了符合實際的對策。他很能堅持正確的主張,明知可能遭到斧鉞之誅,仍然一再規諫皇帝放棄那些對於國家貌似有利而實則有害的錯誤辦法。本篇對趙充國的生平介紹得很簡單,而詳細記録了他解決羌人問題的曲折過程,反映出他的意見,經過反覆的爭論,特別經過事實的比較,才爲大多數人接受。這種寫法,詳略得當,很值得注意。

【注釋】

[1]　上邽:今甘肅天水西南。

[2]　令居:今甘肅永登西北。

[3]　六郡良家子:六郡:隴西、天水、安定、北地、上郡、西河。良家子,指所謂家世清白而有財產人家(即地主富豪)的子弟。漢初,選六郡良家子爲羽林期門,充皇帝侍衛。

[4]　親見視其創:清王念孫以爲:見即視,《漢書》古本一作見,一作視,後人傳抄時誤合爲一詞。但也可如下句讀:"武帝親見,視其創。"上見字訓"接見",下視字訓"審視其創"。

[5]　蒲類將軍:蒲類,本是古西域國名,故地在今新疆巴里坤哈薩克自治縣和縣西一帶。蒲類將軍是漢代武官名。

[6]　少府:官名。宋劉敞以爲趙充國未曾任少府,漢時也沒有將軍兼少府的,這"府"字當爲"時"字之誤,"少時"猶言"未幾"。清王先謙以爲此少府爲長信少府,劉説非。

[7]　屯緣邊九郡:九郡:五原、朔方、雲中、代郡、雁門、定襄、北平、上谷、漁

陽，都在今内蒙古自治區及陝西、山西、河北等省北部。

［8］ 先零(lián)：羌的一種，這時居於湟水以南、青海西北。

［9］ 抵冒渡湟水：抵冒，抵法冒禁。漢政府從趙充國奏，禁止羌人渡湟水北。但先零羌由於已向義渠安國請求，所以仍强行渡水。

［10］ 征和五年：五當爲三之誤，征和無五年。征和三年當公元前90年。

［11］ 羌人爲漢事苦：指征和三年，漢遣李廣利率領大軍征匈奴，驅使羌人爲漢軍服役的事。

［12］ 間者匈奴困於西方：指漢宣帝本始二年(前72)發兵與烏孫夾擊匈奴事。

［13］ 長阬：古長城的缺口。古長城，漢代稱爲遮虜障，在今甘肅酒泉縣北。

［14］ 屬國：指張掖屬國。

［15］ 罕(hǎn)：羌的一種。這時活動在金城郡(治允吾，在今甘肅永靖西北)南部地區。

［16］ 幵(jiān)：羌的一種，又分大幵、小幵。常與罕羌一起活動，後人往往誤以罕、幵爲一種。

［17］ 兩府：指西漢的丞相府和御史大夫府。

［18］ 恐怒亡所信鄉：恐，據考證，當是"怨"之誤；亡即無；鄉同嚮。怨怒無所信嚮，謂怨怒不得漢官吏的信任而無所適從。

［19］ 浩亹：浩(gào)，又音gé；亹音mén。本水名，今青海省湟水支流大通河上游名浩亹河。漢定爲縣名，在今甘肅永登西南大通河東岸。

［20］ 隃：即遥(yáo)。漢時長安地區方言稱遥爲隃。

［21］ 圖上方略：將這一帶地形繪成地圖，並制定用兵方案，一併奏上。

［22］ 四望陜：陜同狹。四望陜在今甘肅樂都西。

［23］ 西部都尉府：漢代各邊郡的遼遠地方，別設都尉治理。這一都尉屬金城郡，未詳治所。據《後漢書·西羌傳》，東漢和帝時，曹鳳爲金城西部都尉，屯龍支。龍支，在今青海化隆南。

［24］ 期門、佽飛、羽林孤兒、胡越騎：都是漢代中央禁衛軍名稱。期門、佽飛、羽林孤兒，已分別見本書《百官公卿表》注[7]、[24]、[9]。本分由郎中令、少府、胡騎越騎校尉統率，保衛京城，但以後也用於征戰。

［25］ 轉道：運糧的道路。

[26] 八校尉：指中壘、屯騎、步兵、越騎、長水、胡騎、射聲、虎賁等八校尉，分率中央各部禁軍。參見本書《百官公卿表》注[40]。

[27] 都尉：即金城西部都尉。

[28] 徼極迺擊之：徼，偵伺，讀爲邀(yāo)；極，倦極。偵察他已倦極而後攻擊他。

[29] 太常徒：太常，漢官名，掌宗廟禮儀，下設官分司山陵等事。太常徒，配隸太常所屬各司服苦役的罪人。漢時太常兼管所轄陵園土地上一切經濟收入，並有都水長丞總理轄區内的治水工程，所以管轄的罪人很多。

[30] 南山：指祁連山南部。

[31] 在竟外之冊：竟即境；冊同策。

[32] 鮮水：據清齊召南考證，以爲就是青海。

[33] 亶：讀爲但(dàn)，義也同但。

[34] 屮：古草字。

[35] 它種劫略：説羌人中只有先零羌爲首反抗，别種羌都是被先零羌挾持脅迫，不是他們的本意。

[36] 搣循和輯：搣，古撫字；《資治通鑑》等作拊。輯同集。

[37] 羌人當獲麥，已遠其妻子：羌人的麥子已經收割完畢，並將妻子移置遠處。謂羌人既已得到給養，又無後顧之憂，就能大膽進攻。

[38] 將軍士寒：據考證，此句當作“將軍將士寒”。

[39] 鞁瘃：鞁(jūn)，同皲，坼裂；瘃(zuò)，凍瘡。

[40] 欲以歲數而勝微：欲延長歲月以求小勝。或以爲微作無講，應屬下句：“微將軍誰不樂此者。”

[41] 酒泉侯奉世：侯疑當作候。奉世即馮奉世。按奉世終生未封侯，但在宣帝初曾以衛候使持節送大宛諸國客到伊循城(今新疆維吾爾自治區米蘭附近)。衛候，官名，屬衛尉所轄。

[42] 句(gōu)廉：水岸曲折有稜角。

[43] 今五星出東方，……太白出高……：這是古代軍事迷信的説法，認爲五星所聚處，其下用兵會獲勝；羌人在西，星出於東，象徵對漢有利。太白就是金星，古代以爲是用兵的象徵。太白出而高，用兵，深吉，淺凶；低則淺

吉,深凶。

[44] 騎都尉安國:即義渠安國。

[45] 煎鞏:羌的一種,這時依附先零羌。

[46] 莫須:羌的一種,人數很少。

[47] 諸君但欲便文自營:舊注:"苟取文墨之便,以自營衛。"大意謂:諸君祇求在公事上混過去,對自己則刻意保護。

[48] 繡衣:指繡衣直指使者。已見本書《百官公卿表》注[4]。

[49] 耿中丞:指耿壽昌,當時任司農中丞。

[50] 茭藁二十五萬二百八十六石:茭,乾草;藁,禾桿。百二十斤爲一石。

[51] 廟勝之冊:在廟堂上決定取勝的策略。

[52] 郵亭:即驛站。漢代郵亭兼任招待過客,傳遞文書以及警備巡邏等事。

[53] 弛刑:弛訓解,指解除枷鎖等刑具的徒犯。

[54] 鄉亭:鄉、亭,本屬漢代政權的基層單位,但這裏是指郵亭。

[55] 田事出,賦人二十畮:田事出,指春耕開始的時候。賦,分配。畮,古畝字。趙充國建議到春耕時,每一屯兵分配給他二十畝土地耕種。

[56] 倅馬什二:倅,副。意爲每千騎給副馬十分之二,計二百匹。

[57] 薦草:稠草,稠密茂盛的草;一説美草。

[58] 墬:古"地"字。

[59] 眎:同示。

[60] 至春,省甲士卒,……傳世折衝之具:傳世折衝四字比較費解。大意謂:將自己的實力顯示給羌人,表示自己兵精糧足。

[61] 從枕席上過師:形容橋成後,行軍便利,有如枕席那樣的安穩。

[62] 分餘:分,別本及《資治通鑑》作"今",是。

[63] 爲塹壘木樵,校聯不絶:塹同壍;樵同譙;木樵,在平地上起木樓以瞭望敵情。大意謂:挖塹濠,築堡壘,設立瞭望哨,營壘相次,用木柵做屏障,聯貫不斷。

[64] 不足以故出兵:按荀悦《漢紀·孝宣紀》作"不足以疑故出兵"。指宣帝詔書中以大幵、小幵曾說:"我告漢軍先零所在,兵不往擊。久留,得亡效五年時不分別人而并擊我。"疑其叛變,急欲出兵攻討。趙充國以爲幵羌雖

有這語,但聽到詔書內容後,就没有異心,不必因這點疑心而出兵。

[65] 黄羝:羌的一種。當時依附先零羌。

[66] 浩星賜:人名。浩星是複姓。

[67] 四府:指丞相、御史、車騎將軍、前將軍四府;併後將軍府,爲五府。

[68] 酖:即酖。

[69] 持槖簪筆:槖,盛文書的袋;簪筆,插筆於髮間,表示隨時準備記録。持槖簪筆,指皇帝的近臣,隨時備顧問。

劉 盆 子 傳〔後漢書卷一一〕

　　劉盆子者，太山式[1]人，城陽景王章[2]之後也。祖父憲，元帝時，封爲式侯；父萌，嗣。王莽篡位，國除，因爲式人焉。

　　天鳳元年[3]，琅邪海曲有呂母者[4]，子爲縣吏[5]，犯小罪，宰論殺之。呂母怨宰，密聚客，規以報仇。母家素豐，貲產數百萬，乃益釀醇酒，買刀劍、衣服。少年來酤者，皆賒與之；視其乏者，輒假衣裳，不問多少。數年，財用稍盡。少年欲相與償之，呂母垂泣曰："所以厚諸君者，非欲求利，徒以縣宰不道，枉殺吾子，欲爲報怨耳！諸君寧肯哀之乎？"少年壯其意，又素受恩，皆許諾。其中勇士自號"猛虎"[6]，遂相聚得數十百人。因與呂母入海中，招合亡命[7]，衆至數千。呂母自稱將軍，引兵還，攻破海曲，執縣宰。諸吏叩頭爲宰請，母曰："吾子犯小罪，不當死，而爲宰所殺。殺人當死，又何請乎！"遂斬之，以其首祭子冢，復還海中。

　　後數歲，琅邪人樊崇起兵於莒[8]，衆百餘人，轉入太山，自號三老[9]。時青、徐大飢，寇賊蜂起。羣盜以崇勇猛，皆附之，一歲間至萬餘人。崇同郡人逢安，東海人徐宣、謝禄、楊音[10]各起兵，合數萬人，復引從崇。共還攻莒，不能下，轉掠至姑幕[11]。因擊王莽探湯侯田況[12]，大破之，殺萬餘人。遂北入青州，所過虜掠。還至太山，留屯南城[13]。

　　初，崇等以困窮爲寇，無攻城徇地之計；衆既寖盛，乃相與爲約："殺人者，死；傷人者，償創。"以言辭爲約束，無文書、旌旗、部曲、號令。其中最尊者號三老，次從事，次卒吏；汎相稱曰臣人[14]。王莽遣平均公廉丹、太師王匡[15]擊之。崇等欲戰，恐其衆與莽兵亂，乃皆朱其眉以相識別，由是號曰赤眉[16]。赤眉遂大破丹、匡軍，殺萬餘人。追至無鹽[17]，廉丹戰死，王匡走。崇又引其兵十餘萬復還，圍莒數月。或説崇曰："莒，父母之國，奈何攻之？"乃解去。時呂母病死，其衆分入赤眉、青犢、銅馬[18]中。赤眉遂寇東海，與王莽沂平大尹[19]戰，敗死者數千人，乃引去。掠楚、沛、汝南、潁川，還入陳

留,攻拔魯城,轉至濮陽[20]。會更始都洛陽,遣使降崇。崇等聞漢室復興,
即留其兵,自將渠帥二十餘人,隨使者至洛陽降。更始皆封爲列侯。

崇等既未有國邑,而留衆稍有離叛,乃遂亡歸其營,將兵入潁川,分其衆
爲二部:崇與逢安爲一部,徐宣、謝祿、楊音爲一部。崇、安攻拔長社,南擊
宛,斬縣令;而宣、祿等亦拔陽翟,引之梁,擊殺河南太守[21]。赤眉衆雖數戰
勝,而疲敝厭兵,皆日夜愁泣,思欲東歸。崇等計議,慮衆東向必散,不如西
攻長安。更始二年,冬,崇、安自武關,宣等從陸渾關兩道俱入。三年,正月,
俱至弘農[22]。與更始諸將連戰剋勝,衆遂大集。乃分萬人爲一營,凡三十
營;營置三老、從事各一人。進至華陰[23]。軍中常有齊巫,鼓舞祠城陽景
王,以求福助[24]。巫狂言:"景王大怒曰:'當爲縣官[25],何故爲賊!'"有笑
巫者輒病,軍中驚動。時方望弟陽怨更始殺其兄[26],乃説崇等曰:"更始荒
亂,政令不行,故使將軍得至於此。今將軍擁百萬之衆,西向帝城,而無稱
號,名爲羣賊,不可以久;不如立宗室,挾義誅伐,以此號令,誰敢不服!"崇等
以爲然,而巫言甚前。及鄭[27],乃相與議曰:"今迫近長安,而鬼神如此,當
求劉氏共尊立之。"六月,遂立盆子爲帝,自號建世元年。

初,赤眉過式,掠盆子及二兄恭、茂,皆在軍中。恭少習《尚書》,略通大
義;及隨崇等降更始,即封爲式侯,以明經,數言事,拜侍中,從更始在長安。
盆子與茂留軍中,屬右校卒吏劉俠卿[28],主芻牧牛,號曰"牛吏"。及崇等欲
立帝,求軍中景王後者,得七十餘人,唯盆子與茂及前西安侯劉孝最爲近屬。
崇等議曰:"聞古天子將兵稱上將軍。"乃書札爲符曰"上將軍",又以兩空札
置筒中,遂於鄭北設壇場,祠城陽景王,諸三老、從事皆大會。陛下列盆子等
三人居中立,以年次探札。盆子最幼,後探,得符。諸將乃皆稱臣,拜。盆子
時年十五,被髮徒跣,敝衣赭汗[29],見衆拜,恐畏欲啼。茂謂曰:"善藏符!"
盆子即齧折,棄之,復還依俠卿。俠卿爲制絳單衣、半頭赤幘[30]、直綦
履[31],乘軒車、大馬、赤屏泥[32]、絳襜絡[33]。而猶從牧兒遨。崇雖起勇力
而爲衆所宗,然不知書數。徐宣故縣獄吏,能通《易經》,遂共推宣爲丞相。
崇,御史大夫;逢安,左大司馬;謝祿,右大司馬;自楊音以下,皆爲列卿、〔將〕
軍。及高陵,與更始叛將張卬等連和,遂攻東都門[34]。入長安城,更始
來降。

盆子居長樂宮,諸將日會論功,爭言讙呼,拔劍擊柱[35],不能相一。三輔郡縣、營長[36]遣使貢獻,兵士輒剽奪之,又數虜暴吏民,百姓保壁由是皆復固守。至臘日,崇等乃設樂大會。盆子坐正殿,中黃門[37]持兵在後,公卿皆列坐殿上。酒未行,其中一人出刀筆[38]書謁,欲賀;其餘不知書者,起往請之,各各屯聚,更相背向。大司農楊音按劍罵曰:"諸卿皆老傭也!今日設君臣之禮,反更殽亂,兒戲尚不如此,皆可格殺!"更相辯鬭。而兵衆遂各蹂宮,斬關入,掠酒肉,互相殺傷。衛尉諸葛穉聞之,勒兵入,格殺百餘人,乃定。盆子惶恐,日夜啼泣,獨與中黃門共臥起,唯得上觀閣,而不聞外事。時掖庭中宮女猶有數百千人,自更始敗後,幽閉殿門,掘庭中蘆葍根、捕池魚而食之,死者因相埋於宮中。有故祠甘泉樂人[39],尚共擊鼓歌舞,衣服鮮明,見盆子,叩頭言飢。盆子使中黃門稟之,米人數斗[40]。後盆子去,皆餓死,不出。

劉恭見赤眉衆亂,知其必敗,自恐兄弟俱禍,密教盆子歸璽綬,習為辭讓之言。建武二年,正月,朔,崇等大會,劉恭先曰:"諸君共立恭弟為帝,德誠深厚。立且一年,冦亂日甚,誠不足以相成。恐死而無所益,願得退為庶人,更求賢知。唯諸君省察。"崇等謝曰:"此皆崇等罪也。"恭復固請,或曰:"此寧式侯事邪!"恭惶恐起去。盆子乃下牀解璽綬,叩頭曰:"今設置縣官而為賊如故,吏人貢獻,輒見剽劫,流聞四方,莫不怨恨,不復信向,此皆立非其人所致。願乞骸骨,避賢聖。必欲殺盆子以塞責者,無所離死。誠冀諸君肯哀憐之耳!"因涕泣噓唏[41]。崇等及會者數百人莫不哀憐之,乃避席頓首曰:"臣無狀,負陛下,請自今已後,不敢復放縱。"因共抱持盆子,帶以璽綬;盆子號呼,不得已。既罷出,各閉營自守。三輔翕然,稱天子聰明,百姓爭還長安,市里且滿。

得二十餘日[42],赤眉貪財物,復出大掠。城中糧食盡,遂收載珍寶,因大縱火燒宮室。引兵而西,過祠南郊,車甲兵馬最為猛盛,衆號百萬。盆子乘王車,駕三馬,從數百騎。乃自南山[43]轉掠城邑,與更始將軍嚴春戰於郿[44],破春,殺之;遂入安定、北地[45]。至陽城、番須[46],中逢大雪,坑谷皆滿,士多凍死。乃復還,發掘諸陵[47],取其寶貨,遂汙辱呂后屍。凡賊所發,有玉匣[48]殮者,率皆如生,故赤眉得多行婬穢。大司徒鄧禹[49]時在長安,遣兵擊之於郁夷[50]，反爲所敗，禹乃出之雲陽[51]。

九月，赤眉復入長安，止桂宮[52]。時漢中賊延岑出散關，屯杜陵[53]，逢安將十餘萬人擊之。鄧禹以逢安精兵在外，唯盆子與羸弱居城中，乃自往攻之。會謝祿救至，夜戰槀街中，禹兵敗走。延岑及更始將軍李寶合兵數萬人，與逢安戰於杜陵，岑等大敗，死者萬餘人。寶遂降安，而延岑收散卒走。寶乃密使人謂岑曰："子努力還戰，吾當於内反之，表裏合勢，可大破也。"岑即還挑戰，安等空營擊之；寶從後悉拔赤眉旌幟，更立己幡旗。安等戰疲還營，見旗幟皆白，大驚，亂走，自投川谷死者十餘萬。逢安與數千人脱歸長安。時三輔大飢[54]，人相食，城郭皆空，白骨蔽野。遺人往往聚爲營保，各堅守不下。赤眉虜掠無所得。

十二月，乃引而東歸，衆尚二十餘萬，隨道復散。光武乃遣破姦將軍侯進等屯新安，建威大將軍耿弇[55]等屯宜陽，分爲二道，以要其還路，勑諸將曰："賊若東走，可引宜陽兵會新安；賊若南走，可引新安兵會宜陽。"明年，正月，鄧禹自河北度，擊赤眉於湖[56]，禹復敗走。赤眉遂出關南向，征西大將軍馮異破之於崤底[57]。帝聞，乃自將幸宜陽，盛兵以邀其走路。赤眉忽遇大軍，驚震不知所爲，乃遣劉恭乞降曰："盆子將百萬衆降，陛下何以待之？"帝曰："待汝以不死耳！"樊崇乃將盆子及丞相徐宣以下三十餘人肉袒降，上所得傳國璽綬、更始七尺寶劍及玉璧各一。積兵甲宜陽城西，與熊耳山[58]齊。帝令縣廚賜食，衆積困餒，十餘萬人皆得飽飯。明旦，大陳兵馬臨洛水，令盆子君臣列而觀之，謂盆子曰："自知當死不？"對曰："罪當應死，猶幸上憐赦之耳！"帝笑曰："兒大黠！宗室無蚩[59]者。"又謂崇等曰："得無悔降乎？朕今遣卿歸營，勒兵鳴鼓相攻，決其勝負，不欲强相服也。"徐宣等叩頭曰："臣等出長安東都門，君臣計議，歸命聖德。百姓可與樂成，難與圖始，故不告衆耳。今日得降，猶去虎口歸慈母，誠歡誠喜，無所恨也！"帝曰："卿所謂鐵中錚錚、傭中佼佼者也！"又曰："諸卿大爲無道，所過皆夷滅老弱，溺社稷，污井竈。然猶有三善：攻破城邑，周徧天下，本故妻婦無所改易，是一善也。立君能用宗室，是二善也。餘賊立君，迫急皆持其首降，自以爲功，諸卿獨完全以付朕，是三善也。"乃令各與妻子居洛陽，賜宅人一區、田二頃。其夏，樊崇、逢安謀反，誅死。楊音在長安時，遇趙王良有恩，賜爵關内侯，與徐宣俱歸鄉里,卒於家。劉恭爲更始報,殺謝禄,自繫獄,赦不誅。帝憐盆子,賞賜更厚,以爲趙王郎中。後病失明,賜滎陽均輸官地[60],以爲列肆,使食其税終身。

——據中華書局 1965 年版《後漢書》,參考原刻本王先謙《後漢書集解》

【解題】

《後漢書》,南朝宋范曄撰。

范曄以前,記載東漢歷史的著作,已有東漢歷朝史臣班固、劉珍、李尤等相繼編撰的《東觀漢紀》、三國吳謝承的《後漢書》、晉司馬彪的《續漢書》和華嶠的《漢後書》等近二十部。宋文帝元嘉元年(424),范曄就在這些書的基礎上,開始撰著《後漢書》。他準備寫十紀、十志、八十列傳,合爲百篇;凡《漢書》所有諸志,他都計劃具備。但紀傳撰成,曄即被殺。據《後漢書·皇后紀》李賢注引宋沈約《謝儼傳》説:"范曄所撰十志,一皆託儼搜撰,垂畢,遇曄敗,(儼)悉蠟以覆車。宋文帝令丹陽尹徐湛之就儼尋求,已不復得。"范曄《後漢書》沒有"志",當時人已感到是一種缺陷;到南朝梁時,刺令劉昭取晉司馬彪《續漢書》的八志三十卷,加以注釋增補,附在范書後面,以相配合。但當時紀傳仍往往單獨流傳。直到北宋,才將范書和司馬彪《續漢書》的八志重新校勘,合爲今本《後漢書》。

它由"帝后紀"十卷、"志"三十卷、"列傳"八十卷,共一百二十卷組成。其中紀、傳有十卷各分爲上下兩子卷。所記從新莽滅亡(23 年,王莽地皇四年,劉玄更始元年)起,到獻帝建安二十五年(220)止,計一百九十多年,包括整個東漢一代。體例方面,基本上同《漢書》相同。但"帝紀"後另立了"皇后紀"。沒有"表","志"中又缺《食貨》、《藝文》、《河渠》等志。"列傳"中除沿襲《史》、《漢》所有的《循吏》、《酷吏》、《宦者》、《儒林》四傳體例外,又創立了《黨錮》、《文苑》、《獨行》、《方術》、《逸民》、《列女》六種類傳。

《後漢書》的紀傳部分,利用了以往諸家後漢書的大量成果,主要是《東觀漢紀》和司馬彪、華嶠等的著作,其中斧削不工的痕蹟很多。但它在編纂上有自己的特色,如記述人物,注重人物分類,不以時代先後爲序,反映了世族門閥統治下重視品第人物的風尚。而魏晉南朝時期,上層人物中盛行清談和美文,反映在史學上,也以文學相尚,很重視本紀、列傳前後的序、論、贊的寫作,當作臧否人物的工具,也當作炫耀文學技巧的手段。范曄對《後漢書》最自負的就是在序論和贊中表現他的文學才華。同時,漢末魏、晉以後,戰亂頻仍,社會長期處於分裂割據狀態,消極遁世的所謂隱逸高士在這時期特別多,文學、史學作品,對這類人生活的記録也日增。《後漢書》特別立《獨行》、《逸民》等傳,即爲一例。

這樣,《後漢書》多類傳,對社會生活中許多特殊面給予較大的注意,爲研究這段歷史提供了許多有價值的資料。

司馬彪所撰的《續漢書》,曾被後人評爲“詳實”。今存八志,雖有缺漏,但也保存了東漢一代典章制度的某些早期記録。尤其是司馬彪注意力集中於漢朝的天文曆象、祭典禮制、災變物異、政區沿革、官員職守等,給後人研究兩漢之際的統治學説、宗教思想、自然認識、政權結構等上層建築的演化過程,提供了很多有價值的材料。

但是,范曄作史,旨在“以文傳意”,也就是借歷史表達政見。這種態度,不可避免地要導致强令客觀歷史服從主觀需要的弊病。清王鳴盛稱贊范書:“貴德義,抑勢利。進處士,黜姦雄。論儒學則深美康成(鄭玄),褒黨錮則推崇李(膺)、杜(密)。宰相多無述,而特表逸民;公卿不見采,而惟尊獨行。”(《十七史商榷》卷六一《范蔚宗以謀反誅》條)正集中地説明了范曄完全以世家豪族的政治標準來權衡人物。書中過分注意文辭修飾,對如實反映歷史真相也帶來了相當損害。

今本《後漢書》的注,八志是梁朝劉昭注補,紀、傳部分都出於唐章懷太子李賢等人手筆。清代學者對《後漢書》做了許多補表、補志和補注的工作,以惠棟《後漢書補注》爲較詳。清末王先謙以惠書爲基礎,撰成《後漢書集解》。中華書局排印出版的校點本《後漢書》,校勘較細,均可參考。

《劉盆子傳》,選自《後漢書》卷十一。作爲西漢末最大的農民起義軍,赤眉軍對於推翻西漢王朝的統治,起了極爲重要的作用。他們把破落貴族劉盆子立爲名義首領,反映了古代農民起義得不到正確領導的歷史處境。

范曄(398—446),字蔚宗,南朝宋順陽(今河南淅川東)人。祖范甯是東晉有名的經學家。父范泰曾參與劉裕奪取東晉王朝政權的活動。范曄在東晉末即任劉裕子彭城王劉義康的參軍。他善寫文章,兼曉音律。劉宋建國後,累官祕書丞、新蔡太守、尚書吏部郎等。元嘉元年(424)被貶爲宣城太守。范曄素以文才自負,曾説“觀古今著述及評論,殆少可意者”;既貶官不得志,於是廣集學徒,在《東觀漢記》等諸家有關東漢史著的基礎上,撰寫《後漢書》。紀傳部分撰成後,他曾自贊“自古體大而思精,未有此也”(見《宋書》本傳《獄中與甥姪書》)。元嘉中,他歷遷左衛將軍、太子詹事,參與國家機要,被宋文帝所寵信。後因密謀擁立劉義康做皇帝,被捕下獄。446年春處死,年四十八。傳見《宋書》卷六九及《南史》卷三三。

【注釋】

[1] 太山式：太山即泰山，郡名，治今山東泰安東。式，縣名，約在今山東兖州境，詳不可考。清王先謙以爲"式"或是"成"的譌字，成在今山東境。

[2] 城陽景王章：漢高祖孫，詳見下注[24]。

[3] 天鳳元年：天鳳，王莽第二年號；天鳳元年，當公元 14 年。

[4] 琅邪海曲有吕母者：琅邪，郡名，西漢時治今山東諸城，東漢時徙治今山東臨沂北。海曲，琅邪屬縣，在今山東日照西。吕母，猶今語"吕媽媽"，非原名。

[5] 子爲縣吏：吕母子，據李賢注引《續漢書》，名育，任"游徼"（漢鄉官名，掌管一鄉的巡察緝捕）。

[6] 其中勇士自號"猛虎"：據《東觀漢紀》，吕母賓客徐次子等自號"搤虎"，説勇力可以搤殺老虎，義相近。

[7] 因與吕母入海中，招合亡命：《資治通鑑》載吕母起義事在王莽天鳳四年（17）。吕母入海聚集地，後人名爲吕母崮，在今山東日照南。

[8] 樊崇起兵於莒：樊崇（？—27），據《東觀漢紀》，字細君。晉袁山松《後漢書》和《東觀漢紀》載崇起義時間在王莽天鳳五年（18），《資治通鑑》同。莒，今山東莒縣。

[9] 自號三老：三老，漢代鄉官名，掌管一鄉教化。惠棟《後漢書補注》引《水經注》："徂徠山，亦曰尤崍山，赤眉渠帥樊崇所保也，故崇自號尤崍三老。"

[10] 崇同郡人逢安，東海人徐宣、謝禄、楊音：逢，宋劉放以爲當作逄（páng）。據《東觀漢紀》，逄安字少子，東莞（今山東沂水）人；徐宣字驕稚，謝禄字子奇，都是東海臨沂（今山東臨沂）人。楊音不詳。

[11] 姑幕：西漢縣名，在今山東諸城西北。

[12] 王莽探湯侯田況：即王莽所封的探湯侯。探湯原爲西漢北海郡益縣，王莽改稱。田況，王莽時，任翼平連率，樊崇等起義後，曾征發民年十八以上四萬餘人，發給庫藏軍器，鎮壓起義軍。後忤莽意，被奪去兵權。

[13] 南城：西漢縣名，屬東海郡，在今山東嶧縣北。

[14] 從事、卒吏、臣人:"卒吏"當作"卒史";從事、卒史,都是漢縣小吏的名號。赤眉初起義時,因爲都是樸質的農民,平時接觸最多的就是三老、從事、卒史等鄉官或郡縣小吏,所以就用這些名號來稱呼自己的首領。臣人,宋劉攽引《漢書》"盜賊亶稱巨人",以爲"臣"當作"巨"。

[15] 平均公廉丹、太師王匡:廉丹(?—22),京兆杜陵(今陝西興平)人,曾任大司馬、庸部(益州)牧,封平均公,這時任更始將軍。王匡(前?—23),王莽的私生子,封功建公,拜太師。丹、匡,《漢書》有傳。

[16] 由是號日赤眉:《漢書·王莽傳下》載這事,下文還有:"太師(王匡)、更始(廉丹)合將銳士十餘萬人,所過放縱。東方爲之語日:'寧逢赤眉,不逢太師! 太師尚可,更始殺我!'"

[17] 無鹽:西漢縣名,在今山東東平東。《漢書·王莽傳下》謂赤眉破王匡、廉丹兵於成昌(今山東東平)。

[18] 青犢、銅馬:都是王莽末河北農民起義軍的稱號;更始二年(24),相繼被劉秀鎮壓并收編。

[19] 王莽沂平大尹:王莽代漢自立,附會《周禮》和《禮記·王制》篇文,在各郡置大尹,職責同於太守。沂平,王莽改東海郡置,治今山東郯城西。這一大尹姓名已佚。

[20] 楚、沛、汝南、潁川、陳留、魯城、濮陽:都是西漢的封國或郡名。楚國,治今江蘇徐州;沛郡,治今安徽濉溪西北;汝南郡,治今河南上蔡西南;潁川郡,治今河南禹縣;陳留郡,治今河南開封東南陳留城;魯城,西漢魯國王都,在今山東曲阜;濮陽,東郡屬縣,在今河南濮陽西南。

[21] 長社、宛、陽翟、梁、河南:長社,西漢河南郡屬縣,治今河南長葛東;宛,南陽郡屬縣,今河南南陽;陽翟,潁川郡屬縣,今河南禹縣;梁,河南郡屬縣,在今河南臨汝東南;河南,郡名,治今河南洛陽。

[22] 武關、陸渾關、弘農:武關,在今陝西丹鳳東南;陸渾關,在今河南嵩縣東北;弘農,郡名,治今河南靈寶北。

[23] 華陰:西漢京兆尹屬縣,今陝西華陰。

[24] 軍中常有齊巫,鼓舞祠城陽景王,以求福助:齊巫,齊國(治今山東臨淄)的神巫。城陽景王即朱虛侯劉章。吕后卒,劉章曾協同陳平、周勃等誅

殺呂産等諸呂有功,文帝即位,封城陽王。惠棟《補注》引沈約説,謂:漢時城陽國(今山東莒縣)人以爲劉章有功漢室,爲他立祠,青州諸郡(今河北、山東一帶)轉相仿效,濟南尤盛。赤眉軍都是青、徐一帶的農民,樊崇首義的莒就是城陽國都所在,所以要祭祀劉章以求福佑。

[25] 縣官:漢代稱皇帝爲縣官。

[26] 時方望弟陽怨更始殺其兄:方望,平陵(今陝西咸陽西北)人。更始三年(25年,東漢光武建武元年),望認爲更始政權必敗,和安陵(今陝西咸陽市東北)人弓林等在長安求得前孺子劉嬰(漢宣帝玄孫,平帝死,王莽立爲皇太子,號孺子,莽自稱"假皇帝"。在位三年,被莽所廢,封爲定安公,幽閉宫内),立爲皇帝,望爲丞相,林爲大司馬,有衆數千人。更始遣將擊破他,嬰、望、林等都被殺。事見《後漢書·劉玄傳》。

[27] 鄭:今陝西華縣。

[28] 右校卒吏劉俠卿:"卒吏"當作"卒史"(參見前注[14])。劉俠卿,惠棟《補注》引袁山松《後漢書》作仲卿。

[29] 赭汗:面紅流汗。

[30] 半頭赤幘:古人梳髻,髻上覆巾,叫做幘。李賢注引《續漢書》,謂:童子幘無"屋蓋",表示還没有成人。半頭幘就是空頂幘,上面無屋蓋,故名。按漢代尚赤,赤眉受統治者意識的影響,所以也用赤色。

[31] 直綦履:綦,靴履的花紋。直綦履,在履上直刺花紋,作爲裝飾。

[32] 赤屏泥:屏泥,古代張在車軾前以擋塵土的屏障。赤屏泥,用浸過油的丹黄色厚繒(緹)制成的屏泥。

[33] 絳襜絡:絳,大紅色;襜,張在車上的帷(圍帳);絡,裝飾在車帷上的網絡。

[34] 東都門:西漢長安城東靠北第一門的外郭門。

[35] 諸將日會論功……拔劍擊柱:惠棟《後漢書補注》引袁山松《後漢書》謂:"赤眉諸將,自言欲爲某王,欲得某官,爭言號呼,拔劍擊柱。"

[36] 三輔郡縣、營長:"三輔"是漢武帝時在都城長安及其附近地區内改置的三個相當於郡的政區:京兆尹、左馮翊、右扶風;這三個名稱也是這三個政區的行政長官的官名。因當時戰争頻繁,百姓常屯聚築堡壁自守,稱爲"營保",其首領稱"營長",都由原來地方上的豪强地主充當。赤眉起

義軍佔領長安後，他們也企圖結納，但發現赤眉軍打擊的主要對象就是他們自己，就又堅壁固守抗拒農民軍，不久並投靠劉秀的部將鄧禹、馮異等，共同鎮壓赤眉。

[37] 中黃門：皇帝的侍從官員。西漢時參用士人和宦者，東漢時專用宦者充任。

[38] 刀筆：古代在簡牘上記事，如有錯誤，用刀削除再寫。刀筆是刀和筆兩種事物的合稱。

[39] 故祠甘泉樂人：甘泉指甘泉宮，宮內有祭祠處；樂人，擔任宮內祭祀時奏樂的人員。

[40] 米人數斗：《太平御覽》卷四八六引袁山松《後漢書》作“粟數升”。

[41] 噓唏：唏同欷。

[42] 得二十餘日：袁宏《後漢紀》和《資治通鑑》都作“後二十餘日”，是。

[43] 南山：古代多指祁連山。這裏則指今陝西西安西南的終南山。

[44] 郿：西漢縣名，治今陝西眉縣東渭水北岸。

[45] 安定、北地：都是西漢郡名。安定，治高平（今寧夏固原），轄境約當今甘肅和寧夏的祖屬河以東，黃河以南，苦水溝、環江以西，會寧、平涼、寧縣以北。北地，治馬嶺（今甘肅慶陽西北），轄境相當今寧夏青銅峽、苦水河以東及甘肅環江、馬連河流域。兩郡在這時都是“土廣人稀，饒穀多畜”的地區。建武元年（25），劉秀部將鄧禹同赤眉相持，就曾在這一地區“就糧養士”，以困赤眉。赤眉往這地區移動，主要也是爲了解決給養問題。

[46] 陽城、番須：陽城，地名，《東觀漢紀》作安民縣屬地，王先謙以爲安民疑當作安定（今甘肅涇川北）。番須，安定郡屬縣，今地不詳。

[47] 諸陵：西漢諸帝的陵墓。

[48] 玉匣：據《續漢書·禮儀志下》劉昭注引《漢書儀》說：用玉爲札，長尺，廣二寸半，用黃金線裝置在死者的腰到足一段，稱爲玉匣。匣，一作柙。

[49] 鄧禹：（2—58），字仲華，東漢初南陽新野（今河南新野）人。劉秀起兵，獻定天下策，甚被親信。赤眉入關，任前將軍，率軍西向鎮壓綠林軍。劉秀稱帝，官大司徒，率軍同赤眉相持，屢戰屢敗。建武三年（27）春，又同赤眉大戰，全軍覆沒，僅率二十四騎逃回。《後漢書》有傳。

[50] 郁夷：右扶風屬縣，在今陝西隴縣西。

[51] 雲陽：縣名，治今陝西淳化西北。

[52] 桂宮：漢都長安城中的宮殿名，也稱北宮。

[53] 時漢中賊延岑出散關，屯杜陵：延岑，是更始帝劉玄所封漢中王劉嘉的部將，那時叛嘉，引兵北走，所以史誣他爲"漢中賊"。散關，古關名，在陝西寶雞西南大散嶺上，當秦嶺咽喉，扼川、陝間交通要道，是古代兵家必爭之地。杜陵，縣名，治今陝西西安東南。

[54] 時三輔大飢：《東觀漢紀》謂：這時黃金一斤易豆五斗。

[55] 耿弇：耿弇(yǎn)(3—58)，字伯昭，東漢初扶風茂陵(今陝西興平東南)人，世代官二千石。父況，王莽時任朔調連率(即上谷太守)。弇少時好武藝，更始政權建立，被父派向更始貢獻，中途投奔劉秀。屢向劉秀獻策，甚被親信，官大將軍。隨秀鎮壓銅馬、赤眉、青犢、尤來、大槍等部農民起義軍。秀稱帝，進建威大將軍。《後漢書》有傳。

[56] 湖：縣名，治今河南靈寶舊閺鄉縣東。

[57] 征西大將軍馮異破之於崤底：馮異字公孫，東漢初穎川父城(今河南平頂山市)人。王莽時任穎川郡掾。後歸劉秀，從破王郎，鎮壓鐵脛等河北起義軍。劉秀稱帝，封陽夏侯。建武二年，代鄧禹指揮鎮壓赤眉軍。建武三年春，官征西大將軍，會鄧禹、鄧弘等軍同赤眉大戰。禹軍覆沒，異收集敗兵，又用詭計同赤眉會戰於崤底。赤眉中伏大敗。異傳見《後漢書》。崤底即崤坂，山名，在今河南洛寧西北。

[58] 熊耳山：在今河南宜陽西、洛水北岸。按熊耳山有三，均屬熊耳山脈，據本傳李賢注引酈道元《水經注》謂指此。傳文是誇張劉秀功業的話，不足信。

[59] 蛊：同癘。

[60] 賜滎陽均輸官地：滎陽，漢縣名，今河南滎陽東北。均輸官，漢武帝始置，掌官營商業的運輸，郡國也設。均輸官地，即地方均輸官所佔有的土地。

仲　長　統　傳 [後漢書卷四九](節錄)

　　仲長統字公理,山陽高平[1]人也。少好學,博涉書記,贍於文辭。年二十餘,游學青、徐、并、冀之間,與交友者多異之。并州刺史高幹,袁紹甥也,素貴有名,招致四方遊士,士多歸附。統過幹,幹善待遇,訪以當時之事。統謂幹曰:“君有雄志而無雄才,好士而不能擇人,所以爲君深戒也!”幹雅自多,不納其言,統遂去之。無幾,幹以并州叛,卒至於敗。并、冀之士皆以是異統。統性俶儻,敢直言,不矜小節,默語無常,時人或謂之狂生。每州郡命召,輒稱疾不就。……

　　尚書令荀彧[2]聞統名,奇之,舉爲尚書郎[3]。後參丞相曹操軍事。每論說古今及時俗行事,恆發憤歎息,因著論,名曰《昌言》,凡三十四篇、十餘萬言。獻帝遜位之歲,統卒,時年四十一[4]。友人東海繆襲常稱統才章足繼西京董、賈、劉、揚[5]。今簡撮其書有益政者,略載之云。

《理亂篇》曰:

　　豪傑之當天命者[6],未始有天下之分者也;無天下之分,故戰爭者競起焉。于斯之時,竝僞假天威,矯據方國;擁甲兵,與我角才智;程勇力,與我競雌雄;不知去就,疑誤天下,蓋不可數也。角知者皆窮,角力者皆負;形不堪復伉,埶不足復校,乃始羈首係頸,就我之銜紲耳。夫或曾爲我之尊長矣,或曾與我爲等儕矣,或曾臣虜我矣,或曾執囚我矣。彼之蔚蔚[7],皆匈詈腹詛,幸我之不成,而以奮其前志,詎肯用此爲終死之分邪!

　　及繼體之時,民心定矣。普天之下,賴我而得生育,由我而得富貴;安居樂業,長養子孫;天下晏然,皆歸心於我矣。豪傑之心既絕,士民之志已定。貴有常家,尊在一人。當此之時,雖下愚之才居之,猶能使恩同天地、威侔鬼神;暴風疾霆不足以方其怒,陽春時雨不足以喻其澤。

周、孔數千,無所復角其聖;賁、育[8]百萬,無所復奮其勇矣。

彼後嗣之愚主,見天下莫敢與之違,自謂若天地之不可亡也,乃奔其私嗜[9],騁其邪欲。君臣宣淫,上下同惡;目極角觝之觀,耳窮鄭、衛之聲[10];入則耽於婦人,出則馳於田獵[11]。荒廢庶政,棄亡人物;澶漫彌流[12],無所底極。信任親愛者,盡佞諂容說之人也;寵貴隆豐者,盡后妃姬妾之家也。使餓狼守庖廚,飢虎牧牢豚,遂至敖天下之脂膏,斲生人之骨髓,怨毒無聊,禍亂竝起。中國擾攘,四夷侵叛;土崩瓦解,一朝而去。昔之為我哺乳之子孫者,今盡是我飲血之寇讎也。至於運徙執去[13],猶不覺悟者,豈非富貴生不仁、沈溺致愚疾邪!存亡以之迭代,政亂從此周復,天道常然之大數也。

又政之為理者,取一切[14]而已,非能斟酌賢愚之分,以開盛衰之數也。日不如古,彌以遠甚,豈不然邪!

漢興以來,相與同為編户齊民而以財力相君長者,世無數焉;而清潔之士徒自苦於茨棘[15]之間,無所益損於風俗也。豪人之室,連棟數百,膏田滿野;奴婢千羣,徒附[16]萬計。船車賈販,周於四方;廢居[17]積貯,滿於都城。琦賂[18]寶貨,巨室不能容;馬牛羊豕,山谷不能受。妖童美妾,填乎綺室;倡謳妓樂,列乎深堂。賓客待見而不敢去,車騎交錯而不敢進。三牲之肉,臭而不可食;清醇之酎,敗而不可飲。睇盼則人從其目之所視,喜怒則人隨其心之所慮。此皆公侯之廣樂,君長之厚實也;苟能運智詐者,則得之焉;苟能得者,人不以為罪焉。源發而橫流,路開而四通矣。求士之舍榮樂而居窮苦,棄放逸而赴束縛,夫誰肯為之者邪!夫亂世長而化世短;亂世則小人貴寵,君子困賤。當君子困賤之時,蹋高天,蹐厚地[19],猶恐有鎮壓之禍也。逮至清世,則復入於矯枉過正之檢。老者耄矣,不能及寬饒之俗;少者方壯,將復困於衰亂之時。是使姦人擅無窮之福利,而善士掛不赦之罪辜。苟目能辯色、耳能辯聲、口能辯味、體能辯寒溫者,將皆以修潔為諱惡,設智巧以避之焉,況肯有安而樂之者邪!斯下世人主一切之愆也。

昔春秋之時,周氏之亂世也。逮乎戰國,則又甚矣。秦政乘并兼之執,放狼虎之心;屠裂天下,吞食生人。暴虐不已,以招楚、漢用兵之苦,甚於戰國之時也。漢二百年而遭王莽之亂,計其殘夷滅亡之數,又復倍乎秦、項矣。以及今日,名都空而不居,百里絶而無民者,不可勝數。此則又甚於亡新之時也。悲夫! 不及五百年,大難三起[20];中間之亂,尚不數焉。變而彌猜[21],下而加酷;推此以往,可及於盡矣。嗟乎! 不知來世聖人救此之道將何用也! 又不知天若窮此之數欲何至邪! ……

論曰:百家之言政者尚矣,大略歸乎寧固根柢、革易時敝也。夫遭運無常,意見偏雜,故是非之論,紛然相乖。嘗試妄論之,以爲世非胥、庭,人乖鼜飲[22];化迹萬肇[23],情故[24]萌生。雖周物之智[25],不能研其推變;山川之奥,未足況其紆險[26];則應俗適事,難以常條。如使用審其道,則殊塗同會[27];才爽其分,則一豪以乖[28]。何以言之? 若夫玄聖[29]御世,則天同極[30],施舍[31]之道,宜無殊典;而損益異運,文朴遞行[32]。用明居晦,回沉[33]於曩時;興戈陳俎[34],參差於上世。及至戴黄屋,服絺衣[35],豐薄不齊,而致化則一。亦有宥公族,黥國儲[36],寬慘巨隔,而防非必同。此其分波而共源,百慮而一致者也。若乃偏情矯用,則枉直必過[37]。故葛屨履霜,敝由崇儉;楚楚衣服,戒在窮賥[38]。疏禁厚下,以尾大陵弱;斂威峻罰,以苛薄分崩[39]。斯《曹》、《魏》之刺[40],所以明乎《國風》;周、秦末軌,所以彰於微滅。故用舍之端,興敗資焉。是以繁簡唯時,寬猛相濟。刑書鑄鼎,事有可祥[41];三章在令,取貴能約[42]。太叔致猛政之褒[43],國子流遺愛之涕[44],宣孟改冬日之和[45],平陽循畫一之法[46],斯實弛張之弘致[47],可以徵其統乎! 數子[48]之言當世失得皆究矣,然多謬通方之訓[49],好申一隅之説。貴清静者,以席上爲腐議;束名實者,以柱下爲誕辭[50]。或推前工之風可行於當年,有引救敝之規宜流於長世。稽之篤論,將爲敝矣! 如以舟無推陸之分[51],瑟非常調之音[52];不限局以疑遠,不拘玄以妨素;則化樞各管其極,理略可得而言與!

——據中華書局 1965 年版《後漢書》,參考原刻本王先謙《後漢書集解》

【解題】

本篇節選自《後漢書》卷四九《王充王符仲長統列傳》。范曄修史,好收文章,好發議論,這兩者在《仲長統傳》中都表現得很突出。傳中全文照錄東漢末思想家仲長統所寫的一篇散文、兩首詩歌、三篇政論,近萬字,而敍述仲長統生平不過三百餘字。然後便在"論"中對仲長統等三人的思想大加非難,做了一篇駢四儷六的華麗文章。這是東晉、南朝史學著作一種風格的表現。

【注釋】

[1] 山陽高平:今山東微山西北。

[2] 尚書令荀彧:尚書令,官名。秦、漢時屬少府,掌管圖籍祕記、章奏及文書等事務。東漢光武帝爲強化王權,命尚書總攬朝廷一切政務,事實上成爲中央最高決策者,而三公職權反只限於承受王命、執行政令。彧音 yù。荀彧(163—212),字文若,東漢潁川潁陰(今河南許昌)人,三國時曹操的謀士,建安中任尚書令。後因反對曹操稱魏公,被迫自殺。

[3] 尚書郎:官名。東漢尚書令、僕射,有尚書六人,分掌公卿、郡國守相、刑法、工程及外國、藩屬等六曹治事。每曹有六人負責起草文書等工作。開始任職時,稱守尚書郎中;任滿一年,稱尚書郎;三年後,稱侍郎。

[4] 獻帝遜位之歲,統卒,時年四十一:公元 220 年,魏曹丕迫漢獻帝讓帝位,建年號爲黃初元年。上溯四十一年,爲公元 180 年,當漢靈帝光和三年。據此,仲長統生卒年爲公元 180—220 年。

[5] 西京董、賈、劉、揚:西京即西漢首都長安。東漢遷都洛陽,稱長安爲西京或西都,後人也常用西京作爲西漢的代稱。董、賈、劉、揚,指西漢四個著名學者:董仲舒、賈誼、劉向、揚雄。

[6] 豪傑之當天命者:謂承受"天命"而做皇帝的人,指開國君主。

[7] 蔚蔚:通鬱鬱,憂愁苦悶貌。

[8] 賁、育:孟賁,戰國時人;夏育,周人;都以勇力聞名。後人常用賁、育作爲勇士的代稱。

[9] 奔其私嗜:嗜,《意林》作情。謂設法滿足個人慾求。

[10] 角觝之觀,……鄭、衛之聲:角觝即摔角,已見本書所選《漢書·食貨志》注[51]。《詩經》中《鄭風》、《衛風》多描寫男女愛悦的詩篇,封建學者認爲是"淫佚之詩",所以後世稱淫邪的樂歌爲"鄭、衛之聲"。

[11]　入則耽於婦人，出則馳於田獵：《意林》作：“入則聘於婦人而不反，出則馳於田獵而不還。”

[12]　澶漫彌流：澶（dàn）漫，縱逸。彌流，瀰漫。謂無休止地胡鬧。

[13]　運徙執去：《意林》作“命移運去”。

[14]　一切：一刀切，比喻整齊。古代常指權宜措施，只管一時有效，不顧其他因素，爲“取一切”。

[15]　茨棘：茨，蒺藜；以茅葦蓋屋也叫茨。棘，野生酸棗，古代形容荒涼的地方，稱棘林。這裏泛指草野。

[16]　徒附：李賢注：“徒，衆也；附，親也。”指東漢後期世族豪强屬下的依附人口，即大地主大貴族私家的農奴。

[17]　廢居：廢，出售。居，囤積。指囤積居奇以逐利，見《史記·平準書》裴駰《集解》引徐廣説。

[18]　琦賂：珍奇財物。

[19]　踢高天，蹐厚地：踢，傴僂着身子。蹐，小步，見《説文》。語出《詩經·小雅·正月》：“謂天蓋高，不敢不局；謂地蓋厚，不敢不蹐。”意思説，儘管天高地厚，但人們處在其中卻總覺得局促不安，時時小心提防。

[20]　大難三起：指秦末、西漢末和東漢末三次爆發農民起義，使封建統治遭到嚴重危機。

[21]　猜：疑懼，憎恨。

[22]　世非胥、庭，人乖鷇飲：胥，赫胥氏；庭，大庭氏，都是傳説中上古的帝號。乖，違背。鷇飲，本指母鳥哺食小鳥，《莊子》中有“聖人鷇居而鷇食”句，説聖人不希求物質享受，居室樸素，飲食簡單。這兩句意思説：時代變了，人的生活慾求也提高了。

[23]　化迹萬肇：化迹，變化的蹤跡，即現象。肇，始。

[24]　情故：事情。

[25]　周物之智：周，遍。謂知識廣博，無物不知。《周易·繫辭上》：“知周乎萬物，而道濟天下，故不過。”

[26]　山川之奧，未足況其紆險：奧通隩，隈、曲。紆（yū），屈曲、盤繞。《莊子·列禦寇》：“凡人心險於山川，難於知天。”

[27] 用審其道，則殊塗同會：謂用人察其所行之"道"，則不同的人材都能為我所用。《周易·繫辭下》："天下何思何慮？天下同歸而殊塗，一致而百慮。天下何思何慮！"

[28] 才爽其分，則一豪以乖：爽，過、差。豪，同毫。謂用人弄錯他本分之"才"，則極小的事也會辦得很荒唐。李賢注引《易緯》："差以毫釐，失之千里。"

[29] 玄聖：《莊子·天道》篇："玄聖素王之道。"按玄聖指孔子，見《後漢書·班彪傳》注。

[30] 則天同極：極，至。謂效法天道而等同天道。

[31] 施舍：李賢注："猶興廢也。"

[32] 損益異運，文朴遞行：《論語·為政》："殷因於夏禮，所損益可知也；周因於殷禮，所損益可知也。"又《雍也》："質勝文則野，文勝質則史。"漢朝今文經學家據此認為，夏、商、周三代的禮樂制度，是一文一質在遞變，象徵天地之道在循環，因而改朝換代後必須損益禮樂服色，以"應天順人"。這是歷史循環論為特色的唯心史觀。朴，即質。

[33] 回沕：回沕(xuè)，也作回穴、洄沕，參錯交互的意思。

[34] 興戈陳俎：興戈，用兵。陳俎，設祭。指所謂國之大事在祀與戎。

[35] 戴黃屋，服絺衣：古代天子的乘車用黃色絹繒做車篷，所以稱戴黃屋。絺衣就是細葛麻所織成的布衣，相傳堯、舜時代天子所服。

[36] 宥公族，黥國儲：宥，赦免。公族，國君的親族。《禮記·文王世子》載：公族犯死罪，議罪已定，有關官吏向國君覆奏三次，國君都説可以赦免。宥公族是説國君執法很輕。黥，古代的刑罰，在臉上刺字。國儲，太子。《史記·秦本紀》載：秦孝公時，商鞅開始變法，法令不行，太子也犯法。商鞅因太子是國君的繼承人，不能處刑，便黥刺他的師、傅，於是法令大行。黥國儲，指秦國執法嚴屬。

[37] 枉直必過：曲直都過正。

[38] 葛屨履霜，敝由崇儉；楚楚衣服，戒在窮黔：《詩經·魏風·葛屨》："糾糾葛屨，可以履霜。"葛屨，一種夏天穿的草鞋；這裏用草鞋踐霜來諷刺魏國君儉嗇而無德行。敝，同弊。蜉蝣，一種羽翼透明、朝生夕死的小蟲。

《詩經·曹風·蜉蝣》："蜉蝣之羽,衣裳楚楚。"用楚楚衣服,諷刺曹國君臣穿着薄如羽翼的美衣,窮奢極侈,而不知死之將至。賒,同奢。

[39] 疏禁厚下,以尾大陵弱;斂威峻罰,以苛薄分崩:疏禁,防制太寬;厚下,封建太廣。説明周代由於諸侯强大,王室衰微,尾大不掉,下强上弱,以至滅亡。斂,聚集;峻,嚴厲。薄,迫,又通暴。説明秦代由於嚴刑峻法,統治苛刻,激起人民反抗,終於瓦解。

[40] 曹、魏之刺:指上引《曹風·蜉蝣》和《魏風·葛屨》。《毛詩序》認爲前者"刺奢",後者"刺褊"。

[41] 刑書鑴鼎,事有可祥:刑書鑴鼎,指春秋時鄭國統治者鑄刑書於鼎;刑書,刑法條文。祥,通詳;事有可祥,説判罪時有詳細的法律條文可爲依據。

[42] 三章在令,取貴能約:三章在令,指漢高祖劉邦初入關時,廢除秦代苛政,約法三章:殺人者死,傷人及盜抵罪。約,簡約。

[43] 太叔致猛政之襃:鄭國子産,爲政寬和,鄭國大治。他病中囑咐子太叔:"我死,子必爲政。唯有德者能以寬服人,其次莫如猛。"猛,嚴峻的意思。子産死後,子太叔當國,初行寬政,失敗,於是繼行猛政。孔子讚美説:"寬以濟猛,猛以濟寬,政是以和。"致,得到;襃,讚美。

[44] 國子流遺愛之涕:國子即子産。孔子聽到子産死,流涕説:"古之遺愛也。"本文説子産遺愛在民,孔子曾爲他的死而流淚。

[45] 宣孟改冬日之和:宣孟即趙盾。盾,晉趙衰子。趙衰爲政寬和,人稱爲冬天的太陽;盾執政,改寬爲嚴,人稱爲夏天的太陽。

[46] 平陽循畫一之法:平陽指漢平陽侯曹參。畫一之法指蕭何所定的法制。《漢書·蕭何曹參傳》:"蕭何爲法,講若畫一;曹參代之,守而勿失。"説曹參繼蕭何爲丞相,不改他的法制。

[47] 弛張之弘致:弛張,《禮記·雜記》:"一張一弛,文武之道也。"後人遂以弛張比喻不偏不倚之道。弘致,大致。

[48] 數子:指王充、王符和仲長統,《後漢書》列入同傳。

[49] 通方之訓:方,道。謂聞道必須廣博的古訓。

[50] 貴清静者,以席上爲腐議;束名實者,以柱下爲誕辭:清静指道家;席上指儒家,《禮記·儒行》有"儒有席上之珍"語。名實指名家;柱下指老子,老

子曾任柱下史。束，拘泥；誕辭，荒誕無稽的言論。説學派不同，對問題的看法也就各異。

[51]　舟無推陸之分：船没有在陸地推行的職能，譬喻古法不施於今，否則勞而無功。

[52]　瑟非常調之音：瑟不鼓一成不變的音調，譬喻今法不合於時，就可改弦更張。

黨錮列傳序〔後漢書卷六七〕(節錄)

孔子曰:"性相近也,習相遠也。"[1]言嗜惡之本同,而遷染之塗異也。夫刻意則行不肆,牽物則其志流。是以聖人導人理性,裁抑宕佚;慎其所與,節其所偏;雖情品萬區,質文異數,至於陶物振俗,其道一也。

叔末[2]澆訛,王道陵缺,而猶假仁以效己,憑義以濟功。舉中於理,則強梁褫氣;片言違正,則廝臺解情。蓋前哲之遺塵有足求者。

霸德既衰,狙詐萌起,彊者以決勝爲雄,弱者以詐劣受屈。至有畫半策而綰萬金,開一説而錫琛瑞[3]。或起徒步而仕執珪,解草衣以升卿相[4]。士之飾巧馳辯,以要能釣利者,不期而景從矣。自是愛尚相奪,與時回變;其風不可留,其敝不能反。

及漢祖仗劍,武夫敦[5]興,憲令寬賒,文禮簡闊。緒餘四豪[6]之烈,人懷陵上之心。輕死重氣,怨惠必讎;令行私庭,權移匹庶。任俠之方,成其俗矣。自武帝以後,崇尚儒學,懷經協術,所在霧會。至有石渠分爭之論[7],黨同伐異之説。守文之徒,盛於時矣。至王莽專僞,終於篡國。忠義之流,恥見纓紳,遂乃榮華丘壑,甘足枯槁。雖中興在運,漢德重開,而保身懷方,彌相慕襲,去就之節,重於時矣。

逮桓、靈之間[8],主荒政謬;國命委於閹寺,士子羞與爲伍。故匹夫抗憤,處士橫議。遂乃激揚名聲,互相題拂;品覈公卿,裁量執政。婞直之風,於斯行矣。夫上好則下必甚,矯枉故直必過[9],其理然矣。若范滂[10]、張儉[11]之徒,清心忌惡,終陷黨議,不其然乎!

初,桓帝爲蠡吾侯,受學於甘陵周福;及即帝位,擢福爲尚書。時同郡河南尹房植,有名當朝,鄉人爲之謠曰:"天下規矩房伯武,因師獲印周仲進。"二家賓客互相譏揣,遂各樹朋徒,漸成尤隙,由是甘陵有南北部。黨人之議,自此始矣。

後汝南太守宗資任功曹范滂,南陽太守成瑨亦委功曹岑晊[12],二郡又爲謠曰：“汝南太守范孟博，南陽宗資主畫諾[13]；南陽太守岑公孝，弘農成瑨但坐嘯[14]。”因此流言轉入太學，諸生三萬餘人，郭林宗[15]、賈偉節[16]爲其冠，並與李膺[17]、陳蕃[18]、王暢[19]更相褒重。學中語曰：“天下模楷李元禮，不畏強禦陳仲舉，天下俊秀王叔茂。”又渤海公族進階、扶風魏齊卿，並危言深論，不隱豪強，自公卿以下，莫不畏其貶議，屣履到門。

時河內張成善說風角[20]，推占當赦，遂教子殺人。李膺爲河南尹，督促收捕。既而逢宥獲免，膺愈懷憤疾，竟案殺之。初，成以方伎交通宦官，帝亦頗誶[21]其占。成弟子牢修因上書誣告膺等養太學遊士，交結諸郡生徒；更相驅馳，共爲部黨；誹訕朝廷，疑亂風俗。於是天子震怒，班下郡國，逮捕黨人，布告天下，使同忿疾，遂收執膺等。其辭所連及陳寔之徒二百餘人，或有逃遁不獲，皆懸金購募。使者四出，相望於道。明年，尚書霍諝、城門校尉竇武[22]並表爲請，帝意稍解，乃皆赦歸田里，禁錮終身，而黨人之名猶書王府。

自是正直廢放，邪枉熾結。海內希風之流，遂共相摽搒，指天下名士，爲之稱號：上曰三君，次曰八俊，次曰八顧，次曰八及，次曰八廚，猶古之八元、八凱[23]也。竇武、劉淑[24]、陳蕃爲三君；君者，言一世之所宗也。李膺、荀昱、杜密、王暢、劉祐、魏朗、趙典、朱寓爲八俊；俊者，言人之英也。郭林宗、宗慈、巴肅、夏馥、范滂、尹勳、蔡衍、羊陟爲八顧；顧者，言能以德行引人者也。張儉、岑晊、劉表、陳翔、孔昱、苑康、檀敷、翟超爲八及；及者，言其能導人追宗者也。度尚、張邈、王考、劉儒、胡母班、秦周、蕃嚮、王章爲八廚；廚者，言能以財救人者也。

又張儉鄉人朱竝，承望中常侍侯覽[25]意旨，上書告儉與同鄉二十四人，別相署號，共爲部黨，圖危社稷；以儉及檀彬、褚鳳、張肅、薛蘭、馮禧、魏玄、徐乾爲八俊，田林、張隱、劉表、薛郁、王訪、劉祇、宣靖、公緒恭爲八顧，朱楷、田槃、疏耽、薛敦、宋布、唐龍、嬴咨、宣襃爲八及，刻石立壇[26]，共爲部黨，而儉爲之魁。靈帝詔刊章捕儉等，大長秋曹節[27]因此諷有司奏捕前黨。故司空虞放、太僕杜密、長樂少府李膺、司隸校尉朱寓、潁川太守巴肅、沛相荀昱、河內太守魏朗、山陽太守翟超、任城相劉儒、太尉掾范滂等百餘人，皆死獄中。餘或先歿不及，或亡命獲免。自此諸爲怨隙者，因相陷害，睚眦之忿，濫入黨中。又州郡承旨，或有未嘗交關[28]，亦離[29]禍毒。其死徙廢禁者，

六、七百人。

熹平五年[30]，永昌太守曹鸞上書，大訟[31]黨人，言甚方切。帝省奏大怒，即詔司隸、益州檻車收鸞，送槐里[32]獄掠殺之。於是又詔州郡，更考黨人門生、故吏、父子、兄弟，其在位者，免官禁錮，爰及五屬[33]。光和二年[34]，上禄長和海上言：“禮：從祖兄弟，別居異財，恩義已輕，服屬疏末。而今黨人錮及五族，既乖典訓之文[35]，有謬經常之法。”帝覽而悟之，黨錮自從祖以下，皆得解釋。中平元年[36]，黃巾賊起，中常侍呂彊言於帝曰：“黨錮久積，人情多怨，若久不赦宥，輕與張角合謀，爲變滋大，悔之無救。”帝懼其言，乃大赦黨人；誅徙之家，皆歸故郡。其後，黃巾遂盛，朝野崩離，綱紀文章蕩然矣。

凡黨事始自甘陵、汝南，成於李膺、張儉，海內塗炭，二十餘年；諸所蔓衍，皆天下善士。三君、八俊等三十五人，其名迹存者，並載乎篇。……

——據中華書局 1965 年版《後漢書》，參考原刻本王先謙《後漢書集解》

【解題】

本篇節選自《後漢書》卷六七《黨錮列傳》。《後漢書》比《史記》、《漢書》更注重人物分類，本篇就是明顯的例證。東漢後期，外戚宦官把持政權，造成政治上的極端黑暗。他們屢興黨錮之獄，打擊和陷害重視“氣節”的士大夫，以箝制社會輿論。范曄的這篇序，便集中暴露了東漢後期社會矛盾尖銳化的一個側面。由此也可見“類傳”的好處。

【注釋】

［1］　孔子曰……習相遠也：語見《論語·陽貨》篇。

［2］　叔末：伯仲叔季原是長幼次序，引申爲前後之義。叔末即叔世、末期的意思。這裏指東周王室衰微、諸侯爭霸的春秋時期。

［3］　畫半策而綰萬金，開一說而錫琛瑞：綰(wǎn)，繫。琛瑞，寶玉。指策士們貢獻小小一點策略或主張，就得到國君極厚的賞賜。如蘇秦説趙王，賜白璧百雙、黃金百鎰(一鎰二十四兩)；虞卿見趙王，賜白璧一雙、黃金

百鎰。事見《史記》和《戰國策》。

［４］ 徒步而仕執珪,解草衣以升卿相:説由平民一下子就升任高官。執珪本
楚爵,漢初沿用。功臣賜珪,故稱。如莊舃,楚惠王説他是越之鄙細人,
後仕楚,執珪而富貴;范睢、蔡澤都以平民而爲卿相。

［５］ 欬:同勑。迅速,突然。

［６］ 四豪:指戰國四公子:魏信陵君魏無忌、趙平原君趙勝、楚春申君黃歇、
齊孟嘗君田文。

［７］ 石渠分争之論:漢宣帝甘露三年(前51),會集諸儒於石渠閣,講論五經
異同,由太子太傅蕭望之等評議,奏上宣帝親自決定。石渠閣,未央殿北
藏書的地方。

［８］ 桓、靈之間:桓,漢桓帝劉志,在位二十一年(147—167);靈,漢靈帝劉宏,
在位二十二年(168—189)。桓、靈時期,政治腐敗,黃巾起義,漢室已接
近衰亡。

［９］ 矯枉故直必過:語源《漢書·諸侯王表》"可謂撟枉而過其正矣"。撟同
矯。後約爲"矯枉過正"成語。

［10］ 范滂:字孟博,東漢汝南征羌(今河南偃城縣東南)人。任汝南太守宗資
的屬吏,壓抑豪强,疾惡如仇;並與太學生結交,反對宦官。桓帝延熹九
年(166),與李膺同時被捕。次年,釋放還鄉,路過南陽,當地士大夫前來
迎接的,有車數千輛。靈帝建寧二年(169),再度被捕,死獄中。

［11］ 張儉:字元節,東漢山陽高平(今山東微山西北)人。任山陽東部督郵,劾
宦官侯覽,没收他的資財,爲太學生所敬仰。靈帝建寧二年(169),宦官
大捕反對他們的官員,他逃亡出塞,沿途人爭相隱匿。獻帝初,任衛尉,
不久,死。

［12］ 岑旺:東漢棘陽(今河南新野縣東北)人。曾勸太守成瑨捕殺富商張氾。
瑨下獄,旺逃亡齊、魯間。後被赦,徵召都不就。到黨錮事起,又逃匿
而終。

［13］ 南陽宗資主畫諾:畫諾,上級簽字同意實施某項措施。大意謂:汝南郡
的重要政務,都由范滂(孟博)決策,他才是實際上的太守;宗資僅僅畫押
簽字,徒有虛名。

[14] 弘農成瑨但坐嘯：坐嘯，閒坐嘯詠，無所事事。大意謂：南陽郡的重要政務，都是岑晊(公孝)一手包辦；成瑨不過是名義上的太守，只知道整天閒坐嘯詠。

[15] 郭林宗：郭泰字林宗，東漢太原介休(今山西介休縣)人。是當時太學生首領，不就官府的徵召，有名於世。後歸鄉里，諸儒送行，車數千輛。黨錮事起，他閉門教授，弟子達數千人。

[16] 賈偉節：賈彪之字。彪，東漢潁川(今河南禹縣)定陵人。初仕州郡，任新息長。黨錮事起，説竇武等援救黨人。終因黨禁卒於家。

[17] 李膺：字元禮，東漢潁川襄城(今河南襄城縣)人。桓帝時，官河南尹，與郭泰等結交；反對宦官專權。延熹九年(166)，宦官誣告他們結黨誹謗朝廷，被逮入獄。釋放後，禁錮終身。靈帝立，外戚竇武執政，起用為長樂少府，與陳蕃等謀誅宦官失敗，死在獄中。

[18] 陳蕃：字仲舉，東漢汝南平輿(今河南平輿北)人。桓帝時，任太尉，和李膺等反對宦官專權，為太學生所敬重。靈帝立，任太傅，封高陽侯。與外戚竇武謀誅宦官，事泄，被殺。

[19] 王暢：字叔茂，東漢高平(今山東微山西北)人。因陳蕃薦，任南陽太守，提倡儉約，壓抑豪族。後遷司空，因水災免官。

[20] 風角：古代占卜的一種迷信，占候四方、四隅的風，以測吉凶。

[21] 諉(suì)：問。

[22] 竇武：字游平，東漢扶風平陵(今陝西咸陽西北)人。女為桓帝皇后。桓帝死，迎立靈帝，任大將軍，封聞喜侯，掌握朝政。他同太學生聯結，並起用李膺等人。建寧元年(168)，與陳蕃謀誅宦官，事泄，被殺。

[23] 八元、八凱：相傳古時高辛氏有後代八人，英明誠懇，稱為八元；高陽氏有後代八人，忠厚慈和，稱為八凱。元，非常善良；凱，和樂、和善義。

[24] 劉淑：字仲承，東漢河間樂成(今河北獻縣東南)人。初隱居講授。桓帝時被召，對策第一。任侍中、虎賁中郎將，上疏請罷宦官，措辭切直。靈帝時，宦官誣他和竇武通謀，被捕下獄，自殺。

[25] 中常侍侯覽：中常侍，官名。在秦、西漢時，本是列侯至郎中的加官，從侍皇帝左右；東漢時，專用宦官充任，掌傳達詔令和處理文書，權力很大。

初禄千石,後增至比二千石。侯覽,東漢山陽防東(今山東金鄉西)人。桓帝初,任中常侍,後封高鄉侯。他大受賄賂,奪人田宅,放縱僕從,欺凌百姓。擁有宅第十六所,建築樓臺池苑,仿效皇宮制度。靈帝初,被劾,自殺。

[26] 墠:通壇,古代舉行結盟等儀式時的祭神場所。

[27] 大長秋曹節:大長秋,漢官名,侍奉皇后,或用宦者,或用士人,秩二千石。曹節是宦者。

[28] 交關:如説"交通"。

[29] 離:罹、遭。

[30] 熹平五年:熹平,東漢靈帝劉宏第二年號。熹平五年,當公元 176 年。

[31] 訟:上書給人伸冤。

[32] 槐里:漢縣名,在今陝西興平東南。

[33] 五屬:即後文"錮及五族"的"五族"。五族,指喪服中的五種親族,分斬衰、齊衰、大功、小功、緦麻五等。

[34] 光和二年:光和,靈帝第三年號。光和二年,當公元 179 年。

[35] 典訓之文:典訓指《康誥》。《左傳》昭公二十年有"在《康誥》曰'父子兄弟,罪不相及'"句。按今本《尚書·康誥》無此文,是齊大夫苑何忌概括《康誥》文義而這樣説的。

[36] 中平元年:中平,靈帝第四年號。中平元年,當公元 184 年。

諸 葛 亮 傳 〔三國志卷三五蜀志五〕（節錄）

　　諸葛亮字孔明，琅邪陽都[1]人也。漢司隸校尉諸葛豐後也。父珪，字君貢，漢末爲太山郡丞。亮早孤，從父玄爲袁術所署豫章太守[2]，玄將亮及亮弟均之官。會漢朝更選朱皓代玄，玄素與荆州牧劉表[3]有舊，往依之。玄卒，亮躬耕隴畝，好爲《梁父吟》[4]。身長八尺，每自比於管仲、樂毅[5]，時人莫之許也。惟博陵崔州平、潁川徐庶元直[6]與亮友善，謂爲信然。

　　時先主屯新野[7]。徐庶見先主，先主器之，謂先主曰：“諸葛孔明者，臥龍也[8]，將軍豈願見之乎？”先主曰：“君與俱來。”庶曰：“此人可就見，不可屈致也。將軍宜枉駕顧之。”由是先主遂詣亮。凡三往，乃見。因屏人，曰：“漢室傾頹，姦臣竊命[9]，主上蒙塵[10]。孤不度德量力，欲信[11]大義於天下，而智術淺短，遂用猖獗，至于今日，然志猶未已。君謂計將安出？”亮答曰[12]：“自董卓[13]已來，豪傑並起，跨州連郡者不可勝數。曹操比於袁紹[14]，則名微而衆寡，然操遂能克紹，以弱爲彊者，非惟天時，抑亦人謀也。今操已擁百萬之衆，挾天子而令諸侯，此誠不可與爭鋒。孫權據有江東，已歷三世[15]，國險而民附，賢能爲之用，此可與爲援而不可圖也。荆州北據漢、沔，利盡南海，東連吳、會，西通巴、蜀；此用武之國，而其主不能守。此殆天所以資將軍，將軍豈有意乎？益州[16]險塞，沃野千里，天府之土，高祖因之以成帝業。劉璋[17]闇弱，張魯[18]在北，民殷國富而不知存卹，智能之士思得明君。將軍既帝室之胄[19]，信義著於四海，總攬英雄，思賢如渴。若跨有荆、益，保其巖阻；西和諸戎，南撫夷越；外結好孫權，內脩政理；天下有變，則命一上將將荆州之軍以向宛、洛[20]，將軍身率益州之衆出於秦川[21]，百姓孰敢不簞食壺漿[22]以迎將軍者乎！誠如是，則霸業可成，漢室可興矣。”先主曰：“善！”於是與亮情好日密。關羽、張飛[23]等不悅，先主解之曰：“孤之有孔明，猶魚之有水也。願諸君勿復言。”羽、飛乃止。

　　劉表長子琦，亦深器亮。表受後妻之言，愛少子琮，不悅於琦。琦每欲與亮謀自安之術,亮輒拒塞,未與處畫。琦乃將亮游觀後園,共上高樓,飲宴之間,令人去梯,因謂亮曰:"今日上不至天,下不至地,言出子口,入於吾耳,可以言未?"亮答曰:"君不見申生在內而危、重耳在外而安乎[24]?"琦意感寤,陰規出計。會黃祖死,得出,遂爲江夏[25]太守。俄而表卒,琮聞曹公來征,遣使請降。先主在樊[26]聞之,率其衆南行,亮與徐庶並從,爲曹公所追破,獲庶母。庶辭先主而指其心曰:"本欲與將軍共圖王霸之業者,以此方寸之地[27]也。今已失老母,方寸亂矣,無益於事,請從此別。"遂詣曹公。

先主至於夏口[28],亮曰:"事急矣,請奉命求救於孫將軍。"時權擁軍在柴桑[29],觀望成敗,亮說權曰:"海內大亂,將軍起兵據有江東,劉豫州[30]亦收衆漢南,與曹操並爭天下。今操芟夷大難[31],略已平矣,遂破荊州,威震四海。英雄無所用武,故豫州遁逃至此。將軍量力而處之:若能以吳、越之衆與中國抗衡,不如早與之絕;若不能當,何不案兵束甲、北面而事之!今將軍外託服從之名,而內懷猶豫之計,事急而不斷,禍至無日矣!"權曰:"苟如君言,劉豫州何不遂事之乎?"亮曰:"田橫,齊之壯士耳,猶守義不辱[32];況劉豫州,王室之胄,英才蓋世,衆士慕仰,若水之歸海;若事之不濟,此乃天也,安能復爲之下乎!"權勃然曰:"吾不能舉全吳之地、十萬之衆,受制於人。吾計決矣!非劉豫州莫可以當曹操者。然豫州新敗之後,安能抗此難乎?"亮曰:"豫州軍雖敗於長阪[33],今戰士還者及關羽水軍精甲萬人,劉琦合江夏戰士亦不下萬人。曹操之衆,遠來疲弊,聞追豫州,輕騎一日一夜行三百餘里。此所謂'彊弩之末,勢不能穿魯縞'[34]者也。故兵法忌之,曰:'必蹶上將軍[35]。'且北方之人,不習水戰。又荊州之民附操者,偪兵勢耳,非心服也。今將軍誠能命猛將統兵數萬,與豫州協規同力,破操軍必矣。操軍破,必北還。如此,則荊、吳之勢彊,鼎足之形成矣。成敗之機,在於今日。"權大悅,即遣周瑜、程普、魯肅[36]等水軍三萬,隨亮詣先主,并力拒曹公。曹公敗於赤壁[37],引軍歸鄴[38]。先主遂收江南,以亮爲軍師中郎將,使督零陵、桂陽、長沙三郡,調其賦稅,以充軍實。

建安十六年[39],益州牧劉璋遣法正[40]迎先主,使擊張魯。亮與關羽鎮荊州。先主自葭萌[41]還攻璋,亮與張飛、趙雲[42]等率衆泝江,分定郡縣,與先主共圍成都。成都平,以亮爲軍師將軍,署左將軍府事。先主外出,亮常鎮守成都,足食足兵。二十六年[43],羣下勸先主稱尊號,先主未許。亮説曰:"昔吳漢、耿弇[44]等初勸世祖[45]即帝位,世祖辭讓,前後數四。耿純[46]進言曰:'天下英雄喁喁,冀有所望;如不從議者,士大夫各歸求主,無爲從公也。'世祖感純言深至,遂然諾之。今曹氏篡漢,天下無主;大王,劉氏苗族,紹世而起,今即帝位,乃其宜也。士大夫隨大王久勤苦者,亦欲望尺寸之功如純言耳。"先主於是即帝位,策亮爲丞相,曰:"朕遭家不造,奉承大統,兢兢業業,不敢康寧,思靖百姓,懼未能綏。於戲[47]!丞相亮其悉朕意,無怠輔朕之闕,助宣重光,以照明天下。君其勖哉!"亮以丞相録尚書事,假節。張飛卒後,領司隸校尉。

章武三年[48]春,先主於永安[49]病篤,召亮於成都,屬以後事,謂亮曰:"君才十倍曹丕,必能安國,終定大事。若嗣子[50]可輔,輔之;如其不才,君可自取。"亮涕泣曰:"臣敢竭股肱之力,效忠貞之節,繼之以死!"先主又爲詔敕後主曰:"汝與丞相從事,事之如父。"

建興元年[51],封亮武鄉侯,開府治事[52]。頃之,又領益州牧。政事無巨細,咸決於亮。南中諸郡[53],並皆叛亂,亮以新遭大喪,故未便加兵。且遣使聘吳,因結和親,遂爲與國。

三年春,亮率衆南征[54];其秋,悉平。軍資所出,國以富饒,乃治戎講武,以俟大舉。五年,率諸軍北駐漢中,臨發,上疏曰[55]:

先帝創業未半而中道崩殂,今天下三分,益州疲弊,此誠危急存亡之秋也。然侍衛之臣不懈於内,忠志之士忘身於外者,蓋追先帝之殊遇,欲報之於陛下也。誠宜開張聖聽,以光先帝遺德,恢弘志士之氣,不宜妄自菲薄,引喻失義,以塞忠諫之路也。宮中、府中[56],俱爲一體,陟罰臧否,不宜異同。若有作姦犯科及爲忠善者,宜付有司論其刑賞,以昭陛下平明之理,不宜偏私,使内外異法也。侍中、侍郎郭攸之、費禕、董允[57]等,此皆良實,志慮忠純,是以先帝簡拔以遺陛下。愚以爲宮中之事,事無大小,悉以咨之,然後施行,必能裨補闕漏,有所廣益。將軍向寵[58],性行淑均[59],曉暢軍事,試用於昔日,先帝稱之曰能,是以衆議舉寵爲督。愚以爲營中之事,悉以咨之,必能使行陣和睦,優劣得所。

親賢臣,遠小人,此先漢所以興隆也;親小人,遠賢臣,此後漢所以傾頹也。先帝在時,每與臣論此事,未嘗不歎息痛恨於桓、靈[60]也。侍中、尚書、長史、參軍[61],此悉貞良死節之臣,願陛下親之、信之,則漢室之隆可計日而待也。

臣本布衣,躬耕於南陽,苟全性命於亂世,不求聞達於諸侯。先帝不以臣卑鄙,猥自枉屈,三顧臣於草廬之中,諮臣以當世之事。由是感激,遂許先帝以驅馳。後值傾覆,受任於敗軍之際,奉命於危難之間,爾來二十有一年矣。先帝知臣謹慎,故臨崩寄臣以大事也。受命以來,夙夜憂歎,恐託付不效,以傷先帝之明。故五月渡瀘,深入不毛[62]。今南方已定,兵甲已足,當獎率三軍,北定中原。庶竭駑鈍,攘除姦凶,興復漢室,還于舊都。此臣所以報先帝而忠陛下之職分也。

至於斟酌損益,進盡忠言,則攸之、褘、允之任也。願陛下託臣以討賊興復之效;不效,則治臣之罪,以告先帝之靈。〔若無興德之言,則〕[63]責攸之、褘、允等之慢,以彰其咎。陛下亦宜自謀,以諮諏[64]善道,察納雅言。深追先帝遺詔,臣不勝受恩感激。今當遠離,臨表涕零,不知所言。

遂行,屯於沔陽[65]。

六年春,揚聲由斜谷道[66]取郿,使趙雲、鄧芝[67]為疑軍,據箕谷[68],魏大將軍曹真舉衆拒之。亮身率諸軍攻祁山[69],戎陳整齊,賞罰肅而號令明,南安、天水、安定三郡[70]叛魏應亮,關中響震。魏明帝西鎮長安,命張郃[71]拒亮,亮使馬謖[72]督諸軍在前,與郃戰於街亭[73]。謖違亮節度,舉動失宜,大為郃所破。亮拔西縣[74]千餘家,還於漢中,戮謖以謝衆。上疏曰:"臣以弱才,叨竊非據[75]。親秉旄鉞以厲三軍,不能訓章明法,臨事而懼,至有街亭違命之闕,箕谷不戒之失[76]。咎皆在臣,授任無方。臣明不知人,恤事多闇,《春秋》責帥,臣職是當。請自貶三等,以督厥咎。"於是以亮為右將軍,行丞相事,所總統如前。

冬,亮復出散關,圍陳倉[77],曹真拒之,亮糧盡而還。魏將王雙率騎追亮,亮與戰,破之,斬雙。七年,亮遣陳式攻武都、陰平[78]。魏雍州刺史郭淮

率衆欲擊式,亮自出至建威[79],淮退還,遂平二郡。詔策亮曰:"街亭之役,
咎由馬謖;而君引愆,深自貶抑。重違君意,聽順所守。前年燿師,馘斬王
雙;今歲爰征,郭淮遁走;降集氐、羌,興復二郡;威鎮凶暴,功勳顯然。方今
天下騷擾,元惡[80]未梟,君受大任,幹國之重,而久自挹損,非所以光揚洪烈
矣。今復君丞相,君其勿辭。"

九年,亮復出祁山,以木牛運,糧盡退軍,與魏將張郃交戰,射殺郃。十
二年春,亮悉大衆由斜谷出,以流馬運,據武功五丈原[81],與司馬宣王[82]對
於渭南。亮每患糧不繼,使己志不申,是以分兵屯田,爲久駐之基。耕者雜
於渭濱居民之間,而百姓安堵,軍無私焉。相持百餘日。其年八月,亮疾病,
卒于軍,時年五十四[83]。及軍退,宣王案行其營壘處所,曰:"天下奇才也!"

亮遺命葬漢中定軍山[84],因山爲墳,冢足容棺,斂以時服,不須器物。
詔策曰:"惟君體資文武,明叡篤誠。受遺託孤,匡輔朕躬。繼絕興微,志存
靖亂。爰整六師,無歲不征。神武赫然,威鎮八荒[85]。將建殊功於季漢,參
伊、周[86]之巨勳。如何不弔,事臨垂克,遘疾隕喪!朕用傷悼,肝心若裂。
夫崇德序功,紀行命諡,所以光昭將來,刊載不朽。今使使持節[87]左中郎將
杜瓊贈君丞相武鄉侯印綬,諡君爲忠武侯。魂而有靈,嘉茲寵榮。嗚呼哀
哉!嗚呼哀哉!"

初,亮自表後主曰:"成都有桑八百株,薄田十五頃,子弟衣食自有餘饒。
至於臣在外任,無別調度,隨身衣食,悉仰於官,不別治生,以長尺寸。若臣
死之日,不使內有餘帛,外有贏財,以負陛下。"及卒,如其所言。

亮性長於巧思,損益連弩,木牛流馬[88],皆出其意。推演兵法,作八陣
圖[89],咸得其要云。亮言教書奏多可觀,別爲一集[90]。

景耀六年[91]春,詔爲亮立廟於沔陽。秋,魏鎮西將軍鍾會征蜀,至漢
川,祭亮之廟,令軍士不得於亮墓所左右芻牧樵採。……

評曰:諸葛亮之爲相國也,撫百姓,示儀軌;約官職,從權制;開誠心,佈
公道。盡忠益時者雖讐必賞,犯法怠慢者雖親必罰;服罪輸情者雖重必釋,
游辭巧飾者雖輕必戮。善無微而不賞,惡無纖而不貶。庶事精練,物理其
本;循名責實,虛僞不齒。終於邦域之內咸畏而愛之。刑政雖峻而無怨者,
以其用心平而勸戒明也。可謂識治之良才,管、蕭[92]之亞匹矣。然連年動

衆,未能成功,蓋應變將略,非其所長歟?

——據《百衲本二十四史》版《三國志》,參考中華書局 1959 年版《三國志》

【解題】

《三國志》是記載魏、蜀、吳三國鼎立時期歷史的著作,西晉陳壽撰。

《三國志》成書以前,三國中魏、吳二國都曾修史,如王沈的《魏書》、韋昭的《吳書》;魏魚豢也曾私撰《魏略》。蜀亡後,譙周曾撰《蜀本紀》;陳壽本人也曾仕蜀,入晉後,撰有記錄蜀漢地方豪族的《益都耆舊傳》,並編定《諸葛亮集》。晉武帝太康元年(280)滅吳後,南北統一,陳壽於是開始整理三國歷史,分別撰成《魏書》三十篇、《蜀書》十五篇、《吳書》二十篇,共六十五篇。其中《魏書》有紀、傳,蜀、吳二書僅有列傳,但都沒有表、志。它在斷代史中別創一格,和以前的《史記》、《漢書》,以後撰成的《後漢書》,合稱《四史》。成書時間大約在晉惠帝元康元年(291)以前,歷時十年左右。但直到陳壽死後才流傳。

三國鼎立時間雖然不長,然而政治分裂,割據蠭起,戰禍相繼,社會混亂,有關記載雖多,但缺乏全面的實錄。陳壽能在這些複雜紛紜、相互矛盾的記述中,參訂異同,考覈史實,清理出一部頭緒清楚、文筆簡要、比較系統的史著,給後人研究這一時期的歷史帶來了頗大便利。《三國志》採擇的面較廣,不僅爲當時政治、軍事等方面重要人物立傳,還注意到在學術思想、文化藝術、醫卜星算方面有影響的人物,關心到不少特殊的社會歷史問題。在編寫方法上,由於受到當時統治階級以九品品評人物的影響,《三國志》比《史記》、《漢書》更注意按人物事蹟行爲分類,雖然沒有像以後的范曄《後漢書》那樣嚴格,但實際每一列傳記敍的人物都是以類相從。

陳壽死後,范頵等上表說:"陳壽作《三國志》,辭多勸誡,明乎得失,有益風化。"(《晉書》本傳)本書中許多地方都假借所謂"爲尊者諱"的《春秋》筆法,不惜歪曲歷史真相,爲封建統治者的"過惡"迴護。如作者爲了諱飾西晉統治者篡奪曹魏帝位的事實,便在書中詳細記載了曹操、曹丕被進爵封國、賜劍履、加九錫以及漢獻帝"禪位"的詔册等。這種所謂"書法",還表現在兩國交兵時,諱敗誇勝,以致同一事件在不同紀傳的記載中自相矛盾。《三國志》中沒有表、志,內容過分簡略,許多重要事實缺而不錄,舊史中已有的記載也被過多刪削,各傳內容繁簡不一,時有脫誤失實之處,這些也都引起後代許多史家的非議。

注釋《三國志》的,除裴松之外,清代學者萬斯同、杭世駿、洪亮吉、趙一清、沈欽韓、姚振宗等都作過補注或補表志工作。近人盧弼撰有《三國志集解》一書,兼採各家研究成果,在考證地理方面有特色。中華書局排印出版的校點本《三國志》,用宋明善本互校,改正了以往通行本的許多錯訛,可參考。

　　《諸葛亮傳》,節選自《三國志》卷三五《蜀書》五。魏、晉史學家,好批評歷史人物長短,傳記敍事刻意描摹人物的個性和特長,本篇便是一例。作者認爲諸葛亮是"識治之良才",全篇就圍繞這一評定,記敍三國時著名的政治家諸葛亮的一生。但材料取捨,也因而失之於偏。如反映諸葛亮"鞠躬盡瘁,死而後已"的忠誠品格的《後出師表》,以及諸葛亮注意開發西南地區而採取的提高生產和技術水平的某些措施,傳中便或略或簡。

　　陳壽(233—297),字承祚,巴西安漢(今四川南充)人。少時師事同郡學者譙周,精研《史》、《漢》,又善寫文章。蜀漢未亡時,任蜀國觀閣令史,因不肯附和擅權專政的宦官黃皓,屢被譴黜。到了晉朝,司空張華愛他的才華,薦爲佐著作郎,出補平陽侯相。武帝泰始十年(274),編成《諸葛亮集》二十四篇,復入朝任著作郎,仍兼本郡中正。武帝太康元年(280)開始編著《三國志》(據《華陽國志》及劉知幾《史通》説)。完稿後,頗被時人讚賞;據説夏侯湛因爲見了壽書,便把自己正在撰著的《魏書》銷燬了。張華準備薦他任中書郎,但因荀勖排擠,出爲長廣(治今山東嶗山縣北)太守,辭不就。後來,由於杜預的推薦,任御史治書(即治書侍御史),又因爲不扶繼母喪返鄉歸葬父塋,被時人貶議。後被起用爲太子中庶子。晉惠帝元康七年(297)病卒,年六十五。著作除《三國志》外,還有《益都耆舊傳》、《古國志》等。傳見《晉書》卷八二及《華陽國志》卷一一。

【注釋】

[1]　陽都:今山東沂水南。

[2]　袁術所署豫章太守:袁術,字公路,東漢末先後割據在今河南南陽和今皖北到蘇北一帶,曾自稱皇帝,後被曹操所破。豫章,漢郡名,治所在今江西南昌。

[3]　荆州牧劉表:漢時荆州包括今湖北、湖南區域,東漢末治所在今湖北襄陽。劉表,字景升,東漢末割據荆州,地方千里,甲兵十餘萬,是當時的強大勢力。

[4]　亮躬畊隴畝,好爲梁父吟:諸葛亮未輔助劉備前,隱居於湖北襄陽縣西隆

中山,耕作自給。躬,親自;畎同耕。《梁父吟》,古歌謠名。父或作甫。梁甫本山名,在今山東泰安東南。

[5] 管仲、樂毅:管仲,名夷吾,春秋時齊人。齊桓公時爲相,輔佐桓公建立霸業。樂毅,戰國時中山國人。燕昭王時名將,曾率趙、楚、韓、魏、燕五國聯軍伐齊,大破齊軍,連下七十餘城。

[6] 博陵崔州平、潁川徐庶元直:博陵,東漢郡名,治所在今河北蠡縣南。崔州平,名不詳,州平是字。潁川,漢郡名,治所在今河南禹縣。徐庶,本名福,字元直,出身寒家,三國魏時曾任右中郎將、御史中丞。

[7] 先主屯新野:先主,指劉備。新野,漢縣名,在今河南新野。

[8] 諸葛孔明者,臥龍也:劉備訪司馬德操問世事,德操説:"儒生俗士豈識時務;識時務者在乎俊傑。此間自有伏龍、鳳雛。"備問是誰。德操説:"諸葛孔明、龐士元(統)也。"見裴松之注引《襄陽記》。

[9] 姦臣竊命:姦臣指曹操。當時曹操"挾天子以令諸侯",所以説他竊命。

[10] 主上蒙塵:主上指漢獻帝;蒙塵説皇帝遭難出奔。漢朝兩京爲長安和洛陽,但曹操却迫獻帝遷到自己勢力範圍內的許昌。

[11] 信:同伸。

[12] 亮答曰……:以下一段就是著名的"隆中對"。

[13] 董卓:字仲穎,東漢末軍閥,靈帝死後,率軍入洛陽,廢少帝,立獻帝。各地起兵反對,開始軍閥混戰。

[14] 袁紹:字本初,袁術兄,東漢末割據冀、青、幽、并四州,是當時最強大的勢力;公元200年官渡之戰中,被曹操打敗。

[15] 已歷三世:指從孫堅割據江東,傳子策,策又傳弟權,已經過三世。

[16] 益州:漢時包括今川、滇、黔大部分地區和今陝、甘等部分地區。

[17] 劉璋:字季玉,東漢末繼其父劉焉爲益州牧,割據今四川,後地盤被劉備奪取。

[18] 張魯:字公祺,東漢末天師道首領,割據漢中三十年,後被曹操攻破。

[19] 帝室之胄:胄作後代、後裔解。劉備是漢景帝子中山靖王劉勝的後代。

[20] 宛、洛:宛,漢縣名,今河南南陽。洛,今河南洛陽。

[21] 秦川:今陝西、甘肅、秦嶺以北平原地帶,因春秋、戰國時地屬秦國而

得名。

[22] 簞食壺漿：語見《孟子·梁惠王篇》。簞（dān），圓形的小籃。

[23] 關羽、張飛：都是從劉備起兵的蜀漢名將。關羽字雲長，河東解（今山西
臨猗）人。張飛字益德，涿郡（治今河北涿縣）人。

[24] 君不見申生在内而危、重耳在外而安乎：申生，晉獻公的太子，被獻公的
寵姬驪姬所譖害，自縊死。獻公子重耳懼讒出奔，在外流亡十九年，後返
國爲晉侯，即晉文公。事見《左傳》。

[25] 江夏：漢郡名，東漢治所在西陵（今湖北麻城南）。

[26] 樊：今湖北樊城。

[27] 方寸之地：指心胸。下文徐庶因失去母親，說“方寸亂矣”，即心意已亂。

[28] 夏口：今湖北漢口。

[29] 柴桑：漢縣名，今江西九江西南。

[30] 劉豫州：即劉備。漢獻帝建安元年（196），吕布攻劉備，劉備投奔曹操，曹
操以劉備爲豫州牧，所以稱劉豫州。

[31] 芟夷大難：芟（shān），除草；夷，平。謂曹操這時已平定袁術、吕布和袁
紹等。

[32] 田横……猶守義不辱：田横，田齊的宗族。漢高祖四年（前203），田横曾
一度據有齊地，稱齊王。西漢統一後，田横率領部下五百人避居海島。
高祖派人召田横入朝，横到洛陽附近自殺。島上五百人得到消息後，也
都自殺。

[33] 長阪：地名，在今湖北當陽東北，建安十三年（208），曹操追擊劉備至此。

[34] 彊弩之末，勢不能穿魯縞：語出《史記·韓長孺列傳》，原作“强弩之極，矢
不能穿魯縞”。謂强弩發出的箭，開始雖然强勁有力，足以破堅，但快到
落地時，連魯縞也穿不過。魯縞是魯地出産的絹，以質薄著名。

[35] 必蹶上將軍：《孫子·軍爭篇》：“是故卷甲而趨，日夜不處，倍道兼
行，……五十里而争利，則蹶上將軍。”說曹軍日夜追趕劉備，兵力疲弊，
必遭挫敗，所以說“兵法忌之”。

[36] 周瑜、程普、魯肅：都是三國吳名將。周瑜，字公瑾，盧江舒（今安徽盧江
西南）人。程普，字德謀，右北平土垠（今河北豐潤東南）人，魯肅，字子

敬,臨淮東城(今安徽定遠東南)人。

[37] 赤壁:山名,即今湖北武昌縣西赤磯山,説見劉宋盛弘之《荆州記》,北魏酈道元《水經注》江水注;或説即今湖北蒲圻縣西北赤壁山,説見唐李吉甫《元和郡縣志》。

[38] 鄴:古都邑名,故址在今河北臨漳西南鄴鎮、三臺村迤東一帶。曹操爲魏王,都於此。

[39] 建安十六年:建安,漢獻帝年號。建安十六年,當公元211年。

[40] 法正:字孝直,右扶風郿(今陝西郿縣)人,初依劉璋,後向劉備獻策取蜀,成爲蜀漢要人,官至尚書令。

[41] 葭萌:漢縣名,今四川廣元西南。

[42] 趙雲:蜀漢名將。字子龍,常山真定(今河北正定)人。

[43] (建安)二十六年:建安二十五年(220),曹丕已廢漢獻帝,自立爲魏帝,年號黃初。但劉備於次年仍用獻帝年號,所以説建安二十六年。

[44] 吳漢、耿弇:都是西漢末劉秀部下主要將領。吳漢,字子顏,南陽宛人。耿弇,字伯昭,右扶風茂陵(今陝西興平東北)人。

[45] 世祖:東漢光武帝劉秀的廟號。

[46] 耿純:劉秀部下主要將領之一,字伯山,鉅鹿(今河北平鄉西南)人。

[47] 於戲:即鳴呼,歎詞。古書作於戲,後作烏呼,又作鳴呼。

[48] 章武三年:章武,蜀漢劉備年號;三年,當魏文帝黃初四年、公元223年。

[49] 永安:宮名,故址在今四川奉節縣東。劉備伐吳,敗退居此。

[50] 嗣子:指劉禪,嗣位爲後主。

[51] 建興元年:建興,蜀漢後主劉禪年號。劉備章武三年五月,劉禪嗣位,即改元,所以建興元年就是章武三年。

[52] 開府治事:開建府署,設置官屬,處理軍國大事。這是三公的待遇。

[53] 南中諸郡:指蜀漢的建寧、興古、雲南、永昌諸郡。均在巴、蜀以南,故曰南中。

[54] 亮率衆南征:建興三年(225),諸葛亮率軍遠征南中少數族,曾七擒孟獲,平定益州、永昌、牂柯、越巂等郡,使出師北伐無後顧之憂。

[55] 上疏曰:以下所引即著名的《出師表》,或稱《前出師表》。

[56] 宮中、府中：宮中即内廷，這裏指宮禁内的官員；府中即外廷或丞相府，這裏指政府部門的官員。

[57] 郭攸之、費禕、董允：郭攸之，南陽人；費禕，字文偉，江夏人；董允，字休昭，南郡人，德才、器識均被諸葛亮所賞識。攸之、禕任侍中，允任黃門侍郎。

[58] 向寵：襄陽宜城人。劉備時，任牙門將。章武二年(222)，劉備被吳將陸遜敗於秭歸，惟寵營完好無損。劉禪繼位，封寵爲都亭侯，掌管宿衛軍。

[59] 淑均：善良不偏激。

[60] 桓、靈：東漢桓、靈二帝。

[61] 侍中、尚書、長史、參軍：侍中指郭攸之、費禕；尚書指陳震；長史指張裔；參軍指蔣琬。

[62] 五月渡瀘，深入不毛：指建興三年諸葛亮南征時艱難困苦的狀況。瀘水，金沙江的支流，瘴氣彌漫。不毛，草木不生的地方。

[63] 若無興德之言，則：此七字原脱，文理欠明，現據《文選》李善注引《蜀志·董允傳》校勘，加以補充。

[64] 諮諏：諮同咨，諏(zōu)，作詢問解。

[65] 沔陽：漢縣名，在今陝西勉縣東，沔水之陽(北)。

[66] 斜谷道：古道路名，在今陝西眉縣西南，古褒斜道的斜谷一部分。

[67] 鄧芝：字伯苗，三國義陽新野(今河南新野南)人，劉備去世後曾説服孫權聯蜀絶魏，時任蜀漢中監軍、揚武將軍。

[68] 箕谷：古谷名，在今陝西褒城北，一説在今陝西寶雞東南。

[69] 祁山：在今甘肅禮縣東，山上築有城，名祁山堡。

[70] 南安、天水、安定三郡：南安，治所在豲道(今甘肅隴西渭水東岸)。天水，治所在冀縣(今甘肅甘谷東南)。安定，治所在臨涇(今甘肅鎮原南)。

[71] 張郃：字儁乂，三國河間鄚縣(今河北任邱北)人，時任魏左將軍，督諸軍。

[72] 馬謖：字幼常，三國襄陽宜城(今湖北宜城南)人，以善論軍計出名，劉備説他"言過其實，不可大用"。

[73] 街亭：也叫街泉亭，在今甘肅莊浪縣東南。

[74] 西縣：在今甘肅天水西南。

[75] 非據：語出《易·繫辭》：“非所困而困焉，名必辱；非所據而據焉，身必危。既辱且危，死期將至。”非據，非分之意。

[76] 箕谷不戒之失：當時趙雲、鄧芝兵敗於箕谷。雲聚衆固守，損失不大。

[77] 散關、陳倉：散關，已見本書《後漢書·劉盆子傳》注[53]。陳倉，在今陝西寶雞東。

[78] 遣陳式攻武都、陰平：陳式，《資治通鑑》作陳戒。武都，郡名，治所在下辨道（今甘肅成縣西北）。陰平，郡名，治所在陰平（今甘肅文縣西北）。

[79] 建威：在今甘肅成縣西。

[80] 元惡：指魏明帝曹叡。

[81] 五丈原：在今陝西眉縣西南斜谷口西側。

[82] 司馬宣王：即司馬懿。懿字仲達，當時魏軍的統帥。魏元帝曹奐咸熙元年（264），懿子昭進爵爲晉王，追尊懿爲晉宣王。

[83] 時年五十四：諸葛亮卒於蜀漢後主建興十二年，當公元 234 年、魏明帝曹叡青龍二年；上溯五十四年，當公元 181 年、東漢靈帝劉宏光和四年。按諸葛亮生卒年爲 181—234 年。

[84] 定軍山：在今陝西勉縣東南。

[85] 八荒：八方極遠之處。漢劉向《説苑·辨物篇》説：“八荒之內有四海，四海之內有九州，天子處中州而制八方耳。”

[86] 伊、周：伊尹、周公。伊尹輔佐商湯，周公輔佐武王，建立王業。

[87] 使持節：持節使節凡三等，“使持節”是其中最高一級。

[88] 損益連弩，木牛流馬：據《魏氏春秋》説：諸葛亮“損益連弩，謂之元戎；以鐵爲矢，矢長八寸，一弩十矢俱發”。木牛流馬是山地運軍糧的車。《諸葛亮集》載木牛流馬製作法，見《三國志》裴松之注。

[89] 八陣圖：四川奉節縣西南平沙上，聚石成堆，縱橫碁布，相傳是諸葛亮所作“八陣圖”的遺蹟。又定軍山下也有“八陣圖”遺蹟。

[90] 別爲一集：指本傳附載《諸葛氏集》，有目錄二十四篇。

[91] 景耀六年：景耀，蜀漢後主第二年號；景耀六年當公元 263 年、魏陳留王曹奐景元四年。

[92] 管、蕭：管仲和蕭何。

讓縣自明本志令

（曹操）〔三國志卷一魏志卷一裴松之注引"魏武故事"〕

孤始舉孝廉[1]，年少，自以本非巖穴知名之士，恐爲海內人之所見凡愚[2]，欲爲一郡守，好作政教，以建立名譽，使世士明知之。故在濟南[3]，始除殘去穢，平心選舉，違迕諸常侍[4]。以爲彊豪所忿，恐致家禍，故以病還。

去官之後，年紀尚少。顧視同歲[5]中，年有五十，未名爲老。內自圖之，從此卻去二十年，待天下清，乃與同歲中始舉者等耳。故以四時歸鄉里，於譙東五十里築精舍[6]，欲秋夏讀書，冬春射獵。求底下之地，欲以泥水自蔽，絕賓客往來之望；然不能得如意。後徵爲都尉，遷典軍校尉[7]，意遂更欲爲國家討賊立功，欲望封侯作征西將軍，然後題墓道言"漢故征西將軍曹侯之墓"，此其志也。

而遭值董卓之難，興舉義兵[8]。是時合兵能多得耳，然常自損，不欲多之。所以然者，多兵意盛，與彊敵争，儻更爲禍始。故汴水之戰數千[9]，後還到揚州更募[10]，亦復不過三千人，此其本志有限也。後領兗州，破降黃巾三十萬衆[11]。又袁術僭號于九江，下皆稱臣，名門曰建號門，衣被皆爲天子之制，兩婦預争爲皇后。志計已定，人有勸術使遂即帝位，露布天下，答言："曹公尚在，未可也。"後孤討禽其四將[12]，獲其人衆，遂使術窮亡解沮，發病而死。及至袁紹據河北，兵勢彊盛。孤自度勢，實不敵之；但計投死爲國，以義滅身，足垂於後。幸而破紹[13]，梟其二子[14]。又劉表自以爲宗室，包藏奸心，乍前乍却，以觀世事，據有當州。孤復定之[15]，遂平天下。身爲宰相，人臣之貴已極，意望已過矣。今孤言此，若爲自大，欲人言盡，故無諱耳。設使國家無有孤，不知當幾人稱帝、幾人稱王。

或者人見孤彊盛，又性不信天命之事，恐私心相評，言有不遜之志，妄相忖度，每用耿耿。齊桓、晉文所以垂稱至今日者，以其兵勢廣大，猶能奉事周室也。《論語》云："三分天下有其二，以服事殷，周之德可謂至德矣[16]。"夫能以大事小也。昔樂毅走趙[17]，趙王欲與之圖燕，樂毅伏而垂泣，對曰："臣事昭王，猶事大王；臣若獲戾，放在他國，没世然後已，不忍謀趙之徒隸，况燕後嗣乎!"胡亥之殺蒙恬也[18]，恬曰："自吾先人及至子孫，積信於秦三世矣；今臣將兵三十餘萬，其勢足以背叛，然自知必死而守義者，不敢辱先人之教以忘先王也。"孤每讀此二人書，未嘗不愴然流涕也。孤祖父以至孤身，皆當親重之任[19]，可謂見信者矣；以及子桓[20]兄弟，過于三世矣。孤非徒對諸君説此也，常以語妻妾，皆令深知此意。孤謂之言："顧我萬年[21]之後，汝曹皆當出嫁，欲令傳道我心，使他人皆知之。"孤此言皆肝鬲之要也。所以勤勤懇懇敍心腹者，見周公有《金縢》之書以自明[22]，恐人不信之故。

然欲孤便爾委捐所典兵衆以還執事，歸就武平侯國[23]，實不可也。何者？誠恐己離兵，爲人所禍也。既爲子孫計，又己敗則國家傾危，是以不得慕虚名而處實禍，此所不得爲也。前朝恩封三子爲侯[24]，固辭不受，今更欲受之，非欲復以爲榮，欲以爲外援爲萬安計。孤聞介推之避晉封[25]，申胥之逃楚賞[26]，未嘗不捨書而歎，有以自省也。奉國威靈，仗鉞征伐，推弱以克彊，處小而禽大。意之所圖，動無違事；心之所慮，何向不濟。遂蕩平天下，不辱主命。可謂天助漢室，非人力也。然封兼四縣，食户三萬，何德堪之！江湖未静，不可讓位；至于邑土，可得而辭。今上還陽夏、柘、苦三縣[27]户二萬，但食武平萬户，且以分損謗議，少減孤之責也。

——據《百衲本二十四史》版《三國志》，參考中華書局1959年版《三國志》

【解題】

《三國志注》，南北朝時宋裴松之撰。

陳壽的《三國志》撰成後，當時人認爲"銓敍可觀，事多審正"，但"失在於略，時有所脱漏"；而且"紕繆顯然，言不附理"的地方也很多（見裴松之《上三國志注表》）。因此，宋文帝初，裴松之就奉詔爲《三國志》作注，於元嘉六年(429)完成。

過去的史注，受漢儒傳箋解經的傳統影響，以名物訓詁、章句解釋爲主，注釋範圍大抵不出正文之外，如漢、晉間李奇、應劭、晉灼等對《漢書》的注疏，就屬於這一類。但由於三國時政治上長期分裂，各種地區性的記載增多，同一事件在不同典籍中記録下來時，往往有非常矛盾紛歧的説法,同一人物的評價也各不相同,這就使有些史家採取廣集諸説、求同存異、自己不加評判的辦法。而魏、晉以後,墨守家法師説的漢儒解經的方式,被注重義理、不拘一説的集解、義疏方法所代替,影響到史注,便也不拘泥於一家之言,而能兼容並包,多所採録。裴松之的《三國志注》,便是一反傳統做法,把重點放在史實的增補和考訂上。凡陳壽原書已有記載的,裴注或博引各家議論,辨明是非;或旁徵不同記載,考訂譌異;或補充事件始末,增廣異聞;或增詳人物生平,務求完備。凡陳壽原書没有記載的,裴注便廣搜史料,補闕拾遺。遇到他書同陳書記載歧異的地方,或者加以判斷裁定,或者並録異説,不下論評。據統計,裴注所引各家史著達二百十種,注文内容超過陳壽原書數倍。所引各書,十分之九以上早已亡佚,賴有裴注,還可見到概略。因此,裴注不僅開創了注史的新例,而且對研究三國歷史,具有重要的參考價值。

裴松之自述研究歷史的目的,是"將以總括前蹤,貽誨來世"(《上三國志注表》),也就是要使封建統治者從過去的歷史中吸取經驗教訓,有利於現實統治的鞏固。《三國志注》所以務求詳備,主觀目的也是要使統治者"智周"、"鑒遠"(同上表)。注中還引録了大量有關神仙鬼怪的荒誕記載,直接地反映出,在魏、晉以來的"神滅"和"神不滅"兩種思想的鬥爭中,作者完全站在唯心論方面。所以,裴注雖然表面上廣集異説,似乎無偏無黨,但所使用的方法和採擇的内容,就鮮明地揭示了作者的傾向性。

本篇選自《三國志》卷一《魏書》一《武帝紀》,裴松之注引《魏武故事》。按曹操於東漢獻帝建安十五年十二月間(211年1月)公布這個"令"。裴注原無標題,現據清嚴可均《全三國文》增。曹操在令中概述了自己的生平抱負的變化,可看作他五十五歲前的自傳。曹操的文風,尚清峻,通脱,有話直説,對漢末魏初的文史風格有很大影響。本篇内也有"英雄欺人"之語,但基本上反映了這個著名封建政治家的爲人。

裴松之(372—451),字世期。南朝宋河東聞喜(今山西聞喜)人。東晉時,歷官殿中將軍、司州主簿、零陵内史、國子博士等。宋元嘉初,曾充巡行湘州大使,轉中書侍郎,司、冀二州大中正。奉詔注《三國志》。書成後,文帝曾贊美説:"此爲不朽矣!"歷轉永嘉太守、南琅琊太守、國子博士等。又奉詔續寫何承天《國史》(即劉宋建國後的歷史),未及撰述而卒。著作除《三國志注》外,尚有《晉紀》等。傳見《宋書》卷六四。

【注釋】

[1] 始舉孝廉:東漢時郡國人口二十萬,舉孝廉一人。曹操年二十,被舉爲孝

廉,故下文説"年少"。

［2］ 恐爲海内人之所見凡愚:謂擔心自己被世人當作平凡無知之輩。

［3］ 在濟南:漢靈帝光和(178—183)末年,曹操還爲濟南相,時約三十歲。

［4］ 違迕諸常侍:常侍即中常侍,漢代宫廷内掌機要、備顧問的皇帝侍從,東漢後期均用宦官擔任。《武帝紀》謂,曹操任濟南相時,"國有十餘縣,長吏多阿附貴戚,贓污狼籍,於是奏免其八,禁斷淫祀,姦宄逃竄,郡界肅然"。

［5］ 同歲:同時被舉諸孝廉的互稱,猶後來同科進士互稱"同年"。

［6］ 於譙東五十里築精舍:譙,縣名,今安徽亳縣,曹操的原籍。精舍,也叫精廬,講學讀書的房屋。

［7］ 典軍校尉:漢靈帝時新建的"西園軍"八校尉之一,是中央禁軍的高級軍官,位僅次於將軍,故下文説最大理想就是再升一級,作征西將軍。這時是靈帝中平五年(188),曹操三十四歲。

［8］ 興舉義兵:曹操於中平六年(189),自洛陽逃回陳留(今河南開封東南陳留城)散家財招兵,十二月在己吾(今河南睢縣境)起兵反對董卓。

［9］ 汴水之戰數千:漢獻帝初平元年(190),曹操西攻董卓,到滎陽汴水(今河南滎陽縣西南),遇董卓將徐榮,戰不利,曹操本人也被流矢所中。數千,謂汴水之戰中曹軍僅數千人。

［10］ 後還到揚州更募:初平元年(190),曹操在汴水戰敗後,曾同夏侯惇等到揚州募兵,得數千人。

［11］ 後領兗州,破降黄巾三十萬衆:初平三年(192),青州黄巾百萬人攻入兗州。曹操被兗州官吏推舉,權領兗州牧,鎮壓了這支農民起義軍,收編其餘部三十多萬,男女百萬餘口。并選拔精銳,稱爲"青州兵",操因此興起。

［12］ 討禽其四將:漢獻帝建安二年(197)秋九月,袁術攻陳(今河南淮陽),曹操出兵應戰。袁術棄軍走,留將橋蕤、李豐、梁綱、樂就以禦操。操擊破橋蕤等,並斬四將。

［13］ 幸而破紹:建安五年(200),曹操和袁紹兩軍在官渡(今河南中牟東北)會戰,曹操利用袁軍輕敵無備,發動奇襲,殲滅了袁軍主力,創造了歷史上

以少勝多、以弱克强的著名戰例。

[14] 梟其二子：袁紹死後，其子袁譚、袁尚因爭奪冀州，相互攻戰。譚敗，求救於曹操。操出兵迫尚退軍。後譚叛操，在建安十年（205）正月被操攻殺。不久，操又敗尚。尚奔遼東，於建安十二年（207）九月被公孫康所殺。

[15] 孤復定之：建安十三年（208）七月，曹操南征劉表。八月，表死。表子琮屯兵襄陽，九月以荊州降於操。

[16] “三分天下有其二，……可謂至德矣”：語見《論語·泰伯》篇，爲孔子贊美周文王的話。説：殷紂淫亂，文王時任西伯，諸侯歸附他的有三分之二，但文王仍臣服殷，不奪取紂的帝位。

[17] 樂毅走趙：樂毅，戰國時燕國名將，曾爲燕昭王攻下齊國七十餘城。昭王死，子惠王不喜樂毅，齊田單乘機進行反間計，惠王奪取樂毅兵權。樂毅恐留燕被殺，走奔趙。

[18] 胡亥之殺蒙恬：蒙恬，秦始皇時名將。秦統一六國，曾將兵三十萬衆，北逐匈奴，修築長城。始皇死，胡亥聽從趙高陰謀，矯造始皇遺詔，令恬自殺。見本書所選《史記·秦始皇本紀》。

[19] 孤祖父……當親重之任：曹操祖曹騰，在宮中三十多年，桓帝時，任中常侍、大長秋，封費亭侯。騰養子嵩，就是操的生父，靈帝時，任太尉。

[20] 子桓：曹操世子曹丕的字，即魏文帝。

[21] 萬年：諱言死，代以“萬年”，猶現在口語“百年”。

[22] 周公有金縢之書：金縢，櫃名。《今文尚書》有《金縢》篇，記載周公在金縢中封藏禱辭事。周武王有病，周公禱於太王、王季、文王，請以身代。禱後，藏禱辭於金緘櫃中。武王死，成王年幼，周公攝政。管叔等流言周公將謀害成王，周公避而東征。後成王開櫃，發現周公禱辭，知道他忠貞，於是迎歸。

[23] 武平侯國：武平，東漢縣名，在今河南鹿邑西北。曹操於建安元年迎漢獻帝都許，被封爲武平侯，武平因而稱侯國。

[24] 封三子爲侯：三子，指曹植、曹據、曹豹，於此令發佈的次年正月，均被封侯。但據此令可知，在這以前朝廷已有成命。

[25] 介推之避晉封：介推即介子推或介之推，春秋時人，曾隨從晉文公流亡十

九年。後文公歸國即位,遍賞從亡諸臣,獨介推不稱己功,不談爵禄,隱居而死。

[26] 申胥之逃楚賞:申胥即申包胥;姓公孫,封於申,楚大夫。吳師入郢(楚都,今湖北江陵縣西北)滅楚,申包胥奔秦求救,日夜哭於秦庭,七天不食,終於求得秦兵,恢復了楚室。楚昭王返國賞功,申包胥説"吾爲君非爲身也",不肯居功而逃賞。

[27] 陽夏、柘、苦三縣:陽夏,今河南太康。柘(zhè),今河南柘城北。苦,今河南鹿邑東。

食　貨　志〔晉書卷二六〕（節錄）

　　……漢自董卓之亂，百姓流離，穀石至五十餘萬，人多相食。魏武既破黃巾，欲經略四方，而苦軍食不足，羽林監潁川棗祗[1]建置屯田議。魏武乃令曰："夫定國之術，在於强兵足食。秦人以急農兼天下，孝武以屯田定西域，此先世之良式也。"於是以任峻[2]爲典農中郎將；募百姓屯田許下，得穀百萬斛；郡國列置田官。數年之中，所在積粟，倉廩皆滿。祗死，魏武後追思其功，封爵其子。

　　建安初，關中百姓流入荆州者十餘萬家，及聞本土安寧，皆企望思歸，而無以自業。於是衛覬[3]議爲："鹽者，國之大寶。自喪亂以來放散，今宜如舊，置使者監賣。以其直益市犂牛，百姓歸者以供給之。勤耕積粟，以豐殖關中。遠者聞之，必多競還。"於是魏武遣謁者僕射監鹽官，移司隸校尉居弘農。流人果還，關中豐實。既而又以沛國劉馥[4]爲揚州刺史，鎮合肥，廣屯田，修芍陂、茹陂、七門、吳塘諸堨以溉稻田。公私有蓄，歷代爲利。賈逵[5]之爲豫州，南與吳接，修守戰之具。堨汝水，造新陂；又通運渠二百餘里，所謂賈侯渠者也。

　　當黃初中，四方郡守墾田又加，以故國用不匱。時濟北顏斐[6]爲京兆太守。京兆自馬超之亂，百姓不專農殖，乃無車、牛。斐又課百姓，令閒月取車材，轉相教匠；其無牛者，令養猪投貴，賣以買牛。始者皆以爲煩；一二年中，編户皆有車、牛，於田役省贍，京兆遂以豐沃。鄭渾[7]爲沛郡太守，郡居下濕，水澇爲患，百姓飢乏。渾於蕭、相二縣興陂堨，開稻田。郡人皆不以爲便；渾以爲終有經久之利，遂躬帥百姓興功，一冬皆成。比年大收，頃畝歲增，租入倍常。郡中賴其利，刻石頌之，號曰鄭陂。

　　魏明帝世，徐邈[8]爲涼州，土地少雨，常苦乏穀。邈上修武威、酒泉鹽池，以收虜穀。又廣開水田，募貧民佃之。家家豐足，倉庫盈溢。及度支州界軍用之餘，以市金錦、犬馬，通供中國之費。西域人入貢，財貨流通。皆邈之功也。其後,皇甫隆爲敦煌太守。敦煌俗不作樓犁[9],及不知用水。人牛功力既費,而收穀更少。隆到,乃教作樓犁,又教使灌溉。歲終率計,所省庸力過半,得穀加五,西方以豐。嘉平四年,關中饑。宣帝表徙冀州農夫五千人,佃上邽;興京兆、天水、南安鹽池以益軍實。青龍元年,開成國渠,自陳倉至槐里,築臨晉陂,引汧、洛溉舄鹵之地三千餘頃,國以充實焉。

正始四年,宣帝又督諸軍伐吳將諸葛恪,焚其積聚,恪棄城遁走。帝因欲廣田積穀,爲兼并之計,乃使鄧艾行陳、項以東至壽春地[10]。艾以爲田良水少,不足以盡地利,宜開河渠,可以大積軍糧,又通運漕之道,乃著《濟河論》以喻其指。又以爲:"昔破黃巾,因爲屯田,積穀許都,以制四方。今三隅已定,事在淮南,每大軍征舉,運兵過半,功費巨億,以爲大役。陳、蔡之間,土下田良,可省許昌左右諸稻田,并水東下,令淮北二萬人、淮南三萬人分休,且佃且守[11],水豐常收三倍於西。計除衆費,歲完五百萬斛,以爲軍資。六七年間可積三千萬餘斛於淮上,此則十萬之衆五年食也。以此乘敵,無不尅矣!"宣帝善之,皆如艾計施行。遂北臨淮水,自鍾離而南,橫石以西,盡沘水四百餘里,五里置一營,營六十人,且佃且守。兼修廣淮陽、百尺二渠,上引河流,下通淮、潁。大治諸陂於潁南、潁北。穿渠三百餘里,溉田二萬頃,淮南、淮北皆相連接。自壽春到京師,農官兵田,雞犬之聲,阡陌相屬。每東南有事,大軍出征,汎舟而下,達于江、淮。資食有儲,而無水害,艾所建也。

及晉受命,武帝欲平一江表。時穀賤而布帛貴,帝欲立"平糴法",用布帛市穀以爲糧儲。議者謂軍資尚少,不宜以貴易賤。泰始二年,帝乃下詔,曰:"夫百姓年豐則用奢,凶荒則窮匱,是相報之理也。故古人權量國用,取贏散滯,有輕重平糴之法[12];理財鈞施,惠而不費,政之善者也。然此事廢久,天下希習其宜。加以官蓄未廣,言者異同,財貨未能達通其制,更令國寶散於穰歲而上不收,貧弱困於荒年而國無備。豪人富商,挾輕資,蘊重積,以管其利。故農大苦其業而末作不可禁也。今者省傜務本,并力墾殖,欲令農功益登,耕者益勸,而猶或騰踊,至於農人並傷。今宜通糴以充儉乏。主者平議,具爲條制。"然事竟未行。

是時,江南未平,朝廷厲精於稼穡。四年,正月,丁亥,帝親耕藉田。庚寅,詔曰:"使四海之內,棄末反本,競農務功,能奉宣朕志,令百姓勸事樂業者，其唯郡縣長吏乎！先之勞之，在於不倦。每念其經營職事，亦爲勤矣！其以中、左典牧種草馬賜縣令、長、相及郡國丞各一匹。”是歲，乃立常平倉，豐則糴，儉則糶，以利百姓。五年，正月，癸巳，勑戒郡國計吏，諸郡國守、相、令、長，務盡地利，禁游食商販；其休假者，令與父兄同其勤勞；豪勢不得侵役寡弱，私相置名。十月，詔，以“司隸校尉石鑒[13] 所上汲郡太守王宏[14]，勤恤百姓，導化有方，督勸開荒五千餘頃，遇年普饑而郡界獨無匱乏，可謂能以勸教、時同功異者矣！其賜穀千斛，布告天下”。八年，司徒石苞[15] 奏：“州郡農桑未有殿最之制，宜增掾、屬、令史，有所循行。”帝從之。事見《石苞傳》。苞既明於勸課，百姓安之。十年，光祿勳夏侯和上修新渠、富壽、遊陂三渠，凡漑田千五百頃。咸寧元年，十二月，詔曰：“出戰入耕，雖自古之常，然事力未息，未嘗不以戰士爲念也。今以鄴奚官[16] 奴婢著新城，代田兵種稻。奴婢各五十人爲一屯，屯置司馬，使皆如屯田法。”三年，又詔曰：“今年霖雨過差，又有蟲災；穎川、襄城，自春以來，略不下種，深以爲慮。主者[17]何以爲百姓計？”促處當之。杜預[18] 上疏曰：

臣輒思惟：今者水災，東南特劇。非但五稼不收，居業并損，下田所在停汙，高地皆多磽塉，此即百姓困窮，方在來年。雖詔書切告長吏二千石爲之設計，而不廓開大制，定其趣舍之宜，恐徒文具，所益蓋薄。當今秋夏蔬食之時，而百姓已有不贍；前至冬春，野無青草，則必指仰官穀以爲生命。此乃一方之大事，不可不豫爲思慮者也。臣愚謂：既以水爲困，當恃魚菜螺蚌，而洪波汎濫，貧弱者終不能得。今者宜大壞兗、豫州東界諸陂，隨其所歸而宣導之。交令饑者盡得水產之饒，百姓不出境界之內，旦暮野食。此目下日給之益也。水去之後，填淤之田，畝收數鍾；至春大種五穀，五穀必豐，此又明年益也。臣前啓典牧種牛，不供耕駕，至於老不穿鼻者，無益於用，而徒有吏士、穀草之費，歲送任駕者甚少，尚復不調習。宜大出賣以易穀，及爲賞直。詔曰：“孳育之物，不宜減散。”事遂停寢。問主者，今典虞、右典牧種產牛，大小相通，有四萬五千餘頭。苟不益世用，頭數雖多，其費日廣。古者四馬、丘牛，居則以耕，出則以戰，非如豬羊類也。今徒養宜用之牛，終爲無用之費，甚失事宜。

東南以水田爲業,人無牛犢。今既壞陂,可分種牛三萬五千頭,以付二州將吏士庶,使及春耕;穀登之後,頭責三百斛[19]。是爲化無用之費,得運水次成穀七百萬斛,此又數年後之益也。加以百姓降丘宅土,將來公私之饒乃不可計。其所留好種萬頭,可即令右典牧都尉官屬養之。人多畜少,可並佃牧地,明其考課。此又三魏近甸歲當復入數十萬斛穀,牛又皆當調習,動可駕用。皆今日之可全者也。

預又言:

諸欲修水田者,皆以火耕水耨爲便,非不爾也,然此事施於新田草萊,與百姓居相絕離者耳。往者東南草創,人稀,故得火田之利。自頃戶口日增,而陂堨歲決,良田變生蒲葦,人居沮澤之際,水陸失宜,放牧絕種,樹木立枯,皆陂之害也。陂多則土薄水淺,潦不下潤;故每有水雨,輒復橫流,延及陸田。言者不思其故,因云此土不可陸種。臣計漢之戶口,以驗今之陂處,皆陸業也。其或有舊陂舊堨,則堅完修固,非今所謂當爲人害者也。臣前見尚書胡威[20]啓,宜壞陂,其言懇至。臣中者又見宋侯相應遵上便宜,求壞泗陂,徙運道。時下都督、度支共處當,各據所見,不從遵言。臣案遵上事,運道東詣壽春,有舊渠,可不由泗陂。泗陂在遵地界,壞地凡萬三千餘頃,傷敗成業。遵縣領應佃二千六百口,可謂至少,而猶患地狹,不足肆力,此皆水之爲害也。當所共恤,而都督、度支方復執異;非所見之難,直以不同害理也。人心所見既不同,利害之情又有異;軍家之與郡縣,士大夫之與百姓,其意莫有同者。此皆偏其利以忘其害者也。此理之所以未盡,而事之所以多患也。臣又案豫州界二度支所領佃者,州郡大軍雜士,凡用水田七千五百餘頃耳;計三年之儲,不過二萬餘頃。以常理言之,無爲多積無用之水。況於今者,水澇瓬[21]溢,大爲災害。臣以爲與其失當,寧瀉之不滀。宜發明詔,勑刺史二千石,其漢氏舊陂、舊堨及山谷私家小陂,皆當修繕以積水;其諸魏氏以來所造立,及諸因雨決溢,蒲葦、馬腸陂之類,皆決瀝之。長吏二千石躬親勸功,諸食力之人並一時附功,令比及水凍,得粗枯涸。

其所修功實之人,皆以俾之。其舊陂堨、溝渠,當有所補塞者,皆尋求微跡,一如漢時故事,豫爲部分列上。須冬,東南休兵交代,各留一月以佐之。夫川瀆有常流,地形有定體,漢氏居人衆多,猶以無患;今因其所患而宣寫之,跡古事以明近,大理顯然,可坐論而得。臣不勝愚,意竊謂最是今日之實益也。

朝廷從之。

及平吳之後,有司又奏:“詔書:王公以國爲家,京城不宜復有田宅。今未暇作諸國邸,當使城中有往來處,近郊有芻藁之田。今可限之:國王、公、侯,京城得有一宅、一處近郊田;大國田十五頃,次國十頃,小國七頃。城内無宅,城外有者,皆聽留之。”又制户調之式:“丁男之户,歲輸絹三匹,緜三斤;女及次丁男爲户者,半輸。其諸邊郡,或三分之二,遠者三分之一。夷人輸賓布[22],户一匹,遠者或一丈。男子一人占田七十畝,女子三十畝。其外,丁男課田五十畝,丁女二十畝;次丁男半之,女則不課[23]。男女年十六以上至六十,爲正丁;十五以下至十三,六十一以上至六十五,爲次丁;十二以下,六十六以上,爲老小,不事[24]。遠夷不課田者,輸義米,户三斛;遠者五斗;極遠者輸算錢[25],人二十八文。其官品第一至于第九,各以貴賤占田[26]。品第一者占田五十頃,第二品四十五頃,第三品四十頃,第四品三十五頃,第五品三十頃,第六品二十五頃,第七品二十頃,第八品十五頃,第九品十頃。而又各以品之高卑,蔭其親屬;多者及九族,少者三世。宗室、國賓、先賢之後及士人子孫,亦如之。而又得蔭人以爲衣食客及佃客,品第六以上得衣食客三人,第七、第八品二人,第九品及舉輦、跡禽、前驅、由基、强弩、司馬、羽林郎、殿中冗從武賁、殿中武賁、持椎斧武騎武賁、持鈹冗從武賁、命中武賁武騎[27]一人。其應有佃客者:官品第一、第二者佃客無過五十户,第三品十户,第四品七户,第五品五户,第六品三户,第七品二户,第八品第九品一户。”是時天下無事,賦税平均,人咸安其業而樂其事。

及惠帝之後,政教陵夷。至於永嘉,喪亂彌甚[28]。雍州以東,人多飢乏,更相鬻賣,奔迸流移,不可勝數。幽、并、司、冀、秦、雍六州,大蝗,草木及牛馬毛皆盡。又大疾疫,兼以饑饉。百姓又爲寇賊所殺,流尸滿河,白骨蔽野。劉曜之逼，朝廷議欲遷都倉垣[29]，人多相食，饑疫總至，百官流亡者十八九。

元帝爲晉王，課督農功。詔二千石長吏，以入穀多少爲殿最。其非宿衛要任，皆宜赴農，使軍各自佃作，即以爲廩。太興元年，詔曰："徐、揚二州，土宜三麥，可督令燢地[30]投秋下種，至夏而熟，繼新故之交，於以周濟，所益甚大。昔漢遣輕車使者氾勝之督三輔種麥，而關中遂穰[31]。勿令後晚。"其後頻年麥雖有旱蝗，而爲益猶多。二年，三吳大饑，死者以百數，吳郡太守鄧攸輒開倉廩賑之。元帝時，使黃門侍郎虞騑、桓彝[32]開倉廩振給，并省衆役。百官各上封事。後軍將軍應詹表曰：

夫一人不耕，天下必有受其饑者；而軍興以來，征戰運漕，朝廷、宗廟、百官用度既已殷廣，下及工商、流寓、僮僕，不親農桑而遊食者以十萬計。不思開立美利，而望國足人給，豈不難哉！古人言曰：飢寒並至，雖堯、舜不能使野無寇盜；貧富并兼，雖皋陶不能使强不陵弱。故有國有家者，何嘗不務農重穀。近魏武皇帝用棗祗、韓浩之議，廣建屯田；又於征伐之中，分帶甲之士隨宜開墾；故下不甚勞，而大功克舉也。間者流人奔東吳，東吳今儉，皆已還反。江西良田，曠廢未久，火耕水耨，爲功差易。宜簡流人，興復農官，功勞報賞，皆如魏氏故事。一年中，與百姓；二年，分稅；三年，計賦稅以使之。公私兼濟，則倉盈庾億可計日而待也。

又曰：

昔高祖使蕭何鎮關中[33]，光武令寇恂守河內[34]，魏武委鍾繇以西事[35]，故能使八表夷蕩，區內輯寧。今中州蕭條，未蒙疆理，此兆庶所以企望。壽春[36]，一方之會，去此不遠，宜選都督有文武經略者，遠以振河、洛之形勢，近以爲徐、豫之藩鎮。綏集流散，使人有攸依；專委農功，令事有所局。趙充國農於金城，以平西零[37]；諸葛亮耕於渭濱，規抗上國[38]。今諸軍自不對敵，皆宜齊課。

咸和五年,成帝始度百姓田,取十分之一,率畝税米三升[39]。六年,以海賊寇抄,運漕不繼,發王公以下餘丁各運米六斛。是後頻年水災旱蝗,田收不至。咸康初,算度田税米,空懸五十餘萬斛。尚書褚裒[40]以下免官。

穆帝之世,頻有大軍,糧運不繼。制王公以下,十三户共借一人,助度支運。升平初,荀羨[41]爲北府都督,鎮下邳,起田于東陽之石鱉,公私利之。

哀帝即位,乃減田租,畝收二升。

孝武太元二年,除度田收租之制[42]。王公以下,口税三斛,唯蠲在役之身。八年,又增税米,口五石。至於末年,天下無事,時和年豐,百姓樂業,穀帛殷阜,幾乎家給人足矣!……

——據《百衲本二十四史》版《晉書》,參考中華書局 1974 年版《晉書》,劉氏嘉業堂本吴士鑑、劉承幹合撰《晉書斠注》

【解題】

《晉書》是記載晉代歷史的紀傳體斷代史著作。唐太宗貞觀十八年(644),命房玄齡監修,由令狐德棻、敬播、褚遂良、許敬宗、李淳風等二十餘人(一説十八人)集體編撰而成。因爲唐太宗李世民曾自撰《宣帝(司馬懿)紀》、《武帝(司馬炎)紀》和陸機、王羲之兩傳後論,所以題名"御撰"。

唐以前的"正史",雖大多由史官撰成,但絕大多數都是成於一人之手,作者的史觀貫穿到全書始末。從唐修《晉書》、五代史(《梁書》、《陳書》、《北齊書》、《周書》、《隋書》)起,絕大部分的"正史",幾乎都是由封建王朝開設史館,任命宰相貴臣擔任監修,遴選許多史官擔任纂修,集體分工編撰而成。這些史著,比較更直接地表現出"正史"是封建帝王欽定教科書的特性。

在兩晉南朝時期,編撰晉史的就很多;唐初還有"晉史十八家"的説法。紀傳體著名的有王隱《晉史》、虞預《晉書》、郄紹《晉中興書》、謝靈運《晉書》、臧榮緒《晉書》等;編年體著名的有陸機《晉帝紀》、干寶《晉紀》、孫盛《晉陽秋》、習鑿齒《漢晉春秋》、檀道鸞《續晉陽秋》等。其中南齊臧榮緒所撰《晉書》,總括東西晉事,紀録志傳俱備,材料相當豐富。唐修《晉書》,就以臧書爲主,兼採其他著作編纂而成。

《晉書》包括從西晉武帝泰始元年(265)到東晉恭帝元熙二年(420)一百五十六年的歷史。共一百三十卷。"本紀"十卷,仿陳壽《三國志》爲曹操立專篇的先例,也爲晉武帝司馬炎的祖父司馬懿、伯父司馬師、父親司馬昭撰寫本紀。"志"二十卷,和《漢書》十"志"相比較,缺《郊祀》、《藝文》、《溝洫》等志,也沒有《續漢書》的《祭祀志》和《宋書》的《符瑞志》,而繼承了司馬彪和沈約、蕭子顯三書的體例,另立了《輿服志》、《職官志》,並分《禮》、《樂》爲二志,反映魏、晉、南朝時期統治階級特別崇尚禮儀服飾的風氣。"列傳"七十卷,除爲有關人物分別立傳外,更發展了前代史著的類傳,細分爲十三類。《良吏》、《儒林》、《外戚》、《四夷》等沿襲《史》、《漢》,《文苑》、《隱逸》、《藝術》、《列女》等仿照《後漢書》,《后妃》、《宗室》等繼承《宋書》、《南齊書》的先例,又將《宋書》、《南齊書》的《孝義傳》析爲《孝友》、《忠義》二傳,並創立了《叛逆傳》,對農民起義領袖竭盡詆毀之能事。此外,爲了反映西晉末北方匈奴、鮮卑、羯、氐、羌等少數民族所建的十六國的史實,《晉書》又創製了前代史書所沒有的"載記"三十卷。

《晉書》是"衆手修書"的開端,歷代許多史家曾對它表示不滿;主要批評參與編修諸臣,多以文詞見長,好採詭謬碎事,取捨失當,文字也留有六朝駢偶綺麗的餘風,所謂"其所褒貶,略實行而獎浮華;其所採擇,忽正典而取小説"(《四庫全書總目提要》卷四五)。但通觀全書,它也有長處:集體編撰,能發揮各家所長,如體例是由當時著名史家令狐德棻和敬播共同商定,《天文》、《律歷》、《五行》三志都是由著名天文歷算學家李淳風編撰。搜羅豐富,保存了大量有用史料,如:《劉毅傳》載《論九品制有八損疏》,集中揭露世族門閥制度下選舉惟重門第的惡習;《裴頠傳》載《崇有論》,反映樸素唯物論同崇尚"虛無"的頹廢唯心思想的鬥爭;《傅玄傳》載玄父子先後上疏請務農功,從側面反映了"蠶食者多而親農者少"所引起的社會深刻矛盾;《隱逸傳》中許多"逸民"、"高士"的行爲,具體説明了在社會不穩定的局面下,各地區社會生活孤立隔絕的一個方面;《叛逆傳》有助於瞭解當時階級鬥爭的殘酷現實;諸"載記"對北方各割據政權的簡明記錄,爲十六國時北方社會狀況提供了重要資料。由於唐以前的各家晉史都已亡佚,《晉書》就成爲研究兩晉歷史主要的依據。

《晉書》由於直接秉承封建皇帝的意旨撰成,在敍事論贊中,就表現出褒貶都以帝王的是非爲是非,而觸及當時統治者所忌諱的類似事蹟時,更多方設法辯解或曲筆掩飾。如唐太宗自撰的《武帝紀》後論,批評武帝可廢惠帝而不廢時説:"全一人者德之經,拯天下者功之重。棄一子者忍之小,安社稷者孝之大。"實際上是爲李世民自己違背封建禮法、殺兄逼父、奪取帝位的行徑作辯護。同時,因爲修史時注重文辭,對一些典章制度的考覈欠精審。如《食貨志》中所載西晉户調式,就沒有參考其他可靠資料加以核實,關於占田、課田的記錄模糊不清,甚至有錯誤,引起後代史家許多爭論。

本書向無注本,僅有唐何超《音義》三卷。清代學者曾作了一些補志、補表、校勘、輯佚等工作。近人吳士鑑、劉承幹曾集校各本,成《晉書斠注》一書。中華書局排印出版的校點本《晉書》,綜合了前人有關版本校勘的成果,可供參考。

《食貨志》,節選自《晉書》卷二六。兩晉南朝時編寫的斷代史著作,很少有記敍經濟制度的專篇。本篇填補了《漢書·食貨志》以後的一段空缺。因而雖是唐人追録,寫得很粗糙,史實缺誤頗多,但仍有一定史料價值。原志分三部分,這裏選録的是第二部分,内容記載了魏晉的封建土地關係和賦役制度的若干狀況。

【注釋】

[1] 棗祇:三國時潁川(今河南禹縣)人。東漢末,隨曹操起兵,任東阿令。建安元年(196),他和韓浩建議設置屯田,由政府借與牛種,按規定收租。被任爲屯田都尉。屯田實行後,解決了曹操統一北方的軍糧問題。

[2] 任峻:字伯達,河南中牟(今河南中牟東)人。東漢末,收宗族及賓客家兵數百人歸附曹操,任騎都尉。後任典農中郎將,主持屯田事。當時認爲操軍給養豐足,起於棗祇而成於任峻。

[3] 衛覬:三國時魏臣。字伯儒,河東安邑(今山西安邑)人。官至尚書。明帝時,封閿(音 mín;又作閿,音 wén)鄉侯。善書法,擅文章;曾撰《魏官儀》。他奉使益州,被阻關中,見諸將多以回歸原籍的流民作部曲,恐怕勢强叛變,因而給荀彧書提此建議。

[4] 劉馥:字元穎,沛國相(今安徽濉溪西北)人。建安初,説服袁術將戚寄等投奔曹操。後任爲揚州刺史,興修水利,積極備戰。死後,孫權率十萬軍圍攻合肥百餘日,當地軍民用馥遺留下的草苫補城、魚膏照明,打退了權軍。

[5] 賈逵:字梁道,河東襄陵(今山西襄陵以北)人。出身世族。東漢末,任澠池令。曹操征馬超,任逵爲弘農太守,轉爲丞相主簿。曹丕即位,累遷豫州刺史,因對孫吳作戰有功,封陽吉亭侯,死諡肅侯。

[6] 顏斐:字文林,濟北(今山東平陰縣北)人。魏文帝初,任黃門侍郎,後轉京兆太守。整頓吏治,恢復生產,使京兆成爲雍州十郡中最富庶的一郡。

[7] 鄭渾:字文公,河南開封人。曹操召爲掾,遷邵陵令,積極恢復生產。後

以鎮壓梁興等起義,轉爲上黨太守。歷任京兆尹及陽平、沛郡太守等官。每至一郡,都以發展農業生產爲急務,著名當時。

[8] 徐邈:字景山,燕國薊(今北京城西南)人。曹魏時,歷任隴西等郡太守、穎川典農中郎將,所在有治名。魏明帝時,任涼州刺史,修鹽池,開水田,儲軍糧。以鎮壓羌柯吾,封都亭侯。在同羌、胡等少數族相處時,以安撫爲主。後歷官至司空。

[9] 耬犁:耬(lóu)犁亦稱耬車,播種種子的農具。中有耩斗,以盛種子,下通竅穴。播種時,且行且搖,種子自動下地。

[10] 乃使鄧艾行陳、項以東至壽春地:行,這裏有經營意。魏正始二年(241),司馬懿命鄧艾在陳(今河南淮陽)、項(今河南沈丘南)東至壽春(今安徽壽縣西四十里)的淮上地區屯田積穀,準備攻吳。鄧艾興修水利,實行區種法,集約耕種,解決了大批屯軍的給養問題。

[11] 分休,且佃且守:《魏志·鄧艾傳》原文作“十二分休,常有四萬人,且田且守”,意義較明確。

[12] 古人……有輕重平糴之法:春秋時,管仲任齊相,實行輕重法:先貯貨幣在各地,民間穀賤時由官府收進,穀貴時售出,調劑貴賤,使國家常有積穀,而富賈不能操縱囤積。又李悝(《史記·平準書》作李克),戰國時曾任魏相,施行平糴法,見本書所選《漢書·食貨志上》。

[13] 石鑒:字林伯,樂陵厭次(今山東濱縣西北)人。曹魏時,官御史中丞,有嚴名。西晉武帝初,任司隸校尉,累官至司徒、司空,封昌安縣侯。

[14] 王宏:字正宗,高平(今山東微山西北)人。曹魏時。歷官給事中。晉武帝初,任汲郡太守,積極恢復生產。被石鑒推薦,得詔褒獎。升衛尉、河南尹、大司農等職。居官煩苛,虐待罪人。後任司隸校尉,也無政績,時人譏爲謬妄。

[15] 石苞:字仲容,渤海南皮(今河北南皮)人。曹魏時,被司馬昭所親信,歷任徐州刺史等職,積極協助司馬氏篡魏。晉武帝即位,遷大司馬,久握重兵,鎮守淮南。終遭武帝忌,被解除軍權。子石崇,是西晉著名的豪富。

[16] 鄴奚官:鄴,原爲三國魏五都之一,已見本書《三國志·諸葛亮傳》注[38]。奚官,養馬官,晉時曾在鄴設奚官督。

[17]　主者：指尚書省的左民和度支二曹。

[18]　杜預：(221—284)西晉軍事家、經學家。字元凱，京兆杜陵(今陝西西安
東南)人。歷任度支尚書、鎮南大將軍、都督荆州諸軍事等職。參與平吳
戰役，封當陽縣侯。曾注《晉律》。又研究《春秋》，撰有《春秋左氏經傳集
解》等書。這篇奏疏，按《晉書・杜預傳》及《通鑑》都記爲武帝咸寧四年
七月所上(《晉書》卷三四《杜預傳》；《通鑑》卷七九至卷八一《晉紀》一至
三)，這裏記爲三年，疑誤。

[19]　頭責三百斛：按上下文計算，牛三萬五千頭共可得穀七百萬斛，平均每頭
得穀應爲二百斛。“三”字疑誤。

[20]　胡威：一名貔，字伯虎，淮南壽春(今安徽壽縣)人。曹魏時，歷任安豐太
守、徐州刺史。晉武帝時，累遷豫州、青州刺史，封平春侯。

[21]　瓫(pén)：水溢貌。

[22]　夷人輸賨布：夷人，古代對邊疆少數族的泛稱。賨(cóng)；賨布，即實物
稅。西漢初，改黔中爲武陵，每年令當地少數族大口出布一匹，小口二
丈，稱爲“賨布”。一說今四川地區的少數族巴人稱賦爲“賨”。以後的封
建王朝對邊疆少數族賦斂實物，往往統稱爲“賨布”。

[23]　男子一人占田七十畝，……女則不課：西晉太康元年(280)，頒佈占田法，
允許無地少地農民可按勞動力占種荒地，男子最多可占七十畝，女子三
十畝。同時又頒佈課田法，規定有勞動力的農民不論占足最高限額的荒
地與否，必須墾熟五十畝(丁男)和二十畝(丁女)，政府徵收賦稅亦按五
十畝的標準每丁男收租四斛，即畝收八升。課田，即督責耕種。占田、課
田的主要用意在於鼓勵督責有勞動力的農民墾荒，增加政府的賦稅
收入。

[24]　不事：即不徵發老小的賦役。

[25]　算錢：即人頭稅。始於漢高祖四年。人年十五以上至五十六出賦錢，每
人一百二十文，稱一算。算錢數字時有增減。大約東漢末才取消。西晉
時，專指向極遠邊區各族人民徵收的人頭稅爲算錢，每人二十八文。

[26]　其官品第一至于第九，各以貴賤占田：按官品占田及蔭親屬、蔭人爲衣食
客、佃客等規定，都是最高限額，並無分配意。晉初，世族官僚、豪强地主

大量兼併土地，蔭庇人口，嚴重影響政府收入，所以加以抑制。但事實上從未執行。

[27]　舉輦、跡禽、……命中武賁武騎：都是晉朝皇帝的儀從、侍衛的名稱。"武賁"應作"虎賁"，唐修《晉書》，避李唐皇室先世李虎的名諱而改。級，同載，兵器名。

[28]　至於永嘉，喪亂彌甚：永嘉五年（311），劉曜、石勒攻下洛陽，俘獲晉懷帝。五年後，西晉王朝完全覆沒。史稱"永嘉之亂"。

[29]　劉曜之逼，朝廷議欲遷都倉垣：指西晉懷帝永嘉五年（311），前漢劉聰遣大將劉曜、石勒等進攻洛陽，晉青州刺史苟晞表請遷都倉垣，因懷帝左右反對，未成行。

[30]　熯地：熯（hǎn），乾燥。熯地，現叫做旱地。

[31]　昔漢遣輕車使者氾勝之……遂穰：西漢成帝時，令氾勝之在關中三輔地區教民種田，發明區種法，就是採用園藝式的耕作，將土地劃成很多小區域，挖成溝坎，實行深耕細作，勤灌溉，多施肥，集中使用人力，促使單位產量提高。據記載，每畝可收獲二三十斛，乃至上百斛。曹魏末，鄧艾在淮上屯田，也曾採用這法。

[32]　元帝時，使黃門侍郎虞騑、桓彝：按虞騑（fěi）、桓彝都是東晉元帝時人，不是西晉武帝時人，見《晉書·鄧攸傳》。武帝應是元帝之誤。

[33]　昔高祖使蕭何鎮關中：蕭何，漢初名相。楚、漢相爭時，蕭何留守關中，輸送租賦，補充壯丁，使劉邦終於打敗了項羽。因功封鄲侯，食邑屢加至二千户。

[34]　光武令寇恂守河內：寇恂，字子翼，上谷昌平（今北京昌平）人。出身世族。王莽末，起兵響應劉秀。公元 24 年，劉秀攻下河內郡（今河南省黃河以北大部地區），作爲根據地，任寇恂爲太守。恂伐郡中淇園竹，制箭百餘萬支；又養馬二千四，收租四百萬斛，以供劉秀軍。次年又擊破更始將朱鮪，有力地幫助劉秀爭奪帝位。

[35]　魏武委鍾繇以西事：鍾繇，字元常，潁川常社（常，疑爲"長"之誤；潁川郡有長社縣，治今河南長葛）人，官至曹魏相國。東漢末，曹操打算進攻袁紹，擔心關中的馬騰、韓遂等擁兵作亂，薦鍾繇爲侍中守司隸校尉，持節

督關中諸軍。縣到長安,説服騰、遂遣子入朝。又送馬二千匹助曹軍。同時擊破勾結袁氏作亂的匈奴單于,討平河東衛固等,遷徙關中人口,并招納流民充實洛陽。曹操曾説他的功績同蕭何相仿。

[36] 壽春:古地名,今安徽壽縣。當潁水入淮水處,是東晉同北方各政權對峙的重鎮,後改名壽陽。著名的淝水之戰就發生在附近。

[37] 趙充國農於金城,以平西零:詳見本書所選《漢書·趙充國傳》。

[38] 諸葛亮耕於渭濱,規抗上國:魏、蜀對峙時,諸葛亮屢次出師攻魏,都因糧運不繼而退。公元234年,又出師攻魏,分兵在渭水邊上屯田,企圖解決軍隊的給養問題。但同年八月,諸葛亮即病逝,蜀兵又退。見本書所選《三國志·諸葛亮傳》。

[39] 咸和五年,成帝始度百姓田,……畝税米三升:度,本作測量解,這裏有統計意。晉初課田法是按每勞動力至少占田五十畝或二十畝計徵賦税,但在豪族兼併之下,農民常不足額,被迫投入世族官僚、豪强地主的門下作爲蔭户,嚴重影響了政府的收入。東晉成帝時,爲解決財政困難,同世族地主爭奪勞動力,改爲統計百姓實際田畝數,按畝徵税,但仍遭到阻力。至哀帝隆和元年(362),減田租爲畝收二升。不久,到孝武帝太元元年(376),被迫廢除此法,恢復按人口計徵。

[40] 褚衷(póu):應作謝衷,本志誤,見《晉書·成帝紀》咸康二年。

[41] 苟羨:字令則,潁川臨潁(今河南許昌市東)人。歷任北中郎將、徐州刺史、監徐、兗等州諸軍事。在鎮時,屢興屯田,招撫石趙降衆,很得人心。

[42] 太元二年,除度田收租之制:《通鑑》繫於太元元年(376)九月。

劉 毅 傳 ﹝晉書卷四五﹞（節錄）

……（劉）毅[1] 以魏立九品[2]，權時之制，未見得人，而有八損，乃上疏曰：

臣聞：立政者，以官才爲本；官才有三難，而興替之所由也。人物難知，一也；愛憎難防，二也；情僞難明，三也。今立中正[3]，定九品，高下任意，榮辱在手。操人主之威福，奪天朝之權勢。愛憎決於心，情僞[4] 由於己。公無考校之負[5]，私無告訐之忌[6]。用心百態，求者萬端。廉讓之風滅，苟且之俗成。天下訩訩，但爭品位，不聞推讓，竊爲聖朝恥之。

夫名狀[7] 以當才爲清，品輩[8] 以得實爲平。安危之要，不可不明。清平者，政化之美也；枉濫者，亂敗之惡也；不可不察。然人才異能，備體者寡。器有大小，達有早晚。前鄙後修，宜受日新之報[9]；抱正違時，宜有質直之稱；度遠闕小，宜得殊俗之狀；任直不飾，宜得清實之譽；行寡才優，宜獲器任之用。是以三仁殊塗而同歸[10]，四子異行而均義[11]。陳平、韓信笑侮於邑里，而收功於帝王[12]；屈原、伍胥不容於人主，而顯名於竹帛[13]。是篤論之所明也。

今之中正，不精才實，務依黨利；不均稱尺，務隨愛憎。所欲與者，獲虛以成譽；所欲下者，吹毛以求疵。高下逐強弱，是非由愛憎。隨世興衰，不顧才實。衰則削下，興則扶上；一人之身，旬日異狀。或以貨賂自通，或以計協[14] 登進。附託者必達，守道者困悴。無報於身，必見割奪；有私於己，必得其欲。是以上品無寒門，下品無勢族[15]。暨時有之，皆曲有故。慢主罔時，實爲亂源。損政之道一也。

置州都[16] 者，取州里清議，咸所歸服，將以鎮異同，一言議；不謂一人之身了一州之才，一人不審，便坐之[17]。若然，自仲尼以上，至於庶犧，莫不有失，則皆不堪，何獨責於中人者哉！若殊不修，自可更選。今重其任，而輕其人。所立品格，還訪刊攸[18]。攸非州里之所歸，非職分之所置。今訪之，歸正於所不服，決事於所不職；以長讒搆之源，以生乖爭之兆；似非立都之本旨，理俗之深防也。主者既善刊攸，攸之所下，而復選以二千石，已有數人。劉良上攸之所下，石公罪攸之所行。駁違之論，橫於州里；嫌釁之隙，結於大臣。夫桑妾之訟，禍及吳、楚[19]；鬭雞之變，難興魯邦[20]。況乃人倫[21]交爭而部黨興，刑獄滋生而禍根結。損政之道二也。

本立格[22]之體，將謂人倫有序，若貫魚成次也。爲九品者，取下者爲格[23]，謂才德有優劣，倫輩有首尾。今之中正，務自遠者，則抑割一國，使無上人；穢劣下比，則拔舉非次，并容其身。公以爲格，坐成其私。君子無大小之怨，官政無繩姦之防。使得上欺明主，下亂人倫。乃使優劣易地，首尾倒錯。推貴異之器；使在凡品之下；負戴不肖，越在成人之首。損政之道三也。

陛下踐阼，開天地之德，弘不諱之詔[24]，納忠直之言，以覽天下之情；太平之基，不世之法也。然賞罰，自王公以至於庶人，無不加法。置中正，委以一國之重，無賞罰之防。人心多故，清平者寡，故怨訟者衆。聽之則告訐無已；禁絕則侵枉無極。與其理訟之煩，猶愈侵枉之害。今禁訟訴，則杜一國之口，培一人之勢，使得縱橫，無所顧憚。諸受枉者，抱怨積直，獨不蒙天地無私之德，而長壅蔽于邪人之銓。使上明不下照，下情不上聞。損政之道四也。

昔在前聖之世，欲敦風俗，鎮靜百姓，隆鄉黨之義，崇六親之行，禮教庠序以相率，賢不肖於是見矣。然鄉老[25]書其善，以獻天子；司馬[26]論其能，以官於職；有司考績，以明黜陟。故天下之人，退而修本。州黨有德義，朝廷有公正。浮華邪佞，無所容厝。今一國之士，多者千數，或流徙異邦，或取給殊方，面猶不識，況盡其才力！而中正知與不知，其當品狀，采譽於臺府[27]，納毀於流言。任己則有不識之蔽，聽受則有彼此之偏。所知者，以愛憎奪其平；所不知者，以人事亂其度。既無鄉老紀行之譽，又非朝廷考績之課。遂使進官之人，棄近求遠，背本逐末。位以求成，不由行立；品不校功，黨譽虛妄。損政五也[28]。

凡所以立品設狀者，求人才以理物也。非虛飾名譽，相爲好醜。雖孝悌之行，不施朝廷；故門外之事，以義斷恩[29]。既以在官，職有大小，事有劇易，各有功報，此人才之實效，功分之所得也。今則反之，於限當報[30]，雖職之高，還附卑品；無績於官，而獲高敍。是爲抑功實而隆虛名也。上奪天朝考績之分，下長浮華朋黨之士。損政六也。

凡官不同事，人不同能；得其能則成，失其能則敗。今品不狀才能之所宜，而以九等爲例。以品取人，或非才能之所長；以狀取人，則爲本品之所限。若狀得其實，猶品狀相妨[31]，繫繫選舉[32]，使不得精於才宜。況今九品，所疏則削其長，所親則飾其短；徒結白論[33]，以爲虛譽。則品不料能，百揆[34]何以得理，萬機何以得修。損政七也。

前九品詔書，善惡必書，以爲褒貶。當時天下，少有所忌。今之九品，所下不彰其罪，所上不列其善；廢褒貶之義，任愛憎之斷；清濁同流[35]，以植其私。故反違前品，大其形勢，以驅動衆人，使必歸己。進者無功以表勸，退者無惡以成懲。懲勸不明，則風俗汙濁，天下人焉得不解[36]德行而銳人事。損政八也。

由此論之，選中正而非其人，授權勢而無賞罰，或缺中正而無禁檢。故邪黨得肆，枉濫縱橫。雖職名中正，實爲姦府；事名九品，而有八損。或恨結於親親，猜生於骨肉；當身困於敵讎，子孫離其殃咎。斯乃歷世之患，非徒當今之害也。是以時主觀時立法，防姦消亂，靡有常制。故周因於殷，有所損益。至于中正九品，上聖古賢皆所不爲，豈蔽於此事而有不周哉！將以政化之宜，無取於此也。自魏立以來，未見其得人之功，而生雕薄之累。毀風敗俗，無益於化。古今之失，莫大於此。愚臣以爲宜罷中正，除九品，棄魏氏之弊法，立一代之美制。

疏奏，優詔[37]答之。後司空衛瓘[38]等亦共表宜省九品，復古鄉議里選[39]。帝竟不施行。……

——據《百衲本二十四史》版《晉書》，參考中華書局 1974 年版《晉書》，劉氏嘉業堂本吳士鑑、劉承幹合撰《晉書斠注》

【解題】

　　本篇節選自《晉書》卷四五，是西晉初劉毅上給晉武帝的一篇奏疏的全文。古代的歷史著作，常引錄臣子寫給皇帝的書信，包括謝恩的“章”，彈劾的“奏”，陳請的“表”，辯駁的“議”，條陳的“疏”，言事的“上書”，保密的“封事”等，統稱奏議。其中往往有較重要的史料。本篇是揭露“九品中正制”弊病的條陳，反映了魏、晉時大地主大貴族的腐朽統治的一個側面。

【注釋】

［１］　劉毅：(？—285)字仲雄，西晉東萊掖(今山東掖縣)人，魏末以正直而好評論人物出名，西晉初歷任國子祭酒、城門校尉、太僕、司隸校尉等職，曾批評晉武帝賣官肥私。此疏約爲武帝咸寧間(275—280)所上。晚年退休後任青州大中正。

［２］　魏立九品：九品，初稱九品官人法，三國魏曹丕稱帝前，由陳羣建議創立的選拔官僚的制度。魏末司馬懿當政，加以增損，遂成“九品中正”定制，一直實行到隋朝才廢除。其法是在地方設立專職的“中正”，評論地主階級的人物，定出等級，有上中下九等，故稱九品，封建王朝選官，即按中正評定的等級，授予相應的官職。它是保證世家大族做官特權的制度。

［３］　中正：《通典》卷一四：“魏氏革命，州郡縣俱置大小中正，各以本處人任，諸府公卿及臺省郎吏有德充才盛者爲之。”下文的州都，即州大中正，握有品第一州士人的決定權。

［４］　情僞：真僞，指評定的等級是否合於封建的標準。

［５］　公無考校之負：負，《通典》引作員，以員爲妥。謂政府沒有設立官員來考察中正評議是否得當。

［６］　私無告訐之忌：訐(jié)，揭發人的短處或陰私。據下文五損，魏晉時禁止控訴中正的不“公正”。

［７］　名狀：漢代察舉，舉主、府主對所薦舉人的道德、才能的具體敍述，稱爲“行狀”。魏、晉時，這種行狀簡括爲一兩句的評語，叫做“名”，也叫做“名狀”。

［8］ 品輩：九品官人制度，由郡中正評次人才等第，列成輩目，再由州中正總議，這種評次叫做"品輩"。

［9］ 前鄙後修，宜受日新之報：鄙，鄙陋；修，本意是治，引申作善解；日新，日日增新。謂一個人過去德行鄙薄，以後修身反善，就應該受到日日更新的報答。意謂：只要改過更新，就應刮目相待。

［10］ 三仁殊塗而同歸：三仁指殷紂王時微子、箕子和比干。紂王無道，微子數諫不聽，逃去；箕子諫紂淫佚，不聽，披髮佯狂爲奴；比干直諫，被殺。孔子稱爲"殷之三仁"，見《論語·微子》篇。

［11］ 四子異行而均義：四子指伊尹、傅說、百里奚和段干木，都出身微賤。傳說伊尹曾爲商湯妃有莘氏媵臣，親爲庖廚；傅說在殷武丁初曾服苦役於傅險；後二人都被命爲相。百里奚本是虞國大夫，晉滅虞，逃亡到宛，被楚人捕爲奴，秦穆公聞他賢，用五羖羊皮贖買他，授以國政，號"五羖大夫"。段干木，晉的賢人，曾爲大駔(買賣中間人)，隱居不仕，魏文侯待以師禮。或說指孔子四弟子高柴、曾參、子張(顓孫師)和子路(仲由)。《論語·先進》篇有"柴也愚，參也魯(遲鈍)，師也辟(便僻飾過)，由也喭(粗俗)"的話。

［12］ 陳平、韓信笑侮於邑里，而收功於帝王：陳平，漢初名相。早年家貧，縣人都恥笑他的行爲。後投依劉邦，在楚、漢戰爭中，用計謀離間項羽君臣。漢朝建立後，平韓信，擊臧荼、陳豨、英布，他都是重要的謀劃人。韓信，漢初名將。年少時家貧，曾向漂母乞食，又受人侮辱，出人胯下。後任漢將，先後滅魏王豹、趙王歇，平定燕、齊。並和劉邦諸軍會師，滅項羽。在楚、漢戰爭中，軍功最高。

［13］ 屈原、伍胥不容於人主，而顯名於竹帛：屈原已見本書所選《天問》解題。伍胥即伍子胥，春秋末吳國名臣伍員的字，曾助吳伐楚，因反對吳王夫差存越，被越施反間計，吳王迫令自殺。這裏謂屈、伍兩人雖然得不到當時君主的信任，但他們的事功却永遠記在史册。

［14］ 計協：合謀，指中正同被選士子勾結舞弊。

［15］ 上品無寒門，下品無勢族：魏晉九品中正制，一品無人能得，故上品初指二、三品，但後因三品不受尊重，僅二品才算上品，以下便是下品，或稱卑

品。《宋書·恩倖傳序》："凡厥衣冠,莫非二品,自此以還,遂成卑庶。"寒門,寒微之家,指非門閥貴族的封建人物。勢族,有權勢的家族,指東漢以來世襲的大官僚大貴族,也包括魏晉的皇室及其姻親。

[16] 州都:州一級的中正,全稱是州都大中正。州都、州中正、大中正都是簡稱。

[17] 便坐之:按《通典》引作"遂爲坐廢",文義比較明顯。

[18] 還訪刁攸:刁攸,及下文的劉良、石公,均未詳。由文意看,劉良似爲某州中正。魏末晉初中正都有屬員,稱"訪問",他們"銓邑人品狀"(《晉書·孫楚傳》),操縱選舉實權。刁攸可能是劉良手下的訪問,他在定等級時上下其手,被石公其人所反對,劉良袒護刁攸,在州內鬧出風波,一直鬧到朝廷。劉毅此疏可能就是借這事作由頭。

[19] 桑妾之訟,禍及吳、楚:周敬王二年(吳王僚九年,前 518),吳、楚邊境上的二女,因爲爭桑引起兩家相滅;兩國邊邑令長知道,又怒而相攻。楚國奪取了吳國的邊邑,吳王怒,派公子光攻楚,奪取楚鍾離、居巢二城。後人將這類因小事而釀成大變的糾紛喻爲"桑妾之訟"。

[20] 鬬雞之變,難興魯邦:魯昭公二十五年(前 518),魯正卿季平子和大夫邱昭伯二家因鬬雞相爭,邱昭伯慫恿昭公率師攻平子,平子聯合孟孫氏、叔孫氏三家共攻昭公。昭公軍敗,逃到齊國。後來魯國內亂,昭公長期流亡,死在晉,魯的政權全歸季孫氏等三家,公室一蹶不振。

[21] 人倫:東漢鄉評里選,往往由名士主持;名士對於人物的褒貶分級,叫做"人倫"。

[22] 立格:格,標準、界限。魏晉時中正品第人物,要向政府提供家世、品、狀三項資料,寫在黃紙上,存入吏部或司徒府,作爲選官時查考的檔案。品第時,每品都綜合三項資料,先立一個評定標準,稱爲"立格"。

[23] 取下者爲格:謂立格時,取同品人物中家世、品、狀都是最差的,作爲衡量誰可定入這一等級的標準。這種"格"在定期重評時要重立,所以本段就指責各地中正隨意定"格",營私舞弊。

[24] 弘不諱之詔:弘,大。不諱,無所隱諱。指晉武帝即位後曾下詔求直諫。

[25] 鄉老:《周禮》官名。據《周禮》地官司徒,古代二鄉置一鄉老,每三年要考

察一次本鄉人物，"獻賢能之書于王"。

[26] 司馬：《周禮》官名。據《周禮》夏官司馬，古代大司馬下設有掌管登記功勞、實行賞罰的司勳等官。

[27] 臺府：臺閣公府。東漢後，設在宮廷中的尚書等辦事機構稱臺閣，丞相、三公的衙門稱爲公府。臺府即泛指政府。

[28] 損政五也：按以上四節，"損政"下都有"之道"二字；從第五節"五也"以下，都脫去，當依清嚴可均所輯《全晉文》，補"之道"二字。

[29] 門外之事，以義斷恩：門外，家門以外。義，宜。謂朝廷官員對待自己的親屬，凡涉及公事，就要用應該不應該做爲標準，來判斷愛不愛他們；也就是不徇私情。

[30] 於限當報：限，指人物品第的調整年限。《晉書·石季龍載記》上："魏始建九品之制，三年一清定之。"報，酬答。指三年一次對各人原來品第進行調整。

[31] 品狀相妨：魏、晉時，吏部選官，中正須提供被選者的三項資料：一是家世，即簿錄閥閱；二是"狀"，即道德、才能的評語；三是"品"，即綜合家世、才德所定的等第。三者中，家世一項，中正有記錄，標準比較固定，但品和狀往往不相一致。如果狀優而品不高，就不能得到超過本品的官位，這種情況就是所謂"品狀相妨"。

[32] 繫縶選舉：繫、縶同義，都是牽掣意。由於品狀相妨，有的人限於門第，有的人才能庸劣，使官吏選拔受到限制，無法選出稱職的人。

[33] 白論：白，素；白論猶如現在口語"空談"。

[34] 百揆：古官名，冢宰的異稱，指宰相。魏晉時宰相無定名，無定職，通常將擔任宰相職務叫做"居百揆"。又，魏晉起，吏部尚書權重，也稱天官，或冢宰。這裏是泛指總領百官的職事。

[35] 清濁同流：東漢後期地主階級內部黨爭，反對宦官的一派互相標榜清高，稱爲清流，而將依附宦官的一派稱爲濁流。魏晉立九品，就將列入上品的稱爲清流，反之則爲濁流。但西晉初專重家世、族望，清濁已成爲區分世族與寒門的同義語，而劉毅還是堅持老的品第標準，故在這裏指責專重門第爲導致清濁同流。

［36］　不解：解，《通典》引作懈。按解通懈。

［37］　優詔：語氣寬和的鼓勵性詔書。

［38］　衛瓘：字伯玉，西晉河東安邑人。曹魏末，以平鄧艾、鍾會功，封菑陽公。晉武帝太康間（280—289），和太尉汝南王司馬亮等同奏請廢除九品中正法，文見《晉書》本傳。瓘長於文藝，以善草書著名，惠帝時，被賈后謀害死。

［39］　鄉議里選：即漢代的察舉、徵辟等選拔官吏的制度。

謝靈運傳論〔宋書卷六七〕

史臣曰：民稟天地之靈，含五常[1]之德；剛柔迭用，喜愠分情[2]。夫志動於中，則歌詠外發[3]；六義[4]所因，四始[5]攸繫，升降謳謠，紛披風什[6]。雖虞、夏以前，遺文不覩[7]；稟氣懷靈，理無或異。然則歌詠所興，宜自生民始也。

周室既衰，風流彌著。屈平、宋玉，導清源於前[8]；賈誼、相如，振芳塵於後[9]。英辭潤金石，高義薄雲天[10]。自茲以降，情志愈廣。王襃、劉向、揚、班、崔、蔡之徒[11]，異軌同奔，遞相師祖。雖清辭麗曲，時發乎篇；而蕪音累氣，固亦多矣。若夫平子[12]豔發，文以情變，絕唱高蹤，久無嗣響。至于建安，曹氏基命[13]；二祖、陳王[14]，咸蓄盛藻；甫乃以情緯文，以文被質。

自漢至魏，四百餘年，辭人才子，文體三變：相如巧爲形似之言，班固[15]長於情理之説，子建、仲宣[16]以氣質爲體；並標能擅美，獨映當時。是以一世之士，各相慕習。原其颷流所始，莫不同祖風、騷[17]；徒以賞好異情，故意製相詭[18]。降及元康[19]，潘、陸[20]特秀。律異班、賈，體變曹、王；縟旨星稠，繁文綺合[21]；綴平臺之逸響[22]，採南皮之高韻[23]。遺風餘烈，事極江右[24]。

有晉中興，玄風獨振[25]，爲學窮於柱下[26]，博物止乎七篇[27]。馳騁文辭，義單[28]乎此。自建武暨乎義熙，歷載將百[29]，雖綴響聯辭，波屬雲委，莫不寄言上德[30]，託意玄珠[31]，遒麗之辭，無聞焉爾。仲文始革孫、許之風[32]，叔源大變太元之氣[33]。爰逮宋氏[34]，顏、謝騰聲[35]。靈運之興會標舉，延年之體裁明密，並方軌前秀，垂範後昆。

若夫敷衽論心[36]，商榷前藻，工拙之數，如有可言。夫五色相宣，八音協暢[37]；由乎玄黃律呂，各適物宜[38]。欲使宮羽相變，低昂互節[39]，若前有浮聲，則後須切響[40]。一簡之內，音韻盡殊；兩句之中，輕重悉異[41]。妙達此旨，始可言文。至於先士茂製，諷高歷賞[42]。子建"函京"之作[43]，仲宣"霸岸"之篇[44]，子荆"零雨"之章[45]，正長"朔風"之句[46]，並直舉胸情，非傍詩史，正以音律調韻，取高前式。自騷人以來，多歷年代，雖文體稍精，而此祕未覩[47]。至於高言妙句，音韻天成，皆闇與理合，匪由思至。張、蔡、曹、王[48]，曾無先覺；潘、陸、謝、顏[49]，去之彌遠。世之知音者，有以得之，知此言之非謬。如曰不然，請待來哲。

——據《百衲本二十四史》版《宋書》，參考中華書局 1974 年版《宋書》

【解題】

《宋書》記載南北朝時宋朝歷史，梁沈約撰。

劉宋文帝元嘉(424—453)中，著作郎何承天就奉詔撰修"國史"(劉宋開國以來的歷史)；以後，山謙之、蘇寶生等都曾相繼續撰。孝武帝大明六年(462)，又詔著作郎徐爰踵成其事。爰彙集何、蘇等所撰爲一書，並續修若干篇志傳，初具了《宋書》的規模。但爰書記載祇到大明八年(464)，以後還有四帝十五年的史事缺而未錄。因此，蕭齊建國後，沈約又在永明五年(487)春奉齊武帝命重撰。約用爰書爲底本，重訂體例，刪削增補，撰成《宋書》，於次年(永明六年，488)完成。書成於齊，今本題"梁沈約撰"，是因爲他到梁時還居要職，後人遂冠以他終仕的朝代。

《宋書》一百卷，計"帝紀"十卷，"列傳"六十卷，"志"三十卷。所記上起東晉安帝義熙元年(405，這年劉裕控制了東晉中央政權)，下至宋順帝昇明三年(479，這年蕭道成篡宋建齊)。列傳也很注意人物分類，除《后妃》、《良吏》、《隱逸》、《恩倖》、《夷蠻》等傳和《史記》、《兩漢書》中類似外，還另立了《宗室》、《孝義》、《二凶》三傳。其中《孝義傳》是這一時代史著裏的創製。"志"除《律》、《曆》、《天文》諸志沿襲《史》、《漢》舊例，又析《禮》、《樂》爲二，易《地理》爲《州郡》；缺《食貨》、《藝文》等志，卻另創了《符瑞志》。所記不限於劉宋一代，而是上繼《漢書》及司馬彪《續漢書》諸志；凡二書所沒有的，都一一追溯到三代、秦、漢。各志分量極不平衡，《禮》、《樂》二志有九卷，《天文》、《符瑞》、《五行》三志達十一卷。八志前冠以《志序》，綜述作者的撰寫意圖。

《宋書》側重文章辭賦，神祕主義氣氛濃厚，是兩個突出的特色。列傳中詳錄文學作品，像《謝靈運傳》載錄了《征賦》和《山居賦》全文，共數萬字；《顧覬之傳》載錄了《定命論》三千餘字；《謝晦傳》載錄他上表、檄文等四篇，近九千字。另有一些作品，像何承天的《安邊論》、王弘的《建屯田議》、傅亮的《演慎》等，對我們瞭解當時社會政治狀況，自有重要價值；但沈約主要是從文學角度而不是從史學價值角度出發。這雖然對古典文學的研究提供了一些資料,但是沈約忽視社會經濟和典章法制的史實,卻極不利於歷史研究。《宋書》既立了《五行志》,煩冗地臚列無數"災變感應",又創立了前史所沒有的《符瑞志》,不厭其詳地記載了五帝三代以來所謂"聖帝哲王"的"嘉應"、"瑞命",宣揚"王權神授"的神祕主義觀點。至於這一時期其他斷代史所共有的一些特徵,如寫王朝更迭、帝位篡奪時曲筆迴護,兩國交爭時諱敗誇勝等,《宋書》也表現得尤爲顯著。

這些特色是當時現實的反映。南朝時期,王朝更迭迅速,帝位篡奪相尋,南北戰爭連綿,階級矛盾日益尖銳。高門貴族在縱情物慾之餘,精神世界非常空虛,往往放情自然山水之中;一些憤世嫉俗的知識分子,也往往産生消極遁世、回歸自然的思想。在這樣的影響下,文學作品自然特多。這一時期作品的特色,是講究形式,致力於駢偶、文字雕琢和聲韻方面的探求,而内容卻大多狹隘平庸。沈約本人就是齊、梁間的文壇領袖,因此,在撰寫《宋書》時,特重文人,搜録了大量文章辭賦作品,也是很自然的。其次,在政治生活混亂的狀況下,每一個篡逆者在奪取政權後,都要爲自己行動的"合法性"尋求"天命"支柱,希望"逐鹿弭謀,窺覬不作",而最簡便的辦法便是製造一些"嘉應"、"祥瑞"之類來蠱惑人心,造成這一時期宗教氣氛特別濃厚;而反映到史著内,也就出現了大量妄誕怪異的記録。

《宋書》輾轉流傳,錯誤殘缺很多。宋仁宗曾命史館諸臣重加校勘。今本中趙倫之、王懿、張劭等傳,便是用唐李延壽《南史》和高峻父子的《高氏小史》中有關列傳輯補的;但《到彦之傳》仍缺而未補。全書向無注本,清洪亮吉曾撰有《宋書音義》四卷,也未刊行。清代學者曾作了一些考證質疑和補表、補志等工作。中華書局排印出版的校點本《宋書》,以善本校勘,可參考。

《謝靈運傳論》,選自《宋書》卷六七。這是沈約用駢體文寫的一篇史論,發表他對文學史的見解,前半談情和文的關係,後半談聲律問題。駢體文是南北朝的流行文體,句法講究對仗,語音講究平仄,造句講究用典。用這種體裁寫的歷史作品,通常"四六"成句,音讀有節奏,形式似乎很美,但經常以美詞害意,而且滿紙典故,增加了閱讀和理解原意的困難。然而要運用那個時代提供的史料,就必須熟悉駢體文的寫作特點。

沈約(441—513),字休文。南朝武康(今浙江德清西)人。父璞,官淮南太守,因罪被殺,約逃亡遇赦得免。少孤貧,好學,博通羣籍,能屬文。劉宋時,官至尚書度支郎。入齊後,歷遷太子家令,兼著作郎、黄門侍郎、五兵尚書、國子祭酒、南清河太守等。武帝永明五年(487)春,奉詔撰修《宋書》,次年二月即成,爲時不及一年。當時竟陵王蕭子良廣集文人,約和著名文學家王融、謝朓等都往來他的門下,稱"竟陵八友"。子良曾在永明七年(489)大集名僧,討論佛經誦讀,創製經唄新聲,總結當時討究已久的佛經轉讀聲韻。約所提倡的詩歌韻律"四聲八病"說,當是受到這種風氣的一定影響。南齊末,蕭衍控制中央政權,約和范雲爲衍畫策,實現了齊梁禪代。梁朝建立,累任尚書左僕射、領中書令、尚書令等顯職,封建昌縣侯。但梁武帝對他始終懷疑,不授以重任。天監十二年(513),因觸怒武帝,數被譴責,懼卒。諡曰隱。著作甚多,除《宋書》外,又有《四聲譜》、《齊紀》、《沈約集》等,今都亡佚。明人曾輯有《沈隱侯集》。《梁書》卷十三和《南史》卷五十七有傳,《宋書》卷一百《自序》也可參考。

【注釋】

[１] 五常:古代各説不同。一説:指金、木、水、火、土五行,見《禮記‧樂記》鄭玄注、《莊子‧天運》成玄英疏。一説:指仁、義、禮、智、信等儒家之"道",見《論衡‧問孔》。一説:指"五典","謂父義、母慈、兄友、弟恭、子孝",見《尚書‧泰誓》賈公彥疏。《文選》李善注主第一説,是。

[２] 情:指儒家學説中所説的喜、怒、哀、懼、愛、惡、欲的七種感情,見《禮記‧禮運》篇。

[３] 夫志動於中,則歌詠外發:《毛詩序》:"情動於中而形於言,嗟嘆之不足,故詠歌之。"又説:"情發於聲,聲成文謂之音。"這裏的"志"就是《毛詩序》所説的"情"。

[４] 六義:《毛詩序》以風、賦、比、興、雅、頌爲"六義"。

[５] 四始:有三説:一説指《詩》中的風、大雅、小雅、頌。《毛詩序》:"是以一國之事,繫一人之本,謂之風。言天下之事,形四方之風,謂之雅;雅者正也,言王政之所由興廢也。政有大小,故有《小雅》焉、《大雅》焉。頌者,美盛德之形容以其成功告於神明者也。是謂四始,《詩》之至也。"鄭玄箋:"始者,謂王道興衰之所由也。"沈約蓋本此説。二説:"《關雎》之亂以爲風始,《鹿鳴》爲小雅始,《文王》爲大雅始,《清廟》爲頌始。"見《史記‧孔子世家》,蓋本今文經學派《魯詩》的説法。三説,用五行説附會解釋,説《大明》爲水始,《四牡》爲木始,《嘉魚》爲火始,《鴻雁》爲金始,見《詩大序‧正義》引《詩緯‧氾曆樞》。

［6］ 紛披風什：紛披，布散。《詩經》的《雅》、《頌》，每十篇同卷，稱爲"什"。

［7］ 雖虞、夏以前，遺文不覩：古代傳說，黃帝時有《雲門》之樂，堯時有《大章》
之歌，舜有《南風》、《大唐之歌》，禹時百姓曾作歌歌頌他的九項善政
（"九功"），夏太康時有《五子之歌》等。《雲門》、《大章》歌辭已亡；《南風》
詩見唐孔穎達《禮記·樂記·正義》引，《五子之歌》見《僞古文尚書》，都
是後出或僞造，所以這裏説"遺文不覩"。

［8］ 屈平、宋玉，導清源於前：屈平，屈原名，他是古代詩歌中"騷體"的開創
者。宋玉，戰國楚人，長於辭賦，名作有《風賦》等，古代文學家認爲他和
荀卿是漢賦的開創者。

［9］ 賈誼、相如，振芳塵於後：賈誼，已見本書《漢書·食貨志》注［15］。相如
指司馬相如（前179—前117），字長卿，蜀郡成都（今四川成都）人。西漢
著名文學家，撰有《子虛賦》、《上林賦》、《大人賦》等。他和賈誼都是漢賦
的代表作家。芳塵，語見《穀梁傳序》："鼓芳風以扇遊塵。"這裏合爲頌美
詞，謂賈誼、司馬相如的辭賦上承屈原、宋玉的遺風。

［10］ 英辭潤金石，高義薄雲天：英，華；潤，飾；薄，迫；雲天，揚雄《法言》："或
問屈原、相如之賦孰愈？曰：原也過於浮，如也過以虛。過浮者蹈雲天，
過虛者華無能。"按這裏的"薄雲天"是褒詞，形容其高。謂屈、宋、賈、馬
的賦，文辭瑰麗精美，足以銘刻在金石之上；而其中表現的行義之高，又
可以上迫雲天。

［11］ 王襃、劉向、揚、班、崔、蔡之徒：都是兩漢時的著名辭賦家。王襃，字子
淵，西漢蜀郡資中（今四川資陽）人，撰有《洞簫》等賦。劉向（約前77—前
6），字子政，本名更生，西漢宗室。少年時以善辭賦和王襃齊名。累仕
宣、元、成等朝。成帝時，奉詔領校中五經祕書。撰有《別録》、《洪範五行
傳》、《列女傳》、《新序》、《説苑》等。揚即揚雄（前53—公元18），字子雲，
西漢蜀郡成都（今四川成都）人。撰有《反離騷》、《甘泉》、《長楊》、《田獵》
等賦和哲學著作《法言》、《太玄》，語言學著作《方言》等。班指班固，已見
本書《漢書》解題。固的名賦有《東都賦》和《西都賦》。崔指崔駰（？—
92），字亭伯，東漢涿郡安平（今河北深縣）人。少與班固齊名。蔡指蔡邕
（132—192），字伯喈，陳留圉（今河南杞縣）人。少喜辭賦。有《蔡中郎

集》。

[12] 平子：東漢張衡(78—139)的字。衡，南陽西鄂(今河南南陽北)人。他的
《二京賦》(《東京賦》和《西京賦》)和七言詩《四愁詩》等都很有名。他還
是古代著名的科學家，創製了舉世聞名的渾天儀和候風地動儀。

[13] 至于建安，曹氏基命：建安，東漢獻帝年號，當公元 196—220 年。建安
時，漢朝中央軍政大權，都已被曹操一手控制，爲建安末曹丕代漢奠定了
基礎，所以説“曹氏基命”。

[14] 二祖、陳王：二祖，《文選》作“三祖”，李善注謂指魏太祖武帝曹操、高祖文
帝曹丕和烈祖明帝曹叡。按曹叡雖也以文學知名，但時間晚於建安，所
以當以“二祖”專指操、丕父子爲妥。陳王，曹操子曹植的封號，諡爲思，
所以又稱陳思王，字子建。曹操父子三人都是著名的文學家。曹操的
《蒿里行》、《短歌行》等詩篇，悲涼慷慨，氣勢雄偉。曹丕的《燕歌行》，是
現存較早的七言詩；他的《典論・論文》等，是文學批評名著。曹植的詩，
在當時尤爲著名，以七步成詩，被後人傳爲佳話。

[15] 班固：《文選》作“二班”，指班固和他的父親彪。彪字叔皮，也以文章
著名。

[16] 仲宣：東漢末文學家王粲的字。粲，山陽高平(今山東微山西北)人，著名
的“建安七子”之一。粲詩同曹植齊名，世稱“曹、王”。代表作有《七
哀詩》。

[17] 原其颷流所始，莫不同祖風、騷：颷流即風流；祖，法。謂：從漢到魏，文
體雖有三變，但追本溯源，便可發現他們都是上法風、騷。

[18] 意製相詭：意，文章的思想；製，文章的體裁。詭，訓異、反、違；相詭，就是
相反。

[19] 元康：西晉惠帝年號，當公元 291—299 年。

[20] 潘、陸：潘指潘岳，西晉文學家，字安仁，滎陽中牟(今河南中牟)人，撰有
《閑居》、《關中》、《秋興》、《懷舊》等賦。陸指陸機，西晉文學家，字士衡，
吳郡華亭(今上海松江)人，撰有《歎逝賦》、《文賦》、《疑古詩》等。陸機、
潘岳都是西晉初文壇領袖、“太康文學”的代表作家。梁鍾嶸《詩品序》
稱：“陸機爲太康之英，安仁、景陽(張協字)爲輔。”

[21] 縟旨星稠，繁文綺合：縟(rǔ)，繁複。綺，有花紋的絲織品。謂潘岳、陸機等人的作品，文思如星樣的繁密，詞句如綺樣的華麗。

[22] 綴平臺之逸響：綴，聯接。平臺，西漢梁孝王劉武曾在大梁(今河南開封西北)的平臺，招延四方才士遊宴寫作。當時著名的辭賦家枚乘、嚴忌、鄒陽、司馬相如等，都曾是他的座上客。"綴平臺之逸響"，謂上接相如等飄逸的辭賦風格。

[23] 採南皮之高韻：南皮，今河北南皮。建安時，曹丕曾同吳質、阮瑀等共遊南皮，論文賦詩，以後丕在《與吳質書》中，曾說"每念昔日南皮之遊，誠不可忘"。"採南皮之高韻"，謂採取建安諸子高超的詩歌風格。

[24] 江右：魏、晉以後，習慣上稱長江下游北岸淮水以南地區爲江西或江右，長江下游南岸地區爲江左、江東或江表；但江右或江西可泛稱長江以北(包括中原地區在内)。這裏指西晉。

[25] 有晉中興，玄風獨振："有晉"，《文選》作"在晉"；"獨振"，《文選》作"獨扇"。有晉中興，指西晉滅亡後，琅邪王司馬睿在南渡的北方大族擁戴下，稱帝於建康(今江蘇南京)，建立東晉。玄風，指魏、晉之際，玄學盛行，地主士大夫推崇老、莊，喜尚清談，蔚然成風。東晉時，玄學爭論中的名教之辨漸趨消失，但是理論上紛爭的餘波仍然很大。所以這裏還是說"玄風獨振"。

[26] 柱下：指《老子》。相傳《老子》一書是老聃所著，又相傳老聃曾任東周王室的柱下史(史官名)，所以稱《老子》爲"柱下"。

[27] 七篇：指《莊子》。《莊子》分内篇、外篇、雜篇三部分。其中内篇七篇相傳是莊周本人所撰，所以用"七篇"作爲《莊子》的代稱。

[28] 單：通殫，《文選》作殫，作盡、極解。

[29] 自建武暨乎義熙，歷載將百：建武，東晉元帝司馬睿第一年號，當公元317年。義熙，東晉安帝司馬德宗第三年號，當公元405—418年。這裏包舉整個東晉一代；按東晉共一百零四年，到義熙末已有一百零二年，"將百"的說法不够精確。

[30] 上德：《老子》第三十八章："上德不德，是以有德。"這裏即指老子哲學。

[31] 玄珠：《莊子·天地》篇："黃帝遊乎赤水之北，登乎崑崙之丘，而南望還

歸,遺其玄珠。"郭象注:"此明得真之所由。"按這裏即指道家思想。

[32] 仲文始革孫、許之風:仲文,即殷仲文,東晉文學家,陳郡(今河南淮陽)
人。所撰詩雖已開始變革玄言詩的風氣,但仍未盡除玄氣。孫指孫綽,
字興公,太原中都(今山西平遙)人。許指許詢,字玄度,高陽(今河北蠡
縣南)人。孫、許都是東晉孝武帝太元年間著名的玄言詩人,鍾嶸《詩品
序》批評他們的詩"皆平典似《道德論》"(謂平淡刻板得像玄學論文),喪
失了建安文學慷慨悲涼的格調和較有現實性的內容。又《詩品序》說開
始變革玄言詩體的是西晉末東晉初的郭璞和劉琨,不過對當時影響不大
而已。

[33] 叔源大變太元之氣:叔源,謝混的字。混,陳郡陽夏(今河南太康)人,東
晉末詩人。太元,東晉孝武帝第二年號,當公元 376—396 年。孫綽、許
詢等在太元間大寫玄言詩,蔚為風氣,所以說"太元之氣"。東晉安帝義
熙中,謝混開始寫山水詩,雖然清新之作還不多,但對改變玄言詩體頗有
影響。

[34] 宋氏:指劉裕代晉後建立的劉宋王朝。

[35] 顏、謝騰聲:顏指顏延之,劉宋文學家,字延年,琅邪臨沂(今山東臨沂)
人。所寫五言詩,喜用典故,并保守陸機以來華靡工煉的風氣,在當時聲
價很高,同謝靈運齊名。代表作有《北使洛詩》等。謝指謝靈運(385—
433),陳郡陽夏(今河南太康)人。他是謝玄之孫,襲封康樂公,所以稱謝
康樂。劉裕代晉,降爵為侯。宋少帝時,出任永嘉太守,放情山水,不理
民事。一年後辭官,隱居會稽,廣佔土地,鑿山浚湖,勞役人民,曾想把會
稽城東的回踵湖佔為己有。宋文帝時,任臨川內史,仍放浪不羈。被告
發後,起兵叛宋,謫徙廣州,不久被處死。靈運是我國第一位以描寫山水
為主的詩人,雖已打破了東晉玄言詩的傳統,風格清新,對當時詩歌發展
有一定推動作用,但缺乏社會內容,感情沒落頹廢,過分追求形式,反映
出東晉南朝正在沒落中的世族門閥地主頹唐空虛的精神面貌。他的山
水詩都收入《謝康樂集》。

[36] 敷衽論心:《楚辭·離騷》:"跪敷衽以陳詞兮。"原指祭神禱祝時,下跪,將
衣襟鋪在地上。這裏謂席地而坐,促膝談心。

[37] 五色相宣,八音協暢:古代以青、黄、赤、白、黑五種顏色爲正色,稱爲五色。宣,發揚。八音,古代稱鍾鎛、磬、塤、鼓鼗、琴瑟、柷敔、笙、管等八類樂器的聲音爲金、石、土、革、絲、木、匏、竹八音。

[38] 玄黄律吕,各適物宜:玄黄,《易·坤·文言》:"天玄而地黄。"這裏泛指顏色,承上文"五色相宣"句。律吕,古代用來校正樂律的儀器。相傳黄帝時伶倫截竹爲筒,以筒的長短,分別聲音的清濁高下。樂器的音,用它作準則,分成陰陽各六。陽爲律,陰爲吕,合稱十二律。這裏泛指聲音,承上文"八音協暢"句。

[39] 宮羽相變,低昂互節:古代音樂,分宮、商、角、徵、羽五音。齊、梁間,沈約、謝朓、王融、周顒等提倡作詩要講究格律嚴整,對仗工巧,提出聲調有平、上、去、入四聲説,以傳統的五音來比附四聲,説:宮、商是平聲,角是上聲,徵是去聲,羽是入聲;而上、去、入三聲又統稱仄聲。這裏沈約借用宮(平)、羽(仄)二音的變化,説明做詩要注重聲律,調協平仄,做到清濁高下有節奏。

[40] 若前有浮聲,則後須切響:《文心雕龍·聲律》篇:"聲有飛沈","沈則響發而斷,飛則聲揚不還"。這裏浮聲指平聲,切響指仄聲。

[41] 一簡之内,音韻盡殊;兩句之中,輕重悉異:一簡,指五言詩的一句。輕,指平聲,音清;重,指仄聲,音濁。沈約曾提出詩歌創作的"四聲八病"説。據《詩人玉屑·詩病》篇引約"詩病有八"説,作五言詩忌"平頭"(第一、二字不得同第六、七字同聲)、"上尾"(第五字不得同第十字同聲)、"蜂腰"(第二字不得同第五字同聲)、"鶴膝"(第五字不得同第十五字同聲)、"大韻"(如用"聲"、"鳴"爲韻,上九字就不得用"驚"、"傾"、"平"、"榮"等字)、"小韻"(除本一字外,九字中不得有兩字同韻,如"遥"、"條"不同)、"正紐"(又稱"小紐",如五言一句中已有"壬"字,就不得用"衽""任""入"等,致四聲相紐)、"旁紐"(又稱"大紐",如五言一句中已有"月"字,就不得用"魚""元""阮""願"等同"月"同聲紐的字)。按這四句話,又見於《南史·陸厥傳》:"(約等)爲文皆用宮商,以平、上、去、入爲四聲,且以之製韻,有平頭、上尾、蜂腰、鶴膝。五字之中,音韻悉異,兩句之内,角徵不同,不可增減,世呼爲'永明體'。"文較清楚。

［42］ 諷高歷賞：謂諷詠的都以爲是高妙作品，而被歷代文學家所共傳賞。

［43］ 子建“函京”之作：曹植(子建)《贈丁儀、王粲詩》的首二句：“從軍渡函谷，驅馬過西京。”這裏約爲“函京”。

［44］ 仲宣“霸岸”之篇：王粲(仲宣)《七哀詩》中有“南登霸陵岸，回首望長安”二句，這裏約爲“霸岸”。

［45］ 子荆“零雨”之章：子荆，西晉詩人孫楚的字。孫楚《征西官屬送於陟陽候作詩》的首二句：“晨風飄歧路，零雨被秋草。”這裏選取“零雨”二字。

［46］ 正長“朔風”之句：正長，晉代詩人王瓚的字。王瓚《雜詩》的首二句：“朔風動秋草，邊馬有歸心。”這裏選取“朔風”二字。

［47］ 自騷人以來……此祕未覩：各本並脫“多歷年代雖文體稍精而”十字。《文選》作：“自靈均以來，多歷年代，雖文體稍精，而此祕未覩。”文較清楚，據補。騷人，騷體詩人；靈均，屈原的別號。沈約創“四聲八病”説後，自己很得意，認爲首先找到了詩歌格律聲韻變化的規律，而前代像屈、宋、賈、馬、張、蔡、曹、王、潘、陸、顏、謝等大辭賦家、名詩人都沒有窺破這一祕密(參見《梁書》本傳和《答陸厥書》)。但這一説法，在當時就曾受到反對。鍾嶸《詩品序》就指出，這種過於講究音律的結果，反而使“文多拘忌，傷其真美”；同時“蜂腰鶴膝”等，在民間歌謠中本來就是有的，和四聲一樣，沒有講究的必要。

［48］ 張、蔡、曹、王：指張衡、蔡邕、曹植、王粲。

［49］ 潘、陸、謝、顏：指潘岳、陸機、謝靈運、顏延之。

釋　老　志〔魏書卷一一四〕（節録）

（上略）魏先建國於玄朔[1]，風俗淳一，無爲以自守，與西域殊絶，莫能往來。故浮圖之教[2]，未之得聞，或聞而未信也。及神元與魏晉通聘[3]，文帝久在洛陽[4]，昭成又至襄國[5]，乃備究南夏佛法之事。

太祖平中山，經略燕趙[6]，所逕郡國佛寺，見諸沙門道士[7]，皆致精敬，禁軍旅無有所犯。帝好黃、老，頗覽佛經。但天下初定，戎車屢動，庶事草創，未建圖宇[8]招延僧衆也。……天興元年[9]，下詔曰：“夫佛法之興，其來遠矣。濟益之功，冥[10]及存没，神蹤遺軌，信可依憑。其敕有司於京城[11]建飾容範，修整官舍，令信向之徒有所居止。”是歲，始作五級浮圖、耆闍崛山及須彌山殿[12]，加以績飾；別構講堂、禪堂及沙門座[13]，莫不嚴具焉。

太宗[14]踐位，遵太祖之業，亦好黃、老，又崇佛法。京邑四方，建立圖像。仍令沙門敷導民俗。初，皇始[15]中，趙郡[16]有沙門法果，誠行[17]精至，開演法籍[18]。太祖聞其名，詔以禮徵赴京師。後以爲道人統[19]，綰攝僧徒。每與帝言，多所愜允，供施甚厚。至太宗，彌加崇敬，永興[20]中，前後授以輔國、宜城子、忠信侯、安成公之號，皆固辭。帝常親幸其居，以門小狹，不容輿輦，更廣大之。年八十餘，泰常[21]中卒。未殯，帝三臨其喪，追贈老壽將軍、趙胡靈公。初，法果每言太祖明叡好道，即是當今如來[22]，沙門宜應盡禮，遂常致拜。謂人曰：“能鴻道者，人主也；我非拜天子，乃是禮佛耳！”……

世祖[23]初即位，亦遵太祖、太宗之業，每引高德沙門，與共談論。於四月八日[24]，輿諸佛像行於廣衢，帝親御門樓臨觀，散花以致禮敬。先是，沮渠蒙遜在涼州[25]，亦好佛法，有罽賓沙門曇摩讖[26]習諸經論，於姑臧與沙門智嵩等譯《涅槃》諸經十餘部[27]，又曉術數禁呪[28]，歷言他國安危，多所中驗，蒙遜每以國事諮之。神䴥[29]中，帝命蒙遜送讖詣京師，惜而不遣；既而懼魏威責，遂使人殺讖。……涼州自張軌[30]後，世信佛教。敦煌[31]地接西域,道俗交得其舊式,村塢相屬,多有塔寺。太延中,涼州平[32],徙其國人於京邑,沙門佛事皆俱東,象教[33]彌增矣。尋以沙門衆多,詔罷年五十已下者。……

世祖即位,富於春秋,既而銳志武功,每以平定禍亂爲先。雖歸宗佛法,敬重沙門,而未存覽經教,深求緣報[34]之意。及得寇謙之[35]道,帝以清净無爲,有仙化之證,遂信行其術。時司徒崔浩[36],博學多聞,帝每訪以大事。浩奉謙之道,尤不信佛,與帝言,數加非毀,常謂"虛誕爲世費害"。帝以其辯博,頗信之。會蓋吳反杏城[37],關中騷動,帝乃西伐,至於長安。先是長安沙門種麥寺内,御騶牧馬於麥中。帝入觀馬,沙門飲從官酒。從官入其便室,見大有弓矢矛楯;出以奏聞。帝怒曰:"此非沙門所用,當與蓋吳通謀,規害人耳!"命有司案誅一寺,閱其財産,大得釀酒具及州郡牧守富人所寄藏物,蓋以萬計;又爲屈室,與貴室女私行淫亂。帝既忿沙門非法,浩時從行,因進其説。詔誅長安沙門,焚破佛像;勅留臺下四方令,一依長安行事。又詔曰:"彼沙門者,假西戎虛誕,妄生妖孽,非所以一齊政化,布淳德於天下也。自王公已下,有私養沙門者,皆送官曹,不得隱匿。限今年二月十五日,過期不出,沙門身死,容止者誅一門。"時恭宗[38]爲太子監國,素敬佛道,頻上表陳刑殺沙門之濫,又非圖像之罪,今罷其道,杜諸寺門,世不修奉土木丹青[39],自然毀滅。如是再三,不許。乃下詔曰:

昔後漢荒君,信惑邪僞,妄假睡夢,事胡妖鬼,以亂天常[40]。自古九州之中無此也。夸誕大言,不本人情;叔季之世,闇君亂主莫不眩焉。由是政教不行,禮義大壞,鬼道熾盛,視王者之法蔑如也。自此以來,代經亂禍;天罰亟行,生民死盡,五服[41]之内,鞠[42]爲丘墟,千里蕭條,不見人迹,皆由於此。朕承天緒,屬當窮運之弊,欲除僞定真,復羲、農之治[43];其一切蕩除胡神,滅其蹤迹,庶無謝於風氏[44]焉!自今以後,敢有事胡神及造形像泥人銅人者,門誅!雖言胡神,問今胡人,共云無有。皆是前世漢人無賴子弟劉元真、呂伯彊[45]之徒,接乞胡之誕言,用老、莊之虛假,附而益之,皆非真實。至使王法廢而不行,蓋大姦之魁也。有非常之人,然後能行非常之事,非朕孰能去此歷代之僞物!有司宣告征鎮諸軍刺史，諸有佛圖形像及胡經，盡皆擊破焚燒，沙門無少長悉坑之。

是歲，真君七年[46]三月也。恭宗言雖不用，然猶緩宣詔書，遠近皆豫聞知，得各爲計。四方沙門多亡匿獲免，在京邑者亦蒙全濟；金銀寶像及諸經論大得祕藏；而土木宮塔，聲教所及，莫不畢毀矣！始謙之與浩同從車駕，苦與浩諍。浩不肯，謂浩曰：“卿今促年、受戮、滅門戶矣！”後四年，浩誅，備五刑[47]，時年七十。浩既誅死，帝頗悔之，業已行，難中修復。恭宗潛欲興之，未敢言也。佛淪廢終帝世，積七八年。然禁稍寬弛，篤信之家，得密奉事；沙門專至者，猶竊法服[48]誦習焉。惟不得顯行於京都矣！

先是，沙門曇曜[49]有操尚，又爲恭宗所知禮。佛法之滅，沙門多以餘能自效，還俗求見。曜誓欲守死，恭宗親加勸喻，至於再三，不得已，乃止；密持法服器物[50]，不暫離身。聞者歎重之。

高宗[51]踐極，下詔曰：

夫爲帝王者，必祗奉明靈，顯彰仁道。其能惠著生民，濟益羣品者，雖在古昔，猶序其風烈。是以《春秋》嘉崇明之禮[52]，祭典載功施之族[53]；況釋迦如來，功濟大千，惠流塵境。等生死者，歎其達觀；覽文義者，貴其妙明。助王政之禁律，益仁智之善性。排斥羣邪，開演正覺[54]。故前代已來，莫不崇尚，亦我國家常所尊事也。世祖太武皇帝開廣邊荒，德澤遐及。沙門道士，善行純誠，惠始[55]之倫，無遠不至。風義相感，往往如林。夫山海之深，怪物多有，姦淫之徒，得容假託，講寺之中，致有兇黨，是以先朝因其瑕釁，戮其有罪。有司失旨，一切禁斷。景穆皇帝[56]每爲慨然，值軍國多事，未遑修復。朕承洪緒，君臨萬邦，思述先志，以隆斯道。今制：諸州郡縣，於衆居之所，各聽建佛圖一區，任其財用，不制會限；其好樂道法，欲爲沙門，不問長幼，出於良家，性行素篤，無諸嫌穢，鄉里所明者，聽其出家。率大州五十、小州四十人，其郡遙遠臺者十人。各當局分，皆足以化惡就善，播揚道教也。

天下承風,朝不及夕,往時所毀圖寺仍還修矣,佛像經論皆復得顯。京師沙門師賢,本罽賓國王種人,少入道,東遊涼城;涼平,赴京。罷佛法時,師賢假爲醫術還俗,而守道不改。於修復日,即反沙門。其同輩五人。帝乃親爲下髮。師賢仍爲道人統。……和平[57]初,師賢卒,曇曜代之,更名沙門統。……曇曜白帝,於京城西武州塞[58],鑿山石壁,開窟五所,鐫建佛像各一,高者七十尺,次六十尺。雕飾奇偉,冠於一世。曇曜奏,平齊戶及諸民有能歲輸穀六十斛入僧曹者,即爲僧祇戶,粟爲僧祇粟,至於儉歲,賑給飢民。又請民犯重罪及官奴以爲佛圖戶,以供諸寺掃洒,歲兼營田輸粟。高宗並許之。於是僧祇戶粟及寺戶徧於州鎮矣。……

顯祖[59]即位,敦信尤深,覽諸經論,好《老》、《莊》,每引諸沙門及能談玄之士,與論理要。……其歲(天安元年),高祖誕載,於時起永寧寺,構七級浮圖,高三百餘尺,基架博敞,爲天下第一。又於天宮寺造釋迦立像,高四十三尺,用赤金十萬斤,黃金六百斤。皇興[60]中,又構三級石佛圖,榱棟楣楹,上下重結,大小皆石,高十丈,鎮固巧密,爲京華壯觀。高祖[61]踐位,顯祖移御北苑崇光宮,覽習玄籍。……延興二年,夏,四月,詔曰:"比丘[62]不在寺舍,遊涉村落,交通姦猾,經歷年歲。令民間五五相保,不得容止無籍之僧。精加隱括[63],有者送付州鎮;其在畿郡,送付本曹。若爲三寶[64]巡民教化者,在外齎州鎮維那文移[65],在臺者齎都維那等印牒,然後聽行,違者加罪。"又詔曰:"內外之人,興建福業,造立圖寺,高敞顯博,亦足以輝隆至教矣。然無知之徒,各相高尚,貧富相競,費竭財產,務存高廣,傷殺昆蟲含生之類;苟能精致,累土聚沙,福鍾不朽。欲建爲福之因,未知傷生之業。朕爲民父母,慈養是務。自今一切斷之。"……

承明元年[66],八月,高祖於永寧寺設太法供,度良家男女爲僧尼者百有餘人,帝爲剃髮,施以僧服,令修道戒,資福於顯祖。是月,又詔起建明寺。太和元年[67],二月,幸永寧寺,設齋,赦死罪囚。三月,又幸永寧寺,設會,行道聽講,命中祕二省與僧徒討論佛義,施僧衣服寶器有差。又於方山太祖營壘之處建思遠寺。自正光[68]至此,京城內寺新舊且百所,僧尼二千餘人;四方諸寺六千四百七十八,僧尼七萬七千二百五十八人。……(太和)十年,冬,有司又奏:"前被敕:以勒籍之初,愚民僥倖,假稱入道,以避輸課。其無籍僧尼,罷遣還俗。重被旨:所檢僧尼,寺主維那當寺隱審,其有道行精勤者,聽仍在道,爲行凡麤者,有籍無籍,悉罷歸齊民。今依旨簡遣,其諸州還俗者,僧尼合一千三百二十七人。"奏可。(太和)十六年,詔:四月八日、七月十五日[69],聽大州度一百人爲僧尼,中州五十人,下州二十人,以爲常準,著於令。……先是立監福曹,又改爲昭玄,備有官屬,以斷僧務。……

世宗[70]即位,永平元年[71],秋,詔曰:"緇素[72]既殊,法律亦異。故道教彰於互顯,禁勸各有所宜。自今已後,衆僧犯殺人已上罪者,仍依俗斷,餘犯悉付昭玄,以内律僧制之。"……(永平)四年,夏,詔曰:"僧祇之粟,本期濟施,儉年出貸,豐則收入。山林僧尼,隨以給施,民有窘敝,亦即賑之。但主司冒利,規取贏息,及其徵責,不計水旱,或償利過本,或翻改券契,侵蠹貧下,莫知紀極。細民嗟毒,歲月滋深。非所以矜此窮乏,宗尚慈拯之本意也。自今已後,不得專委維那、都尉,可令刺史共加監括;尚書檢諸有僧祇穀之處,州別列其元數,出入贏息,賑給多少,并貸償歲月,見在未收,上臺録記。若收利過本及翻改初券,依律免之,勿復徵責。或有私債,轉施償僧,即以丐民,不聽收檢。後有出貸,先盡貧窮。徵債之科,一準舊格。富有之家,不聽輒貸。脱仍冒濫,依法治罪。"又尚書令高肇奏言:"謹案:故沙門統曇曜,昔於承明元年奏涼州軍户趙苟子等二百家爲僧祇户,立課積粟,擬濟饑年,不限道俗,皆以拯施。又依内律,僧祇户不得別屬一寺。而都維那僧暹、僧頻等,進違成旨,退乖内法,肆意任情,奏求逼召。致使吁嗟之怨,盈於行道,棄子傷生,自縊溺死,五十餘人。豈是仰贊聖明慈育之意,深失陛下歸依之心。遂令此等行號巷哭,叫訴無所,至乃白羽貫耳,列訟宮闕。悠悠之人,尚爲哀痛,況慈悲之士,而可安之!請聽苟子等還鄉課輸。儉乏之年,周給貧寡;若有不虞,以擬邊捍。其暹等違旨背律,謬奏之愆,請付昭玄,依僧律推處。"詔曰:"暹等特可原之,餘如奏。"世宗篤好佛理,每年常於禁中親講經論,廣集名僧,標明義旨,沙門條録,爲内起居焉。上既崇之,下彌企尚。至延昌[73]中,天下州郡僧尼寺積有一萬三千七百二十七所,徒侶逾衆。……

(熙平)二年[74],春,靈太后[75]令曰:"年常度僧,依限,大州應百人者,州郡於前十日解送三百人,其中州二百人,小州一百人。州統維那[76]與官及精練簡取充數,若無精行,不得濫採。若取非人,刺史爲首,以違旨論。太守、縣令、綱僚[77],節級連坐[78]。統及維那,移五百里外異州爲僧。自今奴婢悉不聽出家,諸王及親貴亦不得輒啓請,有犯者以違旨論。其僧尼輒度他人奴婢者,亦移五百里外爲僧。僧尼多養親識及他人奴婢子,年大私度爲弟子,自今斷之,有犯還俗,被養者歸本等。寺主聽容一人,出寺五百里,二人,千里。私度之僧,皆由三長罪不及己,容多隱濫。自今有一人私度,皆以違旨論,隣長爲首,里黨各相降一等。縣滿十五人,郡滿三十人,州鎮滿三十人,免官;僚吏節級連坐。私度之身,配當州下役。”時法禁寬褫[79],不能改肅也。

景明[80]初,世宗詔大長秋卿白整準代京靈巖寺石窟,於洛南伊闕山[81]爲高祖文昭皇太后營石窟二所。初建之始,窟頂去地三百一十尺。至正始二年[82]中,始出斬山二十三丈。至大長秋卿王質,謂斬山太高,費功難就,奏求下移就平,去地一百尺,南北一百四十尺。永平中,中尹劉騰奏爲世宗復造石窟一,凡爲三所。從景明元年至正光四年[83]六月已前,用功八十萬二千三百六十六。肅宗熙平中,於城內太社西起永寧寺,靈太后親率百僚表基,立刹,佛圖九層,高四十餘丈。其諸費用,不可勝計。景明寺佛圖,亦其亞也。至於官私寺塔,其數甚衆。

神龜元年[84],冬,司空、尚書令任城王澄奏曰:“仰惟高祖,定鼎嵩瀍[85],卜世悠遠,慮括終始,制洽天人,造物開符,垂之萬葉。故都城制云:城內唯擬一永寧寺地,郭內唯擬尼寺一所,餘悉城郭之外。欲令永遵此制,無敢踰矩。逮景明之初,微有犯禁。故世宗仰修先志,爰發明旨:城內不造立浮圖僧尼寺舍。亦欲絶其希覬。文武二帝豈不愛尚佛法? 蓋以道俗殊歸,理無相亂故也。但俗眩虛聲,僧貪厚潤,雖有顯禁,猶自冒營。自正始三年,沙門統惠深有違景明之禁,便云,營就之寺,不忍移毀,求自今已後,更不聽立。先旨含寬,抑典從請。前班之詔,仍卷不行,後來私謁,彌以奔競。永平二年,深等復立條制,啓云:自今已後,欲造寺者,限僧五十已上,聞徹聽造;若有輒營置者,依俗違敕之罪,其寺僧衆擯出外州。介來十年,私營轉盛,罪擯之事,寂爾無聞。豈非朝格雖明,恃福共毀,僧制徒立,顧利莫從者也! ……然比日私造,動盈百數;或乘請公地,輒樹私福;或啓得造寺,限外廣制。如此欺罔,非可稍計。臣以才劣,誠忝工務,奉遵成規,裁量是總。所以披尋舊旨,研究圖格,輒遣府司馬陸昶、屬崔孝芬,都城之中,及郭邑之內,檢括寺舍,數乘五百;空地表剎,未立塔宇,不在其數。民不畏法,乃至於斯!自遷都已來,年踰二紀,寺奪民居,三分且一。高祖立制,非徒欲使緇素殊途,抑亦防微深慮。世宗述之,亦不錮禁營福,當在杜塞未萌。今之僧寺,無處不有,或比滿城邑之中,或連溢屠沽之肆,或三五少僧共爲一寺。梵唱屠音,連簷接響。像塔纏於腥臊,性靈没於嗜慾。真僞混居,往來紛雜。下司因習而莫非,僧曹對制而不問。其於汙染真行,塵穢練僧,薰蕕同器,不亦甚歟!往在北代,有法秀之謀[86];近日冀州,遭大乘之變[87]。皆初假神教,以惑衆心,終設姦詭,用乘私悖。太和之制,因法秀而杜遠;景明之禁,慮大乘之將亂。始知祖宗叡聖,防遏處深,履霜堅冰[88],不可不慎!……非但京邑如此,天下州鎮僧寺亦然,侵奪細民,廣占田宅,有傷慈矜,用長嗟苦。……今宜加以嚴科,特設重禁,糾其來違,懲其往失。脱不峻檢,方垂容借,恐今旨雖明,復如往日。……"奏可。未幾,天下喪亂,加以河陰之酷[89],朝士死者,其家多捨居宅以施僧尼,京師第宅略爲寺矣。前日禁令,不復行焉。……

　　自魏有天下,至於禪讓,佛經流通,大集中國,凡有四百一十五部,合一千九百一十九卷。正光已後,天下多虞,王役尤甚,於是所在編民,相與入道,假慕沙門,實避調役。猥濫之極,自中國之有佛法,未之有也。略而計之,僧尼大衆二百萬矣。其寺三萬有餘。流弊不歸,一至於此,識者所以歎息也!

——據《百衲本二十四史》版《魏書》,參考中華書局 1974 年版《魏書》

【解題】

　　《魏書》記載南北朝時北魏的歷史,北齊魏收撰。

　　北魏一代曾多次修史。早在道武帝時,就曾命鄧淵著《代記》(一作《國記》)十多卷。太武帝時,又命崔浩、高允等撰《國書》三十卷。崔浩等因直書北魏建立前鮮卑族的部落生活,又將《國書》刻石公佈,激怒了北魏皇室貴族,被誣以受賄罪,滅族。接着,高允主修史,將《國書》犯忌處多所刊落。這些都是編年體。孝文帝時,才命李彪、崔光改爲紀傳體。宣武帝時，命邢巒追撰《孝文起居注》，又命崔鴻、王遵業補續直到孝明帝時事。此外，魏末濟陰王元暉業還撰有《辨宗室録》三十卷。北齊文宣帝天保二年(五五一)，魏收受詔撰著《魏書》。但成書後，"衆口誼然，號爲'穢史'"。以後收又奉詔改正，才在孝昭帝時正式頒行，而將過去所修《代紀》等史全部焚燬。收死，武成帝又曾命史官重修，始成定本。

《魏書》由十二"帝紀"、九十二"列傳"、十"志"所組成。"帝紀"十四卷(兩篇分爲上下二卷)、"列傳"九十六卷(一篇分爲上中下三卷、兩篇分爲上下卷)、"志"二十卷，共一百三十卷。和同時期的《後漢書》、《宋書》、《南齊書》等相比較，《魏書》在體例上顯示出一些不同的特點。帝紀，特立了過去斷代史所没有的《序紀》，記録北魏建國以前鮮卑拓跋部落先世二十八君長的傳説事蹟。這種體裁，以後祇見於元托克托的《金史》(稱《世紀》)和近人柯紹忞的《新元史》(也稱《序紀》)。列傳，繼承了《後漢書》重視人物分類的特點，將歷史人物性質事蹟相近的併爲一類，標目大體兼採《後漢書》、《宋書》所定而稍加變更。另有九卷專記東晉南朝諸帝、十六國君主和邊境少數族事蹟，冠以族名、地名和一些侮辱性稱謂，如"匈奴劉聰"、"僭晉司馬叡"、"島夷劉裕"、"私署涼王李暠"等。最不同的，就是附傳特別多；往往一人立傳，其祖宗、子孫、宗族、姻戚，不管有無事蹟可紀，一概附録於後，甚至達數十人之多。這點很受後世學者譏評，認爲蕪冗可厭，如作家譜。志一部分，除《天象》、《地形》、《律曆》、《禮》、《樂》等志外，併《五行》、《祥瑞》爲《靈徵志》，設置了同期南朝史家所忽視的《食貨》、《刑罰》二志，還創製了《官氏》、《釋老》二志。並一反過去斷代史立志的舊例，除《釋老志》外，概不追敍前代。

《魏書》這種編纂體制上的一些變化和創新，實際反映了北魏一代社會生活的變化。鮮卑拓跋部的原有的社會形態，和漢族農業區社會是有相當距離的。它建立北魏王朝後，因爲各族人民不斷的反抗，先進生產方式和落後生產方式的鬥争，迫使它和漢族地主階級結合起來，適應廣大農業地區的生產生活方式，共同鎮壓和剥削各族勞動人民。這一矛盾過程，給正統史家提出了不少新課題。《魏書》的《序紀》，雖然包含了不少傳説，卻提供了北魏建國前鮮卑族部落生活的一般情況。許多列傳煩冗地記敍某個貴族地主官僚的宗族姻婭，卻意外地保存了在當時北方社會混亂狀況下宗法關係内部構成的詳細面貌。至于十志，所涉及的社會生活内容相當廣泛，如《食貨志》詳載北魏計口授田、班禄、均田、三長、租調等制的始末，《刑罰志》提供了拓跋氏貴族怎樣向中原統治方式逐漸轉化的重要史證，《官氏志》也記録了鮮卑貴族統治集團内部氏族構成的簡單概況，《靈徵志》還保存了北魏建國後一百五十餘年間各地的地震資料，都是研究當時的社會生活和自然狀況的有用史料。

《魏書》確有很多缺陷。作者以效忠高歡父子著名。當時大臣崔暹向高澄推薦他時，曾說：“國史事重，公家父子霸王功業，皆須具載，非收不可。”高歡也曾親自告誡他：“我後世身名在卿手！”(《北齊書》本傳)可見，魏收著史，是直接秉承北齊統治者意旨，爲他們的篡奪行爲辯護的。所以《魏書》中充滿倫理道德的說教，要求“百姓”安於做奴隸的命運。又爲統治者畫謀獻策，規勸帝王要“克躬修政，畏天敬神”(《靈徵志》序)，免得百姓因“飢寒迫身，不能保其赤子，攘竊而犯法”(《食貨志》序)。他在深惜靠屠殺六鎮起義人民起家的劊子手爾朱榮不能“修德義之風”(《爾朱榮傳論》)終於敗亡的同時，竭力詆誣領導六鎮人民起義的葛榮等人，露骨地表現出他的正統主義史觀。至於涉及當朝統治權貴的切身利害時，不惜歪曲史實，而涉及魏、齊禪代的過程，更是曲筆諱飾。這些都大大損害了它的可信性。

《魏書》經過數百年的輾轉流傳，到北宋時亡佚殘缺已達二十九卷。後人用魏澹《魏書》、李延壽《北史》、《高氏小史》和北齊時所編《修文殿御覽》等書的有關部分補綴，但哪一篇係用哪一部書填補，北宋時奉詔校定的劉恕、范祖禹已不能完全辨識。傳世本《魏書》便是劉恕等的校定本。清代少數學者曾對《魏書》部分傳志作了注釋考證工作。中華書局排印出版的校點本《魏書》，可參考。

《釋老志》，節選自《魏書》卷一一四。從宗教和政治的相互關係的角度，編寫佛教和道教的專門史，是本篇開的先例。這裏選錄的是北魏王朝對待佛教的政策的有關材料。封建統治者既要利用佛教麻醉人民，又想抑制寺院地主擴張剝削勢力，這個矛盾在材料中處處可見。它透露的北朝寺院地主壓榨農奴的殘酷程度的真相，也遠較同時代的佛教史籍爲多。

魏收(507—572)，字伯起，小名佛助。北朝鉅鹿下曲陽(今河北晉縣西)人。出身官僚家庭。少年時好騎射；後折節讀書，以才學著稱。北魏末，歷官中書侍郎，後辭官。東魏初，被徵出使蕭梁，還，累任丞相府屬。因屢代高歡父子起草檄文等，得高澄信任，參掌機密，幫助高洋撰“禪代詔冊諸文”。北齊初，任中書令，封富平縣子，累官至尚書左僕射。他在北魏孝莊帝時，就典起居注，修國史。東魏時，因崔暹推薦，高澄支持，撰修國史。北齊文宣帝天保二年(551)，受詔撰《魏書》。他把編寫當代人物列傳，看做在封建統治集團內部爭奪權勢的一種手段，公開說：“何物小子，敢共魏收作色？舉之則使上天，按之當使入地！”(《北齊書》本傳)天保五年(554)三月，奏上紀傳一百十卷；十一月，又續上十志二十卷。書成後，被當時權貴攻擊，得楊愔等回護，書雖未頒行，但制止了論訴。孝昭帝皇建元年(560)，收又奉詔修改，才得頒行。後主天統二年(566)，他又被命修改一次。但終北齊一代，他的這部著作始終受人攻擊。魏收死後五年(577)，北齊亡，他的墳墓還被仇家掘發，露棄屍骨。傳見《北齊書》卷三七和《北史》卷五六。

【注釋】

［1］　魏先建國於玄朔：玄朔，泛指遙遠的北方。古稱北方爲玄天，又稱朔方、朔漠。北魏是鮮卑族的一支拓跋部所建。傳説拓跋氏的先世居今東北嫩江流域興安嶺一帶；拓跋詰汾時，南移到雲中(治今内蒙古托克托東北)一帶匈奴故地，從事游牧。拓跋力微時，逐漸强大，吞併了原來依附的宗主部落没鹿迴部，還居定襄之盛樂(今内蒙古和林格爾西北)，成爲部落聯盟的領袖。力微死後，部落離散，其孫猗盧時，又復强大，被晉朝封爲代王。數傳到什翼犍，正式定都盛樂(在故城南，或説指雲中之盛樂，在今内蒙古呼和浩特西南的雲中宫故址)，末年被符秦所滅。到什翼犍孫拓跋珪時，再糾合舊部，於公元 386 年在牛川(今内蒙古呼和浩特西南)召開部落大會，即代王位；同年改國號爲魏，建元登國。398 年，遷都平城(今山西大同東北)，正式稱帝，這就是北魏道武帝。

［2］　浮圖之教：浮圖，又作浮屠、浮頭、佛圖，均爲佛陀(梵語 Buddha 的譯音)的異譯；佛陀，略稱爲佛，意爲覺悟者、智者，是佛教中對佛祖的稱謂之一。所以佛教也稱爲浮屠(浮圖)道或浮屠之教。一説是窣堵波(梵語 Stapa 的譯音)的轉音，意爲塔，所以佛塔也稱爲浮圖(浮屠)。這裏係指前説。

［3］　神元與魏晉通聘：神元即北魏建國後追諡的始祖神元帝拓跋力微。他在神元四十二年(曹魏元帝景元二年，261)，遣長子沙漠汗聘魏，到魏都洛陽交市。五十六年(西晉武帝咸寧元年，275)，又遣沙漠汗聘晉，進行互市。

［4］　文帝久在洛陽：文帝即沙漠汗的追尊號。沙漠汗首次聘魏，在洛陽居留了六年多，二次聘晉，又居留了近一年，在歸途中被晉都督幽州諸軍事衛瓘挑唆諸部大人所殺害。史載沙漠汗在南聘期間，多受魏、晉文化的影響，可能也瞭解到當時佛教逐漸傳播的情况。

［5］ 昭成又至襄國：昭成即北魏建國後追尊的昭成皇帝拓跋什翼犍。什翼犍在其兄鬱槐當國時，曾作爲質子在石趙前期都城襄國（今河北邢臺西南）和後期都城鄴（今河北臨漳西南）居留過十年，深受中原文化的影響。他在襄國時，石勒正宗信天竺沙門佛圖澄（或浮圖澄，都是梵語 Buddhacinga 的譯音）。

［6］ 太祖平中山，經略燕趙：太祖即北魏道武帝拓跋珪。珪建魏國，勢力漸強，同十六國的後燕慕容垂相爭。魏皇始元年（396），珪乘慕容垂新死，進兵攻取燕都中山（今河北定縣）等重鎮，全據山西、河北二省地。山西屬古趙國地，河北屬古燕國地。

［7］ 沙門道士：沙門，又作婆門、桑門、喪門、沙門那等，是梵語 Śrmana 的譯音，意爲息心、静志，原是一切出家人（不論外道佛徒）的總稱；佛教傳入我國後，遂專指佛教徒。道士，也是對僧徒的美稱。到太武帝時，信任道教徒寇謙之，謙之嫌張魯曾用天師道的祭酒作爲起義領袖的名號，因改祭酒爲道士，此後道士便成爲道教徒的專稱。

［8］ 圖宇：指佛塔、佛寺。

［9］ 天興元年：當公元 398 年。天興，道武帝第三年號。

［10］ 冥：佛教術語，謂神佛暗中佑護，賜予利益，而人不自知。

［11］ 京城：這裏和高祖孝文帝太和十七年（493）以前的京城，都指北魏前期的都城平城（今山西大同東北），也稱代京。太和十七年，北魏遷都洛陽（今河南洛陽），此後所稱京城係指洛陽。

［12］ 五級浮圖、耆闍崛山及須彌山殿：五級浮圖，五層的佛塔。耆闍崛，梵語 Grdhrakūta 的譯音，意爲鷲頭、鷲峯、靈鷲，山名，在古代中印度摩揭佗國王舍城的東北。釋迦牟尼曾長期在此説法，佛教徒視爲聖山。魏初曾在平城另築一山象徵它。須彌，梵語 Sumeru 的譯音，又譯修迷樓、蘇彌樓、須彌樓或蘇迷盧，意爲妙高、妙光、安明、善積、善高等，佛經説這山在大海中，世界各洲分布在海的四方，山頂爲統治三十三天的帝釋天所居，是佛教幻想中最高的聖山。佛寺中供養帝釋天的正殿就稱爲須彌山殿。

［13］ 講堂、禪室及沙門座：講堂，寺院内講經説法的堂舍；禪室，僧徒修習禪定時的居室。禪定是佛教徒學道的最重要方法，是梵語禪那 Dhyāna 的略

譯。沙門座,僧徒修習禪定時的特殊座位。

[14] 太宗:即北魏明元帝拓跋嗣。道武帝子。公元 409—423 年在位。

[15] 皇始:道武帝第二年號。當公元 396—398 年。

[16] 趙郡:郡名,北魏時治平棘(今河北趙縣)。

[17] 誡行:同戒行。僧徒剃度時須受戒,有五戒、八戒、十戒等;大抵以不殺生、不偷盜、不邪淫、不妄語、不飲酒等五戒爲主。佛教傳入中國後,佛教徒以五戒附會儒家傳統的仁、義、禮、智、信五常説,以爭取統治階級的支持和崇信。能嚴格遵從戒律,並在行動中表現出來的,稱爲戒行。

[18] 法籍:即佛經。佛教對宇宙衆生一切的解釋都稱爲法,是梵語達磨 Dharma 的意譯。

[19] 道人統:魏初僧徒稱道士或道人,統管北魏全境僧徒的僧官稱爲道人統。文成帝時,改爲沙門統。

[20] 永興:明元帝第一年號。當公元 409—413 年。

[21] 泰常:明元帝第三年號。當公元 416—423 年。

[22] 如來:佛教創始者釋迦牟尼的十種稱號之一。是梵語 Tathāgata(多佗阿伽陀)的意譯,表示釋迦牟尼是從如實道而來成正覺。按法果在當時諛美道武帝是"當今如來",並違背佛教"僧不拜俗"的戒律,每見道武帝都致拜,清楚地説明當時北方佛教領袖急於求得封建統治者的支持,以使佛教廣爲流播的要求;也清楚地表明當時佛教爲封建統治服務的本質。

[23] 世祖:即北魏太武帝拓跋燾,明元帝之子,公元 423—452 年在位。

[24] 四月八日:我國的佛教節日。佛教傳入我國後,相傳農曆四月初八是佛(釋迦牟尼)生日。每年這天,各佛寺舉行浴佛會(又稱灌佛會、佛生會)。僧徒齊集誦經,並以各種名香浸水灌洗佛像;信徒亦廣集寺院,禮拜聽經,施捨財物;蓋取意傳説中佛生時龍王噴灑香雨浴洗佛身的故事。以後有些地方每逢這天,不問道俗,抬佛像游行,在路邊灌洗,俗稱浴佛節。

[25] 沮渠蒙遜在涼州:沮渠蒙遜(368—433),十六國時期臨松(今甘肅張掖境)盧水胡(屬匈奴族)人,世爲部落首領。公元 397 年(北魏道武帝皇始二年,東晉安帝隆安元年),起兵擁立後涼建康(今甘肅高臺南)太守段業爲涼州牧。401 年(北魏道武帝天興四年,東晉安帝隆安五年),殺段業,

自稱涼州牧。412年，稱西河王。420年，攻滅李暠建立的西涼，佔有涼州全部。431年，稱涼王，都姑臧(今甘肅武威)，是爲北涼。七年後(439，北魏太武帝太延九年，劉宋文帝元嘉十六年)，其子沮渠牧犍降於北魏。北涼事見《晉書》及《魏書·盧水胡沮渠蒙遜傳》。涼州，時轄今甘肅黄河以西地區。

[26] 罽賓沙門曇摩讖：罽(jì)賓，古西域國名，在今克什米爾一帶。公元1世紀中葉已爲貴霜王國所滅。曇摩讖，或作曇無讖，都是梵語Dharmaraksa的譯音。中天竺(中印度)婆羅門，初學佛教的小乘教，後改學大乘派的《涅槃經》。歷游罽賓、龜兹等地，後東入鄯善，因與鄯善王妹私通被發覺，亡命到燉煌。沮渠蒙遜攻滅西涼，隨至姑臧。在燉煌和姑臧前後翻譯了《大般涅槃經》、《方等大集經》、《悲華經》、《金光明經》等大乘經典十一部一百餘卷，是北朝著名的佛經翻譯家。

[27] 於姑臧與沙門智嵩等譯涅槃諸經十餘部：智嵩，一名慧嵩，北涼著名高僧，曾在曇無讖口譯諸經時筆錄，以後就用這些新譯經論，在涼州一帶教授門徒，著有《涅槃義記》。按曇無讖所譯諸經都屬大乘教派，其中《涅槃經》闡明佛性説，後盛行於南朝。

[28] 又曉術數禁呪：術數，秦、漢以來，對卜筮、占候、星占等迷信方法的總稱。禁呪，口念各種神秘語句以達到所謂驅使鬼神、消災祛病目的的迷信方法，佛教密宗就以呪術爲主。據《魏書·盧水胡沮渠蒙遜傳》載，曇無讖東入鄯善時，就自稱能使鬼治病，令婦人多子，以騙取信仰。亡奔涼州後，甚得蒙遜寵信，號爲"聖人"。

[29] 神䴥(jiā)：北魏太武帝第二年號，當公元428—431年。據湯用彤《漢魏兩晉南北朝佛教史》考證，沮渠蒙遜殺曇無讖，當在北涼義和三年，即北魏太武帝延和二年(433)。

[30] 張軌：(255—314)字士彦。西晉安定烏氏(今甘肅平涼西北)人。西晉惠帝永寧二年(301)，謀得涼州刺史職，割據河西一方，中原士人在晉末大亂時多往避難。以後他的子孫繼續割據涼州六十餘年。是爲前涼。七傳至曾孫張天錫，降於符秦。

[31] 敦煌：古郡名。西漢元鼎六年(前111)，分酒泉郡置。治敦煌(今甘肅敦

煌西）。轄境相當今甘肅西境疏勒河以西和以南地區。地處河西走廊西端，西界有玉門關（南北朝時關址在今甘肅安西雙塔堡附近）和陽關（今甘肅敦煌西南古董灘附近），是兩漢魏晉南北朝時中原同西域交通的門户。

[32] 太延中，涼州平：太延，北魏太武帝第四年號。太延五年（439），北涼哀王沮渠牧犍降於北魏。

[33] 象教：佛像和經教。佛教傳入中國後，佛教徒因儒家自稱“名教”，所以也自稱佛法爲像教，又稱像化。

[34] 緣報：佛教術語。因緣果報的省稱。佛教把形成一事物或現象的主要原因或條件（親生）稱爲“因”，輔助原因或條件（疎助）稱爲“緣”；事物或現象，對“因”而言爲“果”，對“緣”而言爲“報”。故又常把“因果”、“緣報”對稱。

[35] 寇謙之：（365—448）字輔真。自稱東漢寇恂的後裔。原上谷昌平（今北京昌平）南人，後避難移居馮翊萬年（今陝西臨潼北），少習張魯的天師道（五斗米道），後隱居嵩山，僞托太上老君授以“天師”稱號，賜以經典，要他宣揚“新科”，清整道教，革除張魯等五斗米道“僞法”。北魏太武帝初到代京上書，得崔浩薦引，深被太武帝尊奉。謙之將教義比附儒家學説，自謂宣揚新經目的，在於上承古聖王的道統，以輔佐“北方太平真君”；又以長生仙化術欺蒙統治者。因此，道教大被提倡。謙之并乘機排斥佛教；但崔浩勸太武帝滅佛，他卻持反對態度。事蹟見《魏書》本志及《寇讚傳》、《崔浩傳》。

[36] 崔浩：（？—450）字伯淵，清河東武城（今山東夏津）人。清河崔氏是當時北方大族之首，鮮卑拓跋族入主中原，崔氏等漢族世家大姓同他結合。浩在北魏明元帝時，就參與軍國大事，常以“天道”比附人事，贊助拓跋貴族南征北伐。太武帝時，獻謀畫策，滅赫連昌，敗柔然，平北涼。崇信天師道，曾受寇謙之之托，撰歷代“列王治典”，用道教義理比附儒家學説，勸太武帝崇奉天師，毁滅佛教。但權勢太盛，大招拓跋貴族疑忌；又主張辨別姓族，發展漢族世族地主勢力，更遭拓跋貴族不滿。太平真君十一年（450），因將所修“國史”刊石立在通路，暴露了拓跋氏先世隱秘，被太

武帝族誅,並株連及北方大姓范陽盧氏、太原王氏、河東柳氏等,北方世家豪族大受打擊。

[37] 蓋吳反杏城:蓋吳,盧水胡人。北魏太平真君六年(445)聚眾在杏城(在今陝西黃陵西南)起兵,反抗北魏統治,諸種胡人紛紛響應,聚眾十餘萬。曾數次大敗魏軍,逼近長安,自稱天台王。又得河東蜀族首領薛永宗響應,聲勢更盛。太武帝親率大軍鎮壓。不久蓋吳被其叔所殺,起義失敗。

[38] 恭宗:(428—451)北魏太武帝拓跋燾長子,名晃。延和元年(432)立為太子,未即位去世。廟號是其子文成帝濬即位後所追尊。

[39] 土木丹青:丹青,丹砂、青䵂等繪畫顏料,引申指畫。這裏指泥塑木雕彩繪的佛像。

[40] 昔後漢荒君……以亂天常:按這指後漢明帝夜夢金人,派員西去求經事。本志上文說:"孝明帝夜夢金人,頂有白光,飛行殿廷,乃訪羣臣,傅毅始以佛對。帝遣郎中蔡愔、博士弟子秦景等,使於天竺,寫浮屠遺範。愔仍與沙門攝摩騰、竺法蘭東還洛陽。中國有沙門及跪拜之法,自此始也。愔又得佛經四十二章及釋迦立像。明帝令繪工圖佛像,置清涼臺及顯節陵上,經緘於蘭臺石室。愔之還也,以白馬負經而至,漢因立白馬寺於洛城雍關西。"又天常指儒家傳統的封建綱常,說佛教教義違背了中國的封建道德。

[41] 五服:指國家版圖。據《尚書·禹貢》說,由王都向外延伸,每五百里為一服。王畿內為甸服;諸侯封國為侯服;侯服之外為綏服,是介於中原和邊疆少數族之間的地區;再外面兩服都是少數族居住地域,稱要服、荒服;總稱五服。

[42] 鞠(jū):"窮"的假借字,作盡解。

[43] 羲、農之治:羲,傳說中的伏羲氏,相傳這時"不設法度"。農,傳說中的神農氏,相傳這時"刑政不用而治"。所以後人把理想政治稱為"羲、農之治"。

[44] 風氏:古代傳說中常將伏羲氏和太皞(太昊)作為一帝。太皞,傳說為風姓。這裏即指伏羲氏。

[45] 劉元真、呂伯彊:劉元真,西晉清談名士,是晉代名僧竺道潛(字法深)之

師，以能融合佛學與玄學理論著名。呂伯彊，不詳。據近人考證，疑即《高僧傳·康法朗傳》中的呂詔。《老子》、《莊子》是魏晉玄學名士從事清談的理論根據，所以這一詔書指責佛法是劉、呂附會老、莊偽造出來的。

[46]　真君七年：即太平真君七年，當公元 446 年。

[47]　備五刑：據《漢書·刑法志》：犯罪當誅三族(父、母、妻族)的罪人，處決時，先黥(面部刺字)，劓(截鼻)，斬左右趾，然後笞殺，梟其首，菹(剁碎)其骨肉陳列市朝；若犯誹謗詈詛罪的，還先斷舌；叫做備五刑。

[48]　法服：僧侶所穿的法衣，即袈裟(梵語 Kasaya 的音譯)。僧衣忌用青、黄、赤、白、黑等正色，只許用似黑色、似青色或似赤色，所以袈裟意爲“壞色”。法服有一定制度：大衣，用九至二十五條布片縫成；上衣，用七條布片；内衣，用五條布片；合稱三衣。

[49]　曇曜：北魏名僧。原爲涼州沙門，以精於禪業著名。北涼滅後，到平城。

[50]　器物：指僧侶所持鉢盂、念珠等物件。鉢和法衣是佛教僧尼受戒後的主要物證，必須隨身攜帶。

[51]　高宗：即北魏文成帝拓跋濬，公元 452—465 年在位。

[52]　春秋嘉崇明之禮：事見《左傳》僖公二十一年(前 639)。春秋時，魯國旁有任、宿、須句、顓臾四東夷小國，都自稱是傳説中的伏羲(太皥)之後，世代奉祀太皥和濟水，以服事諸夏。魯僖公二十一年，須句被另一用夷禮的小國邾所滅。因僖公母成風是須句人，須句子就亡奔到魯。成風説僖公伐邾復須句故國，謂：“崇明祀(太皥、有濟之祀)，保小寡，周禮也；蠻夷猾夏，周禍也。若封須句，是崇皥、濟，而修祀紓(解除)禍也。”僖公果出兵伐邾，取須句，送其君返國。《春秋》表示贊美這一行動；《左傳》加以解釋，説它合於“禮”。

[53]　祭典載功施之族：祭典，疑指《禮記·祭法》篇。這篇論述“聖王之制祭祀”的原則，以爲應祀“有功烈於民”、“法施於民”的人，如神農以來到周文王、武王等。並説：“非此族也(族，訓類)，不在祀典。”詔書引用這兩個典故，意在説明，信奉佛法合乎歷史傳統。

[54]　正覺：佛教術語。梵語 Sambodhi 的意譯，音譯爲三菩提。指佛教教義中的最高“真理”，所謂“如來之實智”。所以稱成佛謂成正覺。

[55] 惠始：北朝名僧。號白脚禪師。《高僧傳》稱爲曇始。關中人，一說清河（今山東臨清一帶）人。東晉孝武帝太元末，曾攜經典數十部，到遼東宣傳佛教。東晉安帝義熙初，仍回關中。後被十六國夏赫連昌所擄。北魏太武帝滅夏，到平城，爲帝所重。這裏謂"惠始之倫，無遠不至"，當指他遠遊東北事。

[56] 景穆皇帝：即文成帝父拓跋晃謚號。

[57] 和平：北魏文成帝第四年號。當公元460—465年。

[58] 武州塞：古要塞名。在今山西省左雲至大同西一帶。北魏時又稱武周塞。文成帝下令所鑿石窟，就是佛教著名藝術雲崗石窟開鑿的開始，在塞的東端。

[59] 顯祖：即北魏獻文帝拓跋弘，文成帝子。公元465—471年在位。471年禪位給長子宏（孝文帝），又五年後死。

[60] 皇興：北魏獻文帝第二年號，當公元467—471年。

[61] 高祖：獻文帝長子元宏，即孝文帝。公元471—499年在位。

[62] 比丘：又譯"苾蒭"，梵語Bhikṣu的音譯。解釋頗多，一說意譯爲"乞士"，謂上從如來乞法以練神，下就俗人乞食以資身。專指已受足佛教戒律的男僧，又稱和尚。女稱比丘尼（Bhiksuni），俗稱尼姑。

[63] 隱括：原作檃栝，是古代矯正邪曲的工具，引申爲檢查糾正某一事物的意義。

[64] 三寶：佛教稱創教的覺者、先知（佛陀）爲佛寶，佛陀所説的教法爲法寶（Dharma），遵循教義修業並宣揚它的僧侶爲僧寶（Saṁgha）。合稱佛、法、僧三寶。

[65] 州鎮維那文移：維那，僧官名，梵語Karmadāna（羯磨陀那）的音意兼譯，管理寺中事務，是佛寺三綱（上座、寺主、維那，或上座、維那、典座）之一。北魏僧職，中央有道人統（沙門統），後更設昭玄統。地方有州三藏、州僧主、州律主。各寺有三綱。等級森嚴，任職者都爲僧侶地主。中央的沙門統下設有都維那，州鎮三藏、僧主等下設維那，管理日常事務。文移，即州鎮維那發給遊方僧人的通行憑證。

[66] 承明元年：當公元476年。孝文帝第二年號。

[67] 太和元年：當公元 477 年。孝文帝第三年號。

[68] 正光：當係始光之誤。孝文前，北魏諸帝無正光年號。太武帝初即位，改元始光，甚崇佛教。或説正光當作興光，乃文成帝年號。

[69] 七月十五日：佛教傳統齋日。據《盂蘭盆經》説：佛弟子目連尊者見其母死後墮入“餓鬼道”，情況極苦，祈求佛爲解度。佛教他在每年七月十五日（僧衆夏季安居終了日），盛設百味飲食和百種器具，供養四方僧侶，解救了七世父母。以後成爲佛教徒傳統祭供祖先亡靈和所謂佈施餓鬼的齋會日，稱爲“盂蘭盆會”。盂蘭盆，是梵語 Ullambana 的音譯，意即倒懸，表示極苦。中國從南朝梁開始仿行。後世更增添拜懺、放焰口等迷信活動，俗稱“鬼節”。

[70] 世宗：即北魏宣武帝元恪，孝文帝子。公元 499—515 年在位。

[71] 永平元年：當公元 508 年，宣武帝第三年號。

[72] 緇素：緇，僧徒所穿紫而淺黑色的緇衣；素，白衣，印度俗人的便服。引申爲僧俗的區別。

[73] 延昌：宣武帝第四年號，當公元 512—515 年。

[74] 熙平二年：當公元 517 年。熙平是宣武帝子肅宗孝明帝元詡第一年號。

[75] 靈太后：孝明帝母，姓胡。安定臨涇（今甘肅鎮原南）人。原屬宣武帝的充華（嬪妃職稱）。孝明帝即位，尊爲皇太后，臨朝稱制，專斷朝政，大建佛寺、塔、石窟，提倡淫靡，賦役煩酷，民不聊生，導致六鎮起事的爆發。

[76] 州統維那：州沙門統和州維那。

[77] 綱僚：所有屬僚。

[78] 節級連坐：節級，等級、次第，謂依次連坐。

[79] 法禁寬褫：褫(chǐ)，本義指剝去衣服，引申爲解除。謂法禁寬解，出令雖嚴，而下不遵行。

[80] 景明：世宗宣武帝第一年號。當公元 500—503 年。

[81] 伊闕山：在今河南洛陽南。又名闕塞山、龍門山。因兩山相對如闕門，伊水流經其間，故名。宣武帝起，在這山崖壁修造石窟，以後歷代續修，成爲佛教著名的藝術寶庫龍門石窟。

[82] 正始二年：當公元 505 年。正始，宣武帝第二年號。

[83]　正光四年：當公元 523 年。正光，孝明帝第三年號。

[84]　神龜元年：當公元 518 年。神龜，孝明帝第二年號。

[85]　定鼎嵩瀍：嵩，嵩山，在洛陽東南。瀍，瀍水，源出洛陽西北，流經市東向南注入洛水。嵩瀍即指洛陽。謂高祖孝文帝遷都於此（在太和十八年，即公元 494 年）。

[86]　往在北代，有法秀之謀：北魏孝文帝太和五年（481），平城沙門法秀以符瑞煽動蘭臺御史張求等一百多人，"招結奴隸"，預備起事，事洩，法秀、張求等都被誅。

[87]　近日冀州，遭大乘之變：北魏宣武帝延昌四年（515），冀州（治今河北冀縣）大乘教派僧人法慶聚衆起義，宣稱"新佛出世，除去舊魔"，奉渤海（治今河北南皮東北）人李歸伯爲十住菩薩，平魔軍司、定漢王，聚衆十餘萬，"所在屠滅寺舍，斬戮僧尼，焚燒經像"，攻下渤海郡縣，大敗魏軍。北魏王朝對起義軍内部進行分化，一面另派大軍，歷時三月，才被鎮壓。但兩年後仍有餘黨活動。

[88]　履霜堅冰：《易·坤卦》爻辭："履霜堅冰至。"因踐霜而預知堅冰將至，意謂防微杜漸。

[89]　河陰之酷：河陰，今河南孟津東北，北魏武泰元年（528），胡太后專擅朝政，謀殺孝明帝，爾朱榮舉兵入洛，屯軍河陰，用費穆計，召魏百官二千餘人（一說一千三百餘人），齊集行宮西北，詐説祭天。百官既集，榮派騎兵四面包圍，責百官驕侈成俗，貪虐致亂，并藉口高陽王元雍謀反，下令全部殺死。又將胡太后和她所立的小皇帝一起投入黄河。北魏統治集團的貴族官僚被消滅大半。史稱河陰之役。

儉　嗇〔世説新語卷下之下第二九〕

和嶠[1]性至儉，家有好李，王武子[2]求之，與不過數十。王武子因其上直，率將少年能食之者，持斧詣園，飽共噉畢，伐之，送一車枝與和公。問曰："何如君李？"和既得，唯笑而已。

王戎[3]儉吝，其從子婚，與一單衣，後更責之。

司徒王戎既貴且富，區宅、僮牧、膏田、水碓之屬，洛下無比。契疏鞅掌[4]，每與夫人燭下散籌筭計[5]。

王戎有好李，賣之，恐人得其種，恆鑽其核。

王戎女適裴頠[6]，貸錢數萬。女歸，戎色不説，女遽還錢，乃釋然。

衛江州在尋陽[7]，有知舊人投之，都不料理，唯餉王不留行[8]一斤，此人得餉便命駕。李弘範[9]聞之，曰："家舅刻薄，乃復驅使草木。"

王丞相[10]儉節，帳下甘果盈溢不散，涉春爛敗。都督白之，公令舍去，曰："慎不可令太郎[11]知！"

蘇峻之亂[12]，庾太尉[13]南奔見陶公[14]，陶公雅相賞重。陶性儉吝。及食，噉薤[15]，庾因留白[16]。陶問："用此何爲？"庾云："故可種。"於是大嘆庾非唯風流，兼有治實。

郗公[17]大聚斂，有錢數千萬。嘉賓[18]意甚不同，常朝旦問訊。郗家法，子弟不坐，因倚語移時，遂及財貨事。郗公曰："汝正當欲得吾錢耳！"迺開庫一日，令任意用。郗公始正謂損數百萬許，嘉賓遂一日乞與親友，周旋略盡。郗公聞之，驚怪不能已已。

——據《四部叢刊》本《世説新語》

【解題】

《世説新語》，南朝宋臨川王劉義慶撰。原名《世説》。先是，西漢劉向曾撰有《世説》，所以劉義慶承他的書名。唐時號爲《世説新書》，以示與劉向舊本有區別。原本共八卷；梁劉孝標作注，分爲十卷。北宋時晏殊加以删併，對注也略有剪裁，遂成今本，分爲三卷，每卷又各分爲上、下。不知何人又加"新語"二字，於是被稱爲《世説新語》。

今本《世説》，事起東漢，止於東晉。所記内容，主要是當時封建士大夫的軼事瑣語，分門別類，輯録成三十六門，開了後代專事搜訪舊聞近事而寫述的筆記、野史的風氣。南朝出現這類體裁的作品，有它的社會原因。魯迅説："漢末士林，已重品目，聲名成毀，決於片言，魏晉以來，乃彌以標格語言相尚，惟吐屬則流於玄虚，舉止則故爲疏放，與漢之惟俊偉堅卓爲重者，甚不侔矣。蓋其時釋教廣被，頗揚脱俗之風，而老莊之説亦大盛，其因佛而崇老爲反動，而厭離於世間則一致，相拒而實相扇，終乃汗漫而爲清談。渡江以後，此風彌甚，有違言者，惟一二梟雄而已。"（《中國小説史略》第七篇《世説新語與其前後》）《世説》突出記載的，正是清談家的言行。

清談是魏晉文化史上的特殊現象。前期的清談，屬於漢魏之際到魏晉之際統治階級内部鬥爭的曲折反映。東漢晚期不靠門第閥閲而靠治國用兵才能上昇的"進取之士"，借談玄而辯論政事，倡非禮而挫抑世族，爲古代文化開了不同於兩漢的風氣，在書中表現得很集中。然而，後期的清談，隨着西晉王朝的建立，日益喪失原先那種實際生活内容。

兩晉高門大族尚空談而不幹實事，務虚名而鄙薄法度，生活荒淫，精神空虚，行爲古怪，思想頹廢，在書中也有大量反映。陳寅恪以爲劉義慶於無意中給中國中古思想史留下一部清談的全集（見《金明館叢稿初編》所録《書世説新語文學類鍾會撰四本論始畢條後》諸文），是符合實際的。

《世説》各篇文字簡鍊，敍述生動，不僅是史學的有用資料，而且是我國優秀的文學作品。但作者被當時風氣習俗所局限，對頹廢和侈靡的形態多採取欣賞態度或純客觀的敍述，容易給讀者不良影響。

劉孝標的注，廣徵博引，不僅對原書的錯誤多所糾正，而且所引諸書今多亡佚，因注文得以保存了許多漢、晉間有用的資料，和裴松之《三國志注》、酈道元《水經注》並稱。

《儉嗇》，選自《世説新語》卷下之下第二九。篇中九則小故事，對於晉朝六個大名士貪財而吝嗇的面目，作了生動的描寫。

劉義慶（403—444），宋武帝劉裕弟長沙景王道憐的次子。臨川王道規無子，立義慶爲嗣。永初元年（420），襲封臨川王。愛好文藝，招聚文學之士很多，如袁淑、陸展、何長瑜、鮑照等，都長於詞章。義慶，《宋書》卷五十一、《南史》卷一三有傳。

【注釋】

[1]　和嶠：字長輿,晉汝南西平(今河南平輿西北)人。出身大族。早年任潁川太守,有虛名。惠帝即位,拜太子太傅。嶠家鉅富,但性貪吝,杜預曾譏他有"錢癖"。

[2]　王武子：即王濟。字武子,和嶠的妻弟,晉太原晉陽(今山西太原西南)人。出身著名大族。尚武帝女常山公主。好《易》和《老》、《莊》,善清談。歷任中書郎、驍騎將軍、侍中等職。性奢侈,本篇和下篇都曾說到他的豪侈情況。

[3]　王戎：西晉名士,字濬沖,琅邪臨沂(今山東臨沂)人。出身著名世族。曹魏末,和阮籍、嵇康、劉伶、向秀、阮咸、山濤等七人提倡老、莊虛無之學,從事清談,號稱"竹林七賢"。晉武帝時,歷任侍中、中書令、尚書左僕射領吏部等要職。曾參加平吳戰役,封安豐縣侯。惠帝時,拜司徒。性貪鄙吝嗇,當時評為"膏肓之疾"。本篇有數條都生動地刻劃出他貪財無恥的狀貌。

[4]　契疏鞅掌：契疏即契據文券。鞅掌,繁雜貌。

[5]　散籌算計：籌,籌碼。筭即算字。

[6]　裴頠：西晉著名思想家。字逸民,河東聞喜(今山西聞喜)人。少有才名,人稱為博學稽古。武、惠帝時,歷任侍中、尚書等官。後被趙王司馬倫所殺。頠主張儒學禮法,曾著《崇有論》,反對虛無放蕩,大遭清談家領袖王衍等攻擊。

[7]　衛江州在尋陽：衛展,字道舒,晉河東安邑(今山西夏縣西北)人。惠帝末,任鷹揚將軍、江州刺史,所以稱衛江州。尋陽,古縣名,西晉時治所在今湖北廣濟東北、黃梅西南。

[8]　王不留行：藥草名;能治金瘡,除風疾,傳說久服能輕身。這裏是借藥名表示自己不留客、促客行的意思。

[9]　李弘範：李軌的字。軌,晉江夏(今湖北安陸)人。曾任尚書郎。劉孝標《注》以為李軌的母舅姓劉,不是衛展,本文當係李弘度(充)之誤。

[10]　王丞相：即王導(276—339),東晉政治家,字茂弘,琅邪臨沂人。西晉亡,

擁立琅邪王司馬睿稱帝(晉元帝),建立東晉王朝。任丞相,其從兄敦任大將軍,掌握政治、軍事大權,當時人說"王與馬,共天下"。導歷任元、明、成三朝執政,利用各大族互相牽制,維持偏安的局面。

[11] 太郎:指王導的長子王悦,年輕時有高名,甚受父寵。歷官中書侍郎。早死。

[12] 蘇峻之亂:晉成帝時,外戚庾亮當權,排斥王導,殺逐大臣。咸和二年(327),又召曾討平王敦、擁精兵鎮歷陽(今安徽和縣)的蘇峻爲大司農。蘇峻疑懼,聯合壽春(今安徽壽縣)鎮將祖約,以討亮爲名,起兵攻入建康。次年,被陶侃、溫嶠的援兵擊破。峻、約敗死,王導又執政,東晉朝危而復安。

[13] 庾太尉:即庾亮(289—340),字元規,潁川鄢陵(今河南鄢陵)人。晉成帝母庾太后之兄。成帝初專擅朝政,激起蘇峻、祖約等反叛。事平後求爲外鎮,和弟庾翼相繼鎮守武昌,都督江、荆、豫、益、梁、雍六州諸軍事,領江、荆、豫三州刺史,佔據東晉王朝的一半重要領土。

[14] 陶公:即陶侃(259—334),字士行,江州潯陽(今江西九江)人。早孤貧,西晉時任主簿、縣令等小官。東晉初,以鎮壓張昌、杜弢等流民起事,歷任荆州刺史等要職,封柴桑侯。王敦謀反敗死後,被任爲都督荆、雍、益、梁諸州軍事,鎮江陵。後以討平蘇峻功,封長沙郡公。又討平郭默叛亂,加都督荆、江等八州軍事,移鎮武昌,是東晉著名的將領。

[15] 薤(xiè):菜名。葉如韭而中空,球狀鱗莖如小蒜,氣味如葱。

[16] 白:指薤的鱗莖部分。

[17] 郗公:即郗愔。愔字方回,高平金鄉(今山東金鄉西)人。襲父爵爲南昌公,歷任臨海太守、會稽内史、徐兖二州刺史等職,同王羲之、許詢等並稱當時名士。愔貌似清高,性實貪吝,這段文字生動地加以描寫。

[18] 嘉賓:即郗愔長子郗超。超字嘉賓,又字景興,是桓溫重要謀士,曾向桓溫獻策廢司馬奕(廢帝)、立司馬昱(簡文帝)爲帝。歷官會稽太守、中書侍郎等,遭桓溫的政敵謝安打擊。先愔而死。

汰　　侈〔世説新語卷下之下第三〇〕

石崇[1]每要客燕集,常令美人行酒;客飲酒不盡者,使黃門交斬美人。王丞相與大將軍[2]嘗共詣崇,丞相素不能飲,輒自勉彊,至于沈醉。每至大將軍,固不飲以觀其變。已斬三人,顏色如故,尚不肯飲。丞相讓之,大將軍曰:"自殺伊家人,何預卿事!"

石崇廁常有十餘婢侍列,皆麗服藻飾,置甲煎粉、沈香汁[3]之屬,無不畢備。又與新衣箸令出。客多羞不能如廁。王大將軍往,脫故衣,箸新衣,神色傲然。羣婢相謂曰:"此客必能作賊!"

武帝嘗降王武子家,武子供饌,並用瑠璃器。婢子百餘人,皆綾羅綺襦,以手擎飲食。烝独[4]肥美,異於常味。帝怪而問之。答曰:"以人乳飲独。"帝甚不平,食未畢,便去。王、石所未知作[5]。

王君夫以粘糒澳釜[6],石季倫用蠟燭作炊。君夫作紫絲布步障[7]碧綾裏四十里,石崇作錦步障五十里以敵之。石以椒爲泥,王以赤石脂[8]泥壁。

石崇爲客作豆粥,咄嗟便辦。恆冬天得韭蓱虀[9]。又牛形狀氣力不勝王愷牛,而與愷出遊,極晚發,爭入洛城,崇牛數十步後迅若飛禽,愷牛絶走不能及。每以此三事爲搤腕[10],乃密貨崇帳下都督及御車人問所以。都督曰:"豆至難煮,唯豫作熟末,客至作白粥以投之。韭蓱虀是搗韭根,雜以麥苗爾。"復問馭人,牛所以駛。馭人云:"牛本不遲,由將車人不及制之爾,急時聽偏轅則駛矣。"愷悉從之,遂爭長。石崇後聞,皆殺告者。

王君夫有牛名八百里駮[11],常瑩其蹄角。王武子語君夫:"我射不如卿,今指賭卿牛,以千萬對之。"君夫既恃手快,且謂駿物無有殺理,便相然可。令武子先射,武子一起便破的。卻據胡牀,叱左右速探牛心來。須臾,炙至,一臠便去。

王君夫嘗責一人無服餘衵[12],因直內箸曲閣重閨裏,不聽人將出。遂饑,經日,迷不知何處去。後因緣相爲,垂死,迺得出。

石崇與王愷爭豪,並窮綺麗以飾輿服。武帝,愷之甥也,每助愷。嘗以一珊瑚樹高二尺許賜愷,枝柯扶疏[13],世罕其比。愷以示崇;崇視訖,以鐵如意擊之,應手而碎。愷既惋惜,又以爲疾己之寶,聲色甚厲。崇曰:"不足恨,今還卿!"乃命左右悉取珊瑚樹,有三尺、四尺,條榦絶世,光彩溢目者,六七枚。如愷許比,甚衆。愷惘然自失。

王武子被責,移第北邙下。于時,人多地貴,濟好馬射買地作埒[14],編錢匝地,竟埒。時人號曰"金溝"。

石崇每與王敦入學戲,見顏、原[15]象而嘆曰:"若與同升孔堂,去人何必有間!"王曰:"不知餘人云何,子貢[16]去卿差近。"石正色云:"士當令身名俱泰,何至以甕牖[17]語人。"

彭城王[18]有快牛,至愛惜之。王太尉[19]與射,賭得之。彭城王曰:"君欲自乘,則不論;若欲啖者,當以二十肥者代之;既不廢啖,又存所愛。"王遂殺啖。

王右軍[20]少時在周侯[21]末坐,割牛心啖之,於此改觀[22]。

——據《四部叢刊》本《世説新語》

【解題】

本篇選自《世説新語》卷下之下第三〇。主要記録西晉大地主大貴族石崇、王愷等極度奢侈荒淫的生活情形。從中可看出統治者對人民的掠奪、剥削多麼厲害,對奴隸的處置又多麼兇殘。它同上一篇《儉嗇》相對照,正好反映出地主階級剥削性格的兩個側面。

【注釋】

[1]　石崇:字季倫,晉渤海南皮(今河北南皮)人。西晉時,曾任荆州刺史,劫掠外國貢使和商客,遂成巨富。家有水碓三十餘區,奴八百餘人,珍寶錢財田宅無算。並在洛陽附近置金谷園,奢侈豪靡超過當時著名豪富王濟、王愷、羊琇等。"八王之亂"開始時,同趙王司馬倫謀士孫秀結怨,被倫所殺。後人常將石崇作爲極度富有奢侈的典型人物。

［2］　大將軍：即王敦。敦字處仲，王導從兄。尚晉武帝女襄城公主。西晉時，歷任給事黃門侍郎、侍中、青州刺史等職，東晉初總攬軍事大權。拜爲大將軍、江州牧。元帝排擠王導，敦乘機起兵，陰謀篡奪，永昌元年（322），敦攻入建康，但遭王導等反對，退回武昌。明帝即位，又派兵攻建康，被晉軍擊敗，病死。此事是在西晉初王敦任駙馬都尉時發生的，但追敍時用了王敦在東晉初的職稱。

［3］　甲煎粉、沈香汁：香料名。甲煎粉，又名甲香，用各種藥料及香花燒灰，和蠟合成，可作口脂。沈香，也作沉香，瑞香科常綠喬木，心材爲著名薰香料，又名“奇南香”。

［4］　烝狁：烝同蒸；狁，同豚，小猪。

［5］　王、石所未知作：王，王愷；石，石崇；所未知作，文義未詳，疑有脱誤，或指王、石鬭富事，詳見下文。

［6］　王君夫以粓糒澳釜：即王愷，字君夫，東海郯（今山東郯城北）人。魏末名儒王肅之子，晉武帝司馬炎的母舅，是西晉的著名豪富。後人常將王愷、石崇並提。粓通飴，米漿；糒（bèi），本指乾飯，這裏指米漿。澳（yù），蕩洗。粓糒澳釜，説用米漿洗鍋子。

［7］　步障：古代貴族出行，在道路兩旁設障幕以遮塵土，叫做“步障”。

［8］　赤石脂：中藥名，砂石中硅酸類含鐵陶土，多數爲粉紅色，有的呈深淺不同的大理石樣花紋，中醫用作止血固下藥。

［9］　韭蓱虀：韭，韮菜；蓱（píng），同萍。虀（jǐ），將菜切得細碎。

［10］　搤腕：搤同扼。古人常用左手扼着右腕，表示快意或憤怒。這裏表示王愷的憤憤不平貌。

［11］　駮（bó）：古代傳説中的一種猛獸，似馬而黑，二尾一角，牙爪如虎，聲音如鼓，能食虎豹，見《山海經》。

［12］　袖（rì）：貼身的内衣。

［13］　枝柯扶疎：柯即枝條；疎同疏；扶疎，繁茂貌。

［14］　垺（liè）：界限。

［15］　顔、原：指孔子弟子顔回和原憲。顔回字子淵，又稱顔淵，魯人。貧而好學，孔子稱他“不遷怒、不貳過”，是弟子中最賢者。原憲，字子思，魯人。

孔子死,匿居窮巷,也被後人認爲是孔子弟子中的賢者。

[16] 子貢:孔子弟子端木賜的字,衛人。善於辭令,有幹才。又善經商,家累千金。歷相魯、衛,名顯諸侯。

[17] 甕牖:甕,罋本字。甕牖(yǒu),以瓦作窗,圓形如甕口。一説,用破甕口做窗。

[18] 彭城王:即司馬權,字子輿,司馬懿的族侄。西晉建立後,封彭城王,官北中郎將,都督鄴城守諸軍事。

[19] 王太尉:即王衍,字夷甫,琅邪臨沂人。善談《老》、《莊》。談説時,手拿塵尾。每遇到義理有問題時,不假思索,隨口更改,號爲“口中雌黄”。歷任中書令、司徒、司空等職。西晉末,北方大亂,衍任宰相,專謀自保,被石勒俘虜。他勸勒稱帝,希望苟活,終被勒殺害。

[20] 王右軍:即王羲之,古代傑出的書法家,字逸少,琅邪臨沂人。累官江州刺史、右軍將軍、會稽內史,所以又稱王右軍。善草隸,當時人贊美他的書法爲“飄若游雲,矯若驚龍”,有重名於世。

[21] 周侯:即周顗(269—322),字伯仁,汝南安成(今河南汝南縣)人。少有重名。東晉建立後,累官至吏部尚書、尚書左僕射。襲父爵,封武城侯,所以稱爲周侯。王敦叛,劉隗勸晉元帝盡誅王氏,他力稱王導忠誠無罪。敦入建康,被殺。導先以爲顗不救己,恨而不勸阻,後見顗救他的表奏,大悔,因有“吾雖不殺伯仁,伯仁由我而死”的話。

[22] 割牛心啖之,於此改觀:當時以牛心爲貴,王羲之時年十三,在周顗宴席的末坐而先吃牛心,所以座上客對他另眼相看。

鮑　邱　水〔水經注卷一四〕（節錄）

鮑邱水[1]從塞外來，南過漁陽縣[2]東，

（注文略）

又南過潞縣[3]西，

　　鮑邱水入潞，通得潞河[4]之稱矣。高梁水[5]注之，水首受㶟水于戾陵堰[6]。

　　水北有梁山。山有燕剌王旦[7]之陵，故以戾陵名堰。

　　水自堰枝分，東逕梁山南，又東北逕劉靖[8]碑北。其詞云：

“魏使持節都督河北道諸軍事、征北將軍、建城鄉侯沛國劉靖，字文恭。登梁山以觀源流，相㶟水以度形勢。嘉武安之通渠，美秦民之殷富[9]。乃使帳下丁鴻督軍士千人，以嘉平二年，立遏於水[10]，導高梁河，造戾陵遏，開車箱渠[11]。其遏表云：‘高梁河水者，出自并州，潞河之別源也[12]。長岸峻固，直截中流。積石籠以爲主遏，高一丈，東西長三十丈，南北廣七十餘步。依北岸立水門，門廣四丈，立水遏長十丈[13]。山水暴發[14]，則乘遏東下；平流守常，則自門北入。灌田歲二千頃，凡所封地，百餘萬畮。’至景元三年辛酉[15]詔書，以民食轉廣，陸費不贍，遣謁者樊晨更制水門，限田千頃；刻地四千三百一十六頃，出給郡縣；改定田五千九百三十頃[16]。水流乘車箱渠，自薊西北逕昌平，東盡漁陽潞縣[17]。凡所潤含，四五百里，所灌田萬有餘頃。高下孔齊[18]，原隰底平。疏之斯洩，決之斯散。導渠口以爲濤門，灑滮池以爲甘澤[19]。施加於當時，敷被於後世。晉元康四年[20]，君少子驍騎將軍平鄉侯弘，受命使持節監幽州諸軍事，領護烏丸校尉[21]，寧朔將軍。遏

立積三十六載‧至五年夏六月[22]，洪水暴出，毀損四分之三，剩北岸七十餘丈，上渠車箱，所在漫溢。追惟前立過之勳，親臨山川，指授規略，命司馬關內侯逢惲、內外將士二千人，起長岸，立石渠，脩主過，治水門。門廣四丈，立水五尺，興復載利通塞之宜，準遵舊制，凡用功四萬有餘焉。諸部王侯不召而自至、繦負而事者，蓋數千人。《詩》載'經始勿亟'[23]，《易》稱'民忘其勞'[24]，斯之謂乎！于是二府[25]文武之士，感秦國思鄭渠[26]之績，魏人置豹祀之義[27]，乃遐慕仁政，追述成功。元康五年十月十一日刊石立表，以記勳烈，並記過制度，永爲後式焉。"

事見其碑辭。又東南流，逕薊縣北，又東至潞縣注于鮑邱水。

又南逕潞縣故城西。王莽之通潞亭也，漢光武遣吳漢、耿弇等破銅馬、五幡于潞東[28]，謂是縣也。屈而東南流，逕潞城南，世祖拜彭寵爲漁陽太守，治此。寵叛，光武遣遊擊將軍鄧隆伐之，軍于是水之南，光武策其必敗，果爲寵所破[29]，遺壁故壘存焉。

鮑邱水又東南入夏澤，澤南紆曲渚一十餘里，北佩謙澤[30]，眇望無垠也。

又南至雍奴縣[31]北，屈東入于海。

——據 1957 年科學出版社影印本楊守敬《水經注疏》

【解題】

《水經》是我國古代一部較完整的地理學著作，記述中國河流水道，共計一百三十七條，每水爲一篇，附記"禹貢山水澤地所在"六十則。大概在宋朝，原書已有散佚，今存一百二十三篇。作者是誰，歷來說法不一：《新唐書·藝文志》、《通志·藝文略》、《郡齋讀書志》等都據《唐六典·工部》水部員外郎注，說是漢桑欽撰；《舊唐書·經籍志》又以爲是晉郭璞作。但據清朝學者全祖望、趙一清、戴震等考證地名，推尋文句，認爲《水經》的作者，上不及西漢，下不及晉朝，當係東漢至三國時人。

北魏時，酈道元爲《水經》作注。據《唐六典》記載，他補充記述的河流水道達一千二百五十二條，注文二十倍於原書。原分四十卷，內五卷在宋時已佚。今本《水經注》仍分四十卷，乃後人據三十五卷本重編，約三十萬字。它是我國古代歷史地理的名著。全書以水道爲綱,進而描述經常在變化中的地理情況。比起《禹貢》、《山海經》和《漢書》的《地理志》、《溝洫志》等記載,不僅詳備得多,而且注意到自然環境的變革,這是一大發展。注文引用書籍多至四百三十七種,並博採漢、魏碑刻,對北魏以前的河流水道、土地物產、建置沿革、聚落興衰以及自然地理的各種現象,無不記載。北魏以前的故事傳記,也賴注文保存了梗概。內容豐富多采,體例謹嚴,文筆絢爛,在文學史上也有很高價值。

《水經注》在世代流傳中,因輾轉鈔錄,已有殘佚。而且經注混淆,字句訛誤很多。明、清以來學者對它作研究校釋的,達四五十家之多。其中以上述全祖望等三人爲最著名。清末,王先謙曾合校諸家鈔刻本;楊守敬、熊會貞又作《水經注疏》,並以《清一統輿圖》爲底本,繪成《水經注圖》八卷,更便參攷。

《鮑邱水》,節選自《水經注》卷一四。注文敍述今北京市郊在北魏時的部分水道的地理狀況。其中全文選錄的三國魏劉靖父子的功德碑,詳記當時北京郊區一項水利工程的興修經過,保存了研究北京歷史的早期資料。

酈道元(466 或 472? —527),字善長,北魏范陽涿縣(今河北涿縣)人。歷任冀州鎮東府長史、東荊州刺史等職,以執法嚴猛免官。後歷官河南尹、御史中尉。北魏末,雍州刺史蕭寶夤謀反,朝中權貴借機遣道元奉使關中,中途被寶夤派人害死。道元少年時,曾隨父酈範宦遊山東,已培養了"訪瀆搜渠"的興趣;及年長,又好學不倦,博覽羣書。他對所讀到過的地理書籍,如《山海經》、《禹貢》、《周禮·職方》、《漢書·地理志》和描寫各地情況的名都賦等,都覺得太簡略;對《水經》也不滿意,認爲缺乏旁通,因此決定爲《水經》作注。撰《水經注》四十卷。道元治學,態度謹嚴,除廣引羣書外,還親自跋涉郊野,尋訪古蹟,追溯源流,並注意到民間歌謠、諺語、方言和傳説的搜集。另著有《本志》十三篇、《七聘》及其他多種,今都亡佚。

【注釋】

［１］　鮑邱水:上游今稱潮河,河道古今稍有變遷。

［２］　漁陽縣:秦置,屬漁陽郡,也就是郡治所在。故城在今北京市密雲縣西南三十里。

［３］　潞縣:《漢書·地理志》作路縣,東漢改路爲潞。漢置,屬漁陽郡,治所在今河北三河西南。

〔4〕 潞河：上游爲沽河，即今北京通縣以下的白河（也稱潮白河）。據《水經》原文，沽河合濕餘水（或作灅餘水，今稱温榆河）後爲潞河。鮑邱水入潞後，也通稱潞河，即後來的北運河。

〔5〕 高梁水：指經過人工導引後的高梁水。其下游有人工開鑿的支渠，約從今北京德勝門水關附近，向東分水入潞河，作灌溉用。今北京東直門外的壩河，可能就是它的一段遺蹟。

〔6〕 戾陵堰：即下文所引劉靖碑文中的戾陵遏，是修築在灅水（上游即今桑乾河與永定河，下游自今北京西南蘆溝橋以下，故道在今永定河以北）上的一個分水壩。從這壩分出的水，經長約三十餘里的人工渠道，劉靖碑文中稱爲車箱渠，注入天然高梁水的上游，增加流量，作爲灌溉用。

〔7〕 燕剌王旦：即漢武帝子劉旦，封燕王，諡“剌”。諡法：“暴戾無親曰剌。”他發兵抗拒君父，自殺，所以諡“剌”。他的墳墓也叫戾陵。

〔8〕 劉靖：劉馥之子。劉馥，見本書所選《晉書・食貨志》注〔4〕。劉靖繼承父風，重視水利興修。這裏所引碑文記他開車箱渠、引灅水溉田事，即其一例。

〔9〕 嘉武安之通渠，美秦民之殷富：戰國時，韓國水工鄭國，爲秦國鑿涇水溉田，保證了關中的農業生産，這條渠即稱鄭國渠。漢武帝時，趙中大夫白公繼續興修關中水利，所開的渠稱白渠。按武安本是秦昭襄王時大將白起的封邑，本文因白公與白起同姓，所以借用了白起封地的名稱。

〔10〕 嘉平二年，立遏於水：嘉平，三國魏齊王芳年號；嘉平二年當公元 250 年。遏通堨，積土以障水；或稱爲堰。

〔11〕 車箱渠：這渠從今北京石景山以南引水東下，穿行今八寶山一帶的丘陵後，轉而東北，接今北京西直門外紫竹院公園高梁河的上源。

〔12〕 高梁河水者，出自并州，潞河之別源也：按遏表這一説法，同實際情況不符。大概是説：在車箱渠開通後，發源於并州的灅水的水，可以流經高梁河而入潞河，因此高梁水中流出來的源出并州的水，也可看作是潞河的別源。

〔13〕 立水遏長十丈：別本無“遏長”二字。“丈”當是“尺”之誤，下文有“門廣四丈，立水五尺”，可證。

[14] 山水暴發：疑當依別本作“山水暴戾”。按《説文》：“戾，至也。”山水暴至，同下文“則乘遏東下”，氣勢相合；若作山水暴發，則戾陵遏可能不起作用。

[15] 景元三年辛酉：景元，三國魏陳留王奐年號；景元三年當公元262年。

[16] 限田、刻地、出給郡縣、改定田：這些詞句的實際含義，不盡可解，從上下文推測：限田千頃，可能是指更制水門後，水庫容積佔地大小的限制；刻地，可能是因上文過表所説：“凡所封地，百餘萬晦”，“民食轉廣，陸費（按別本作“廢”，較妥）不贍”之故，劃出四千餘頃，“出給郡縣”，作爲耕地；改定田，可能是指“更制水門”後，原水過附近的耕地，有的將没入水中，有的另劃給郡縣，而由國家控制的“封地”，位置、面積都有重新的規定。

[17] 逕昌平，東盡漁陽潞縣：逕昌平，指流逕昌平縣境，非經昌平縣城。東盡漁陽潞縣，也是泛指潞縣境内地。

[18] 高下孔齊：疑當依別本作“高下孔濟”；謂，田地無論高下，都得益處，使農事得濟。如作“高下孔齊”，那麼田地無論高下，水位相齊，便有許多田地將被淹没，失去造堨的本意了。

[19] 灃滮（biāo）池以爲甘澤：《詩·小雅·白華》：“滮池北流，浸彼稻田。”毛公《傳》訓滮爲水流貌。鄭玄《箋》以爲水名，説豐、鎬之間水北流。按滮池又名冰池，在今陝西西安市西北。

[20] 晉元康四年：元康，西晉惠帝年號；元康四年當公元294年。

[21] 護烏丸校尉：官名。烏丸亦作烏桓，本東胡部族。漢初，爲匈奴所逐，退保烏桓山，因以爲號。以後屢次侵入邊境，被曹操所破，勢不復振。護烏丸校尉係監督該部族的軍職。

[22] 過立積三十六載，至五年夏六月：按從魏嘉平二年（250）劉靖立過，到晉元康五年（295），共四十五年；如從魏景元三年（263）樊晨更制水門時算起，僅三十三年；這裏説“過立積三十六載”，疑誤。

[23] 詩載“經始勿亟”：見《詩·大雅·靈臺》篇。亟訓急；原詩説靈臺在開始測量規劃之時，毋須過於急促動工，可是人們已踴躍來幫助建造。本文借喻諸部王侯踴躍參加修堰工程，一如古人樂於修築文王的靈臺。

[24] 易稱“民忘其勞”：見《易·兑卦·彖辭》。

[25] 二府：指漁陽、薊二郡。

[26] 鄭渠：即鄭國渠的簡稱。

[27] 魏人置豹祀之義：戰國時，魏西門豹爲鄴令，引漳水溉鄴，以富魏的河內，是古代有名的水利事業，後人曾建祠紀念他。或説引漳水溉鄴的是以後的鄴令史起，不是西門豹。

[28] 漢光武遣吳漢、耿弇等破銅馬、五幡于潞東：吳漢、耿弇都是東漢光武帝劉秀的將領，助秀建立王朝。銅馬、五幡都是王莽末期起義於河北的農民軍，後被劉秀所敗，並被收編。事詳《後漢書・光武帝紀》及《耿弇傳》中。

[29] 世祖拜彭寵爲漁陽太守，……果爲寵所破：世祖，係東漢光武帝廟號。光武建武二年(26)八月，鄧隆受命協助朱浮共討彭寵。隆駐軍潞南，浮駐軍雍奴，光武得軍報，認爲兩營相距百里，勢難呼應，必定失敗。彭寵果然輕兵襲擊鄧隆，浮無法援救，正如光武所料。事詳《資治通鑑・漢紀》。

[30] 夏澤……謙澤：夏澤、謙澤，都已涸。清顧炎武考證，以爲三河縣西三十里，有夏店，鮑邱水經過它，或因古夏澤而得名。按夏店，現在地圖或作夏墊。

[31] 雍奴縣：西漢時，屬漁陽郡。《水經・灅水注》："漢光武建武二年，封潁川太守寇恂爲雍奴侯；魏遣張郃、樂進圍雍奴，即此城矣。"按縣已遷徙，北魏時故城在今河北武清縣東。

法　雲　寺〔洛陽伽藍記卷四城西〕

法雲寺，西域烏場國[1]胡沙門曇摩羅所立也。在寶光寺西，隔牆並門。摩羅聰慧利根[2]，學窮釋氏。至中國，即曉魏言及隸書，凡所聞見，無不通解。是以道俗貴賤，同歸仰之。作祇洹[3]一所，工制甚精。佛殿、僧房，皆爲胡飾，丹素炫彩，金碧垂輝。摹寫真容，似丈六之見鹿苑[4]；神光壯麗，若金剛之在雙林[5]。伽藍[6]之內，珍果蔚茂，芳草蔓合，嘉木被庭。京師沙門好胡法者，皆就摩羅受持之。戒行真苦，難可揄揚；祕呪神驗，閻浮[7]所無。呪枯樹能生枝葉，呪人變爲驢馬，見之莫不忻怖。西域所齎舍利骨[8]及佛牙[9]、經像皆在此寺。

寺北有侍中、尚書令臨淮王彧[10]宅。彧博通典籍，辨慧清悟；風儀詳審，容止可觀。至三元[11]肇慶，萬國齊臻[12]，貂蟬[13]耀首，寶玉鳴腰，負荷執笏，逶迤複道。觀者忘疲，莫不歎服。彧性愛林泉，又重賓客。至於春風扇柳，花樹如錦；晨食南館，夜遊後園。僚寀[14]成羣，俊民滿席；絲桐[15]發響，羽觴[16]流行；詩賦並陳，清言乍起；莫不領其玄奧，忘其褊悋[17]焉。是以入彧室者謂登仙也。荆州秀才張斐常爲五言，有清拔之句云："異林花共色，別樹鳥同聲。"彧以蛟龍錦賜之。亦有得緋紬、紫綾者。唯河東裴子明爲詩不工，罰酒一石。子明飲八斗而醉眠，時人譬之山濤[18]。及尒朱兆入京師[19]，彧爲亂兵所害，朝野痛惜焉。

出西陽門外四里，御道南有洛陽大市，周迴八里。市東南有皇女臺，漢大將軍梁冀[20]所造，猶高五丈餘。景明中，比丘[21]道恆立靈仙寺於其上。臺西有河陽縣臺，東有侍中侯剛宅。市西北有土山、魚池，亦冀之所造，即《漢書》所謂"採土築山，十里九坂，以象二崤"[22]者。

市東有通商、達貨二里。里內之人，盡皆工巧，屠販爲生，資財巨萬。有劉寶者，最爲富室。州郡都會之處，皆立一宅，各養馬十匹，至於鹽粟貴賤，市價高下，所在一例。舟車所通，足跡所履，莫不商販焉。是以海內之貨，咸萃其庭。產匹銅山[23]，家藏金穴[24]；宅宇踰制，樓觀出雲；車馬服飾，擬於王者。

市南有調音、樂律二里。里內之人，絲竹謳歌，天下妙伎出焉。有田僧超者，善吹笳，能爲《壯士歌》、《項羽吟》[25]。征西將軍崔延伯[26]甚愛之。正光末，高平失據[27]，虎吏充斥。賊帥万俟醜奴[28]寇暴涇、岐之間，朝廷爲之旰食，詔延伯總步騎五萬討之。延伯出師於洛陽城西張方橋，即漢之夕陽亭也。時公卿祖道，車騎成列。延伯危冠長劍，耀武於前，僧超吹《壯士》笛曲於後，聞之者懦夫成勇，劍客思奮。延伯膽略不羣，威名卓著，爲國展力，二十餘年，攻無全城，戰無橫陣，是以朝廷傾心送之。延伯每臨陣，常令僧超爲《壯士》聲，甲冑之士莫不踴躍。延伯單馬入陣，旁若無人，勇冠三軍，威鎮戎豎，二年之間，獻捷相繼。醜奴募善射者射僧超，亡，延伯悲惜哀慟，左右謂："伯牙之失鍾子期[29]，不能過也。"後延伯爲流矢所中，卒於軍中。於是五萬之師，一時潰散。

市西有延酤、治觴二里。里內之人多釀酒爲業。河東人劉白墮善能釀酒。季夏六月，時暑赫晞，以甖貯酒，暴於日中，經一旬，其酒味不動，飲之香美，醉而經月不醒。京師朝貴多出郡登藩，遠相餉饋，踰于千里。以其遠至，號曰"鶴觴"，亦名"騎驢酒"。永熙年中，南青州刺史毛鴻賓齎酒之藩，路逢劫賊，盜飲之即醉，皆被擒獲，因此復名"擒奸酒"。游俠語曰："不畏張弓拔刀，唯畏白墮春醪。"

市北有慈孝、奉終二里。里內之人以賣棺槨爲業，賃輀車[30]爲事。有輓歌[31]孫巖，娶妻三年，妻不脫衣而臥。巖因怪之，伺其睡，陰解其衣，有毛長三尺，似野狐尾。巖懼而出之。妻臨去，將刀截巖髮而走。鄰人逐之，變成一狐，追之不得。其後，京邑被截髮者一百三十餘人。初變爲婦人，衣服靚妝，行於道路，人見而悅近之，皆被截髮。當時有婦人着綵衣者，人皆指爲狐魅。熙平二年四月有此，至秋乃止。

別有阜財、金肆二里，富人在焉。凡此十里，多諸工商貨殖之民。千金比屋，層樓對出；重門啓扇，閣道交通，迭相臨望。金銀錦繡，奴婢緹衣[32]；五味八珍，僕隸畢口。神龜年中，以工商上僭，議不聽衣金銀錦繡。雖立此制，竟不施行。

　　阜財里内有開善寺,京兆人韋英宅也。英早卒,其妻梁氏不治喪而嫁,更納河内人向子集爲夫。雖云改嫁,仍居英宅。英聞梁氏嫁,白日來歸,乘馬將數人至於庭前,呼曰:"阿梁,卿忘我耶?"子集驚怖,張弓射之,應弦而倒,即變爲桃人,所騎之馬亦變爲茅馬,從者數人盡化爲蒲人。梁氏惶懼,捨宅爲寺。南陽人侯慶有銅像一軀,可高丈餘。慶有牛一頭,擬貨爲金色[33],遇急事,遂以牛他用之。經二年,慶妻馬氏忽夢此像謂之曰:"卿夫婦負我金色,久而不償,今取卿兒醜多以償金色焉。"馬氏悟覺,心不遑安。至曉,醜多得病而亡。慶年五十,唯有一子,悲哀之聲,感於行路。醜多亡日,像自有金色,光照四鄰。一里之内,咸聞香氣;僧俗長幼,皆來觀覩。尚書左僕射元順聞里内頻有怪異,遂改阜財里爲齊諧里[34]也。

　　自延酤以西,張方溝以東,南臨洛水,北達芒山,其間東西二里,南北十五里,並名爲壽丘里,皇宗所居也,民間號爲王子坊。當時四海晏清,八荒率職[35];縹囊紀慶[36],玉燭調辰[37];百姓殷阜,年登俗樂;鰥寡不聞犬豕之食,煢獨不見牛馬之衣。於是帝族王侯、外戚公主,擅山海之富,居川林之饒,爭修園宅,互相誇競。崇門豐室,洞戶連房;飛館生風,重樓起霧。高臺芳榭,家家而築;花林曲池,園園而有。莫不桃李夏綠,竹柏冬青。而河間王琛最爲豪首。常與高陽[38]爭衡,造文柏堂,形如徽音殿。置玉井金罐,以五色絲績爲繩。妓女三百人,盡皆國色。有婢朝雲,善吹篪[39],能爲《團扇歌》、《隴上聲》[40]。琛爲秦州刺史,諸羌外叛,屢討之不降,琛令朝雲假爲貧嫗,吹篪而乞,諸羌聞之,悉皆流涕,迭相謂曰:"何爲棄墳井、在山谷爲寇也!"即相率歸降。秦民語曰:"快馬健兒,不如老嫗吹篪。"琛在秦州,多無政績,遣使向西域求名馬,遠至波斯國,得千里馬,號曰"追風赤驥"。次有七百里者十餘匹,皆有名字。以銀爲槽,金爲環鎖,諸王服其豪富。琛常語人云:"晉室石崇[41]乃是庶姓,猶能雉頭狐腋[42],畫卵雕薪[43];況我大魏天潢[44],不爲華侈?"造迎風館於後園。窗户之上,列錢青瑣[45];玉鳳銜鈴,金龍吐珮。素柰朱李,枝條入簷,伎女樓上,坐而摘食。琛常會宗室,陳諸寶器,金瓶、銀瓮百餘口,甌檠盤盒稱是。自餘酒器,有水晶鉢、瑪瑙盃、琉璃碗、赤玉巵數十枚。作工奇妙,中土所無,皆從西域而來。又陳女樂及諸名馬,復引諸王按行府庫,錦罽[46]珠璣、冰羅、霧縠充積其内,繡纈、紬綾、絲綵、越葛、錢絹[47]等不可數計。琛忽謂章武王融曰:"不恨我不見石崇,恨石崇不見我!"融立性貪暴,志欲無限,見之悵歎,不覺生疾,還家臥三日不起。江陽王繼來省疾,謂曰:"卿之財産,應得抗衡,何爲歎羨,以至於此?"融曰:"常謂高陽一人寶貨多于融,誰知河間,瞻之在前。"繼笑曰:"卿欲作袁術之在淮南,不知世間復有劉備也[48]!"融乃蹶起,置酒作樂。于時國家殷富,庫藏盈溢,錢絹露積於廊者,不可校數。及太后賜百官絹,任意自取,朝臣莫不稱力而去。唯融與陳留侯李崇負絹過任[49],蹶倒傷踝。侍中崔光止取兩匹,太后問:"侍中何少?"對曰:"臣有兩手,唯堪兩匹,所獲多矣!"朝貴服其清廉。經河陰之役[50],諸元殲盡,王侯第宅多題爲寺。壽丘里間,列刹相望;祇洹鬱起,寶塔高凌。四月初八日,京師士女多至河間寺。觀其廊廡綺麗,無不歎息,以爲蓬萊仙室,亦不是過。入其後園,見溝瀆蹇産[51],石磴嶕嶢;朱荷出池,綠萍浮水;飛梁跨閣,高樹出雲;咸皆唧唧,雖梁王兔苑[52]想之不如也。

——據 1955 年商務印書館出版張宗祥《洛陽伽藍記合校本》,參考 1958 年科學出版社出版周祖謨《洛陽伽藍記校釋》,1978 年上海古籍出版社重版范祥雍《洛陽伽藍記校注》

【解題】

《洛陽伽藍記》,北魏楊衒之撰。

北魏從孝文帝遷都洛陽(495)以後,統治階級尊崇佛教,王公百官、豪富地主劫奪百姓財物,廣造寺塔,大養僧尼。據《魏書·釋老志》載,在正光(520—524)以後,僧尼有二百餘萬,佛寺有三萬餘所。僅洛陽城內外,就有寺一千三百六十七所,侵佔民居達三分之一以上,都是金碧輝煌,窮極奢麗。永熙之亂(532),孝静帝被高歡强迫遷都於鄴,洛陽城郭寺廟多半焚於兵火,崩毀殘破。武定五年(547),衒之因事重到洛陽,對照昔日"京城表裏,凡有一千餘寺;今日寥廓,鐘聲罕聞,恐後世無傳",因採拾舊聞,追述故績,撰《洛陽伽藍記》五卷。藉記佛寺以述史實,成爲北魏時流傳到今的一部文化史名著。

全書以記載洛陽名寺的興廢沿革爲綱,先從城內開始,次及四門(城東、城南、城西、城北),並表列四門新舊名稱,按遠近次序,各分爲一卷。提綱挈領,體例明確。內容雖以記佛寺爲題,但實際着重記載當時的政治、人物、風俗、地理和傳聞故事等,從宣武帝以後的皇室變亂、宗藩廢立、權臣專橫、閹宦恣肆、藝文古跡、苑囿建築,以及民間怪異、外夷風俗等,無不詳記,可以補充《魏書》、《北史》所不足。如卷五所載《宋雲行紀》,就是研究 6 世紀初期中亞交通和中國同印度、阿富汗、巴基斯坦等文化交流的重要史料之一。此外,本書敍事簡練,文詞穠麗雋秀,自來認爲是同酈道元《水經注》相媲美的文學作品。但在歷史記錄中,時時插入宣揚宗教迷信和災異靈徵一類荒唐故事,小說味很濃,卻損害了作品所敍史實的可靠性。

　　本書流傳雖久,但苦無善本。據唐劉知幾《史通·補注》篇所述,原書本有正文、子注之分,爲史家手自作注之例。陳寅恪《讀洛陽伽藍記書後》(見《金明館叢稿二編》)以爲,這種體裁乃摹擬魏晉南北朝僧徒合本子注的體例。但後世刻本,文、注混淆,連寫在一起,不容易分辨原書體例。清吳若準編有《集證》本,除參校文字異同外,曾試圖區分正文、子注。另張宗祥合校各本、周祖謨《洛陽伽藍記校釋》、范祥雍《洛陽伽藍記校注》等書,也都便參考。

　　《法雲寺》,選自《洛陽伽藍記》卷四城西,標題是編者加的。本篇是遊記體,着重描述北魏首都市場的建築格局和行業分佈,穿插着種種市井傳聞,並揭露北魏王室貴族生活奢侈腐化的情況。對於研究古代都市史,頗有價值。

　　楊衒之,北魏北平(今河北滿城縣北)人。劉知幾《史通》作羊衒之,誤。唐釋道宣《廣弘明集》卷六《王臣滯惑》篇作陽衒之。據考證,北朝以文學通顯的都是北平陽氏,疑楊當作陽。衒之,孝莊帝時官奉朝請,歷任撫軍府司馬、祕書監、期城郡太守等職。爲人博學多才,兼通佛教經典,對北魏末王公貴族的腐朽生活和佛寺的奢侈淫濫狀況深表不滿,曾上書痛斥奉佛求福的禍國殃民。衒之,《魏書》無傳,事蹟略見於《廣弘明集·敍列代王臣滯惑解》。

【注釋】

[1]　烏場國:《佛國記》、《魏書·西域傳》作烏萇國,《法顯行傳》、《水經注》卷一作烏長國,《開元釋教錄》作鄔荼,《大唐西域記》作烏仗那。烏仗那爲梵語 Uddiyāna(或作 Udyāna)的音譯,義爲遊園。就是北天竺。地當今印度河上游斯瓦脫河(Swat River)流域。本書卷五《宋雲行紀》和《大唐西域記》卷三對這國的山川、氣候、物産、名勝、民情、風俗記載頗爲詳細。

［2］ 利根：佛教術語。佛教對於學習,有根器說:學得快的稱利根,慢的稱鈍根。這裏謂根性明利,天資穎悟。

［3］ 祇洹:祇,佛經中多作祇。祇洹是梵語 J‹tavana 的譯音,就是佛經中的太子祇陀樹給孤獨園,省稱祇園或祇樹園。相傳舍衛國有一大臣須達(Sudatta),居家巨富,財寶無限,好喜布施,賑濟貧乏及諸孤老,時人爲他立號,名給孤獨。該國太子祇陀(Jeta),有園林勝地,給孤獨願以這園爲佛建精舍,祇陀將地給他,但園中樹仍爲自己所有,故名。後來引申爲一般佛寺。精舍,佛教中對修行者居處的稱謂。

［4］ 似丈六之見鹿苑:丈六,指佛身的長度。鹿苑,又名鹿野苑,相傳是佛成道後說法處,在波羅奈國。地當今印度北方貝拿勒斯(Banaras)以北9.654公里。

［5］ 若金剛之在雙林:金剛,本寶石名,這裏形容佛的法身不壞。雙林就是拘尸那城,相傳佛在該城阿夷羅跋提河邊娑羅(Sal)雙樹前入涅槃。涅槃是佛教術語。凡俗所說死亡,佛家稱爲入涅槃,有圓寂、解脱、滅度等義。

［6］ 伽藍:即佛寺。又譯僧伽藍。本名僧伽囉磨,梵文稱 Saṅghārāma,譯意爲衆園,是衆沙門修行的處所。

［7］ 閻浮:梵語,又譯作剡浮,或稱閻浮提(Jambudivipa)。就是佛經的南贍部洲,通常泛指中華地方。據唐釋道宣《釋迦氏譜》說:剡浮(即 jambu)本是樹名。這樹生在南洲之北,枝臨大海,海底有金,金名閻浮,光浮水上,所以以此名洲。"提"即"洲"。

［8］ 舍利骨:即佛骨。《魏書·釋老志》說:"佛即謝世,香木焚尸。靈骨分碎,大小如粒。擊之不壞,焚亦不燋,或有光明神驗,胡言謂之舍利(Saria)。弟子收奉,置之寶瓶,竭香花致敬慕。"

［9］ 佛牙:佛身火化時沒有焚毀的一部分牙齒,稱佛牙舍利。

［10］ 臨淮王彧:即元彧,北魏宗室。彧字文若,少有才學,著名當時。魏孝明帝時,累遷侍中、衛將軍,兼尚書左僕射。尒朱榮入洛,殺害元氏,彧南奔梁。尒朱榮立孝莊帝,彧以母老辭歸,復任北魏尚書令、大司馬。尒朱兆殺孝莊帝,彧同時被殺。《魏書》有傳。

［11］ 三元:即夏曆正月初一。因爲這一天是年、月、日三者之始,故稱。

[12] 萬國齊臻：臻，至。古代帝王在元旦朝會時，盛張禮樂，受百官朝賀和諸邦貢獻。

[13] 貂蟬：別本作金蟬。金蟬，指冠飾。漢制，武冠加黃金璫，附蟬爲文，插貂尾爲飾，所以説金蟬耀首，爲侍中、中常侍所戴。金取堅剛，蟬取居高飲潔。見《續漢書·輿服志》注。

[14] 僚寀：即百官。《爾雅·釋詁》：“寀寮，官也。”晉郭璞注：“官地爲寀，同官爲僚。”按寀通作采，寮通作僚。

[15] 絲桐：即琴。因琴身用桐木製成，琴弦用絲線練成，所以稱琴爲絲桐。

[16] 羽觴：觴，酒器。羽觴是雕飾成鳥雀形的酒器。

[17] 褊㤉：褊，偏狹；㤉即悋字，悋是吝字的異體。褊㤉，説偏狹鄙吝。一説㤉當依別本作郤；郤(xī)，空隙；褊郤，指有漏義。

[18] 山濤：字巨源，西晉河内懷（今河南武陟縣西）人。累官吏部尚書、右僕射，在西晉典選事三十餘年，官至司徒。標榜清談，崇尚玄學，同阮籍、嵇康等並號“竹林七賢”，但熱衷名利，只是以口談虛無來掩飾其貪鄙無恥的行徑。以飲酒著名，史稱量至八斗方醉。

[19] 尒朱兆入京師：尒朱兆，字萬仁，尒朱榮從子。尒朱榮殺胡太后，立魏孝莊帝，朝廷大權被尒朱氏集團所控制。孝莊帝既受挾制，不勝憤忿，乃伏兵刺殺榮。榮部下尒朱世隆等率榮部曲，北到晉陽，立長廣王元曄，授尒朱兆爲大將軍，封潁川王，遣兆統兵攻入洛陽，俘孝莊帝送到晉陽縊死。

[20] 梁冀：東漢烏氏（今甘肅平涼市西北）人，字伯車，東漢順帝梁皇后兄。本是鬭雞走狗的人，順帝時，因外戚故，累任執金吾、河南尹，官至大將軍。順帝死，沖帝、質帝、桓帝都是冀所立，前後秉權達二十多年。冀一門三后、六貴人、七侯、二大將軍，尚公主的三人。權勢顯赫，朝野側目，貪暴恣肆，無所不爲。質帝曾稱他爲“跋扈將軍”。後被桓帝所誅，籍没財産達三十餘萬萬，相當於當時國家賦税收入的一半。

[21] 比丘：已見本書《魏書·釋老志》注[62]。

[22] 採土……二崤：引文見《後漢書》卷六十四《梁冀傳》。崤，山名，在今河南靈寶東南，分東、西二崤，東爲土崤（盤崤），西爲石崤。二崤間南谷地形險阻，自古是豫、陝間交通要道。

[23] 産匹銅山：銅山指鄧通。通，西漢孝文帝寵臣，賜有嚴道縣（今四川滎經）銅山，自鑄“鄧氏錢”，富傾天下。

[24] 家藏金穴：金穴用郭況故事。況，東漢光武帝郭皇后弟，賞賜金銀絲帛無數，京師人因爲他的家豪富，稱爲“金穴”。

[25] 壯士歌、項羽吟：《壯士歌》疑即《隴上歌》。西晉時，農民陳安據秦州，自號秦州刺史，隴上氐、羌部族多來歸附。到東晉明帝太寧二年（324），前趙劉曜圍攻隴城（今甘肅張家川），安同壯士二十多騎奮戰而死。隴上人爲了悼念他，曾作《壯士歌》。歌詞見《樂府詩集》卷八五。《項羽吟》，疑即《拔山歌》。項羽被劉邦圍困在垓下時所作。歌詞見《史記·項羽本紀》。

[26] 崔延伯：北魏博陵（治今河北安平）人。少以勇壯聞名，有謀略，屢次出征，都立戰功。北魏孝明帝正光五年（524）秋，莫折天生（莫折念生弟）攻岐州，征西將軍元志被擒。孝明帝派延伯爲使，持節征西將軍、西道都督，和蕭寶夤共討天生，大破之。後又討万俟醜奴，戰死。

[27] 高平失據：正光五年六月，莫折太提在秦州（治今甘肅天水）起兵，自稱秦王，遣將卜胡攻破高平鎮（今寧夏固原），殺魏鎮將。初，高平鎮人赫連恩等起事，推敕勒酋長胡琛爲高平王，攻高平鎮，未克。這年十一月，高平鎮人殺卜胡，迎立胡琛。

[28] 万俟醜奴：万俟，複姓，讀如莫其（mò qí）。醜奴，北魏高平鎮人，原是胡琛部將，後合併胡琛、莫折念生（莫折太提子）等部，進攻關中。孝莊帝建義元年（528），自稱天子，置百官。三年，被尒朱天光擊殺。

[29] 伯牙之失鍾子期：鍾子期，春秋時楚人。善聽琴音。伯牙鼓琴，意在高山或流水，鍾子期都聽而知道。子期死，伯牙痛惜世間再無知音，破琴絕弦，終身不再鼓琴。見《呂氏春秋·本味》。這裏譬喻崔延伯和田僧超的友情深厚。

[30] 輀車：輀（ér）車，喪車，用以載棺。

[31] 輓歌：即喪歌。據《晉書·禮志》，輓歌本是漢武帝時役人的歌唱；因歌聲哀切，便用作送終之禮。這裏指以唱喪歌爲職業的人。

[32] 緹衣：緹（tí）衣，用赤黃色絲綢做成的衣服。

[33]　擬貨爲金色：説慶想賣牛爲佛像添飾金色。

[34]　齊諧里：《莊子·逍遙游》篇有"齊諧者，志怪者也"語，齊諧本人名，後引
申爲怪異的代詞。

[35]　八荒率職：八荒，已見《三國志·諸葛亮傳》注[85]。率，遵循。率職，説
遵循他們的職守。

[36]　縹囊紀慶：縹，青白色的帛。縹囊，盛書的帛囊，這裏指書籍。縹囊紀慶，
形容國家文治興盛。

[37]　玉燭調辰：《爾雅·釋天》："四氣和謂之玉燭。"古代迷信天人可以交感，
如果人君德美如玉，明察如燭，則上天被感，四時和順，没有災害疫癘。

[38]　高陽：指高陽王元雍。雍，北魏宣武帝弟，官至丞相。當時北魏宗室豪勢
都競賽淫侈。雍家第宅，敵匹皇宫，有僮僕六千，妓女五百，一餐費必以
數萬錢爲限。當時尚書令李崇有"高陽一食，敵我千日"語。尒朱榮入
洛，殺雍。本書卷三《高陽王寺》條對雍的奢靡狀况有詳細記述。

[39]　簏(chí)：字也作篪，竹製的管樂器。

[40]　團扇歌、隴上聲：《團扇歌》，晉中書令王珉將白團扇贈嫂婢謝芳姿，作爲
定情禮。嫂責打芳姿，珉代她求情。嫂因她擅長歌唱，命唱一曲才得赦
免。芳姿因此唱《團扇郎歌》。歌辭見《樂府詩集》卷四五。《隴上聲》，就
是《隴頭流水》、《隴上歌》之類的歌曲。

[41]　石崇：見前《世説新語·汰侈》篇注[1]。

[42]　雉頭狐腋：雉頭上的毛羽光彩豔麗，頸毛如繡，古人往往集以爲裘，表示
珍異。狐腋的皮，毛色純白，集以爲裘，非常輕煖，所以珍貴。

[43]　畫卵雕薪：畫卵，在禽蛋上畫以彩色然後烹食；雕薪，在燒火用的架薪上
刻上花紋。這都是形容石崇生活的豪奢。

[44]　天潢：皇族的代詞。古代尊稱帝室爲天家。天潢猶言天池，是天家所在，
支流分衍而爲皇族。

[45]　列錢青瑣：列錢，見班固《西都賦》，説金釭銜璧（壁中橫木露出如帶的部
分，用金環裝飾，稱金釭；金環中嵌以玉璧，即金釭銜璧），行列如錢。青
瑣，説窗户上刻成連瑣紋，並塗繪青色。《漢書·元后傳》顏師古注引孟
康説："天子制也。"

［46］ 錦罽：罽(jì)，粗羊毛製成的毯子；用色線繡織成的，稱爲錦罽。

［47］ 繡纈、紬綾、絲綵、越葛、錢絹：都是指質地優美的絲和布。繡纈(xié)，繡花紋的絲織物。越葛，南方用葛織成的布。錢絹是織有錢文的絹。

［48］ 卿欲作袁術之在淮南，不知世間復有劉備也：東漢末，當劉備同袁術相持在淮上時，術想假手呂布攻備，致書給布，說：“術生平以來，不聞天下有劉備。”元繼借此來譬喻元融自大，沒有想到還有比他更富有的人。

［49］ 過任：任原作性。《太平廣記》引本文作任，是。過任，超過自己能力所能擔任。

［50］ 河陰之役：已見本書《魏書·釋老志》注［89］。

［51］ 溝瀆蹇産：語見司馬相如《上林賦》。蹇産，曲折貌。

［52］ 梁王兔苑：梁王，指漢景帝弟梁孝王劉武。兔苑，又稱兔園、梁苑、梁園。遺址在今河南商丘縣東，爲梁孝王所建築，是當時最著名的園林。晉葛洪《西京雜記》描述兔苑的情景，說：“其諸宮觀相連，延亘數十里。奇果異樹，瑰禽怪獸畢備。”漢枚乘、南梁江淹都撰有《梁王兔苑賦》，描繪它的奢麗。

高等學校文科教材

中國歷史文選

下

周予同　主編

上海古籍出版社

六　家〔史通卷一〕

　　自古帝王編述文籍,外篇[1]言之備矣。古往今來,質文遞變;諸史之作,不恆厥體。權而爲論,其流有六:一曰《尚書》家,二曰《春秋》家,三曰《左傳》家,四曰《國語》家,五曰《史記》家,六曰《漢書》家[2]。今略陳其義,列之於後。

　　《尚書》家者,其先出於太古。《易》曰:"河出《圖》,洛出《書》,聖人則之。"故知《書》之所起遠矣。至孔子觀《書》於周室,得虞、夏、商、周四代之典,乃删其善者,定爲《尚書》百篇[3]。孔安國曰:"以其上古之書,謂之《尚書》。"[4]《尚書·璇璣鈐》[5]曰:"尚者,上也。上天垂文爲[6],布節度,如天行也。"王肅曰:"上所言,下爲史所書,故曰《尚書》也。"[7]惟此三説,其義不同。蓋《書》之所主,本於號令;所以宣王道之正義,發話言於臣下。故其所載,皆典、謨、訓、誥、誓、命之文。至如《堯》、《舜》二典[8],直序人事;《禹貢》[9]一篇,唯言地理;《洪範》[10]總述災祥,《顧命》[11]都陳喪禮:兹亦爲例不純者也[12]。又有《周書》[13]者,與《尚書》相類,即孔氏刊約百篇之外,凡爲七十一章。上自文、武,下終靈、景。甚有明允篤誠,典雅高義;時亦有淺末恆説,澤穢相參,殆似後之好事者所增益也。至若《職方》[14]之言,與《周官》[15]無異;《時訓》[16]之説,比《月令》[17]多同。斯百王之正書,《五經》之別録者也。自宗周既殞,《書》體遂廢。迄乎漢、魏,無能繼者。至晉廣陵相魯國孔衍[18],以爲國史所以表言行、昭法式,至於人理常事,不足備列,乃删漢、魏諸史,取其美詞典言,足爲龜鏡[19]者,定以篇第,纂成一家。由是有《漢尚書》、《後漢尚書》、《漢魏尚書》[20],凡爲二十六卷。至隋祕書監太原王劭[21],又録開皇、仁壽時事,編而次之,以類相從,各爲其目,勒成《隋書》八十卷。尋其義例,皆準《尚書》。原夫《尚書》之所記也,若君臣相對,詞旨可稱,則一時之言,累篇咸載;如言無足紀,語無可述,若此故事,雖有脱略,而觀者不以爲非。爰逮中葉,文籍大備;必窮截今文,模擬古法,事非改轍,理涉守株[22]。故舒元所撰《漢》、《魏》等《書》不行於代也。

若乃帝王無紀，公卿缺傳，則年月失序，爵里難詳。斯並昔之所忽，而今之所要。如君懋《隋書》，雖欲祖述商、周，憲章虞、夏，觀其體制，乃似《孔子家語》[23]、臨川《世說》[24]，可謂"畫虎不成反類犬"[25]也。故其書受嗤當代，良有以焉。

《春秋》家者，其先出於三代。案《汲冢瑣語》[26]記太丁時事，目爲《夏殷春秋》。孔子曰，"疏通知遠，《書》之教也"；"屬辭比事，《春秋》之教也"[27]。知《春秋》始作，與《尚書》同時。《瑣語》又有《晉春秋》，記獻公十七年事。《國語》云：晉羊舌肸[28]習於《春秋》，悼公使傅其太子。《左傳》昭二年，晉韓宣子[29]來聘，見《魯春秋》，曰："周禮盡在魯矣。"斯則《春秋》之目，事匪一家，至於隱沒無聞者，不可勝載。又案《竹書紀年》[30]，其所紀事，皆與《魯春秋》同。孟子曰："晉謂之《乘》，楚謂之《檮杌》，而魯謂之《春秋》，其實一也。"[31]然則，《乘》與《紀年》、《檮杌》，其皆《春秋》之別名者乎！故墨子曰："吾見百國《春秋》"[32]，蓋皆指此也。逮仲尼之修《春秋》也，乃觀周禮之舊法，遵魯史之遺文[33]；據行事，仍人道；就敗以明罰，因興以立功；假日月而定曆數，藉朝聘而正禮樂；微婉其說，隱晦其文[34]；爲不刊之言，著將來之法，故能彌歷千載而其書獨行。又案儒者之說《春秋》也，以事繫日，以日繫月；言春以包夏，舉秋以兼冬；年有四時，故錯舉以爲所記之名也。苟如是，則晏子、虞卿、呂氏、陸賈，其書篇第本無年月，而亦謂之《春秋》[35]，蓋有異於此者也。至太史公著《史記》，始以天子爲本紀。考其宗旨，如法《春秋》。自是爲國史者，皆用斯法。然時移世異，體式不同；其所書之事也，皆言罕褒諱，事無黜陟；故馬遷所謂整齊故事耳，安得比於《春秋》哉[36]！

《左傳》家者，其先出於左丘明。孔子既著《春秋》，而丘明受經作傳[37]。蓋傳者，轉也；轉受經旨；以授後人。或曰：傳者，傳也；所以傳示來世。案孔安國注《尚書》，亦謂之傳；斯則傳者亦訓釋之義乎！觀《左傳》之釋經也，言見經文而事詳傳內；或傳無而經有，或經闕而傳存；其言簡而要，其事詳而博；信聖人之羽翮，而述者之冠冕也。逮孔子云没，經傳不作，於時文籍，唯有《戰國策》及《太史公書》而已。至晉著作郎魯國樂資，乃追采二史，撰爲《春秋後傳》。其書始以周貞王，續前傳魯哀公後，至王赧入秦；又以秦文王之繼周，終於二世之滅；合成三十卷[38]。當漢代史書，以遷、固爲主；而紀傳互出,表志相重,於文爲煩,頗難周覽;至孝獻帝,始命荀悦[39]撮其書爲編年體,依附《左傳》,著《漢紀》[40]三十篇。自是每代國史皆有斯作,起自後漢,至於高齊,如張璠[41]、孫盛[42]、干寶[43]、徐賈[44]、裴子野[45]、吳均[46]、何之元[47]、王劭[48]等,其所著書,或謂之《春秋》,或謂之《紀》,或謂之《略》,或謂之《典》,或謂之《志》,雖名各異,大抵皆依《左傳》以爲的準焉。

《國語》家者,其先亦出於左丘明。既爲《春秋内傳》[49],又稽其逸文,纂其別説,分周、魯、齊、晉、鄭、楚、吳、越八國,事起自周穆王,終於魯悼公,別爲《春秋外傳》,《國語》,合爲二十一篇。其文以方《内傳》,或重出而小異。然自古名儒賈逵[50]、王肅[51]、虞翻[52]、韋曜[53]之徒,並申以注釋,治其章句。此亦《六經》之流,《三傳》之亞也。暨縱横互起,力戰争雄,秦兼天下,而著《戰國策》。其篇有東西二周、秦、齊、燕、楚、三晉、宋、衛、中山,合十二國,分爲三十三卷。夫謂之策者,蓋録而不序,故即簡以爲名。或云:漢代劉向以戰國游士爲之策謀,因謂之《戰國策》。至孔衍,又以《戰國策》所書未爲盡善,乃引太史公所記,參其異同,刪彼二家,聚爲一録,號爲《春秋後語》[54]。除二周及宋、衛、中山,其所留者七國而已。始自秦孝公,終於楚、漢之際,比於《春秋》,亦盡二百四十餘年行事。始衍撰《春秋時國語》,復撰《春秋後語》,勒成二書,各爲十卷。今行於世者,唯《後語》存焉。案其書序云:"雖左氏莫能加。"世人皆尤其不量力、不度德。尋衍之此義,自比於丘明者,當謂《國語》,非《春秋傳》也。必方以類聚,豈多嗤乎!當漢氏失馭,英雄角力,司馬彪[55]又録其行事,因爲《九州春秋》[56],州爲一篇,合爲九卷。尋其體統,亦近代之《國語》也。自魏都許、洛[57],三方鼎峙;晉宅江、淮[58],四海幅裂;其君雖號同王者,而地實諸侯。所在史官,記其國事;爲紀傳者,則規模班、馬;創編年者,則議擬荀、袁[59]。於是《史》、《漢》之體大行,而《國語》之風替矣。

《史記》家者,其先山於司馬遷。自《五經》間行,百家競列,事跡錯糅,前後乖舛。至遷,乃鳩集國史,採訪家人[60];上起黄帝,下窮漢武;紀、傳以統君臣,書、表以譜年爵;合百三十卷。因魯史舊名,目之曰《史記》。自是漢世史官所續,皆以《史記》爲名。迄乎東京著書,猶稱《漢紀》[61]。至梁武帝,又勒其羣臣,上自太初,下終齊室,撰成《通史》[62]六百二十卷。其書自秦以上,皆以《史記》爲本,而別採他説,以廣異聞;至兩漢已還,則全録當時紀傳,而上下通達,臭味相依;又吳、蜀二主,皆入世家;五胡及拓拔氏,列於夷狄傳。大抵其體皆如《史記》,其所爲異者,唯無表而已。其後元魏濟陰王暉業又著《科録》[63]二百七十卷。其斷限亦起自上古,而終於宋年。其編次多依倣《通史》,而取其行事尤相似者共爲一科,故以《科録》爲號。皇家顯慶中,符璽郎隴西李延壽[64]抄撮近代諸史,南起自宋,終於陳,北始自魏,卒於隋,合一百八十篇,號曰《南北史》[65]。其君臣流例,紀傳羣分,皆以類相從,各附於本國。凡此諸作,皆《史記》之流也。尋《史記》疆宇遼闊,年月遐長,而分以紀傳,散以書表;每論家國一政,而胡、越相懸[66];敍君臣一時,而參、商是隔[67]:此其爲體之失者也。兼其所載多聚舊記,時採雜言;故使覽之者,事罕異聞,而語饒重出:此撰録之煩者也。況《通史》以降,蕪累尤深,遂使學者寧習本書而怠窺新録。且撰次無幾,而殘缺遂多,可謂勞而無功,述者所宜深誡也。

《漢書》家者,其先出於班固。馬遷撰《史記》,終於今上[68];自太初已下,闕而不録。班彪[69]因之,演成《後記》,以續前編。至子固,乃斷自高祖,盡於王莽,爲十二紀、十志、八表、七十列傳,勒成一史,目爲《漢書》。昔虞、夏之《典》,商、周之《誥》,孔氏所撰,皆謂之《書》。夫以"書"爲名,亦稽古之偉稱。尋其創造,皆準子長;但不爲"世家",改"書"曰"志"而已。自東漢以後,作者相仍,皆襲其名號,無所變革。唯《東觀》曰《記》,《三國》白《志》;然稱謂雖別,而體制皆同。歷觀自古史之所載也,《尚書》記周事,終秦穆;《春秋》述魯文,止哀公;《紀年》不逮於魏亡[70],《史記》唯論於漢始。如《漢書》者,究西都[71]之首末,窮劉氏之廢興;包舉一代,撰成一書。言皆精練,事甚該密;故學者尋討,易爲其功。自爾迄今,無改斯道。

於是考兹六家,商榷千載,蓋史之流品亦窮之於此矣。而朴散淳銷,時移世異;《尚書》等四家,其體久廢,所可祖述者,唯《左氏》及《漢書》二家而已。

——據中華書局影印明張之象刻本《史通》,參考《四部叢刊》本《史通》、清乾隆十七年梁溪浦氏求放心齋刻本《史通通釋》

【解題】

《史通》是我國古代第一部史學理論專著,二十卷,唐劉知幾撰。

經過魏、晉、南北朝長期混亂以後,隋、唐二代重新建立起封建統一大帝國。唐初,由於政治統一,經濟繁榮,社會秩序趨向穩定,朝廷對於前代文化的整理開始重視。唐太宗時,正式設立史館,專修國史,又對唐以前諸朝史籍進行大規模的整理和改編。中國傳統的二十四部"正史"中,就有八部(《晉書》、《梁書》、《陳書》、《北齊書》、《北周書》、《隋書》、《南史》、《北史》;後二部乃李延壽私撰而由朝廷頒行)是在這時期修成的。設館修史制度的確立,給我國史學的發展帶來了重大影響。首先,開以後每一王朝都重視編寫前朝史的風氣。其次,引起封建知識分子對史學的普遍關心。第三,設局網羅各類專家集體纂述,各抒所長,對資料採擇可以比較周全,對體例和史學方法的討論也可以進一步地深入。

但是,設館修史也不可避免地帶來不少弊端,例如對前朝史和當代史的解釋權,完全被當朝者掌握。關於這方面的弊端,劉知幾在《史通》中曾加以揭露。他以爲:古時國史由個人著作,怎麽寫,寫甚麽,都表現自己的見識和裁斷,因而能自成一家之言。而唐時史館,人多品雜,歷史認識不一致,下筆時又怕得罪權門貴族,判斷是非都聽命於監修大臣,但監修大臣們又意見互殊,使史官無所適從。何況所謂監修者,多爲"恩幸貴臣,凡庸賤品,飽食安步,坐嘯畫諾"(《辨職》)。這就越使修史者"争學苟且,務相推避,坐變炎涼,徒延歲月"(《忤時》)。

劉知幾在武周末便長期預修國史,在實踐中逐漸形成了自己的一套歷史認識和理論。曾立志對《史》、《漢》以來史書,"因其舊義,普加釐革",但惟恐"致驚末俗,取咎時人"。到中宗時再入史館,又與監修貴臣意見不合,初被蕭至忠責難,再被武三思貶抑,因此鬱憤不平,自以爲"任當其職而吾道不行,見用於時而美志不遂","故退而私撰《史通》,以見其志"。(《史通・自敍》)

《史通》成於唐中宗景龍四年(710)。劉知幾的原序自述命名的用意說:"昔漢世諸儒,集論經傳,定之於白虎閣,因名曰《白虎通》。予既在史館而成此書,故便以《史通》爲目。且漢求司馬遷後,封爲史通子,是知史之稱'通',其來已久。博采衆議,爰定兹名。"

《史通》分爲內、外篇,各十卷。內篇凡三十六,專門討論歷史編纂學,最後附以《自敍》。其中《體統》、《紕繆》、《弘張》三篇,在宋修《新唐書》前已經亡佚。外篇凡十三,敍述史籍源流,雜評古人得失,其中與內篇重出或相矛盾的,可能是作者成書前的讀史札記。雖謹嚴稍遜,而議論廣泛,更能表現作者的史學觀點。

劉知幾曾提出才、學、識爲史才三長的著名理論(見《唐會要》卷六三及《舊唐書》本傳);而三者中,尤注重史識。他以爲,史家在開始記録時,"資乎博聞實録",而在正式編纂時,"貴乎備識通才"(《史官建置》)。他提倡史學家要"徵求異説,採摭羣言"(《採撰》);要遍窺正式史著以外的"别録"、"異書",善加鑒别(《雜述》)。他强調史學家要有史德,既不"妄生穿鑿,輕究本源"(《探賾》),又能"愛而知其醜,憎而知其善"(《惑經》);更要正直不阿,"彰善貶惡,不避强禦"(《辨職》),所謂"君子以博聞多識爲工,良史以實録直書爲貴"(《惑經》)。

從這種認識出發,劉知幾首先注意過去史著的體例得失。《史通》把已往史體歸納爲六家,又以編年、紀傳爲"正史"二體,其他爲"雜著",並將"雜著"分爲"偏紀"、"小録"等十流(《雜述》)。在評論紀傳體時,贊美斷代體的《漢書》,而貶抑通史體的《史記》。這一看法雖屬片面,但斷代史提供的例證,可以使人們從一個王朝的興廢更替,探索出封建社會週期性的矛盾運動過程;而通史往往由於貫穿古今,時代過長,著作不易,檢索不便。因此劉知幾推崇斷代史,似也頗有見地。

其次,《史通》本着倡導實録直書的精神,揭示了過去史著如敍事煩蕪、體例乖謬、史實無根、撰注不實、徇情曲筆、因習模擬等弊端。《史通》作者與一般史家立論頗有不同之點,就是他對儒家經典和以儒家思想爲指導的史部著作的批判。例如《疑古》、《惑經》二篇,就對被封建統治者奉爲科舉課本的《尚書》、《春秋》大加非議,以爲堯、舜禪讓是虛語,桀、紂之惡是厚誣,所謂太伯讓位季歷,周文王服事殷商,周公殺管叔、放蔡叔等,都經不起常識檢驗。此外,他還把《春秋》爲尊者諱、爲賢者諱等"義例",斥爲"愛憎由己"、"厚誣來世"(都見《疑古》)。

劉知幾對史家把迷信和史實相混淆也力加反對,以爲神仙鬼怪、圖讖寓言、穿鑿附會的記載都不宜入史(《採撰》)。在《五行志錯誤》和《五行志雜駁》中,指斥以傳統的陰陽五行學説爲根據的歷史宿命論,以爲災祥屬於天道,與人事無關(《書志》),"論成敗者,固當以人事爲主;必推命而言,則其理悖也"(《雜説》上)。

最後,劉知幾還批評六朝以後的文人修史,"每喻過其體,詞没其義;繁華而失實,流宕而忘返;無裨勸奬,有長奸詐"(《載文》)。鑑於這種藻飾無度的弊病,他强調史書是嚴肅淳樸的作品,文史應該分途(《覈才》)。

但是,在劉知幾自負甚高的"史識"上,也烙下了深刻的正統印記。《疑古》、《惑經》二篇雖有力地揭發了古史記載的虛妄,但也正表明了他對所謂篡奪叛逆等行爲的憤懣;《採撰》、《載文》等篇雖力斥浮誇厚誣的記載,但也表明了他的史觀更接近於唐代的儒家學説。清浦起龍評論劉氏:"其爲人也,雖口不談道,而實種道學之胚胎;故其爲言也,雖貌似拂經,而實操經物之繩纆"(《史通通釋》附錄《新唐書》劉知幾本傳後評)。雖不盡確切,卻還是較公允的意見。另外,劉氏雖反對綺麗華靡的文章,但仍不能脫離六朝文風的影響,因而輕視史書中的表、志,實未免失之片面。

《史通》問世後,由於作者對《尚書》、《春秋》等儒家經典敢於表示懷疑,由於筆鋒觸到了歷代統治者隱祕的矛盾和黑暗,因此招來後代封建文人的非議。唐末柳璨曾撰《史通析微》十卷,專指責《史通》疑古惑經的"舛謬";宋宋祁《新唐書》本傳贊也斥責他"工訶古人"。明陸深撰《史通會要》、清紀昀撰《史通削繁》,也都有不同程度的批評。

後人對《史通》進行研究注釋的,有明郭延年《史通評釋》、王惟儉《史通訓故》,清黃叔琳《史通訓故補》、浦起龍《史通通釋》等。其中以浦氏《通釋》流傳最廣。《通釋》以評選八股文格式詮解原書,不免迂腐,但注釋周詳,差強人意。紀氏《削繁》對原書任意刪削,頗多失當。近人呂思勉曾撰《史通評》,雖篇幅不多,亦可參考。

《史通》版本頗多,其中以浦氏《通釋》本翻印最多,1978年上海古籍出版社出版了新校點本。此外,有中華書局1962年據明張之象校宋本重新影印本,可供研究。

《六家》,選自《史通》卷一,原列《內篇》第一。作者在本篇中研究了唐以前歷史著作體裁的變遷史。他把相傳是孔子編定的《尚書》和《春秋》,由"經"降爲"史";把斷代爲史的《左傳》和《漢書》,由解《春秋》、續《史記》的普通著作升爲史家必須"祖述"的範本,這都表現了作者的創見。

劉知幾(661—721),字子玄,彭城(今江蘇徐州)人,唐代著名的史學家。高宗永隆元年(680)進士,授獲嘉縣主簿。武周時,歷任著作佐郎、左史等職,兼修國史。中宗時,曾因官鳳閣舍人,暫停史職;但次年又除著作郎,仍兼修國史。後參與纂修《則天實錄》,與監修大臣不合,請辭史館職;但不久又三度入館。玄宗時,官左散騎常侍。開元九年(721),因長子貺犯罪流配,詣執政訴理,被貶授安州都督府別駕。旋卒,年六十一歲。知幾自幼即篤好史籍。登仕後,又專攻史學,長期兼任史職,得以博覽祕籍,洞悉官設史館的流弊。爲人剛直峭拔,在史館與監修大臣宗楚客、蕭至忠、武三思等屢相牴牾,並指責朝廷"求史才則千里降追,語宦途則十年不進;意者得非相期高於班、馬,見待下於兵卒"(《忤時》)。劉知幾在經學上偏向"古文",開元初,曾議《孝經》、《易》、《老子》等書,與司馬貞等相質辯。著述甚多,自撰的還有《劉氏家乘》十五卷、《劉氏譜考》三卷、《睿宗實錄》十卷、《劉子玄集》三十卷;與徐堅、柳沖、吳兢等合修的,有《三教珠英》一千三百十三卷、《姓族系錄》二百卷、《唐書》八十卷、《高宗實錄》二十卷、《中宗實錄》二十卷、《則天皇后實錄》三十卷。《史通》是劉知幾一生精力所萃的名著,在中國史學史上享有很高地位。傳見《舊唐書》卷一〇二,《新唐書》卷一三二;并可參考《史通·自敍》和《忤時》等篇。

【注釋】

[1] 外篇:指《史通》卷十二《外篇》第二《古今正史》篇。詳述《尚書》、《春秋》到唐初國史、實録的編撰源流,以及體例變遷、内容得失等,可與《二體》參證。

[2] 其流有六:……六曰漢書家:浦起龍《史通通釋》推尋作者原意,以爲《尚書》家即"記言家",《春秋》家即"記事家",《左傳》家即"編年家",《國語》家即"國别家",《史記》家即"通古(通史)紀傳家",《漢書》家即"斷代紀傳家"。

[3] 尚書百篇:《尚書》,見本書上册《牧誓》解題。《漢書·藝文志》説:"《書》之所起遠矣,至孔子纂焉,上斷於堯,下迄於秦,凡百篇,而爲之序。"又僞孔安國《尚書序》也説:"先君孔子……斷自唐、虞,以下迄於周,……足以垂世立教,典、謨、訓、誥、誓、命之文,凡百篇。"凡古文經學家以及相信僞孔的,都主"《尚書》百篇"説。

[4] 孔安國曰……謂之尚書:孔安國,西漢經學家。孔子後裔。曾任諫大夫。相傳他曾得孔壁所藏的《古文尚書》,爲古文學派先驅。今存《尚書孔氏傳》,出於東晉。宋人開始懷疑,經明、清學者考證,確定屬後人僞託。傳見《漢書》卷八八。引語本僞孔安國《尚書序》。

[5] 尚書璇璣鈐:漢代經師以神學迷信附會儒家經典所造的《尚書緯》的一種。原書隋時已佚。明孫瑴《古微書》、清馬國翰《玉函山房輯佚書》等都有輯録,以趙在翰《七緯》所輯較完備。

[6] 烏:古象字。

[7] 王肅曰:……故曰尚書也:王肅(195—256),三國魏經學家。字子雍,東海(今山東郯城北)人。累官至中領軍、散騎常侍。曾遍注羣經,不分今、古文,善賈逵、馬融之學,惟不喜鄭玄學,曾僞造《孔子家語》、《孔叢子》等書,作爲所撰《聖證論》的論據,和鄭學對立,稱爲"王學"。他是晉武帝司馬炎的外祖父,所注《尚書》、《詩》、《論語》、《三禮》、《左傳》及其父朗所作

《易傳》,在晉代都立博士。所注各書和《聖證論》都已亡佚,清馬國翰《玉函山房輯佚書》有輯本。傳見《三國志·魏志》卷一三。引語見唐孔穎達《尚書正義》僞孔傳《尚書序》引。

[8]　堯、舜二典:《堯典》,又稱《帝典》,《尚書》篇名。近人以爲係周代史官據傳聞編撰,又經春秋、戰國時人用儒家思想陸續補訂而成。篇中記載堯、舜禪讓事迹,反映了中國原始社會末期的軍事民主制度。東晉梅賾獻《僞古文尚書》後,南朝齊姚方興又上《舜典》僞孔(安國)《傳》一篇,將《堯典》下半分出,并加二十八字,而稱《舜典》。

[9]　禹貢:《尚書》篇名。戰國時人所作,託名夏禹治水的記錄,敍述黃河、長江兩大流域的山脈、河流、藪澤、土壤、物産、貢賦、交通,爲戰國中葉以前的古地理史料。

[10]　洪範:《尚書》篇名。相傳殷、周之際殷宗室箕子所作。經近人考證,疑是戰國時期的作品。"洪範"意即"大法",分爲"九疇"(即九類)。根據天的意志和水、火、木、金、土"五行"學説來解釋自然現象、人事吉凶以及封建等級制度,西漢時成爲"天人感應"和"讖緯之學"的依據。

[11]　顧命:《尚書》篇名。記周成王臨終時命召公、畢公率諸侯輔相康王事。今本《尚書》將《顧命》分出《康王之誥》一篇。

[12]　茲亦爲例不純者也:《漢書·藝文志》謂古代"左史記言,右史記事;事爲《春秋》,言爲《尚書》"。劉氏用《漢書》説,以爲《尚書》本記言之史,而雜記人事、地理、災祥等,所以評爲體例不純。

[13]　周書:即《逸周書》原名。見本書《逸周書·克殷解》解題。

[14]　職方:《逸周書》篇名。敍述四方山川地理、經濟風俗等。又《周禮·夏官》有職方氏,官名,掌天下地圖、四方職貢等。

[15]　周官:《周禮》原名,又稱《周官經》。儒家經典之一。記述古代官制,并以儒家政治理想附益排比而成的制度彙編,古文經學家認爲周公作,今文經學家認爲出於戰國或指爲西漢末劉歆僞造,今人以周秦銅器銘文所載官制同該書所載制度相參證,定爲戰國時作品。全書分《天官冢宰》、《地官司徒》、《春官宗伯》、《夏官司馬》、《秋官司寇》、《冬官司空》等六篇。《冬官》早佚,漢時補以《考工記》。

［16］　時訓：《逸周書》篇名，記載天象、時令節氣的變化。

［17］　月令：《禮記》篇名。又見《呂氏春秋》十二紀中。記述夏曆每年十二個月的時令及有關事物，並把各類事物納入五行相生的系統中，是研究我國戰國、秦、漢時農業生産和宗教活動的重要材料。

［18］　孔衍：字舒元，孔子後裔。東晉初，補中書郎，出爲廣陵相。著述多達百餘萬言。《晉書》列入《儒林傳》。

［19］　龜鏡：或作“龜鑑”。古代取龜甲占卜，以定吉凶。鑑即鏡，能別美醜。龜鏡即借鑑往事意。

［20］　漢魏尚書：《隋書·經籍志》作《魏尚書》，《新唐書·藝文志》作《後魏尚書》。

［21］　王劭：字君懋，太原晉陽（今山西太原市西）人。隋初因著《齊書》，被控私撰國史。文帝愛其才，使修起居注。歷官至祕書少監，專典國史近二十年，撰成《齊志》十卷、《隋書》八十卷。劭書多錄口勅和俚語，對名臣事迹反湮没不記，被《隋書》作者譏爲“文詞鄙穢，體統繁雜”；但劉知幾對此大加贊美，以爲記錄俚語，可推究風俗、語言的異同和變遷，“足以開後進之蒙蔽，廣來者之耳目”，並屢稱他“長於敍事”，“志存實錄”（見《雜説》、《敍事》、《載文》諸篇）。劭書已佚。傳見《隋書》卷六九。

［22］　守株：《韓非子·五蠹》：“宋人有耕田者，田中有株。兔走，觸株折頸而死。因釋其耒而守株，冀復得兔。兔不可復得，而身爲宋國笑。”後人多以“守株待兔”這一成語來譬喻墨守成規而不知變通的人。

［23］　孔子家語：《漢書·藝文志》著錄《孔子家語》二十七卷。原書久佚，今本十卷係魏王肅偽纂。他雜取《左傳》、《國語》、《荀子》、《禮記》等書中有關古代婚姻、喪祭、郊禘、廟祧等與鄭玄不同的説法，假借孔子名義，以攻擊鄭學，但其中也保存一些古書，如：《問王（玉）》可以考見《齊論》遺文，《王言》可以校勘《大戴禮記》等。

［24］　臨川世説：指南朝劉宋臨川王劉義慶所撰的《世説新語》。詳見本書上册《世説新語·儉嗇》篇解題。

［25］　畫虎不成反類犬：古代成語，見《後漢書·馬融傳》，乃馬融教誡兄子語。原文“犬”作“狗”。

[26] 汲冢璅語：璅同瑣。晉太康二年(281)，汲郡人不準盜發戰國時魏襄王墓
（或言安釐王冢），得竹書數十車，後人稱爲"汲冢書"。據《晉書·束晢
傳》，其中有《瑣語》十一篇，係諸國卜夢相妖書。今佚，清洪頤煊有輯本，
見《經典集林》。

[27] 孔子曰："……春秋之教也"：見《禮記·經解》篇。

[28] 羊舌肸：肸同肹，音迄(qì)。即叔嚮（向），春秋時晉大夫。因食邑在楊
（今山西洪洞東北），又稱楊肸。

[29] 韓宣子：宣子名起，春秋時晉大夫。起父名厥，即韓獻子。別本《史通》作
韓獻子，誤。

[30] 竹書紀年：我國最早的編年體史書，因原本寫在竹簡上而得名。晉太康
二年在汲冢發現。凡十三篇，記夏、商至西周幽王被犬戎所滅以前，并及
春秋時晉國、戰國時魏國史事，止於魏襄王二十年(前299)(《晉書·束晢
傳》載至魏安釐王二十年，即前257)。本書宋時已佚，清朱右曾輯有《汲
冢紀年存真》，近人王國維另輯有《古本竹書紀年輯校》，爲研究古代史的
重要材料，可以校正《史記》所載戰國史事年代的錯誤。另有通行本《竹
書紀年》(近人稱《今本竹書紀年》)二卷，係後人僞託，清雷學淇撰有《竹
書紀年義證》，對今本之僞考辨較精。

[31] 孟子曰：……：見《孟子·離婁》篇下："王者之迹熄而《詩》亡，《詩》亡然
後《春秋》作。晉之《乘》，楚之《檮杌》、魯之《春秋》，一也。其事則齊桓、
晉文；其文則史；孔子曰：'其義則丘竊取之矣。'"

[32] 故墨子曰"吾見百國春秋"：《墨子·明鬼》篇下引有周之《春秋》、燕之《春
秋》、宋之《春秋》、齊之《春秋》。引語初見於李德林《重答魏收書》，見《隋
書·李德林傳》。

[33] 逮仲尼……遺文：出自晉杜預《春秋左氏傳序》："周德既衰，官失其守。
上之人不能使《春秋》昭明，赴告策書，諸所記注，多違舊章。仲尼因魯史
策書成文，考其真僞，而志其典禮。上以遵周公之遺制，下以明將來
之法。"

[34] 微婉其説，隱晦其文：杜預《春秋左氏傳序》據《左傳》成公十四年所言，以
爲《春秋》義例有五：微而顯，志而晦，婉而成章，盡而不汙，懲惡而勸善。

劉知幾引杜説，以爲《春秋》言簡意賅，寓褒貶於記事之中。

[35] 則晏子……亦謂之春秋：晏子指《晏子春秋》，舊題春秋時齊晏嬰撰；據後
世學者考證，係戰國或漢初墨子後學中的齊人依託晏嬰行事所撰。今本
八卷。虞卿指《虞氏春秋》。據《史記》，虞卿是戰國時游説之士，曾任趙
上卿，後不得意而去，著書八篇，稱《虞氏春秋》。《漢書·藝文志》著録
《虞氏春秋》十五篇。書已佚。吕氏指《吕氏春秋》，又稱《吕覽》。舊題秦
相吕不韋撰，實不韋門客共同編纂，爲戰國末期雜家的代表著作。共二
十六卷，分八“覽”、六“論”、十二“紀”，以調和折衷先秦各派學説爲主，而
較偏於道、儒兩家，其中保存了許多有價值的材料。陸賈指漢初陸賈所
撰的《楚漢春秋》，凡九篇，記録楚、漢相争及西漢惠、文二帝時事。書已
佚，清洪頤煊《經典集林》、茆泮林《十種古逸書》及黄奭《漢學堂叢書》各
輯爲一卷。

[36] 馬遷所謂整齊故事耳，安得比於春秋哉：語據司馬遷《史記·太史公自
序》：“余所謂述故事，整齊其世傳，非所謂作也；而君比之於《春秋》，
謬矣。”

[37] 丘明受經作傳：見杜預《春秋左氏傳序》。按《左傳》作者問題，歷代經今
古文學家間有争論，見本書《左傳·晉楚城濮之戰》解題。

[38] 樂資……春秋後傳……合成三十卷：樂資，《晉書》無傳。《隋書·經籍
志》載資書成於荀悦《漢紀》後，但敍事上接《左傳》，下終於秦，故劉氏先
《漢紀》記述。《春秋後傳》已佚，清王謨《漢魏遺書鈔》和黄奭《漢學堂遺
書》各輯爲一卷。

[39] 荀悦：(148—209)東漢末政論家、史學家。字仲豫。潁陰(今河南許昌)
人。少好學，善《春秋》。應曹操徵召，於獻帝時任黄門侍郎、祕書監等
職。著有《申鑒》五篇，闡發他的“德刑並用”、“耕而勿有”等政治理想。
獻帝以《漢書》文繁難讀，命他依《左傳》體裁撰成《漢紀》。傳見《後漢書》
卷九二。

[40] 漢紀：西漢斷代編年史，東漢荀悦撰，三十卷。悦取《漢書》各傳及志、表，
提綱絜領，按年月散入本紀各年之下，内容大致不出《漢書》範圍，但也增
補不少其他史料，並附加自己的評論，爲宋司馬光編《資治通鑑》所取法。

[41] 張璠：正史無傳，約爲魏、晉時人。曾撰《後漢紀》三十卷，爲晉袁宏撰《後漢紀》時所依據。書今佚。清黄奭《漢學堂叢書》和汪文臺《七家後漢書》各輯爲一卷。

[42] 孫盛：字安國。晉中都(今山西平遙西南)人。東晉時曾任著作佐郎，參荊州軍事，官至祕書監。所著《晉陽秋》，直書當時軍閥桓溫在枋頭戰役中失敗情況；桓溫以滅族相脅迫，仍堅稱不改，世稱良史。撰有《魏氏春秋》三十卷、《晉陽秋》三十卷，今俱佚。明葉紹泰《增定漢魏六朝別解》輯有《魏氏春秋》一卷。傳見《晉書》卷八二。

[43] 干寶：字令升，東晉河西新蔡(今河南新蔡)人。曾任著作郎，領國史。著《晉紀》二十卷，記司馬懿至晉愍帝時事。書今佚。清黄奭《漢學堂叢書》和湯球《廣雅叢書·晉紀輯本》各輯爲一卷，陶棟《輯佚叢刊》輯爲二卷。寶又好陰陽術數，曾撰《搜神記》三十卷，亦佚，《太平廣記》曾廣爲徵引。傳見《晉書》卷八二。

[44] 徐貫：其人與書俱無考。浦起龍《史通通釋》考證《隋書·經籍志》和《新唐書·藝文志》，在干寶《晉紀》後、裴子野《宋略》前，有徐廣《晉紀》四十五卷，與本書名次及門類相合，以爲徐貫當係徐廣之譌。按《宋書·徐廣傳》：廣字野民，宋東莞(今山東莒縣)人，曾任員外散騎領著作，撰《晉紀》四十六卷。書今佚，清黄奭《漢學堂叢書》輯有一卷。

[45] 裴子野：(467—528)字幾原，南朝河東聞喜(今山西聞喜)人。梁武帝時，官著作郎兼中書通事舍人。少好學，善屬文。因其曾祖裴松之嘗續修何承天《宋史》未成，乃更撰《宋略》二十卷，其中評論多爲《資治通鑑》所引用。另有文集二十卷，今俱佚。清嚴可均《全梁文》卷五十三有輯文。傳見《梁書》卷三〇、《南史》卷三三。

[46] 吳均：字叔庠，南朝時吳興故鄣(今浙江湖州南)人。好學，善屬文，時人稱爲“吳均體”。梁武帝時，官奉朝請，撰《齊春秋》三十卷，爲編年體齊史。因書中稱武帝爲齊明帝佐命，武帝惡之，命焚其書，并被免職。不久，又被召撰《通史》，起三皇，迄蕭齊，爲草本紀、世家、列傳，未成而卒。均另撰有《廟記》十卷、《文集》二十卷，注范曄《後漢書》九十卷，今俱佚。《齊春秋》有輯本一卷，見《說郛》。傳見《梁書》卷四九、《南史》卷七二。

[47] 何之元：南朝時廬江灊(今安徽霍山東北)人,曾撰《梁典》三十卷,記梁武帝至敬帝時事。書今佚。傳見《陳書》卷三四、《南史》卷七二。

[48] 王劭：見前注[20]。這裏指王劭所撰編年體《齊志》十卷,見《隋書·經籍志》;《新唐書·藝文志》作《北齊志》,凡十七卷,今佚。

[49] 春秋内傳、春秋外傳：《内傳》指《左傳》,《外傳》指《國語》,詳本書上册《國語·越王句踐滅吳》解題。

[50] 賈逵：(30—101)東漢古文經學家。字景伯,扶風平陵(今陝西咸陽西北)人。官至侍中。明帝時,利用朝廷尊重讖緯,上書説《左傳》與讖緯相合,可立博士。並在章帝時,爭得朝廷對古文經學派的一些讓步。撰有《左氏傳解詁》三十篇、《國語解詁》二十一篇等,已佚。清馬國翰《玉函山房輯佚書》、黃奭《漢學堂叢書》均有輯本。傳見《後漢書》卷六六。

[51] 王肅：指肅所撰《春秋外傳章句》。已佚,清黃奭《漢學堂叢書》輯有《國語章句》一卷。

[52] 虞翻：(164—233)三國吳經學家。字仲翔,會稽餘姚(今浙江餘姚)人。曾任騎都尉、富春長,因觸犯孫權,被謫徙交州。世傳西漢今文孟氏《易》,撰有《易注》九卷。又撰《老子注》、《論語注》、《國語注》等,今俱佚。清馬國翰《玉函山房輯佚書》和黃奭《漢學堂叢書》各輯《國語注》一卷。傳見《三國志·吳志》卷一二。

[53] 韋曜：即韋昭,陳壽《三國志》避司馬昭諱改。字弘嗣,三國吳吳郡雲陽(今江蘇丹陽)人。官太子中庶子,封高陵亭侯,常領左國史。昭參考東漢鄭衆、賈逵,三國吳虞翻、唐固等五家《國語》注,並自發正三百零七事,撰成《國語注》,爲現存最早的《國語》注本。傳見《三國志·吳志》卷二〇。

[54] 春秋後語：《新唐書·藝文志》作《春秋後國語》,已佚,清黃奭《漢學堂叢書》輯有一卷,又近敦煌石室發現殘帙。

[55] 司馬彪：西晉史學家。字紹統,温(今河南温縣)人。晉宗室。歷官秘書丞、散騎侍郎等。除《九州春秋》外,尚撰有《莊子注》、《續漢書》等。《續漢書》紀、志、傳俱備,後僅存八志三十卷;北宋後,與范曄《後漢書》合刊,成爲今本《後漢書》。傳見《晉書》卷八二。

[56] 九州春秋：記漢末離亂情況，分卷記載司、冀、徐、兗、青、荆、揚、涼、益、幽九州事，載有不少農民起義史實。書已佚。清黃奭《漢學堂叢書》輯有一卷。

[57] 魏都許、洛：東漢末，曹操挾持漢獻帝遷都許昌；魏文帝代漢，又建都洛陽。當時曹魏以外的人常通稱曹魏爲許洛。

[58] 晉宅江、淮：東晉建都建康（今南京），常以江、淮同北方分界。以前，三國吳也都此，隔江、淮與曹魏對峙，當時人也常通稱吳爲江淮。

[59] 荀、袁：指撰《前漢紀》的荀悅和撰《後漢紀》的袁宏。宏，東晉文學家、史學家。字彥伯，小字虎。陽夏（今河南太康）人。少孤貧，後任桓溫記室，歷官東陽太守。宏仿荀悅《漢紀》例，以張璠《後漢紀》爲底本，增補附益，撰成《後漢紀》三十卷。書較范曄《後漢書》先出，且爲范書所取材，史料價值超過《漢紀》。書中評論多涉及自然與名教關係的爭辯，可窺見當時的學術思潮。宏另撰有《竹林名士傳》三卷及《北征賦》、《東征賦》、《三國名臣頌》等篇。傳見《晉書》卷九二。

[60] 採訪家人：《史通·古今正史》篇引晉譙周“以遷書周秦已上，或採家人諸子，不專據正經，於是作《古史考》二十五篇，皆憑舊典，以糺其繆”。六語已見《晉書·司馬彪傳》，唯“家人諸子”作“俗語百家”。浦起龍《史通通釋》認爲，劉氏所據的王隱、臧榮緒等《晉書》舊本引譙周原句如此。

[61] 迄乎東京著書，猶稱漢紀：東京，東漢的代詞。東漢都洛陽，在西漢都城長安之東，故名。《漢紀》指《東觀漢紀》，爲紀傳體東漢史。班固等在明帝時撰《世祖本紀》、功臣列傳、載記凡二十八篇，漢安帝又詔劉珍、李尤等在東觀（洛陽宮殿名，是當時修史處）撰寫《漢紀》。至桓、靈時止，先後有伏無忌、黃景、邊韶、崔寔、曹壽、延篤、馬日磾、蔡邕、楊彪、盧植等二十餘人參加修撰，歷時一百六十餘年，成書一百四十三卷。書初名《漢紀》，《隋書·經籍志》始定爲《東觀漢紀》。司馬彪、范曄等修撰《後漢書》，都依爲底本。此書流行於魏、晉，唐以後漸少。清代從《永樂大典》中輯出，訂爲二十四卷。《史通·古今正史》篇對本書曾詳加敍述。

[62] 通史：見前注[46]。吳均撰《通史》，列傳未成而卒，梁武帝又命他臣續撰，於太清二年（549）撰成，武帝自製贊序。書今佚。

[63] 元魏濟陰王暉業又著科録：據《北史·魏宗室傳》，《科録》係常山王遵的曾孫暉雅招集崔鴻等所撰。《史通》謂濟陰王暉業所著，誤。

[64] 李延壽：(生卒年不詳)唐初著名史學家。字遐齡，相州(治今河南安陽)人。歷官崇賢館學士、符璽郎，兼修國史。曾參加編修《五代史志》、《晉書》，著有《太宗政典》。又利用參修國史的便利，廣搜南北朝史料，歷時十六年，獨力編成《南史》、《北史》兩書。傳見《舊唐書》卷七三、《新唐書》卷一〇二。

[65] 南北史：是"正史"中除《史記》以外的兩部通史，各八十卷，有紀傳而無表志。係李延壽根據其父大師舊稿，剪裁增補南朝宋、齊、梁、陳四書和北朝魏、齊、周、隋四書而成。延壽世居相州，於《北史》用力獨深、敍事詳密，考核周贍。《南史》雖不及《北史》精博，但敍事簡净，較原來四書事多而文省，也素有"佳史"、"良史"之稱。又因係通史體，於各朝遞代之際，都能據筆直書，避免了原有各史許多不正常的議論。但亦因係通史，將許多不同朝代的人物依家世合爲一傳，反有顧此失彼、檢索不便之弊。

[66] 胡、越相懸：胡、越是古代對北方和南方少數民族的泛稱。這裏借喻通史的《史記》體所敍年月太長，以致同一史事往往記載得非常分散。

[67] 參、商是隔：參、商，二星宿名。參星在西方，商星(即心宿)在東方，出没不相見，借喻人物不相遇。

[68] 今上：指漢武帝。劉氏依司馬遷原語，故如此稱。

[69] 班彪：班固之父。見本書《漢書·武帝本紀》解題。

[70] 紀年不逮於魏亡：《紀年》指《竹書紀年》；謂《竹書紀年》所記未及魏亡而止。

[71] 西都：西漢都長安，在東漢都城洛陽之西，後人因以西都或西京通稱西漢。參見前注[61]。

二　　體〔史通卷二〕

三、五之代，書有《典》、《墳》[1]，悠哉邈矣，不可得而詳。自唐、虞以下迄於周，是爲《古文尚書》[2]。然世猶淳質，文從簡略，求諸備體，固已闕如。既而丘明傳《春秋》，子長著《史記》，載筆之體，於斯備矣！後來繼作，相與因循；假有改張，變其名目；區域有限，孰能踰此。蓋荀悦、張璠，丘明之黨也；班固、華嶠[3]，子長之流也。惟此二家，各相矜尚，必辨其利害，可得而言之。

夫《春秋》者，繫日月而爲次，列時歲以相續。中國外夷，同年共世，莫不備載其事，形於目前。理盡一言，語無重出：此其所以爲長也。至於賢士貞女，高才雋德，事當衝要者，必盱衡而備言；跡在沉冥者，不枉道而詳説。如絳縣之老[4]，杞梁之妻[5]，或以酬晉卿而獲記，或以對齊君而見録。其有賢如柳惠[6]，仁若顏回[7]，終不得彰其名氏、顯其言行。故論其細也，則纖芥無遺；語其粗也，則丘山是棄：此其所以爲短也。

《史記》者，紀以包舉大端，傳以委曲細事，表以譜列年爵，志以總括遺漏。逮於天文、地理、國典、朝章，顯隱必該，洪纖靡失：此其所以爲長也。若乃同爲一事，分在數篇；斷續相離，前後屢出；於《高紀》[8]則云語在《項傳》[9]，於《項傳》則云事具《高紀》。又編次同類，不求年月；後生而擢居首帙，先輩而抑歸末章；遂使漢之賈誼[10]將楚屈原[11]同列，魯之曹沫[12]與燕荆軻[13]並編：此其所以爲短也。

考茲勝負，互有得失；而晉世干寶著書[14]，乃盛譽丘明而深抑子長。其義云：能以三十卷之約，括囊[15]二百四十年之事，靡有遺也。尋其此説，可謂勁挺之詞乎！案春秋時事入於左氏所書者，蓋三分得其一耳。丘明自知其略也，故爲《國語》以廣之。然《國語》之外，尚多亡逸，安得言其括囊靡遺者哉！向使丘明世爲史官，皆倣《左傳》也。至於前漢之嚴君平、鄭子真[16]，後漢之郭林宗、黃叔度[17]，晁錯、董生[18]之對策，劉向、谷永[19]之上書，斯並德冠人倫，名馳海内，識洞幽顯，言窮軍國；或以身隱位卑，不預朝政；或以文煩事博，難爲次序，皆略而不書，斯則可也。必情有所恡，不加刊削，則漢氏之志傳百卷，併列於十二紀中，將恐碎瑣多蕪、闌單[20]失力者矣。故班固知其若此，設紀、傳以區分，使其歷然可觀，綱紀有別。荀悦厭其迂闊，又依左氏成書，翦截班史，篇才三十，歷代褒之，有踰本傳。然則，班、荀二體，角力爭先，欲廢其一，固亦難矣。後來作者，不出二途。故《晉史》有王、虞[21]，而副以干《紀》[22]；《宋書》有徐、沈[23]，而分爲裴《略》[24]。各有其美，並行於世。異夫令升[25]之言，唯守一家而已！

——據中華書局影印明張之象刻本《史通》，參考《四部叢刊》本《史通》、清乾隆十七年梁溪浦氏求放心齋刻本《史通通釋》

【解題】

　　《二體》，選自《史通》卷二，原列《内篇》第二。作者以《春秋》（實指《左傳》）和《史記》爲例，比較了編年和紀傳兩種體裁，認爲它們互有長短，不可偏廢，但只有用它們來表現斷代史，才算完美。所以，他特別推崇班固的《漢書》和荀悦的《漢紀》。

【注釋】

[1] 三五之代、書有典墳：三、五之代指傳説中的三皇、五帝時代。典、墳，《史通·古今正史》篇引僞孔安國《尚書序》："伏犧、神農、黄帝之書，謂之《三墳》，言大道也；少昊、顓頊、高辛、唐（堯）、虞（舜）之書，謂之《五典》，言常道也。"

[2] 自唐、虞……古文尚書：《古文尚書》，見本書上册《尚書·牧誓》解題。劉氏相信東晉的僞《古文尚書》説，以爲孔子删定《尚書》百篇。又依《隋書·經籍志》説，以爲秦始皇焚書坑儒，孔子末孫惠壁藏《尚書》，是蝌蚪文字。漢魯恭王壞孔子舊宅，得於壁中。孔安國以校伏生所傳《今文尚書》，增多二十五篇，稱爲《古文尚書》。他認爲唐、虞、夏、商、周的歷史都記載在内，説詳《古今正史》篇。

[3] 華嶠：西晉史學家。字叔駿，高唐（今山東高唐）人。武帝時，累官至尚書，封樂鄉侯。有才學，博聞多識。任秘書監時，以爲《（東觀）漢紀》煩

稿，加以删定改寫，撰《後漢書》九十七卷，其中"十典"未成而卒。《晉書》稱這書"文質事覈，有遷、固之規"。劉氏也認爲范曄書以前諸《後漢書》中，以華氏此書居首。書今佚，清汪文臺《七家後漢書》和黃奭《漢學堂叢書》都有輯本。傳見《晉書》卷四四。

[4]　絳縣之老：絳縣在今山西翼城東。春秋時晉國絳縣一老人，參加修築杞城以求食，說自己生於正月甲子朔，已經過了四百四十五個甲子。主事官吏上報，師曠推算他已七十三歲。當權的大夫趙武因此向他謝過，給以田地，并要他擔任晉君的"復陶"（主衣之官）。事見《左傳》襄公三十年，故《史通》說他"或以酬晉卿而獲記"。

[5]　杞梁之妻：杞梁名殖，春秋時齊大夫。從齊莊公襲莒，被俘而死。莊公歸，路遇梁妻，派員在郊外向她表示哀悼。她辭而不受，說："殖之有罪，何辱命焉！若免於罪，猶有先人之敝廬在，下妾不得與郊弔。"莊公乃到她的家裏去弔唁。事見《左傳》襄公二十三年。故《史通》說她"或以對齊君而見録"。

[6]　賢如柳惠：柳惠即柳下惠，亦即春秋時魯大夫展禽，名獲，字季。食邑在柳下，諡"惠"。曾官士師（治獄官），三黜而不去，說："直道而事人，焉往而不三黜？枉道而事人，何必去父母之邦！"人稱爲賢者。孟子將他與伯夷、伊尹、孔子並列，稱爲"聖之和者"。按《左傳》僖公二十六年："（僖）公使展喜犒（齊）師，使受命于展禽。"文公二年又以"下展禽"爲臧文仲"三不仁"之一。《史通》以爲《左傳》不彰其名氏，誤。

[7]　仁若顔回：顔回即顔淵（前521—前490），字子淵，春秋魯國人。孔子弟子。以德行著稱。孔子稱他"不遷怒，不貳過"，貧居陋巷，簞食瓢飲而不改其樂，并稱讚"其心三月不違仁"。早卒，孔子很悲慟。傳見《史記·仲尼弟子列傳》。

[8]　高紀：指《史記·高祖本紀》，這裏指《高祖本紀》內涉及項羽處。

[9]　項傳：指《史記·項羽本紀》。下句《項傳》係指《項羽本紀》內涉及劉邦處。

[10]　賈誼：見本書《漢書·食貨志》注[15]。

[11]　屈原：見本書《楚辭·天問》解題。原與漢賈誼同傳，見《史記》卷八四。

[12] 曹沫：即曹劌。春秋時魯國武士。前684年，齊攻魯，劌自請隨魯莊公戰於長勺，等齊軍三鼓，士氣已竭，始鳴鼓反攻，大敗齊軍。相傳前681年齊君與魯君會於柯(今山東陽穀東北)，劌持劍相從，挾持齊君訂立盟約，收回失地。《史記》將他和荊軻同載入《刺客列傳》。

[13] 荊軻：戰國末期刺客。衛國人。在衛被稱爲慶卿；後游歷燕國，稱荊卿。燕太子丹爲復秦仇，尊他爲上卿，派去刺秦王政。前227年，秦兵攻燕，荊軻携帶秦降將樊於期的頭和夾有匕首的督亢(今河北涿縣東)地圖，到秦廷進獻。圖窮匕現，以匕首刺秦王，不中，被殺。事也見本書《史記·秦始皇本紀》。

[14] 干寶著書：指干寶所著《晉紀》。

[15] 括囊：猶言包羅。《後漢書·鄭玄傳論》："括囊大典，網羅衆家。"

[16] 嚴君平、鄭子真：都是西漢時隱士。嚴本作莊，《漢書》避東漢明帝劉莊諱改。莊君平，名遵，以字行，蜀人，西漢末賣卜成都市，日閱數人，得百錢足以自養，便閉肆下簾而授《老子》。著有《老子指歸》。揚雄《法言·問明》贊他"不作苟見，不治苟得，久幽而不改其操，雖隋和何以加諸?"鄭子真，名樸，以字行，谷口(今陝西禮泉東北)人，西漢成帝時曾拒絕大將軍王鳳禮聘。揚雄《法言·問神》說他"不屈其志而耕乎巖石之下，名震于京師"。傳均見《漢書》卷七二。

[17] 郭林宗、黃叔度：郭林宗即郭泰，東漢時名士。詳本書《後漢書·黨錮列傳序》注[15]。黃叔度名憲，東漢時名士。父爲牛醫。他不應官府徵召，以德行著名，被荀淑比爲顏回，又被郭泰譽作"汪汪若千頃波，澄之不清，淆之不濁，不可量也"。傳見《後漢書》卷八三。

[18] 晁錯、董生：晁錯即鼂錯，西漢政論家，詳本書《漢書·食貨志》注[23]。董生即董仲舒，西漢今文經學家。詳本書《漢書·食貨志》注[35]。

[19] 劉向、谷永：劉向，西漢經學家。本名更生，字子政，漢宗室。治《穀梁傳》。曾任諫大夫，用陰陽災異推論時政得失，屢次上書劾奏外戚專政。成帝時累官光禄大夫、中壘校尉。曾校閱羣書，撰有《別錄》，已佚。另撰有《洪範五行傳》、《新序》、《説苑》、《列女傳》等，今存。傳見《漢書》卷三六。谷永，字子雲，西漢長安(今陝西西安)人。博學經書，治京氏《易》，

善言陰陽災異。官太常丞,屢次上疏言得失。成帝時歷官大司農。傳見
《漢書》卷八五。

[20]　闌單:單同殫,闌單、闌殫,疊韻聯綿詞,力盡疲乏貌。

[21]　王、虞:指晉王隱、虞預。隱字處叔,陳郡(治今河南淮陽)人。父銓曾私
錄晉事,欲著書,未成而卒。隱繼父志,元帝召爲著作郎,受詔撰晉史,被
虞預排斥免官。後得庚亮資助,成《晉書》八十九卷。《史通·古今正史》
篇稱隱"辭拙才鈍,其書編次有序者,皆銓所修;章句混漫者,必隱所作"。
預,一名茂,字叔寧,餘姚(今浙江餘姚)人。曾官著作郎。私撰晉史,但
因不得參考朝廷祕書,借閱王隱《晉書》,成《晉書》五十卷。唐太宗《修晉
書詔》,評預書"味同畫餅"。又撰有《會稽典録》二十篇、《諸虞書》十二
篇。唐修《晉書》成,王、虞書俱廢,今都亡佚,清黄奭《漢學堂叢書》、湯球
《廣雅書局叢書》、陶棟《輯佚叢刊》有輯本。傳見《晉書》卷八二。

[22]　干紀:即干寶《晉紀》。

[23]　徐、沈:徐即徐爰。爰本名瑗,字長玉。劉宋南琅邪(治今江蘇句容縣北)
人。何承天奉宋文帝詔,撰國史,未成而卒。後山謙之、孫冲之、蘇寶生
相繼續撰。宋孝武帝時,命爰領著作郎,踵成前作。爰不受前書拘束,自
成一家,凡六十五卷。書已佚。傳見《宋書》卷九四、《南史》卷七七。沈
即沈約,見本書《宋書·謝靈運傳論》解題。

[24]　裴略:指裴子野《宋略》。按《宋略》係删沈約《宋書》爲編年體,書成,沈約
曾自歎不及。後人也以爲裴《略》在沈《書》上,今佚。

[25]　令升:干寶字。

朅盤陀〔大唐西域記卷一二〕

朅盤陀國[1]，周二千餘里。國大都城基大石嶺[2]，背徙多河[3]，周二十餘里。山嶺連屬，川原隘狹，穀稼[4]儉少，菽麥豐多，林樹稀，花果少。原隰丘墟[5]，城邑空曠。俗無禮義，人寡學藝，性既獷暴，力亦驍勇，容貌醜弊，衣服氈褐[6]。文字語言，大同佉沙國[7]。然知淳信，敬崇佛法。伽藍[8]十餘所，僧徒五百餘人，習學小乘教說一切有部[9]。

今王淳質，敬重三寶[10]，儀容閑雅，篤志好學。建國已來，多歷年所。其自稱云是至那提婆瞿咀羅唐言漢日天種[11]。此國之先，葱嶺中荒川也。昔波利斯[12]國王娶婦漢土，迎歸至此，時屬兵亂，東西路絕，遂以王女置於孤峯。峯極危峻，梯崖而上，下設周衛，警晝巡夜。時經三月，寇賊方静，欲趨歸路，女已有娠。使臣惶懼，謂徒屬曰："王命迎婦，屬斯寇亂，野次荒川，朝不謀夕。吾王德感，妖氣已静，今將歸國，王婦有娠。顧此爲憂，不知死地，宜推首惡，或以後誅。"訊問誼譁，莫究其實。時彼侍兒謂使臣曰："勿相尤也，乃神會耳。每日正中，有一丈夫從日輪[13]中乘馬會此。"使臣曰："若然者，何以雪罪？歸必見誅，留亦來討。進退若是，何所宜行？"僉曰："斯事不細，誰就深誅？待罪境外，且推旦夕[14]。"於是即石峯上築宮起館，周三百餘步，環宮築城。立女爲主，建宮垂憲[15]。至期產男，容貌妍麗。母攝政事，子稱尊號；飛行虛空，控馭風雲[16]；威德遐被，聲教遠洽[17]；鄰域異國，莫不稱臣。其王壽終，葬在此城東南百餘里大山巖石室中。其屍乾腊[18]，今猶不壞，狀羸瘠人，儼然如睡。時易衣服，恆置香花。子孫奕世[19]，以迄於今。以其先祖之出，母則漢土之人，父乃日天之種，故其自稱漢日天種。然其王族，貌同中夏[20]，首飾方冠[21]，身衣胡服。

後嗣陵夷，見迫強國。無憂王命世[22]，即其宮中建窣堵波[23]。其王於後遷居宮東北隅，以其故宮爲尊者童受論師[24]建僧伽藍，臺閣高廣，佛像威嚴。尊者，咀叉始羅國[25]人也。幼而穎悟，早離俗塵[26]，遊心典籍，棲神玄旨[27]，日誦三萬二千言，兼書三萬二千字。故能學冠時彥[28]，名高當世，立正法[29]，摧邪見，高論清舉，無難不酬[30]，五印度國[31]咸見推高。其所製論[32]凡數十部，並盛宣行，莫不翫習[33]，即經部本師[34]也。當此之時，東有馬鳴[35]，南有提婆[36]，西有龍猛[37]，北有童受，號爲四日照世。故此國王聞尊者盛德，興兵動衆，伐呾叉始羅國，脅而得之，建此伽藍，式昭[38]瞻仰。

城東南行三百餘里，至大石崖，有二石室，各一羅漢於中入滅盡定[39]，端然而坐，難以動搖，形若羸人，膚骸不朽，已經七百餘歲。其鬚髮恆長，故衆僧年別爲剃髮易衣。

大崖東北踰嶺履險，行二百餘里，至奔遰論反攘舍羅唐言福舍[40]。葱嶺東岡[41]四山之中，地方百餘頃[42]，正中墊下，冬夏積雪，風寒飄勁，疇壠鳥鹵，稼穡不滋，既無林樹，唯有細草，時雖暑熱，而多風雪，人徒纔入，雲霧已興，商侶往來，苦斯艱險。聞諸者舊曰，昔有賈客，其徒萬餘，橐駝數千，賷貨逐利，遭風遇雪，人畜俱喪。時揭盤陀國有大羅漢，遙觀見之，愍其危亡，欲運神通，拯斯淪溺，適來至此，商人已喪。於是收諸珍寶，集其所有，構立館舍，儲積資財，買地鄰國，鬻户邊城，以賑往來，故今行人商侶咸蒙周給。

從此東下葱嶺東岡，登危嶺，越洞谷，谿徑險阻，風雪相繼，行八百餘里，出葱嶺，至烏鎩國[43]。

——據《四部叢刊》影宋本《大唐西域記》，參考上海人民出版社 1977 年出版校點本《大唐西域記》

【解題】

《大唐西域記》，我國古代歷史地理、中外交通和宗教史的名著，十二卷，唐玄奘述，辯機編。

本書是遊記體。在技術不發達的古代，使節、旅行家和商人的遊歷見聞，向來是人們知天下事的重要來源。唐朝建立後，鞏固和發展統一國家的需要，吸收和消化外來文化的興趣，都促使封建統治者更關心邊疆民族的狀況，更注意域外世界的事物。唐初就規定，凡域外使者到長安，鴻臚寺都要詢問當地的政俗民情、山川道里，報送史館；朝廷官員出使，佛教僧侶遊學，歸來寫行記，說經歷，也都受到鼓勵。646 年，也就是玄奘完成他著名的旅行而回到長安的第二年，《大唐西域記》便完稿了；這也是關心西域事務和域外情形的唐太宗所促成的。

玄奘在《大唐西域記》中，按照他的旅行路線，對於沿途所見的城邦、地區和國家、逐章描述，中間不時穿插沿途所得傳聞，而用“行”和“至”二字，把目睹的和耳聞的地方區別開來。所謂“親踐者一百一十國，傳聞者二十八國”(敬播《大唐西域記序》)。從而使人們得以考察內地和西域、中國和南亞地區的交通道路，也可據以判斷有關記錄的可信程度。

本書由玄奘出高昌故地説起，到返回樓蘭故地作結，首尾二卷主要敍述我國古代西域自焉耆以西到中央亞細亞廣大地區的情形，而對初出玉門關至高昌這段西域行程則略而不談。這是因爲，那片地區當時還在割據自立的西突厥控制之下，而唐朝正在爲消滅它以恢復西北疆域的統一進行準備。所以，願爲唐朝“混同天下，一之宇內”出力的玄奘，自然要着重報告在巴爾喀什湖以東以南的考察見聞。我國西北許多少數民族的歷史狀況，由此得到比以往更確切的記錄；而且填補了不少史料上的空白，例如首次記載內地人民早就在咀邏斯城(今江布爾)南建立了城邑，首次指出波謎羅川即帕米爾是葱嶺的一部分等，均爲我國古代西部邊疆歷史的寶貴資料。

玄奘的目的是去佛教發祥地留學。他由阿富汗東北進入巴基斯坦，遍訪印度境內各古國，又曾經過尼泊爾境內的釋迦牟尼誕生地考古。所經各地，“異政殊制，隨地別敍”(本書自序)，對於包括印度、尼泊爾、巴基斯坦、孟加拉和斯里蘭卡等國在內的南亞地區的社會歷史和宗教文化的記載，在書中佔有十卷之多。由於古代南亞各國史學的不發達，因而玄奘的記載，對於研究南亞古代史就更具有重要的價值，至今爲各國學者所珍視。

上個世紀後期，本書已有法、英譯本。本世紀以來，歐洲、日本的學者對它作了不少研究。近人丁謙撰有《大唐西域記地理考證》，1977 年上海人民出版社出版有章巽校點的《大唐西域記》，均可參考。

《竭盤陀》，選自《大唐西域記》卷十二。竭盤陀是今新疆塔什庫爾干的古稱。據《大慈恩寺三藏法師傳》，玄奘歸國途中，曾在此地停留二十餘日。本篇就是他實際考察竭盤陀歷史和地理的記錄。其中所述竭盤陀建城由來的傳説，允分證明生息在葱嶺之巔的塔吉克民族的祖先，自古以來就和漢族有着十分親密的聯繫。

玄奘(602—664)，唐朝洛州緱氏(今河南偃師緱氏鎮附近)人。俗姓陳，名禕，出身官僚世家。隋末通過朝廷選拔而剃度爲僧。他少年出家，正值隋末農民戰爭打得“衣冠殄喪,法衆消亡”,佛教内部宗派鬥争也加劇,引起他對佛學理論的某些疑問,遍訪名僧不得解决,因而發願去天竺求法。時值唐朝統治者提倡道教,貶低佛教,因而他提出的出國求法要求未獲許可。他决意冒險,改扮商人私出邊關,於627年(貞觀元年,或説貞觀三年)成行,沿途歷盡艱苦。又冒險通過西突厥汗庭,四年後才到達北天竺摩揭陀國,入那爛陀寺投名僧戒賢學《瑜伽師地論》,旁及佛教大小乘學説,很快成爲當地學問最高的佛學家。曾在戒日王主持下,經過辯論戰勝了五天竺大小乘所有論敵。又遍遊南亞地區各古國,尋訪佛教遺迹,考察社會狀況。前後搜集梵文佛書六百五十七部,總計行程五萬餘里。645年(貞觀十九年)回到長安,受到盛大歡迎。唐太宗要求他寫出遊歷見聞,并准許他專事譯經。次年,由他口述、大總持寺沙門辯機記録整理的《大唐西域記》完成。他回國後的十九年内,先後在長安的弘福寺、大慈恩寺、玉華宫寺等處主持譯經,共譯出佛教經論七十五部,一千三百三十五卷,譯文取直譯法,忠於原意,號稱“新譯”。同時着重傳播古印度無著、世親一派的法相學,成爲中國法相宗(唯識宗)的創始人。他“取經”的故事在民間長期流傳,明朝著名神魔小説《西遊記》即由此敷演出來。傳見本書及唐釋彦悰《大慈恩寺三藏法師傳》、唐釋道宣《續高僧傳》卷四。

【注釋】

[1]　揭盤陀國:在新疆維吾爾自治區西南部,帕米爾(《大唐西域記》稱波謎羅川)高原東部,今爲塔什庫爾干塔吉克自治縣。漢時分爲蒲犁、德若、依耐等地,屬西域都護所轄。南北朝時稱渴槃陀,對北魏、北周保持從屬關係,還曾向梁朝朝貢;《洛陽伽藍記·城北·宋雲行紀》稱它爲漢盤陀,《梁書》卷五四説它境内有十二城。唐初爲安西都護府轄地之一,也稱喝盤陀(《新唐書·地理志》)、渴飯檀(慧超《往五天竺國傳》)、漢陀或渴羅陀(均見《通典》卷一九三)。又因唐朝在此設立接待行人的驛館,故或稱羯飯館;開元中,在原揭盤陀王治設置葱嶺守捉,與安西四鎮同爲安西都護府所轄軍事重地。境内多高山深谷,南部的喬戈里峰海拔八八一一米,是世界第二高峰,北部的慕士塔格峰號稱“冰山之父”,因而揭盤陀城處於我國古代由天山南路通往西南亞的交通孔道上。晉朝的法顯、北魏的宋雲和惠生等往南亞各古國訪問,都經過這裏;玄奘回國時也取道於此。

［2］ 國大都城基大石嶺：揭盤陀城正當蔥嶺之巔，地勢高峻，不生草木；今稱塔什庫爾干，意即"石城"。

［3］ 徙多河：據近人丁謙考證，即葉爾羌河北源之一塔爾敦巴什河，又名塔什庫爾干河。徙多是梵語 Sitā 的音譯，佛書或譯悉陀、私陀、私多等，見馮承鈞《西域地名》。

［4］ 穀稼：《爾雅·釋詁》："穀，善也。"穀稼當指稻穀等，《大唐西域記》説及五穀齊備的農業地區，均謂"宜穀稼"、"穀稼備省"，可證。

［5］ 原隰丘墟：意謂到處都很荒涼。高平叫原，低濕稱隰，丘墟猶言空虛之地。《洛陽伽藍記·城北·宋雲行紀》也説"蔥嶺高峻，不生草木"。

［6］ 氈褐：撚毛爲氈，粗衣叫褐。揭盤陀地區也産棉，《法顯傳》（《佛國記》）謂蔥嶺以東至此，"俗人被服粗類秦土，亦以氈褐爲異"，《梁書》卷五四説這裏的人"衣吉貝布"，都指棉花或棉布。褐，別本或作毹。

［7］ 佉沙國：在新疆維吾爾自治區西南境，今喀什噶爾。漢時爲疏勒，屬西域都護；《洛陽伽藍記》、《高僧傳》等均作沙勒；唐時設疏勒鎮，爲安西都護府及安西節度使所統安西四鎮之一。但據丁謙説，北魏時疏勒合併莎車，移居莎車故城，改號佉沙，因而這裏佉沙城指今新疆葉城，而疏勒僅爲佉沙所屬一城。

［8］ 伽藍：即佛寺，見本書《法雲寺》注［6］。

［9］ 小乘教説一切有部：佛教部派名。早期佛教追求個人的解脫，所謂得阿羅漢果；以後宣揚渡脱一切人到達彼岸世界即成佛的大乘教派，貶抑它只是小根器人的信仰，好比只能渡脱一人的小車船，因稱小乘。佛教中又按其不同的唯心論色彩分爲"有宗"和"空宗"。説一切有，即認爲作爲世界本原的精神是客觀實在，屬於客觀唯心論。部的原意爲説。小乘佛教主張一切有説的某些派別，還承認精神和物質都是客觀實在，有二元論傾向。

［10］ 三寶：即佛、法、僧。佛是梵語 Buddha（佛陀）的音譯縮稱，指佛教創立者喬答摩（釋迦牟尼），原意是"覺者"。法是梵語 Dharma（達磨）的意譯，指佛陀傳授的教義，直譯是"虔敬法"。僧是梵語 Samgha（僧伽）的音譯縮稱，意爲"和合"、"衆"等，指佛陀建立的教團，以後也用來泛稱出家的信

徒。佛教一切派別都聲稱只崇奉這三者,故稱"三寶"。

[11]　唐言漢日天種:這是辯機根據玄奘口述時的解釋所加的小注,下同。唐言,指漢語。

[12]　波利斯:別本或作波利剌斯、波剌斯、波剌波斯,當都是波斯的異譯。

[13]　日輪:太陽。

[14]　且推旦夕:苟延生命。旦夕,形容時間短暫。

[15]　垂憲:施政。憲謂法令、法度。

[16]　飛行虛空,控馭風雲:形容傳説中的揭盤陀第一代統治者的本領,謂之爲太陽神之子,具有半神性格。

[17]　聲教遠洽:聲威和教化傳播到遠方。洽,霑、潤。

[18]　乾腊:肉乾硬。腊(xī),乾肉。

[19]　奕世:累代,指歷代相傳。奕,即重。

[20]　中夏:《四部叢刊》本作"中國",據日本《大正新修大藏經》本校改。

[21]　首飾方冠:方冠即進賢冠,因形如立方體而得名,是漢唐時文官的常禮帽。頭戴方冠,謂揭盤陀王族的冠式同内地官員一樣。

[22]　無憂王命世:無憂王,即阿育王(Aśoka)的意譯,公元前 3 世紀古印度摩揭陀國孔雀王朝的統治者。他在位時大力扶植佛教,并派遣許多使者到四鄰的國家和地區去傳播佛教。玄奘所記的這一則傳説,就表明阿育王的使者也侵入我國古代新疆西南部,脅迫那裏的統治者放棄對太陽神的崇拜而改信佛教,即文中所記"見迫强國"。命世,名高一世。

[23]　窣堵波:梵語 Stūpa 的音譯,或譯塔婆,略稱爲塔。佛塔係用來藏舍利、小塔或經卷。

[24]　尊者童受論師:尊者,佛教對阿羅漢的尊稱,阿羅漢是小乘佛教信徒修行所追求的最高果位。童受,即拘摩羅邏多的意譯,見《大唐西域記》卷三《呾叉始羅國》。論師,佛教中對各派學説開創者的尊稱。

[25]　呾叉始羅國:梵語 Takṣaśilā 的音譯,《法顯傳》譯作竺刹尸羅,在今巴基斯坦境内喀布爾河與印度河會合處附近,具體地點中外學者説法不一,丁謙據英人恭寧翰考證,以爲即今拉瓦爾品第。

[26]　早離俗塵:謂很年輕便出家爲僧。

[27] 棲神玄旨：玄旨，幽深的旨意，指佛學的哲理。謂將佛學當作靈魂的住所。

[28] 彥：美士，猶言英才。

[29] 正法：指佛法。玄奘曾說求佛法當先求因明，"求因明者，爲破邪論，安立正道"。

[30] 無難不酬：難即論難。謂没有疑問不能回答。

[31] 五印度國：玄奘總稱南亞地區各古國爲印度，又將它分成東西南北中五個區域。

[32] 論：佛教各宗派代表人物對教義的解說。"論"與"經"即佛陀所說的教義，"律"即僧侶的戒律，合稱三藏。

[33] 翫習：熟讀。翫通玩。

[34] 經部本師：經部，即小乘十八部之一的經量部，爲說一切有部的支派。本師，佛教中對創教者佛陀的稱謂，相對於受業之師即傳教者而言，以後也用來稱謂各宗派理論的開創者。

[35] 馬鳴：Aśvaghoṣa 的意譯，《大唐西域記》卷八音譯爲阿濕縛窶沙，約公元一、二世紀舍衛國的哲學家、詩人。本是婆羅門，因和佛教脅尊者辯論失敗，遂改宗佛教。相傳是他所著的《大乘起信論》，被認爲是大乘佛教的開山著作，曾由玄奘重譯成梵文傳入印度。

[36] 提婆：Āvyadeva 的音譯略稱，《大唐西域記》卷十謂乃執師子國（今斯里蘭卡）人，意譯天。約三世紀摩揭陀國的哲學家，龍樹的弟子，曾發揮大乘中觀宗的學說。

[37] 龍猛：Nāgārjuna 的音譯，《大唐西域記》卷八音譯爲伽閼剌樹那，注謂："唐言龍猛；舊譯曰龍樹，非也。"約 2 或 3 世紀南天竺的哲學家，馬鳴的再傳弟子，大乘中觀宗的創立者。他發揮"空"、"中道"等唯心論哲學，對古印度哲學發展影響很大，被大乘空宗各派奉爲祖師。

[38] 式昭：謂用以彰明佛法。

[39] 滅盡定：佛教徒的一種修行方式，要求入定者完全停止意識活動，假入涅槃即進入假死狀態。凡能做到的就可稱爲"聖者"。此謂二人假死已七百多年，顯係謬說。

［40］　奔攘舍羅：丁謙謂在塔什庫爾干東北，當爲原申底北博勒根莊地。

［41］　蔥嶺東岡：丁謙謂即塔憂爾瑪山迄邐東出之一支。

［42］　百餘頃：別本或作“百餘里”、“百餘里頃”。

［43］　烏鎩國：丁謙謂當爲新疆葉城西稍南的原阿爾帕雷克回莊地。一説即今
　　　　新疆英吉沙。

食貨門·田制〔通典卷一、二〕（節錄）

　　……後魏明帝永興中[1]，頻有水旱；神瑞二年，又不熟；於是分簡尤貧者就食山東[2]。敕有司勸課田農，曰：“前志有之：‘人生在勤，勤則不匱。’[3]凡庶人不畜者，祭無牲；不耕者，祭無盛；不樹者，死無椁；不蠶者，衣無帛；不績者，喪無縗。教行三農，生殖九穀[4]。”自是人皆力勤，歲數豐穰，畜牧滋息。

　　太武帝初爲太子監國，曾令有司課畿内之人，使無牛家以人牛力相貿，墾殖鋤耨。其有牛家與無牛家一人種田二十畝，償以耘鋤功七畝。如是爲差。至與老小無牛家種田七畝，老小者償以鋤功二畝。皆以五口下貧家爲率[5]。各列家别口數所種頃畝，明立簿目。所種者，於地首標題姓名，以辨播殖之功。

　　孝文太和元年，三月，詔曰：“去年牛疫死太半，今東作[6]既興，人須肆業。有牛者加勤於常歲，無牛者倍傭於餘年。一夫制理四十畝，中男二十畝。無令人有餘力，地有遺利。”時李安世[7]上疏曰：

　　　臣聞量人畫野[8]，經國大式；邑地相參，致理之本。并稅之興，其來日久；田菜之數，制之以限。蓋欲使土不曠功，人罔遊力。雄擅之家，不獨膏腴之美；單陋之夫，亦有頃畝之分。

　　　竊見州郡之人，或因年儉流移，棄賣田宅，漂居異鄉，事涉數代。三長既立[9]，始返舊墟。廬井荒涼，桑榆改植，事已歷遠，易生假冒。彊宗豪族，肆其侵凌，遠認晉、魏之家，近引親舊之驗。年載稍久，鄉老所惑。羣證雖多，莫可取據。各附親知，互有長短。兩證徒具，聽者猶疑。爭訟遷延，連紀不判。良疇委而不開，柔桑枯而不採，欲令家豐歲儲，人給資用，其可得乎！

　　　愚謂今雖桑井難復，宜更均量，審其經界，令分藝有准，力業相稱。細人獲資生之利，豪右靡餘地之盈。無私之澤，乃播均於兆庶；如阜如山，可有積於比戶矣！

又所爭之田，宜限年斷，事久難明，悉屬今主。然後虛詐之人絕於覬覦，守分之士免於凌奪。

帝深納之。均田之制，起於此矣[10]。

九年[11]，下詔均給天下人田：

諸男夫十五以上，受露田[12]四十畝。不栽樹者謂之露田。婦人二十畝。奴婢依良。丁牛一頭受田三十畝，限四牛。

所授之田率倍之，三易之田[13]再倍之，以供耕休[14]及還受之盈縮。

人年及課則受田，老免[15]及身歿則還田，奴婢、牛隨有無以還受。

諸桑田[16]不在還受之限，但通入倍田分；於分雖盈不得以充露田之數，不足者以露田充倍。

諸初受田者，男夫一人給田二十畝，課蒔，餘種桑五十樹，棗五株，榆三根。非桑之土，夫給一畝，依法課蒔餘果及多種桑榆者不禁[17]。

諸應還之田不得種桑榆棗果，種者以違令論，地入還分。

諸桑田皆爲代業[18]，身終不還，恆從見口。有盈者無受無還，不足者受種如法。盈者得賣其盈，不足者得買所不足，不得賣其分，亦不得買過所足[19]。

諸麻布之土，男夫及課，別給麻田十畝，婦人五畝。奴婢依良。皆從還受之法。

諸有舉戶老小殘疾，無受田者，年十一以上及廢疾者各授以半夫田[20]，年踰七十者不還所受。寡婦守志者，雖免課亦受婦田。

諸還受人田，恆以正月。若始受田而身亡，及賣買奴婢牛者，皆至明年正月，乃得還受。

諸土廣人稀之處，隨力所及，官借人種蒔，後有來居者，依法封授。諸地狹之處，有進丁授田而不樂遷者，則以其家桑田爲正田分；又不足，不給倍田；又不足，家內人別減分。無桑之鄉，準此爲法。樂遷者聽逐空荒,不限異州他郡。唯不聽避勞就逸。其地足之處,不得無故而移。諸人有新居者,三口給地一畝,以爲居室。奴婢五口給一畝。

男女十五以上,因其地分,口課種菜五分畝之一。

諸一人之分,正從正,倍從倍,不得隔越他畔。進丁受田者,恆從所近。若同時俱受,先貧後富。再倍之田,放此爲法。諸遠流配謫、無子孫及戶絕者,墟宅桑榆,盡爲公田,以供授受。授受之次,給其所親。未給之間,亦借其所親。

諸宰人之官,各隨匠給公田[21]。刺史十五頃,太守十頃,治中、別駕各八頃,縣令、郡丞六頃。更代相付,賣者坐如律。職分田起於此。

北齊給授田令,仍依魏朝;每年十月,普令轉授,成丁而授,丁老而退,不聽賣易。

文宣帝天保八年,議徙冀、定、瀛無田之人,謂之"樂遷",於幽州[22]寬鄉[23]以處之。

武成帝河清三年,詔:

每歲春月,各依鄉土早晚,課人農桑。自春及秋,男子十五以上皆營蠶桑,孟冬布田畝。蠶桑之月,婦女十五以上皆營蠶桑。孟冬,刺史聽審教之優劣,定殿最之科品[24]。人有人力無牛或有牛無人力者,須令相便皆得納種,使地無遺利,人無遊手。

又令:

男子率以十八受田,輸租調[25]。二十充兵。六十免力役。六十六退田,免租調。

京城四面諸方[26]之外三十里內爲公田。受公田者:三縣代遷戶[27],職事官[28]一品以下,逮於羽林武賁各有差;其外畿郡華人,官第一品以下,羽林武賁以上各有差。

職事及百姓請墾田者,名爲永業田。奴婢受田者,親王止三百人,嗣王二百人;第二品嗣王以下及庶姓王[29]百五十人;正三品以上及皇宗百人;七品以上八十人;八品以上至庶人六十人;奴婢限外不給田者皆不輸。

其方百里外及州人,一夫受露田八十畝,婦人四十畝。奴婢依良人,限數與者在京百官同[30]。丁牛一頭,受田六十畝,限止四牛。每丁給永業二十畝爲桑田。其田中種桑五十根、榆三根、棗五根。不在還受之限。非此田者悉入還受之分。土不宜桑者,給麻田,如桑田法。

《關東風俗傳》[31]曰:

其時强弱相淩,恃勢侵奪。富有連畛互陌,貧無立錐之地。昔漢氏募人徙田,恐遺墾課,令就良美,而齊氏全無斟酌。雖有當年權格[32],時蹔施行;爭地文案,有三十年不了者,此由授受無法者也。

其賜田者,謂公田及諸橫賜之田。魏令,職分公田,不問貴賤,一人一頃,以供芻秣。自宣武出獵以來,始以永賜得聽賣買[33]。遷鄴之始[34],濫職衆多,所得公田,悉從貨易。

又天保之代,曾遙壓首人田以充公簿[35];比武平以後,橫賜諸貴及外戚倖寵之家,亦以盡矣!

又河渚山澤有司耕墾肥饒之處,悉是豪勢或借或請,編户之人不得一壟。

糾賞者,依令:口分之外,知有買匿,聽相糾列,還以此地賞之。至有貧人,實非賸長買匿者,苟貪錢貨,詐吐壯丁口分以與糾人,亦旣無田[36]。即使逃走帖賣者,帖荒田七年,熟田五年,錢還地還,依令聽許。露田雖復不聽賣買,賣買亦無重責。貧户因王課不濟,率多貨賣田業,至春困急,輕致藏走[37]。亦有懶惰之人,雖存田地,不肯肆力,在外浮遊,三正賣其口田[38],以供租課。比來頻有還人之格[39],欲以招慰逃散。假使蹔還,即賣所得之地,地盡還走,雖有還名,終不肯住。正由縣聽其賣帖田園故也。

廣占者,依令:奴婢請田,亦與良人相似。以無田之良口,比有地之奴牛。宋世良[40]天保中獻書,請以富家牛地先給貧人。其時朝列稱其合理。宋孝王撰。

後周文帝霸政之初,創置六官。司均掌田里之政[41]。令:凡人口十以上,宅五畝;口七以上,宅四畝;口五以下,宅三畝。有室者田百四十畝,丁者田百畝[42]。

隋文帝令:自諸王以下至於都督,皆給永業田各有差,多者至百頃,少者至三十頃[43];其丁男、中男,永業、露田皆遵後齊之制;并課樹以桑榆及棗,其田宅率三口給一畝。京官又給職分田:一品者給田五頃,至五品則爲田三頃[44],其下每品以五十畝爲差,至九品爲一頃。外官亦各有職分田。又給公廨田以供用[45]。開皇九年,任墾田千九百四十萬四千二百六十七頃。隋開皇中戶總八百九十萬七千五百三十六,按定墾之數,每戶合墾田二頃餘也。

開皇十二年,文帝以天下戶口歲增,京輔及三河[46]地少而人衆,衣食不給,議者咸欲徙就寬鄉。帝乃發使四方,出均天下之田。其狹鄉每丁纔至二十畝,老小[47]又少焉。至大業中,天下墾田五千五百八十五萬四千四十頃。按其時有戶八百九十萬七千五百三十六,則每戶合得墾田五頃餘。恐本史[48]之非實。

大唐開元二十五年令[49]:

田廣一步、長二百四十步爲畝,百畝爲頃。自秦漢以降,即二百四十步爲畝,非獨始於國家。蓋具令文耳!國家程式雖則俱存,今所在纂録,不可悉載。但取其朝夕要切,冀易精詳,乃臨事不惑。丁男給永業田二十畝,口分田八十畝。其中男年十八以上,亦依丁男給。老男、篤疾、廢疾,各給口分田四十畝。寡妻妾各給口分田三十畝。先永業者,通充口分之數。黃、小、中、丁男子及老男、篤疾、廢疾、寡妻妾當戶者,各給永業田二十畝,口分田二十畝[50]。應給寬鄉,并依所定數。若狹鄉所受者,減寬鄉口分之半。其給口分田者,易田則倍給。寬鄉三易以上者,仍依鄉法易給。

其永業田:親王百頃,職事官正一品六十頃,郡王及職事官從一品各五十頃,國公若職事官正二品各四十頃,郡公若職事官從二品各三十五頃,縣公若職事官正三品各二十五頃,職事官從三品二十頃,侯若職事官正四品各十四頃，伯若職事官從四品各十頃，子若職事官正五品各八頃，男若職事官從五品各五頃，上柱國三十頃，柱國二十五頃，上護軍二十頃，護軍十五頃，上輕車都尉十頃，輕車都尉七頃，上騎都尉六頃，騎都尉四頃，驍騎尉、飛騎尉各八十畝，雲騎尉、武騎尉[51]各六十畝。其散官[52]五品以上同職事給。兼有官爵及勳，俱應給者，唯從多，不並給。若當家，口分之外，先有地非狹鄉者，並即迴受。有賸追收，不足者更給。

諸永業田，皆傳子孫，不在收授之限。即子孫犯除名者，所承之地亦不追。每畝課種桑五十根以上，榆棗各十根以上，三年種畢。鄉土不宜者，任以所宜樹充。

所給五品以上永業田，皆不得狹鄉受，任於寬鄉隔越，射無主荒地充。即買蔭賜田充者，雖狹鄉亦聽。其六品以下，永業即聽本鄉取還公田充；願於寬鄉取者，亦聽。應賜人田，非指的處所者，不得狹鄉給。其應給永業人，若官爵之內有解免者，從所解者追。即解免不盡者，隨所降品追。其除名者，依口分例給。自外及有賜田者，並追。若當家之內有官爵及少口分應受者，並聽迴給；有賸追收。

其因官爵應得永業未請，及未足而身亡者，子孫不合追請也。諸襲爵者，唯得承父祖永業，不合別請；若父祖未請及未足而身亡者，減始受封者之半給。

其州縣縣界內所有部受田悉足者爲寬鄉，不足者爲狹鄉。諸狹鄉田不足者，聽於寬鄉遙受。

應給園宅地者，良口三口以下給一畝，每三口加一畝；賤口五口給一畝，每五口加一畝；並不入永業口分之限。其京城及州郡縣郭下園宅不在此例。

諸京官文武職事職分田：一品一十二頃，二品十頃，三品九頃，四品七頃，五品六頃，六品四頃，七品三頃五十畝，八品二頃五十畝，九品二頃。并去京城百里內給。其京兆、河南府及京縣官人職分田，亦准此。即百里外給者，亦聽。諸州及都護府[53]、親王府官人職分田：二品一十二頃，三品一十頃，四品八頃，五品七頃，六品五頃，京畿縣亦准此。七品四頃，八品三頃，九品二頃五十畝。鎮戍關津嶽瀆及在外監官[54]：五品五頃，六品三頃五十畝，七品三頃，八品二頃，九品一頃五十畝。三衞中郎將[55]、上府折衝都尉各六頃，中府五頃五十畝，下府及郎將各五頃；上府果毅都尉四頃，中府三頃五十畝，下府三頃；上府長史、別將各三頃，中府、下府[56]各二頃五十畝。親王府典軍五頃五十畝，副典軍[57]四頃，千牛備身、左右太子千牛備身[58]各三頃。親王府文武官隨府出藩者，於在所處給。諸軍上折衝府兵曹二頃，中府、下府各一頃五十畝。其外軍校尉一頃二十畝，旅帥一頃，隊正、副[59]各八十畝。皆於領側州縣界內給。其校尉以下在本縣及去家百里內領者，不給。

諸驛封田[60]皆隨近給，每馬一匹給地四十畝。若驛側有牧馬之處，匹各減五畝。其傳送馬每匹給田二十畝。

諸庶人有身死家貧無以供葬者，聽賣永業田。即流移者，亦如之。樂遷就寬鄉者，并聽賣口分。賣充住宅、邸店、碾磑者，雖非樂遷，亦聽私賣。諸買地者不得過本制。雖居狹鄉，亦聽依寬制。其賣者不得更請。凡賣買皆須經所部官司申牒，年終彼此除附。若無文牒輒賣買，財沒不追，地還本主。

諸以工商爲業者，永業、口分田各減半給之；在狹鄉者，並不給。

諸因王事沒落外藩不還，有親屬同居，其身分之地，六年乃追。身還之日，隨便先給。即身死王事者，其子孫雖未成丁，身分地勿追。其因戰傷及篤疾、廢疾者，亦不追減，聽終其身也。

諸田不得貼賃及質，違者財沒不追，地還本主。若從遠役外任，無人守業者，聽貼賃及質。其官人永業田及賜田，欲賣及貼賃者，皆不在禁限。

諸給口分田，務從便近，不得隔越。若因州縣改易，隸地入他境及犬牙相接者，聽依舊受。其城居之人，本縣無田者，聽隔縣受。雖有此制，開元之季，天寶以來，法令弛壞，兼併之弊，有踰於漢成、哀之間。

又《田令》：

在京諸司及天下府州縣監折衝府、鎮、戍、關、津、嶽、瀆等公廨田[61]、職分田各有差。諸職分,陸田限三月三十日、稻田限四月三十日以前上者,並入後人;以後上者,入前人。其麥田以九月三十日爲限。若前人自耕未種,後人酬其功直;已自種者,准租分法[62]。其價六斗以下者,依舊定;以上者,不得過六斗。並取情願,不得抑配。

親王出藩者,給地一頃作園。若城內無可開拓者,於近城便給。如無官田,取百姓地充,其地給好地替。

天寶中,應受田一千四百三十萬三千八百六十二頃十三畝。按十四年有戶八百九十萬餘,計定墾之數,每戶合一頃六十餘畝。至建中初,分遣黜陟使,按比墾田田數,都得百十餘萬頃。

———據明嘉靖間刻本《通典》,參考元至元丙戌(1286)刻本《新刊增入諸儒議論杜氏通典詳節》、商務印書館《十通》本《通典》

【解題】

《通典》是我國留存的第一部專記歷代經濟、政治、文化等典章制度沿革的專史,計二百卷,唐杜佑撰。

從《史記》以後,許多斷代史都沿襲"八書"體例,列"志"以記各朝的典章制度。但從《漢書》"十志"以下,各史的"志"都有共同缺點,即:因爲歷代封建王朝的制度大都承襲前代而又有所創新,所以各史的"志"若不追敍前代,便不明制度淵源;若追敍過繁,又覺重複繁冗。且如《三國志》及南北朝的幾部斷代史,多沒有"志";就是有"志",篇目也多不同。隋、唐兩朝是我國大一統帝國的再建和鼎盛時期,政治、經濟較秦、漢更爲統一,反映在王朝上層建築上,也有重新制定統一的政治、法律和正統禮儀等典制規範的必要,因此有《唐律疏議》、《大唐六典》、《大唐開元禮》等法典的相繼制定。這種情況,反映在歷史著作中,也就出現了把歷代制度沿革當作一條完整的歷史發展體系加以考察的專著。唐玄宗開元末,著名史家劉知幾的兒子劉秩就曾依《周禮》所載六官職掌分類,撰成《政典》三十五卷,初具這類專史的雛形。

從"安史之亂"以後,唐帝國由盛轉衰,藩鎮割據蠭起,各種制度崩壞。身歷這一變亂而又久居要職的杜佑,面對現實,計劃改革。由於當時歷史條件的限制,想對現實政治有所改革,勢不得不求助於過去的歷史經驗和業已鞏固的儒家理論體系,認爲"往昔是非,可爲來今龜鏡"(《舊唐書·杜佑傳》載《獻書表》)。因此,他就在劉秩《政典》的基礎上,擴充研究範圍,博採經、史及漢、魏、六朝人的重要議論,參考《大唐開元禮》,上起傳説中的黃帝,下迄唐玄宗天寶末年,分門別類,撰成本書。

據唐李翰《通典序》,謂本書凡分八門;《通典·自序》所列也是八門:(一) 食貨,(二) 選舉,(三) 職官,(四) 禮,(五) 樂,(六) 刑(包括兵),(七) 州郡,(八) 邊防。但據《舊唐書·杜佑傳》所載《獻書表》,謂"書凡九門",兵、刑別爲二門。這和《自序》並不矛盾,因爲《自序》中"刑"門下注説:"大刑用甲兵,十五卷;其次五刑,八卷。"可知作者原以這二門可分可合。今本《通典》都分爲九門。

《通典》以《食貨》爲首,而食貨又以《田制》爲先。把中世紀社會的經濟結構,特別是歷代土地關係的變革,放在歷代典章制度的首要地位加以敍述,這是杜佑的首創。同時,《通典》對於有史以來的賦役制度、官僚制度、封建禮樂、兵制、刑法、政治地理、對外關係等,都能每事以類相從,分門析目,原始述終。對於歷代制度的沿革廢置,和當時統治者内部各種代表人物的議論得失,也無不備載。面對當時藩鎮割據、宦官專橫、皇權旁落、官吏腐敗的局面,杜佑以爲收拾的辦法,還在於"制禮以端其俗,立樂以和其心"(《自序》)。因此在《通典》二百卷中,記敍歷代吉、嘉、賓、軍、凶五禮的部分,即達一百卷之多。

歷代史家對《通典》的評價很高,認爲它綱領宏大,包羅豐富,義例嚴整,考訂該洽,詳而不煩,簡而有要,是研究唐以前掌故的淵海。這些評價除有其歷史理由外,祇着眼於編纂形式,是片面的。但《通典》系統地記錄了歷代典章制度,保存了大量資料,爲歷史著作的編撰開闢了一個新途徑;特別是作者一反過去史學家輕視經濟史的傳統,把經濟史的敍述放到歷代典章制度研究的首要地位,強調必須首先解決吃飯穿衣問題,才談得上"行教化",促使國家"致治"(《自序》),這就顯示出某些史學家的歷史認識在深化,并對以後的歷史研究産生了重要影響。但究竟由於這種體例祇是首創,即使從編纂形式上看,也難免有不少缺點。元馬端臨就曾批評它"節目之間,未爲明備;而去取之際,頗欠精審"(《文獻通考·自序》)。由於作者從維護正統禮教觀點出發,對"禮"的沿革和種種解説,記述尤其繁冗。其中雖詳細搜録魏、晉、六朝議禮之文,對學術思想史的研究有重要價值,但通觀全書,總不免詳略失當。《通典》最爲後代史家所批評的,在於《兵》的部分;單記兵法,甚至火鳥、火獸等亦一一備載,對於研究科學技術史或爲有用史料,而對於研究軍事史和社會史都甚重要的兵制沿革,反無記録。但對於歷代的"兵",加以專門研究,則從《通典》開始。

從《通典》問世,後代學人紛紛踵作,編撰類似的專書。如宋代有宋白《續通典》、魏了翁《國朝(宋)通典》,均佚或未成。宋末元初馬端臨更依它的體裁,增廣門類,或續或補,撰成《文獻通考》一書。宋鄭樵《通志》中的"二十略"實際也是仿照它的體例。以後清乾隆時，又敕撰《續通典》一百四十四卷，起唐肅宗至德元年（756），迄明思宗崇禎末年（1643）；又敕撰《皇朝（清）通典》一百卷，起清初，到乾隆五十年（1785）止。它們的内容都和同時敕撰的《續通志》、《續文獻通考》和《清朝通志》、《清朝文獻通考》相重複，祇保留些史料而已。

繼《通典》之後，又有專記斷代的典章制度的專著出現。著名的有宋初王溥根據唐蘇冕的《會要》和楊紹復等的《續會要》增續編撰的《唐會要》一百卷、《五代會要》三十卷。宋王朝又專設“會要所”，編修宋代的《會要》，前後凡十次，共五百八十八卷；因未全部刊行，陸續散佚。今傳本《宋會要輯稿》五百卷，是清嘉慶中徐松從《永樂大典》中輯録的，其中十之七八不見於《宋史》諸志，是研究兩宋史的重要資料。南宋徐天麟又做《唐會要》例，排比兩《漢書》，撰成《西漢會要》和《東漢會要》。清代許多史學家也編寫“會要”，已刊的有姚彦渠《春秋會要》、孫楷《秦會要》（今本是今人徐復增補的《秦會要訂補》）、楊晨《三國會要》、龍文彬《明會要》等。但從《兩漢會要》以下，大都排比正史而成，僅便檢索，史料價值不高。此外同“會要”相類似的專著，還有南宋李攸《宋朝事實》六十卷（今存二十卷），李心傳《建炎以來朝野雜記》四十卷等，因宋人記宋事，也都有參考價值。清《四庫全書總目提要》把這類書別列一門，稱爲“政書類”，而以《通典》居首。

《通典》歷代刻本甚多，現在通行的是1939年商務印書館據清乾隆間重刻本影印的《十通》本，附有四角號碼檢字和分類的索引，頗便學者。

《田制》，節選自《通典》卷一、二《食貨門》。北朝、隋、唐的均田制，在中國封建社會史上發生過重要影響。本篇就是均田制興亡存廢的全過程的系統記録。除了備載歷代關於均田的法令而外，作者還注意搜録法令實施情況的材料。這就使我們看到，均田制的出現，需要特殊的歷史條件，即無主荒地多，流亡農民也多；一旦這個條件消失，均田令便成爲具文。

杜佑（735—813），字君卿，唐京兆萬年（今陝西西安市）人，是唐代的重要政治家和著名的史學家。父希望，玄宗時任鄆州都督，有軍功。佑以蔭入仕，補濟南參軍事，曾任嶺南、淮南節度使，歷官至檢校司徒同中書門下平章事，封岐國公。佑累任内外要職，曾兼水陸轉運、度支、鹽鐵等理財大員，對當時唐王朝在經濟、政治方面的弊病有相當深刻瞭解。“性嗜學，該涉古今，以富國安人爲己任”（《舊唐書》本傳），對現實政治，每思有所變革。遂因劉秩《政典》，廣搜典籍，從唐代宗大曆初開始編纂《通典》，先後費三十多年，到德宗貞元十七年（801）才完成，從淮南節度使任上派員獻給朝廷。書成後，當時士大夫非常重視，認爲“禮樂刑政之源，千載如指諸掌”（《舊唐書》本傳），因而得到廣泛傳播。由於杜氏長期積纍的政治經驗和理財工作的實踐，認識到“教化之本在於足衣食”（《通典·自序》),因而在本書中把經濟史的敘述提到歷代典制沿革的首要地位;同時踏實嚴謹的治學方法,使本書各門記載也都有很高價值。所以《通典》問世千餘年來,一直爲歷代學者視爲不朽的名著。《通典》成書後,杜佑又用問答體做過摘要,名《理道要訣》,共十卷,三十三篇,於貞元十九年(803)呈送朝廷。這部摘要的現實性更加分明,被南宋朱熹叫做"非古是今之書"。杜佑雖在德宗死後,被"二王八司馬集團"擁爲宰相,但這個集團企圖進行的改革,很快受到宦官集團的打擊而失敗,因此他的政治主張,在唐朝始終沒有機會變成某種政治實踐。傳見《舊唐書》卷一四七、《新唐書》卷一六六。

【注釋】

[1] 後魏明帝永興中:後魏即北魏、元魏。明帝即太宗明元帝拓跋嗣。永興是明元帝第一年號。

[2] 神瑞二年……就食山東:神瑞,明元帝第二年號。神瑞二年(415),因連年霜旱,首都附近民多餓死,朝臣建議遷都鄴(今河北臨漳西南鄴鎮、三臺村迤東一帶)。博士祭酒崔浩、特進周澹反對,以爲不如待明春草生,取馬牛乳和菜果充饑,以渡過難關。帝從之,僅挑選"國人"(鮮卑人)極貧的就食山東(指太行山以東)定、相、冀三州,令漢民每户出租米五十石養活他們。

[3] 前志有之……勤則不匱:引語見《左傳》宣公十二年傳。原文"人"作"民",杜氏避唐太宗李世民諱改。

[4] 三農、九穀:語源《周禮·天官冢宰》"大宰"。漢鄭衆説三農是平地、山、澤;九穀是黍、稷、秫、稻、麻、大小豆、大小麥。鄭玄以爲三農是高平的原、下濕的隰和平地;九穀無秫、大麥而有梁、苽(菰)。清惠士奇以爲三農即上、中、下農。程瑶田著《九穀考》,辨梁、黍、稷、稻、麥、大小豆、麻、苽九類古今異名,可參考。按這裏蓋泛指農業。

[5] 太武帝初爲太子監國……皆以五口下貧家爲率:按《通典》這裏有缺誤。據《魏書·恭宗紀》,北魏太武帝太平真君五年(444),令太子晃監國,處決庶政。這一措施即拓跋晃監國時下令實行。凡無牛家借有牛家的牛耕田二十畝(《通鑑》作二十二畝),須爲有牛家耘鋤田七畝作爲報償。如没有整勞動力的老小無牛家耕田七畝,老小人家須償還耘鋤功二畝。都

以五口的最貧窮人家爲標準。因爲用政府力量督責耕種,曾使北魏境內墾田數字大增。

［6］ 東作:語出《尚書·堯典》。舊注以爲"歲起於東(春季)而始就耕,謂之東作"。宋朱熹以爲"'平秩東作'之類,只是如今穀雨、芒種之節候"。按即春耕意。

［7］ 李安世:(443—493)北魏趙郡(治今河北趙縣)人。以貴族子弟出仕,歷官相州刺史,以鎮壓當地豪强著名。本疏上於孝文帝太和九年(485)。傳見《魏書》卷五三。

［8］ 量人畫野:見《周禮·夏官司馬》"量人",掌土地丈量及營造等事。

［9］ 三長既立:北魏孝文帝太和中,用李沖建議,行三長制,廢除豪族地主大量蔭庇農民的宗主督護制。即:五家立一鄰長,五鄰立一里長,五里立一黨長,選取"鄉人彊謹者"擔任,免除一到三人的征戌官役。職責是檢校戶口,徵發租調和徭役、兵役。按三長制實施年月,史家爭論頗多。據《魏書·高祖紀》和《食貨志》,謂始行於太和十年(486),《北史》和《通鑑》都同。但安世本疏上於太和九年(485),已有"三長既立"、"宜準古法"等語;太和八年(484),中書監高閭也有"置立隣黨……于今已久"等語,足證三長制原是漢族農業區的舊辦法,在太和九年頒佈均田令前已經施行。

［10］ 均田之制,起於此矣:原文出《魏書·食貨志》。按北魏道武帝、明元帝時,都曾將大批人口移徙到今山西北部地廣人稀處,進行計口授田,督責耕種。近代學者認爲這是按勞動力分配土地的均田制的雛形。

［11］ 九年:指孝文帝太和九年(485)。

［12］ 露田:杜佑原注:"不栽樹者謂之露田。"按北魏到隋均田令中,對於授受以一定年限爲斷的土地,都稱"露田"。元馬端臨對均田制是"奪有餘以予不足"的說法加以批評,謂:均田制"所受者露田,諸桑田不在還受之限。意桑田必是人戶世業,是以栽植桑榆其上。而露田不栽樹,則似所種者皆荒閑無主之田,必諸遠流配謫無子孫及戶絶者墟宅桑榆,盡爲公田,以供授受。則固非盡奪富者之田以予貧人"。按馬説比較合理。

［13］ 三易之田:指耕種一次需要休耕二年的特別貧瘠的土地。下文"易田"

義同。

[14] 耕休:《魏書·食貨志》作"耕作"。

[15] 人年及課則受田,老免:"人"及上文"均給天下人田"的"人"字,《魏書·食貨志》原作"民",避唐太宗李世民諱改。民年及課,謂民已成年須負擔國家的租調力役。老免,謂年齡已達"老"的規定,可免除賦役負擔。按北魏時丁老起迄年齡不見於記載。

[16] 桑田:均田制中規定人戶世業的土地,必須種植樹木。唐均田令中稱爲永業田。

[17] 依法課蒔……不禁:按這裏有缺漏,《魏書·食貨志》所載令文作"非桑之土,夫給一(疑數字誤)畝,依法課蒔榆棗。奴各依良。限三年種畢。不畢,奪其不畢之地。於桑榆地分雜蒔餘果及多種桑榆者,不禁。"

[18] 代業:即世業,避唐太宗李世民諱改。

[19] 有盈者無受無還……不得買過所足:馬端臨對這規定曾加以推論,謂:"令其從便買賣,以合均給之數,則又非強奪之以爲公田,以授無田之人。"

[20] 半夫田:正丁男所受田數的一半。

[21] 諸宰人之官,各隨匠給公田:按明嘉靖本作"各隨廨給公田",《魏書·食貨志》作"各隨地給公田",《文獻通考·田賦》二作"各隨所給公田",文都可通。疑"匠"係"近"字之譌。

[22] 冀、定、瀛、幽:北齊州名。冀州,治所在信都(今河北冀縣)。定州,治所在安喜(今河北定縣)。瀛州,治所在趙都軍城(今河北河間縣)。幽州,治所在薊縣(今北京城西南)。

[23] 寬鄉:北魏到唐行均田制時,對地廣人稀、按勞動力授田後、土地還有餘剩的地區,通稱"寬鄉"。同地狹人稠、耕地不足的"狹鄉"對稱。

[24] 刺史聽審教之優劣,定殿最之科品:刺史,始置於漢武帝時,參見本書《漢書·百官公卿表》注[51]。南北朝時,各州置刺史。北齊時,刺史是一州的行政長官。殿最,行軍護後的稱爲殿,前線突擊的稱爲最。軍功以最爲上,殿爲下,因引申爲考績上下的等差名稱。

[25] 又令:男子率以十八受田輸租調:按《隋書·食貨志》載河清三年令,"又

令"以下"男子"以上還有下列規定:"人居十家爲比鄰,五十家爲閭里,百家爲族黨。男子十八以上,六十五已下爲'丁';十六已上,十七已下爲'中';六十六已上爲'老';十五已下爲'小'。"文較詳晰。

[26] 諸方:《隋書·食貨志》作"諸坊",是。

[27] 三縣代遷戶:北魏前期,都於平城(今山西大同北),置代郡,治所也在平城。孝文帝太和十七年(493),遷都洛陽(今河南洛陽市東)。次年,命代京(即平城)貴族軍士和一部分人民遷居洛陽,稱"代遷戶",其中下層人民多充當羽林虎賁(禁衛軍)。代遷戶大抵是鮮卑人,享有特殊待遇。北齊繼續執行重視鮮卑人政策,在均田令中,把代遷戶官員衛士同漢人區別開來。三縣,具體地點不詳,約指洛陽附近三縣。

[28] 職事官:北朝、隋、唐對實際任事的官員的通稱,與散官、勳官對稱。當時沿襲舊制,官分九品,每品再分正從。除北周外,北魏到唐,於四品下,又在正從品內各分上下階,所以自正一品到從九品下,共九品三十階。

[29] 庶姓王:指不是高齊宗室而封王的。

[30] 奴婢依良人,限數與者在京百官同:謂京城方百里以外地區和普通州人的奴婢的受田數,同普通丁男婦女相同。但受田奴婢的人數有一定限額,與在京百官可以受田的奴婢人數相同。按《隋書·食貨志》無"者"字,"者"字衍。

[31] 關東風俗傳:北齊宋孝王撰。史稱孝王博學好文,喜臧否人物。曾任北齊宗室北平王文學,求入文林館不遂,因此非毀朝士,撰《朝士別錄》二十卷。值北周滅齊,改稱《關東風俗傳》,增廣至三十卷。李延壽評其書妄謬冗雜,但劉知幾《史通》屢加贊美,以爲其書"抗詞正筆,務存直道",是和隋王劭《齊志》同受後代詆誣的良史。書已佚。孝王傳附見《北史》卷二六《宋隱傳》。

[32] 權格:暫時的條格。

[33] 宣武出獵以來……得聽賣買:宣武,即魏世宗宣武帝。按《魏書·世宗紀》和《北史·魏本紀》四,宣武帝在正始元年(504)和延昌二年(513)曾兩度將苑牧地分賜代遷戶。苑是古代皇帝畜養禽獸以供畋獵的場所,宋孝王所指可能是這兩件事。

[34] 遷鄴之始：魏孝武帝即位後，被高歡脅迫，在永熙三年(534)逃出洛陽，投奔宇文泰。高歡立元善見爲魏帝(魏孝靜帝)。從此魏分裂爲東、西魏。因爲洛陽迫近關中，高歡在同年又迫令孝靜帝遷都於鄴(今河南安陽境內漳水南)。遷鄴之始，約在535年左右。

[35] 又天保之代，曾遙壓首人田以充公簿：天保，北齊文宣帝高洋年號。“曾”，《古今圖書集成·食貨典》四三引《關東風俗傳》作“又”。首人田，制度未詳。按宋孝王撰《關東風俗傳》，多用當時方言俚語(見《史通·言語》篇)，這可能是其中一例。又按北齊均田令盡襲魏制，境內經濟較北周發達，戶數多五倍餘，可供授受的荒閑無主“公田”當較北魏時大爲減少，因此政府能掌握以供給官員的職分公田也必然不足。從上下文義推測，疑“首人田”就是北魏均田令中所謂“諸遠流、配謫、無子孫及戶絶者墟宅桑榆”，這些田畝，本應用於授受，現被政府壓下，以充職分公田。

[36] 糾賞者……亦既無田：謂按照法令，凡知他人在應得口分田分額以外，還有私買或隱匿的土地，准許互相揭發，就以被告發者多餘的土地賞給告發人。因有這一規定，以至有些貧民，土地原沒有超出規定限額，但爲了貪圖錢財，與旁人勾結，將田私自出賣，再由買主出面首告這地是“騰長買匿”的，經官司按糾賞令把這地賞給買主，使買主取得合法的佔有權。賣地的貧民也就喪失了土地。“以與糾人”下疑有缺漏。

[37] 輕致藏走：謂輕易離開土地，藏匿逃亡，以避官家的租課。

[38] 三正賣其口田：北齊初沿魏制，設隣、里、黨三長，俗稱“三正”。武成帝河清三年(564)頒均田令，對三長制進行改革，十家爲比隣，五十家爲閭里，百家爲族黨。一黨內，設黨族一人，副黨族一人、閭正二人、隣長十人。對這些基層人員，仍稱“三正”。口田，即口分田。

[39] 還人之格：格即律令。謂對逃亡人戶返回原籍後進行特別處理的律令。

[40] 宋世良：字元友，北魏西河介休(今山西介休)人。歷官殿中侍御史、清河太守，有能名。曾奉詔至河北括獲大批浮逃戶口。北齊時，終東郡太守。傳見《北齊書》卷四六、《北史》卷二六。

[41] 後周文帝霸政之初……掌田里之政：後周文帝即宇文泰(507—556)，北魏孝武帝被高歡迫奔長安，泰擁帝與高歡對抗，稱大丞相，專制西魏朝

政。引用蘇綽等,整頓吏治,推行均田,國力日強。死後,子覺代魏,國號
周,史稱後周、北周,追尊泰爲文帝。泰事蹟與曹操相類似,所以史稱"霸
政"。泰曾命蘇綽、盧辯等依倣《周禮》,改定官制,設天、地、春、夏、秋、冬
六官,以比附吏、户、禮、兵、刑、工六部。司均,屬地官司徒。

[42] 令凡人口十以上……田百畝:"口七以上",《隋書·食貨志》作"口九以
上",誤,《通典》是。"口五以下",《文獻通考·田賦》二作"口五以上",亦
誤。有室者,謂已婚的丁男。丁者,謂已成丁而未婚的男子。按北周制,
凡民年十八到五十九都須服徭役;成丁年齡同北齊。

[43] 自諸王以下至於都督……少者至三十頃:三十頃,《隋書·食貨志》作"少
者至四十畝"。《册府元龜》卷四九五《邦計部·田制》及《文獻通考·職
田門》所載與《通典》同。按隋制,都督只在有軍事行動時臨時任命,征討
畢即撤銷,無常設官。又北周和唐官制,都督都是從二品(北周稱"從八
命"),隋的官品當不低於此。由這可以推斷所受永業田當不止四十畝,
《通典》是。

[44] 一品者給田五頃,至五品則爲田三頃:《隋書·食貨志》在"五頃"下、"至
五品"上有"每品以五十畝爲差"八字。

[45] 又給公廨田以供用:隋初,各官署都置公廨錢,借貸與人,收取利息,以供
辦公經費。文帝時,工部尚書蘇孝慈以爲官府借貸收息,煩擾百姓,請求
禁止。文帝乃於開皇十四年(594)下詔省(臺省)、府、州、縣都給公廨田,
以所收地租充辦公費用,禁止放款取息。官署所給公廨田數目不詳。唐
沿隋制,也都給公廨田,在京諸司從二十六頃到二頃,在外諸司從四十頃
到一頃。《隋書·食貨志》"供"下有"公"字。

[46] 三河:時稱河東(黄河以東,太行山以西)、河內(黄河以北、太行山以東)、
河南地區爲三河。

[47] 老小:隋初,規定男女三歲以下爲"黄";十歲以下爲"小";十七歲以下爲
"中";十八以上爲"丁",開始負擔賦役;六十爲"老",免除課役。按前載
丁男、中男永業、露田皆遵北齊制。北齊制,男子十八以上方受田,六十
六退田。這裏謂"老小又少焉",疑這年發使均境內田畝,即檢核境內土
地數字,按人口平均統計,丁男平均得二十畝;没有丁男惟有老小之家平

均更少。

[48]　本史：指《隋書》卷二九《地理志》上“總論”。

[49]　大唐開元二十五年令：開元，唐玄宗李隆基年號。按這年，唐朝第二次頒佈均田令，制度特別周密，正是這一制度崩潰前夕的迴光返照，如杜佑說：“雖有此制，開元之季，天寶以來，法令弛壞，兼并之弊有踰於漢成、哀之間。”按唐代在局部地區實施過的均田令，是《通典》所未錄的唐高祖武德七年(624)所頒佈的。今錄《通考·田賦》二所載令於下：

　　（武德）七年，始定均田賦稅（《舊唐書·食貨志》作“定律令”）：凡天下丁男，十八以上者給田一頃（舊《志》作“丁男、中男給一頃”，《通鑑》作“丁、中之民，給田一頃”）；篤疾、廢疾給四十畝；寡妻妾三十畝，若爲户者加二十畝。皆以二十畝爲永業，其餘爲口分（舊《志》作“十分之二爲世業，八爲口分”）。永業之田，樹以榆（《新唐書·食貨志》作“榆”，是）、桑、棗及所有之木（新《志》木下有“皆有數”三字）。田多可以足其人者爲寬鄉，少者爲狹鄉。狹鄉授田，減寬鄉之半。其地有薄厚，歲一易者倍授之。寬鄉三易者不倍授。工商者，寬鄉減半，狹鄉不給。凡庶人徙鄉及貧無以葬者，得賣世業田；自狹鄉而寬鄉者，得并賣口分田。已賣者不復授。死者，收之以授無田者。凡收授皆以歲十月。授田，先貧及有課役者。凡田，鄉有餘以給比鄉，縣有餘以給比縣，州有餘以給比州（新《志》作“近州”）。

[50]　黄、小、中、丁……口分田二十畝：武德七年令規定，男女始生爲“黄”，四歲爲“小”，十六爲“中”，二十一爲“丁”，六十爲“老”。中宗時，從韋后請，令百姓二十二成丁，五十八免役。韋后誅後復舊。當户者，謂爲户主者。“各給永業田二十畝、口分田二十畝”，《唐六典》卷三作“若爲户者則減丁之半”，即永業田二十畝，口分田三十畝。《新唐書·食貨志》同。

[51]　上柱國……雲騎尉、武騎尉：都是唐代勳官名稱。隋、唐始置，初賜給有軍功的將士，後演變爲加給文武官員的榮譽頭銜。都不理事。上柱國是勳官最高級，正二品；依次遞降，至雲騎尉，爲正七品上；武騎尉最低，從

七品上。勳官如不帶職事官或散官的,只分給永業田,無俸祿。

[52]. 散官:閒散不任實職的官員。漢以後經常置散官以安置退休官員和有爵位者、皇親國戚、勳庸資蔭、德才優秀、爲官勤慎等諸類人物。唐沿前制,更加釐革,又分文、武散官兩類。文散官從開府儀同三司(從一品)、特進(正二品)遞降,以下有光祿大夫(從二品)、金紫光祿大夫(正三品)、銀青光祿大夫(從三品)、正議大夫(正四品上)、通議大夫(正四品下)、太中大夫(從四品上)、中大夫(從四品下)、中散大夫(正五品上)、朝議大夫(正五品下)、朝請大夫(從五品上)、朝散大夫(從五品下)。六品以下又有朝議郎、承議郎、奉議郎、通直郎、朝請郎、宣德郎、朝散郎、宣義郎、給事郎、徵事郎、承奉郎、承務郎、儒林郎、登仕郎等。最低爲文林郎(從九品上)、將仕郎(從九品下)。武散官自從一品至從五品下爲驃騎大將軍、輔國大將軍、鎮軍大將軍、冠軍大將軍、雲麾將軍、忠武將軍、壯武將軍、宣威將軍、明威將軍、定遠將軍、寧遠將軍、游騎將軍、游擊將軍。六品以下爲昭武校尉、副尉、旅威校尉、副尉、致果校尉、副尉、翊麾校尉、副尉、宣節校尉、副尉、禦侮校尉、副尉、仁勇校尉、副尉。最低爲陪戎校尉(從九品上)、陪戎副尉(從九品下)。文武散官各二十九階。唐時職事官往往帶品位較高的散官銜或帶勳官銜。開元前,開府、特進雖不帶職事,也都給俸祿,參與朝會。

[53] 都護府:唐代從太宗到武則天時,先後在東北、西北邊境少數族生活地區,設置安西、安北、單于、安東、安南、北庭六個大都護府,管理轄境的邊防、行政和各族事務。每府都有大都護一人,副大都護(或副都護)二人。長史、司馬各一人和六曹參軍各一人,下又有屬吏若干。

[54] 在外監官:京城以外諸監官,如諸苑監、諸倉監、諸屯監等。

[55] 三衛中郎將:唐置親衛、勳衛、翊衛三府,各置中郎將一人,掌領校尉以下宿衛及總判府事。

[56] 上府折衝都尉……中府、下府:唐初實行府兵制,在全國各主要州設置軍府,各有名號,總稱折衝府。上府一千二百人,中府一千人,下府八百人。府兵稱爲衛士。每府設折衝都尉一人,左右果毅都尉各一人、別將一人、長史一人、兵曹一人,校尉若干。上、中、下三府都尉等官品依府不同而

有高下。

[57] 親王府典軍五頃五十畝、副典軍：唐制，親王府置典軍、副典軍各三人，掌儀衛、陪從及管理鞍馬等事。

[58] 千牛備身、左右太子千牛備身：千牛即千牛刀。相傳古時有庖丁爲文惠君屠牛，十九年中殺數千牛而刀刃鋒利若新，以後人君防身刀即稱千牛刀。東漢時名掌執皇帝防身刀者爲千牛備身。唐高宗時，始置左右千牛府，後改爲左右千牛衛，各置大將軍、將軍一人。左右千牛備身各十二人，掌執皇帝佩刀宿衛侍從，當時都以大官僚貴族子弟中年輕貌美者充任。又有備身左右十二人，掌執皇帝備身刀、弓箭和宿衛侍省等。唐制，東宮（太子宮署）有左右内率府，内有千牛各十六人，掌執細刀、弓箭、宿衛侍從；備身各二十八人，掌宿衛侍從。

[59] 外軍校尉一頃二十畝、旅帥一頃、隊正、副：外軍指各地折衝府。唐制，各軍府各轄校尉若干；每一校尉管二旅帥；每一旅帥管二隊正。三百人爲團（“三百”疑“二百”之誤），由校尉率領；五十人爲隊，隊設正、副。

[60] 諸驛封田：唐制，凡驛站所需馬匹，都叫附近民家代爲飼養，以代替部分徭役。每匹馬，并撥給一定數量的土地，以種植飼料，稱爲封田。

[61] 在京諸司……公廨田：唐代公廨田制度在《通典》卷三五、《通考》卷六五都有詳細記載，不録引。

[62] 已自種者，准租分法：租分法，具體不詳。疑即當時佃種私人土地的主佃分租比例法，如佃四主六、佃三主七或對半、二八等分成租法。

總　序〔通志〕

　　百川異趨,必會于海,然後九州無浸淫之患;萬國殊途,必通諸夏,然後八荒無壅滯之憂:會通之義大矣哉! 自書契以來,立言者雖多,惟仲尼以天縱之聖,故總《詩》、《書》、《禮》、《樂》而會于一手,然後能同天下之文;貫二帝三王[1]而通爲一家,然後能極古今之變。是以其道光明,百世之上、百世之下不能及。仲尼既没,百家諸子興焉,各效《論語》以空言著書,《論語》,門徒集仲尼語。至於歷代實蹟,無所紀繫。迨漢建元、元封之後,司馬氏父子出焉。

　　司馬氏世司典籍,工於制作,故能上稽仲尼之意,會《詩》、《書》、《左傳》、《國語》、《世本》、《戰國策》、《楚漢春秋》之言,通黄帝、堯、舜至于秦、漢之世,勒成一書,分爲五體:"本紀"紀年,"世家"傳代,"表"以正曆,"書"以類事,"傳"以著人,使百代而下,史官不能易其法,學者不能舍其書。六經之後,惟有此作! 故謂"周公五百歲而有孔子,孔子五百歲而在斯乎!"[2]是其所以自待者已不淺。然大著述者,必深於博雅,而盡見天下之書,然後無遺恨。當遷之時,挾書之律初除,得書之路未廣,互三千年之史籍,而蹦蹐於七八種書,所可爲遷恨者,博不足也。凡著書者,雖采前人之書,必自成一家言。左氏,楚人也,所見多矣,而其書盡楚人之辭[3];公羊,齊人也[4],所聞多矣,而其書皆齊人之語。今遷書全用舊文,間以俚語,良由采摭未備,筆削不遑,故曰:"予不敢墮先人之言,乃述故事,整齊其傳,非所謂作也。"[5]劉知幾亦譏其多聚舊記,時插雜言[6]。所可爲遷恨者,雅不足也。大抵開基之人不免草創,全屬繼志之士爲之彌縫。晉之《乘》,楚之《檮杌》,魯之《春秋》[7],其實一也。《乘》、《檮杌》無善後之人,故其書不行。《春秋》得仲尼挽之於前,左氏推之於後,故其書與日月並傳。不然,則一卷事目,安能行於世! 自《春秋》之後,惟《史記》擅制作之規模;不幸班固非其人,遂失會通之旨,司馬氏之門户自此衰矣!

　　班固者,浮華之士也,全無學術,專事剽竊。肅宗問以制禮作樂之事,固對以在京諸儒必能知之[8]。儻臣鄰皆如此，則顧問何取焉！及諸儒各有所陳，固惟竊叔孫通十二篇之儀，以塞白而已[9]。儻臣鄰皆如此，則奏議何取焉！蕭宗知其淺陋，故語竇憲曰：“公愛班固而忽崔駰，此葉公之好龍也。”[10]固於當時，已有定價；如此人材，將何著述！《史記》一書，功在十表，猶衣裳之有冠冕，木水之有本原；班固不通旁行邪上，以古今人物彊立差等[11]。且謂漢紹堯運，自當繼堯，非遷作《史記》廁於秦、項[12]，此則無稽之談也。由其斷漢爲書，是致周、秦不相因，古今成間隔。自高祖至武帝，凡六世之前，盡竊遷書[13]，不以爲慚；自昭帝至平帝，凡六世，資於賈逵、劉歆[14]，復不以爲恥。況又有曹大家終篇[15]，則固之自爲書也幾希！往往出固之胷中者，《古今人表》耳，他人無此謬也。後世衆手修書，道傍築室；掠人之文，竊鐘掩耳；皆固之作俑也。固之事業如此，後來史家奔走班固之不暇，何能測其淺深！遷之於固，如龍之於猪，奈何諸史棄遷而用固，劉知幾之徒尊班而抑馬！且善學司馬遷者，莫如班彪。彪續遷書，自孝武至于後漢；欲令後人之續己，如己之續遷；既無衍文，又無絶緒；世世相承，如出一手；善乎其繼志也！其書不可得而見；所可見者，元、成二帝贊耳[16]。皆於本紀之外，別記所聞，可謂深入太史公之閫奧矣！凡左氏之有“君子曰”者，皆經之新意；《史記》之有“太史公曰”者，皆史之外事，不爲褒貶也；間有及褒貶者，褚先生之徒雜之耳。且紀傳之中，既載善惡，足爲鑒戒，何必於紀傳之後更加褒貶！此乃諸生決科之文[17]，安可施於著述，殆非遷、彪之意。況謂爲贊，豈有貶辭。後之史家，或謂之“論”，或謂之“序”，或謂之“銓”，或謂之“評”，皆效班固，臣不得不劇論固也。司馬談有其書，而司馬遷能成其父志；班彪有其業，而班固不能讀父之書。固爲彪之子，既不能保其身，又不能傳其業，又不能教其子，爲人如此，安在乎言爲天下法！范曄、陳壽之徒繼踵，率皆輕薄無行[18]，以速罪辜，安在乎筆削而爲信史也！

孔子曰：“殷因於夏禮，所損益可知也；周因於殷禮，所損益可知也。”[19]此言相因也。自班固以斷代爲史，無復相因之義；雖有仲尼之聖，亦莫知其損益。會通之道，自此失矣！語其同也，則紀而復紀，一帝而有數紀；傳而復傳，一人而有數傳。天文者，千古不易之象，而世世作天文志；《洪範五行》者，一家之書，而世世序五行傳[20]。如此之類，豈勝繁文！語其異也，則前王不列于後王，後事不接於前事；郡縣各爲區域，而昧遷革之源；禮樂自爲更張，遂成殊俗之政。如此之類，豈勝斷縷！曹魏指吳、蜀爲寇，北朝指東晉爲僭；南謂北爲索虜，北謂南爲島夷[21]。《齊史》稱梁軍爲義軍，謀人之國可以爲義乎！《隋書》稱唐兵爲義兵，伐人之君可以爲義乎！房玄齡董史册，故房彥謙擅美名[22]；虞世南預修書，故虞荔、虞寄有嘉傳[23]。甚者，桀犬吠堯，吠非其主。《晉史》黨晉而不有魏，凡忠於魏者，目爲叛臣，王淩、諸葛誕、毌丘儉之徒抱屈黃壤[24]；《齊史》黨齊而不有宋，凡忠於宋者，目爲逆黨，袁粲、劉秉、沈攸之之徒含寃九泉[25]。噫！天日在上，安可如斯！似此之類，歷世有之。傷風敗義，莫大乎此！遷法既失，固弊日深，自東都至江左，無一人能覺其非。惟梁武帝爲此慨然，乃命吳均作《通史》[26]，上自太初，下終齊室，書未成而均卒。隋楊素又奏令陸從典續《史記》[27]，訖于隋，書未成而免官。豈天之靳斯文而不傳與？抑非其人而不祐之與？自唐之後，又莫覺其非；凡秉史筆者，皆準《春秋》，專事褒貶。夫《春秋》以約文見義，若無傳釋，則善惡難明；史册以詳文該事，善惡已彰，無待美刺。讀蕭、曹[28]之行事，豈不知其忠良；見莽、卓[29]之所爲，豈不知其凶逆。夫史者，國之大典也；而當職之人，不知留意於憲章，徒相尚於言語；正猶當家之婦，不事饔飧，專鼓唇舌，縱然得勝，豈能肥家！此臣之所深恥也！

　　江淹有言：修史之難，無出於志[30]。誠以志者，憲章之所繫，非老於典故者，不能爲也。不比紀傳，紀則以年包事，傳則以事繫人，儒學之士皆能爲之。惟有志難；其次莫如表。所以范曄、陳壽之徒能爲紀傳而不敢作表、志。志之大原起於《爾雅》[31]。司馬遷曰“書”，班固曰“志”，蔡邕曰“意”，華嶠曰“典”，張勃曰“録”，何法盛曰“説”[32]。餘史並承班固，謂之“志”，皆詳於浮言，略於事實，不足以盡《爾雅》之義。臣今總天下之大學術而條其綱目，名之曰“略”。凡二十略，百代之憲章、學者之能事盡於此矣。其五略[33]，漢、唐諸儒所得而聞；其十五略[34]，漢、唐諸儒所不得而聞也。

　　生民之本，在於姓氏；帝王之制，各有區分。男子稱氏，所以別貴賤；女子稱姓，所以別婚姻，不相紊濫。秦併六國，姓氏混而爲一。自漢至唐，歷世有其書，而皆不能明姓氏。原此一家之學，倡於左氏[35]，因生賜姓，胙土命氏。又以字、以諡、以官、以邑命氏，邑亦土也。左氏所言，惟兹五者。臣今所推,有三十二類,左氏不得而聞,故作《氏族略》。

書契之本,見於文字。獨體爲文,合體爲字[36]。文有子母,主類爲母,從類爲子[37]。凡爲字書者,皆不識子母[38]。文字之本,出於六書。象形、指事,文也;會意、諧聲、轉注,字也;假借者,文與字也。原此一家之學,亦倡於左氏。然止戈爲武[39],不識諧聲;反正爲乏[40],又昧象形。左氏既不別其源,後人何能別其流!是致小學一家,皆成鹵莽。經旨不明,穿鑿蠭起,盡由於此。臣於是驅天下文字盡歸六書,軍律既明,士乃用命,故作《六書略》。

天籟[41]之本,自成經緯。縱有四聲以成經,橫有七音以成緯[42]。皇頡[43]制字,深達此機;江左四聲[44],反沒其旨。凡爲韻書者,皆有經無緯。字書眼學,韻書耳學。眼學以母爲主,耳學以子爲主。母主形,子主聲,二家俱失所主。今欲明七音之本,擴六合之情,然後能宣仲尼之教,以及人間之俗,使裔夷之俘皆知禮義,故作《七音略》。

天文之家,在於圖象。民事必本於時,時序必本於天。爲天文志者,有義無象,莫能知天。臣今取隋丹元子《步天歌》[45],句中有圖,言下成象;靈臺[46]所用,可以仰觀。不取甘、石本經[47],惑人以妖妄,速人於罪累。故作《天文略》。

地理之家在於封圻[48],而封圻之要在於山川。《禹貢》九州,皆以山川定其經界。九州有時而移,山川千古不易,是故《禹貢》之圖至今可別。班固《地理》主於郡國,無所底止,雖有其書,不如無也。後之史氏,正以方隅;郡國併遷,方隅顛錯。皆因司馬遷無地理書,班固爲之創始,致此一家,俱成謬舉。臣今準《禹貢》之書而理川源,本《開元十道圖》[49]以續今古,故作《地理略》。

都邑之本,金湯[50]之業,史氏不書,《黃圖》[51]難考。臣上稽三皇、五帝之形勢,遠探四夷、八蠻之巢穴。仍以梁汴者,四朝[52]舊都,爲痛定之戒;南陽者,疑若可爲中原之新宅[53]。故作《都邑略》。

諡法一家,國之大典。史氏無其書,奉常失其旨。周人以諱事神,諡法之所由起也。古之帝王,存亡皆用名。自堯、舜、禹、湯至于桀、紂,皆名也。周公制禮,不忍名其先君;武王受命之後,乃追諡太王、王季、文王:此諡法所由立也。本無其書,後世偽作《周公諡法》[54],欲以生前之善惡爲死後之勸懲。且周公之意，既不忍稱其名，豈忍稱其惡！如是，則《春秋》爲尊者諱、爲親者諱，不可行乎周公矣。此不道之言也。幽、厲、桓、靈之字，本無凶義；謚法欲名其惡，則引辭以遷就其意。何爲皇頡制字，使字與義合；而周公作法，使字與義離？臣今所纂，並以一字見義，削去引辭，而除其曲説，故作《謚略》。

祭器者，古人飲食之器也。今之祭器出於《禮圖》[55]，徒務説義，不思適用。形制既乖，豈便歆享！夫祭器尚象[56]者，古之道也。器之大者莫如罍[57]，故取諸雲、山；其次莫如尊[58]，故取諸牛、象；其次莫如彝[59]，故取諸雞、鳳；最小者莫如爵[60]，故取諸雀。其制皆象其形，鑿項及背以出内酒。惟劉杳能知此義，故引魯郡地中所得齊子尾送女器有“犧尊”及齊景公冢中所得“牛尊”“象尊”以爲證[61]，其義甚明，世莫能用。故作《器服略》。

樂以詩爲本，詩以聲爲用。風土之音曰“風”，朝廷之音曰“雅”，宗廟之音曰“頌”。仲尼編《詩》，爲正樂也。以風、雅、頌之歌，爲燕享祭祀之樂。工歌《鹿鳴》之三，笙吹《南陔》之三，歌間《魚麗》之三，笙間《崇丘》之三，此大合樂之道也[62]。古者絲竹有譜無辭，所以六笙但存其名。序《詩》之人，不知此理，謂之有其義而亡其辭。良由漢立齊、魯、韓、毛四家博士，各以義言《詩》，遂使聲歌之道日微。至後漢之末，《詩》三百僅能傳《鹿鳴》、《騶虞》、《伐檀》、《文王》四篇之聲而已。太和末，又失其三。至于晉室，《鹿鳴》一篇又無傳。自《鹿鳴》不傳，後世不復聞《詩》[63]。然詩者，人心之樂也，不以世之興衰而存亡。繼風、雅之作者，樂府也。史家不明仲尼之意，棄樂府不收，乃取工伎之作以爲志。臣舊作系聲樂府以集漢、魏之辭，正爲此也。今取篇目以爲次，曰樂府正聲者，所以明風、雅；曰祀享正聲者，所以明頌。又以琴操明絲竹，以遺聲準逸詩。語曰：“‘韶’盡美矣，又盡善也，‘武’盡美矣，未盡善也。”[64]此仲尼所以正舞也。“韶”即文舞，“武”即武舞。古樂甚希，而文、武二舞猶傳於後世。良由有節而無辭，不爲義説家所惑，故得全仲尼之意。五聲、八音、十二律者[65]，樂之制也。故作《樂略》。

學術之苟且，由源流之不分；書籍之散亡，由編次之無紀。《易》雖一書，而有十六種學：有傳學，有注學，有章句學，有圖學，有數學，有讖緯學，安得總言《易》類乎！《詩》雖一書，而有十二種學：有詁訓學，有傳學，有注學，有圖學，有譜學，有名物學，安得總言《詩》類乎！道家則有道書，有道經，有科儀,有符籙,有吐納內丹,有爐火外丹[66],凡二十五種,皆道家,而渾爲一家,可乎?醫方則有脈經,有灸經,有本草,有方書,有炮炙,有病源,有婦人,有小兒,凡二十六種,皆醫家,而渾爲一家,可乎?故作《藝文略》。

册府之藏,不患無書;校讎之司,未聞其法。欲三館[67]無素餐之人,四庫[68]無蠹魚之簡;千章萬卷,日見流通;故作《校讎略》。

河出《圖》,天地有自然之象,圖譜[69]之學由此而興;洛出《書》,天地有自然之文,書籍之學由此而出。圖成經,書成緯;一經一緯,錯綜而成文。古之學者,左圖右書,不可偏廢。劉氏作《七略》,收書不收圖;班固即其書爲《藝文志》。自此以還,圖譜日亡,書籍日冗,所以困後學而隳良材者,皆由於此。何哉?即圖而求,易;即書而求,難。舍易從難,成功者少。臣乃立爲二記:一曰記有,記今之所有者,不可不聚;二曰記無,記今之所無者,不可不求。故作《圖譜略》。

方册[70]者,古人之言語;款識[71]者,古人之面貌。方册所載,經數千萬傳;款識所勒,猶存其舊。蓋金石之功,寒暑不變,以茲稽古,庶不失真。今藝文有志,而金石無紀。臣於是采三皇五帝之泉幣、三王之鼎彝、秦人石鼓[72]、漢魏豐碑,上自蒼頡石室之文[73],下逮唐人之書,各列其人而名其地。故作《金石略》。

《洪範五行傳》[74]者,巫瞽之學也,歷代史官皆本之以作五行志。天地之間,災祥萬種;人間禍福,冥不可知;若之何一蟲之妖、一物之戾皆繩之以五行!又若之何晉厲公一視之遠、周單子一言之徐而能關於五行之沴乎!晉申生一衣之偏、鄭子臧一冠之異而能關於五行之沴乎[75]!董仲舒以陰陽之學倡爲此說,本於《春秋》,牽合附會。歷世史官,自愚其心目,俛首以受籠罩而欺天下。臣故削去五行,而作《災祥略》。

語言之理易推,名物之狀難識。農圃之人識田野之物,而不達《詩》、《書》之旨;儒生達《詩》、《書》之旨,而不識田野之物。五方之名本殊,萬物之形不一;必廣覽動植,洞見幽潛;通鳥獸之情狀,察草木之精神;然後參之載籍,明其品彙。故作《昆蟲草木略》。

凡十五略,出臣胸臆,不涉漢、唐諸儒議論。《禮略》所以敍五禮,《職官略》所以秩百官,《選舉略》言掄材之方,《刑法略》言用刑之術,《食貨略》言財貨之源流。凡茲五略，雖本前人之典，亦非諸史之文也。

古者記事之史謂之志。《書大傳》曰：“天子有問無以對，責之疑；有志而不志，責之丞。”[76]是以宋、鄭之史，皆謂之志[77]。太史公更志爲記[78]。今謂之志，本其舊也。桓君山曰：“太史公《三代世表》旁行邪上，並效周譜。”[79]古者紀年別繫之書謂之譜，太史公改而爲表。今復表爲譜，率從舊也。然西周經幽王之亂，記載無傳，故《春秋》編年以東周爲始。自皇甫謐作《帝王世紀》及《年曆》[80]，上極三皇；譙周[81]、陶弘景[82]之徒，皆有其書。學者疑之，而以太史公編年爲正，故其年始於共和。然共和之名已不可據，況其年乎！仲尼著書斷自唐、虞，而紀年始於魯隱，以西周之年無所考也。今之所譜，自《春秋》之前，稱世謂之世譜；《春秋》之後，稱年謂之年譜。太史公紀年以六甲，後之紀年者以六十甲，或不用六十甲而用歲陽、歲陰之名[83]。今之所譜，即太史公法，既簡且明，循環無滯。禮言臨文不諱[84]，謂私諱不可施之於公也；若廟諱則無所不避。自漢至唐，史官皆避諱，惟《新唐書》無所避。臣今所修，準舊史例；間有不得而避者，如謐法之類，改易本字，則其義不行，故亦準唐舊。漢景帝名啓，改啓爲開；安帝名慶，改慶爲賀；唐太祖名虎，改虎爲武；高祖名淵，改淵爲水。若章懷太子注《後漢書》，則濯龍淵不得而諱；杜佑作《通典》，則虎賁不得而諱。

夫學術超詣，本乎心識；如人入海，一入一深。臣之二十略，皆臣自有所得，不用舊史之文。紀傳者，編年紀事之實蹟，自有成規，不爲智而增，不爲愚而減，故於紀傳即其舊文，從而損益。若紀有制詔之辭，傳有書疏之章，入之正書，則據實事；實之別録，則見類例。《唐書》、《五代史》[85]，皆本朝大臣所修，微臣所不敢議，故紀傳訖隋。若禮樂政刑，務存因革，故引而至唐云。

嗚呼！酒醴之末，自然澆漓；學術之末，自然淺近；九流設教，至末皆弊。然他教之弊，微有典刑；惟儒家一家，去本太遠。此理何由？班固有言：“自武帝立五經博士，開弟子員，設科射策，勸以官禄。訖于元始，百有餘年。傳業者寖盛，枝葉繁滋，一經説至百餘萬言，大師衆至千餘人，蓋禄利之途使然也！”[86]且百年之間，其患至此；千載之後，弊將若何！況禄利之路，必由科目；科目之設，必由乎文辭[87]。三百篇之《詩》盡在聲歌，自置《詩》博士以來，學者不聞一篇之《詩》；六十四卦之《易》該於象數，自置《易》博士以來，學者不見一卦之《易》。皇頡制字,盡由六書;漢立小學,凡文字之家,不明一字之宗。伶倫[88]制律,盡本七音;江左置聲韻,凡音律之家,不達一音之旨。經既苟且,史又荒唐,如此流離,何時返本!道之汙隆存乎時,時之通塞存乎數;儒學之弊,至此而極!寒極則暑至,否極則泰來,此自然之道也。臣蒲柳之質,無復餘齡;葵藿之心,惟期盛世!謹序。

——據光緒丙申(1896)年浙江書局刊本《通典》,參考商務印書館《十通》本《通志》

【解題】

《通志》,宋鄭樵撰。共二百卷。計"本紀"十八卷,"世家"三卷,"列傳"一零八卷,"載紀"八卷,"四夷傳"七卷,"世譜"、"年譜"四卷,"二十略"五十二卷。所敍時間斷限,各部分稍有參差,大抵本紀從三皇到隋,列傳從周到隋,二十略從遠古到唐。

從《漢書》以後,用紀傳體記敍一代王朝的興亡史,即所謂斷代爲書,成了史學家的風尚。企圖打通王朝的界限,像《史記》那樣,編寫一部貫穿古今的紀傳體通史的,寥寥可數。《通志》便是現存的一部。

《通志》的體例,除紀、傳和以前紀傳體史書相同外,"譜"即各史的"表","略"即各史的"志";"世家"一體做自《史記》,"載記"一體做自《晉書》。文字大多襲用舊史,稍加節略。書中用功最深而鄭樵引以自負的,是"二十略"。他在《自序》裏說,"二十略"包羅了"百代之憲章,學者之能事"。並說:禮、職官、選舉、刑法、食貨五略,還本於前人論著,爲"漢、唐諸儒所得而聞";至於氏族、六書、七音、天文、地理、都邑、諡、器服、樂、藝文、校讎、圖譜、金石、災祥、昆蟲草木等十五略,則係首創,爲"漢、唐諸儒所不得而聞"。不過就以十五略而論,也多采取前人成書,並不盡是創作。因爲敍述前代史實,典章制度,必有所本,自不能不以前人著述爲依據。

《通志》依鄭樵初意,原擬稱爲《通史》,意思是會通諸史,總輯一書。所謂會通,據他的解釋,是:"天下之理,不可以不通。史家據一代之史,不能通前代之史;本一書而修,不能會天下之書;散落人間,靡所底定,安得謂成書!"所謂總輯一書的意思是:"集天下之書爲一書。"即認爲著史不僅要通,而且要博,通史要旁通一切"天下之大學術"。因此,鄭樵特別推尊《史記》,說它能會通古今,使人們瞭解歷代王朝的因革道理;而貶抑《漢書》以下的斷代史書,斥爲失去會通之道。《通志》的編寫,目的就在矯正斷代爲史之弊,恢復史遷良法。

《通史》"二十略"給史學家提出的若干新課題也值得注意。例如,《器服略》考察的禮器與日常器物的關係問題,《圖譜略》提出的保存和搜集形象化史料的問題,《金石略》强調的金石銘刻對研究往古的價值問題,《昆蟲草木略》提出的生物分類以及搜集標本與書本記載參證的問題,等等。他説這都出於自己的胸臆,固然失於誇張,但將這些問題列爲史學的重要課題,則確有特識。

然而,就書論書,《通志》未免令人失望。它雖然卷帙浩繁,却除"二十略"外,在編寫形式上無所創新。由於《通志》反映的歷史内容,空間廣闊,時間長遠,因此過去爲劉知幾所批評的紀傳體通史"每論家國一政,而胡越相懸;敍君臣一時,而參商是隔"的缺點,也就顯得越發突出。加以急欲呈請皇帝批准傳布,倉促寫定,而在史料上没下功夫考核發掘,遂使它的價值遠低於鄭樵自己的估計。

對於《通志》的評價,前人意見頗不一致。《四庫全書簡明目録》謂:"迹其精華,惟二十略;而穿鑿挂漏,均所未免。"清章學誠在《文史通義》裏專寫了《釋通》、《申鄭》二篇,以爲:"鄭氏《通志》,卓識名理,獨見別裁。古人不能任其先聲,後代不能出其規範。"他們或只重史料,或專談體製,都失於片面。其實,《通志》所反映的鄭樵某些史學見解,也許更值得注意。例如,他竭力反對用災異迷信附會人事變化,斥之爲"欺天之學";他又堅決反對學《春秋》的"一字褒貶""以陰中時人",罵作是"欺人之學"。他認定,歷史是"實學",應當講究"覈實之法",決不可空談義理,或者玩弄辭藻。鄭樵以一人之力,撰寫卷帙如此浩繁的著作,確非易事。在二十略中,注意到了以往歷史家忽視的文化史,并吸收了一些勞動人民的智慧經驗。所以儘管它存在着缺陷,仍不失爲一部較有系統的史學巨著。現在通行的《通志》本是商務印書館的《十通》本,附有索引。

《通志·總序》,在中國史學史上向來引人注意。作者關於通史和斷代史孰優孰劣的評論,同前面所選《史通·六家》等篇的意見,形成尖鋭對立。同時,序中關於氏族等十五略的提要,使人對作者自命具有新意的諸篇要點,産生相當深刻的印象。

鄭樵(1104—1162),字漁仲,宋福建路興化軍興化縣(今屬福建莆田縣)人。據《宋史》本傳,説他"好著書,不爲文章,自負不下劉向、揚雄。居夾漈山(莆田西北西岩),謝絶人事。久之,乃遊名山大川,搜奇訪古。遇藏書家,必借留,讀盡乃去"。他自己在《上宰相書》中説:"三十年著書,十年搜訪圖書。"他學識淵博,對經學、禮樂、天文、地理、文字、蟲魚草木各方面都有研究。在夾漈山著作、講學二三十年,人稱夾漈先生。中年以後,唯恐身後著作失傳,急欲得到朝廷幫助傳播,因而屢次上書宰相,上書皇帝,自陳一願官府能流傳自己的文字;二願入祕書省整理天下的圖書金石;三願在史館編修通史。他在書中對秦檜和宋高宗流露出很大幻想,違反了自己青年時寧死也要抗金的誓言。南宋紹興二十八年(1158),經工部侍郎王綸等推薦,見宋高宗,授右迪功郎、禮兵部架閣。因宋高宗索閱他的《通志》,隨即返家寫定,在兩年多內草草改成,於紹興三十一年(1161)再至臨安獻上。授樞密院編修,准入祕書省閱書,但不久又受彈劾失去這一特權。次年便鬱鬱而死,年五十九。所著書可考的約八十餘種,留存的,除《通志》外,還有《夾漈遺稿》、《爾雅注》、《詩辨妄》等。《宋史》卷四三六有傳,但事實有誤,據原興化縣志館所藏《鄭氏族譜》等可予訂正。

【注釋】

[1] 二帝三王:二帝指唐堯和虞舜;三王指三代開國的帝王,即夏禹、商湯、周文王、武王。

[2] 周公五百歲而有孔子,孔子五百歲而在斯乎:語見《史記·太史公自序》。上文有"先人有言"四字,係司馬遷引其父談的話。

[3] 左氏……盡楚人之辭:鄭氏謂著《春秋傳》者,係楚左史倚相的後人,非左丘明。辨見《通志·氏族略》。又曾引趙匡說:"左丘明乃孔子以前聖人,而左氏不知出於何代。"而謂"左氏之書,序晉楚事最詳",因斷定左氏爲戰國時楚人。說詳《困學紀聞》卷六翁元圻注引鄭漁仲《六經奧論》四。

[4] 公羊,齊人也:公羊,謂公羊高,相傳是孔門子夏的弟子,口傳《春秋》的"微言大義";到漢景帝時由他的玄孫公羊壽與齊人胡母子都寫錄成書,就是今傳本的《春秋公羊傳》。見唐徐彥疏引後漢戴宏序。但據後漢桓譚《新論》,則謂"齊人公羊高緣經作傳,彌失本事",就是說《春秋公羊傳》早在戰國時已成書。鄭樵這裏當依後說。

[5] 故曰……非所謂作也:語見《史記·太史公自序》。

[6] 劉知幾亦譏其多聚舊記,時插雜言:見本書所選《史通·六家》篇。

[7] 晉之乘,楚之檮杌,魯之春秋:語見《孟子·離婁下》。漢趙岐注:"此三大國史記之名。《乘》者,興於田賦乘馬之事,因以爲名。《檮杌》者,囂凶之類,興於記惡之戒,因以爲名。《春秋》,以二始舉四時,記萬事之名。"

[8] 肅宗……必能知之:肅宗即後漢章帝。章帝曾召班固問應如何改定禮制,固說:"京師諸儒,多能說禮,宜廣招集,共議得失。"引起章帝不滿。

見《後漢書・曹褒傳》。時固官玄武司馬，屬於皇帝的顧問官。

[9]　固惟竊叔孫通……塞白而已：叔孫通，秦末博士，漢初曾爲劉邦制定朝儀，後又定其它禮儀，以善趨時著名。《後漢書・曹褒傳》：章帝曾以班固所上叔孫通《漢儀》十二篇，命曹褒修改，説：“此制散略，多不合經，今宜依禮條正，使可施行。”所以鄭樵批評班固“塞白”。

[10]　公愛班固而忽崔駰，此葉公之好龍也：語見《後漢書・崔駰傳》。崔駰（？—92），字亭伯，後漢涿郡安平（今河北安平）人。善文章，與班固、傅毅齊名。章帝元和中上《四巡頌》，爲章帝所稱賞，以爲文章在班固上。葉公好龍，語出劉向《新序・雜事》篇，説：葉公子高好龍，屋宇器物都畫上龍；但真龍來，他大驚而逃。借喻好似龍而非龍者。

[11]　以古今人物彊立差等：按這指斥《漢書・古今人表》。在鄭樵前，批評《古今人表》的，還有唐劉知幾等。劉説見《史通・表歷》和《品藻》篇。

[12]　且謂漢紹堯運……廊於秦、項：語本《漢書・敍傳》。按以劉漢上繼唐堯，在東漢初已流行，也見於班彪《王命論》。這是當時儒生阿諛皇室的話，實不始於班固。

[13]　盡竊遷書：按《漢書》有關武帝前的記載，雖多襲用《史記》原文，但也增補了許多史料。參見本書《漢書》解題。

[14]　資於賈逵、劉歆：賈逵，已見本書《六家》注[50]。劉歆（？—23），西漢宗室，字子駿，古文經學派的開創者，曾助王莽“託古改制”，奪取西漢帝位，被封爲國師。劉歆與父向，都曾續《史記》。班彪即因不滿劉歆、揚雄所續褒美新朝，而改作《後傳》。《漢書・藝文志》也是襲取向、歆父子所作《七略》。賈逵爲劉歆再傳弟子，但未續《史記》。鄭樵這裏説“資於賈逵”，未詳所據。

[15]　又有曹大家終篇：已見本書《漢書》解題。曹大家即班固妹昭。昭，曹世叔妻。家讀如姑，當時東漢宮廷中尊稱昭爲曹大家。

[16]　所可見者，元、成二帝贊耳：《漢書・元帝本紀贊》和《成帝本紀贊》有“臣外祖兄弟”和“臣之姑”語，經後漢應劭考證，臣係班彪自謂，所以這兩贊當出彪手。清《四庫全書總目提要》以爲《漢書》中《韋賢傳》、《翟方進傳》及《元后傳》都有“司徒掾班彪曰”六字，則這三傳也當出於彪手。

［17］ 諸生決科之文：諸生，即生員，唐、宋後官學在學學生的通稱。決科之文，指參加科舉考試所做的試卷。宋時進士諸科主要考試論策，要求考生就經史某些問題，判斷政理成敗所因，以及人物損益。

［18］ 范曄、陳壽……輕薄無行：范曄，《後漢書》作者；劉宋元嘉時，以謀反罪被殺。陳壽，《三國志》作者；遭父喪有疾，使婢和藥；其後又不從母囑歸葬洛陽，遭人非議。詳見本書上冊《後漢書》和《三國志》解題。鄭氏因反對班固，連帶涉及范、陳。

［19］ 孔子曰……所損益可知也：語見《論語‧爲政》篇。

［20］ 洪範五行者……而世世序五行傳：《洪範五行》即《洪範五行傳》，西漢劉向撰。《漢書‧劉向傳》作《洪範五行傳論》，十一篇；《漢書‧藝文志》著錄爲《五行傳記》，十一卷，當是一書。今佚，遺説見《漢書‧五行志》中。此書集錄上古以來，下至秦漢符瑞災異的事變，説明它的禍福占驗，是西漢經學家神學迷信的書。從《漢書》以下，許多“正史”都有《五行志》。鄭氏以爲蓋本於此，故有這批評。

［21］ 南謂北爲索虜，北謂南爲島夷：北齊魏收作《魏書》，稱東晉爲僭晉，稱桓玄、劉裕、蕭道成、蕭衍等爲島夷。島夷，古代東南夷之稱，語出《尚書‧禹貢》，所謂“島夷卉服”。梁沈約作《宋書》，稱北魏爲索虜。索虜，亦稱索頭虜，因爲鮮卑習俗編髮如繩索。

［22］ 房玄齡董史册，故房彥謙擅美名：房玄齡（578—648），名喬，以字行（據《舊唐書》；《新唐書》謂名玄齡，字喬），唐臨淄（今山東淄博東北）人，助唐太宗取得帝位。任尚書左僕射，封梁國公。曾總監諸代史，故曰“董史册”。傳見《舊唐書》卷六六、《新唐書》卷九六。房彥謙，玄齡父，隋時任司隸刺史，傳見《隋書》卷六六。傳中表彰彥謙一生“清白”，“一言一行，未嘗涉私”。

［23］ 虞世南預修書，故虞荔、虞寄有嘉傳：虞世南，字伯施，唐餘姚（今浙江餘姚）人。荔子，出繼叔寄。善文詞，擅書法。隋時任祕書郎，入唐官弘文館學士，改祕書監。傳見《舊唐書》卷七二、《新唐書》卷一〇二。按唐修《五代史》，虞世南並未參與，惟據《舊唐書‧褚亮傳》，説：“每軍國務静，即便引見，討論墳籍，商略前載。”所謂預修書，或即指此。虞荔、虞寄都

以文史知名於南朝梁、陳間,傳見《陳書》卷一九、《南史》卷六九。《陳書》作者姚察、姚思廉父子,同虞荔、虞世南父子爲世交,故專爲虞荔、虞寄兄弟立傳,并曲筆粉飾,可參趙翼《廿二史劄記》卷一六。

[24]　晉史黨晉……抱屈黄壤:按《晉史》當指晉人所修晉朝史。司馬懿父子專擅魏政,陰謀奪取曹氏帝位,魏太尉王淩、鎮東將軍毌丘儉、征東大將軍諸葛誕先後起兵反對司馬氏,都未成功,被指爲叛臣。傳均見《三國志·魏志》卷二八。

[25]　齊史黨齊……含寃九泉:蕭道成謀奪劉宋帝位,宋臣司徒袁粲與尚書令劉秉相結,響應荆州刺史沈攸之起兵,爲蕭道成所敗,被殺,《南齊書》稱爲叛逆。粲傳見《宋書》卷八九、《南史》卷二六;秉傳見《宋書》卷五一;攸之傳見《宋書》卷七四、《南史》卷三七。

[26]　乃命吳均作通史:見本書《史通·六家》篇注[46]。

[27]　陸從典續史記:陸從典,字由儀,隋吳郡吳(今江蘇蘇州)人,隋時任著作佐郎。右僕射楊素奏命續《史記》。書未成,坐弟受漢王諒官,被免職。傳見《陳書》卷三〇、《南史》卷四八。

[28]　蕭、曹:即西漢初名相蕭何、曹參。

[29]　莽、卓:即篡奪西漢帝位的王莽,謀奪東漢帝位的董卓。

[30]　江淹有言……無出於志:江淹(444—505),南朝梁時文學家,字文通,濟陽考城(今河南蘭考東)人。歷仕宋、齊、梁三朝,齊時曾典國史,官終金紫光禄大夫。有《江文通集》。傳見《梁書》卷一四、《南史》卷七二。引語不見於本傳。《史通·古今正史》:"齊史,江淹始受詔著述,以爲史之所難,無出於志,故先著十志以見其才。"鄭説蓋本此。

[31]　志之大原起於爾雅:《爾雅》,我國最早的百科辭典,解釋詞義和各種名物,西漢初開始成書,今本共十九篇,唐以後被列爲"經"。按志體起源,鄭主《爾雅》,故二十略中有六書、七音、昆蟲草木等;劉知幾主"出於《三禮》",説見《史通·書志》篇。清章學誠採劉説,也説"蓋出官禮",見《亳州志·掌故例議》上。

[32]　司馬遷……曰"説":六語均出《史通·書志》篇。這些名稱,除馬、班外,蔡邕作《靈帝紀》及《十意》,見《後漢書》本傳。華嶠作《後漢書》,有《十

典》十卷，見《晉書》本傳。晉張勃作《吳録》三十卷，見《隋書·經籍志》。劉宋何法盛作《晉中興書》，也見《隋志》；其改志稱説，見《陳書·何之元傳》及《史通·書志》篇。

[33] 五略：指禮、職官、選舉、刑法、食貨。

[34] 十五略：指下文逐一介紹的氏族等十五略。

[35] 倡於左氏：《左傳》隱公八年：“無駭卒，羽父請謚與族。公問族於衆仲。衆仲對曰：天子建德，因生以賜姓，胙之土而命之氏。諸侯以字爲謚，因以爲族。官有世功，則有官族。邑亦如之。”鄭樵以爲這是姓氏學的開端。下文五者即指傳文説的土、字、謚、官、邑。

[36] 獨體爲文，合體爲字：體指漢字的結構。許慎《説文解字序》：“倉頡之初作書，蓋依類象形，故謂之文；其後形聲相益，即謂之字。”所謂依類象形，即由描摹實物形狀所造的字，如“六書”中的“象形”、“指事”，每字自成整體，拆開便不成字，即是獨體；形聲相益，如“六書”中的“會意”、“諧聲”，由兩個或兩個以上的獨體合成一字，即是合體。

[37] 主類爲母，從類爲子：母指《説文》的部首，子指從屬於部首的字。鄭樵以爲，“母可以爲音主，名爲主類；子止可以從母，名爲從類，如所謂凡某之屬皆從某是也。”見《通志·六書略·論子母》。

[38] 凡爲字書者，皆不識子母：鄭樵以爲母主形，子主聲。《説文》以母統子，《廣韻》以子該母。《説文》定五百四十類爲字之母；但母能生，子不能生，《説文》誤以子爲母者二百十類，故鄭樵譏其不識子母。説見《通志·六書略·論子母》篇。

[39] 止戈爲武：語見《左傳》宣公十二年。鄭樵以爲武字不是從戈從止，而是從戈從亡。從戈以見義，從亡以見聲，於六書爲諧聲。

[40] 反正爲乏：語見《左傳》宣公十五年。鄭樵以爲正是射侯之正（古代布製的箭靶），係象形。正以受矢，乏以藏矢，字義相反，故云反正爲乏。

[41] 天籟：出於自然運動的聲音，見《莊子·齊物論》。這裏指漢語的發音。

[42] 縱有四聲以成經，橫有七音以成緯：四聲指平、上、去、入。七音即今所謂“聲母”，古稱宮（喉）、商（齒頭，正齒）、角（牙）、徵（舌頭、舌上）、羽（重唇、輕唇）、半徵（半舌）、半商（半齒）。

[43]　皇頡：指蒼頡，古有"蒼頡爲帝"的傳説，如漢代緯書《春秋元命苞》即稱首
　　　創文字的爲"蒼帝史皇氏，名頡，姓侯岡"。鄭樵蓋本此。參見本書《世
　　　本·作篇》注[28]、[29]。

[44]　江左四聲：指南朝齊、梁間沈約等提出的四聲説，見本書《宋書·謝靈運
　　　傳論》注[39]。

[45]　隋丹元子步天歌：《通志·天文略》序謂：丹元子是隋代隱者，不知名氏，
　　　作《步天歌》，王希明纂漢、晉志以解釋它。按《宋史·藝文志》著録《步天
　　　歌》，題王希明撰。其他目録學家説法不一，或謂王希明託名丹元子。

[46]　靈臺：古代的天文氣象臺。名初見於《詩·大雅·靈臺》，東漢鄭玄釋爲
　　　周天子觀星望氣之臺。

[47]　甘、石本經：《史記·天官書》多用甘石《星經》説。《史記正義》引阮孝緒
　　　《七録》謂：甘公，楚人，作《天文星占》八卷。石申，魏人，作《天文》八卷。
　　　清錢大昕以爲世所傳《星經》係後人僞託，不足信。

[48]　封圻：圻通畿。封圻，天子統治區域的疆界，即疆域。

[49]　開元十道圖：唐李吉甫撰，十卷。太宗貞觀初，依山川形勢，分國内爲十
　　　道。至玄宗開元二十年(732)置十道採訪處置使，設固定治所，始成爲正
　　　式政區。名見新、舊《唐書·地理志》及《唐六典》。李此書已佚，今存李
　　　撰《元和郡縣志》三十四卷。

[50]　金湯："金城湯池"的略稱，譬喻城池堅固不可近，語出《漢書·蒯通傳》：
　　　"皆爲金城湯池，不可攻也。"

[51]　黄圖：或稱《三輔黄圖》，不著撰人，《隋書·經籍志》著録爲一卷，記秦、漢
　　　時期三輔的城池、宮觀、陵廟、辟雍、郊畤等。今本六卷，蓋後人所增輯。
　　　書今存，有清畢沅、孫星衍校補本。

[52]　四朝：指五代時的梁、晉、漢、周，均定都開封。北宋也都於此，但南宋繼
　　　稱宋朝，故鄭樵不以北宋爲一朝，而説北宋都城没選好，所以才被迫南
　　　遷，即下文所謂"痛定之戒"。

[53]　可爲中原之新宅：鄭樵以爲，宋朝如想中興，既不能再居故都汴京，也不
　　　可偏安江南，而河北一時難以收復，只有東漢光武賴以起家的南陽，方爲
　　　"建都之極選"。説詳《通志·都邑略序》。

[54] 周公謚法：始見於北宋王堯臣等撰《崇文總目》，不著撰人名氏，一卷，共一百七十餘條，序謂："維周公旦、太公望，聞嗣王發建功於牧野，及終，將葬，乃制謚。"書今佚。

[55] 禮圖：即《三禮圖》，唐以前有鄭玄等所撰六種，均佚。這裏指北宋初聶崇義所撰二十卷，爲宋朝郊廟祭禮的依據。

[56] 祭器尚象：《今文尚書·皋陶謨》："余欲觀古人之象，日月星辰，山龍華蟲，作繪宗彝。"又，《呂氏春秋·慎勢》："周鼎著象，爲其理之通也。"按"象"均指彝器上的象紋，鄭樵理解爲都指形制，不妥。

[57] 罍：古酒器名，似壺而廣肩，有鼻。《爾雅·釋器》郭璞注謂大者可盛一斛。

[58] 尊：古酒器名，侈口方肩，圈足，形多似鳥獸。宋《禮圖》謂可受五斗。

[59] 彝：即方彝，古酒器名，方體有蓋。宋《禮圖》謂可受三斗。

[60] 爵：古酒器名，溫酒或飲酒用，前有流，後有尾，兩柱三足，有鋬。

[61] 惟劉杳能知此義……"象尊"以爲證：劉杳，字士深，梁平原（今山東平原西南）人，歷任太學博士、尚書左丞。杳博學多識，嘗和沈約討論宗廟犧尊事，舉魏、晉時出土的春秋文物，證明"古者犧尊皆刻木爲鳥獸，鑿頂及背，以出内酒"，而否定了鄭玄《三禮圖》之說。見《梁書》卷五〇本傳。

[62] 工歌鹿鳴之三……此大合樂之道也：語本《儀禮·鄉飲酒禮》。當主人獻衆賓畢，遂作樂。樂工入，授瑟，歌《鹿鳴》、《四牡》、《皇皇者華》。笙磬在堂下奏《南陔》、《白華》、《華黍》。再歌吹相間：歌《魚麗》，笙《由庚》；歌《南有嘉魚》，笙《崇邱》；歌《南山有臺》，笙《由儀》。再後合樂，歌奏《周南》的《關雎》、《葛覃》、《卷耳》和《召南》的《鵲巢》、《采蘩》、《采蘋》。按《南陔》、《白華》、《華黍》、《由庚》、《崇丘》、《由儀》六篇，有聲無辭，古稱"笙詩"，不在今《詩經》三百零五篇中。其餘《鹿鳴》等，都是《詩經》篇名。

[63] 至後漢之末……後世不復聞詩：語本《晉書·樂志》。曹操平荆州，得漢雅樂郎杜夔，任爲軍謀祭酒，創定雅樂，傳《鹿鳴》等四篇古聲調。魏明帝太和中，左延年改《騶虞》、《伐檀》、《文王》三曲，惟存《鹿鳴》舊歌。到晉武帝泰始五年（269），中書監荀勗又除去《鹿鳴》舊歌。於是古樂全亡。參見《三國志·杜夔傳》。

[64]　語曰……未盡善也：見《論語・八佾》。“韶”，虞舜樂名；“武”，周武王
　　　樂名。

[65]　五聲、八音、十二律：五聲：宮、商、角、徵、羽。八音：金(鐘)、石(磬)、絲
　　　(琴瑟)、竹(簫管之屬)、匏(笙竽)、土(壎)、革(鼓)、木(柷敔)。十二律：
　　　陽律六：黃鐘、太簇、姑洗、蕤賓、夷則、無射；陰律六：大呂、夾鐘、仲呂、
　　　林鐘、南呂、應鐘。

[66]　有吐納內丹，有爐火外丹：古代方士及道教徒修煉的兩種方法。依靠自
　　　身內部，吐出濁氣，吸納清氣，所謂“吐故納新”，稱爲內丹。依靠體外藥
　　　物，服食在爐火中燒煉的朱砂等，稱爲外丹。

[67]　三館：指昭文館、集賢院和史館，都是宋代朝內藏書處。

[68]　四庫：四庫的名稱始於唐。唐中宗景龍時，分經史子集爲四庫，命薛稷、
　　　沈佺期、武平一、馬懷素分掌，見宋王應麟《玉海》。玄宗時，更於兩京各
　　　聚書四部，以甲乙丙丁爲次，列經史子集四庫，見《唐書・藝文志》。

[69]　圖譜：圖表。《史通・表歷》：“蓋譜之建名，起於周代；表之所作，因譜象
　　　形。故桓君山有云，太史公《三代世表》，旁行斜上，並效《周譜》。”

[70]　方冊：也作方策。方，版，即木牘；策，竹簡。通版叫方，聯簡成冊，所以古
　　　代書籍文件稱方冊。

[71]　款識：刻記，指古代銅石器物上所刻文字，凹入的陰字叫“款”，凸出的陽
　　　文稱“識”。

[72]　秦人石鼓：我國現存最早的刻石文字。唐初在天興(今陝西鳳翔)出土。
　　　凡十塊，石形如鼓，用籀文(大篆體)刻四言詩十首，記秦國君游獵事，故
　　　稱“石鼓文”。據近人考證，有秦文公、穆公、襄公、獻公等不同説法。現
　　　其中一石僅餘一半，其他九石字形也有殘缺。原物藏今北京故宮博物
　　　院。鄭樵在《金石略》中，説自己撰有《石鼓辨》，明爲秦篆。

[73]　蒼頡石室之文：據《通志・金石略》，謂蒼頡北海墓中有《蒼頡石室記》，共
　　　二十八字，周時無人識，秦時李斯始識“上天作命皇辟迭王”八字，漢叔孫
　　　通識十二字。現已無考。

[74]　洪範五行傳：指西漢劉向所撰《五行傳記》，已見前注[20]。這書反映漢
　　　朝經學日益變爲讖緯神學，同巫覡瞽矇把吉凶禍福歸諸鬼神意旨的原始

迷信已很難區別,所以鄭樵譏之爲巫瞽之學。

[75] 又若之何晉厲公一視之遠……而能闊於五行之沴乎:單襄公見晉厲公視遠步高,他說晉侯目不存體,足不步目,目體不相從,命將不久。事見《國語·周語》下。周單子會韓宣子,單子精神萎靡,視下音低,叔向認爲單子不能久活。事見《左傳》昭公十一年。晉獻公命太子申生攻東山皋落氏,讓他穿左右顏色不同的"偏衣",狐突等認爲不祥。事見《左傳》閔公二年。鄭子臧在宋,好聚鷸鳥羽毛爲冠,鄭文公憎惡他服飾非法,派人刺殺他。事見《左傳》僖公二十四年。沴(jì),氣不和引起的災害。這段話是指責漢儒以災異說《春秋》的不當,所謂貌不恭、服妖之類,都是《災祥略》所謂一種"妖學,務以欺天"。

[76] 書大傳曰……責之丞:《書大傳》,即《尚書大傳》。舊題漢伏勝撰。或說源於勝,非勝自撰。今傳本四卷,附補遺一說。引文見《尚書大傳·皋繇謨》。疑、丞都是官名。古代天子設前疑、後丞、左輔、右弼,稱爲四鄰,以備天子顧問。

[77] 宋、鄭之史,皆謂之志:"宋志"二字見《左傳》襄公元年,孔穎達《正義》以爲"宋人志在攻取"。"鄭志"二字見隱公元年,杜預《集解》以爲"鄭伯志在於殺"。都作心志解,不作史志解,與鄭說不同。

[78] 太史公更志爲記:太史公指司馬遷。按遷書本名《太史公》,以官名書,見《漢書·藝文志》。以後稱《太史公記》,始見於《漢書·楊敞傳》。又稱《太史記》,見應劭《風俗通》。再後始改稱《史記》。鄭謂遷自稱爲《記》,說略不同。

[79] 桓君山……並效周譜:君山,桓譚字。譚(前33—後39),漢代哲學家,沛國相(今安徽濉溪西北)人。著《新論》二十九篇,反對當時讖緯神學。傳見《後漢書》卷五八。書久佚,清孫馮翼、盧文弨有輯本。引語見《梁書·劉杳傳》引。按《周譜》早佚,《漢書·溝洫志》引有《周譜》"定王五年河徙"語,則此書可能漢時尚存。

[80] 皇甫謐作帝王世紀及年歷:謐字士安,晉朝那(今寧夏固原東南)人。著有《帝王世紀》及《年曆》,共十二篇。上起三皇,下迄漢、魏。傳見《晉書》卷五一。《通志·藝文略》以《帝王世紀》十卷入編年史的"紀録類",以

《年歷》六卷入編年史的“運歷類”。按兩書都佚;《帝王世紀》,清宋翔鳳、顧觀光等有輯本。

[81]　譙周:(201—270)字允南。三國蜀巴西西充(今四川閬中西南)人,後主立太子,周爲家令。歷中散大夫、光禄大夫。鄧艾入蜀,周勸後主投降,被魏封爲陽城亭侯。曾搜集先秦傳説和史事,補《史記》之闕,著《古史考》,已佚,清章宗源有輯本。傳見《三國志·蜀志》卷一二。

[82]　陶弘景:(456—536)字通明,梁秣陵(今江蘇南京)人。好道術。齊高帝以爲諸王侍讀。後隱居句容句曲山。梁武帝即位,每遇軍國大事,必諮詢他,時人稱爲“山中宰相”。著有《帝代年曆》、《古今刀劍録》、《真誥》等書。他又是著名醫學家,所撰《本草經集注》,爲古代藥學名著。傳見《梁書》卷五一、《南史》卷七六。

[83]　太史公紀年以六甲……而用歲陽、歲陰之名:六甲指甲寅、甲辰、甲午、甲申、甲戌六者。六十甲謂從甲子到癸亥,逐年而紀,爲數六十。歲陽、歲陰之名如甲稱閼逢,乙稱旃蒙,寅稱攝提格,卯稱單閼,見《爾雅》。按鄭樵主張只記六甲,語見《通志·年譜序》。

[84]　禮言臨文不諱:見《禮記·曲禮》上。

[85]　唐書、五代史:《唐書》指宋歐陽修、宋祁等奉敕編撰的《新唐書》,凡二百二十五卷。《五代史》有兩部:《舊五代史》一百五十卷,宋薛居正等奉敕撰;《新五代史記》七十五卷,宋歐陽修私撰,成書後也被列爲官書。三書都收入今本《二十五史》中。

[86]　班固有言……蓋禄利之途使然也:語見《漢書·儒林傳》。按武帝置博士弟子員,事在元朔五年(前124)。到平帝元始初(公元1年),凡百二十餘年。

[87]　科目之設,必由乎文辭:科目指隋、唐以來設明經、進士等科選拔士人。文辭指試士的經義策論等。

[88]　伶倫:相傳黄帝時樂師,見本書《世本·作篇》注[21]。

田賦考·屯田 〔文獻通考卷七〕（節錄）

漢昭帝始元二年，發習戰射士[1]，調故吏將屯田張掖郡。調，發遣之也。故吏，前爲官職者。

宣帝神爵元年，後將軍趙充國[2]擊先零羌，罷騎兵，屯田以待其敝。……

　　按[3]屯田所以省饋饟，因農爲兵，而起於漢昭、宣之時。然文帝時鼂錯上言：「遠方之卒，守塞一歲而更，不知胡人之能，不如選常居者，家室田作以備之。爲之高城深塹，先爲室屋，具田器，募罪人及免徒復作及民之欲往者，皆賜高爵，復其家，俾實塞下。使屯戍之事省，輸將之費寡。」[4]則其規模已略出此。但文帝則與以田屋，令其人自爲戰守；而此屯田則以兵留耕，因取其耕之所獲以饟兵，微爲不同。又按武帝征和中，桑弘羊與丞相御史請屯田故輪臺地，以威西域；而帝下詔，深陳既往之悔，不從之[5]。其事亦在昭、宣之前。然輪臺西於車師千餘里，去長安且萬里，非張掖、金城之比，而欲驅漢兵遠耕之，豈不謬哉！賴其説陳於帝既悔之後耳。武帝通西域，復輪臺、渠犁[6]，亦置營田校尉領護，然田卒止數百人。今弘羊建請以爲溉田五千頃以上，則徙民多而騷動衆矣。帝既悔往事，思富民，宜其不從也。

東漢邊郡置農都尉，主屯田殖穀。……
獻帝建安元年，募民屯田許下。

　　中平[7]以來，天下亂離。民棄農業，諸軍並起，率乏糧穀，無終歲之計。饑則寇掠、飽則棄餘。瓦解流離，無敵自破者，不可勝數。袁紹在河北，軍人仰食桑椹；袁術在江、淮，取給蒲蠃[8]。民多相食，州里蕭條。羽林監棗祗及韓浩[9]請建置屯田。操從之。以祗爲屯田都尉,以騎都尉任峻[10]爲典農中郎將,募民屯田許下,得穀百萬斛。於是州郡例置田官,所在積穀,倉廩皆滿。故操征伐四方,無運糧之勞,遂能兼并羣雄。軍穀之饒,起於祗而成於峻。

……後魏文帝大統十一年,大旱。十二年,祕書丞李彪[11]上表,請別立農官,取州郡戶十分之一爲屯田人,相水陸之宜,料頃畝之數,以贓贖雜物市牛科給,令其肆力。一夫之田,歲責六十斛,甄其正課,并征戍雜役。行此二事,數年之中,穀積而人足矣。帝覽而善之,尋施行焉。自此公私豐贍,雖有水旱不爲害。

北齊廢帝乾明中,尚書左丞蘇珍芝又議修石鱉等屯,歲收數十萬石,自是淮南軍防糧足。

孝昭帝皇建中,平州刺史嵇曄建議開幽州督亢舊陂[12]、今范陽郡范陽縣界。長城左右營屯,歲收稻粟數十萬石,此境得以周贍。又於河內置懷義等屯,以給河南之費,自是稍止轉輸之勞。

武成帝河清三年,詔沿邊城守堪耕食者,營屯田,置都子使以統之。一子使當田五十頃,歲終,課其所入,以論褒貶。

隋文帝開皇三年,突厥犯塞,吐谷渾寇邊,轉輸勞敝,乃令朔方總管趙仲卿[13]於長城以北大興屯田。

唐開軍府以捍要衝,因隙地置營田[14]。天下屯總九百九十二。司農寺因屯三頃,州鎮諸軍每屯五十頃。水陸腴瘠,播植地宜,與其功庸煩省、收率之多少,皆決於尚書省。苑內屯[15],以善農者爲屯官、屯副,御史巡行莅輸。上地五十畝,瘠地二十畝,稻田八十畝,則給牛一。諸屯以地良薄與歲之豐凶爲三等,具民田歲穫多少,取中熟爲率。有警則以兵若夫千人助收。隸司農者,歲二月,卿、少卿循行,治不法者。凡屯田收多者,褒進之。歲以仲春籍來歲頃畝、州府軍鎮之遠近,上兵部度便宜遣之。

開元二十五年,詔屯官敍功,以歲豐凶爲上下。鎮戍地可耕者,人給十畝以供糧。方春,令屯官巡行,譴作不時者。天下屯田收穀百九十餘萬斛。初,度支歲市糧於北部,以贍武振、天德、靈武、鹽、夏之軍[16],費錢五六十萬縉,泝河舟溺甚衆。

建中初,宰相楊炎請置屯田於豐州[17],發關輔民鑿陵陽渠以增溉。京兆尹嚴郢[18]嘗從事朔方,知其利害,以爲不便。疏奏,不報。郢乃奏五城舊屯[19],其數至廣,以開渠之糧貸諸城官田,約以冬輸,又以開渠功直布帛先給田者,據估轉穀,如此則關輔免調發,五城田闢,比之浚渠,利十倍也。時楊炎方用事,郢議不用,而陵陽渠亦不成。然振武、天德良田廣袤千里。

元和中,振武軍饑。宰相李絳[20]請開營田,可省度支漕運,及絶和糴欺隱。憲宗稱善。乃以韓重華爲振武京西營田和糴水運使,起代北墾田三百頃,出贓罪吏九百餘人,給以耒耜耕牛,假糧種,使償所負粟。一歲,大熟。因募人爲十五屯,每屯百三十人,人耕百畝。就高爲堡,東起振武,西逾雲州[21],極於中受降城[22],凡六百餘里。列柵二十,墾田三千八百餘頃,歲收粟二十萬石,省度支錢二千餘萬緡。重華入朝奏請益開田五千頃,法用人七千,可以盡給五城。會李絳已罷,後宰相持其議而止。憲宗末,天下營田皆僱民或借庸以耕,又以瘠地易上地,民間苦之。穆宗即位,詔還所易地而耕,以官兵耕官地者,給三之一以終身。靈武、邠、寧土廣肥,而民不知耕。太和末,王起[23]奏立營田。後党項[24]大擾,河西邠寧節度使畢諴[25]亦募士開營田,歲收三十萬斛,省度支錢數百萬緡。

開元令:諸屯田應用牛之處,山原川澤,土有硬軟,至於耕墾,用力不同。土軟處,每一頃五十畝,配牛一頭;強硬處,一頃二十畝,配牛一頭。即當屯之內,有軟有硬,亦依此法。其稻田,每八十畝,配牛一頭。諸營田,若五十頃外,更有地剩,配丁牛者,所以收斛斗,皆準頃畝折除。其大麥、蕎麥、乾蘿蔔等,漑粟計折斛斗,以定等級。天寶八載,天下屯收百九十一萬三千六百六十石,關內五十六萬三千八百一十石,河北四十萬三千二百八十石,河東二十四萬五千八百石,河西二十六萬八十八石,隴右四十四萬九百二石。

上元中,於楚州古射陽湖[26]置洪澤屯,壽州置芍陂屯[27]。厥田沃壤,大獲其利。

宋太祖皇帝端拱二年[28],以左諫議大夫陳恕[29]爲河北東路招置營田使、魏羽[30]爲副使,右諫議大夫樊知古[31]爲河北西路招置營田使、索湘[32]

爲副使,欲大興營田也。

先是,自雄州[33]東際於海,多積水,戎人[34]患之,未嘗敢由此路入寇。順安軍[35]西至北平二百里,地平廣無隔閡,每歲胡騎多由此而入。議者以爲宜度地形高下,因水陸之便,建阡陌,浚溝洫,益樹五稼,所以實邊廩而限戎馬。雍熙後數用兵,岐溝、君子館敗衂[36]之後,河朔之民,農桑失業,多閑田,且戍兵增倍,故遣恕等經營之。恕密奏戍卒皆惰游,仰食縣官,一旦使冬被甲兵,春執耒耜,恐變生不測。乃詔止,令茸營堡。營田之議遂寢。

淳化四年,知雄州何承矩[37]請於順安寨西,引易河築隄爲屯田。既而河朔頻年霖澍水潦,河流湍溢,壞城壘民舍,復請因積潦處畜積爲陂塘,大作稻田以足食。

滄州臨津令黃懋上書,請於河北諸州作水利田。懋自言閩人,閩地種水田,緣山導泉,倍費功力;今河北州、軍陂塘甚多,引水溉田,省功易就,三五年內,公私必獲大利。乃詔承矩往河北諸州水所積處大墾田。以承矩爲制置河北沿邊屯田使,懋充判官,發諸州鎮兵萬八千人給其役。凡雄、莫、霸州,平戎、破虜、順安軍[38],興堰六百里,置斗門,引淀水灌溉。初年種稻,值霜早,不成;次年方熟。初,承矩建議,沮之者頗衆;又武臣習攻戰,亦恥於營茸;種稻又不成,羣議益甚,幾罷役。至是,議者乃息。莞蒲蜃蛤之饒,民賴其利。

按古者兵與農共此民也,故無事則驅之爲農而力稼穡,有事則調之爲兵而任征戰。雖唐府兵之法猶然。至於屯田,則驅游民,闢曠土,且耕且戍,以省饋餉,尤爲良法。自府兵之法既壞[39],然後兵農判而爲二。不特農疲於養兵,而兵且恥於爲農。觀陳恕所奏及沮何承矩屯田之議者可見。然則,國力如之何而不敝於餉軍也哉!……

天禧末,諸州屯田總四千二百餘頃。而河北屯田,歲收二萬九千四百餘石;而保州[40]最多,逾其半焉。江、淮、兩浙承魏制,皆有屯田;克復後,多賦與民輸租,第存其名[41]。在河北者,雖有其實,而歲入無幾,利在畜水以限戎馬而已。

治平三年,河北屯田有田三百六十七頃,得穀三萬五千四百六十八石。

屯田,因兵屯得名,則固以兵耕。營田,募民耕之,而分里築室以居其人,略如黿錯田塞之制[42],故以營名,其實用民而非兵也。國初,惟河北屯田有兵;若江、浙間名屯田者,皆因五代舊名,非實有屯也。祥符九年,李允則[43]奏改保州、定州營田務爲屯田務,則募兵以供其役。熙寧取屯田務罷之[44],則又收務兵各隸其州以爲廂軍,則屯、營固異制矣。然咸平中,營田襄州,既而又取鄰州兵用之[45],則非單出民力。熙、豐間,屯、營多在邊州,土著人少,則不復更限兵民,但及給用即取之。於是屯田、營田,實同名異。而官莊之名,最後乃出,亦往往雜用兵民也。其間又有牧地者,本收閒地以給牧養,後亦稍取可耕者以爲之田。而邊地荒棄者,又立頃畝,招弓箭手[46]田。其不屬弓箭手,而募中土人往耕者,壞地租給,大抵參錯。名雖殊,而制相入也。

……九年詔熙河路[47]有弓箭手耕種不及之田,經略安撫司權點廂軍田之,官置牛具、農器,人給一頃。歲終,參較弓箭手、廂軍所種,孰爲優劣,以行賞罰。六月,謝民憲言:“逃走弓箭手并營田地土作,多方設法召人請佃,今來認租課,乞許就近於本城寨送納,特與蠲免支移折變。”[48]從之。

知河州[49]鮮于師中乞以未募弓箭手地百頃爲屯田,從之。

樞密使吳充[50]言:“實邊之策,惟屯田爲利。近聞鮮于師中建請朝廷,以計置弓箭手,重於改作,故裁令試治百頃而已。然屯田之法,行之於今誠未易,惟有因今弓箭手以爲助法公田,似有可爲。且以熙河四州較之,無慮一萬五千頃,十分取一以爲公田,大約歲收畝一石,則公田所得十五萬,水旱肥瘠,三分除一,亦可得十萬。官無營屯牛具廩給之費;借用衆力而民不勞;大荒不收而官無損;省轉輸;平糴價:凡六便。”詔議其事。議者謂[51]弓箭手皆新招,重以歲連不善,若使之自備功力耕佃,恐人心動搖,宜俟稍稔推行。……

祖宗時,營田皆置務。淳化中,河北有屯田務。祥符九年,改定州、保州營田務爲屯田務。天聖四年,廢襄、唐二州營田務。慶曆元年,陝西置營田務。何承矩建議於河北。端拱元年。歐陽修募弓箭手於河東[52]。慶曆二年。陳恕、樊知古招置營田於河東、北。端拱二年。范仲淹大興屯田於陝西[53]。慶曆元年。耿望置屯田襄州[54]。咸平二年。章惇[55]初築沅州,亦爲屯田務。熙寧七年。正以極邊兩不耕之地,並邊多流徙之餘,因地之利,課以耕耘,贍師旅而省轉輸。此所以爲扁邊實塞之要務,足國安民之至計也。然屯田以兵,營田以民,固有異制。營者,分里築室以居其人,如量錯田塞之制。咸平中,襄州營田既調夫矣,又取鄰州之兵,是營田不獨以民也。熙、豐間,邊州營屯不限兵民,皆取給用,是屯田不獨以兵也。至於招弓箭手不盡之地,復以募民,則兵民參錯,固無異也。然前後施行,或以侵占民田爲擾,虞奕於徽。或以差借耨夫爲擾,咸平二年,耿望襄州借夫。或以諸郡括牛爲擾,慶曆間,范雍括諸郡牛。或以兵民雜耕爲擾,又或以諸路廂軍不習耕種、不能水土爲擾。元符三年九月,提舉河東營田言。至於歲之所入,不償其費,遂又報罷。惟因弓箭手爲助田法,一夫受田百畝,別以十畝爲公田,俾之自備種糧功力,歲收一石,水旱三分除一,官無廩給之費,民有耕鑿之利,若可以爲便矣。然弓箭手之招,至者未安其業,而種糧無所仰給,且又責其借力於公田,慮人心易搖,卒莫之行。熙寧九年正月,鄭民憲言。

……隆興元年,工部尚書張闡[56]言:“今日荆襄屯田之害,非田之不可耕也,無耕田之民也。官司慮其功之不就,不免課之游民;游民不足,不免抑勒百姓。捨已熟田,耕官生田;私田既荒,賦稅猶在。或遠數百里,追奪[57]以來;或名雙丁,役其强壯。占百姓之田,以爲官田;奪民種之穀,以爲官穀。老稚無養,一方騷然。有司知其不便,申言於朝。罷之誠是也,然臣竊謂自去歲以來,置耕牛,置農器,修長、木二渠[58],費已十餘萬,其間豈無已墾闢之地,豈無廬舍場圃尚可卒業,一旦舉而棄之,必爲勢家所占。則是捐十萬緡於無用之地,而荆、襄之田終不可耕也。臣比見兩淮歸正之民,動以萬計,官給之食,以半歲爲期。今踰期矣,官不能給,則老弱饑餓者轉而他之,殊失斯民向化之心,兼亦有傷國體。臣愚以爲荆、襄之田尚有可承之規。與其棄之,孰若使歸正之民就耕,非惟可免流離,庶使中原之民知朝廷有以處我,率皆襁負而至。異日墾闢既廣,田疇既成,然後取其餘者而輸之官,實爲兩便。"詔除見耕種人依舊外,餘令虞允文同王玨[59]疾速措置。

揚州興元府階、成、岷、鳳等處屯田,後皆以所得不償所費,罷之。

議者皆曰:漢趙充國、魏棗祇屯田,皆卓有成效。不知充國以方隆之漢,敝垂盡之先零;棗祇以未裂之中原,營於無虞之許下。其爲之也暇,且無有害其成者。今禾黍未登場,而馳突蹂踐,有不可必;苟嚴其備,有以限戎馬之來,則沿邊莽堰莫非可耕之地矣。

——據元刊明修本《文獻通考》,參考明嘉靖内府刻本和商務印書館《十通》本《文獻通考》

【解題】

《文獻通考》,三百四十八卷,宋末元初馬端臨撰。繼杜佑《通典》以後,記述歷代典章制度的許多專著,除鄭樵《通志·二十略》外,只有這部書可同它媲美。

馬端臨討論歷史,也着眼於"會通"。他認爲:懂得會通,應首推司馬遷。他創"紀、傳以述理亂興衰,八書以述典章經制",使後來人不能不把《史記》的體裁當作模式。可惜班固以來的紀傳史家,只學《史記》的形式,寫斷代史,把"會通因仍之道"丟掉了。直到司馬光《資治通鑑》問世,人們才重新看到貫通古今的著作。然而,馬端臨以爲,司馬光又選錯了體裁,結果《通鑑》受編年體的限制,"詳於理亂興衰,而略於典章經制",把應該求通和不必强通的關係弄顛倒了。他認爲:"理亂興衰"各代不同,想瞭解漢、晉、隋、唐的興亡過程,看斷代史便足够。但歷代的典章制度實相因襲;後代典制不盡同於前代,而終不能全異於前代,因此,"其變通弛張之故,非融會錯綜、原始要終而推尋之",便説不清楚。所以,他批評《通鑑》還不算真正的通史,而認爲只有《通典》"綱領宏大,考訂該洽",使歷史變化的由來,"粲然可考"。但這部書也不够完美:一則《通典》所述,僅止唐天寶間;後來北宋宋白奉敕撰《續通典》,流傳絶少;南宋魏了翁撰《國朝(宋)通典》,又未成書。二則它本身也有缺陷:"節目之間,未爲明備;而去取之際,頗欠精審。"所以他從早年起,便决心取《通典》爲藍本,重編一部"貫串二十五代"、統紀歷代典章的專著。(引文都見《文獻通考・自序》)他自宋末開始獨力撰著,前後達二十餘年,才完成這部巨著。

《文獻通考》凡分二十四門:《田賦》、《錢幣》、《戶口》、《職役》、《徵榷》、《市糴》、《土貢》、《國用》、《選舉》、《學校》、《職官》、《郊社》、《宗廟》、《王禮》、《樂》、《兵》、《刑》、《經籍》、《帝系》、《封建》、《象緯》、《物異》、《輿地》、《四裔》。每門再分子目。其中《田賦》等十九門,做照《通典》成規,詳加增補;《經籍》、《帝系》、《封建》、《象緯》、《物異》五門,則爲作者所自創。

據馬端臨説,《文獻通考》的命名,理由如次:"凡敍事,則本之經史,而參之以歷代會要,以及百家傳記之書;信而有證者從之,乖異傳疑者不錄,所謂'文'也。凡論事,則先取當時臣僚之奏疏,次及近代諸儒之評論,以至名流之燕談、稗官之記錄;凡一話一言,可以訂典故之得失,證史傳之是非者,則採而錄之,所謂'獻'也。其載諸史傳之記錄而可疑,稽諸先儒之論辨而未當者,研精覃思,悠然有得,則竊著己意,附其後焉。"(《自序》)他廣搜史料,詳加考證,去偽存真,再分類目,按時代排比;又在各條後夾錄前人及宋儒議論,末附按語闡述自己的見解。這種方法實開後世歷史考證學的先河。當然,《通考》的編纂方法,也並非獨出於作者的心裁。宋代科舉有"宏詞"科,考試的主要内容,便是歷代的典章制度。所以當時學人早就改編《通典》,將本朝名人議論和歷代典制文章分別摘鈔,附於《通典》各類史實之後,以便應試者翻檢。宋末流行的《通典》,便已雜錄歐陽修、蘇軾等議論。隨着學風、文風的變化,宋代學者每喜將歷史資料分類,加以搜集、編纂、考訂,形成一種專門學問的雛形。《通考》新創的體例,正是在這種基礎上更加系統、更加擴大的。

馬端臨生活在宋末元初,父廷鸞曾任宋末宰相。宋亡入元,他們在蒙古貴族統治下生存,既對前朝統治頗多顧戀,又痛恨南宋政治腐朽,導致王朝覆滅。因此,馬端臨對宋代制度研究用力特深。本書所載宋制最詳,多《宋史》諸志所未備,對兩宋政治的黑暗面也痛加揭露。這就使書中有關宋代的記錄,較少粉飾,多實相,史料價值超過現存的兩宋某些同類著作。

後世學者對《通考》頗多貶辭,以爲就體大思精、簡而得要言,遠遜於《通典》。如清章學誠認爲:"《文獻通考》之類,雖仿《通典》,而分析次比,實爲類書之學。書無別識通裁,便於對策敷陳之用。"(《文史通義・釋通》)《四庫全書總目提要》也詳列《通考》的缺漏而加以批評。但通觀全書,《通考》不僅史料豐富,分類詳細,體例多所創新,保存了大量史料;即在歷史認識上,也頗有可取。馬端臨治學謹嚴,"按語"多是力圖從歷史事實出發,經過審慎思慮的結論;如關於土地關係、兵制沿革等方面,便有許多發前人所未發的特見。由於作者的時代意識始終影響着他的歷史眼光,使文中時常夾雜着迂腐可厭的議論。同時,他獨力完成這卷帙繁重的巨著,對於史料的搜集和剪裁,自不免顧此失彼,疏於審核。不過,清朝學者尊《通典》而抑《通考》,實由於他們往往把史學看成經學的附庸,重考據,輕理論;研究史學,也多從文字學和羣經入手。而《通典》記禮(特別是魏、晉、六朝議禮文字),多存古訓,有益於治經;文章又簡明扼要,首尾一貫。這兩點確爲《通考》所不及,所以他們盛稱《通典》。但從史料價值言,則應該說《通考》不僅超過了《通志》,而且超過了《通典》。

《通考》編撰起迄年代,已不甚可考。元仁宗延祐四年(1317),派王壽衍訪求"有道之士",到了饒州路,發現本書原稿,於延祐六年奏上,敕命官爲雕版。英宗至治二年(1322),又禮請馬端臨親赴饒州路校勘,才刊行於世。

《文獻通考》上起三代,下終南宋寧宗嘉定末年(1224)。此後明王圻撰《續文獻通考》二百五十四卷,上接嘉定,下迄明神宗萬曆朝。這書分明以前全錄宋、遼、金、元四史,但輯錄明代史事較詳;特別《經籍考》著錄各書,可與《明史・藝文志》相印證。清康熙中,朱奇齡又撰《續文獻通考補》四十八卷,續萬曆以後至明末史事,僅有鈔本。清乾隆中"四庫全書"館臣奉敕另撰《續文獻通考》二百五十二卷,門類體例一仍《通考》之舊,比王書稍優。但後來學者反多重視王書。此後乾隆帝又敕修《清朝文獻通考》二百六十六卷,除因襲《通考》二十四門外,增《羣廟》、《羣祀》二門,起自清初,迄於乾隆二十六年(1761)。最後,近人劉錦藻又獨力撰成《清朝續文獻通考》四百卷,上續《清通考》,下迄宣統三年(1911),除仍《清通考》二十六門外,又增《外交》、《郵傳》、《實業》、《憲政》四門。目錄學家將《通典》、《通志》、《文獻通考》合稱《三通》;又加《續通典》、《續通志》、《續通考》、《清通典》、《清通志》、《清通考》合稱《九通》;最後又加《清續通考》,稱爲《十通》。但《續三通》、《清三通》,俱是乾隆時敕修,內容多相重複,頗感累贅。

現在通行的《通考》本是商務印書館的《十通》本,附有索引。

《屯田》,節選自《文獻通考》卷七《田賦考》附篇。怎樣解決養兵和籌餉的矛盾,常叫歷代統治者頭疼。在長期戰爭的歲月裏,問題尤其顯得突出。理想的辦法是寓兵於農,讓兵士且耕且戍。這在古代辦得到嗎? 作者考察了一千三百年屯田史的"文"和"獻",得出的結論未免令人喪氣,因爲他說縱然也有短暫成功的記錄,却不過是歷史的特例。

馬端臨(1245?—1323?),字貴與,號竹洲。元江西樂平(今江西樂平)人。父廷鸞,宋末官至右丞相。端臨早年師事朱熹學派的曹涇,所受影響頗大。宋度宗咸淳中,漕試第一,以蔭補承事郎。後廷鸞被賈似道排擠去職,端臨留原籍侍養。宋亡,隱居不仕,拒絕降元後任吏部尚書的留夢炎的招致。《文獻通考》的著述大約就在這段時期內完成。

父卒(約在 1291 年),出任慈湖、柯山二書院山長、台州儒學教授。約在 1323 年以病辭歸,卒於家。著作尚有《大學集傳》一卷,《義根守墨》三卷,今均佚。端臨,《元史》無傳,《宋史・馬廷鸞傳》亦未附及,僅《宋元學案》卷八九《介軒學案》內有"教授馬竹洲先生端臨"一篇極簡短的小傳。近人柯紹忞《新元史》將端臨和胡三省合傳於《儒林傳》,材料即本於此。

【注釋】

[1] 習戰射士:漢制,民年二十三爲正卒,服兵役和徭役。兵役,一歲爲衛士,一歲爲材官騎士,習射御、騎馳、戰陣。這時調當番材官騎士到邊疆屯田。

[2] 趙充國:已詳本書所選《漢書・趙充國傳》。

[3] 按……:《通考》體例:正文都頂行書寫;引當時歷史事實以補充正文,則較正文低一字;引後人議論,及作者自加按語,則較正文低二字。

[4] 然文帝時鼂錯上言……輸將之費寡:詳見《漢書・鼂錯傳》。"募罪人及免徒復作及民之欲往者",《錯傳》原疏作"乃募辠(罪)人及免徒復作,令居之;不足,募以丁奴婢贖辠及輸奴婢欲以拜爵者;不足,迺募民之欲往者",文較明晰。漢律,犯輕罪,男子罰守邊一歲,稱爲"罰作";女子不任戍邊,令於官服苦役一年,稱"免徒復作"。疑當時男子也有免徒復作者。

[5] 又按武帝征和中,桑弘羊……不從之:詳見《漢書・西域傳》下。桑弘羊(前 152—前 80),西漢理財家。洛陽(今河南洛陽市東)人。出身商人家庭。武帝時,官治粟都尉,領大農丞。制訂鹽鐵、酒類專賣政策,又加強平準、均輸機構,控制物價,抑制商人,增加政府收入,打擊了豪强地主勢力。他的經濟理論具見漢桓寬所撰《鹽鐵論》中。故輪臺地,在今新疆輪臺東南。武帝"深陳既往之悔",指從元光二年(前 133)到征和四年(前 89),西漢王朝長期對匈奴和西域的戰爭,軍費鉅大,農民負擔加重,到處發生小規模的農民起義,迫使武帝下詔罪己,提出當今要務在"禁苛暴、止擅賦、力本農",不復出兵征戰。

[6] 渠犁:在今輪臺東南,漢武帝太初三年(前 102),貳師將軍李廣利征大宛得勝,始置營田校尉於此屯田。

[7] 中平：東漢靈帝年號，當公元 184—189 年。

[8] 蒲嬴：蚌蛤。

[9] 棗祇及韓浩：棗祇已見本書《晉書·食貨志》注[1]。韓浩，字元嗣。三國魏河内(治今河南武陟西南)人。東漢末，初爲袁術騎都尉，後改從曹操部將夏侯惇。因建議屯田，深得曹操信重，累官中護軍，典禁兵，封列侯。傳附見《三國志·魏志》卷九《夏侯惇傳》。

[10] 任峻：見本書《晉書·食貨志》注[2]。

[11] 李彪：字道固，北魏頓丘衛國(今河南濮陽)人。北魏孝文帝時，累官祕書丞、令，御史中尉，領著作郎。曾與高祐改修魏“國書”(即實録)爲紀傳體，以剛直見稱。按《魏書》卷六八和《北史》卷四〇彪傳都載此表，繫於他改修國書後、遷祕書令前，當上於孝文帝太和十二年(488)。《通典》和《通考》都移在後魏文帝(即西魏文帝元寶炬)大統十一年(545)，時彪卒已久，蓋誤。

[12] 督亢舊陂：督亢在今河北涿縣東，跨涿縣、固安、新城等縣界，戰國時中有陂澤，周圍五十餘里，支渠四通，爲燕國得灌溉之利的富庶地區。北魏因舊道修復陂渠，溉田萬餘頃。

[13] 趙仲卿：(543—605)隋天水隴西(今甘肅隴西西南)人。北周時，以軍功累官大將軍。隋時，長期任朔州總管等邊州長官，屢次參預對突厥戰爭，爲政以嚴猛著稱。歷官判兵部、工部二曹尚書事。傳見《隋書》卷七四《酷吏傳》、《北史》卷六九。

[14] 唐開軍府以捍要衝，因隙地置營田：唐沿北朝和隋制，實行府兵制度，置十二衛及太子衛率等，統轄全國府兵。太宗貞觀十年(636)，在全國各軍事要地設置軍府，因地各有名號，總稱折衝府。武周垂拱中，分府爲三等，上府一千二百人，中府一千人，下府八百人。府兵稱爲衛士，由折衝都尉、左右果毅都尉統領。唐初軍府大部分集中在關中和三河地區。隙地指夾雜在有主土地間的無主荒地。營田即屯田。唐中葉後，各道設營田使(多由節度使兼領)，州縣設營田務，管理屯田事。

[15] 苑内屯：指在皇帝禁苑内開闢的屯田。

[16] 武振、天德、靈武、鹽、夏之軍：武振當作振武。振武軍，唐中宗景龍時置，

治東受降城(今内蒙古托克托南);玄宗天寶初,移治金河縣(今内蒙古和林格爾西北)。天德軍,玄宗天寶十二年(753)置,本名天安軍,一作大安軍,治所原在大同川西(約在今内蒙古烏拉特前旗北五加河東岸),肅宗乾元後,改名天德軍,移治西受降城(今内蒙古杭錦後旗烏加河北岸)。本文謂開元二十五年(737)前已有此軍,疑誤。靈武郡,天寶時始改靈州爲郡,治所在迴樂(今寧夏靈武西南),此處已稱靈武,亦疑誤。鹽州治所在五原(今陝西定邊)。夏州治所在朔方(今内蒙古烏審旗南白城子),德宗後爲夏綏節度使治所。五地都是唐代北邊和西北邊的軍事重鎮。

[17] 楊炎請置屯田於豐州:楊炎(727—781),唐代政治家。字公南,别號小陽山人。鳳翔天興(今陝西鳳翔)人。初以文章著名,累官中書舍人、吏部侍郎。德宗初,拜門下侍郎、同平章事。廢除租庸調制,頒行兩税法。後與盧杞傾軋,貶死崖州。傳見《舊唐書》卷一一八、《新唐書》卷一四五。豐州,隋始置,唐沿襲未變,治所在九原(今内蒙古臨河東),轄境相當于今内蒙古河套西北部及其迤北一帶。

[18] 嚴郢:字叔敖。唐華陰(今陝西華陰)人。進士出身。代宗時,任監察御史。大曆末,拜京兆尹,號爲稱職。後忤楊炎,左遷大理卿。因助盧杞共排炎。傳見《新唐書》卷一四五。

[19] 五城舊屯:指上述振武、天德等五處的屯田。

[20] 李絳:(764—830)字深之。唐贊皇(今河北贊皇)人。擢進士弘辭。憲宗元和中,官中書舍人,甚見親信,常參與要事諮詢。累官中書侍郎、同中書門下平章事,以正直見稱。著有《李深之文集》。傳見《新唐書》卷一五二。

[21] 雲州:唐初置。轄境相當今山西長城以南、桑乾河以北地。治所在定襄(後改雲中,今山西大同)。玄宗天寶初,改州爲雲中郡。肅宗乾元初,復稱雲州。

[22] 中受降城:與東、西受降城並稱爲唐三受降城,都是唐中宗景龍二年(708)張仁愿所築。中受降城故址在今内蒙古包頭市西。玄宗時,安北都護府曾治此。

[23] 王起:(760—847)字舉之。唐太原(今山西太原市西南)人。文宗時,歷

官户部尚書、判度支。武宗時,知貢舉,著名。終山南西道節度使、同中書門下平章事。傳見《舊唐書》卷一六四、《新唐書》卷一六七。

[24] 党項:古代羌人的一支。原居今青海東南部、河曲和四川松潘以西山谷地帶,以畜牧爲生。唐初,被吐番所迫,遷到今甘肅、寧夏、陝北一帶。唐末,力量日强;宋時,建立西夏國。

[25] 畢諴:(801—862)字存之。唐鄆州須昌(今山東東平東須城鎮西北)人。文宗大和中進士。宣宗時,因上破党項羌策,被任命爲河西邠寧節度使,以招撫爲主,並開屯田。終宰相。傳見《舊唐書》卷一七七、《新唐書》卷一八三。

[26] 楚州古射陽湖:楚州,唐初改東楚州置,治所在山陽(今江蘇淮安)。古射陽湖,又稱射陂,即今江蘇北部的射陽湖。

[27] 壽州置芍陂屯:壽州,隋初置,治所在壽春(今安徽壽縣)。芍陂,也叫期思陂,在今壽縣南,爲古代著名水利工程之一,周圍約二三百里,可漑田萬頃。相傳即春秋時楚相孫叔敖所鑿期思陂,近人或謂不可信。

[28] 宋太祖皇帝端拱二年:按端拱爲宋太宗年號,本文太祖當作太宗。

[29] 陳恕:字仲言,北宋南昌(今江西南昌)人。出身縣吏,好讀書。太宗太平興國間,中進士第。累官鹽鐵使,改革積弊,深爲太宗所重。傳見《宋史》卷二六七。

[30] 魏羽:字垂天,北宋婺源(今江西婺源)人。早仕南唐,入宋,累官户部度支使,出入計司十八年,爲理財專家。傳見《宋史》卷二六七。

[31] 樊知古:字仲師,北宋長安(今陝西西安)人。曾在南唐舉進士不第,遂歸宋,上書太宗,陳江南可取,賜進士及第,累官江南轉運使,有能名。傳見《宋史》卷二七六。

[32] 索湘:字巨川,北宋鹽山(今河北鹽山)人。太祖開寶間進士。初任鄆州司理參軍,受詔決大獄,知名。後多歷邊郡,所到必廣積儲,以備後用,爲時所稱。傳見《宋史》卷二七七。

[33] 雄州:五代周世宗從契丹恢復瓦橋關,始置。治所在歸義(宋改歸信,今河北雄縣)。

[34] 戎人:《宋史·食貨志》上四作契丹。

[35] 順安軍：宋置，在今河北高陽東。

[36] 岐溝、君子館敗衄：宋太宗雍熙三年(986)正月，遣曹彬、潘美等分東西道攻契丹，連下涿、蔚、寰、朔、雲、應等州。契丹耶律休哥屯兵幽州，堅壁不戰，使宋軍孤軍深入，糧草不繼。五月，曹彬軍退至岐溝(今河北涿縣西南)，被契丹軍夾攻，大敗。七月，潘美軍又敗，副將楊業戰死。十二月，契丹又大敗宋軍於君子館(今北京西)。宋軍所得諸州盡失，前後死幾十萬人。

[37] 何承矩：字正則，北宋太原(今山西太原)人。太宗時，累官制置河北治邊屯田使，知雄州。治屯田，信任邊民，以善察契丹動靜知名。傳見《宋史》卷二七三。

[38] 雄、莫、霸州，平戎、破虜、順安軍：雄州，見前注[33]。莫州，唐置，本名鄚州，玄宗開元中改名，宋代治所在任邱(今河北任邱)。霸州，五代周世宗從契丹恢復益津關等地始置，治所在永清(今河北霸縣)。平戎軍，宋太宗時置，真宗時改名保定軍，在今河北霸縣南。破虜軍，宋太宗時置，真宗時改名信安軍，在今河北霸縣東北信安鎮。順安軍，已見前注[35]。

[39] 壞：今通行本作“壞”，誤。

[40] 保州：宋初在唐莫州清苑縣(今河北保定)地建保塞軍；太宗時建爲保州。

[41] 江、淮、兩浙承魏制，皆有屯田……第存其名：按曹魏距宋初已七百餘年，變遷極大，馬端臨謂宋代江淮屯田都是數百年前沿襲下來的，似嫌牽强。《宋史·食貨志》上四作“淮南、兩浙，舊皆有屯田，後多賦民而收其租，第存其名”，文較明晰。

[42] 黽錯田塞之制：參見本書所選《漢書·食貨志》。

[43] 李允則：字垂範，北宋并州盂(今山西陽曲東北)人。真宗時知潭州，除屋稅、枯骨稅等以便民。後代何承矩知雄州，禦契丹。前後在河北三十餘年，有能名。傳見《宋史》卷三二四。

[44] 熙寧取屯田務罷之：按“取”字疑誤，或文有缺漏。

[45] 咸平中，營田襄州，既而又取鄰州兵用之：真宗咸平二年(999)，知襄州耿望請在襄州襄陽(今湖北襄樊市)利用舊有屯田三百餘頃，置營田務，調本州夫種稻。旋因人力不足，又調鄰州兵屯種。數年後，因煩擾，罷之。

[46] 弓箭手：宋代兵制，中央爲禁軍，地方稱廂軍。又有義軍，各地名目制度

不同,弓箭手爲河東、陝西"義軍"的一種,五代周時已有。宋代招募弓箭手,人給田二頃,免其徭賦,出甲士一人;給田三頃者,出戰馬一匹。效古代寓兵於農意,平時耕種,有邊警則充當前鋒。其後制度屢有變更。神宗熙寧間,王安石行保甲法時,曾一度廢置;後新法罷,又恢復。

[47] 九年詔熙河路:九年,指北宋神宗熙寧九年(1076)。熙寧五年,北宋從吐蕃收復武勝軍(今甘肅臨洮),改爲鎮洮軍;尋以軍爲熙州,而在鎮洮置熙河路經略安撫使,領熙、河、洮、岷、蘭、廓、湟、會、鞏九州和西寧、鎮武、積石三軍。轄境相當今甘、寧、青三省部分地區。

[48] 謝民憲言:……特與蠲免支移折變:謝民憲,《宋史》無傳。按神宗熙寧七年(1074),曾委提點秦鳳刑獄鄭民憲興營田,並曾上疏議命弓箭手屯田不便(均見《宋史·食貨志》上四),疑"謝"當作"鄭"。又本段文字費解,《宋史·食貨志》上四載鄭民憲言,作"弓箭手逃地,并營田召佃租課,許就近於本城砦輸納,仍免折變支移",文較明晰。折變、支移,都是唐、宋行兩稅法時增加稅額的手段。唐兩稅法規定征納錢粟二物,但封建王朝習慣上使用絹帛極多,乃將錢折征絹帛,稱"折變"。宋沿唐制,且視政府需要的方便,折變至無一定,以增加搜括。又唐時繳納賦稅,本有固定地點;宋時,爲應付邊郡軍需,節省官方運費,常命稅戶移此輸彼,移近輸遠,稱爲"支移"。稅戶爲減輕腳費,常以現錢自往指定支移的地點輸納;但沿途帶錢,又受商稅盤剝。其後官府更附征"支移腳錢",成爲一種剝削很重的附加稅。

[49] 河州:宋熙寧中復置,治所在今甘肅臨夏東北。

[50] 吳充:(1021—1080)字沖卿,北宋建州浦城(今福建浦城)人。神宗熙寧間,任樞密使,反對王安石新法。後代安石爲同中書門下平章事,請求召還司馬光等舊黨十餘人。傳見《宋史》卷三一二。

[51] 議者謂:據《宋史·食貨志》上四,這段話係提點秦鳳路刑獄鄭民憲所說。

[52] 歐陽修募弓箭手於河東:歐陽修(1007—1072),北宋文學家、史學家。字永叔,號醉翁、六一居士。廬陵(今江西吉安)人。累官樞密副使、參知政事。曾與宋祁合修《新唐書》,又自撰《新五代史》(即《五代史記》),著作今存《歐陽文忠集》一百五十三卷,附錄五卷。傳見《宋史》三一九。按這

裏指仁宗慶曆二年(1042),修奉使河東,上疏以爲“忻、代、岢、嵐多禁地廢田,願令民得墾之;不然,將爲敵有”。朝廷中討論很久,才接受這建議,募弓箭手在河東四州屯田,歲得粟數百萬斛。

[53] 范仲淹大興屯田於陝西:范仲淹(989—1052),北宋政治家、文學家。字希文。蘇州吳縣(今江蘇蘇州)人。仁宗時,累官權開封府、陝西經略副使、樞密副使、參知政事等,曾主持著名的“慶曆革新”。著有《范文正公集》。傳見《宋史》卷三一四。大興屯田於陝西,指仁宗慶曆元年(1041),西夏攻宋,延州(今陝西延安)諸砦多失守,范仲淹自請出知延州,在延州教整州兵,修復城砦,大興屯田,以解決給養問題,有效地阻遏了西夏的侵犯。

[54] 耿望置屯田襄州:耿望,《宋史》無傳。其置屯田事,已見前注[45]。

[55] 章惇:章惇(?—1105),北宋浦城(今福建浦城)人。王安石變法,任爲編修三司條例官,參與新政製訂。哲宗初,被司馬光貶黜。哲宗親政,復被用爲尚書左僕射,恢復新法,專追求增加財政收入。傳見《宋史》卷四七一。

[56] 張闡:字大猷。宋永嘉(今浙江永嘉)人。南宋高宗時官祕書郎,因忤秦檜去職。孝宗隆興時權工部侍郎,隨除工部尚書,兼侍讀。朱熹曾謂:秦檜力主和議,士大夫始終言金人不可和者,惟胡銓、張闡而已。傳見《宋史》卷三八一。

[57] 追奪:《宋史・食貨志》上四作“徵呼”,詞較清楚。

[58] 修長、木二渠:北宋時,襄陽有二渠:長渠可溉田七千頃,木渠可溉田二千頃。後因兵亂湮廢。南宋高宗紹興三十二年(1162),從督視湖北京西軍馬汪澈議,修復二渠,募邊民和老弱的兵士屯墾,以解決邊軍給養,并安置流亡。

[59] 虞允文、王玨:虞允文(1110—1174),字彬甫。仁壽(今四川仁壽)人。紹興三十一年(1161),任中書舍人,參謀軍事。到采石犒師,值主將罷職,三軍無主,便奮勇督戰,大破金完顏亮軍。孝宗初,累任參知政事兼知樞密院事、四川宣撫使等,整頓軍政。乾道五年(1169)任相,擢用胡銓、王十朋等主戰派。是南宋抗金名臣。傳見《宋史》卷三八三。王玨,字叔寶,宋仙居(今浙江仙居)人。係南宋末度宗咸淳間進士。傳見《宋史》卷三五〇。《通考》將他同虞允文並列,疑誤;或係《宋史》無傳的另一王玨。

秦晉淝水之戰〔資治通鑑卷一〇五〕

太元八年，秋，七月。

秦王堅[1]下詔大舉入寇，民每十丁遣一兵；其良家子[2]年二十已下，有材勇者，皆拜羽林郎。又曰：“其以司馬昌明[3]爲尚書左僕射，謝安[4]爲吏部尚書，桓沖[5]爲侍中；勢還不遠[6]，可先爲起第。”良家子至者三萬餘騎，拜秦州[7]主簿趙盛之爲少年都統。是時，朝臣皆不欲堅行，獨慕容垂[8]、姚萇[9]及良家子勸之。陽平公融[10]言於堅曰：“鮮卑、羌虜，我之仇讎[11]，常思風塵之變以逞其志，所陳策畫，何可從也！良家少年皆富饒子弟，不閑軍旅，苟爲諂諛之言以會陛下之意。今陛下信而用之，輕舉大事，臣恐功既不成，仍有後患，悔無及也！”堅不聽。

八月，戊午，堅遣陽平公融督張蚝、慕容垂等步騎二十五萬爲前鋒；以兗州刺史姚萇爲龍驤將軍，督益、梁州諸軍事。堅謂萇曰：“昔朕以龍驤建業[12]，未嘗輕以授人，卿其勉之！”左將軍竇衝曰：“王者無戲言，此不祥之徵也！”堅默然。

慕容楷、慕容紹言於慕容垂曰：“主上驕矜已甚，叔父建中興之業，在此行也！”垂曰：“然。非汝，誰與成之！”

甲子，堅發長安，戎卒六十餘萬，騎二十七萬，旗鼓相望，前後千里。九月，堅至項城[13]，涼州之兵始達咸陽，蜀、漢之兵方順流而下，幽、冀之兵至于彭城[14]，東西萬里，水陸齊進，運漕萬艘。陽平公融等兵三十萬，先至潁口[15]。

詔以尚書僕射謝石[16]爲征虜將軍、征討大都督，以徐、兗二州刺史謝玄[17]爲前鋒都督，與輔國將軍謝琰[18]、西中郎將桓伊[19]等衆共八萬拒之；使龍驤將軍胡彬以水軍五千援壽陽[20]。琰，安之子也。

是時秦兵既盛，都下震恐。謝玄入，問計於謝安。安夷然，答曰：“已別有旨。”既而寂然。玄不敢復言，乃令張玄[21]重請。安遂命駕出遊山墅，親朋畢集,與玄圍棋賭墅[22]。安棋常劣於玄,是日,玄懼,便爲敵手而又不勝。安遂游陟,至夜乃還。桓沖深以根本爲憂,遣精銳三千入衛京師;謝安固卻之,曰:"朝廷處分已定,兵甲無闕,西藩宜留以爲防。"沖對佐吏歎曰:"謝安石有廟堂之量,不閑將略。今大敵垂至,方遊談不暇,遣諸不經事少年拒之,衆又寡弱,天下事已可知,吾其左衽矣[23]!"

以琅邪王道子録尚書六條事[24]。

冬,十月,秦陽平公融等攻壽陽。癸酉,克之,執平虜將軍徐元喜等。融以其參軍河南郭褒爲淮南太守。慕容垂拔鄖城[25]。胡彬聞壽陽陷,退保硤石[26],融進攻之。秦衛將軍梁成等帥衆五萬屯于洛澗[27],柵淮以遏東兵。謝石、謝玄等去洛澗二十五里而軍,憚成,不敢進。胡彬糧盡,潛遣使告石等曰:"今賊盛糧盡,恐不復見大軍!"秦人獲之,送於陽平公融。融馳使白秦王堅曰:"賊少易擒,但恐逃去,宜速赴之!"堅乃留大軍於項城,引輕騎八千,兼道就融於壽陽。遣尚書朱序[28]來説謝石等,以爲:"強弱異勢,不如速降。"序私謂石等曰:"若秦百萬之衆盡至,誠難與爲敵。今乘諸軍未集,宜速擊之。若敗其前鋒,則彼已奪氣,可遂破也。"

石聞堅在壽陽,甚懼,欲不戰以老秦師。謝琰勸石從序言。十一月,謝玄遣廣陵相劉牢之[29]帥精兵五千趣洛澗,未至十里,梁成阻澗爲陳以待之。牢之直前渡水,擊成,大破之,斬成及弋陽太守王詠。又分兵斷其歸津,秦步騎崩潰,爭赴淮水,士卒死者萬五千人,執秦揚州刺史王顯等,盡收其器械軍實。於是謝石等諸軍,水陸繼進。秦王堅與陽平公融登壽陽城望之,見晉兵部陣嚴整;又望八公山[30]上草木,皆以爲晉兵,顧謂融曰:"此亦勃敵,何謂弱也!"憮然始有懼色。

秦兵逼淝水而陳,晉兵不得渡。謝玄遣使謂陽平公融曰:"君懸軍深入,而置陳逼水,此乃持久之計,非欲速戰者也。若移陳少卻,使晉兵得渡。以決勝負,不亦善乎!"秦諸將皆曰:"我衆彼寡,不如遏之,使不得上,可以萬全。"堅曰:"但引兵少卻,使之半渡,我以鐵騎蹙而殺之,蔑不勝矣!"融亦以爲然,遂麾兵使卻。秦兵遂退,不可復止。謝玄、謝琰、桓伊等引兵渡水擊之。融馳騎略陳,欲以帥退者,馬倒,爲晉兵所殺,秦兵遂潰。玄等乘勝追擊,至于青岡[31]。秦兵大敗,自相蹈藉而死者,蔽野塞川。其走者聞風聲鶴唳，皆以爲晉兵且至，晝夜不敢息，草行露宿，重以飢凍，死者什七、八。初，秦兵少卻，朱序在陳後呼曰："秦兵敗矣!"衆遂大奔。序因與張天錫、徐元喜[32]皆來奔。獲秦王堅所乘雲母車[33]。復取壽陽，執其淮南太守郭襃。

堅中流矢，單騎走至淮北，飢甚，民有進壺飧[34]、豚髀者，堅食之，賜帛十匹、綿十斤。辭曰："陛下厭苦安樂，自取危困。臣爲陛下子，陛下爲臣父，安有子飼其父而求報乎!"弗顧而去。堅謂張夫人[35]曰："吾今復何面目治天下乎!"潸然流涕。

是時，諸軍皆潰，惟慕容垂所將三萬人獨全，堅以千餘騎赴之。世子寶[36]言於垂曰："家國傾覆，天命人心皆歸至尊，但時運未至，故晦迹自藏耳。今秦主兵敗，委身於我，是天借之便以復燕祚，此時不可失也，願不以意氣微恩[37]忘社稷之重!"垂曰："汝言是也。然彼以赤心投命於我，若之何害之! 天苟棄之，不患不亡。不若保護其危以報德，徐俟其釁而圖之，既不負宿心，且可以義取天下。"奮威將軍慕容德[38]曰："秦強而并燕，秦弱而圖之，此爲報仇雪恥，非負宿心也;兄奈何得而不取，釋數萬之衆以授人乎?"垂曰："吾昔爲太傅[39]所不容，置身無所，逃死於秦，秦主以國士遇我，恩禮備至。後復爲王猛所賣[40]，無以自明，秦主獨能明之，此恩何可忘也! 若氏運必窮，吾當懷集關東，以復先業耳，關西會非吾有也。"冠軍行參軍趙秋曰："明公當紹復燕祚，著於圖讖;今天時已至，尚復何待! 若殺秦主，據鄴都，鼓行而西，三秦亦非苻氏之有也!"垂親黨多勸垂殺堅，垂皆不從，悉以兵授堅。平南將軍慕容暐[41]屯鄖城，聞堅敗，棄其衆遁去;至滎陽，慕容德復說暐起兵以復燕祚，暐不從。

謝安得驛書，知秦兵已敗，時方與客圍棋，攝書置牀上，了無喜色，圍棋如故。客問之，徐答曰："小兒輩遂已破賊。"既罷，還內，過户限，不覺屐齒之折[42]。

——據 1956 年古籍出版社出版校點本《資治通鑑》

【解題】

《資治通鑑》，北宋司馬光主編。是我國著名的古代編年史。全書共二百九十四卷。

上起周威烈王二十三年(前 403),下至後周世宗顯德六年(959),記載了從戰國到五代末一千三百六十二年間的錯綜複雜的歷史。

司馬光早年曾做古代編年史名著《左傳》的體裁,以年爲綱,將戰國到秦二世時期的歷史,編成八卷,定名《通志》,進呈宋英宗。得英宗贊助,命他繼續編集,許他自選官屬,置局編纂;並許他借閱宮廷祕閣所藏圖書,由政府供給筆札。後神宗即位,以爲該書"鑑於往事,有資於治道",因賜名《資治通鑑》。

《通鑑》從宋英宗治平二年(1065)奉敕編撰,到神宗元豐七年(1084)十二月書成,歷時十九年。在編撰過程中,司馬光親自製訂凡例,邀集當時著名史學家劉恕、劉攽、范祖禹分段編寫。又委托當時以長於天文著稱的劉羲叟考訂每年的節氣、星象、朔閏等,按年月日編成長曆。由參加編撰諸人分別仔細搜集資料,編成叢目,隷於各年之下;然後就已有材料考證異同,删汰重複,編爲長編(初稿)。長編的編寫分工曾有變動。成書前的長編,周、秦、兩漢部分由劉攽擔任,魏、晉、南北朝部分由劉恕擔任,唐、五代部分由范祖禹擔任。最後由光自總其成,斟酌取捨,删繁就簡,校訂史實,潤色文字。此外,光子司馬康也擔任了文字檢閱工作。

《通鑑》是中國古代社會中繼司馬遷《史記》以後一部優秀的通史巨著。從它問世以來,一向爲歷史學者所推崇,對我國以後的史學發展起過很大影響。

《通鑑》的最大特色在"通"。《漢書》以後,人們都重視編寫王朝史,卻忽視了對歷代王朝的更迭運動,進行綜合考察。"一部十七史,從何説起?"正反映了讀者面對浩繁的片斷記錄,難於理出線條的困惑。司馬光研究歷史,也"每患遷、固以來文字繁多","歷年不能竟其篇第,畢世不能舉其大略",因而决心求通,"使先後有倫,精粗不雜"。那第一步,便是突破斷代的限制,重視歷史運動的時間性,以編年爲體,年經事緯,使讀者對戰國以來的歷史發展一目瞭然,同時又避免了編年史易成枯燥無味的流水賬簿式的弊病。每遇重大歷史事件發生,必交代其前因後果;又扼要地敍述制度沿革和運用,以助讀者深入瞭解歷史進程。其次,《通鑑》又突破了斷代史採擇史料的領域限制,網羅宏富,取材精審,除據正史外,並採稗官野史、百家譜録、總集別集、傳狀碑誌等雜史,引書多至三百二十二種。往往一事用三四種資料纂成,取捨謹慎,考證詳密。它所採輯的許多著作,後來已經散佚,反而賴《通鑑》才得保存大概。再者,體例謹嚴,淹通貫串,雖是一部集體的著作,但結構完整,行文前後如出一人手筆,在唐以後衆手所修的史著中,要算數一數二的作品。此外,《通鑑》對於歷史上符瑞災變、神異怪誕的謬説,很少記載。文字樸質優美,敍事翔實生動,使《通鑑》對許多歷史事件,特別是對於某些戰争過程的描寫,成爲歷來膾炙人口的文學佳作。

《資治通鑑》是爲帝王編寫的歷史教科書。如司馬光《進書表》所说,"專取關國家興衰,繫生民休戚,善可爲法,惡可爲戒者",編集成書,目的就在於給統治者提供歷代君臣治民的借鑑。《通鑑》全書貫串着正統的歷史觀,強調維護綱紀名分,主張維持現狀,反對任何改革措施,認爲德勝才者謂之"君子",才勝德者謂之"小人",規勸帝王只可任用有德之人等。這些觀點,露骨地表現在"臣光曰"的評語中,主要在宣傳"祖宗之法不可變"。由於強調國家的命運寄託在墨守道統的所謂明君賢臣身上,全書絶大部分篇幅記録政治的治亂興衰,對於經濟、文化等方面絶少記載。對於作者眼中的"小人"——許多對歷史發展有相當貢獻的改革家——雖也不乏中肯的批評,但總的態度是隱善揚惡,評價很不公允。對於農民起義採取詆諆的態度,自不待言。但儘管如此,《通鑑》仍不失爲一部成功的集體編寫的通史,仍有許多精華可供學習歷史者汲取。

由於《通鑑》卷帙浩繁,當時已感到普通人不易閱讀,所以《通鑑》本身以外,司馬光又附編《資治通鑑目録》三十卷,倣《史記》年表體例,紀年於上,而列《通鑑》卷數於下,提綱絜領,端緒易尋。又編《資治通鑑考異》三十卷,以明在龐雜互異的大量材料中所以去彼存此之意;其中保存了大量今天業已亡佚的材料,對於研究古史的人同樣有很珍貴的價值。這兩書都在元豐七年同《通鑑》一起進呈。此外,司馬光又撰《稽古録》二十卷;預修《通鑑》的劉恕又撰《通鑑外紀》十卷、《目録》五卷,起上古到周威烈王二十三年,與《通鑑》相接。二書都是《通鑑》的補充,但價值遠遜於《通鑑》。

自從《通鑑》問世以後,不少史家摹倣它,寫成同樣的編年史,多以《通鑑》爲名,如南宋李燾的《續資治通鑑長編》、清畢沅主編的《續資治通鑑》、清陳鶴的《明紀》和夏燮的《明通鑑》等。此外南宋朱熹又撮《通鑑》要點,倣《春秋》體例,編爲《通鑑綱目》一書;清乾隆帝亦敕編有《通鑑輯覽》一書;但在史學上價值都不大。另外南宋袁樞又摘鈔《通鑑》重要史事,分類編纂,成《通鑑紀事本末》一書,於傳統的"紀傳"、"編年"二種史體外,又衍化出"紀事本末"一體。

《通鑑》行世不久,劉安世曾撰《音義》十卷,早已佚亡。南宋史炤又作《釋文》,但謬誤極多。目前《通鑑》注釋以宋末元初胡三省音注爲最著名。胡三省畢生學識精力都灌注在《通鑑音注》一書,無論名物、訓詁、典章制度以及地理等方面,注釋都頗精當,使今天讀《通鑑》的都離不開胡注。現代史學家陳垣曾著有《通鑑胡注表微》一書,專對胡注進行研究。此外注《通鑑》及研究補充《通鑑》和胡注的著作甚多,不一一備舉;明萬曆時嘉定諸生嚴衍曾著有《通鑑補》,對《通鑑》及胡注疏漏舛誤處多所補正。

《通鑑》從宋朝以來,刻本很多。解放後,標點《資治通鑑》委員會根據清胡克家翻刻的元刊胡注本,並彙集宋、元、明各種刻本的長處,加以校勘整理標點,1956年由古籍出版社排印出版。這個本子有胡三省注文,並將司馬光的《考異》散注於正文之下。

《秦晉淝水之戰》,選自《資治通鑑》卷一〇五。標題是編者加的。淝水之戰,是歷史上以弱勝強的著名戰例之一。決定東晉存亡的這場大戰,雙方出場的人物是那樣衆多,矛盾是那樣錯綜,但司馬光祇用寥寥二千餘字,便鈎畫得那樣清晰、完整,成爲千載傳誦的名篇。史家必須有史才,這也是一例。

司馬光(1019—1086),字君實,宋陝州夏縣(今山西夏縣)人。仁宗寶元初年進士。嘉祐間曾任天章閣待制兼侍講、知諫院。英宗時,官龍圖閣直學士。神宗時,官翰林學士、御史中丞。神宗熙寧間,王安石實行變法,針對當時日益嚴重的社會矛盾推行一些改良措施,妨礙了大地主、大官僚的利益。當時朝廷中擁護變法的官僚士大夫稱"新黨",反對者稱"舊黨"。光是舊黨首領,和呂公著、韓琦、程顥、蘇軾等共同抨擊新政。光倡言"祖宗之法不可變",提出"天地所生財貨百物止有此數,不在民則在官"、"民之有財富由其材性智愚不同"等理論,作爲駁斥王安石的"善理財者國不加賦而民用足"的改革主張的理由。王安石執政,光堅辭樞密副使的任命,於熙寧三年出知永興軍,次年自請出任西京御史臺,居洛陽十五年,編撰《資治通鑑》。哲宗即位,任光爲尚書左僕射兼門下侍郎,盡罷新法。數月後卒,追贈溫國公。光對待《通鑑》編撰,極爲嚴謹負責,一絲不苟。從發凡起例,以至每一年的提綱,都親自擬訂。長編撰成後,又親自校訂事實,剪裁文字,刪繁就簡。《通鑑》修成後,曾有人在洛陽見草稿充滿兩屋,黃庭堅翻閱數百卷,說無一字草書,可見光撰寫《通鑑》所付出的巨大勞動力和治學的謹嚴精神。他在《通鑑》成書後的《進書表》上說"平生精力盡於此書"。除《通鑑》、《稽古錄》外,著作多編入《溫國文正司馬公文集》。傳見《宋史》卷三百三十六。

胡三省(1230—1302),字身之,南宋天台(今浙江寧海縣)人。生於宋末元初,自幼在宋、元長期戰爭環境中成長。理宗寶祐四年(1256),和文天祥、謝枋得、陸秀夫等同中進士,累官江陵、懷寧縣令,壽春府府學教授,佐淮東幕府。宋亡,堅決不仕,隱居山中,在極艱苦的生活中繼續注釋《通鑑》。《通鑑音注》因遇兵難,稿本曾三次遺失,但每次都重新手抄定注,歷時三十餘年,直到死時還在繼續修改,是一位"《通鑑》學"的專門學者。

【注釋】

[1]　秦王堅:即氏族所建前秦國的皇帝苻堅(338—385),字永固,一名文玉。

少博學多才,有大志。352年,堅叔父健稱秦帝,任堅爲龍驤將軍。357年,堅殺健子生,自立爲大秦天王。重用優秀政治家王猛,修明政治,鎮壓豪強,提倡儒、佛學,加速各民族與漢族同化。又先後滅前燕、前涼,取仇池,攻下東晉的漢中、成都,在十六國中國勢最強。王猛死,堅率大軍攻晉,在淝水大敗。秦國内部久懷異心的慕容垂(前燕後裔)、姚萇(羌族),乘機分裂。堅尋爲姚萇所執,縊死。傳見《晉書》卷一一三載記。

[2] 良家子:即民間地主子弟,參見本書所選《漢書·趙充國傳》注[3]。

[3] 司馬昌明:即東晉孝武帝司馬曜。曜字昌明。

[4] 謝安:(320—385)字安石,晉陳國陽夏(今河南太康)人。出身著名大族。少有重名,年四十餘爲桓溫司馬。歷任侍中、吏部尚書、中護軍等職。簡文帝死,安和王坦之合力挫桓溫欲稱帝之謀,並於溫死後執政,繼承王導作風,"鎮之以和靜","爲政務舉大綱,不爲小察"。淝水戰役後,以功拜太保,都督揚、江等十五州軍事,加黄鉞。未幾被孝武帝同母弟司馬道子排斥,病卒。傳見《晉書》卷七九。

[5] 桓沖:(328—384)字幼子,晉譙國(今安徽亳縣)龍亢人。桓溫弟。溫死,沖領其軍職,累遷徐州、荆州刺史,都督江、荆等九州軍事,與謝安同心保護朝廷。符堅南征,沖以爲謝安不任軍事,故有"吾其左衽"語。及謝玄等破符堅,自以爲失職,慚恨成疾死。傳見《晉書》卷七四。

[6] 勢還不遠:意謂依情勢看,凱旋還師,爲時不遠,即斷定東晉必定滅亡。所以詔書中連東晉皇帝、大臣歸降後的官職都預先派定。

[7] 秦州:治所在今甘肅天水。

[8] 慕容垂:(327—397)字道明,鮮卑人,世居昌黎(今遼寧義縣)棘城。爲前燕主慕容暐叔,封吴王。369年,率軍擊敗東晉桓溫軍於枋頭(今河南濬縣西南),有功遭燕主忌,被迫投奔符堅。歷任前秦京兆尹,統兵轉戰有功,封泉州侯。淝水戰敗,前秦分裂,垂遂於384年自稱燕帝,都中山(今河北定縣),建立後燕。傳見《晉書》卷一二三載記。

[9] 姚萇:(330—393)字景茂,晉南安赤亭(今甘肅隴西西)燒當羌人。兄襄,被符堅所殺。萇降,得堅信任,命爲將,屢立戰功,但始終心持異端。淝水戰後,前秦分裂,萇於384年據北地(今陝西富平),自稱大將軍、大單

于、萬年秦王。次年,攻殺符堅,取長安,自稱秦帝,建立後秦。傳見《晉書》卷一一六載記。

[10] 陽平公融:符融,符堅弟,字博休。堅稱帝,累官司隸校尉、冀州刺史等,有政稱。封陽平公。傳見《晉書》卷一一四。

[11] 鮮卑、羌虜,我之仇讎:慕容垂,鮮卑人;姚萇,羌人。其國都被符堅所滅,所以符融説他們雖然臣服於秦,其實仇讎。

[12] 昔朕以龍驤建業:符堅是符健弟雄之子。健稱秦帝,任堅爲龍驤將軍。355年,健死,子生繼位,兇狠殘暴。357年,符堅因衆怒殺生,自立爲秦帝,故有此語。事見《晉書》卷一一二《符健符生載記》。

[13] 項城:今河南項城東南槐坊店。

[14] 彭城:今江蘇徐州。

[15] 潁口:潁水入淮口,在晉下蔡縣(今安徽鳳臺縣)附近。

[16] 謝石:字石奴,謝安弟。累官尚書僕射。淝水戰後,任尚書令,封南康郡公。無幹才,聚斂無厭,爲時所譏。傳見《晉書》卷七九。

[17] 謝玄:字幼度,謝安兄奕之子。以才略聞名,爲安所器重。任克州刺史,屢與前秦軍作戰。其部將劉牢之是東晉著名勇將。淝水之戰,玄軍爲晉軍主力,其前鋒五千人即劉牢之統率的北府兵。秦軍敗,任前鋒都督,率軍北伐,收復徐、克、青、司、豫、梁六州。劉牢之并直入河北名都鄴。玄以功加都督徐、克等七州軍事,封康樂縣公。傳見《晉書》卷七九。

[18] 謝琰:字瑗度,謝安子。淝水戰後,以功封望蔡公。累官至徐州刺史。後與劉牢之共同鎮壓孫恩起義,兵敗,爲部將所殺。傳見《晉書》卷七九。

[19] 桓伊:字叔夏,晉譙國(今安徽亳縣)銍人。以有武材,被薦爲淮南、歷陽等郡太守,屢與前秦軍作戰有功。淝水戰後,以功封永脩縣侯。累官豫州、江州刺史。以善音樂著名,稱江左第一。傳見《晉書》卷八一。

[20] 壽陽:今安徽壽縣。

[21] 張玄:《晉書》無傳。按《晉書》卷七九《謝玄傳》謂:謝玄轉授會稽内史,時吳興太守、晉寧侯張玄之亦以才顯,自吏部尚書與謝玄同年到郡。玄之名亞於玄,時人稱爲南北二玄。疑玄之即此張玄字。

[22] 與玄圍棋賭墅:謂謝安和張玄圍棋,以別墅作賭注。

[23] 吾其左衽矣：語見《論語·憲問》篇。孔子贊揚管仲,説如果没有管仲,我大概要被髮左衽了。衽即衣襟,左衽是衣襟向左交領。古代北方民族被髮左衽,中原華夏族束髮右衽。

[24] 以琅邪王道子録尚書六條事：司馬道子,東晉孝武帝同母弟。孝武昏庸,重用道子,排斥謝安。道子嗜酒,任用羣小,與子元顯專政,賣官鬻爵,政治異常敗壞,激起孫恩起義。軍閥桓玄乘機起兵,於402年攻入建康。道子父子都被殺。録尚書六條事,晉制原無此職,只有録尚書事,胡三省注謂此職始於十六國時漢劉聰。道子傳見《晉書》卷六四。

[25] 鄖城：在晉江夏郡雲杜縣(今湖北京山)東南。

[26] 硤石：胡三省注引《水經注》:“淮水東過壽春縣北,右合肥水;又北逕山峽中,謂之峽石,對岸山上結二城,以防津要。”按地當今安徽壽縣西北。

[27] 洛澗：胡三省注引《水經注》:“洛澗上承死馬塘水,北歷秦墟,下注淮,謂之洛口。”按即今安徽洛河。源出肥東縣北,流經定遠、壽縣間,過淮南市東,至懷遠縣西南入淮河。

[28] 朱序：字次倫,晉義陽(今河南新野南)人。家世為將。任東晉梁州刺史,鎮襄陽。前秦攻陷襄陽,序被俘,任秦度支尚書。淝水戰後,復歸晉,歷官豫州刺史等職。傳見《晉書》卷八一。

[29] 劉牢之：東晉著名將領。字道堅,彭城(今江蘇徐州)人。孝武帝初,謝玄北鎮廣陵,募兵京口。牢之應募,為參軍,領精鋭為前鋒,屢戰屢勝,號稱“北府兵”。淝水戰後,率師從謝玄北伐,長驅入鄴。後鎮壓袄教徒劉黎起事,討破王廞,擊敗孫恩,累官至鎮北將軍,都督會稽五郡。安帝元興初(402),奉詔討桓玄,陰與玄通。玄破晉,以牢之為會稽太守,奪其兵權。牢之悔欲叛攻玄,部將劉襲等不從,自縊死。傳見《晉書》卷八四。

[30] 八公山：在今安徽淮南市西。傳説漢淮南王劉安好神仙,有八公鬚眉皓白,至門求見。守門者謂:“吾王好長生,今先生等無駐衰之術,未敢以聞。”八公忽都變為童子。淮南王遂於此山立廟祭祀,名為八公山。一説當時廟内所供奉的是淮南王客左吴、伍被等八人。

[31] 青岡：胡三省注:“青岡去今壽春縣(南宋壽春為今安徽壽縣)三十里。”

[32] 張天錫、徐元喜：張天錫,字純嘏,晉安定烏氏(今甘肅平涼西北)人。為

張軌所建前涼的末主。376 年,被符秦擊破,降秦,官尚書。符堅攻晉,任
征南司馬。淝水之戰中,又降晉,官涼州刺史,甚爲晉人所輕。傳見《晉
書》卷八六。徐元喜,《晉書》無傳。

[33] 雲母車:別本車下有"及儀服、器械、軍資、珍寶、畜產不可勝計"十五字。
雲母晶體透明,成板狀,有色彩,古代用以飾車,以示貴重。晉制:以雲母
飾犢車,以賜王公,臣下不得乘。

[34] 壺飧(sūn):《孟子・滕文公》:"饔飧而治。"趙岐注:"饔飧,熟食也;朝曰
饔,夕曰飧。"胡三省注引《字林》釋飧曰:"水澆飯也。"按此處當從後説。

[35] 張夫人:符堅寵姬,曾諫堅不可伐晉,事見《通鑑》卷一〇四孝武帝太元七
年(382)。

[36] 世子寶:慕容寶,慕容垂第四子。符堅時,任太子洗馬、萬年令。垂稱帝,
建後燕,以寶爲太子。傳見《晉書》卷一二四載記。

[37] 意氣微恩:指堅厚待垂父子。

[38] 慕容德:慕容垂少弟,字玄明。前、後燕時,封范陽王。後慕容寶被殺,
德在滑臺(今河南滑縣東)稱燕王。400 年,攻下廣固(今山東益都縣北),
稱帝。史稱其所建國爲南燕。傳見《晉書》卷一二七載記。

[39] 太傅:指前燕慕容暐時太傅慕容評。評與太后可足渾氏密謀誅垂,迫垂
奔秦。事詳《通鑑》卷一〇二晉廢帝太和四年(369)。

[40] 後復爲王猛所賣:王猛(325—375),字景略,北海劇(今山東昌樂西)人。
少貧賤,以賣畚爲業。後隱居華山讀書,尤好兵書。桓溫入關,猛被褐往
見,捫蝨談當世事。後事符堅,甚見親信,累官至丞相,鎮壓豪强,休息民
力,選拔清廉,無才不任,使前秦出現漢、魏以來少見的清明政治。臨終
語堅,晉乃正統所在,希勿攻;又勸堅漸除鮮卑(慕容氏)、西羌(姚氏)等
仇敵,以杜後患。堅不聽,後果如猛所言。慕容垂謂爲王猛所賣事,指:
370 年,王猛伐前燕,以垂子令參軍事,任嚮導,至洛陽後詐爲垂使者使令
叛秦,以藉此殺垂;因符堅不欲罪垂而未遂。事見《通鑑》卷一〇二晉廢
帝太和五年(370)。傳附見《晉書》卷一一三《符堅載記》。

[41] 慕容暐:字景茂,前燕主慕容儁第三子,嗣儁即位稱帝。燕國貴族爭權內
亂,於 370 年爲前秦王猛率軍攻破。暐被俘,前燕亡。符堅封暐新興侯。

後任平南將軍、別部都督,從堅伐晉;淝水戰敗,隨堅返長安。後慕容垂起兵,暉謀殺堅以應,事發,被殺。傳見《晉書》卷一一一載記。

[42] 不覺屐齒之折:屐齒,木屐的底齒。謂謝安故作鎮静,但内心喜悦過甚,過門限時步履不穩,竟折斷了屐齒。

陳靖奏請務農積穀〔續資治通鑑長編卷四〇〕

(至道二年)秋,七月,庚申,太常博士直史館[1]陳靖[2]上言曰:

先王之欲厚生民而豐其食者,莫大於積穀而務農也。臣早任計司判官[3],每獲進對,伏聞聖訓,以爲稼穡農耕政之本,苟能勸課田畝,康濟黎元,則鹽鐵榷酤斯爲末矣。謹審天下土田,除江、淮、浙右[4]、隴、蜀、河東等處,其餘地里夐遠,雖加勸督,亦未能遽獲其利。況古者,強幹弱枝之法,必先富實於內[5]。今京畿[6]周環二三十州,幅員數千里,地之墾者十才二三,稅之入者又十無五六。復有匿里舍而稱逃亡,棄耕農而事遊惰。逃亡既衆,則賦額日減而國用不充,斂收科率無所不行矣;游惰既衆,則地利歲削而民食不足,寇盜殺傷無所不至矣。又安能致人康俗阜、地平天成[7]乎!望擇大臣一人,有深識遠略者,兼領大司農事[8],典領於中;又於郎吏中選才智通明能撫民役衆者爲副,執事於外。自京東西擇其膏腴未耕之處,申以勸課。

臣又嘗奉使四方,深見民田之利害。汙萊極目,膏腴坐廢,亦加詢問,頗得其由。昔詔書屢下,許民復業,蠲其常租,寬以歲時。然鄉縣之間,擾之尤甚。每一戶歸業,則刺報所由;朝耕尺寸之田,暮入差役之籍;追胥責問,繼踵而來;雖蒙蠲其常租,實無補於捐瘠。況民之流徙,始由貧困,或避私債,或逃公稅。亦既亡逃,則鄉里斂其貲財;至於室廬什器,桑棗材木,咸計其直;鄉官用以輸稅,或債主取以償逋。生計蕩然,還無所詣,以茲浮蕩,絕意言歸。姦心既萌,何所不至!如授臣斯任,則望錫以閒曠之地,廣募游惰之輩,誘之耕鑿,未計賦租,許令別置版圖[9],便宜從事。酌民力之豐寡,相農畝之磽肥,均配畀之,無煩督課,令其不倦。其逃民歸業、丁口授田煩碎之事,並取大司農裁決。耕桑之外,更課令益種雜木蔬果,孳畜羊犬雞豚。給授桑土,潛擬於井田;

營造室居,便立於保伍。逮於養生送死之具、慶弔問遺之資,咸俾經營,並立條制。俟至三五年間,生計成立,有家可戀,有土可懷,即計戶定征,量田輸稅。以司農新附之名籍,合計府舊,收之簿書。斯實敦本化人之宏略也。若民力有不足,官借縑錢,或以市餱糧,或以營耕具。凡此給受,委於司農。比及秋成,乃令償直,依時價折估,納之於倉,以其成數關白[10]戶部。

上[11]覽之,喜,謂宰相曰:"朕思欲恢復古道,革其弊俗,驅民南畝,致於富庶。前後上書言農田利害多矣,或知其末而闕其本,有其說而無其用。靖此奏甚諳理,可舉而行之,正是朕之本意。"因召對獎諭,令條奏以聞。靖又言:

逃民復業及浮客[12]請田者,委農官勘驗,以給授田土,收附版籍,州縣未得議其差役。其乏種糧耕牛者,令司農以官錢給借。民輸稅外有荒田願附司農之籍者,民有牛歲責以租課願隸籍受田者,並聽。其田制為三品:以膏沃而無水旱之患者為上品;雖沃壤而有水旱之災、埆瘠而無水旱之慮者,為中品;既磽瘠復患於水旱者,為下品。上田人授百畝,中田百五十畝,下田二百畝。並五年後收其租,亦只計百畝十收其三。一家有三丁者,請加授田,如丁數以給。五丁從三丁之制,七丁者給五丁,十丁者給七丁,至二十丁三十丁者,以十丁為限。若寬鄉[13]田多,即委農官裁度以賦之。其室廬蔬韭及桑棗榆柳種藝之地,每戶及十丁者給百五十畝,七丁者百畝,五丁七十畝,三丁五十畝。除桑功五年後計其租,餘悉蠲其課。令常參官[14]於幕職州縣中各舉所知一人堪任司農丞[15]者,分授諸州通判[16],即領農田之務。又應司農官屬分下諸州,民頑已久,未能信服;更或張皇紛擾,其事難成;望許臣領三五官吏,於近甸寬鄉設法招攜,俟規畫既定,四方游民必盡麕至,乃可推而行之。

——據1979年中華書局出版校點本《續資治通鑑長編》第四冊

【解題】

《續資治通鑑長編》，今本定爲五百二十卷，南宋李燾撰，是繼《資治通鑑》而寫作的一部著名編年史。

李燾生於南北宋之際，正當宋、金鬥爭最激烈的時代。他年輕時就留心國事，尤注意本朝歷史。當時學人論述本朝歷史，各信所傳，不加考核，以至紛錯難信。所以他"慨然以史自任"（《宋史》本傳），廣搜北宋各朝事蹟，自實錄正史、官府文書、檔案祕籍乃至家錄野紀，無不考校異同，"發憤討論，使衆說咸會於一"（李燾《進長編奏狀》）。做司馬光《資治通鑑》體例，上起宋太祖建隆元年（960），下迄欽宗靖康元年（1126）北宋覆亡爲止，網羅一百六十八年史事，輯撰九百八十卷，外《目錄》十卷、《舉要》六十八卷，并《總目》五卷，共一千零六十三卷。

司馬光編撰《通鑑》，先修叢目，次修長編，最後刪繁就簡，撰成本編。光曾告任唐代長編的范祖禹說："長編寧失於繁，無失於略。"李燾即本此精神，"旁采異聞，補實錄正史之闕略；參求真是，破巧說僞辨之紛紜"（李燾《進書奏狀》）。書成，自謙不敢續《資治通鑑》，故命名爲《續資治通鑑長編》。

李燾以宋人撰寫宋史，資料搜集較爲便利；同時他和他的長子垕均曾同修國史，得以縱覽內廷祕籍檔案；并據親身經歷，釐訂文字記錄的缺誤，遂使本書和後出的徐夢莘《三朝北盟會編》、李心傳《建炎以來繫年要錄》、《建炎以來朝野雜記》、馬端臨《文獻通考》等書，同爲研究宋史的重要史料，價值均勝於元末托克托等所修的《宋史》。本書爲南宋首出的現代史，深受學者推崇，如葉適便以爲"《春秋》之後，纔有此書"（《文獻通考》引）。

本書記載英宗治平（1064）以後六十年事，較前一百餘年更爲詳盡。今本《續資治通鑑長編》於治平後僅存神、哲兩朝：從神宗熙寧三年（1070）四月到哲宗元祐八年（1093）六月，從哲宗紹聖四年（1097）四月到元符三年（1100）正月，計僅二十八年，而卷帙卻佔今本三分之二。李燾自謂從熙寧到靖康年間的"大廢置，大征伐，關天下之大利害者，其事跡比治平以前特異"（李燾《進書表》），所以必須詳盡。清周中孚以爲這是"年代彌近，則見聞彌廣故也"（《鄭堂讀書記》卷一六）。本書仿《通鑑》例，也纂有《考異》。《通鑑考異》原別爲一書，而本書《考異》即分注於各條之下，以便閱讀。但今本《考異》中載有燾子垕所撰《十朝綱要》及後人所撰《宋史全文》，顯係後人所附益。

本書由於燾獨力撰寫，採摭浩博，自不免帶有缺陷。如一事而重出；或虛實並存，疑信互見。而且由於宋人撰宋史，於宋初開國、帝位傳嬗等事，也有所諱避。對於影響北宋一代命運的宋遼、宋金關係，多據宋方史料，因而記錄也時有片面失實之處。稍後，金衛紹王大安元年(1209)，金朝儒臣楊雲翼等也奉詔編《續資治通鑑》，惜不傳，無由對勘。

本書於孝宗淳熙九年(1182)最後寫成進呈。由於卷帙浩繁，當時難於傳寫，書坊刻本與蜀中舊本已詳略不同。同時神、哲、徽、欽四朝，僅在孝宗乾道間敕祕書省依《通鑑》紙樣，繕寫一部，未經雕版。因此流播日稀，元以後便不傳。清康熙初，徐乾學獲得舊本，僅至英宗治平以前，共一百七十五卷。乾隆間，敕修《四庫全書》，又從《永樂大典》中輯出神、哲兩朝長編，與徐本參互校正，才成今本。因原本目錄不存，今本目錄是"四庫全書"館臣重新校正，釐定爲五百二十卷。其中徽、欽二朝長編，《永樂大典》原本不載，又佚去熙寧、紹聖間七年史事。四庫館臣輯校的今本，固然使本書得以流傳，然校勘問題仍多，尤其是涉及宋遼、宋金關係的文字，時有删節竄改；本書所遭删改，雖遠不如庫本《三朝北盟會編》之多，然痕跡也時有出現，因而亟待重新整理。今本的舊通行本有浙江書局刻本。清末黃以周撰有《續資治通鑑長編拾補》六十卷，可供參考。近年中華書局組織學者對本書進行整理標點，彙集宋本及各種史料互勘，改正清人删改和傳刻錯誤甚多，於1979年起分册陸續排印出版。

《陳靖奏請務農積穀》，選自《續資治通鑑長編》卷四〇。標題是編者加的。詳錄原始資料，對史料的删削加工比較少，正是《長編》不同於《通鑑》的特色，本篇即爲一例。這種半成品，常使一般讀者感覺繁重，然而對研究者來說，卻是值得珍視的材料。

李燾(1115—1184)，字仁甫，一字子真，號巽巖。宋眉州丹稜(今四川丹稜)人。南宋高宗紹興八年(1138)進士。歷任地方官多年。累官禮部侍郎，進數文閣學士兼侍講，同修國史。燾幼歷"靖康之難"，親見金人南下攻破汴京，俘虜徽、欽二帝，康王趙構倉皇南逃，勉强建立起偏安一隅的南宋小朝廷。這段恥辱歷史，給他以很深刺激。青年時便因憤金仇未報，著《反正議》十四篇。後在任官餘暇致力讀書，尤留心當代史學。每恨當時士大夫議論本朝歷史，錯訛百出，遂發憤著《續資治通鑑長編》，前後用力近四十年，自稱"精力幾盡此書"(《進書奏狀》)。燾任官清正，治學謹嚴，爲當時人所推許。張栻稱贊他："李仁甫如霜松雪柏，無嗜好，無姬侍，不殖產，平生生死文字間。"除本書外，他還有經史著作及文集等十餘種，計二百餘卷。今僅存《說文解字五音韻譜》一書，將《說文》九千餘字重按《集韻》次序排列，變亂《說文》"始一終亥"的原來部居，又混淆徐鉉新附字，任意改動音切，頗爲治文字學者所責難。傳見《宋史》卷三八八。

【注釋】

［1］ 太常博士直史館：太常博士，官名，屬太常寺。掌講定朝廷禮儀、據經審議改革、擬定諡文、贊相祭祀等事。直史館，官名。宋初置編修院，修國史，稱史館或史院，隸中書省。無常官，多以宰相爲監修國史，下設修撰、直館、檢討等，以朝官和京官兼任。直館掌修“日曆”及典管圖籍事。

［2］ 陳靖：字道卿，北宋興化軍莆田(今福建莆田縣)人。史稱“好學，頗通古今”。太宗時，上禦契丹五策，被賞識，授將作監丞。累官太僕卿、集賢院學士、知泉州。對當時農業問題，頗多建議。但所上復均田、行勸農法等奏議，多被執政者認爲泥古而不可行，未被採納。傳見《宋史》卷四二六《循吏傳》。

［3］ 計司判官：計司即三司。唐中葉後，於戶部尚書外，特設戶部、度支、鹽鐵等使，分理租賦、財政收支和鹽鐵專賣事務。五代後唐時，併爲一使，稱三司使。北宋初，沿五代舊制，設三司使，號稱“計相”，地位僅亞於宰相。三司號稱“計省”或“計司”，下設三司副使、三司判官。另設都磨勘司等機構，分理三司各項事務，都主以判官。陳靖在祕書監直史館任內，曾兼這類機構之一開拆司判官，掌管有關詔敕及諸州文牒收發事宜，所以自謂“早任計司判官”。

［4］ 浙右：即浙西。古代方位，東爲左，西爲右。

［5］ 内：內地，古代最初指京畿以內地區，相對於諸侯轄區而言。

［6］ 京畿：北宋開封府，轄境相當於今河南省的原陽、鄢陵以東，延津、長垣以南，蘭考、民權以西，太康、扶溝以北的廣大地區。

［7］ 地平天成：語出《僞古文尚書·大禹謨》，謂人間政治修明，理好農田水利，則天象自然會陰陽有序、四時和順。古謂“水土治曰平，五行敍曰成”。

［8］ 兼領大司農事：司農即管理農事的司農寺，宋初常以上級官員兼任，稱“判寺事”，亦即“兼領大司農事”。王安石變法時才設司農卿，專管寺事。

［9］ 別置版圖：謂人口和田畝在官府中另立專冊登記。版，戶籍。圖，地圖，這裏指登記産權的田畝面積四至圖。

［10］ 關白：言事，這裏有通知意。

［11］ 上：指宋太宗。

［12］ 浮客：南北朝以後，稱被迫離開本土、逃避賦役、飄流他鄉、没有固定户籍的農民爲"浮客"，又稱"浮户"。與土著居民相對，又稱定居的外籍居民爲"客户"。

［13］ 寬鄉：地廣人稀的地區。見本書所選《通典·食貨門·田制》注［23］。

［14］ 常參官：即日參官。唐、宋時，文官五品以上，以及兩省供奉官、監察御史、員外郎、太常博士等，需每日參加朝會，故稱；與九參官（武官三品以上，三日一參，一月九參）、六參官（武官五品以上，五日一參，一月六參）相區別。

［15］ 司農丞：司農寺官員，位在司農少卿下。

［16］ 諸州通判：宋初派朝臣至各州，與知州共管民政、軍事、財政、獄訟等，因和知州共同判定各種事務，故稱通判。名義是副貳，實際起監督作用。

宋太祖收兵權〔續資治通鑑卷三〕

（建隆元年，七月，）詔殿前、侍衛二司[1]各閱所掌兵，簡其驍勇者升爲上軍，而命諸州長吏選所部兵送都下，以補禁旅之闕。又選强壯卒定爲兵樣，分送諸道[2]召募教習，俟其精練，即送闕下。由是獷猂之士皆隷禁籍[3]矣。又懲唐以來藩鎮之弊，立"更戍法"[4]，分遣禁旅戍守邊城，使往來道路，以習勤苦、均勞逸。

自是將不得專其兵，而士卒不至于驕惰，皆趙普[5]之謀也。……

（建隆二年，三月，）殿前都點檢[6]、鎮寧軍節度使慕容延釗[7]（罷）爲山南西道節度使，侍衛親軍都指揮使韓令坤[8]罷爲成德節度使[9]。自是殿前都點檢遂不復除授。……

（七月，）初，帝既克李筠[10]及李重進[11]，一日，召趙普問曰："自唐季以來數十年，帝王凡易八姓[12]，戰鬬不息，生民塗地，其故何也？吾欲息天下之兵，爲國家計長久，其道何如？"普曰："陛下言及此，天地人神之福也。此非他故，方鎮太重，君弱臣强而已。今欲治之，惟稍奪其權，制其錢糧，收其精兵，則天下自安矣。"

時石守信[13]、王審琦[14]皆帝故人，各典禁衛。普數言於帝，請授以他職。帝曰："彼等必不吾叛，卿何憂？"普曰："臣亦不憂其叛也。然熟觀數人者，皆非統御才，恐不能制伏其下。萬一軍伍作孽[15]，彼亦不得自由耳。"帝悟，於是召守信等飲，酒酣，屏左右謂曰："我非爾曹力，不及此。然天子亦大艱難，殊不若爲節度使之樂，吾終夕未嘗高枕卧也。"守信等請其故，帝曰："是不難知。居此位者，誰不欲爲之！"守信等頓首曰："陛下何爲出此言？今天下已定，誰敢復有異心！"帝曰："卿等固然，設麾下有欲富貴者，一旦以黄袍加汝身[16]，汝雖欲不爲，其可得乎？"守信等頓首涕泣曰："臣等愚不及此，惟陛下哀矜，指示可生之途。"帝曰："人生如白駒過隙[17]，所爲好富貴者，不過欲多積金錢，厚自娛樂，使子孫無貧乏耳。卿等何不釋去兵權，出守大藩，擇便好田宅市之,爲子孫立永遠之業;多致歌兒舞女,日飲酒相歡以終其天年! 朕且與卿等約爲婚姻,君臣之間,兩無猜疑,上下相安,不亦善乎!"皆拜謝曰:"陛下念臣等至此,所謂生死而肉骨也。"明日,皆稱疾請罷。帝從之,賞賚甚厚。庚午,以石守信爲天平節度使,高懷德[18]爲歸德節度使,王審琦爲忠正節度使,張令鐸[19]爲鎮寧節度使,皆罷軍職。獨守信兼侍衛(都)指揮使如故,其實兵權不在也。殿前副點檢自是亦不復除云。

——據 1957 年古籍出版社出版校點本《續資治通鑑》

【解題】

《續資治通鑑》二百二十卷,清畢沅主持編撰。

初,明陳桱撰《通鑑續編》,王宗沐、薛應旂各撰有《宋元資治通鑑》,都做《資治通鑑》體例,記載宋、元兩代史事。清康熙時,徐乾學以上述三書荒陋,邀請萬斯同、閻若璩、胡渭等排比正史,編成《資治通鑑後編》一百八十四卷;又依司馬光例,作《考異》以折衷不同說法,著"臣乾學"云云加以評論。在搜輯、審勘、訂誤、補遺等方面,的確花了很深功夫,但援據資料仍多缺略,並且述遼、金事止取本紀,記宋嘉定後、元至順前史事過於疏略;而有些地方卻失於繁冗,如備述西夏姻戚世系、元末瑣事。章學誠曾批評它"失於裁制","不以義例爲要,而惟主於多聞"(《爲畢制軍與錢辛楣宮詹論續鑑書》)。所以乾隆中畢沅又以徐書爲底本,約人重加修訂。初由他的幕客撰修,歷時二十年始成,大致依照徐書略加增删;畢沅不甚滿意,更請當時著名史學家邵晉涵訂正,復經錢大昕校閱。但畢沅生前僅刻一百零三卷,因畢卒於軍,家遭籍没,雕板中途停止。直到嘉慶中,始由馮集梧購得全部原稿和部分板片,又補刻其餘一百零七卷。據章學誠説,邵晉涵的審定本已"不可訪",付刻的是畢沅"賓客初定之本"(《邵與桐別傳》)。但據馮集梧《序》,畢沅生前所刻係邵晉涵覆審本;校閱過審定本全書副本的錢大昕,在馮集梧補刻時也未提及所據原稿非審定本;疑章學誠作邵晉涵《別傳》時,因年老而記憶失真。

本書編者注意到如下幾點:一、矯正舊作詳兩宋而略遼、金、元的弊病,增加遼、金、元的篇幅。二、資料以宋、遼、金、元四朝正史爲主,宋代史事據《續資治通鑑長編》、《建炎以來繫年要録》、《中興小紀》、《宋季三朝政要》等書而加詳;遼、金史事另據其他記載(如《契丹國志》等),補其缺漏;元事則多引文集,旁及説部之可信者。三、仍用《通鑑》體例,折衷諸説異同,闡明取捨原因,另撰《考異》;並做胡三省分注《通鑑考異》例,將《考異》散載於正文下,以便檢閱。四、據事直書,使善惡自見,不採用《通鑑》和徐書的體例,繫

以"臣某曰"的主觀論斷。(參見章學誠《爲畢制軍與錢辛楣宮詹論續鑑書》)

《續資治通鑑》起宋太祖建隆元年(960),訖元順帝至正二十八年(1368)七月,凡四百十一年。它比《資治通鑑後編》晚出近一百年,正當清廷修《四庫全書》時期,一些前人未見的遺文祕册都陸續從《永樂大典》中輯出,因此,資料搜集比較方便,對前人作品自有不少增補和改正。其次,當時史學名家除邵晉涵、錢大昕外,章學誠、洪亮吉等也都曾參與本書的工作,使編輯、剪裁方面有一定的義制,較前人作品進了一步。

但本書出於衆手,主持者爲謀虛名而倩人捉刀,自己由發凡起例到擬稿審定,都置身事外。因而,他雖靠着名家扶持,編成了超過前人的《續通鑑》,卻比《通鑑》相差甚遠。首先,體例書法多有欠妥處。記載一事件,往往有始無終,或有尾無首。因清朝關係,遼、金年號與宋並載,但獨不記西夏年號。遼、金、蒙古人名地名,乾隆時曾下旨改譯(如忽必烈改譯作呼必賚、阿里不哥改譯作額埒布格等),本書採用改譯名,在改譯名下附注舊名,但有時始見不注而注於後見,有時全注,有時遺漏;且常將譯名錯記,以致事實謬誤。其次,本書雖有《考異》,但考訂事實不够精審,事實訛誤脫漏,次序顛倒誤植,一事重出複見,以及衍文訛字比比皆是。再次,由於清朝統治者是少數族關係,本書在涉及與滿洲先世有關的遼、金史事,不免曲筆諱飾。至於因畢沅歷任清廷顯要,多次參與鎮壓農民和少數民族起義,而影響到書中出現一整套污衊人民反抗的謬説,更不待言。不過,本書對於歷史過程的叙述,還算簡明,便利初學者瞭解宋、遼、金、元這一段歷史。

本書通行版本有蘇州書局《正續資治通鑑》合刻本、世界書局縮印小字本。1957年,標點續資治通鑑委員會據清嘉慶六年馮集梧補刻本加以標點,并根據原始材料進行了初步校補,改正了纂修、刊刻中的大小缺誤近二千四百條,由古籍出版社排印出版,是現行較完善的一種。

《宋太祖收兵權》,選自《續資治通鑑》卷二。標題是編者加的。對於"杯酒釋兵權"這個著名的歷史事件,作者着重交代了它的醖釀和實現的經過,文字也很乾净,在全書中要算是寫得較好的段落之一。

畢沅(1730—1797),字湘衡,或作纕蘅,一字弇庵,號秋帆,自號靈巖山人。清江蘇鎮洋(今江蘇太倉)人。乾隆二十五年(1760)中進士第一。歷官翰林院修撰、侍讀,左春坊左庶子等。乾隆三十二年(1767)後,出任地方官,累任陝西、河南、山東、湖廣等省巡撫、總督等顯職,爲乾隆帝所寵信;先後參與過鎮壓甘、陝回民起義,湘、貴苗民起義和湖北白蓮教起義。死後,清廷責他冒支軍需,貽誤戎機,抄没他的家產。畢沅能詩文,於經史、文字、金石、地理諸學都涉獵過；喜著書，曾多方延請學者名士，置於幕下。得盧文弨、孫星衍等助，輯校注補子史等古籍十五種，收入《經訓堂叢書》。又讓幕中學者代己立言。除《續資治通鑑》外，另有《傳經表》、《通經表》，係洪亮吉代撰。他本人的作品有《靈巖山人詩集》四十四卷、《自訂經訓堂集》四十卷等。傳見《清史稿》卷三三八。

【注釋】

[1]　殿前、侍衛二司：殿前司，五代時後周世宗始置。周世宗鑒於五代衛士累朝世襲，禁衛軍驕蹇不聽指揮，且勇士多被藩鎮募養，於是裁撤冗贏，招募天下壯士，選武藝精高者，充任宿衛諸軍，分署爲殿前諸班。又沿後唐以來侍衛親軍分置馬、步軍的制度，亦精選士卒。宋初，沿襲周制，繼續增強中央禁軍。統率禁軍的殿前司、侍衛馬軍司、侍衛步軍司，合稱“三衙”，掌握軍權，但行動須由樞密院調度。

[2]　道：本爲唐代行政區劃的名稱。唐太宗時分全國爲十道，玄宗時增爲十五道。宋太宗改名爲“路”。至道三年(997)，分境內爲十五路。神宗時，增爲二十三路(除首都開封府)。

[3]　禁籍：宋代諸軍兵士都另立專門戶籍。中央禁軍的專門冊籍稱“禁籍”。又爲防兵士逃亡，梁太祖朱温令諸軍黥面爲字，以識軍號。五代至宋，因襲舊制，故軍士一隸禁籍，便須黥面爲誌。

[4]　更戍法：宋太祖、太宗鑑於唐末以來藩鎮跋扈，於是將國內精兵盡屯於京城。其邊防要地，軍事重鎮須派兵屯守者，都由中央從京城發遣，稱爲“駐泊、屯駐”。如果戍處正當漕運道路，還允許兵士攜帶家屬前往，稱“就糧兵”。這些兵士都按時更選調防屯駐，故稱“更戍法”。平日將不專兵；遇出征時，才由朝廷任命將領；軍事畢，便交還兵權。

[5]　趙普：(921—991)字則平，洛陽(今河南洛陽)人。後周時，爲趙匡胤掌書記，參與策劃陳橋兵變。宋初歷任諫議大夫、樞密使等職。太祖乾德二年(964)，遷宰相，專朝政十年。宋初削藩鎮，釋兵權，平諸國，建立各種政治、軍事、經濟制度，多由他策劃。後遭太祖忌，罷相。太宗繼位，又爲相。封魏國公。普長於吏事，短於學術。太祖嘗勸他讀書，乃手不釋卷。曾語太宗：“臣有《論語》一部，以半部佐太祖定天下，以半部佐陛下致太

平。"傳見《宋史》卷二五六。

[6] 殿前都點檢:都點檢,官名,始於後唐。後周選勇士充殿前諸班,始於殿前都指揮使上置"殿前都點檢",總統中央禁軍。趙匡胤即在任殿前都點檢時策劃兵變,使所轄禁軍擁立他爲帝。

[7] 慕容延釗:宋太原(今山西太原)人。後周時,官殿前副點檢。趙匡胤稱帝,升殿前都點檢,握重兵戍北邊。曾參與討平李筠,又率軍平定荆南等南方割據勢力。太祖削兵權,延釗首被解職,出爲山西南道節度使。傳見《宋史》卷二五一。

[8] 韓令坤:宋磁州武安(今河北武安)人。後周末,任侍衛馬步軍都虞候,領兵巡守北邊。趙匡胤稱帝,與慕容延釗俱願聽命,加侍衛馬步軍都指揮使、天平軍節度使。從討淮南李重進。後罷都指揮使,出鎮常山七年。傳見《宋史》卷二五一。

[9] 節度使:官名,始於唐高宗永徽以後。初係臨時特任,中宗後漸常設於邊疆。唐中葉後,遍設全國各地,全權處理轄區內一切軍、民、財政事務,所領區域大者十餘州,小者二三州,造成唐末五代軍閥割據的基礎。宋初,收節度使權力,僅作爲榮寵有功將領的虛銜。

[10] 李筠:初名榮,五代太原人。後周重要將領之一,官昭義軍節度使,鎮潞州(治今山西長治)。趙匡胤稱帝,加筠爲中書令。筠不服,與北漢劉鈞相結,於建隆元年(960)四月,舉兵反宋,攻佔澤州(治今山西晉城)。宋太祖先後命石守信、高懷德、慕容延釗等往征並親征。六月,筠兵敗,蹈火自殺。傳見《宋史》卷四八四。

[11] 李重進:五代太原人,後周太祖郭威的外甥。勇悍善戰,人稱"黑大王"。周世宗時,與趙匡胤分掌兵權。後出任淮南節度使。匡胤稱帝,命韓令坤代重進,又不許入朝。李筠平,宋太祖欲討平淮南,徙重進爲平盧節度使,賜鐵券。重進被迫反,於建隆元年(960)九月起兵。太祖命石守信等往討並親征。十一月,揚州城破,重進自焚死。傳見《宋史》卷四八四。

[12] 帝王凡易八姓:指五代五十二年中,帝王共八姓:後梁(朱溫)、後晉(石敬瑭)、後漢(劉知遠)各一姓;後唐三姓(李克用、存勗父子一姓,克用養子明宗李嗣源本北方少數族、原無姓,嗣源養子潞王從珂,本姓王);後周

二姓(太祖郭威,威養子世宗柴榮)。

[13] 石守信:宋開封浚儀(今河南開封)人。後周時,任殿前都指揮使,與趙匡胤相結,策劃陳橋兵變,擁立匡胤爲帝。以擁戴功,授歸德節度使、侍衛馬步軍副指揮使,參與平定李筠、李重進的反抗。解除兵權後,累任節鎮,專務聚斂,州人苦其酷暴。傳見《宋史》卷二五〇。

[14] 王審琦:字仲寶。五代洛陽(今河南洛陽)人,其先世爲遼西人。後周末,任殿前都虞候,參與趙匡胤兵變密謀。匡胤稱帝,以擁戴功,授泰寧節度使、殿前都指揮使,累次參與出征。解除兵權後,累官忠武節度使,同平章事,封琅邪郡王。在鎮時,政號寬和。傳見《宋史》卷二五〇。

[15] 軍伍作孽:唐末五代藩鎮中,軍將常唆使士兵違抗主帥約束,小則閧鬨,大則驅逐,甚至殺死主帥。所謂驕兵逐帥,擅立留後,中央無法控制。

[16] 一旦以黄袍加汝身:黄袍,皇帝服。後周顯德七年(960),趙匡胤矯稱遼兵南下,率軍出征。夜宿陳橋驛(在今河南開封東北陳橋鎮),陰謀兵變,部將以黄袍加身,擁立爲帝。這裏匡胤諷諭石守信等參與兵變的將領交出兵權。

[17] 人生如白駒過隙:語出《莊子·知北遊》篇:"人生天地之間,若白駒之過郤,忽然而已。"白駒,駿馬;或説日影。郤同隙;或説壁際,即牆壁間。兩説都形容人生短促,後爲成語。

[18] 高懷德:字藏用,常山(今河北正定)人。後周末,任侍衛馬軍都指揮使。趙匡胤稱帝,以擁戴功,授義成節度使、殿前副都點檢。後移鎮滑州,參與平定李筠之役。太宗時,從平北漢,改鎮曹州。累官武勝軍節度使兼侍中。卒,追封渤海郡王。傳見《宋史》卷二五〇。

[19] 張令鐸:棣州厭次(今山東惠民)人。歷任後唐、後晉、後漢軍職。後周末,任步軍都指揮使。趙匡胤稱帝,以擁戴功,授鎮安節度使、馬步軍都虞候。罷除兵權後,太祖令弟光美娶令鐸女爲夫人。傳見《宋史》卷二五〇。

安 史 之 亂〔通鑑紀事本末卷三一〕（節錄）

安禄山者，本營州雜胡[1]，初名阿犖山[2]。其母，巫也；父死，母攜之再適突厥[3]安延偃。會其部落破散，與延偃兄子思順俱逃來，故冒姓安氏，名禄山。又有史窣干者，與禄山同里閈，先後一日生；及長，相親愛。皆爲互市牙郎[4]，以驍勇聞。張守珪[5]以禄山爲捉生將[6]；禄山每與數騎出，輒擒契丹[7]數十人而返。狡黠，善揣人情，守珪愛之，養以爲子。……

（開元）二十九年，平盧兵馬使[8]安禄山，傾巧，善事人，人多譽之。上左右至平盧，禄山皆厚賂之，由是上益以爲賢。御史中丞張利貞爲河北采訪使[9]，至平盧，禄山曲事利貞，乃至左右皆有賂。利貞入奏，盛稱禄山之美。八月，乙未，以禄山爲營州都督，充平盧軍使，兩蕃、勃海、黑水四府經略使[10]。

天寶元年，分平盧別爲節度[11]，以安禄山爲節度使。……

三載[12]，春，三月，己巳，以平盧節度使安禄山兼范陽[13]節度使；以范陽節度使裴寬[14]爲户部尚書。禮部尚書席建侯爲河北黜陟使[15]，稱禄山公直；李林甫[16]、裴寬皆順旨稱其美。三人皆上所信任，由是禄山之寵益固不摇矣。……

六載，春，正月，戊寅，以范陽平盧節度使安禄山兼御史大夫。禄山體充肥，腹垂過膝，嘗自稱重三百斤。外若癡直，内實狡黠。常令其將劉駱谷留京師，伺朝廷指趣，動静皆報之。或應有牋表者，駱谷即爲代作通之。歲獻俘虜、雜畜、奇禽異獸、珍玩之物，不絶於路，郡縣疲於遞運。禄山在上前，應對敏給，雜以詼諧。上嘗戲指其腹曰：“此胡腹中何所有？其大乃爾！”對曰：“更無餘物，止有赤心耳！”上悦。又嘗命見太子，禄山不拜。左右趣之拜，禄山拱立曰：“臣胡人，不習朝儀，不知太子者何官？”上曰：“此儲君也，朕千秋萬歲後，代朕君汝者也。”禄山曰：“臣愚，曏者惟知有陛下一人，不知乃更有儲君。”不得已，然後拜。上以爲信然，益愛之。上嘗宴勤政樓，百官列坐樓下,獨爲禄山於御座東,間設金雞障,置榻,使坐其前,仍命卷簾以示榮寵。命楊銛、楊錡、貴妃三姊[17]皆與禄山敍兄弟。禄山得出入禁中,因請爲貴妃兒。上與貴妃共坐,禄山先拜貴妃。上問何故,對曰:"胡人先母而後父。"上悦。

李林甫以王忠嗣[18]功名日盛,恐其入相,忌之。安禄山潛蓄異志,託以禦寇,築雄武城,大貯兵器,請忠嗣助役,因欲留其兵。忠嗣先期而往,不見禄山而還,數上言禄山必反,林甫益惡之。

唐興以來,邊帥皆用忠厚名臣,不久任,不遥領,不兼統,功名著者,往往入爲宰相[19]。其四夷之將,雖才略如阿史那社爾、契苾何力,猶不專大將之任,皆以大臣爲使以制之[20]。及開元中,天子有吞四夷之志,爲邊將者十餘年不易,始久任矣;皇子則慶、忠諸王,宰相則蕭嵩、牛仙客,始遥領矣[21];蓋嘉運[22]、王忠嗣專制數道,始兼統矣。李林甫欲杜邊帥入相之路,以胡人不知書,乃奏言:"文臣爲將,怯當矢石,不若用寒族胡人。胡人則勇決習戰,寒族則孤立無黨,陛下誠以恩洽其心,彼必能爲朝廷盡死。"上悦其言,始用安禄山。至是,諸道節度使盡用胡人,精兵咸戍北邊,天下之勢偏重,卒使禄山傾覆天下,皆出於林甫專寵固位之謀也。

七載,夏,六月,庚子,賜安禄山鐵券[23]。

九載,夏,五月,乙卯,賜安禄山爵東平郡王。唐將帥封王自此始。……

十載,春,正月,上命有司爲安禄山起第於親仁坊,敕令但窮壯麗,不限財力。既成,具幄幎器皿,充牣其中。有帖白檀牀二,皆長丈,闊六尺;銀平脱屏風帳一方,一丈八尺。於廚廄之物,皆飾以金銀;金飯罌二,銀淘盆二,皆受五斗;織銀絲筐及笊籬各一。它物稱是。雖禁中服御之物,殆不及也。上每令中使爲禄山護役築第及造儲偫賜物,常戒之曰:"胡眼大,勿令笑我。"禄山入新第,置酒,乞降墨敕[24]請宰相至第。是日,上欲於樓下擊毬,遽爲罷戲,命宰相赴之。日遣諸楊與之選勝遊宴,侑以梨園教坊樂[25]。上每食一物稍美,或後苑校獵獲鮮禽,輒遣中使走馬賜之,絡繹於路。……

安禄山求兼河東節度。二月,丙辰,以河東節度使韓休珉[26]爲左羽林將軍,以禄山代之。户部郎中吉温[27]見禄山有寵,又附之,約爲兄弟。……

禄山既兼領三鎮,賞刑己出,日益驕恣。自以曩時不拜太子,見上春秋高,頗内懼;又見武備墮弛,有輕中國之心。孔目官嚴莊、掌書記高尚[28]因爲之解圖讖,勸之作亂。禄山養同羅[29]、奚、契丹降者八千餘人,謂之"曳落河"。曳落河者,胡言壯士也。及家僮百餘人,皆驍勇善戰,一可當百。又畜戰馬數萬匹,多聚兵仗,分遣商胡詣諸道販鬻,歲輸珍貨數百萬。私作緋紫袍、魚袋,以百萬計。……

十一載,冬,十二月,甲申,以平盧兵馬使史思明兼北平太守,充盧龍軍使。

哥舒翰[30]素與安禄山、安思順不協,上常和解之,使爲兄弟。是冬,三人俱入朝,上使高力士[31]宴之於城東。禄山謂翰曰:"我父胡,母突厥;公父突厥,母胡;族類頗同,何得不相親?"翰曰:"古人云'狐向窟嗥不祥',爲其忘本故也。兄苟見親,翰敢不盡心!"禄山以爲譏其胡也,大怒,罵翰曰:"突厥敢爾!"翰欲應之。力士目翰,翰乃止,陽醉而散,自是爲怨愈深。

十二載,夏,五月,阿布思[32]爲回紇[33]所破,安禄山誘其部落而降之,由是禄山精兵,天下莫及。……

十三載,春,正月,……安禄山求兼領閑廐、羣牧;庚申,以禄山爲閑廐、隴右羣牧等使。禄山又求兼總監[34];壬戌,兼知總監事。禄山奏以御史中丞吉温爲武部侍郎[35],充閑廐副使。楊國忠[36]由是惡温。禄山密遣親信選健馬堪戰者數千匹,別飼之。

二月,己丑,安禄山奏:"臣所部將士討奚、契丹、九姓[37]、同羅等,勳效甚多,乞不拘常格,超資加賞,仍好寫告身,付臣軍授之。"於是除將軍者五百餘人、中郎將者二千餘人。禄山欲反,故先以此收衆心也。

三月,丁酉朔,禄山辭歸范陽,上解御衣以賜之,禄山受之驚喜。恐楊國忠奏留之,疾驅出關。乘船沿河而下,令船夫執繩板立於岸側,十五里一更,晝夜兼行數百里,過郡縣不下船。自是有言禄山反者,上皆縛送之。由是人皆知其將反,無敢言者。……

十四載,冬,十月,……安禄山專制三道,陰蓄異志,殆將十年,以上待之厚,欲俟上晏駕然後作亂。會楊國忠與禄山不相悦,屢言禄山且反,上不聽。國忠數以事激之,欲其速反,以取信於上。禄山由是決意遽反,獨與孔目官、太僕丞嚴莊,掌書記、屯田員外郎高尚,將軍阿史那承慶密謀,自餘將佐皆莫之知,但怪其自八月以來,屢饗士卒,秣馬厲兵而已。會有奏事官自京師還,禄山詐爲敕書,悉召諸將示之曰:"有密旨,令禄山將兵入朝討楊國忠,諸君宜即從軍。"衆愕然相顧,莫敢異言。十一月,甲子,禄山發所部兵及同羅、奚、契丹、室韋[38]凡十五萬衆,號二十萬,反於范陽。命范陽節度副使賈循守范陽,平盧節度副使吕知誨守平盧,別將高秀巖守大同[39];諸將皆引兵夜發。詰朝,禄山出薊城南,大閲誓衆,以討楊國忠爲名,牓軍中曰:"有異議扇動軍人者,斬及三族!"於是引兵而南。禄山乘鐵輿[40],步騎精鋭,煙塵千里,鼓譟震地。時海内久承平,百姓累世不識兵革,猝聞范陽兵起,遠近震駭。河北皆禄山統内,所過州縣,望風瓦解。守令或開門出迎,或棄城竄匿,或爲所擒戮,無敢拒之者。禄山先遣將軍何千年、高邈將奚騎二十,聲言獻射生手[41],乘驛詣太原。乙丑,北京副留守楊光翽出迎,因劫之以去。太原具言其狀。東受降城[42]亦奏禄山反。上猶以爲惡禄山者詐爲之,未之信也。庚午,上聞禄山定反,乃召宰相謀之。楊國忠揚揚有得色,曰:"今反者獨禄山耳,將士皆不欲也。不過旬日,必傳首詣行在。"上以爲然,大臣相顧失色。上遣特進畢思琛詣東京,金吾將軍程千里[43]詣河東,各簡募數萬人,隨便團結以拒之。辛未,安西節度使封常清[44]入朝,上問以討賊方略,常清大言曰:"今太平積久,故人望風憚賊。然事有逆順,勢有奇變,臣請走馬詣東京,開府庫,募驍勇,挑馬箠渡河,計日取逆胡之首獻闕下!"上悦。壬申,以常清爲范陽、平盧節度使。常清即日乘驛詣東京募兵,旬日,得六萬人;乃斷河陽橋,爲守禦之備。……

丁丑,以榮王琬[45]爲元帥,右金吾大將軍高仙芝[46]副之,統諸軍東征。出内府錢帛,於京師募兵十一萬,號曰"天武軍",旬日而集,皆市井子弟也。

十二月,丙戌,高仙芝將飛騎、彍騎[47]及新募兵、邊兵在京師者合五萬人,發長安。上遣宦者監門將軍邊令誠監其軍[48],屯於陝。……

高仙芝之東征也,監軍邊令誠數以事干之,仙芝多不從。令誠入奏事,具言仙芝、常清撓敗之狀,且云:"常清以賊摇衆,而仙芝棄陝地數百里,又盜減軍士糧賜。"上大怒,癸卯,遣令誠齎敕,即軍中斬仙芝及常清。初,常清既敗,三遣使奉表陳賊形勢,上皆不之見。常清乃自馳詣闕,至渭南,敕削其官爵,令還仙芝軍,白衣自效。常清草遺表曰:"臣死之後,望陛下不輕此賊,無忘臣言！”時朝議皆以爲禄山狂悖，不日授首，故常清云然。令誠至潼關，先引常清，宣敕示之；常清以表附令誠上之。常清既死，陳尸蘧蒢[49]。仙芝還，至聽事，令誠索陌刀手百餘人自隨，乃謂仙芝曰：“大夫亦有恩命。”仙芝遽下，令誠宣敕。仙芝曰：“我遇敵而退，死則宜矣。今上戴天，下履地，謂我盜減糧賜，則誣也。”時士卒在前，皆大呼稱枉，其聲振地，遂斬之。以將軍李承光攝領其衆。

河西、隴右節度使哥舒翰病廢在家，上藉其威名，且素與禄山不協，召見，拜兵馬副元帥，將兵八萬以討禄山；仍敕天下四面進兵，會攻洛陽。翰以疾固辭，上不許，以田良丘爲御史中丞，充行軍司馬，起居郎蕭昕爲判官，蕃將火拔歸仁等，各將部落以從，并仙芝舊卒，號二十萬，軍于潼關。翰病，不能治事，悉以軍政委田良丘；良丘復不敢專決，使王思禮主騎，李承光主步，二人争長，無所統壹。翰用法嚴而不恤，士卒皆懈弛無鬬志。……

肅宗至德元載，春，正月，乙卯朔，禄山自稱大燕皇帝，改元聖武，以達奚珣[50]爲侍中，張通儒爲中書令，高尚、嚴莊爲中書侍郎。……

(三月)初，户部尚書安思順知禄山反謀，因入朝奏之[51]。及禄山反，上以思順先奏，不之罪也。哥舒翰素與之有隙，使人詐爲禄山遺思順書，於關門[52]擒之以獻，且數思順七罪，請誅之。丙辰，思順及弟太僕卿元貞皆坐死，家屬徙嶺外。楊國忠不能救，由是始畏翰。郭子儀[53]至朔方，益選精兵，戊午，進軍于代[54]。……

五月，……郭子儀、李光弼[55]還常山[56]，史思明收散卒數萬躡其後。子儀選驍騎更挑戰，三日，至行唐[57]，賊疲，乃退，子儀乘之，又敗之於沙河[58]。蔡希德至洛陽，安禄山復使將步騎二萬人北就思明，又使牛廷玠發范陽等郡兵萬餘人助思明，合五萬餘人，而同羅曳落河[59]居五分之一。子儀至恆陽[60]，思明隨至，子儀深溝高壘以待之：賊來則守，去則追之；晝則耀兵，夜斫其營；賊不得休息。數日，子儀、光弼議曰：“賊倦矣，可以出戰。”壬午，戰于嘉山[61]，大破之，斬首四萬級，捕虜千餘人。思明墜馬，露髻跣足步走，至暮，杖折鎗歸營，犇于博陵[62]。光弼就圍之，軍聲大振。於是河北十餘郡皆殺賊守將而降。漁陽[63]路再絶，賊往來者，皆輕騎竊過，多爲官軍所獲，將士家在漁陽者無不揺心。禄山大懼，召高尚、嚴莊詬之曰：“汝數年教我反，以爲萬全。今守潼關數月不能進，北路已絕，諸軍四合，吾所有者止汴、鄭數州而已，萬全何在？汝自今勿來見我！"尚、莊懼，數日不敢見。田乾真[64]自關下來，爲尚、莊説禄山曰："自古帝王經營大業，皆有勝敗，豈能一舉而成。今四方軍壘雖多，皆新募烏合之衆，未更行陳，豈能敵我薊北勁鋭之兵，何足深憂！尚、莊皆佐命元勳，陛下一旦絕之，使諸將聞之，誰不内懼？若上下離心，臣竊爲陛下危之！"禄山喜曰："阿浩，汝能豁我心事。"即召尚、莊置酒酣宴，自爲之歌以侑酒，待之如初。阿浩，乾真小字也。禄山議棄洛陽，走歸范陽，計未決。

是時，天下以楊國忠驕縱召亂，莫不切齒。又禄山起兵，以誅國忠爲名，王思禮密説哥舒翰，使抗表請誅國忠，翰不應。思禮又請以三十騎劫取以來，至潼關殺之。翰曰："如此，乃翰反，非禄山也。"或説國忠："今朝廷重兵盡在翰手，翰若援旗西指，於公豈不危哉！"國忠大懼，乃奏："潼關大軍雖盛，而後無繼，萬一失利，京師可憂，請選監牧小兒三千於苑中訓練。"上許之，使劍南軍將李福德等領之。又募萬人屯灞上，令所親杜乾運將之，名爲禦賊，實備翰也。翰聞之，亦恐爲國忠所圖，乃表請灞上軍隸潼關。六月，癸未，召杜乾運詣關白事，斬之，國忠益懼。

會有告崔乾祐在陝[65]，兵不滿四千，皆羸弱無備，上遣使趣哥舒翰進兵復陝、洛。翰奏曰："禄山久習用兵，今始爲逆，豈肯無備。是必羸師以誘我，若往，正墮其計中。且賊遠來，利在速戰；官軍據險以扼之，利在堅守。況賊殘虐失衆，兵勢日蹙，將有内變；因而乘之，可不戰擒也。要在成功，何必務速！今諸道徵兵，尚多未集，請且待之。"郭子儀、李光弼亦上言："請引兵北取范陽，覆其巢穴，質賊黨妻子以招之，賊必内潰。潼關大軍惟應固守以弊之，不可輕出。"國忠疑翰謀己，言於上，以賊方無備，而翰逗留，將失機會。上以爲然，續遣中使趣之，項背相望。翰不得已，撫膺慟哭；丙戌，引兵出關。

己丑，遇崔乾祐之軍於靈寶[66]西原。乾祐據險以待之，南薄山，北阻河，隘道七十里。庚寅，官軍與乾祐會戰。乾祐伏兵於險，翰與田良丘浮舟中流以觀軍勢，見乾祐兵少，趣諸軍使進。王思禮等將精兵五萬居前，龐忠等將餘兵十萬繼之，翰以兵三萬登河北阜望之，鳴鼓以助其勢。乾祐所出兵不過萬人，什什伍伍，散如列星，或疏或密，或前或卻，官軍望而笑之。乾祐嚴精兵,陳於其後。兵既交,賊偃旗如欲遁者,官軍懈,不爲備。須臾,伏兵發,賊乘高下木石,擊殺士卒甚衆。道隘,士卒如束,槍槊不得用。翰以氈車駕馬爲前驅,欲以衝賊。日過中,東風暴急,乾祐以草車數十乘塞氈車之前,縱火焚之。煙焰所被,官軍不能開目,妄自相殺,謂賊在煙中,聚弓弩而射之。日暮,矢盡,乃知無賊。乾祐遣同羅精騎自南山過,出官軍之後擊之。官軍首尾駭亂,不知所備,於是大敗,或棄甲竄匿山谷,或相擠排入河溺死,囂聲振天地;賊乘勝蹙之。後軍見前軍敗,皆自潰;河北軍望之亦潰。瞬息間兩岸皆空。翰獨與麾下百餘騎走,自首陽山[67]西渡河入關。關外先爲三塹,皆廣二丈,深丈,人馬墜其中,須臾而滿,餘衆踐之以度,士卒得入關者纔八千餘人。辛卯,乾祐進攻潼關,克之。

　　翰至關西驛,揭牓收散卒,欲復守潼關。蕃將火拔歸仁等以百餘騎圍驛,入謂翰曰:"賊至矣,請公上馬。"翰上馬出驛,歸仁帥衆叩頭曰:"公以二十萬衆,一戰棄之,何面目復見天子! 且公不見高仙芝、封常清乎? 請公東行。"翰不可,欲下馬。歸仁以毛縶其足於馬腹,及諸將不從者,皆執之以東。會賊將田乾真已至,遂降之,俱送洛陽,安祿山問翰曰:"汝常輕我,今定何如?"翰伏地對曰:"臣肉眼不識聖人。今天下未平,李光弼在常山,李袛在東平[68],魯炅在南陽[69],陛下留臣,使以尺書招之,不日皆下矣。"祿山大喜,以翰爲司空、同平章事。謂火拔歸仁曰:"汝叛主,不忠不義。"執而斬之。翰以書招諸將,皆復書責之。祿山知無效,乃囚諸苑中。潼關既敗,於是河東、華陰、馮翊、上谷防禦使皆棄郡走,所在守兵皆散。

　　是日,翰麾下來告急,上不時召見,但遣李福德等將監牧兵赴潼關。及暮,平安火不至[70],上始懼。壬辰,召宰相謀之。楊國忠自以身領劍南,聞安祿山反,即令副使崔圓[71]陰具儲偫,以備有急投之,至是首唱幸蜀之策。上然之。癸巳,國忠集百官於朝堂,惶懅流涕;問以策略,皆唯唯不對。國忠曰:"人告祿山反狀已十年,上不之信。今日之事,非宰相之過。"仗下,士民驚擾犇走,不知所之,市里蕭條。國忠使韓、虢入宮,勸上入蜀。

　　甲午,百官朝者什無一二。上御勤政樓,下制,云欲親征,聞者皆莫之信。以京兆尹魏方進爲御史大夫兼置頓使;京兆少尹靈昌崔光遠爲京兆尹,充西京留守;將軍邊令誠掌宮闈管鑰;託以劍南節度大使潁王璬[72]將赴鎮,令本道設儲偫。是日，上移仗北內，既夕，命龍武大將軍陳玄禮[73]整比六軍，厚賜錢帛，選閑廄馬九百餘匹，外人皆莫之知。乙未，黎明，上獨與貴妃姊妹、皇子、妃、主、皇孫、楊國忠、韋見素[74]、魏方進、陳玄禮及親近宦官、宮人出延秋門，妃、主、皇孫之在外者，皆委之而去。上過左藏，楊國忠請焚之，曰：“無爲賊守。”上愀然曰：“賊來不得，必更斂於百姓；不如與之，無重困吾赤子。”是日，百官猶有入朝者，至宮門，猶聞漏聲，三衛立仗儼然。門既啓，則宮人亂出，中外擾攘，不知上所之。於是王公、士民四出逃竄，山谷細民爭入宮禁及王公第舍，盜取金寶，或乘驢上殿，又焚左藏大盈庫。崔光遠、邊令誠帥人救火，又募人攝府、縣官分守之，殺十餘人，乃稍定。光遠遣其子東見祿山，令誠亦以管鑰獻之。

上過便橋，楊國忠使人焚橋。上曰：“士庶各避賊求生，奈何絕其路！”留內侍監高力士，使撲滅乃來。上遣宦者王洛卿前行，告諭郡縣置頓。食時，至咸陽望賢宮，洛卿與縣令俱逃。中使徵召，吏民莫有應者。日向中，上猶未食，楊國忠自市胡餅以獻。於是民爭獻糲飯，雜以麥豆；皇孫輩爭以手掬食之，須臾而盡，猶未能飽。上皆酬其直，慰勞之。衆皆哭，上亦掩泣。有老父郭從謹進言曰：“祿山包藏禍心，固非一日，亦有詣闕告其謀者，陛下往往誅之，使得逞其姦逆，致陛下播越。是以先王務延訪忠良，以廣聰明，蓋爲此也。臣猶記宋璟[75]爲相，數進直言，天下賴以安平。自頃以來，在廷之臣以言爲諱，惟阿諛取容，是以闕門之外，陛下皆不得而知。草野之臣必知有今日久矣，但九重嚴邃，區區之心無路上達。事不至此，臣何由得睹陛下之面而訴之乎！”上曰：“此朕之不明，悔無所及。”慰諭而遣之。俄而尚食舉御膳以至，上命先賜從官，然後食之。命軍士散詣村落求食，期未時皆集而行。夜將半，乃至金城。縣令亦逃，縣民皆脫身走，飲食器皿具在，士卒得以自給。時從者多逃，內侍監袁思藝亦亡去。驛中無燈，人相枕藉而寢，貴賤無以復辨。王思禮自潼關至，始知哥舒翰被擒；以思禮爲河西、隴右節度使，即令赴鎮，收合散卒，以俟東討。

丙申，至馬嵬驛[76]，將士飢疲，皆憤怒。陳玄禮以禍由楊國忠，欲誅之，因東宮宦者李輔國[77]以告太子，太子未決。會吐蕃使者二十餘人遮國忠馬，訴以無食，國忠未及對，軍士呼曰：“國忠與胡虜謀反！”或射之，中鞍。國忠走至西門内,軍士追殺之,屠割支體,以槍揭其首於驛門外,并殺其子户部侍郎暄及韓國、秦國夫人。御史大夫魏方進曰:"汝曹何敢害宰相!"衆又殺之。韋見素聞亂而出,爲亂兵所撾,腦血流地。衆曰:"勿傷韋相公。"救之,得免。軍士圍驛,上聞諠譁,問外何事,左右以國忠反對。上杖屨出驛門,慰勞軍士,令收隊,軍士不應。上使高力士問之,玄禮對曰:"國忠謀反,貴妃不宜供奉,願陛下割恩正法。"上曰:"朕當自處之。"入門,倚杖傾首而立。久之,京兆司録韋諤前言曰:"今怒難犯,安危在晷刻,願陛下速決!"因叩頭流血。上曰:"貴妃常居深宫,安知國忠反謀?"高力士曰:"貴妃誠無罪,然將士已殺國忠,而貴妃在陛下左右,豈敢自安? 願陛下審思之! 將士安則陛下安矣。"上乃命力士引貴妃於佛堂,縊殺之。輿尸置驛庭,召玄禮等入視之。玄禮等乃免胄釋甲,頓首謝罪。上慰勞之,令曉諭軍士。玄禮等皆呼萬歲,再拜而出,於是始整部伍爲行計。諤,見素之子也。國忠妻裴柔與其幼子晞及虢國夫人、夫人子裴徽,皆走至陳倉,縣令薛景仙帥吏士追捕,誅之。

丁酉,上將發馬嵬,朝臣惟韋見素一人,乃以韋諤爲御史中丞,充置頓使。將士皆曰:"國忠謀反,其將吏皆在蜀,不可往。"或請之河、隴,或請之靈武[78],或請之太原,或言還京師。上意在入蜀,慮違衆心,竟不言所向。韋諤曰:"還京,當有禦賊之備。今兵少,未易東向,不如且至扶風[79],徐圖去就。"上詢于衆,衆以爲然,乃從之。及行,父老皆遮道請留,曰:"宫闕,陛下家居;陵寢,陛下墳墓;今捨此,欲何之?"上爲之按轡久之,乃命太子於後宣慰父老。父老因曰:"至尊既不肯留,某等願帥子弟從殿下東破賊,取長安。若殿下與至尊皆入蜀,使中原百姓誰爲之主?"須臾,聚至數千人。太子不可,曰:"至尊遠冒險阻,吾豈忍朝夕離左右。且吾尚未面辭,當還白至尊,更稟進止。"涕泣,跋馬欲西。建寧王倓[80]與李輔國執鞚諫曰:"逆胡犯闕,四海分崩,不因人情,何以興復! 今殿下從至尊入蜀,若賊兵燒絶棧道,則中原之地拱手授賊矣。人情既離,不可復合,雖欲復至此,其可得乎! 不如收西北守邊之兵,召郭、李於河北,與之并力,東討逆賊,克復二京,削平四海,使社稷危而復安,宗廟毀而更存,掃除宫禁以迎至尊,豈非孝之大者乎! 何必區區温清,爲兒女之戀乎!"廣平王俶[81]亦勸太子留。父老共擁太子馬,不得行。太子乃使俶馳白上。上揔轡待太子,久不至,使人偵之,還白狀,上曰:"天也!"乃命分後軍二千人及飛龍廏馬從太子,且諭將士曰:"太子仁孝,可奉宗廟,汝曹善輔佐之!"又諭太子曰:"汝勉之,勿以吾爲念。西北諸胡,吾撫之素厚,汝必得其用。"太子南向號泣而已。又使送東宮內人於太子,且宣旨欲傳位,太子不受。俶、倓,皆太子之子也。……

裴冕、杜鴻漸[82]等上太子牋,請遵馬嵬之命,即皇帝位,太子不許。冕等言曰:"將士皆關中人,日夜思歸,所以崎嶇從殿下遠涉沙塞者,冀尺寸之功。若一朝離散,不可復集。願殿下勉徇衆心,爲社稷計!"牋五上,太子乃許之。是日,肅宗即位於靈武城南樓,羣臣舞蹈,上流涕歔欷。尊玄宗曰上皇天帝,赦天下,改元。(下略)

——據明萬曆三十五年(1607)黃吉士刻本,參考明末章溥刻本、中華書局 1964 年出版校點本《資治通鑑》

【解題】

《通鑑紀事本末》,南宋袁樞撰,共四十二卷,是我國第一部紀事本末體的歷史著作。

先秦以來的史籍,不外編年和紀傳二體,前者本於《春秋》和《左傳》,後者源自《史記》和《漢書》。這兩種體裁在歷史編纂學上都存在着缺點:編年體以年爲經,"或一事而隔越數卷,首尾難稽";紀傳體以人爲主,"或一事而複見數篇,賓主莫辨"。因此,就不可避免地使讀者感到檢閱的困難。客觀需要總能催促新形式的出現。魏、晉以後,就時常有人嘗試打破紀傳、編年二體的限制。北魏元暉集門客崔鴻等編寫《科錄》,一部由上古至晉代的通史,據說就是"撰錄百家要事,以類相從"(見《魏書·宗室傳》)。如果這個記載可信,那可說以事爲綱的歷史編寫形式,早在 5 世紀便初具規模了。可惜《科錄》早佚,此後五百多年裏,人們仍以紀傳、編年,當作史體正宗。司馬光《資治通鑑》是我國古代的歷史名著,仍爲編年體,而且卷帙浩繁。袁樞喜讀《通鑑》,但"苦其浩博",於是自出新意,着手改編。將《通鑑》的材料"區別門目,以類排纂。每事各詳起迄,自爲標題;每篇各編年月,自爲首尾"(《四庫全書總目提要》)。依據《資治通鑑》斷限,起自三家分晉,終於周世宗征淮南,包括一千三百六十餘年間史蹟,按歷史年代順序,分編為二百三十九目;另有六十六目,作爲附録,散見於各正目之後。就這樣,紀事本末體的體例便別開生面地創製出來。

袁樞的辦法,無非是把屬於同一事件的《通鑑》原文,包括原作者的評論,按時間順序鈔撮在一起,再安上標題而已。然而經過這一改編,歷史的眉目比較清楚了。所以,《通鑑紀事本末》及其體例的完成,曾獲得後代史家的好評,認爲"本末之爲體,因事命篇,不爲常格","文省於紀傳,事豁於編年"。(章學誠《文史通義·書教》)。"數千年事蹟經緯明晰,節目詳具,一覽了然,遂使紀傳編年貫通爲一,實前古之所未見"(《四庫全書總目提要》)。"故紀事本末體於吾儕之理想的新史最爲相近,抑亦舊史界進化之極軌也"(梁啓超《中國歷史研究法》)。全書除標題外,袁樞没有添加一個字。但編排本身,就表現出他不但熟悉歷史,還有自己的識見。因而本書條理完整,能以事件爲中心,把歷史人物在歷史上的活動及其作用,依年代加以貫穿,顯現於具體而生動的史實當中,對於初學歷史和閱讀《資治通鑑》的人很有幫助。但是,它取材没有越出《通鑑》,全書内容局限於政治和統治階級人物的活動,經濟問題僅有兩則,文化史則完全闕如,專題之間也多缺乏必要的聯繫;標題的遣詞造句,也刻意模擬《春秋》筆法,凡鎮壓農民起義必曰"平",凡北朝打南朝必説"寇",南朝打北朝則稱"伐"等,突出地顯示了袁樞的正統史觀。

在袁樞的影響下,明、清兩代仿作甚多,於是紀事本末體史籍便貫穿古今而自成一個系統。著名的作品有:明馮琦、陳邦瞻的《宋史紀事本末》,陳邦瞻的《元史紀事本末》,清谷應泰的《明史紀事本末》,馬驌《繹史》,高士奇《左傳紀事本末》等。《通鑑紀事本末》寫成以後,曾和袁樞討論學術的宋代著名學者楊萬里、呂祖謙、朱熹等人都爲這一部書寫有序跋。淳熙三年(1176)已刊印流傳。今較通行的有商務印書館《四部叢刊》本。

《安史之亂》,節録自《通鑑紀事本末》卷三一。禍延三朝(唐玄宗、肅宗、代宗)的這場軍閥叛亂,時間長達十八年,結局是當時世界上最强盛的唐帝國,從此陷入持續百年以上的分裂和内戰。原散見於《通鑑》各卷的有關材料,被袁樞一集中,便可清楚地看出,誰是招致"漁陽鼙鼓動地來"的真正禍首。

袁樞(1131—1205),字機仲,南宋建州建安(今福建建甌)人。孝宗初,試禮部詞賦第一。任太學學録。乾道九年(1173),出爲嚴州教授,《通鑑紀事本末》就於這時定稿。參知政事龔茂良奏上其書,孝宗讀而嘉嘆,以賜太子及江上諸帥,並令他們熟讀。後轉任太府丞、國史院編修官、工部侍郎兼國子祭酒、右文殿修撰、知江陵府等職。他對當時政治腐敗、朋黨互爭,頗表不滿。在他兼國史院編修官分修《宋史》列傳時,章惇家屬曾以同鄉關係,請將惇傳加以文飾,他答以"子厚(惇字)爲相,負國欺君;吾爲史官,書法不隱;寧負鄉人,不可負天下後世公議!"時人嘆爲"無愧古良史"。寧宗開禧元年卒,年七十五。傳見《宋史》卷三八九。今人鄭鶴聲撰有《袁樞年譜》,亦可參考。

【注釋】

[1] 營州雜胡：安禄山，唐柳城(今遼寧朝陽)人。柳城是唐代營州治所。胡本古代匈奴族專稱；兩晉、南北朝時，北方大批外族入居黄河流域，當時除五部匈奴(南匈奴)仍稱爲胡外，餘如屠各、羯、盧水胡、稽胡等，都稱雜胡。唐代，往往把同匈奴或東胡有關或無關的北方各少數民族，如奚、霫、契丹等，都泛稱雜胡。

[2] 阿犖山：《新唐書·安禄山傳》作軋犖山，謂禄山本姓康，其母居突厥中，祈禱於胡人的戰鬥神軋犖山而生禄山，因以爲名，從母姓安氏。與《通鑑》説不同。

[3] 突厥：指東突厥。隋初，突厥分東西二汗國。唐時，在漠南游牧。太宗時，東突厥頡利可汗被唐所擒。高宗後，骨咄禄可汗復起，與唐保持羈縻關係。武周後，勢力更强，不時侵擾唐境，迫使唐在北方邊境保持重兵；也經常同唐進行互市交易。玄宗天寶三年(744)，被回紇所滅。

[4] 互市牙郎：牙郎，又稱牙儈、駔儈，買賣交易的中介人。互市牙郎，即突厥同唐進行互市貿易時的中介人。

[5] 張守珪：(？—739)唐陜州河北(今山西平陸東北)人。玄宗開元中，以邊功遷瓜州都督。歷官至幽州長史、河北節度副大使，屢敗契丹，甚爲朝廷所重。傳見《舊唐書》卷一○三、《新唐書》卷一三三。

[6] 捉生將：唐代邊郡主帥對部下能活俘敵人的驍將所加的稱號。

[7] 契丹：源出東胡，游牧於今遼河上游。本臣屬於突厥；唐初，脱離突厥降唐。太宗貞觀末，以其地置松漠都督府，以其君長爲都督。後累世受唐封號。武周時叛唐自稱可汗，開元初復降唐。

[8] 平盧兵馬使：平盧，唐方鎮名。玄宗開元七年(719)，爲防禦靺鞨、室韋，升平盧軍使置。治所在營州(今遼寧朝陽)。領平盧、盧龍二軍，榆關守捉，安東都護府，屯營、平二州境，相當今河北灤河下游以東、遼寧大凌河以西地區。方鎮長官稱節度使；軍的將領稱軍使，爲帶職而非官稱，無品秩；兵馬使是軍使下的將領之一。

[9] 御史中丞張利貞爲河北采訪使：張利貞，兩《唐書》無傳。御史中丞，御史

臺副長官。采訪使即采訪處置使，玄宗開元二十二年(733)，改按察采訪
處置使置。每道一人，常以諫官兼領，掌監察州縣官吏，有時也兼考課官
員善惡。

[10] 兩蕃、勃海、黑水四府經略使：唐稱奚、契丹爲兩蕃。奚原稱厙莫奚，匈奴
別種。南北朝後，分佈在饒樂水(今西拉木倫河)流域的游牧族。唐太宗
於其地置饒樂都督府，武周後與契丹同叛。玄宗開元初復降唐，首領李
大酺被封爲饒樂郡王，尚公主。勃海，即勃海國，爲靺鞨族一部粟末靺鞨
所建。本居營州；武周時與奚、契丹同叛，其首領大祚榮自稱震國王，開
元初被封爲勃海郡王。黑水即靺鞨族另一部黑水靺鞨，居於今松花江、
黑龍江下游一帶，唐時朝貢不絕。開元中於其地置黑水府，以其最大部
落的首領爲都督。經略使，唐代邊防軍事長官名稱之一，玄宗時常以節
度使兼領。

[11] 天寶元年，分平盧別爲節度：按平盧於開元七年已置節度使；開元中，平
盧節度使間或以幽州節度使兼領，平盧降爲軍使。但開元二十八年
(740)，已復置節度。《通鑑》實誤。

[12] 三載：天寶三年(744)，改"年"爲"載"；肅宗乾元元年(758)，復以"載"
爲"年"。

[13] 范陽：玄宗時邊防十節度使之一。先天二年(713)，爲防禦奚、契丹置幽
州節度使；天寶元年(742)改名范陽。治幽州(今北京城西南)，領幽、薊、
平、檀、媯、燕等州，約當今河北懷來、永清和北京市房山以東、長城以南
地區。

[14] 裴寬：(681—755)唐絳州聞喜(今山西聞喜)人。玄宗時，累官河南尹、太
原尹，天寶初升范陽節度使，甚爲當地各族人所稱。後入爲户部尚書，兼
御史大夫，爲李林甫所忌，屢遭貶。傳見《舊唐書》卷一〇〇、《新唐書》卷
一三〇。

[15] 席建侯爲河北黜陟使：席建侯，兩《唐書》無傳。黜陟使，唐太宗時始置，
不常設。貞觀時，曾派李靖等十三人爲黜陟大使，巡行各地，褒貶賞罰官
吏，詢訪民間疾苦，賑濟貧乏。玄宗時，亦常遣大員，以黜陟使名義出巡。

[16] 李林甫：(？—752)唐宗室。開元中，任吏部侍郎，厚結武惠妃和宦官，於

開元二十二年(734)官禮部尚書同中書門下三品。後陰謀貶逐宰相張九
齡、裴耀卿等，兼中書令，封晉國公，專制朝政十九年。在位期間，殺逐大
臣，閉塞言路，抑才忌賢，政治敗壞。又善用陰謀，人稱"口有蜜、腹有
劍"。死後，爲楊國忠所譖，追削官爵，子孫遠流，資財沒官。傳見《舊唐
書》卷一〇六、《新唐書》卷二二三上。

[17] 楊銛、楊錡、貴妃三姊：貴妃指楊貴妃，天寶四年冊立。銛、錡都是貴妃從
兄。貴妃三姊即天寶七年所封的韓國夫人、虢國夫人、秦國夫人。當時
貴妃兄姊，恩寵特甚，號稱"諸楊"。

[18] 王忠嗣：(706—750)唐華州鄭(今陝西華縣西北)人。本名訓，開元初，父
海賓戰死吐蕃，玄宗爲改名，養於宮中。及長，以戰功累官河西、隴右節
度使，權朔方、河東節度，佩四將印，控制萬里。唐名將哥舒翰、李光弼都
出其部下。後爲李林甫所誣，當死，哥舒翰請以官爵贖罪，貶漢陽太守。
傳見《舊唐書》卷一〇三、《新唐書》卷一三三。

[19] 功名著者，往往入爲宰相：據《通鑑》胡三省注：如李靖、李勣(徐世勣)、
劉仁軌、婁師德之類。開元以來，薛訥、郭元振、張嘉貞、王晙、張說、杜
暹、蕭嵩、李適之等，亦都從邊帥入相。

[20] 其四夷之將……皆以大臣爲使以制之：阿史那社爾(？—655)，突厥處羅
可汗次子，曾取得半國，自號都布可汗。貞觀十年(636)，因被薛延陀、西
突厥所敗，降唐，累官交河道行軍總管、昆山道行軍總管。這裏指社爾曾
率唐軍擊敗高昌、龜茲等，以侯君集爲元帥事。契苾何力(？—676)，鐵
勒人。貞觀六年，隨母率部降唐，累官蔥山道副大總管、遼東道行軍大總
管。這裏指何力率軍攻高麗，以李勣爲元帥事。二人傳都見《舊唐書》卷
一〇九、《新唐書》卷一一〇。

[21] 皇子則慶、忠諸王，宰相則蕭嵩、牛仙客，始遙領矣：皇子云云，指開元十
五年(727)，玄宗盡以諸子慶王潭、忠王浚(即肅宗李亨)等領州牧、刺史、
都督、節度大使、大都護、經略使等職，實居京師，並不外出。蕭嵩(667—
749)，南朝梁後裔。開元中，累官兵部尚書，領朔方節度使，遷河西節度
使，以破吐蕃功入相。傳見《舊唐書》卷九九、《新唐書》卷一〇一。這裏
指開元十七年(729)，嵩進兼中書令，仍遙領河西節度使事。牛仙客，唐

涇州(今甘肅涇川北)鶉觚人。初爲縣吏；後任河西判官，爲蕭嵩所薦，累官至河西節度使、朔方道行軍大總管。因善理財，爲玄宗所重。傳見《舊唐書》卷一〇三、《新唐書》卷一三三。這裏指開元二十四年(736)，張九齡罷相，以仙客爲工部尚書同中書門下三品，仍遙領朔方節度事。

[22] 蓋嘉運：事蹟略見於兩《唐書·突厥傳》和《通鑑·唐紀》卷三〇。開元二十七年(739)，任磧西節度使，生擒突騎施可汗吐火仙、黑姓可汗爾微。次年，玄宗嘉其功，官河西、隴右節度使，專事經略吐蕃。

[23] 鐵券：古代皇帝賜給功臣的一種免罪符。功臣本人及其子孫如遇犯罪，可持鐵券爲證，予以赦免。券用鐵鑄，取其堅久。或作丹書鐵契、金書鐵券。

[24] 墨敕：墨筆所寫的詔敕，由皇帝直接頒發給受召者。

[25] 梨園教坊樂：梨園，唐玄宗時教習伶人處。教坊即内教坊，唐武德後置於宮中，掌教習音樂，典管倡優，隸屬於太常。玄宗時，又置，選宦官爲教坊使，不復隸太常。梨園教坊樂，即皇家樂隊。

[26] 韓休珉：《兩唐書》無傳。

[27] 吉溫：唐河南(今河南洛陽)人。天寶初，任新豐丞，與羅希奭助李林甫屢興大獄，時稱“羅鉗吉網”。後媚附安禄山，被引任河東節度副使。楊國忠爲相，恨溫依附禄山，貶殺。傳見《舊唐書》卷一八六下、《新唐書》卷二〇九。

[28] 孔目官嚴莊、掌書記高尚：孔目官，使司衙前吏職，唐代始置；謂凡使司事，一孔一目，都須經手，故名。嚴莊，《兩唐書》無傳，是安禄山的重要謀士，與高尚、張通儒、孫孝哲等都是禄山腹心。掌書記，位在節度判官下，典牋奏。高尚，本名不危，唐雍奴(今河北武清)人。有才學，貧困不得志，禄山引置幕府，掌機密。禄山稱帝，任侍中。後被史思明所殺。傳見《舊唐書》卷二〇〇上、《新唐書》卷二二五上。

[29] 同羅：回紇部落聯盟的“外九部”(九姓鐵勒)之一。游牧於今蒙古人民共和國土拉河北。唐貞觀二十一年(647)，在其地置龜林都督府。

[30] 哥舒翰：(？—758)突厥哥舒部落人，客居長安。初屬隴右節度使王忠嗣部下；天寶六年(747)，代忠嗣職。次年，以破吐蕃功，封平西郡王。後因

病家居。安禄山反,起爲兵馬副元帥,統軍二十萬守潼關。爲楊國忠所忌,被迫出戰,兵敗被俘,囚於洛陽。後爲安慶緒所殺。傳見《舊唐書》卷一〇四、《新唐書》卷一三五。

[31] 高力士:(684—762)唐宦官。高州良德(今廣東高州東北)人。本姓馮,爲宦官高延福養子,因姓高。玄宗時,任右監門衛將軍,知内侍省事,甚見親信,四方章奏都經其手,權力極大。肅宗爲太子時,兄事之;許多宗室子弟呼爲"翁"。將相如李林甫、楊國忠、安禄山等都和他勾結。累官驃騎大將軍,封齊國公。後隨玄宗由蜀返京,於上元元年(760),被肅宗放逐黔中。兩年後赦歸,中途病死。傳見《舊唐書》卷一八四、《新唐書》卷一三二。

[32] 阿布思:原爲突厥西葉護(突厥中地位僅次於可汗的世襲官),天寶初,率衆降唐,玄宗賜名李獻忠。累遷朔方節度副使,賜爵奉信王。天寶十一年(752),爲安禄山所逼,帥所部叛歸漠北。次年,被唐北庭都護程千里聯合西突厥葛邏禄葉護執送長安,被殺。

[33] 回紇:原爲鐵勒諸部中,游牧於鄂爾渾河和色楞格河流域的袁紇部落。隋時,與同羅、僕固、拔野古等部結成聯盟,總稱回紇。唐天寶三年(744),滅突厥、建汗國於今鄂爾渾河流域,疆域最盛時達中亞細亞費爾干盆地。回紇部落由九個氏族組成,稱"内九族";部落聯盟,由以回紇爲首的九個部落組成,稱"外九族"。兩者又通稱"九姓回紇"。

[34] 總監:即羣牧總監。唐設四十八監以牧馬。一説指苑總監。

[35] 武部侍郎:即兵部侍郎。天寶十一年(752),改稱吏部爲文部,兵部爲武部,刑部爲憲部。

[36] 楊國忠:(?—756)唐蒲州永樂(今山西永濟)人。楊貴妃堂兄。本名釗,天寶初,因貴妃故,爲玄宗所寵,賜名國忠。身兼十五使職,權傾内外。李林甫死,代爲右相,兼領四十餘使。結黨營私,賣官鬻爵,與安禄山相傾軋。禄山反,隨玄宗逃亡,中途被士兵所殺。傳見《舊唐書》卷一〇六、《新唐書》卷二〇六。

[37] 九姓:指九姓回紇。

[38] 室韋:一譯失韋,北朝時有五部,分佈在今嫩江流域及黑龍江北岸一帶。

唐時有二十餘部,各不統屬,經常向唐王朝朝貢。

[39] 大同:即大同軍,唐開元五年(717)始置。於軍城置馬邑縣,在今山西朔
縣東北。

[40] 輂:同輿。

[41] 射生手:技藝高超、能矢無虛發地射中奔馳的敵人或野獸的射手。

[42] 東受降城:唐三受降城之一,中宗景龍二年(708),張仁愿築於今內蒙古
托克托南,隔河與勝州相對。

[43] 畢思琛、程千里:畢思琛,兩《唐書》無傳。程千里(?—759),唐京兆萬年
(今陝西西安)人。玄宗時,累官安西副都護,兼北庭都護。安禄山叛,官
上黨長史,後城破,被俘,爲嚴莊所殺。傳見《舊唐書》卷一八七下、《新唐
書》卷一九三。

[44] 安西節度使封常清:唐開元六年(718),置安西四鎮節度使,統龜兹、焉
耆、于闐、疏勒四鎮,治龜兹鎮(今新疆庫車)。封常清,唐蒲州(今山西永
濟西蒲州)人。少孤貧,後任高仙芝僚屬,累立邊功,官至范陽、平盧節度
使。傳見《舊唐書》卷一〇四、《新唐書》卷一三五。

[45] 榮王琬:玄宗第六子。曾官京兆尹,領隴右節度大使,再兼單于安北大都
護。安禄山叛,任征討元帥。未幾,卒。傳見《舊唐書》卷一〇九、《新唐
書》卷八二。

[46] 高仙芝:(?—755)唐代大將。高麗人,隨父來朝廷,以軍功官安西副都
護。天寶六年(747),爲防禦吐蕃進攻安西四鎮,率軍越波密川(今帕米
爾高原),橫跨興都庫什山,擊敗爲吐蕃嚮使叛唐的小勃律(今克什米爾
東北部吉爾吉特),升安西節度使。九年(750),出兵攻石國,次年被石國
所邀大食援兵敗於怛邏斯城(今中亞江布爾)。軍中有通造紙術的軍士
被大食所俘,造紙術由此西傳。傳見《舊唐書》卷一〇四、《新唐書》卷一
三五。

[47] 飛騎、𪍑騎:都是唐代皇帝的禁衛軍。飛騎,太宗時於京城玄武門置左右
屯營,以諸衛將軍統領。初從府兵中選取,玄宗時已改爲招募。𪍑騎,玄
宗時,因宿衛京師的府兵大量逃亡,從宰相張説議,募取强壯,不問所來,
免除其他色役,分隸諸衛,更番上下宿衛,號"長從宿衛"。開元十三年

(725)，更名"彍騎"。

[48] 上遣宦者……監其軍：唐玄宗信任宦官，大將出征，常命宦官隨軍監督，
稱"監軍"，主將多受牽制。

[49] 薳蒢：音渠除(qú chú)，字亦作蘧篨。用蘆葦或竹篾編織成的蓆子。

[50] 達奚珣：安、史亂前任河南尹，曾疑安禄山有異謀，奏請止禄山獻馬。後
洛陽被陷，降於禄山。

[51] 初，户部尚書安思順……因入朝奏之：思順原任朔方節度使，安禄山叛前
入朝，禄山反訊至，玄宗乃調思順爲户部尚書，以朔方右廂兵馬使、九原
太守郭子儀任朔方節度使。

[52] 關門：指潼關門。

[53] 郭子儀：(687—781)唐代名將。華州鄭(今陝西華縣西北)人。以武舉高
等，累官天德軍使，兼九原太守、朔方右廂兵馬使。安禄山反，爲朔方節
度使，與河東節度使李光弼合軍擊敗史思明。肅宗即位，與李光弼率師
五萬赴靈武，朝廷賴安。進兵部尚書、同中書門下平章事。充關内河東
副元帥，與回紇兵共同收復長安、洛陽，升中書令，封汾陽郡王。傳見《舊
唐書》卷一二〇、《新唐書》卷一三七。

[54] 代：指代州，治所在今山西代縣。

[55] 李光弼：(708—764)唐代名將。柳城(今遼寧朝陽)契丹人。累任朔方節
度副使。安禄山叛，任河東節度使，與郭子儀共同擊敗史思明。肅宗時，
任天下兵馬副元帥，率軍擊安慶緒，爲史思明所敗。未幾，又克懷州，進
攻洛陽，爲宦官魚朝恩牽制，敗於北邙山。代宗時，出鎮徐州，封臨淮王。
傳見《舊唐書》卷一一〇、《新唐書》卷一三六。

[56] 常山：唐郡名，治今河北正定，爲河北重鎮。

[57] 行唐：唐縣名。屬常山郡，今河北行唐縣。

[58] 沙河：唐縣名。在今河北沙河。

[59] 曳落河：古回紇語，義同壯士或健兒。

[60] 恆陽：唐縣名，今河北曲陽。

[61] 嘉山：山名，今河北曲陽境内。

[62] 博陵：唐郡名，天寶間改定州置，治安平(今河北安平)。

[63] 漁陽：唐郡名，天寶間改玄州置，治漁陽(今天津市薊縣)。按本文係指范
陽。薊州漁陽郡原從幽州范陽郡分置，范陽節度使盡統幽、薊等州，安禄
山的大本營也在范陽，因此，唐時人多以范陽通爲漁陽，白居易《長恨歌》
"漁陽鼙鼓動地來"句可證。

[64] 田乾真：安禄山親信將領之一。

[65] 崔乾祐在陝：崔乾祐，安禄山親信將領之一。天寶十四年(755)，高仙芝、
封常清敗入潼關，禄山令乾祐領兵屯陝。陝即陝郡，在今河南陝縣。

[66] 靈寶：唐縣名，天寶元年(742)更桃林縣置，今河南靈寶。

[67] 首陽山：《通鑑》胡三省注以爲首陽山當是首山，衍"陽"字。首山在蒲州
河東縣(今山西永濟蒲州鎮)界。

[68] 李祇在東平：李祇即唐宗室吳王祇。時爲陳留太守、河南節度使。東平，
唐郡名，天寶時改鄆州置，治無鹽(今山東東平東)。

[69] 魯炅在南陽：魯炅(guì)，唐將，時任南陽節度使。南陽，唐縣名，今河南
南陽。

[70] 及暮，平安火不至：唐代，於要道每約隔三十里設一鎮戍烽候。每天初
夜，燃煙火一炬，稱"平安火"。這時守兵都已潰散，無人舉火。

[71] 崔圓：字有裕。唐武城(今山東武城)人。好習兵法。開元中，歷京兆參
軍。玄宗逃亡出京，圓疏陳蜀土腴穀羡，儲供易辦，即日拜中書侍郎同平
章事。肅宗時，任淮南節度使。傳見《舊唐書》卷一〇八、《新唐書》卷一
四〇。

[72] 潁王璬：玄宗第十一子。

[73] 陳玄禮：唐代將領。玄宗爲臨淄王時，預謀起兵誅殺韋后。玄宗在位期
間，宿衛宮禁。安禄山叛，隨玄宗入蜀，至馬嵬，兵譁變，殺楊國忠，因請
縊殺楊貴妃。安、史亂略平，封蔡國公。未幾，卒。

[74] 韋見素：字會微，唐京兆萬年(今陝西西安)人。進士出身，歷文部侍郎。
楊國忠引爲相。安禄山反，從玄宗到蜀。肅宗立，與房琯等送傳國璽至。
因曾附楊國忠，遭肅宗忌。後官至太子太師。傳見《舊唐書》卷一〇八、
《新唐書》卷一一八。

[75] 宋璟：(663—737)唐代政治家。字廣平。南和(今河北鉅鹿)人。進士出

身,爲武則天所重。睿宗時,官吏部尚書、同中書門下三品。因奏請太平公主出就東都,被貶爲廣州都督。玄宗即位,官刑部尚書、西京留守。姚崇罷相,以璟爲守吏部尚書兼黃門監。爲相時,敢於直諫;任人務求稱職,刑賞無私。唐代賢相,前稱房(玄齡)、杜(如晦),後稱姚(崇)、宋(璟)。傳見《舊唐書》卷五六、《新唐書》卷一二四。

[76] 馬嵬驛:在今陝西興平西馬嵬坡。

[77] 李輔國:(704—762)唐宦官。本名靜忠。肅宗即位,以擁立功,任元帥府行軍司馬,因更名輔國。掌四方章奏軍符禁寶,專權用事,遷兵部尚書。肅宗臨終,與宦官程元振等謀殺張后,擁立代宗,被尊爲"尚父"。未幾,被代宗遣人刺死。傳見《舊唐書》卷一八四、《新唐書》卷二〇八。

[78] 靈武:唐郡名,天寶間改靈州置。治迴樂(今寧夏靈武西南)。後肅宗在郡城南樓即位。

[79] 扶風:唐郡名,天寶間改岐州置,治雍縣(今陝西鳳翔)。

[80] 建寧王倓:肅宗第三子。天寶中封建寧郡王。肅宗即位,欲擢任天下兵馬元帥,被侍臣阻,使典親軍。後爲張良娣及宦官李輔國所構,賜死。代宗立,追諡爲承天皇帝。傳見《舊唐書》卷一一六、《新唐書》卷八二。

[81] 廣平王俶:肅宗長子。肅宗即位,立爲太子,更名豫。後襲帝位,廟號代宗。

[82] 裴冕、杜鴻漸:裴冕(703—769),字章甫,唐河東(今山西永濟蒲州鎮)人。肅宗即位,官尚書左僕射。後謫外官。代宗時復入相。傳見《新唐書》卷一四〇。杜鴻漸(709—769),字之巽,唐濮陽(今河南濮陽西南)人。肅宗立,以勸進功,累遷河西節度使。兩京收復,又節度荆南。代宗時,進中書侍郎,遷門下侍郎。傳見《舊唐書》卷一〇八、《新唐書》卷一二六。

王安石變法〔宋史紀事本末卷三〇〕(節録)

　　仁宗嘉祐五年,五月,己酉,召王安石[1]爲三司度支判官[2]。安石,臨川人,好讀書,善屬文。曾鞏[3]攜其所撰以示歐陽修[4],修爲之延譽。擢進士上第,授淮南判官。故事,秩滿,許獻文求試館職[5],安石獨不求試,調知鄞縣。起隄堰,決陂塘,爲水陸之利。貸穀與民,出息以償,俾新陳相易,邑人便之。尋通判舒州。文彦博[6]薦安石恬退,乞不次進用,以激奔競之風。召試館職,不就。歐陽修薦爲諫官[7],安石以祖母年高辭。修以其須禄養,復言於朝,用爲羣牧判官[8]。又辭,懇求外補,知常州,移提點江東刑獄[9]。與周敦頤[10]相遇,語連日夜;安石退而精思,至忘寢食。先是,館閣之命屢下,安石輒辭不起,士大夫謂其無意於世,恨不識其面,朝廷每欲授之美官,唯患其不就也。及是,爲度支判官,聞者莫不喜悦。安石果於自用,於是上萬言書。大要以爲:“今天下之財力日以困窮,風俗日以衰壞,患在不知法度,不法先王之政故也。法先王之政者,法其意而已。法其意,則吾所改易更革不至乎傾駭天下之耳目,囂天下之口,而固已合先王之政矣。因天下之力,以生天下之財;取天下之財,以供天下之費;自古治世,未嘗以財不足爲患也,患在治財無其道耳。在位之人才既不足用,而閭巷草野之間亦少可用之才,社稷之託,封疆之守,陛下其能久以天幸爲常,而無一旦之憂乎! 願監苟且因循之弊,明詔大臣,爲之以漸,期合於當世之變。臣之所稱,流俗之所不講,而議者以爲迂闊而熟爛者也。”上覽而置之。吕祖謙[11]曰:“安石變法之蘊,亦略見於此書;特其學不用於嘉祐,而盡用於熙寧,世道升降之機,蓋有在也。”……

　　英宗治平四年,閏三月,癸卯,以王安石知江寧府。終英宗之世,安石被召未嘗起。……

　　神宗熙寧元年,夏,四月,乙巳,王安石始至京師,時受翰林學士[12]之命已七越月矣。……冬,十一月,郊,執政以河、朔旱傷,國用不足,乞南郊勿賜金帛。詔學士議。司馬光曰："救災節用,當自貴近始,可聽也。"王安石曰:"常袞辭堂饌,時以爲袞自知不能,當辭職,不當辭禄[13]。且國用不足者,以未得善理財者故也。"光曰:"善理財者,不過頭會箕斂[14]耳!"安石曰:"不然。善理財者,不加賦而國用足。"光曰:"天下安有此理!天地所生財貨百物,不在民則在官。彼設法奪民,其害乃甚於加賦,此蓋桑弘羊欺武帝之言[15],司馬遷書之,以見其不明耳!"爭議不已。帝曰:"朕意與光同,然姑以不允答之。"會安石草制[16],引常袞事責兩府[17],兩府不敢復辭。

二年,春,二月,庚子,以王安石參知政事[18]。初,帝欲用安石,曾公亮[19]力薦之。唐介[20]言安石難大任。帝曰:"文學不可任邪?經術不可任邪?吏事不可任邪?"介對曰:"安石好學而泥古,故議論迂闊;若使爲政,必多所更變。"介退,謂曾公亮曰:"安石果大用,天下必困擾,諸公當自知之。"帝問侍讀孫固[21]曰:"安石可相否?"固對曰:"安石文行甚高,處侍從獻納之職可矣。宰相自有度,安石狷狹少容;必欲求賢相,吕公著[22]、司馬光、韓維[23]其人也。"帝不以爲然,竟以安石參知政事,謂之曰:"人皆不能知卿,以卿但知經術,不曉世務。"安石對曰:"經術正所以經世務。"帝曰:"卿所施設,以何爲先?"安石對曰:"末世風俗,賢者不得行道,不肖者得行無道;賤者不得行禮,貴者得行無禮。變風俗,立法度,正方今之所急也。"帝深納之。甲子,議行新法。王安石言:"周置泉府之官[24],以權制兼并,均濟貧乏,變通天下之財。後世唯桑弘羊、劉晏[25]麤合此意。學者不能推明先王法意,更以爲人主不當與民爭利。今欲理財,則當修泉府之法,以收利權。"帝納其説。安石乃復言:"人才難得亦難知,今使十人理財,其中容有一二敗事,則異論乘之而起。堯與羣臣共擇一人治水,尚不能無敗事;況所擇而使非一人,豈能無失!要當計利害多少,不爲異論所惑。"帝曰:"有一人敗事而遂廢所圖,此所以少成事也。"乃立制置三司條例司[26],掌經畫邦計,議變舊法,以通天下之利,命陳升之[27]、王安石領其事。初,泉人吕惠卿[28]自真州推官秩滿入都,與安石論經義,多合,遂定交。因言於帝曰:"惠卿之賢,雖前世儒者未易比也;學先王之道而能用者,獨惠卿而已。"遂以惠卿及蘇轍並爲檢詳文字[29]。事無大小,安石必與惠卿謀之。凡所建請章奏,多惠卿筆也。又以章惇[30]爲三司條例官,曾布檢正中書五房公事[31]。凡有奏請,朝臣以爲不便者，布必上疏條析，以堅帝意，使專任安石，以威脅衆，俾毋敢言。由是安石信任布，亞於惠卿。而農田水利、青苗、均輸、保甲、免役、市易、保馬、方田諸役，相繼並興，號爲新法，頒行天下。安石與劉恕[32]友善，欲引眞三司條例。恕以不習金穀爲辭，且曰："天子方屬公以大政，宜恢張堯、舜之道，以佐明主，不應以利爲先。"安石曰："利以和義[33]，善用之，堯、舜之道也。"時爭新法，廟堂諸大臣議論多不協。安石曰："公輩坐不讀書耳！"趙抃[34]曰："君言失矣，皋、夔、稷、契[35]之時，何書可讀！"安石不應。

夏，四月，丁巳，從三司條例司之請，遣劉彝、謝卿材、侯叔獻、程顥、盧秉、王汝翼、曾伉、王廣廉八人行諸路，察農田水利賦役。蘇轍言："役人之不可不用鄉戶，猶官吏之不可不用士人也。有田以爲生，故無逃亡之憂；朴魯而少詐，故無欺嫚之患。今乃舍此不用，竊恐掌財者必有盜用之姦，捕盜者必有竄逸之弊。唐楊炎爲兩稅[36]，取大曆十四年應當賦斂之數，以定兩稅之額，則租調與庸既兼之矣。今兩稅如舊，奈何復取庸錢！且品官之家，復役已久。蓋古者國子俊造[37]，將用其才者，皆復其身；胥史賤吏，既用於官者，皆復其家。聖人舊法，良有深意，奈何至於官戶而又將役之邪！"不聽。……

秋，七月，辛巳，立淮、浙、江、湖六路[38]均輸法。條例司言："諸路上供，歲有常數，年豐可以多致而不能贏餘，年歉難於供億而不敢不足。遠方有倍蓰之輸，中都有半價之鬻。徒使富商大賈，乘公私之急，以擅輕重斂散之權。今江、浙、荆、淮發運使[39]，實總六路賦入，宜假以錢貨，資其用度，凡上供之物，皆得徙貴就賤，因近易遠，預知在京倉庫所當辦者，得以便宜蓄買，而制其有無。庶幾國用可足，民財不匱。"詔以發運使薛向[40]領均輸、平準，專行於六路，賜内藏錢五百萬緡，上供米三百萬石。時議者慮其爲擾，多言非便。帝不聽。薛向既董其事，乃請設置官屬。從之。蘇轍言："今先設官置吏，簿書廩禄，爲費已厚，非良不售，非賄不行。是官買之價，比民必貴。及其賣也，弊復如前。此錢一出，恐不可復。縱使其閒薄有所獲，而征商之額所損必多矣。"帝方惑於王安石，不納其言，然均輸法亦迄不能就。……

九月，丁卯，行青苗法。初，陝西轉運使[41]李參，以部内多戍兵，而糧儲不足。令民自隱度麥粟之贏，先貸以錢，俟穀熟還官，號青苗錢。經數年，廩有餘糧。至是,條例司請"以諸路常平、廣惠倉[42]錢穀,依陝西青苗錢例,民願預借者給之,令出息二分,隨夏、秋稅輸納。願輸錢者,從其便。如遇災傷,許展至豐熟日納。非惟足以待凶荒之患,民既受貸,則兼併之家不得乘新陳不接,以邀倍息"。又,"常平、廣惠之物收藏積滯,必待年儉物貴然後出糶,所及者不過城市游手之人。今通一路有無,貴發賤斂,以廣蓄積,平物價,使農人有以赴時趨事,而兼併不得乘其急。凡此皆以爲民,而公家無所利其入,是亦先王散惠興利,以爲耕斂補助之意也。欲量諸路錢穀多寡,分遣官提舉[43],每州選通判幕職官一員,典幹轉移出納。仍先自河北、京東、淮南三路施行,竢有緒,推之諸路"。詔曰:"可。"乃出内庫緡錢百萬糴河北常平粟,而常平、廣惠倉之法遂變爲青苗矣。初,王安石既與呂惠卿議定,出示蘇轍等,曰:"此青苗法也。有不便,以告勿疑。"轍曰:"以錢貸民,本以救民;然出納之際,吏緣爲姦,雖有法不能禁。錢入民手,雖良民不免妄用;及其納錢,雖富民不免踰限。如此,則恐鞭笞必用,州縣之事煩矣。唐劉晏掌國計,未嘗有所假貸,而四方豐凶貴賤,知之未嘗逾時。有賤必糴,有貴必糶,以此四方無甚貴甚賤之病。今此法見在,而患不修。公誠能有意於民,舉而行之,則晏之功可立竢也。"安石曰:"君言誠有理,當徐思之。"由是逾月不言青苗。會京東轉運使王廣淵[44]言:"春農事興,而民苦乏,兼併之家得以乘急要利。乞留本道錢帛五十萬,貸之貧民,歲可獲息二十五萬。"從之。其事與青苗法合,安石始以爲可用,召廣淵至京師,與之議,於是決意行焉。……

丙子,頒農田水利約束。自是進計者紛然。數年間,諸路凡得廢田萬七百九十三處,三十六萬一千一百七十八頃有奇,而民給役勞擾。置諸路提舉官。條例司上言:民間多願借貸青苗錢,乞遍下諸路轉運司施行。仍詔諸路各置提舉二員,管當一員,掌行青苗、免役、農田水利。諸路凡四十一人。提舉官既置,往往迎合王安石意,務以多散爲功。富民不願取,貧者乃欲得之,即令隨户等高下品配。又令貧富相兼,十人爲保首。王廣淵在京東,一等户給十五千;等而下之,至五等,猶給一千。民間喧然,以爲不便。廣淵入奏,謂民皆歡呼感德。諫官李常[45]、御史程顥[46]論廣淵抑配掊克[47],迎朝廷旨意,以困百姓。會河北轉運使劉庠[48]不散青苗錢奏適至,安石曰:"廣淵力主新法而遭劾,劉庠欲壞新法而不問,舉事如此,安得人無向背!"由是常、顥之言皆不行。閏月,遣官提舉諸路常平、廣惠倉,兼管勾農田水利差役事。

三年,二月,己酉,河北安撫司韓琦[49]上疏曰:"臣準散青苗詔書,務在惠小民,不使兼併乘急以要倍息,而公家無所利其入。今所立條約,乃自鄉戶一等而下,皆立借錢貫數;三等以上,更許增借。且鄉戶上等,并坊郭有物業者,乃從來兼併之家。今令借錢一千,納一千三百,是官自放錢取息,與初詔相違。又條約雖禁抑勒,然不抑散則上戶必不願請,下戶雖或願請,請時甚易,納時甚難,將來必有督索同保均賠之患。陛下躬行節儉,以化天下,自然國用不乏,何以使興利之臣紛紛四出以致遠邇之疑哉!乞罷諸路提舉官,第委提點刑獄依常平舊法施行。"帝袖其疏,以示執政,曰:"琦真忠臣,雖在外,不忘王室。朕始謂可以利民,不意乃害民如此。且坊郭安得青苗,而使者亦強與之。"王安石勃然進曰:"苟從其所欲,雖坊郭何害!"因難琦奏曰:"如桑弘羊籠天下貨財,以奉人主私用,乃可謂興利之臣乎!"帝終以琦說爲疑,安石遂稱疾不出。帝諭執政罷青苗法,趙抃請俟安石出。安石求去,帝命司馬光草答詔,有士夫沸騰、黎民騷動之語。安石抗章自辯,帝爲巽辭[50]謝之,且命呂惠卿諭旨。韓絳[51]又勸帝留安石。安石入謝,因言中外大臣從官臺諫朋比,欲敗先王正道,以沮陛下,此所以紛紛也。帝以爲然。安石乃起視事,持新法益堅。詔以琦奏付制置條例司,令曾布疏駁刊石,頒之天下。琦申辯愈切,且論安石妄引《周禮》以惑上聽,皆不報。時,文彥博亦以青苗之害爲言。帝曰:"吾遣二中使親問民間,皆云甚便。"彥博曰:"韓琦三朝宰相,不信,而信二宦者乎!"先是,安石嘗與入內副都知張若水、押班藍元震[52]交結;帝遣使潛察府界俵錢[53]事,適命二人,二人使還,極言民情深願,無抑配者,故帝信之不疑。……

五月,癸巳,詔並邊州郡毋給青苗錢。甲辰,詔罷制置三司條例,歸中書,以呂惠卿兼判司農寺。先是,言者皆請罷條例司。帝問安石,可併入中書否?安石言修條例未畢,且臣與韓絳共領是司,每請間奏事,今絳在密院,未可併,請緩之。至是,絳入中書,乃降詔以其事還中書。又以手札諭安石,凡修條例掾屬,悉授以官。青苗、免役、農田水利等法付司農寺[54],命呂惠卿掌之。……

十二月,改諸路更戍法。初,太祖懲五代之弊,用趙普策,收四方勁兵,列營京畿,以備宿衛;分番屯戍,以捍邊圉。於時將帥之臣奉朝請,獷暴之民收隸尺籍,雖有桀驁恣肆,而無所施其間。爲什長之法,階級之辨,使之内外相維,上下相制,截然而不可犯[55]。其後定兵制,天子之衛兵,以守京師、更番戍邊者,曰禁軍;諸州之鎮兵以分給役使者,曰廂軍;選於户籍或應募,使之團結,以爲所在防守者,曰鄉軍;具籍塞下以爲藩籬者,曰蕃軍[56]:大抵四者而已。至是,議者以更戍法雖無難制之患,而兵將不相識,緩急不可恃,乃部分諸路將兵,總隸禁旅,使兵知其將,將練其兵,平居知有訓厲,而無番戍之勞。尋置京畿、河北、京東、西路三十七將,陝西五路四十二將。然禁旅盡屬將官,飲食嬉遊,養成驕惰。又將官遂與州郡長吏爭衡,每將各有部隊將訓練官等數十人,而諸州舊有總管、鈐轄、都監、監押,設官重複,虛破廩禄,知兵者皆知其非,卒不能奪也。乙丑,立保甲法。時王安石言:先王以農爲兵,今欲公私財用不匱,爲宗社長久計,當罷募兵,用民兵,乃立保甲。其法:十家爲保,有保長;五十家爲大保,有大保長;十大保爲都保,有都保正、副。主客户兩丁以上,選一人爲保丁;附保,兩丁以上有餘丁而壯勇者,亦附之。内家資最厚、材勇過人者,亦充保丁。授之弓弩,教之戰陣。每一大保,夜輪五人警盜,凡告捕所獲,以賞格從事。同保犯強盜殺人,強姦略人,傳習妖教,造蓄蠱毒[57],知而不告,依律伍保法。餘事非干己,又非敕律所聽糾,皆無得告,雖知情,亦不坐;若依法,鄰保合坐罪者,乃坐之。其居停強盜三人,經三日,保鄰雖不知情,科失覺罪。逃移死絶,同保不及五家,併他保。有自外入保者,收爲同保,户數足則附之;俟及十家,則別爲保,置牌以書其户數姓名。提點刑獄趙子幾迎安石意,請先行於畿甸。詔從之。遂推行於永興、秦鳳、河北、東、西五路,以達於天下。於是諸州籍保甲,聚民而教之。禁令苛急,往往去爲盜,郡縣不敢以聞。判大名府王拱辰[58]抗言其害,曰:"非止困其財力,奪其農時,是以法驅之,使陷於罪罟也。浸淫爲大盜,其兆已見。縱未能盡罷,願裁損下户以紓之。"主者指拱辰爲沮法。拱辰曰:"此老臣所以報國也。"抗章不已。帝悟,由是下户得免。

丁卯,以韓絳、王安石同平章政事。戊寅,行募役法。先是,詔條例司講立役法。條例司言:使民出錢,募人充役,即先王致民財以禄庶人在官者之意。命呂惠卿、曾布相繼草具條貫,踰年始成。計民之貧富,分五等輸錢,名免役錢。若官戶、女戶、寺觀、單丁、未成丁者,亦等第輸錢,名助役錢。凡輸錢,先視州若縣應用雇直多少,隨戶等均取雇直。又增取二分,以備水旱欠闕,謂之免役寬剩錢。用其錢募人代役。既試用其法於開封府,遂推行於諸路。既而東明縣民數百紛然詣開封府訴。帝知之,以詰安石。安石力言:"外間扇搖役法者,謂輸多必有贏餘,若羣訴必可免。彼既聚衆僥倖,苟受其訴,與免輸錢,當仍役之!"帝乃盡用其言。尋以臺諫多論奏,因謂安石宜少裁之。安石對曰:"朝廷制法,當斷以義,豈須規規恤淺近之人議論邪!"司馬光言:"上等戶自來更互充役,有時休息,今使歲出錢,是常無休息之期。下等戶及單丁、女戶,從來無役,今盡使之出錢,而鰥寡孤獨之人俱不免役。夫力者,民之所生而有;穀帛者,民可耕桑而得;至於錢者,縣官之所鑄,民之所不得私爲也。今有司立法,惟錢是求;歲豐則民賤糶其穀,歲凶則伐桑棗、殺牛、賣田得錢以輸,民何以爲生乎!此法卒行,富者差得自寬,貧者困窮日甚矣。"帝不聽。庚辰,命王安石提舉編修三司令式[59]。時天下以新法騷然,邵雍[60]屏居於雒,門人故舊仕宦中外者,皆欲投劾而歸,以書問雍。雍曰:"正賢者所當盡力之時! 新法固嚴,能寬一分,則民受一分之賜矣,投劾何益邪!"

(四年)五月,甲午,……時保甲法行,帝聞鄉民憂無錢買弓矢,加以傳惑徙之戍邊,父子聚泣,語王安石曰:"保甲宜緩而密。"安石對曰:"日力可惜。"韓維時知開封,上言:諸縣團結保甲,鄉民驚擾,至有截指斷腕以避丁者,乞候農隙排定。帝以問安石,安石對曰:"此固未可知;就令有之,亦不足怪。"帝曰:"民言合而聽之則聖,亦不可不畏也。"安石對曰:"爲天下者,如止欲任民情所願而已,則何必立君而爲之張官置吏也! 大抵保甲法不特除盜,固可漸習爲兵,且省財費,惟陛下果斷,不恤人言以行之。"帝遂變河東、北、陝西三路義勇[61],如府畿保甲法。……

五年,春,正月,己亥,置京城邏卒,察謗時政者收罪之。三月,富弼[62]致仕。弼至汝州兩月,即上言:"新法,臣所不曉,不可以治郡,願歸雒養疾。"許之,遂請老,復授司空、武寧節度使致仕。弼雖家居,朝廷有大利害,知無不言;帝雖不盡用,而眷禮不衰。嘗因王安石有所建明,帝卻之曰:"富弼手疏稱老臣無所告訴,但仰屋竊嘆者,即當至矣。"其敬之如此。丙午,行市易法,六市易司皆隸焉。夏,五月,丙午,行保甲養馬法。詔開封府界諸縣保甲願牧馬者,聽,仍令以陝西所市馬選給之。詔曾布等上其條約,凡陝西五路義勇保甲願養馬者,戶一匹;物力高,願養二匹者,聽。皆以監牧見馬給之;或官與其值,令自市。先行於開封府及陝西五路。府界無過三千匹,五路毋過五千匹。襲逐盜賊外,乘越三百里者有禁。歲一閱其肥瘠,死病者補償。在府界者,免體[63]量草二百五十束,加給以錢布;在五路者,歲免折變緣納錢[64]。三等以上十戶爲一保,四等以下十戶爲一社,以待病斃連償者。保戶馬死,保戶獨償;社戶馬死,社戶半償之。其後遂徧行於諸路。……

八月,甲辰,頒方田均稅法。帝患田賦不均,詔司農重定方田及均稅法,頒之天下。方田之法:以東西南北各千步,當四十一頃六十六畝一百六十步爲一方;歲以九月,縣委令佐分地計量,隨陂原平澤而定其地,因赤淤黑墟[65]而辨其色;方量畢,以地及色,參定肥瘠,而分五等,以定其稅則;至明年三月畢,揭以示民,一季無訟,即書戶帖,連莊帳付之,以爲地符[66]。均稅之法:縣各以其租額稅數爲限;舊嘗收蠹奇零,如米不及十合而收爲升,絹不滿十分而收爲寸之類,今不得用其數均攤增展,致溢舊額;凡越額增數,皆禁;若瘠鹵不毛,及衆所食利山林、陂塘、溝路、墳墓,皆不立稅;凡田方之角,立土爲峯,植其野之所宜木,以封表之,有方帳,有莊帳,有甲帳[67],有戶帖;其分煙析產,典賣割移,官給契,縣置簿,皆以今所方之田爲正。令既具,乃以鉅野縣尉王曼爲指教官,先自京東路行之,諸路傚焉。

六年,……九月,收免行錢。先是,京師百物有行,官司所須,俱以責辦,下逮貧民浮販,類有賠折。呂嘉問[68]請約諸行利入厚薄,令納錢以賦吏祿,與免行戶祇應;而禁中賣買百貨并下雜買場務,仍置市司,估物低昂,凡內外官司欲占物價,則取辦焉。至是行之。

七年,夏,四月,癸酉,權罷新法。自去歲秋七月不雨,以至於是月,帝憂形於色,嗟嘆懇惻,欲盡罷法度之不善者。王安石曰:"水旱常數,堯、湯所不免。陛下即位以來,累年豐稔,今旱暵雖久,但當修人事以應之。"帝曰:"朕所以恐懼者,正爲人事之未修爾。今取免行錢太重,人情咨怨,自近臣以至后族,無不言其害者。"馮京[69]曰:"臣亦聞之。"安石曰:"士大夫不逞者,以京爲歸，故京獨聞此言，臣未之聞也。"初，光州司法參軍鄭俠[70]爲安石所獎拔，感其知己，思欲盡忠。及滿秩入京，安石問以所聞。俠曰："青苗、免役、保甲、市易數事，與邊鄙用兵，在俠心不能無區區也。"安石不答。至是，俠監安上門。會歲饑，征斂苛急，東北流民，每風沙霾曀，扶攜塞道，羸疾愁苦，身無完衣，或茹木實、草根；至身披鎖械，而負瓦揭木，賣以償官，累累不絕。乃繪所見爲圖，及疏言時政之失，詣閣門。不納，遂假稱密急，發馬遞上之。其略曰："陛下南征北伐，皆以勝捷之勢作圖來上，並無一人以天下憂苦、父母妻子不相保、遷移困頓、逭逭不給之狀爲圖而獻者。臣謹按安上門逐日所見，繪成一圖，百不及一；但經聖覽，亦可流涕，況於千萬里之外哉！陛下觀臣之圖，行臣之言，十日不雨，即乞斬臣宣德門外，以正欺君之罪。"疏奏，帝反覆觀圖，長吁數四，袖以入內；是夕，寢不能寐。翌日，遂命開封體放免行錢，三司察市易，司農發常平倉，三衙[71]具熙河所用兵[72]諸路上民物流散之故，青苗、免役權息追呼，方田、保甲並罷，凡十有八事，民間讙呼相賀。是日果大雨，遠近沾洽。甲戌，輔臣入賀雨，帝出俠圖及疏示輔臣，問王安石曰："識俠否？"安石曰："嘗從臣學。"因上章求去，外間始知所行之由。羣奸切齒，遂以俠付御史獄，治其擅發馬遞罪。呂惠卿、鄧綰[73]言於帝曰："陛下數年忘寢與食，成此美政，天下方被其賜，一旦用狂夫之言，罷廢殆盡，豈不惜哉！"相與環泣於帝前。於是新法一切如故，惟方田暫罷。丙戌，王安石罷，以韓絳同平章事，呂惠卿參知政事。……二人守其成規，不少失，時號絳爲"傳法沙門"，惠卿爲"護法善神"。惠卿懼中外有議新法者，乃作書遍遺監司郡守，使陳利害。又從容白帝下詔，言終不以吏違法之故爲之廢法，故安石所建無所更復。……

秋，七月，立手實法。時，免役出錢或未均，呂惠卿用其弟曲陽縣尉和卿計，創手實法。其法：官爲定立物價，使民各以田畝、屋宅、資貨、畜產，隨價自占。凡居錢五，當蓄息之錢一。非用器食粟而輒隱落者，許告，獲實，以三分之一充賞。預具式示民，令依式爲狀，縣受而籍之。以其價列定高下，分爲五等。既該見一縣之民物產錢數，乃參會通縣役錢本額，而定所當輸錢。詔從其言。於是，民家尺椽寸土，簡括無遺；至於雞豚，亦徧抄之，民不聊生。初，惠卿制是法，然猶災傷五分以上不預。荆、湖訪察使蒲宗孟[74]上言："此天下之良法,使民自供,初無所擾,何待豐歲,願詔有司勿以豐凶弛張其法。"
從之。民於是益困矣。

　　冬,十月,庚辰,置三司會計司。初,帝嘗患增置官司費財。王安石謂增
置官司,所以省費。帝曰:"古者什一而稅,今取財百端。"安石謂:古非特什
一而已。安石又欲盡祿天下之吏,帝未之許。而三司上新增吏祿,歲至緡錢
百十一萬有奇。主新法者,皆謂吏祿既厚,則人知自重,不敢冒法,可以省
刑。然良吏實寡,賕取如故,往往陷大辟。議者不以為善。詔三司帳司會計
是歲天下財用出入之數以聞,令宰相提舉其事。至是,韓絳請選官置司,以
天下戶口、人丁、稅賦、場務、坑冶、河渡、房園之類租額年課,及一路錢穀出
入之數,去其重複,歲比較增虧廢置及羨餘橫費[75],計贏闕之處,使有無相
通,而以任職能否為黜陟,則國計大綱可以省察。三司使章惇亦以為言,乃
詔置三司會計司,以絳提舉。

　　八年,春,……二月,癸酉,復以王安石同平章事。初,呂惠卿迎合安石,
建立新法,安石故力援引,驟至執政。惠卿既得志,有射羿之意[76],忌安石
復用,遂欲逆閉其途,凡可以害安石者,無所不用其智。一時朝士見惠卿得
君,謂可傾安石以媚惠卿,遂更朋附之。而鄧綰、鄧潤甫因李逢之獄,又挾李
士寧以撼安石[77],安石聞而怨之。時,韓絳頗處中書事,多稽留不決,且數
與惠卿爭論,度不能制,密請帝復用安石。帝從之。惠卿聞之,不安,乃條列
安石兄弟之失數事,面奏,意欲上意有二。上封惠卿所言以示安石。安石上
表,有"忠不足以取信,故事事欲須自明;義不足以勝姦,故人人與之立
敵"[78],蓋謂是也。既而安石承召命,即倍道而進,七日至汴京。……

　　冬,十月,……乙未,彗出軫[79]。帝以災異數見,避殿減膳,詔求直言,
赦天下,詢政事之未協於民者。程顥應詔論朝政極切,差知扶溝縣事。王安
石率同列上疏,言:"晉武帝五年,彗出軫,十年又有孛[80],而其在位二十八
年,與《乙巳占》[81]所期不合。蓋天道遠,先王雖有官占,而所信者人事而
已。裨竈言火而驗,欲禳之,國僑不聽,鄭亦不火[82]。有如裨竈,未免妄誕,
況今星工哉!竊聞兩宮以此為憂,望以臣等所言力行開慰。"帝曰:"聞民間
殊苦新法。"安石對曰:"祁寒暑雨,民猶怨咨,此無庸恤!"帝曰:"豈若并祁寒
暑雨之怨亦無邪!"安石不悅,退而屬疾臥;帝慰勉起之。其黨謀曰:"今不取

上素所不喜者暴進用之,則權輕,將有窺人間隙者。"安石是其策。帝喜其出,凡所進用,悉從之。鄧綰言:"凡民養生之具,日用而家有之,今欲盡令疏實,則家有告訐之憂,人懷隱匿之慮。商賈通殖貨利,交易有無,或春有之而夏已蕩析,或秋貯之而冬已散亡。公家簿書,由何拘録,其勢安得不犯,徒使囂訟者趨賞報怨,畏怯者守死忍困而已。"詔罷手實法。

九年,……冬,十月,丙午,王安石罷。安石之再相也,屢謝病求去;及子雱[83]死,尤悲傷不堪,力請解機務。帝益厭之,乃以使相判江寧府,尋改集禧觀使[84]。安石既退處金陵,往往寫"福建子"三字,蓋深悔爲呂惠卿所誤也。

——據同治甲戌(1874)年江西書局本《宋史紀事本末》,參考中華書局1977年出版校點本《宋史紀事本末》

【解題】

《宋史紀事本末》,明陳邦瞻依馮琦遺稿增訂而成。共一百零九卷。

元托克托等撰《宋史》四百九十六卷,卷帙繁多,居廿四史之首。不僅檢閱不便,而且因史臣學識不够,編撰時間匆促,以致事實疏漏,文字冗雜,屢爲學者所譏。《四庫全書總目提要》曾批評《宋史》列傳"載祖父之名而無事實,似誌銘之體;詳官階之遷除而無所删節,似申狀之文"。加以托克托等同時撰《遼史》一百十六卷、《金史》一百三十五卷,把宋、遼、金三朝作爲各自獨立的王朝系統分别敍述,不是以宋爲正統、遼、金爲僭偽,這在奉正名分、定褒貶的程朱理學爲正宗的明代封建學者看來,更是不能不辨的要務。因此,明代史家特别熱心於改編《宋史》,從柯維騏《宋史新編》以後,作者踵起,大都將遼、金二朝史實附入《宋史》,同時對史料謬誤也有所匡正。但究由年代久遠,舊籍散亡,改編時,都不得不用《宋史》爲底本,很少補充。因此,後代學者一般仍只得以《宋史》原書爲據。明萬曆間,禮部侍郎馮琦倣袁樞《通鑑紀事本末》體,分類排比宋事,以續《通鑑紀事本末》,未成而卒。同時,南京侍御史沈越也撰有《事紀》,内容體例都與馮書相仿,但也屬未定稿。馮書遺稿被御史劉曰梧所得,而沈書遺稿則由應天府丞徐申介紹給劉曰梧。於是共屬陳邦瞻增續訂補,合二稿成一編,凡二十八卷,由劉曰梧、徐申校刊行世。稍後又出現了十卷本。明末張溥又重加刊正,將陳氏原著一百零九目析爲一百零九卷,每卷末附加自己的論斷,遂成今本。據陳邦瞻原敍,本書爲馮琦、沈越所撰的約十分之三,爲陳氏所補的近十分之七。

《宋史紀事本末》起於太祖代周,終於文(天祥)謝(枋得)之死。由於受正統觀念的支配,本書實際包括宋、遼、金和元初四朝史實。在一百零九目中,專記宋事的八十九目,兼及遼、金、元事的十二目,並記遼、金事一目,專記金事一目,兼記金、元事三目,專記元事三目。陳氏在纂輯時,恪守袁樞《通鑑紀事本末》體例,分條記事,編次頗有條理。《宋史》原書繁蕪,不似《資治通鑑》有脈絡可尋,陳氏能以事區分,從錯雜的史實中清理出各事端緒,使宋、遼、金三朝歷史略具梗概,給初學者帶來頗大便利。如《四庫全書總目提要》所評,本書"於紀載冗雜之內,實有披榛得路之功;讀《通鑑》者不可無袁樞之書,讀《宋史》者亦不可無此一編也"。但因史料仍本《宋史》,原書錯誤疏漏的地方,本書未及訂正的,也在所不免,因而引用時需審慎對待。

本書版本頗多,有南昌書局本、廣州書局本及《九種紀事本末》彙印本等;中華書局以清同治江西書局本爲底本,參校有關各書,於 1977 年出版了校點本,可參考。

《王安石變法》,節選自《宋史紀事本末》卷三〇。公元 11 世紀的這位中國改革家,敢於提出"法先王之政者,法其意而已",敢於把"理財"即改變經濟狀況當作重點,敢於尋求"難得亦難知"的人才,對當時已日趨僵化的社會,都是巨大的衝擊。王安石的新政以悲劇告終,爲甚麼呢? 本篇作者是不理解的。但本篇記錄的變法大概過程,卻從某些側面提供了回答。

馮琦(1560—1606),字用韞,明臨朐(今山東臨朐)人。萬曆五年(1577)進士,官翰林院編修。預修《會典》成,進侍講。曾上書諫賦役繁重和官府搜括。累官禮部右侍郎、吏部左右侍郎、禮部尚書等,對於時政弊失,頗多指陳。深得萬曆帝信任,想任他爲相,未及拜除,卒。琦撰《宋史紀事本末》,原稿卷數不詳,《明史·藝文志》著録爲二十八卷,當是陳邦瞻增補成書刊行後的卷數。傳見《明史》卷二一六。

陳邦瞻(1570? —1623),字德遠。明高安(今江西高安)人。萬曆二十六年(1598)進士,授南京大理寺評事。歷任浙江、福建、河南等省地方官,有政聲。擢兵部右侍郎、總督兩廣軍務兼巡撫廣東,討平上林、田州等地土司叛亂,鎮壓"海寇"林莘老起事。曾嚴重打擊了強占澳門、與漢奸勾結、企圖進一步入侵內地的葡萄牙侵略者的陰謀活動。以功累遷兵部左侍郎,又兼戶、工二部侍郎,專理軍需。尋卒於官。著作除《宋史紀事本末》外,尚有《元史紀事本末》二十七卷和《蓮華山房集》等。傳見《明史》卷二四二。

【注釋】

[1] 王安石：(1021—1086)字介甫，晚年自號半山老人。北宋撫州臨川(今江西撫州市)人。仁宗慶曆二年(1042)進士。歷任揚州簽判、知鄞縣、舒州通判、知常州、提點江東刑獄等地方官吏十餘年。曾興修水利，借官穀給農民，企圖"發富民之藏"以救"貧民"。並曾於嘉祐五年(1060)向皇帝上萬言書，建議全面改革朝政，未被採納。神宗即位，被召爲翰林學士。熙寧二年(1069)，任參知政事，開始推行新政。他的變法，以在經濟上抑制官僚豪富的特權爲主，以期富國强兵，緩和階級矛盾，但遭到大官僚大地主勢力的反對。安石前後兩度執政，熙寧九年(1076)罷相。晚年退居江寧(今江蘇南京)，封荆國公，世稱荆公。安石對於儒家經典，不拘泥傳統解釋，頗多特見。撰《三經(《詩》、《書》、《周禮》)新義》，作爲新法的理論根據。所著詩文，風格峭拔；每在詩中抒發政治抱負。散文推爲"唐宋八大家"之一。著作尚有《字説》、《易義》、《洪範傳》、《論語解》、《孟子解》、《老子注》、《鍾山日録》、《楞嚴經解》等多種，大多散佚。今存有《臨川集》一百卷、《唐百家詩選》及《周官新義》輯佚本。傳見《宋史》卷三二七。清蔡上翔撰有《王荆公年譜考略》二十九卷，可供參考。

[2] 三司度支判官：三司見本書所選《續資治通鑑長編・陳靖奏請務農積穀》注[3]。度支判官是三司度支使的主要僚屬。

[3] 曾鞏：(1019—1083)字子固。建昌南豐(今江西南豐)人。仁宗嘉祐二年(1057)進士。歷通判越州，知齊、襄、洪等州，有政績。神宗時，官中書舍人。與王安石友善，但反對新政。工文、詞，是"唐宋八大家"之一。傳見《宋史》卷三一九。

[4] 歐陽修：已見本書所選《通考・田賦考・屯田》注[52]。

[5] 秩滿，許獻文求試館職：唐、宋時，規定每年由州府和百司長官對下屬文武官吏的功過行能進行考核，分九等注入考狀，再經吏部和各道觀察使加以覆驗核實，稱爲"磨勘"。待任期滿後，根據考績，決定升降。宋真宗時，規定文武官任滿三年就給予磨勘轉秩，稱"秩滿"。又宋制規定：凡進士出身的地方官，秩滿無劣績，許獻所著文字自請試任館職，即館閣職

務。北宋設昭文館、史館、集賢院三館和秘閣、龍圖閣等閣，分掌圖書經籍和纂修國史等事，是著名清要官，爲當時士大夫所貴。

[6] 文彥博：(1006—1097)字寬夫。北宋汾州介休(今山西介休)人。仁宗時歷任樞密副使、參知政事。以鎮壓王則起義，升同中書門下平章事，封潞國公。神宗熙寧初，任樞密使，反對新政，極言市易法之弊，被黜。哲宗初，司馬光復請他平章軍國大事。撰有《潞公集》。傳見《宋史》卷三一三。

[7] 諫官：宋初，從門下省析置諫院，以原分屬門下、中書二省的左右諫議大夫、司諫、正言爲諫官。掌規諫朝政得失，議論官吏選拔任命，與主管彈劾官吏的御史並稱"臺諫"。

[8] 羣牧判官：宋初設羣牧司，以制置使總領司事。下設副使、都監、判官。掌內外廄牧、馬政，察其損耗蕃息。神宗元豐時，併入太僕寺。

[9] 提點江東刑獄：江東即江東路。宋初在各路設提點刑獄公事，掌司法、刑法和監察，兼勸課農桑，多以朝官充任，簡稱提刑。

[10] 周敦頤：(1017—1073)原名敦實，字茂叔。北宋道州營道(今湖南道縣)人。學者稱濂溪先生。曾任知南康軍，和舊黨有密切關係。專研《易》學，對以後理學發展有很大影響。撰有《太極圖説》和《通書》。傳見《宋史》卷四二七。

[11] 呂祖謙：(1137—1181)字伯恭，學者稱東萊先生。南宋婺州(今浙江金華)人。歷官國史院編修。他以理學家兼治史學，爲學主張"明理躬行"，治經史以致用，反對空談陰陽性命。撰有《呂氏家塾讀書記》、《歷代制度詳説》、《東萊左氏博議》、《大事記》、《東萊集》等。傳見《宋史》卷四三四。

[12] 翰林學士：唐玄宗時，始選文學之士任翰林學士，別建學士院，專掌內命(絕密詔敕，如任免宰相、宣佈討伐令等)，得參預機要，號稱"內相"。宋時沿而未改。

[13] 常袞辭堂饌，時以爲袞自知不能，當辭職，不當辭禄：常袞(729—783)，字夷甫。唐京兆(今陝西西安)人。玄宗天寶末進士。代宗時，拜門下侍郎同平章事。爲政專求清儉名譽。辭堂饌事見新舊《唐書》本傳。唐制，皇帝每日出內廚食(皇帝飲食)以賜宰相，可供十餘人，袞請罷去，後遂沿爲

故事。又唐制，中書、門下共食實封三百戶，稱"堂封"，即宰相封邑。袞
欲讓堂封，被同僚勸阻。時議以爲厚禄重賜，表示國家優待賢能、尊崇執
政，袞若如無力使政治修明，就應該主動辭去高位，而不應僅辭堂封
賜饌。

[14] 頭會箕斂：語出《史記·張耳陳餘列傳》。謂按人頭計數征稅，用畚箕斂
取所征穀物，譬喻賦稅繁苛。"箕斂"，《淮南子·氾論訓》作"箕賦"。

[15] 此蓋桑弘羊欺武帝之言：事見《史記·平準書》。桑弘羊，已見本書所選
《通考·田賦考·屯田》注[5]。

[16] 草制：制即制書。封建君主，命稱"制"，令稱"詔"，通常都由文學侍從之
臣代爲起草。王安石代宋神宗起草的《詔不允賜宰臣曾公亮已下辭南郊
賜賫》，未明引常袞故事。

[17] 兩府：北宋時設樞密院掌管軍事，和中書省共同行使行政領導權，時稱
兩府。

[18] 參知政事：宋初，以資望較淺的官員與宰相(同平章事)同議朝政，掌副宰
相事，但不正式除授，稱參知政事；與宰相合稱"宰執"。

[19] 曾公亮：(999—1078)字明仲。北宋晉江(今福建晉江)人。歷官仁、英、
神宗三朝，從知會稽縣屢升到同中書門下平章事。以熟悉法典著稱。爲
人善迎合、持禄固寵，雖力薦王安石，但對新政採取唯諾態度。傳見《宋
史》卷三一二。

[20] 唐介：(1010—1069)字子方。北宋江陵(今湖北江陵)人。仁宗時，官殿
中侍御史，以彈劾宰相文彥博等獲直名。累官龍圖閣學士，知太原府。
神宗召爲三司使。未幾參知政事，反對新法。傳見《宋史》卷三一六。

[21] 侍讀孫固：唐玄宗初，選學士入宮伴皇帝讀書，以備隨時質詢疑難，待以
師禮，稱"侍讀"。宋沿唐制，設翰林侍讀學士、侍讀等職，神宗後每以他
官兼。孫固(1016—1090)，字和父，北宋鄭州管城(今河南鄭州市)人。
神宗爲太子時，任侍讀。曾諫神宗用兵西夏，被黜。這時復召還，知審刑
院，領銀臺封駁，兼侍讀，判少府監。反對新法。傳見《宋史》卷三四一。

[22] 呂公著：(1018—1089)字晦叔。北宋壽州(今安徽壽縣)人。歷仕仁、英、
神宗三朝。熙寧初，官御史中丞。力稱呂惠卿奸邪不可用，被擯斥。哲

宗初,與司馬光同被召用爲相,盡廢新法。傳見《宋史》卷三二六。

[23] 韓維:(1017—1098)字持國。北宋開封雍丘(今河南杞縣)人。神宗初,累官御史中丞。屢次反對新法,出爲外官。哲宗初,拜門下侍郎。傳見《宋史》卷三一五。

[24] 周置泉府之官:見《周禮・地官司徒・泉府》。管理商業税收:收購市場上滯銷貨物,以待售於急需者;並兼管借貸取息事。唐賈公彥謂"泉"即"錢",係古今異名。王安石以爲即漢、唐時的榷法(政府專賣)。泉府即主管財政收支滯門。

[25] 劉晏:(715—780)唐代理財家。字士安。南華(今河南東明)人。肅、代二朝,累官東都、河南、江淮轉運租庸鹽鐵常平使,湖南、荆南、山南東道轉運常平鑄錢使等職。曾創分段轉運方法,歲運江淮糧食四十萬斛入關中。並整頓鹽法,使鹽税佔國家歲入過半。又以鹽利僱夫運漕糧,鑄造銅錢,平衡物價,使安史亂後唐政府財政紊亂情况有很大改善。德宗初被楊炎陷害而死。

[26] 制置三司條例司:宋制,以中書、樞密院、三司分掌行政、軍事、財政。這時特設制置三司條例司,由中書和樞密院長官兼領,是負責製訂和頒佈新法的重要機構。

[27] 陳升之:(1011—1079)初名旭,字暘叔。北宋建州建陽(今福建建甌)人。神宗初,爲新黨主要人物之一,與王安石同領制置三司條例司,旋拜中書門下平章事。但爲相後,主張廢條例司,與安石相忤。未幾,出判揚州。傳見《宋史》卷三一二。

[28] 吕惠卿:(? —1111)字吉甫。北宋晉江(今福建晉江)人。王安石變法初期的主要助手,參與新法主要項目的謀畫,又與安石子雱同修《三經新義》。熙寧七年(1074),王安石罷相,力薦他爲參知政事。拜相後,欲專權自固,排斥安石,引起新黨内部矛盾。旋出任外官。哲宗初,太后臨朝,司馬光等執政,屢遭貶斥。傳見《宋史》卷四七一。

[29] 及蘇轍並爲檢詳文字:蘇轍(1039—1112),字子由,號潁濱遺老。北宋眉山(今四川眉山)人。被王安石引爲檢詳文字,但反對新政,出爲河南推官。哲宗初,累官門下侍郎。轍與父洵(老泉)、兄軾(東坡)在文學上都

有相當成就,并稱"三蘇",被列入"唐宋八大家"。著作有《欒城集》等九十六卷。傳見《宋史》卷三三九。檢詳文字,即三司條例司檢詳文字,職掌機要文字。檢詳即稽核意。

[30] 章惇:已見本書所選《通考·田賦考·屯田》注[55]。

[31] 曾布檢正中書五房公事:曾布(1035—1107),字子宣。北宋南豐(今江西南豐)人。神宗初,曾參與諸項新政的制定。後見神宗懷疑新法,即迎合上意,否定"市易法",引起新黨内部分裂。後官至尚書右僕射。傳見《宋史》卷四七一。檢正中書五房公事,神宗時始置,以京朝官充任,掌糾正中書省五房(吏、戶、兵禮、刑、工房)事務。初品低秩卑,但權任甚重。

[32] 劉恕:(1032—1078)字道原。北宋筠州(今江西高安)人。神宗時官至秘書丞,反對新法。司馬光修《資治通鑑》,以恕專精史學,辟爲局僚。撰有《五代十國紀年》、《通鑑外紀》等。傳見《宋史》卷四四四。

[33] 利以和義:語出《周易·乾卦·文言》:"利者,義之和也";"利物足以和義"。謂君子利益萬物,使各得其宜而和同,即爲符合"天道"的一種表現。《周易》作者稱作君子應行的"四德"之一,故王安石引爲變法的主要理論依據。

[34] 趙抃:(1008—1084)字閲道。北宋衢州西安(今浙江衢縣)人。仁宗時歷任地方官,有政聲。後官殿中侍御史,不畏權貴,號"鐵面御史"。神宗初,知諫院,屢言新法不便,出爲外官。傳見《宋史》卷三一六。

[35] 皋、夔、稷、契:皋即皋陶,也作咎繇,相傳舜時被任爲掌刑獄的官,曾被舜選爲繼承人。夔相傳是舜時執掌禮樂的官。稷即后稷,周族的始祖,相傳曾爲堯、舜時的農官。契,商族的始祖,相傳曾被舜任爲司徒,掌教化百姓。

[36] 唐楊炎爲兩税:楊炎,已見本書《文獻通考·田賦考·屯田》注[17]。唐代安史亂後,戶口田地册籍紊亂,官僚豪勢在"不課戶"名義下逃避負擔,租庸調收入不敷政府開支。楊炎在德宗初拜相後,建議頒行兩税,即:不論主戶客戶,概在現居處登記入籍;人也不分丁中,以貲産高下定戶等,每年依戶等高下分夏、秋兩次征税,一切租、庸、雜徭、戶税、地税等名目一概併入兩税;而各地税額,都以代宗大曆十四年(779,兩税法頒佈前一

年)墾田數爲標準。實行後賦税有定額,征收手續簡便。但從唐陸贄後,攻擊兩税法的人都説楊炎破壞了"有田則有租,有家則有調,有身則有庸"的理想賦役制度。蘇轍的議論正是承襲了這種説法。

[37] 國子俊造:國子,公卿大夫的子弟。俊造,俊士和造士。相傳周代的"士",因優秀而被司徒選中入學的,叫"俊士";已學成而會習禮的,叫"造士";他們都同貴族子弟一樣,享有免除徭役的特權,見《禮記·王制》。

[38] 淮、浙、江、湖六路:即淮南、兩浙、江南東、江南西、荆湖南、荆湖北。

[39] 江、浙、荆、淮發運使:宋代職官名,掌六路漕運儲積和山澤財貨,以供京師需求,兼管茶、鹽、貨幣等事,並檢察各路官吏職事。

[40] 薛向:字師正。北宋萬泉(今山西萬榮境舊萬泉縣)人。初任永壽主簿。神宗時,甚受王安石器重,被任爲六路轉運使。後累官同知樞密院事。傳見《宋史》卷三二八。

[41] 轉運使:職官名,唐始置,本由宰相等兼領,宋初始設專職,掌一路或數路財賦和穀物的水陸轉運事務。與諸路安撫、提點刑獄、提舉常平等司並稱"帥、漕、憲、倉"四司。

[42] 諸路常平、廣惠倉:常平倉,歷代封建王朝以積穀備荒爲名,兼具有調節糧價性質的糧倉。西漢宣帝時始置,後世稱爲義倉、社倉。宋初,因唐末義倉久廢,收田租附加重建,邊郡、内地都有設置。廣惠倉,宋仁宗嘉祐二年(1057)從韓琦議,以天下没官户絶田,募人耕種,由官收租,別建倉貯藏,用以賑恤諸州縣老幼貧疾無法生活的人,稱爲廣惠倉。

[43] 提舉:這裏指管理。宋代以後設立管理專門事務的官職,也稱提舉,如提舉常平、提舉市舶、提舉學使等。

[44] 王廣淵:字才叔。北宋成安(今河北成安)人。英宗時官直集賢院。神宗初力贊新政,爲王安石所重,歷任京東、河東轉運使,知慶州宣撫使,屢受舊黨指斥。後官至龍圖閣直學士。傳見《宋史》卷三二九。

[45] 李常:字公擇。北宋建昌軍(治今江西南城)人。神宗熙寧間官右正言。與王安石私交頗好,但反對新政。後官至御史中丞。有文集行世。傳見《宋史》卷三四四。

[46] 程顥:(1032—1085)字伯淳,學者稱明道先生。北宋洛陽(今河南洛陽)

人。和弟程頤學於周敦頤,同爲北宋理學的奠基者,并稱二程。這時官
監察御史裏行,反對新政。著有《定性書》、《識仁篇》等,後編入《二程遺
書》。傳見《宋史》卷四二七。

[47] 抑配掊克:抑配,强行配給。掊(pǒu)克,詞見《詩·大雅·蕩》;聚斂剝
削,或作驕恣自誇解。

[48] 劉庠:字希道。北宋彭城(今江蘇徐州)人。英宗末官監察御史裏行,以
上疏要求立神宗爲太子知名。神宗初累官知開封府。因通歷史,有吏
才,被王安石器重,但他拒見王安石,並反對新政。後官樞密直學士,知
渭州。傳見《宋史》卷三二二。

[49] 河北安撫司韓琦:安撫司即安撫使。隋始置。唐時,係臨時委任,專巡視
戰爭或受災後地區。宋時改爲統掌一路軍民政事的長官,亦稱帥司。韓
琦(1008—1075),字稚圭。北宋安陽(今河南安陽)人。仁宗時曾與范仲
淹共同防禦西夏知名。歷官樞密副使。後出爲外官,歷知揚、定、并等
州。仁宗末,重拜相,歷仁、英、神宗三朝。神宗即位後,反對新政,出知
相州、大名等地。封魏國公。著有《安陽集》。傳見《宋史》卷三一二。

[50] 巽辭:巽通遜。巽辭,謙遜的話。

[51] 韓絳:(1011—1088)字子華。韓維兄。北宋開封雍丘(今河南杞縣)人。
神宗初任樞密副使,參知政事,是贊助新法的主要人物之一。後曾代王
安石爲相,屢與呂惠卿爭論,乃密請神宗復任王安石。不久出知許州。
哲宗時,封康國公,任北京留守。傳見《宋史》卷三一五。

[52] 入內副都知、押班:宋代皇帝近侍機構,分內侍省和入內內侍省,號前後
省,總掌傳達詔旨、守禦宮門、灑掃內廷、內庫出納和皇帝飲食起居等職。
入內內侍省更接近皇帝。副都知、押班都是省中地位僅次於都都知、都
知的高級宦官。

[53] 俵錢:俵,俵散,分發。俵錢指散發青苗錢。

[54] 司農寺:北齊始置,歷代都有,掌糧食積儲、倉廩管理和京朝官禄米供應
等事。

[55] 爲什長之法……而不可犯:宋初改募兵制,軍隊最基本單位仍以十人爲
一隊,故稱"什長之法"。又宋代集權中央,地方廂軍壯勇者選送京師充

禁軍。到京後，由軍頭司覆驗等第，決定可否由廂軍升禁兵，再升上軍及班直(皇帝侍衛親軍)。各軍內也嚴分等級，有許多不同名號，待遇差別很大，稱爲"階級(《通考》作"等級")之辨"。宋初統治者以爲這樣，各軍之間互相聯繫，又互相制約；加上兵無常將、將不專兵，唐末五代藩鎮跋扈的局面可以消除。

[56] 具籍塞下……曰蕃軍：即以沿邊各少數族內附諸部落，安置在沿邊各重要地區，團集爲兵，以供守衛。

[57] 蠱毒：宋沿《唐律》，把用毒藥害人，而使被害者並不自知的謀殺行爲，統稱蠱毒。這類謀殺犯，作案時通常伴以巫術，所以常被看作妖人。

[58] 王拱辰：初名拱壽，字君貺。北宋咸平(今遼寧開原東北，時屬遼朝)人。仁宗時官御史中丞，以強直著稱。神宗初出判大名府，反對新政。後累官武安軍、彰德軍節度使。傳見《宋史》卷三一八。

[59] 令式：條規。

[60] 邵雍：(1011—1077)字堯夫。諡康節。共城(今河南輝縣)人。屢授官不就，與司馬光、呂公著等過往甚密。根據《易傳》對八卦形成的解釋，摻雜道教思想，構成《易》宋學的體系。著有《擊壤集》、《皇極經世》等。傳見《宋史》卷四二七。

[61] 義勇：宋代鄉兵的一種。參見本書《通考·田賦考·屯田》注[46]。

[62] 富弼：(1004—1083)字彥國。北宋河南(今河南洛陽)人。仁宗時歷任知制誥、樞密副使，曾出使契丹，力拒割地；與范仲淹建議改革朝政，被排爲外官。後與文彥博同相。神宗初，再相，旋因反對新政求退。封鄭國公。傳見《宋史》卷三一三。

[63] 免體：産仔，指牝馬生育；猶婦女生子言免身。

[64] 折變緣納錢：唐代行兩稅法，規定只征納錢、粟二項；但隨封建王朝需要，常將錢折爲絹帛，稱折變；又於計畝征賦外，附征其他實物，再將附加物折成田賦征收，稱雜變或沿納、緣納。宋沿唐制，名目更繁。加之官吏乘機中飽，政府借端增稅，輾轉搜刮，農民常因而破產。

[65] 赤淤黑壚：指土壤的色澤淺深，質地軟硬。壚，黑硬土，見《說文》。

[66] 方田之法……即書戶帖，連莊帳付之，以爲地符：文見《宋史·食貨志》上

二。《宋會要輯稿·食貨》四之八載熙寧七年詔,小有出入,且較清楚,具錄如下:"四月四日詔:方田每方差大甲頭二人(以本方上戶充),小甲頭三人,同集方户,今(《續資治通鑑長編紀事本末》卷七三作"令",是)各認步畝,力田官躬驗逐等地色,更勒甲頭方户同定,寫成草帳,於逐段長闊步數下各計定頃畝;官自募人覆算,更(《長編紀事本末》"更"下有"不")別造方帳,限四十日畢。先點印記,曉示方户,各具書算人寫造草(《長編紀事本末》作"方")帳、莊帳;候給户帖,連莊帳付逐户,以爲地符。"按户帖即一户的户口簿,莊帳即每户的土地清册。方田丈量後,將二者逐户分付,作爲"地符",政府據以征派賦役。

[67] 方帳、甲帳:方帳,每方的土地清册;甲帳,《宋史·食貨志》上二作"甲帖",是。甲帖即每方土地上居民的户口清册。

[68] 吕嘉問:字望之。北宋壽州(今安徽鳳臺)人。神宗初任户部判官。曾竊其從祖、樞密副使吕公弼反對新法的奏稿示王安石,使吕公弼因此出爲外官。後官寶文閣待制、知開封府。傳見《宋史》卷三五五。

[69] 馮京:(1021—1094)字當世。北宋鄂州江夏(今湖北武昌)人。神宗時,累官知太原府、樞密副使,進參知政事。力言保甲、養馬等新法不可行。爲吕惠卿所排,罷爲外官。哲宗立,歷官宣徽南院使。傳見《宋史》卷三一七。

[70] 司法參軍鄭俠:宋諸州置司法參軍,掌議法斷刑。位在録事參軍下。鄭俠(1041—1119),字介夫。北宋福清(今福建福清)人。神宗初任光州(治今河南潢川)法官,屢上書王安石言新法"爲民害",被置之不理。熙寧七年遷禁軍監門官,乃上流民圖。吕惠卿執政,又上書反對新政,貶徙英州。著有《西塘集》。傳見《宋史》卷三二一。

[71] 三衙:宋代以殿前司、侍衛馬軍司、侍衛步軍司合稱"三衙",掌管禁軍。

[72] 熙河所用兵:熙寧間,北宋在河、湟等地對西夏、吐蕃連年用兵,獲得小勝。爲加強西部邊事,熙寧五年(1072)置熙河路,領熙、河、洮、岷四州。七年,戰事擴大,遣使分行諸路征集軍隊赴熙河,對民力物力有相當影響。事詳《宋史紀事本末》卷四一《熙河之役》。

[73] 鄧綰:字子約。北宋成都雙流(今四川雙流)人。神宗初任寧州通判,因

支持新政,得王安石推薦,被神宗不次提拔爲集賢殿校理、檢正中書孔目房,與聞新政機密。他的名言是"笑罵從汝,好官須我爲之!"累官御史中丞。後被神宗斥爲姦佞,貶爲外官。傳見《宋史》卷三二九。

[74] 荊、湖訪察使蒲宗孟:宋沿唐制,在諸路多置使,如轉運使、安撫使等,名爲監司;或因事置使,事畢遂廢。神宗時,行新法,使名多到四十餘種,當時人曾批評"事少員多,人輕權重"。其名目職事,馬端臨著《通考》時,已謂書多不載。訪察使即其一,職事不詳。蒲宗孟,字傳正。北宋新井(今四川南部縣西)人。神宗時累官集賢殿校理、尚書右丞。《宋史》謂手實法是他助呂惠卿擬訂,與這裏説法不同。後因攻擊"人才半爲司馬光邪説所壞",觸怒神宗,出知亳州。傳見《宋史》卷三二八。

[75] 羨餘橫費:宋聚兵京師,外州無留財,天下支用都出於三司,國用經常不足。地方官想邀寵皇帝,在正税外攤派,貢奉中央,稱爲"羨餘"。中央政府也經常以羨餘多少作爲地方官獎貶黜陟的標準。橫費,沒有名目的額外支出。

[76] 射羿之意:羿即后羿,傳説中夏朝有窮氏之君,善射,乘夏中衰,代夏君相自立,用讒臣寒浞爲相。寒浞媚內賂外,廣施權術,收取人心,最後乘羿田獵將歸時,因羿家衆殺羿,自立爲君。後世以譬喻被人寵信而又篡奪其位的人。見《左傳》襄公四年。一説,羿家衆逢蒙學射於羿,盡傳其技巧,感到天下只有羿的射術比他好,於是殺羿。説見《孟子·離婁下》。

[77] 鄧綰、鄧潤甫因李逢之獄,又挾李士寧以撼安石:鄧潤甫,字溫伯。北宋建昌(今江西南城)人。時官翰林學士。傳見《宋史》卷三四三。這裏指神宗熙寧八年(1075),前餘姚縣主簿李逢、宗室右羽林大將軍趙世居以謀反罪,被捕治。四川巫人李士寧原與王安石有舊誼,也牽連在案,被杖流永州。呂惠卿黨鄧綰、鄧潤甫想借此誣害王安石。《續資治通鑑》卷七一可參考。

[78] 安石上表……與之立敵:表見《王文公文集》卷十六,原作"忠或不足以取信,而事事至于自明;義或不足以勝奸,而人人與之爲敵。以此乘權而久處,孰能持禄以少安"。文字小有出入。而表內説"乞解機務",似尚在相位時所作。這裏指爲他罷相後、再相前所作,疑誤。

[79] 彗出軫:軫,星宿名,包括烏鴉座的四顆星,是二十八宿之一。但這裏是指軫宿所在天區。古人迷信以爲彗星光所指處必有災異。又以軫主宰輔,主車,主風。彗出軫,象徵將有大兵災降臨。見《史記·天官書》。

[80] 孛(bó):彗星的一種,光芒比彗短而四射,古代迷信以爲係非常惡氣所生,象徵災害更甚於彗。

[81] 乙巳占:古代的占卜書名,唐李淳風撰,凡十卷。因著於貞觀十九年乙巳,故名《乙巳占》。

[82] 裨竈言火而驗,欲禳之,國僑不聽,鄭亦不火:事詳《左傳》昭公十七、十八年。裨竈,鄭國大夫,以善占著名。魯昭公十七年,曾預言宋、衛、陳、鄭四國將同日發生火災,要求鄭執政子產(即國僑、公孫僑)給他國寶玉器獻於宗廟以祈福除災。子產不給。明年,四國果大火。裨竈又預言如不用他的話,鄭又將火。鄭人恐懼,請子產以寶禳災。子產説:"天道遠,人道邇(近)",非人力所及,堅持不給。鄭國並不再有火災。

[83] 雱:王雱(1043—1076),安石子,字元澤。少聰敏有才氣。神宗時,累官太子中允、崇政殿説書,受詔與呂惠卿同撰《三經新義》,爲安石新政的主要策劃者之一。死年三十三。傳附見《宋史·王安石傳》。

[84] 集禧觀使:集禧觀,宮名。宋制,宰相多兼宮觀使,以示崇奉。神宗時,多以退休宰相任宮觀使,表示優禮。熙寧後,且許宮觀使不居京師而居外地。

作鐵榜申誡公侯〔明實錄‧太祖洪武實錄卷七四〕

(洪武五年,六月,乙巳)作《鐵榜》[1]申誡公侯[2]。其詞曰:

朕觀古昔帝王之紀及功臣傳[3]:其君保恤功臣之意,或有始無終,使忠良股肱不免受禍,誠可憫也;間有聰明聖主,待功臣之心,皎如日月,奸臣不能離間,故君臣得以優游終其天年,在社稷有盤石之安[4],在功臣之家享富貴無窮,朕甚慕焉;亦有明智之君,欲保全有功,其心切切,奈何跋扈之臣,恃其有功,數作過惡,累宥不悛,不得已而誅戮,此臣下自取之也。

又若:主有寬仁之德,臣有忠良之心,然彼各少察斷而不明,何也?蓋功臣奴隸[5],倚恃權貴,欺壓良善。為臣不能察其所為,致使縱橫。刑官[6]執法,具罪以聞。在忠良大臣,必不如是,特奴僕自作之過。其君不能明察大臣之心,將為大臣使之。如是,姑息有功、釋而不用者有之,略加誡諭奴僕者有之,又不明白與功臣道其奴僕所作之過,含忍大多。及法司屢奏,却疑大臣欺罔君上。一旦不容,即加殘害。此君不明之所致也。當時功臣,雖有忠良之心,却不能檢察其下。一有罪責,即怨其君。何也?亦由奴僕之類,在外為非,歸則言是。大臣職任朝堂,或優閒元老,加以小人阿諂[7],少能勸諫。乃至奴僕犯罪,法司執問,君命誅其奴僕。大臣不知君上保全之心,便生疑怨,累及其身,往往有之。或是天子念功臣之勞,而免其罪。其奴僕歸告大臣曰:"君上不能容公,故枉問奴等爾!"大臣一時聽信,不自加察,以為必然,遂生猜疑,致遭刑戮。此臣不能檢察其下之過也。可謂君臣兩失之矣!

朕起布衣[8],賴股肱宣力,平定天下。既已論功行賞[9],封為公侯,賜以鐵券[10],頒以重祿[11],令傳子孫,共享太平;尚慮公侯之家奴僕人等,習染頑風,冒犯國典。今以鐵榜,申明律令。

朕諭卿等：除親屬別議外，但凡奴僕一犯，即用究治，于爾家無所問；敢有恃功藏匿犯人者，比同一死折罪。爾等各宜謹守其身，嚴訓于家，以稱朕保全始終之意。其目有九：

其一，凡内外各指揮、千户、百户、鎮撫並總旗、小旗等[12]，不得私受公侯金帛衣服錢物。受者杖一百，發海南[13]充軍；再犯，處死。公侯與者，初犯、再犯免罪附過[14]，三犯准免死一次[15]。奉命征討，與者受者不在此限。

其二，凡公侯等官，非奉特旨，不得私役官軍。違者，初犯、再犯免罪附過，三犯准免死一次。其官軍敢有輒便聽從者，杖一百，發海南充軍。

其三，凡公侯之家強占官民山場、湖泊、茶園、蘆蕩及金銀銅場、鐵冶者，初犯、再犯免死附過，三犯准免死一次。

其四，凡内外各衛官軍，非當出征之時，不得輒于公侯門首侍立聽候。違者，杖一百，發煙瘴之地[16]充軍。

其五，凡功臣之家管莊人等，不得倚勢在鄉欺毆人民。違者，刺面，劓鼻，家産籍没入官，妻子徙置南寧[17]。其餘聽使之人，各杖一百，及妻子皆發南寧充軍。

其六，凡功臣之家屯田佃户、管莊幹辦[18]、火者[19]、奴僕，及其親屬人等，倚勢凌民，侵奪田産財物者，並依倚勢欺毆人民律，處斬。

其七，凡公侯之家，除賜定儀仗户[20]及佃田人户已有名額報籍在官，敢有私託門下、影蔽差徭[21]者，斬。

其八，凡公侯之家，倚恃權豪，欺壓良善，虚錢實契[22]，侵奪人田地房屋孳畜者，初犯免罪附過，再犯住支俸給[23]一半，三犯停其禄，四犯與庶人同罪。

其九，凡功臣之家，不得受諸人田土及朦朧投獻物業[24]。違者，初犯免罪附過，再犯住支俸給一半，三犯停其禄，四犯與其庶人同罪。

——據江蘇國學圖書館傳鈔本《明實録》影印本

【解題】

《明實錄》二千九百二十五卷,明胡廣等歷朝史臣撰修。

中國古代的史官制度,發展到漢朝,逐漸完備。漢以後,歷代朝廷都有史官專門記錄皇帝每天的言行,稱爲"起居注"。唐朝開始,宰相又自撰"時政記"。宋以後,更命著作郎,依起居注、時政記撰成"日曆",或稱"日録"。在南朝梁時,就已有"實録"出現。《隋書·經籍志》著録周興嗣《梁皇帝(武帝)實録》三卷、謝昊(兩《唐書》作"昊")《梁皇帝(元帝)實録》五卷。這些書早佚,内容體例已不可考。從唐設史館開始,每一新君即位,都要敕令史臣根據前一皇帝的起居注、時政記、日録等書,重新彙總,纂修一部前一皇帝的編年史,稱爲"實録";以後遂成定制。唐、五代、宋、遼、金、元諸朝的實録都已亡佚,現存最早的一部完整的實録是唐韓愈的《順宗實録》五卷。稍後殘存的,有北宋錢若水等所撰《宋太宗實録》二十卷。此外,某些倉促成書的"正史",如《舊唐書》、《舊五代史》、《宋史》、《遼史》、《金史》、《元史》,都曾大量參抄前朝實録或"國史"。從這些書中,可以窺見唐、宋列朝實録内容體例的梗概。比較最完整而留傳到今的,只有《明實録》和《清實録》兩書。

明沿舊制,設翰林院,置修撰、編修、檢討等官,掌修國史。明太祖洪武五年(1372),又開始建立較完備的官方檔案保存制度:凡起居注,"紀言紀事,藏之金匱,是爲實録";"凡諸欽録聖旨及奏事簿籍,紀載時政,可以垂法後世者",都按照會要體裁編類成書,叫做"欽録簿",由各臺、省、府建立銅櫃,分別儲存(《明實録·太祖洪武實録》卷七七)。新君即位,便即敕命史官根據這些檔案,纂修先君實録。實録撰成後,謄録正副兩本;正本藏皇史宬,副本藏内閣,底稿焚燬,以示禁密。二百多年中,共修成十五朝皇帝的實録,記載十七帝事跡,近三千卷。其中只有《崇禎實録》十七卷,係後人補輯而成。

《明實録》和歷代實録一樣,是編年史的"長編",年經月緯,將重要事件分別歸屬。内容異常繁重,凡各種政治設施、軍事行動、經濟措施、自然災祥、社會情況,以及帝王婚喪生子命名、祭祀、營造等事,都要記録。從詔令奏議、百司重要案牘,以至大臣生平事蹟,也要選載。這些材料,都有宮廷和政府各部門的檔案作爲依據,事件發生的時間和地點也都有正確記録。其中雖多曲筆諱飾,而史料價值仍較一般記載爲高。特別是清修《明史》,涉及清朝祖先的事都隱諱不言,但《明實録》記載邊疆少數族,據事直書,就材料真實性説,實比較《明史》爲勝。但是由於實録係官修"編年史長編",必然帶來不少的缺陷。從朱元璋起,明朝歷代皇帝都對文化採取嚴厲控制的政策,文網甚密。官員士人每因片言犯諱,而陷入文字獄。這就更助長了實録不實的弊病。李建泰在何喬遠《名山藏序》中就曾批評説:"止書美而不書刺,書利而不書弊,書朝而不書野,書顯而不書微。且也序爵而不復序賢,遲功而巧爲避罪。"特別在新君即位不合禮法情況下,在新舊交替之際,更多曲筆。《明太祖實録》,在永樂年間,曾數度修改,爲明成祖非法得位諱飾;但愈改愈失實,給後代史家留下了不少疑案,便是一個顯例。又每因史臣缺少史德,阿附權勢,好惡任情,是非顛倒,也常使記載失實。所以利用實録作爲史料,必須審慎鑑別。

明歷朝實録纂成後,除正副兩寫本藏在宮禁外,向無刻本。現在通行本是 1930 年用江蘇國學圖書館傳鈔本影印的,共五百册;但其中缺《熹宗實録》天啓四年十二卷,六年四月一卷,仍不是全帙。

本篇選自《太祖洪武實録》卷七四。朱元璋自號吳王前,便已發生統治集團人物縱容豪奴破壞法紀、魚肉平民的情況。明朝建立後,這類問題越發嚴重,以致迅速危及封建統治階級的整體利益。朱元璋不得不制定特殊法律實行約束,這就是著名的《鐵榜》。關於它產生前後的具體歷史狀況,可參閲吳晗的《朱元璋傳》七章一節。這篇榜文,全文僅見於《明實録》。

【注釋】

[1]　鐵榜:鑄在鐵板上的榜文,象徵這道律令如鐵一般剛硬不易。洪武五年(1372),朱元璋命工部特製。

[2]　公侯:指洪武三年(1370)被封爲世襲貴族的明初開國功臣,包括李善長、徐達等六國公,湯和、周德興等二十八列侯。他們絶大部分都是淮西人,屬於朱元璋的同鄉,在明朝建立後成爲封建統治集團的主幹,並都迅速上升爲全國最大的地主。據洪武四年明朝中書省統計,這三十四家公侯所擁有的莊田佃户,合計便達三萬八千一百九十四户。

[3]　朕觀古昔帝王之紀及功臣傳:指歷代"正史"的帝王本紀和功臣列傳。朱元璋好讀史,常讀《漢書》和《宋史》,行事刻意模倣漢高祖。稱帝前曾説自己愛好歷史的理由:"吾觀此者,正欲知其喪亂之由,以爲鑑戒耳。"

[4]　盤石之安:《史記·孝文本紀》:"高帝封王子弟地,犬牙相制,此所謂磐石之宗也。"

[5]　功臣奴隸:朱元璋稱帝前後,凡軍中俘獲子女及犯罪抄没人口,多分給功臣家爲奴婢;洪武三年封功臣後,又賞賜給公侯每家卒一百二十人,叫做

奴軍。因而使功臣貴族佔有大量奴隸成爲合法制度。

[6] 刑官:問刑官,明初司法權歸刑部,又稱法司。

[7] 謟:當爲"謟"字。

[8] 朕起布衣:朱元璋本濠州鍾離(今安徽鳳陽東)人,出身貧農,少年時同徐達、湯和、周德興等一起給地主當牧童,後入皇覺寺做行童(僧侶的僕人),未幾又做了沿門叫化的游方僧。他稱帝初,本想冒充朱熹的後代,因僞造族譜不成,遂效法劉邦,以"布衣"得天下自誇,發布詔旨必稱"朕本淮右布衣"、"起自田畝"、"出身寒微",乃是一"匹夫"云云。

[9] 既已論功行賞:事在洪武三年十一月,詳見《明實録·太祖洪武實録》卷五八。

[10] 鐵券:參見本書《安史之亂》注[23]。

[11] 頒以重禄:洪武三年所封公侯,給每人都規定了食禄,六國公由每年五千石至三千石不等,二十八列侯多爲一千五百石,少數爲九百石或九百五十石。食禄數額均以所賜莊田每年應納官租計算,但因莊田都已變成功臣私産,故實際剥削額大大超過食禄規定。又據清趙翼考證,明太祖所定百官俸禄比歷代王朝都薄,正一品月俸僅合米八十七石,遞減至從九品爲五石。而功臣均爲四品以上現任官員,於俸禄外另加食禄,所以這裏説"頒以重禄"。

[12] 内外各指揮、千户、百户、鎮撫並總旗、小旗:都是明朝中下級武官職稱。朱元璋改革兵制,常備軍分衛所兩級。大致每衛有兵五千六百人,長官稱指揮使。每衛下分五個千户所,長官叫千户。每千户所下又分十個百户所,長官即百户。百户下分二總旗,各領五小旗,每小旗帶兵十名。鎮撫指明初總領禁衛軍的鎮撫司長官,後改稱留守衛。衛所兵士都另立軍籍,世代當兵,而這些中下級武官也都是世職。明初公侯絶大部分出身於武將,而京師和地方各衛所軍官大都是他們的舊部。朱元璋建立衛所制度,目的之一就在使兵無常將,隔開功臣同舊部的關係。鐵榜一、二、四條,都嚴禁公侯與衛所官軍接觸,便是明證。

[13] 海南:指海南島,洪武初置瓊州府。

[14] 免罪附過:免予處分,但要作爲過惡記録在案。

[15] 免死一次:即三犯此條便算一次死罪。因功臣享有犯死罪一二次可得赦免的特權,故有這項規定。

[16] 煙瘴之地:指今雲南、貴州、廣東、廣西四省的南部邊疆,因氣候炎熱易患傳染病,故稱煙瘴地區。明清兩代都作爲發配軍罪重犯的場所。

[17] 南寧:今廣西南寧地區,洪武初置橫州於此。

[18] 幹辦:本爲官名,在宋代不少衙門都設置幹辦官,以備各種差遣。這裏指公侯莊田管莊人手下的差官。

[19] 火者:閹人。明代貴族官僚及豪紳富商,家內都盛行用閹人服役,稱火者,以有別於皇宮內的宦官。

[20] 儀仗户:明代軍籍中的特殊户口,世代替皇帝、后妃、太子等外出時充當儀仗隊,明初屬儀鑾司所轄。明代官員外出也有儀從,洪武時規定公十人,侯八人,伯六人。賜公侯以皇家專有的儀仗户,是表示對他們的寵遇。

[21] 影蔽差徭:明初役法規定,民户有田一頃,出丁夫一人,每年赴南京服勞役三十日。地方官府也有各種差役,官吏借徵派機會巧立名目敲詐勒索,一般民户往往因而破産。所以不少民户被迫投奔貴族官僚門下充當佃户或奴僕,以求逃避差徭。

[22] 虛錢實契:即强迫民户訂立出賣田産的契約,實際上分文不付。

[23] 住支俸給:停付俸禄。

[24] 朦朧投獻物業:投獻,即民户將土地房産等獻給貴族豪紳,自己則變成佃户、莊客或二地主,以逃避官府的差徭負擔。這種財産所有權的轉移,不在封建政府辦理過户手續,使原由官方登記的户口田畝數,於不知不覺中大量消失,因而叫"朦朧投獻物業"。

凡例〔明儒學案〕

　　從來理學之書，前有周海門《聖學宗傳》[1]，近有孫鍾元《理學宗傳》[2]，諸儒之説頗備。然陶石簣[3]《與焦弱侯[4]書》云："海門意謂身居山澤，見聞狹陋，嘗願博求文獻，廣所未備，非敢便稱定本也。"且各家自有宗旨，而海門主張禪學[5]，擾金銀銅鐵爲一器，是海門一人之宗旨，非各家之宗旨也。鍾元雜收，不復甄別[6]，其批注所及，未必得其要領，而其聞見亦猶之海門也。學者觀羲是書，而後知兩家之疎略。

　　大凡學有宗旨，是其人之得力處，亦是學者之入門處。天下之義理無窮，苟非定以一二字[7]，如何約之使其在我！故講學而無宗旨，即有嘉言，是無頭緒之亂絲也。學者而不能得其人之宗旨，即讀其書，亦猶張騫初至大夏，不能得月氏要領也[8]。是編分別宗旨，如燈取影。杜牧之曰：丸之走盤，橫斜圓直，不可盡知。其必可知者，是知丸不能出於盤也[9]。夫宗旨亦若是而已矣。

　　嘗謂有明文章事功，皆不及前代，獨於理學，前代之所不及也。牛毛繭絲，無不辨晰，真能發先儒之所未發。程、朱之闢釋氏[10]，其説雖繁，總是只在迹上；其彌近理而亂真者，終是指他不出。明儒於毫釐之際，使無遁影。陶石簣亦曰："若以見解論，當代諸公，儘有高過者。"與羲言不期而合。

　　每見鈔先儒語録[11]者，薈撮數條，不知去取之意謂何；其人一生之精神未嘗透露，如何見其學術。是編皆從全集纂要鈎玄，未嘗襲前人之舊本也。

　　儒者之學，不同釋氏之五宗[12]，必要貫串到青源、南嶽[13]。夫子既焉不學[14]，濂溪無待而興[15]，象山不聞所受[16]。然其間程子之至何、王、金、許[17]，數百年之後，猶用高曾之規矩，非如釋氏之附會源流而已。故此編以有所授受者，分爲各案；其特起者，後之學者不甚著者，總列諸儒之案。

　　學問之道，以各人自用得著者爲真。凡倚門傍户、依樣葫蘆者，非流俗之士，則經生之業也。此編所列，有一偏之見，有相反之論。學者於其不同處,正宜著眼理會,所謂一本而萬殊也。以水濟水,豈是學問!

胡季隨[18]從學晦翁[19],晦翁使讀《孟子》。他日問季隨"至於心獨無所同然乎"[20],季隨以所見解,晦翁以爲非,且謂其讀書鹵莽不思。季隨思之既苦,因以致疾,晦翁始言之。古人之於學者,其不輕授如此,蓋欲其自得之也。即釋氏亦最忌道破,人便作光影玩弄耳。此書未免風光狼籍,學者徒增見解,不作切實工夫,則羲反以此書得罪於天下後世矣!

是書搜羅頗廣。然一人之聞見有限,尚容陸續訪求。即羲所見而復失去者,如朱布衣[21]《語録》、韓苑洛[22]、南瑞泉[23]、穆玄菴[24]、范栗齋[25]諸公集,皆不曾採入。海内有斯文之責者,其不吝教我,此非末學一人之事也。

——據清乾隆四年(1739)二老閣本《明儒學案》

【解題】

《明儒學案》,明末清初黄宗羲撰,共六十二卷,是綜述明代學術思想史的專書。

明朝是理學的全盛時代。明太祖和明成祖比宋元的君主,更善於利用程朱那一套,來實行封建專制的思想統治。從社學到國子監的學生,祇許讀一種書,即經過朱熹等重新解釋過的《四書》和《五經》,外加明太祖"御製"的"大誥"。參加科舉考試的讀書人,祇許作一種文,即所謂"代聖賢立言"、由内容到形式都有死板格式的八股文。然而,思想總要反映社會存在的變化,就在朱熹被捧得比孔子還高的明中葉,出現了王守仁的"王學"。這一派學者,不滿於朱熹"窮理居敬"之類教條的僵硬、迂腐和煩瑣,而借用佛教禪宗的語言,附會孟軻的學説,强調陸九淵早已提出的一個命題,即"心"才是判斷天理人性的是非標準。他們反對做《四書》章句的奴隸,反對做古聖前修的學舌鸚鵡,甚至叫喊"滿街都是聖人",否認祇有誦法程朱的少數理學家才能做聖賢。這種學説,很快吸引了大羣求知者,使正統理學受到嚴重挑戰。但歷史還沒有給思想界造成跳出雷池的條件,而"王學"自身的毛病很多,例如它的"致良知",無非是用主觀唯心論反對客觀唯心論,它的"知行合一"説,更荒謬地把認識和實踐混爲一談等等,也使它迅速走向反面,走向專靠説空話過日子的所謂"狂禪"之流,不久便分裂成無數宗派。因而,經過明末清初的社會大變動,王學的解體和清算王學的思潮出現,都是必然的。

總結歷史需要從清理材料入手。在《明儒學案》以前,原有周汝登《聖學宗傳》和孫鍾元《理學宗傳》等書,對宋明理學(包括王學)的傳受和見解,先後進行了整理。黄宗羲以這些書駁雜不純，且多遺漏，乃搜集各家文集語録，分宗別派，撰成本書。卷首列《師説》，上起明初方孝孺，下止明末許孚遠，評介了明朝二十五人的思想要點和行爲得失，實爲説明全書的斷案標準。接着區分門户，按出現早晚，列十九學案，以王學爲中心。開始叙述王學的先驅和朱學的傳人，立崇仁（吴與弼）、白沙（陳獻章）、河東（薛瑄）、三原（王恕）等四學案，計九卷；繼以姚江學案爲首，以三十三卷篇幅述評王守仁的學術思想及王學的傳播和分派；再立諸儒學案十五卷，分叙摇擺於程朱和陸王之間的學者，而以個人爲主；最後立東林、蕺山兩學案，計五卷，表彰與宦官鬥爭的東林“清議”，以及作者的本師、以身殉明的劉宗周。每介紹一學派，先叙它的淵源流别，概括要旨，然後列舉該派代表人物，各立小傳，略述一生經歷，擇録重要言論，提示學術思想特點，而加以評論。

本書將搜集到的有關明代三百年學術流派的材料進行分類排比。由於系統比較清楚，結構比較嚴密，綱目和主次的關係處理得很有邏輯性，在材料的整理上高過了前人；同時，作者對各派原著都做過直接研究，因而叙述各派學術思想，簡明扼要，選材比較精審而有代表性。作者處理材料的態度也相當嚴肅。他的見解傾向於王學，但如《自序》所説，他以爲前代學者，“深淺各得，醇疵互見，要皆功力所至，竭其心之萬殊者，而後成家”。因此，他反對隨意取材，“以懵懂精神冒人糟粕”，尤其反對不檢敵手原著，“但肆謾罵”。書中對程朱的擁護者時有好評，對包括王守仁在内的王學各派也時有非難。書中不僅紹介受到明朝統治者相繼尊奉的正統派名儒，而且很注意下層社會的思想家，例如對灶丁出身的王艮、樵夫出身的朱恕、陶匠出身的韓樂吾、農民出身的夏叟等人，並未因爲他們的學術思想被正統派目爲邪説而忽視。這就使讀者在瞭解整個明代學術思想演變發展的時候，可以少點門户之見。也正因爲這樣，本書才能成爲後人研究明代學術思想的一部最重要的史籍。

黄宗羲説過：“明人講學，襲語録之糟粕，不以六經爲根柢，束書不讀，但從事游談。”表明他對王學的空談是憎惡的。但在黄宗羲的主觀上，卻是爲了補救王學的空疏。他的辦法是在書中宣傳學者必先“窮經”，兼需讀史，目的在於使王學重新成爲“經世”之學。

《明儒學案》的寫作，始於清康熙八年（1669），完成於康熙十五年，前後歷時八年。在康熙時，有中州許氏、鄞萬氏刻本，皆不全；又有故城賈氏刻本，則有所更動，失作者原旨。至乾隆四年（1739），才全部依原稿刻印，上距成書已六十四年了。本書版本有：一、乾隆四年鄭氏二老閣本；二、《四庫全書》本；三、《四部備要》本（據清乾隆四年鄭氏二老閣刻本排印）；四、世界書局《四朝學案》本（附有人名索引）；都可參考。

《明儒學案·凡例》，叙述本書大旨和編寫體例。但作者顯然認爲，讀者所需要的，不應該祇是書中的具體内容,"徒增見解",而應該從中學到做學問的切實工夫。《凡例》强調對前人貴在抓住其學説要領,對自己則貴在獨立思考而求創見,這就使它不同於那種八股式的例言。

　　黃宗羲(1610—1695),字太冲,號梨洲,又號南雷。餘姚(今浙江餘姚)人。明末清初著名的史學家、思想家。父尊素,屬東林黨,天啓間官御史,以正直被宦官魏忠賢害死。崇禎帝即位,宗羲年十九,袖長錐入京,乃錐殺閹黨數人。南明魯王監國,宗羲起兵響應,糾集里中子弟,抗擊進攻浙江的清軍。曾任左都副御史。失敗後,奉母鄉居,閉門著述。康熙帝詔徵博學鴻儒,修《明史》,都以老病辭。宗羲自幼好學,師事劉宗周(蕺山)。他除飽覽家藏的豐富典籍外,又曾借閲鈕氏世學樓、祁氏澹生堂、范氏天一閣藏書。因而學識淵博,於經、史、佛、老、天文、曆算等領域,差不多都研究過。作爲一個卓越的思想家,他與顧炎武、王夫之齊名;所著《明夷待訪録》,反對封建專制的"獨夫"統治,表達出朦朧的民主要求。作爲一個傑出的史學家,他又撰寫《宋元學案》——雖祇寫了一部分,但製定了體例與系統,又寫成序録,使他的兒子黃百家和後學全祖望可據以續成全書;著有《明史案》,萬斯同據以寫成《明史稿》,後來又成爲張廷玉等纂修《明史》的底本。所著書,還有《南雷文定》、《行朝録》、《易學象數論》、《四明山志》、《大統曆推法》、《勾股圖説》等多種,另輯有《明文海》四百八十二卷。但因清代文網嚴酷,很多亡佚。傳見《清史稿》卷四八六、《清史列傳》卷六八。清全祖望《鮚埼亭集》有《梨洲先生神道碑》,邵廷宷《思復堂文集》和江藩《國朝漢學師承記》都有黃宗羲傳。又清季黃炳垕編《黃梨洲年譜》、今人謝國楨撰《黃梨洲學譜》,也可供參考。

【注釋】

[1]　周海門聖學宗傳:周海門,周汝登(1547—1629)的號。汝登字繼元,明嵊
　　　　(今浙江嵊縣)人。萬曆進士。歷任兵、吏二部侍郎及南京尚寶司卿。師
　　　　事羅汝芳,屬泰州學派。他用佛教禪宗的觀點解釋王學的"心"、"性"論;
　　　　他搜録宋、明間援禪入儒的理學家言論,輯撰《聖學宗傳》十八卷。傳附
　　　　見《明史》卷二八三《王畿傳》及《明儒學案》卷三六《泰州學案》五。

[2]　孫鍾元理學宗傳:孫鍾元,孫奇逢(1584—1675)的號。奇逢字啓泰,學者
　　　　稱夏峰先生,明容城(今河北容城)人。與左光斗、周順昌、魏大中等以氣
　　　　節相尚;光斗等被宦官陷害入獄,他曾傾身營救。明亡,隱居不仕。其學

初主陸（九淵）、王（守仁），後兼採朱熹學説。所著《理學宗傳》，特表周敦頤、二程、張載、邵雍、朱熹、陸九淵、薛瑄、王守仁、羅洪先、顧憲成等十一人，是繼承孟軻的正宗。他還著有《讀易大旨》、《四書近指》、《夏峰先生集》等。傳見《清史稿》卷四八六及《明儒學案》卷五七《諸儒學案下》五。

[3] 陶石簣：陶望齡的號。望齡字周望，明會稽（今浙江紹興）人。萬曆進士。歷任翰林編修、太子中允右諭德。其學多得於周汝登，屬泰州學派。以爲程顥、王守仁，對於佛學，都是"陽抑而陰扶"。傳見《明史》卷二一六及《明儒學案》卷三六《泰州學案》五。

[4] 焦弱侯：焦竑（1540—1620）的字。竑號澹園，明南京（今江蘇南京）旗手衛人。萬曆進士。歷任翰林院修撰、東宮講讀官、南京國子監司業等。師事羅汝芳、耿定向，而又篤信李贄學説，以爲佛學即聖學。著有《老子翼》、《莊子翼》、《國朝獻徵録》、《焦氏筆乘》等。傳見《明史》卷二八八及《明儒學案》卷三五《泰州學案》四。

[5] 海門主張禪學：禪學，指唐釋惠能所創的禪宗"南派"的佛學。這一派反對坐禪念佛，也反對學經求知，而主張佛性就是自心，祇要用"當頭棒喝"之類手段，使個人内心獲得某種神祕啓示，即所謂"頓悟"，便可"放下屠刀，立地成佛"。它的學説中的僧侶主義、直覺主義等因素，爲宋明理學家，尤其是陸、王一系所吸取。王守仁的"致良知"説，便是用禪學改造孟軻學説的產物。周汝登特別發揮王守仁的"無善無惡心之體"一説，解釋時都直接採用禪宗説佛性的語言。

[6] 鍾元雜收，不復甄別：孫奇逢的《理學宗傳》，所列上繼孟軻的十一名宋明理學家，對於"心、性"，"理、氣"，"道、器"等基本概念，解説互有差異乃至對立；對於做聖賢的修養途徑和方式，主張也各不相同。孫奇逢單從"宗孟"的形式着眼，説他們屬於一脈相傳的理學宗師，所以受到黄宗羲的批評。

[7] 定以一二字：指宋明理學家每強調某個概念爲宇宙本體，然後圍繞它展開自己的學説，如周敦頤強調"太極"，程頤、朱熹強調"理"，程顥、陸九淵強調"心"，張載強調"氣"，邵雍強調"數"，王守仁強調"良知"，等等。

[8] 張騫……月氏要領也：已見本書《漢書·張騫傳》。

[9]　杜牧之曰……不能出於盤也：杜牧(803—852)，字牧之，號樊川，唐萬年
　　　(今陝西臨潼)人。唐代著名文學家。能文善詩，同李商隱齊名，也稱“李
　　　杜”。著有《樊川集》，並曾注《孫子兵法》。傳見《舊唐書》卷一四七、《新
　　　唐書》卷一六六。引語出自杜牧《樊川文集》第十《注孫子序》，原文作：
　　　“後之人有讀(孫)武書予解者，因而學之，猶盤中走丸。丸之走盤，橫斜
　　　圓直，計於臨時，不可盡知；其必可知者，是知丸不能出於盤也。”

[10]　程、朱之闢釋氏：程、朱，指宋代理學家程顥、程頤兄弟和朱熹。程顥，已
　　　見本書《宋史紀事本末·王安石變法》注[46]。程頤(1033—1107)，字正
　　　叔，學者稱伊川先生，與兄顥合稱二程，都受學於周敦頤，同爲宋代理學
　　　的奠基者。傳見《宋史》卷四二七。朱熹(1130—1200)，字元晦，一字仲
　　　晦，號晦庵。南宋徽州婺源(今江西婺源)人。紹興間進士。累官轉運副
　　　使、煥章閣待制、祕閣修撰等。學問淵博。對經、史、文學、樂律等都有造
　　　詣。在哲學上，以“窮理”、“居敬”爲主，集宋代理學的大成。其學說在
　　　明、清時被提升到儒學正宗地位。著作甚多，有《四書集注》、《詩集傳》、
　　　《通鑑綱目》、《楚辭集注》、《近思錄》、《晦庵集》等，門人輯錄的有《朱子語
　　　類》，清李光地等也纂輯有《朱子大全》。傳見《宋史》卷四二九。程、朱的
　　　哲學見解，或因佛而釋儒，或援佛而入儒，但都自稱得到孔、孟真傳，而昌
　　　言排佛。如朱熹便排斥佛教輪迴之說，謂人死爲鬼、鬼復爲人的說法是
　　　謬論。

[11]　語錄：宋代理學家多在書院講學，凡學者自編的講稿叫“講義”，而師生隨
　　　時問答，由學生記錄的師說，稱“語錄”。語錄文字都是當時的俗話，起於
　　　唐代禪宗僧徒。因禪宗僧侶多不通文言，於是照老師說的俗話直錄，到
　　　宋代便形成一種流行文體。

[12]　釋氏之五宗：佛教禪宗，從始祖達磨五傳到五祖弘忍，後分爲北宗神秀和
　　　南宗慧能二派。北宗行於北方，後世無分派；南宗行於南方，有五家、七
　　　家的分別。五家亦稱五宗，即：潙仰宗、臨濟宗、曹洞宗、雲門宗和法眼
　　　宗。七家，於五家外，再加黃龍和楊岐兩派。

[13]　青源、南嶽：青源本作清源。清源和南嶽都是佛教禪宗宗派的產生地。
　　　傳南宗慧能宗派的，一爲青源行思，住吉州(今江西吉安)青原山；一爲南

嶽懷讓,住南嶽(即衡山)觀音院。後來,傳青源的,有曹洞宗、雲門宗、法眼宗;傳南嶽的,有潙仰宗、臨濟宗。臨濟宗始祖是臨濟義玄,後又分爲黃龍和楊岐兩派。

[14] 夫子既焉不學:謂孔子已經甚麼都學。《論語・子張》:"衛公孫朝問於子貢曰:'仲尼焉學?'子貢曰:'……夫子焉不學?而亦何常師之有?'"

[15] 濂溪無待而興:濂溪,指周敦頤(1017—1073)。敦頤字茂叔,世居道州營道(今湖南道縣)濂溪上,學者稱濂溪先生。歷任主簿、知南康軍等官。結合《易傳》和道家思想,提出"太極"爲宇宙起源説,是宋代理學的開創者。著有《太極圖説》和《通書》。傳見《宋史》卷四二七。這裏説周敦頤不靠別人傳授而獨立創始道學,參見《宋元學案・濂溪學案》附録引張栻説。

[16] 象山不聞所受:象山,宋代理學家陸九淵(1139—1192)的號。九淵字子靜,撫州金溪(今江西金溪)人。歷官國子正。提出"心即理"説,謂"宇宙便是吾心,吾心即是宇宙"。又説"學苟知道,六經皆我注脚"。曾與朱熹辯論於信州鵝湖寺,論旨頗多不同,因此分爲朱、陸兩派。著有《象山全集》。傳見《宋史》卷四三四。這裏説陸九淵的學説也不是得自於師傳,參見《宋元學案・象山學案》附録。

[17] 何、王、金、許:指何基、王柏、金履祥、許謙四人。何基(1188—1268),字子恭,學者稱北山先生。南宋金華(今浙江金華)人。師事朱熹弟子黃榦。主張平心易氣,以待義理自通。嘗舉胡宏"立志以定其本,居敬以持其志;志立於事物之表,敬行於事物之間"等語以授王柏。授婺州學教授,兼麗澤書院山長,力辭。繼授史館校勘兼崇政殿説書,亦不出。著有《大學中庸發揮》、《近思録發揮》、《文集》等。王柏(1197—1274),字會之。南宋金華人。少慕諸葛亮,自號長嘯;後讀《論語》"居處恭,執事敬"章,以長嘯非持敬,因改號魯齋。師事何基。嘗謂古人左圖右書,後世圖學將絶,因作《研幾圖》七十多圖。曾任麗澤、上蔡兩書院院師。著有《書疑》、《詩疑》、《魯齋集》等。何、王傳都見《宋史》卷四三八《儒林傳》、《宋元學案》卷八二《北山四先生學案》。金履祥(1232—1303),字吉父,學者稱仁山先生。元蘭溪(今浙江蘭溪)人。師事王柏。博學天文、地理、律

曆、兵謀以及歷代典章，後治濂、洛之學。宋末，曾請用水師由海道襲擊北方，以解襄、樊之圍，未被採用。宋亡，隱居金華山中。著有《通鑑前編》、《尚書表注》、《論孟集注考證》、《仁山集》等。許謙(1270—1337)，字益之，學者稱白雲先生。元金華人。師事金履祥。宋亡，不仕，弟子從學著録前後千餘人。主張"以開明心術、變化氣質爲立身之要，以分辨義利爲處事之制"。著有《詩集傳名物鈔》、《讀四書叢説》、《白雲集》等。金、許傳都見《元史》卷一八九《儒學傳》、《宋元學案》卷八二《北山四先生學案》。

[18]　胡季隨：胡大時的字。大時，南宋崇安(今福建崇安)人。胡宏(五峰)季子。師事張栻，妻栻女。時向朱熹問難，并同陸九淵相得。傳見《宋元學案》卷七一《嶽麓諸儒學案》。

[19]　晦翁：朱熹的別號。

[20]　至於心獨無所同然乎：語見《孟子·告子》上。孟子説口之於味，耳之於聲，目之於色，人都相同，推之於心，亦必相同。

[21]　朱布衣：疑指朱用純。用純字致一，號柏廬，清崑山(今江蘇崑山)人。父集璜，清兵破城，不屈而死。用純悲痛君親，對清廷徵召，都辭不就。著有《愧訥集》、《大學中庸講義》等書。傳見江藩《國朝宋學淵源記》卷下。

[22]　韓苑洛：韓邦奇(1479—1555)的號。邦奇字汝節，明朝邑(今陝西舊朝邑縣)人。正德進士。歷任山西左參政、四川提學副使、南京兵部尚書。學識淵博，兼及天文、地理、樂律、兵法。理學方面，推崇宋代的張載。著作甚多，以《樂志》爲較有名。傳見《明史》卷二〇一及《明儒學案》卷九《三原學案》。

[23]　南瑞泉：南大吉(1487—1541)的號。大吉字元善，明渭南(今陝西渭南)人。正德進士。歷任户部主事、紹興知府。師事王守仁，屬北方王門學派。傳見《明儒學案》卷二九《北方王門學案》。

[24]　穆玄菴：穆孔暉(1479—1539)的號。孔暉字伯潛，明堂邑(今分屬山東聊城縣和冠縣)人。弘治進士。歷任庶吉士、侍講學士。初習古文詞，後專心理學；初不信王守仁説，後轉而篤信。屬北方王門學派。傳見《明史》

卷二八二及《明儒學案》卷二九《北方王門學案》。

[25] 范栗齋:范瓘的號。瓘字廷潤,明山陰(今浙江紹興)人。初師王文轅、許璋,後師王守仁。曾作古詩二十章歷敍道統及太極説。傳見《明儒學案》卷一一《浙中王門學案》。

宋世風俗〔日知録卷一三〕(選録)

人君御物之方,莫大乎抑浮止競。宋自仁宗在位,四十餘年,雖所用或非其人,而風俗醇厚,好尚端方。論世之士謂之君子道長[1]。及神宗朝,荊公秉政[2],驟獎趨媚之徒,深鉏[3]異己之輩。鄧綰[4]、李定[5]、舒亶[6]、蹇序辰[7]、王子韶[8]諸奸一時擢用,而士大夫有"十鑽"之目[9]。鑽者,取必入之義。班固《答賓戲》:"商鞅挾三術以鑽孝公。"[10]《鄧綰傳》[11]:以頌王安石得官,謂其鄉人曰:"笑罵從汝,好官須我爲之!"干進[12]之流,乘機抵隙。馴至紹聖、崇寧[13],而黨禍大起,國事日非,膏肓之疾,遂不可治[14]。後之人但言其農田、水利、青苗、保甲諸法[15]爲百姓害,而不知其移人心、變士習爲朝廷之害。其害於百姓者,可以一旦而更。而其害於朝廷者,歷數十百年,滔滔之勢,一往而不可反矣。李愿中[16]謂:"自王安石用事,陷溺人心,至今不自知覺;人趨利而不知義,則主勢日孤。"[17]此可謂知言者也。《詩》曰:"毋教猱升木,如塗塗附[18]。"夫使慶曆之士風,一變而爲崇寧者,豈非荊公教猱之效哉!

《東軒筆録》[19]:王荊公秉政,更新天下之務,而宿望舊人[20],議論不協。荊公遂選用新進,待以不次[21]。故一時政事,不日皆舉。而兩禁臺閣[22],內外要權,莫非新進之士也。《石林燕語》[23]:故事,在京職事官,絕少用選人者[24]。熙寧初,稍欲革去資格之弊,始詔選舉到可試用人,並令崇文院校書[25],以備詢訪差使。候二年取旨,或除館職[26],或升資任[27],或只與合入差遣[28]。時邢尚書恕[29],以河南府永安縣主簿,首爲崇文院校書。胡右丞愈[30]知諫院,猶以爲太遽,因請雖選人而未歷外官與雖歷任而不滿者,皆不得選舉。乃特詔邢恕與堂除近地試銜知縣[31]。近歲不復用此例,自始登第直爲禁從矣[32]。及出知江寧府,呂惠卿驟得政柄[33],有射羿之意[34],而一時之士,見其得君,謂可以傾奪荊公,遂更朋附之以興大獄[35]。尋荊公再召[36],鄧綰反攻惠卿[37]。惠卿自知不安,乃條列荊公兄弟[38]之失數事面奏。上封惠卿所言,以示荊公。故荊公表[39]有云:"忠不足以取信,故事事欲其自明;義不足以勝姦,故人人與之立敵。"蓋謂是也。既而惠卿出亳州,荊公復相,承黨人之後,平日肘腋[40]盡去,而在者已不可信,可信者又才不足以任事。當日唯與其子雱[41]機謀,而雱又死。知道之難行也,於是慨然復求罷去。遂以使相再鎮金陵[42],未朞納節[43],久之得會靈觀使[44]。其發明荊公情事,至爲切當。子曰:"君子易事而難説也。"[45]而《大戴禮》言有人焉,"容色辭氣,其入人甚愉";進退周旋,"其與人甚巧,其就人甚速,其叛人甚易"[46]。迹荊公昔日之所信用者,不惟變士習、蠹民生,而己亦不饗其利。蘇轍疏吕惠卿[47],比之吕布、劉牢之[48]《書》曰:"其後嗣王,罔克有終。相亦罔終。"[49]爲大臣者,可不以人心風俗爲重哉!

——據道光十四年(1834)黄汝成《日知録集釋》本

【解題】

《日知録》,三十二卷,明末清初顧炎武撰,我國中世紀後期著名的讀書筆記。

顧炎武從三十歲以後,開始寫作讀書筆記。"有所得輒記之。其有不合,時復改定,或古人先我而有者,則遂削之。積三十餘年,乃成一編。"(《日知録》目録前序)因《論語》記子夏有"日知其所亡,月無忘其所能,可謂好學也已矣"等語,所以取名叫《日知録》。

《日知録》今本共存筆記一〇一九條,清末又發現殘稿《日知録之餘》四卷一一〇條,近人黄侃據清雍正間舊鈔本又輯補數條,總計有一千三百條以上。各條字數没有限制,最長的如卷十《蘇松二府田賦之重》條,達五千餘字;最短的如卷十三《召殺》條,僅有九個字。寫法也不一樣,有的廣徵博引,夾敍夾議,近於論文;有的不言所據,只談道理,類似語録;還有的僅録史料,不附評介,又像今天的資料卡片。

據顧炎武自説,《日知録》"上篇經術,中篇治道,下篇博聞"(《亭林文集·與人書二十五》);但今傳三十二卷本,是他去世以後,由門人潘耒校勘整理的。編次是否作者手定舊貌,也還有疑問。

今本內容,據潘耒的意見,可分爲八類:經義,史學,官方,吏治,財賦,典禮,輿地,藝文。(見《日知録序》)但《四庫全書總目提要》作者,則以爲應當分成十五類:"大抵前七卷皆論經義,八卷至十二卷皆論政事,十三卷論世風,十四卷十五卷論禮制,十六卷十七卷皆論科舉,十八卷至二十一卷皆論藝文,二十二卷至二十四卷雜論名義,二十五卷論古事真妄,二十六卷論史法,二十七卷論注書,二十八卷論雜事,二十九卷論兵及外國事,三十卷論天象術數，三十一卷論地理，三十二卷爲雜考證。"前者把本書當作治國祕方，後者看本書純屬考據楷模。其實，《日知録》除少量涉及語言文學、天文數學等問題的條目而外，大量篇幅都在討論歷史問題，以及研究歷史所需的文獻學、沿革地理和方法論等基本功夫。書中所談經義，重點也在於探討古文獻的實際歷史内容，而較少空洞的道德説教。因此，如果説本書主要是一部史學著作，那將是恰當的。

顧炎武重視歷史，"尤留心當世之故"，既反映環境的影響，又出於個人的抱負。明王朝被農民起義推翻，接着後進的滿族統治者入主中原。政治風雲如此陡然變化，使當時的士大夫們受到極大震動。他們紛紛推究明亡清興的禍首，得出的結論雖然互有差異，但有一點是相同的，那便是歸罪於明朝王學末流的空疏與狂妄。顧炎武比黄宗羲更加激烈，在《日知録》裏反覆痛罵王陽明一派只會説空話，比魏晉清談爲禍更烈："昔之清談談老莊，今之清談談孔孟。未得其精而已遺其粗，未究其本而先辭其末。不習六藝之文，不考百王之典，不綜當代之務。""以明心見性之空言，代修己治人之實學。"(卷七《夫子之言性與天道》)"自喪之惡小，迷衆之罪大。"(卷十八《朱子晚年定論》)他認爲，要撥亂滌汙，必須從矯治空談惡習入手，因而大唱"舍經學無理學"，強調六經都是歷史，讀經治史，都是爲了"引古籌今"、"經世致用"。因而，書中所討論的，多半是從明朝中葉到清朝初期社會現實生活中提取的問題，也就是作者所面對的近代現代史諸問題。他於歷史學家中最欽佩司馬遷，以爲司馬遷作史，"胸中固有一天下大勢"(卷二六《史記通鑑兵事》)，"不待論斷，而於序事之中即見其指"(卷二六《史記於序事寓論斷》)。這其實也反映他本人寫《日知録》的出發點和所追求的歸宿。書中的題材是那樣廣闊，諸如"封建"制變爲郡縣制的得失，中央集權與地方分權的利弊，土地問題同賦税問題的關聯，科舉制度對選拔人材的影響，以及官制、刑法、貨幣、工商、墾荒、教育、輿論等等問題，無不涉及，説明他寫作時確是想顧及社會的全局。而書中説古道今，引用的史例都經過仔細篩選，也顯示他確是想找到救治社會弊病的良策。

顧炎武對《日知録》很自負，説寫作這書，好比良工開山採銅以鑄新錢，又好比良醫開列猛藥以治重病，"以待撫世宰物者之求"(初刻本《自序》)，"有王者起，將以見諸行事，以躋斯世於治古之隆"(《與人書二十五》)。《日知録》雖然對明代以來的社會腐敗現象有很多揭露，對若干歷史問題的具體見解也有道理，然而，他的唯心主義歷史觀，他維護江南地主階級私利的偏見，使《日知録》對社會改造的總看法仍相當保守，也時時出現早被歷史發展所否定的迂腐議論。因而，同他本人的預料相反，終清一代，《日知録》所提的種種政治主張，没有被任何"王者"所採納，倒是他研究經史的方法，却受到不談政治的學者們異乎尋常的崇拜。直到清末，他的政治思想的一個側面，即反對滿族貴族統治整個中國，方才被章炳麟等大加宣傳,但卻是爲了推翻他畢生想挽救的整個制度,就是説借用他的語言而已。

《日知録》初刻於清康熙九年(1670),僅八卷,今已失傳。此後顧炎武繼續增改至三十餘卷,但他生前未刊行,死後稿本流入外甥徐乾學等之手,遭到竄改。到康熙三十四年(1695),潘耒整理本才在福建刻出。其後閻若璩、錢大昕等紛紛對它進行校勘補正。道光十四年(1834),黄汝成等據各家研究成果重加校注,成《日知録集釋》,附《刊誤》、《續刊誤》各二卷,目前流傳最廣。

《宋世風俗》,選自《日知録》卷十三。原題下收筆記六條,這裏節録的是二、四兩條。顧炎武把兩宋官場風氣日趨腐敗,歸罪於王安石變法,無疑是找錯了原因。但他指出大量投機鑽營之徒,借擁護新政之名謀取私利,並博得宋神宗、王安石的信用,是這場改革失敗的一大原因,則應該説有相當道理。

顧炎武(1613—1682),江蘇崑山人。初名絳,字忠清;明亡後改名炎武,字寧人;因祖居華亭東南有陳朝顧野王故里亭林湖,所以學者稱他亭林先生。明末諸生,年輕時參加過復社。南明福王時官兵部司務,1645年與同里歸莊、吳其沆起兵抗清。事敗,得脱,又參加南明唐王政權,任兵部職方主事。不久,返鄉,遇仇家陷害,變姓名爲蔣山傭,僑裝商人來往於江淮間。又爲爭奪田産被崑山豪紳誣告"通海",被逮。得歸莊等營救脱險,於是北上移居山東章邱,並數度到南京和北京祭謁明朝皇陵。約1669年,再次因爭奪田産,被章邱土豪誣告,牽連入文字獄,由李因篤營救獲釋。從此策馬往來河北邊塞十多年,到處考察山川形勢,並曾在塞外墾荒。這期間,他的外甥徐乾學、徐元文等,都做了清朝大官。他雖多次出入甥家,但始終以明朝遺民自居,一再拒絕清朝官員要他助修《明史》、應博學鴻儒科等要求,因而名聲越大,所到之處都受到名士顯宦爭相逢迎。晚年定居陝西華陰,1682年病逝,年七十。他一生著作很多,約四五十種,數百卷,但生前僅刊行《音學五書》和《日知録》八卷。死後手稿都落入徐乾學兄弟之手,祕不示人,散佚頗多。十多年後才由潘耒等開始整理刊行,如今已刻的或已知尚存的稿本約三十餘種。除《日知録》外,著名的還有《音學五書》、《五經異同》、《石經考》、《金石文字記》、《左傳杜解補正》、《天下郡國利病書》、《肇域志》、《亭林詩文集》等。清以來很多學者爲他做過傳記、年譜,以張穆《顧亭林先生年譜》較流行。傳又見《清史稿》卷一四八、《清史列傳》卷六八。

【注釋】

[1] 君子道長:語見《周易·泰卦》象辭:"君子道長,小人道消也。"長,進,

增益。

[2] 荆公秉政:荆公,即北宋政治家王安石。他於宋神宗熙寧二年(1069)參知政事,開始推行新政,後封荆國公。已見本書所選《宋史紀事本末·王安石變法》注[1]。

[3] 鉏:通鋤。

[4] 鄧綰:已見本書所選《宋史紀事本末·王安石變法》注[73]。

[5] 李定:字資深,北宋揚州(今江蘇揚州)人,王安石的弟子。神宗時累任知諫院、御史中丞,打擊反對新政的蘇軾等人。傳見《宋史》卷三二九。

[6] 舒亶:字信道,北宋明州慈溪(今浙江慈溪)人。神宗時支持王安石新政,同李定共同打擊蘇軾、司馬光等,累官御史中丞,後因微罪罷官。傳見《宋史》卷三二九。

[7] 蹇序辰:字授之,北宋成都雙流人。與父蹇周輔在王安石新政時一起改革鹽法,哲宗初同被貶。未幾新黨再起,他和徐鐸同編元祐黨籍,將司馬光一派排斥出朝。官至禮部尚書。傳附《宋史》卷三二九《蹇周輔傳》。

[8] 王子韶:字聖美,北宋太原(今山西太原)人。神宗初曾由王安石引入制置三司條例司,參預制訂新法,後屢有升沉,哲宗時官至祕書監。傳見《宋史》卷三二九。

[9] 有"十鑽"之目:哲宗元祐中王子韶遷太常諫官,劉安世上疏反對,謂:"熙寧初,士大夫有'十鑽'之目,子韶爲'衙內鑽',指其交結要人子弟,如刀鑽之利。"見《宋史·王子韶傳》。

[10] 班固……以鑽孝公:班固《答賓戲》,見《文選》卷四五。三術,據《文選》李善注引服虔說:"王霸、富國、強兵爲三術。"孝公,即任用商鞅變法的秦孝公。

[11] 鄧綰傳:見《宋史》卷三二九:"安石薦於神宗,驛召對。……宰相陳升之、馮京以綰練邊事,屬安石致齋,復使知寧州。綰聞之不樂,誦言:'急召我來,乃使還邪?'或問:'君今當作何官?'曰:'不失爲館職。''得無爲諫官乎?'曰:'正自當爾!'明日,果除集賢校理、檢正中書孔目房。鄉人在都者皆笑且罵。綰曰:'笑罵從汝,好官須我爲之!'"

[12] 干進:干,求。屈原《離騷》:"既干進而務入兮,又何芳之能祗。"謂楚國令

尹子椒只求自己向君主身邊鑽，必定不能敬重和舉用賢人。後世因稱鑽營求官爲干進。

[13] 紹聖、崇寧：紹聖是宋哲宗第二年號，當公元 1094—1098 年。崇寧爲宋徽宗第二年號，當公元 1102—1106 年。這兩段時間，都是北宋王朝内部新黨壓倒舊黨，而黨爭更激烈的歲月。

[14] 膏肓之疾，遂不可治：北宋統治階級兩大派系互相火併，從根本上削弱了對金朝的抵抗力。南宋以後的理學家，遂多以爲"靖康之禍"，禍起於王安石變法。

[15] 農田、水利、青苗、保甲諸法：均見本書所選《宋史紀事本末·王安石變法》。關於宋以後人們對王安石諸新法的攻訐，可參考蔡上翔《王荆公年譜考略》、楊希閔《王文公年譜考略節要附存》。

[16] 李愿中："愿"，原刊誤作"應"。愿中，南宋理學家李侗字。侗，南劍州劍浦（今福建南平）人，朱熹的老師。

[17] 自王安石用事……則主勢日孤：引語見《宋史》卷四二八《道學二》侗本傳，原意是説王安石所以能"陷溺人心"，原因在於宋朝統治者"義利不分"。顧炎武引用時略去首尾，同李侗本意不符。

[18] 詩曰……如塗塗附：見《詩·小雅·角弓》六章："毋教猱升木，如塗塗附，君子有徽猷，小人與屬。"猱，獼猴。塗，泥。其意學者解釋不同，這裏蓋據朱熹《詩集傳》説："言小人骨肉之恩本薄，王又好讒佞來之，是猶教猱升木，又如於泥塗之上，加以泥塗附之也。苟王有美道，則小人將反爲善以附之，不至於如此也。"

[19] 東軒筆録：北宋魏泰所撰筆記，十五卷。作者雜記北宋官場生活的見聞，關於王安石的條目頗多。作者爲曾布的親戚，對新政褒貶不一，反映曾布的動搖態度。參見本書所選《王安石變法》注[31]。本段引文節録自《東軒筆録》卷五"王荆公秉政"、"王荆公再爲相"二則，刪去了呂惠卿執政後"朝廷綱紀，幾於煩紊，天下之人復思荆公，天子斷意，再召秉政"等記載。

[20] 宿望舊人：指文彥博、富弼、韓琦、歐陽修、司馬光等，都是仁宗、英宗二朝留下的元老重臣，也都是王安石新政的反對者。

[21] 待以不次：不次即不依次第升遷。北宋時官員的升降調動和退休待遇，

都有嚴格的資歷限制。所以王安石不次用人,在朝廷内引起軒然大波。

[22] 兩禁臺閣:兩禁,指中書、門下二省,因辦公地點在禁中,故稱。臺閣,指臺諫和館閣,泛指政府各部。

[23] 石林燕語:宋葉夢得所撰筆記,十卷,雜記作者在北宋末南宋初所得故事舊聞,但事實舛誤頗多。南宋汪應辰曾撰《石林燕語辨》,宇文紹箕撰有《石林燕語考異》。

[24] 選人:謂等待任命或調遷的候選官。

[25] 崇文院較書:崇文院,北宋太宗所建學術文化中心,三館(史館、昭文館、集賢院)均在内,也是宫廷藏書處。較通校。校書,校定圖書的官員。王安石變法時,所選拔的人材,常先授予崇文院校書一職,以備新政顧問和不次舉用。

[26] 館職:即館閣職務,已見本書所選《王安石變法》注[5]。

[27] 資任:即按資歷深淺詮選任命的官員,宋代文官經吏部,武官經兵部注册選授。

[28] 合入差遣:宋代官制有三種區别:"官"是品級俸禄的標誌;"職"是授給文學之士的榮譽稱謂,如龍圖閣直學士、寶文閣待制之類;因而中央政府的省臺寺監諸官,都是虚名,而别委他官典領實際政務,叫做"差遣"。合入差遣,就是應當入朝治事的意思,即候補職事官。

[29] 邢恕:字和叔,北宋陽武(今河南原陽)人,程顥的弟子,哲宗時累官吏部尚書、御史中丞,爲新舊黨争中善於投機反噬的著名官僚。傳見《宋史》卷四七一。

[30] 胡愈:生平不詳。

[31] 與堂除近地試銜知縣:堂除,又叫堂選,北宋時指由中書選授官吏;宋時中書長官即宰相簽押的公文稱堂劄子,故中書直接任命官員稱堂除。近地,指北宋首都開封附近地區。試銜知縣,試行署理知縣職務,待試署期滿再決定是否實授。

[32] 直爲禁從:即不經過由地方官到京官的遷轉程序,直接由進士選授爲兩省或館閣大臣。

[33] 吕惠卿驟得政柄:已見本書所選《王安石變法》注[28]。

[34] 射羿之意:已見本書所選《王安石變法》注[76]。

[35] 以興大獄:參見本書所選《王安石變法》熙寧八年,又《續資治通鑑》卷七一。

[36] 荊公再召:王安石於熙寧七年(1074)四月罷相,以觀文殿學士知江寧府;次年二月,被宋神宗召回,復任同中書門下平章事。

[37] 鄧綰反攻惠卿:《宋史·鄧綰傳》:"安石去位,綰頗附呂惠卿。及安石復相,綰欲彌前迹,乃發惠卿置田華亭事,出知陳州。"按《宋史·王安石傳》謂鄧綰此舉乃受王安石子王雱指使,蓋出《邵氏聞見録》,不足信。

[38] 荊公兄弟:弟謂王安禮、王安國。

[39] 荊公表:指王安石《乞解機務第三表》,見《王文公文集》卷一六。引文小有出入。

[40] 肘腋:譬喻親近之人。

[41] 其子雱:已見本書所選《王安石變法》注[83]。按《東軒筆録》卷十謂王安石再秉政時,王雱已病重。所記與此則有矛盾。清蔡上翔曾力辨王雱干預新政的説法失實,見《王荊公年譜考略》卷一九。

[42] 以使相再鎮金陵:宋制,親王、樞密使、留守、節度使等,凡兼侍中、中書令、同平章事的,叫做使相。熙寧九年(1076)十月,王安石罷相,出爲鎮南軍節度使、同平章事、判江寧府。

[43] 未暮納節:暮(jī),也作期,周年。納節,歸還節鉞,即辭去節度使一職。熙寧十年(1077)六月,王安石改授集禧觀使,這以後便多次要求免除使相。

[44] 久之得會靈觀使:按王安石終於集禧觀使,受命時間也在辭使相前,此均誤。以上節引《東軒筆録》。

[45] 子曰"君子易事而難説也":見《論語·子路》。

[46] 大戴禮言"……其叛人甚易":見《大戴禮記》卷十《文王觀人》,原指"位去者",即終始不一的人。

[47] 蘇轍:已見本書所選《王安石變法》注[29]。

[48] 呂布、劉牢之:呂布,東漢末軍閥,以驍武著名,曾先後依附董卓、袁紹、劉備、曹操等,每次都反叛而去,是歷史上反覆無常人物的典型。劉牢之,已見本書所選《資治通鑑·秦晉淝水之戰》注[29]。

[49] 書曰"……相亦惟終":見《尚書·太甲上》。

唐用回紇以誅安史〔讀通鑑論卷二三唐肅宗〕

借援夷狄，導之以蹂中國，因使乘以□□，其爲失策無疑也。然而有異焉者，情事殊而禍之淺深亦別焉。唐高祖知突厥之不可用，特以孤梁師都、劉武周[1]之黨，不得已從劉文靜之策[2]；而所借者僅五百騎[3]，未嘗假以破敵也。故乍屈而終伸，渭上之役，太宗能以數騎卻之[4]。突厥知我之彊，而無可挾以逞也，故其禍尤輕。石敬瑭妄干六位，甘心臣虜以逞其欲；破滅後唐者，皆契丹之力也；受其册命，爲附庸之天子[5]，與宋之借金亡遼[6]、借元亡金[7]，胥仰鼻息於匪類，以分其濡沫，則彼已操我之存亡生死而唯其吞吸者也，故其禍尤重。肅宗用朔方之衆[8]，以討賊收京，乃惟恐不勝，使僕固懷恩[9]請援回紇，因脅西域城郭諸國，徵兵入助，而原野爲之蹂踐。讀杜甫擬絶天驕花門蕭瑟之詩[10]，其亂大防而虐生民，禍亦棘矣！嗣是而連吐蕃以入寇，天子爲之出奔[11]，害幾不救。然收京之役，回紇無血戰之功，一皆郭汾陽[12]之獨力，唐固未嘗全恃回紇屈身割地以待命也，則愈於敬瑭遠矣！有自立者存也。

夷考其時，西京被陷，而禄山留雒，不敢入關。孫孝哲、安守忠、李歸仁、張通儒、田乾眞[13]之流，日夜縱酒宣淫而無戰志，搜索民財，人皆怨憤，禺首以望王師。薛景僊破賊於扶風[14]，京西之威已振；畿內豪傑，殺賊應官兵者四起。肅宗既擁朔方之衆，兼收河西、安西之旅，以臨欲潰之賊[15]，復何所藉於回紇而後敢東嚮哉！此其故有二，皆情勢之窮，慮不能及於遠大也。

其一，自天寶以來，邊兵外彊，所可與幽、燕、河北並峙者，惟王忠嗣[16]之在朔方耳。玄宗自削其輔，奪忠嗣而廢之。奉忠嗣之餘威，收拾西陲者，哥舒翰[17]也。翰爲禄山屈，而稱病閒居，朔方之勢已不振。既且盡撤之以守潼關，而陷没於賊。郭、李雖分節鉞，兵備已枵；同羅[18]叛歸，又扼項背，以掣東下之肘。故郭、李志雖堅，名雖盛，而軍孤且弱，不足壓賊勢於未灰。陳濤之敗[19]，繼以清渠[20]，不得專咎房琯而謂汾陽之所嚮無前也。推其致弱之繇,玄宗失計於前,肅宗不能遽振於後。積弱乍興,不得不資回紇以壯士氣而奪賊膽,其勢然也。

其一,肅宗已至鳳翔[21],諸軍大集,李泌欲分安西、西域之兵,並塞以取幽、燕[22]。使其計行,則終唐之世,河北跋扈之禍永消。而肅宗不從,急用回紇疾收長安者,以居功固位,不能稍待也。其言曰:"切於晨昏之戀,不能久待。"徒飾説耳。南內幽居,父幾死於宦豎之手[23],猶曰功在社稷,晨昏之語將誰欺乎! 蓋其時上皇[24]在蜀,人心猶戴故君;諸王分節制之命,玄宗且無固志,永王璘已有瑯邪東渡之雄心矣[25]! 肅宗若無疾復西京之大勳,孤處西隅,與天下縣隔,海岱、江淮、荊楚、三巴分峙而起[26],高材捷足,先收平賊之功,區區適長之名未足以彈壓天下也! 故惟恐功不速收,而日暮倒行[27],屈媚回紇,縱其蹂踐[28],但使奏效崇朝,奚遑他恤哉! 決遣燉煌王以爲質[29],而受辱於虜帳,其情然也。

乃以勢言之,朔方之軍雖弱,賊亦散處而勢分。統諸軍嚮長安者,凡十五萬,回紇六千耳。卒之力戰以破賊者,非回紇者,固愈於石敬瑭之全恃契丹,童貫、孟琪之僅隨虜後也[30]。故回紇弗敢睥睨,而乘之以奪中國。惟其情之已私,則奉回紇以制人,與高祖之假突厥而實不用者殊。是以原野受其荼毒,而僕固懷恩且挾之以入爲寇難,非汾陽威信之能服强夷,唐亦殆矣!

故用夷者未有免於禍者。用之有重輕,而禍有深淺耳。推其本原,劉文靜實爲厲階[31]。僅免於危亡,且爲愚夫取滅之嚆矢[32],不亦悲乎!

——據 1930 年太平洋書店《船山遺書》本

【解題】

《讀通鑑論》,三十卷,明末清初王夫之撰。我國封建社會後期的史論名著。

我國封建時代的學者,由於受歷史條件的限制,爲了表達自己對現實政治的理解和建議,每每從事歷史的研究和總結,尤喜用史論形式發揮自己的政治理論。宋代的司馬光、蘇氏(軾、轍)兄弟、陳亮、葉適,明代的李贄等,都是著名的史論作者。王夫之生在明末清初社會巨大變動時期,對現實社會的病痛感受深切,並曾參加抗清運動。南明覆敗後,隱匿不做官,終身從事經學、史學的研究著述。他給自己規定了治史的目的,就是着重明瞭歷史的得失成敗,以爲認識和改造現實的借鑑。他説:"所貴乎史者,述往以爲來者師也。爲史者記載徒繁,而經世之大略不著,後人欲得其得失之樞機以效法之無由也,則惡用史爲!"(《讀通鑑論》卷六東漢光武)他同黄宗羲、顧炎武一樣,推尋明亡清興的秘密,以爲禍始於明代王學末流的空言誤國,但黄宗羲認爲王學本身還是好的,顧炎武雖傾向於否定王學,卻主張保存和改造程朱理學。王夫之則不然。他宣稱所謂心學純屬"狂妄流害"的空談,説是陸九淵出而宋亡,王陽明出而明亡。直斥李贄的史論爲"玩物喪志"(《俟解》)、"導天下於邪淫",爲害甚於洪水猛獸(《讀通鑑論》卷末《敍論》三)。他也反對程朱理學,以爲那只能養成好談衆所週知的大道理的庸俗作風,無濟於現實社會問題的解決。他寫作《讀通鑑論》和《宋論》,不僅爲了"知治知亂",還爲了作"力行求治之資","於其得也,而必推其所以得;於其失也,而必推其所以失。其得也,必思易其迹而何以亦得;其失也,必思就其偏而何以救失"。(《讀通鑑論》卷末《敍論》四)他就是抱着這樣的目的,在康熙二十六年(1687)完成了本書和《宋論》的撰述。

本書評論秦史一卷,兩漢史八卷,三國史一卷,兩晉史四卷,南北朝史四卷,隋史一卷,唐史八卷,五代史三卷。每卷據《通鑑》所列帝王系統分爲若干篇,每篇擇這一時期數件史實加以評論,對史實的具體過程都略而不載。卷末附《敍論》四篇,集中陳述作者的寫作意圖和主導觀點。

王夫之在哲學上服膺北宋的張載。張載論"氣"在"理"先、"道"不離"器"的學說,尤使他心醉。《讀通鑑論》便貫穿着"無其器則無其道"的觀點,强調治道只存在於時變中間,沒有離開歷史變化而永久不變之道。所以,他認爲,評論歷史人物或事件,必須"就事論法,因其時而酌其宜","寧爲無定之言,不敢執一以賊道"(《敍論》四)。他激烈地批評"正統"史觀,認爲中國有史以來已有三變——由三代只有名義上的共主,變到春秋戰國"天下並無共主之號",再變到治世有共主、亂世又分裂的局面,哪有"合而不離、續而不絕"之統,"而又何正不正邪?"(《敍論》一)他又激烈抨擊論史專務褒貶,不惜曲解事實來借古諷今的宋明學風,稱之爲"似仁似義之浮談",只會敗壞世教民生(《敍論》三)。因而,他既反對泥古不化,又反對以今律古,强調只有看到歷史不斷在變通,設身處地去考察當時的時勢,當時的民情,當時的治道,"求安於心,求順於理,求適於用",那末古人的得可資,失也可資,古人與今人相同處可資,不同處也可資;歷史才能真正起到正得失的鏡子作用。不待説,王夫之的這些見解,出發點仍然是要求統治者善於從歷史中尋求"力行求治之資"。但他關於古與今、史與論等相互關係的見解,關於區別借鑑與附會的界限、如何探究客觀歷史實際等問題的思考,則無疑超過了包括黄宗羲、顧炎武在內的同時代史學家。

王夫之特別不滿於這樣的讀史方法:"覽往代之治而快然,覽往代之亂而愀然;知其有以致治而治,則稱説其美,知其有以召亂而亂,則詬厲其惡;言已終,卷已掩,好惡之情已竭,頹然若忘,臨事而仍用其故心。"那樣,學問再多,也等於"玩物喪志",等於有鏡不照(卷末論《通鑑》命名)。所以他選擇評論批判的歷史實例,都是針對明末清初各種社會政治問題而發,處處表現了他的特殊見解。例如本書中涉及少數民族時,對"夷夏之辨"特別用力,極少肯定。例如斥明代衛所兵制所仿效的府兵制爲"無兵"(卷二十唐太宗),"徒以毒天下而無救於國之危亂"(卷二二唐玄宗)。例如涉及前代黨爭,都反覆貶斥,以爲朋黨不禁,士氣不端,國是終不可定(卷二六唐文宗)。這些議論,或含有狹隘的民族偏見,或給人非歷史主義的印象,然而從導致明朝亂亡的歷史條件來看,便可作出合理的解釋。同樣,由於明末農民大起義的教訓,王夫之深感農民問題的嚴重,因而在書中十分注意歷史上怎樣解決這一問題,特別如怎樣對付被迫反抗、"已動而不復静"的農民。他極欽佩東漢光武帝能在天下震盪以後,"不十年而天下晏然"的治術(卷六)。並且竭力反對申、韓的苛察法術,而贊美法簡刑輕、不察小過、"以柔道行之"的治術。書中引人注目的還在於作者對歷史進化的樸素見解。長期流亡在南方少數民族地區的經歷,使王夫之産生一種認識,那就是《思問録》所説的,人類是禽獸變的,現代人是野蠻人變的,決定的因素就在於"質"(血氣)和"文"(形儀)的根本改變。他用這種樸素進化論去觀察文明史,就不但敢於承認歷史在變,而且總的承認它朝着"日新"的方向在變。因而,他以爲郡縣制代替封建制是"勢之所趨",後世學者認定三代比秦、漢以後好、"封建"比郡縣好的爭辯爲"無益之論"(卷一秦始皇)。並對宋明理學家竭力詆毁的曹操和劉裕,都加以肯定;對秦、漢以來的符瑞讖緯、五德三統的神祕歷史觀念,也予以批判。

本書中對農民的看法,没有超脱儒家傳統的偏見。"君子"與"小人"之間,在他看來,和"夷狄"與"華夏"之間一樣,有着不可逾越的"大防"(卷十四東晉哀帝),因此堅決反對農民革命。他的經濟思想,也仍然恪守傳統的重農抑商的成見,甚至斥商賈與夷狄同氣同質(同上)。他的社會改革理論,目的是爲了鞏固統治,而不是推翻這種統治。在方法論上,也還有主觀偏激的地方。正因如此,王夫之的史論和其他社會歷史見解,就爲後人能從非常不同的角度加以吸取,留下了廣闊的餘地。到近代,湘系軍閥曾國藩等利用它的落後面,作爲鎮壓太平天国的理論依據,而譚嗣同、章炳麟等資産階級民主派,卻改造它主張"日新"和民族主義的方面,來批判清朝的專制統治,便是明顯的例證。

《讀通鑑論》和王夫之的其他著作,在他生前未能刊行。直至道光初,才由他的六世孫承佺搜集整理;道光二十年(1840),他的七世孫世全開始在湘潭雕版付印,陸續刊成《湘潭王氏守遺經書屋船山遺書》十八種。但未幾,版燬於太平天國革命。同治初,曾國荃在南京重刻成五十八種。現通行本《讀通鑑論》係1930年上海太平洋書店據王氏守遺經書屋刊本、曾刻本、瀏陽劉氏補刻本及長沙等坊間散刻本，並依王夫之手稿參訂綜合排印的《船山遺書》本。另商務印書館、世界書局也都有據《船山遺書》本的排印本。

《唐用回紇以誅安史》，選自《讀通鑑論》卷二三唐肅宗。標題是編者加的。作者假定讀者都已熟知所論問題的具體歷史過程，而直接發表自己關於它的看法，這是古代史論的寫作慣例。本篇通過對唐宋統治者借援少數民族武裝幾種不同情況的比較，指出唐肅宗借用回紇兵馬以助平安史叛亂，屬於不該借而又必須借的類型。所以出現這種"失策"，只能歸罪唐玄宗父子的主觀指導錯誤。

王夫之(1619—1692)，明末清初的思想家、經學家、史學家和文學家。字而農，號薑齋。晚年隱居於衡陽的石船山，學者稱船山先生。別號甚多，據記載還有買薑翁、一瓠道人、船山老農、船山遺老等十多個。湖南衡陽人。父朝聘，叔廷聘，兄介之、參之，都頗有學問。明崇禎十五年(1642)舉人，擬到北京會試，值農民軍起，路阻不果行。次年，堅決拒絕農民軍領袖張獻忠的召請，隱居讀書著述。清順治十五年(1658)，清軍進佔衡州，和管嗣裘舉兵抗清。兵敗，逃亡。次年到達肇慶(今廣東高要)，被堵允錫、瞿式耜保薦，參加南明桂王政權，任行人司行人介子。因反對內閣王化澄，幾被殺，得高必正營救脫險。又到桂林依瞿式耜。旋覺國事不可爲，決心隱遁。他變姓名，易裝束，輾轉湘西郴、永、漣、邵間，匿身瑤洞，自稱瑤人，備嘗艱辛，但刻苦研究，撰述不絕。康熙八年(1669)，開始定居在石船山，潛心著述。一生重要著作，大半在這以後整理完成。康熙十七年(1678)，降清復叛的吳三桂，曾逼他上擁戴自己稱帝的《勸進表》。他再度逃入深山以示堅拒。他直至死，始終以亡明遺臣自居，不肯薙髮。康熙三十一年(1692)，卒，享年七十四歲。自題墓誌銘說生平最仰慕的，就是西晉劉琨的氣節，北宋張載的學問。著作極多，對後代學者影響頗大，和顧炎武、黃宗羲並稱爲明末清初三大思想家。主要著作，在經學方面有《易》、《書》、《詩》、《春秋》、《四書》的《稗疏》、《考異》等二十四種；文字學方面有《説文廣義》；史學方面除《讀通鑑論》和《宋論》外，還有記載南明桂王政權事蹟的《永曆實錄》和《大行錄》、地方志《蓮峯志》，凡五種；諸子方面有《老子衍》、《莊子解》等五種；佛學方面有《相宗絡索》等兩種；文學方面有創作的詩詞、辭賦、雜劇及注釋、選評等。綜合表達他的哲學和社會歷史見解的，還有《黃書》、《噩夢》和《思問錄》等名篇。此外，關於天文、地理、曆法、數學等方面，也都有著作。共八十八種，三百九十一卷。在《船山遺書》中，集錄了七十種，二百八十八卷。傳見《清史稿》卷四八六、《清史列傳》卷六六。清光緒間劉毓崧、王之春相繼撰有《王船山年譜》,尚可參考。

【注釋】

[1]　梁師都、劉武周:都是隋末的地方割據首領,也都投靠突厥以對抗李淵集團。劉武周據今晉北稱帝,被突厥封爲定楊可汗,梁師都據今陝北稱帝,被突厥封爲大度毗伽可汗。

[2]　不得已從劉文靜之策:隋煬帝大業十三年(617)五月,李淵起兵於太原,同各地農民軍和割據勢力爭奪政權。根據他的主要謀士劉文靜的策劃,"與突厥相結,資其兵馬,以益兵勢",於次月遣劉文靜以卑辭厚禮向突厥請兵。臨行時李淵私謂劉文靜:"胡騎入中國,生民之大蠹也。吾所以欲得之者,恐劉武周引之,共爲邊患。又胡馬行牧,不費芻粟,聊欲藉之以爲聲勢耳。數百人之外,無所用之。"見《通鑑》卷一八四《隋紀》義寧元年。

[3]　所借者僅五百騎:《通鑑》卷一八四義寧元年八月:"淵至龍門,劉文靜、康鞘利以突厥兵五百人、馬二千匹來至。淵喜其來緩,謂文靜曰:'吾西行及河,突厥始至,兵少馬多,皆君將命功也。'"康鞘利,突厥將領,官柱國。

[4]　渭上之役,太宗能以數騎卻之:唐高祖武德九年(626)八月,傳位給太宗,突厥頡利可汗乘亂内侵,率軍進到渭水便橋北。太宗和高士廉、房玄齡等六騎到渭水上,隔水責頡利負約。頡利請和,太宗與盟於便橋上,突厥兵退。事見《通鑑》卷一九一。

[5]　石敬瑭……爲附庸之天子:石敬瑭,五代時後晉高祖。西夷人,原爲後唐河東節度使,向契丹割地稱臣,借兵滅後唐,被契丹册爲大晉皇帝。他割幽、薊等十六州給契丹,每年貢帛三十萬匹,稱契丹君主爲"父皇帝",成爲歷史上無恥君主的典型。

[6]　借金亡遼:北宋徽宗宣和二年(1120),宋金締結夾攻遼朝的盟約;四年,雙方出兵夾擊,宋軍大敗,金軍則攻佔遼燕京;七年,金滅遼,隨即揮兵南下攻宋。宋徽宗被迫傳位欽宗。但次年汴京就被金兵攻陷,徽、欽二帝都當了俘虜,北宋亡。

[7]　借元亡金:南宋理宗紹定六年(1233),蒙古窩闊台汗遣使取得理宗同意,共

出兵攻金;同年蒙古軍攻陷洛陽,金哀宗南逃蔡州;次年南宋出兵夾攻蔡州,並運米三十萬石充蒙古軍給養;蔡州城破,金哀宗自殺,宋軍分得其部份遺骨撤退,金亡;蒙古軍盡得金地,與南宋直接對峙,至忽必烈時滅南宋。

[8] 朔方之衆:指郭子儀部兵馬。郭子儀本兼朔方右廂兵馬使,安史亂後任朔方節度使。

[9] 僕固懷恩:唐將領,鐵勒族人。安、史亂時,從郭子儀、李光弼作戰,常任前鋒,屢立戰功。肅宗至德元載(756),使回紇請兵平定河北。累官尚書左僕射,兼中書令,河北副元帥,封太寧郡王。代宗寶應二年(763)以怨望叛變,屢引回紇、吐蕃內犯。傳見《舊唐書》卷一二一、《新唐書》卷二二四。

[10] 杜甫擬絕天驕花門蕭瑟之詩:《杜少陵集》卷七《留花門》詩,首句:"花門天驕子,飽肉氣勇決。"末句:"花門既須留,原野轉蕭瑟。"按花門指回紇。居延海北三百里有花門山堡,是回紇騎兵馳場,故借稱。《漢書·匈奴傳》説胡人是"天之驕子",言其種族強悍。這首詩表示了杜甫對回紇的態度,王嗣奭《杜臆》説:"題目《留花門》,言不當留也。"

[11] 連吐蕃以入寇,天子爲之出奔:代宗廣德元年(763)秋,吐蕃入侵,代宗出奔陝州。吐蕃入長安。越十二日,郭子儀兵到,吐蕃退走。事見《通鑑》卷二二三。

[12] 郭汾陽:即郭子儀(697—781),唐代著名軍事家。已見本書《通鑑紀事本末·安史之亂》注[53]。

[13] 孫孝哲、安守忠、李歸仁、張通儒、田乾真:都是安禄山部下的驍將。

[14] 薛景僊破賊於扶風:唐玄宗天寶十五載(756)六月,安禄山派兵寇扶風,被薛景僊所擊退,時景僊官陳倉令。以後江淮一帶同蜀和靈武的交通運輸,都由襄陽轉扶風;扶風一役,對唐室復興,很有關係。事見《通鑑》卷二一八。

[15] 兼收河西、安西之旅,以臨欲潰之賊:唐肅宗時,調到關中同安史叛軍作戰的,是河西、安西二鎮的邊防軍,和安西鎮所屬西域各少數族兵馬。至德二載(757),安禄山被其子安慶緒所殺,史思明據范陽同安慶緒對立。叛軍分裂,兵勢大衰。

[16] 王忠嗣:唐玄宗時將領,曾任河西、隴右節度使,鎮壓安史叛亂的唐將李光弼、王思禮等多屬他的舊部。已見本書所選《通鑑紀事本末·安史之

亂》注[18]。

[17] 哥舒翰：唐玄宗時將領。王忠嗣被廢後，他繼任河西、隴右節度使，是最初唯一手握重兵能同安祿山對抗的邊帥。已見本書所選《通鑑紀事本末·安史之亂》注[30]。

[18] 同羅：部落兵，爲鐵勒（敕勒）諸部之一。已見本書所選《通鑑紀事本末·安史之亂》注[28]。唐太宗貞觀二年（628），曾遣使入朝請內屬。安祿山反，又刧持同羅叛變。

[19] 陳濤之敗：肅宗至德元載（756）十月，許宰相房琯親自帶兵平叛，謀收兩京。他分兵三路，其中軍、北軍同安守忠軍遭遇，戰於陳濤。琯妄用古車戰法，被敵縱火焚燒，兵陣大亂，慘敗，士卒死亡四萬多人。事見《通鑑》卷二一九。陳濤，地名，即陳濤斜，一名陳陶，又名陳陶澤，在咸陽東。

[20] 繼以清渠：肅宗至德二載（757）五月，唐將郭子儀、王思禮軍同安祿山部將安守忠軍相持於長安西清渠。叛軍僞退，誘官軍追逐，然後用長蛇陣夾攻。官軍大敗，軍資武器悉數損失，郭子儀因此退守武功。事見《通鑑》卷二一九。清渠，渠名，在引豐水入渭水的漕渠之東。

[21] 已至鳳翔：至德二載（757）春，唐肅宗率小朝廷移駐鳳翔（今陝西鳳翔），升郡爲府，稱西京。

[22] 李泌欲分安西、西域之兵，並塞以取幽、燕：李泌字長源，唐京兆（今陝西西安）人。幼才敏，稱爲“奇童”。及長，博學。玄宗時，以翰林供奉太子東宮。歷仕肅宗、代宗、德宗三朝，位至中書侍中、同平章事，封鄴縣侯。傳見《舊唐書》卷一三〇、《新唐書》卷一三九。至德二年（757）二月，泌向肅宗建議，遣安西、西域之衆並塞北出取范陽，覆滅巢穴，使叛軍退無所歸。肅宗急於收復長安，説：“朕期於晨昏之戀，不能待此決矣。”事見《通鑑》卷二一九。“期於晨昏之戀”，意思説：希望收復長安後，迎玄宗歸朝，自己得以早晚侍奉。安、史亂後，降將割據河北，開藩鎮割據的局面，所以王夫之以爲如果採用李泌的計劃，河北藩鎮跋扈的禍害可以消除。

[23] 南內幽居，父幾死於宦豎之手：玄宗自蜀歸，以太上皇獨居興慶宮，有時登長慶樓，過往行人見之往往瞻拜呼萬歲。宦官李輔國以爲不利於肅宗，強迫玄宗遷居西內。玄宗被脅迫，受驚幾乎墜馬。事見《通鑑》卷二

二一肅宗上元元年(760)七月。按唐以長安的興慶宮爲南内,太極宮爲西内,大明宮爲東内。

[24] 上皇:天寶十五載(756)七月,唐肅宗在靈武即位,尊玄宗爲上皇天帝,改元至德。

[25] 永王璘巳有瑯邪東渡之雄心矣:永王李璘,肅宗弟,天寶十五載(756),領四道節度使,鎮江陵,謀收復失地,舉兵東下,江、淮震動。肅宗怕永王璘爭奪帝位,派兵進攻。至德二載(757)二月,永王璘敗死。事見《通鑑》卷二一九。按瑯邪東渡指東晉元帝渡江建立東晉王朝事。元帝司馬睿,嗣父爵爲瑯邪王,公元316年,劉曜攻陷長安時,立爲晉王。次年,晉愍帝被害,遂在建康即帝位。此言永王璘有模仿晉元帝建立東晉的野心。

[26] 海岱、江淮、荆楚、三巴分峙而起:天寶十五載(756)七月,唐玄宗在蜀,任永王璘爲山南東道、嶺南、黔中、江南西道節度都使,任盛王琦爲廣陵大都督,領江南東道及淮南、河南等道節度都使。

[27] 日暮倒行:"日暮塗遠、倒行逆施",語見《史記·伍子胥傳》。

[28] 屈媚回紇,縱其踩踐:清渠敗後,唐肅宗聽從郭子儀建議,向回紇請兵援救。回紇懷仁可汗遣子葉護率精騎四千至鳳翔。唐肅宗大喜,同葉護相約:"克城(長安)之日,土地士庶歸唐,金帛子女皆歸回紇。"事見《通鑑》卷二一九。

[29] 決遣燉煌王以爲質:至德元載(756)九月,唐肅宗封齮王守禮的兒子承寀爲燉煌王,同僕固懷恩使回紇請兵。回紇可汗妻李承寀以女。肅宗封回紇女爲毗伽公主。事見《通鑑》卷二一八、二一九。

[30] 童貫、孟珙之僅隨虜後也:北宋徽宗宣和四年(1122),任童貫爲河北、河東宣撫使,屯兵邊境以應金人。金人攻遼屢勝;宋屢敗,曾一度攻入遼燕京,又潰退。事見《續通鑑》卷九三、九四。南宋理宗紹定六年(1233),蒙古遣使約宋夾攻蔡州,宋遣荆鄂都統孟珙與蒙古會師圍蔡。事見《續通鑑》卷一六六、一六七。

[31] 屬階:猶言惡的開端,詞出《詩·大雅·瞻卬》。

[32] 嚆矢:嚆(hāo)矢原指有聲響的箭鏃。發射時,聲在箭先,故引申以譬喻事物的開始。詞出《莊子·在宥》:"焉知曾、史之不爲桀、跖嚆矢也。"

元代州域形勢〔讀史方輿紀要卷八〕（節錄）

(上略)世祖忽必烈因累世之業[1]，改號曰元，至元八年，始改稱元。摧滅弱宋，遂一天下。

> 史略[2]：忽必烈襲位於開平，今宣府鎮東北七百里有開平廢縣。遣使如宋議和，不報[3]。宋咸淳四年，遣兵攻襄陽[4]。九年，襄陽陷，乃命伯顏[5]等沿漢入江，長驅東下，別將出淮西，趣揚州。既而伯顏入鄂，復分軍規取荊、湖以南。德祐初，伯顏入建康。尋分道趣臨安，宋奉表請降，伯顏以帝后北去[6]。自是窮陬遠島，宋無遺境矣[7]。

踵遼、金故迹，仍都於燕[8]。

> 都邑考[9]：太祖鐵木真十五年，定河北諸郡，建都和林[10]。自是五傳，皆都於此。世祖中統初建開平府，營闕庭於其中，而分立省部[11]於燕京。先是鐵木真克金中都，改曰燕京路，而大興府仍舊。五年，號開平爲上都。至元初，又稱燕京爲中都。四年，改營中都城，遂定都焉。九年，改中都曰大都。又至元五年，改開平府曰上都路，二十一年，改大興府曰大都路。自是大都歲嘗過幸。

立中書省[12]一，行中書省[13]十有一，至大二年，行中書省俱改曰行尚書省，四年復故。

> 史略：元立中書省，統河北、山東、山西地，謂之"腹裏"。領大都等路二十九，曹州[14]等州八，又屬府三，順寧、中山、河中[15]也，屬州九十一。順寧即唐之武州，今爲宣府鎮。而立行中書省，分鎮藩服，曰嶺北[16]，領和寧路，即和林也。蒙古初

建都於此,曰元昌路,尋改轉運和林使司。中統以後,不復建都,置宣慰司及都元帥府於此。大德十一年,始改立和林等處行中書省。皇慶初,改曰嶺北行省,而和林路亦改曰和寧路,漠北諸屯戍皆屬焉。曰遼陽[17],領遼陽等路七、咸平府[18]一、屬州十二,遼東西諸城鎮以及高麗之西京皆屬焉。《元志》[19]:至元六年,高麗統領李延齡等,以國中乖亂挈西京五十餘城內附。八年,改西京爲東寧府,尋改曰東寧路,以領其地。西京即高麗平壤城也。咸平府,金所置,見前。曰河南[20],亦曰河南、江北等處行中書省,領汴梁等路十二,南陽[21]等府七,荊門州[22]一,屬州三十四,自河南至淮東、西。又湖北之境,亦分屬焉。《元志》:至元十年,嘗置河南等路行省於襄陽。十三年,又置淮南行省於揚州,尋皆改廢。至正中,復置淮南行省於揚州。汴梁路即宋開封府,荊門州即宋荊門軍也。曰陝西[23],領奉元[24]等路四,鳳翔[25]等府五,邠州[26]等州二十七,屬州十二,自陝西以至漢中,又西南至四川西山[27]諸州之境皆屬焉。奉元即宋京兆府也。曰四川[28],領成都等路九,府三,潼川、紹慶、懷德[29]也,又屬府二,曰保寧、廣安[30],屬州三十六,軍一,長寧[31]也。自四川及湖廣、貴州諸蠻境皆屬焉。《元志》:中統三年,置陝西、四川行省,治京兆。二十二年,始分置四川行省於成都。懷德府在今西陽宣撫司西南。保寧府即宋閬州,廣安府即宋廣安軍,與長寧軍俱見前。曰甘肅[32],領甘州等路七,州二,曰山丹、西寧[33],又屬州五,西涼、瓜、靈、鳴沙、應理[34]也。元至元八年,以置西夏中興等處行中書省。二十五年,改中興府[35]爲寧夏路。元貞初,并寧夏行省於甘肅。山丹、西寧,今陝西屬衛也。應理州在今莊浪衛[36]東,元所置。餘並見前。曰雲南[37],領中慶等路三十七,府二,曰仁德、柏興[38],又屬府三,曰北勝、永昌、騰衝[39],屬州五十四,自雲南接四川西南,又東接貴州西境諸蠻皆屬焉。中慶路即今雲南府。仁德今爲尋甸軍民府。柏興今四川建昌行都司鹽井衛也。北勝今雲南直隸州。永昌即今永昌軍民府。騰衝今爲騰衝軍民衛。又雲南境內有甸寨軍民等府,不在路州府之列。曰江浙[40],領杭州等路三十,府一,曰松江[41],州二,曰江陰、鉛山[42],屬州二十一,自兩浙以至江西之湖東[43],又福建境內俱屬焉。《元志》:至元二十一年,自揚州遷江淮行省治杭州路,改曰江浙行省。又至元十五年,置福建行省於泉州路[44]。十八年,遷治福州[45]。自是徙治不一,二十二年,併入江浙行省。其後復析置。大德初,改爲福建平海等處行省,仍治泉州。至正中,還治福州。蓋時廢時置也。松江即今府,元所置。江陰州即宋江陰軍。鉛山今江西饒州府[46]屬縣。曰江西[47],領龍興等路十八,南豐[48]等州九,又屬州十三,自江西至廣東之境皆屬焉。龍興路即今南昌府。南豐今建昌府[49]屬縣。曰湖廣[50],領武昌等路三十,歸州[51]等州十三,府二,曰漢陽、平樂[52],安撫司十五,軍三,曰南寧、萬安、吉陽[53],屬州十七,自湖廣至廣西、貴州及四川南境皆屬焉。至正中,又分置廣西行省於靜江路[54]。漢陽即宋漢陽軍。平樂即宋廣西路之昭州。南寧等軍俱見宋廣西路。曰征東[55],與高麗國同治,領府二,曰瀋陽等路高麗軍民總管府[56]、耽羅軍民總管府[57]。又慶尚等道勸課司使五,高麗國境皆屬焉。《元志》:至元中,以征日本,置征東行省於高麗,尋廢。大德三年,復置。自是屢廢屢置。瀋陽,今遼東屬衛。耽羅,今朝鮮全羅道南境濟州城也。而邊境番夷皆立官分職以統隸之。如宣慰、宣撫之屬。蓋疆理之遠,軼於前代矣。

路一百八十五,府三十一,州三百五十九,軍四,四川一,湖廣三,見上。安撫司十五[58],皆在湖廣境內。曰播州沿邊安撫司[59],即唐播州也;曰思州軍民安撫司[60],亦即唐之思州;曰慶遠南丹溪洞等處軍民安撫司[61],即宋之慶遠府;曰乾寧軍民安撫司[62],即宋之瓊州;曰順元等路軍民安撫司[63],即今貴陽府;曰新添葛蠻安撫司[64],即今貴州新添衛;曰盧番靜海軍安撫司[65],今貴陽府盧番長官司也;曰程番武勝軍安撫司[66],今為程番長官司;曰方番河中府安撫司[67],今為方番長官司;曰臥龍番南寧州安撫司[68],今為臥龍番長官司;曰金石番太平軍安撫司[69],今為金石番長官司;曰小龍番靜蠻軍安撫司[70],今為小龍番長官司;曰大龍番應天府安撫司[71],今為大龍番長官司;曰羅番遏蠻軍安撫司[72],今為羅番長官司;俱屬貴陽府,蓋羈縻諸蠻地也。《元志》:思、播諸州,以及順元諸番安撫司,初皆屬四川,至元二十八年,始改屬湖廣云。縣一千一百二十七。東盡遼左,西極流沙,南越海表,北逾陰山。東西萬餘里,南北幾二萬里。

鄭氏[73]曰:"分州始於人皇。州統縣,縣統郡,始於周。郡統縣,始於秦。州統郡,郡統縣,始於漢。割據之世,置州乃多。隋文析天下為州,煬帝改州為郡,而州郡相等。唐混州郡為一,於建置京邑之州,則始命為府。宋又府州並列矣。"自元建路、府、州之制,州乃益降而小,幾與縣同列云。王氏[74]曰:"元人制路、府、州、縣之等,分路始於宋,金人從而附益之。元分路益多,路遂與府州并屬於行省。其制大率以路領州,州領縣。亦有以路領府,府領州,州領縣者。又有府與州不隸路而直隸省者。其戶口之多,與地之廣,雖漢、唐極盛之際,有不逮焉!何也?元起於沙漠,遂兼西域,其西北所至,未可以里數限也。要荒之甸不分,疆索之防不設,古今中外之勢至此一變焉。噫！亦乾坤之異數已。"

及元運將傾，驅除輩出。劉福通潁上一呼[75]，實為之倡。

史略：元主妥懽帖睦爾[76]嗣位，綱維日紊，民心怨叛，多以妖術聚眾。近自畿輔，遠至嶺海，倡亂者以百數。至正十一年，劉福通聚眾破潁州，福通，潁州人，以妖術事欒城韓山童[77]，至是起兵，以紅巾為號。欒城，今真定府屬縣。據朱皋[78]，朱皋鎮在潁州南七十里。引兵西略，轉陷汝寧府及光、息二州。[79]十五年，迎韓林兒[80]為帝。林兒即山童子。時山童被殺，林兒遁武安。福通自碭山[81]夾河迎立之，號為小明王。武安今河南磁州屬縣。碭山今徐州屬縣。夾河在縣西南五十里。據亳州[82]稱宋。既而為元軍所敗，林兒走安豐[83]。時元兵敗福通於太康，進圍亳州。林兒南走。太康[84]今陳州屬縣。安豐即壽州也，元曰安豐路。十七年，福通等復熾，遣其黨毛貴陷膠州[85]，而北略山東諸州郡；倪文俊陷陝、虢諸州，破潼關，掠同、華以西[86]；李武等亦入武關，見前。破商州，趣長安[87]。文俊等尋為察罕帖木兒[88]所敗，引還。福通尋引兵攻汴梁，復分遣關先生[89]等趣晉、冀，元以平陽府為晉寧路，太原府為冀寧路，謂之晉冀是也。白不信[90]等趣關中；而毛貴據益都[91]，時山東城邑多附於貴。勢大振。福通尋陷曹、濮、大名及衛輝諸路[92]；白不信等轉入南山，終南山也，見前。破興元，陷秦隴，據鞏昌，窺鳳翔[93]。尋復為察罕所敗，遁入蜀。十八年，田豐陷東平[94]，豐本元將，降於福通。毛貴陷清、滄諸州，據長蘆鎮，今滄州治是也。時田豐陷濟寧及東昌路，貴復陷濟南及般陽路。般陽即宋淄州。遂取河間，踰直沽，今河間府靜海縣北九十里小直沽是也。衛河合白河之水，由此入海，天津衛在焉。攻薊州及漷州，漷州今通州漷縣。略柳林[95]，在漷縣西。縣又有棗林。時毛貴等自漷州至棗林，遂略柳林，逼畿甸。京師震恐。尋為元將劉哈剌不花所敗，潰還濟南。關先生等分二道，一出絳州，一出沁州；踰太行，焚上黨，破遼州及晉、冀、雁門、雲中、代郡，雲中謂大同府，代郡謂蔚州也。烽火數千里；遂出上谷[96]，謂宣府鎮。大掠塞外諸郡，焚毀上都宮闕；自是元主不復時巡至上都矣。轉掠遼陽，入高麗。其後二十二年，福通敗亡，關先生餘黨復引而西攻上都，元字羅帖木兒擊降之。福通亦陷汴梁，據其城，自安豐迎韓林兒都之。元將周全以懷慶路降於福通,王信亦以滕州降[97]。田豐復陷順德[98]等路。於是巴、蜀、荆、楚、江、淮、齊、魯、遼海,西至甘肅,所在兵起,與福通相聯結。十九年,毛貴爲其黨所殺,部將因互相仇敵,勢遂弱。會察罕帖木兒起義兵擊賊,察罕,沈邱人,至正十二年起義兵,所向有功。沈邱今陳州屬縣。先定關、陝,復清河東,引兵南下,遂拔汴梁;福通復以林兒走安豐,於是河南悉定。察罕乃圖山東,會兵進討,所至降下。二十二年,察罕圍益都未下,爲降賊田豐所殺,先是田豐進陷保定路,以察罕來攻,引還濟寧,復降於察罕。保定今直隸屬府。其子擴廓帖木兒[99]代總其兵,盡平餘寇。於是元人復有山東、陝西、河南地;然江、淮以南,不敢復問矣。二十二年,張士誠[100]將呂珍入安豐,殺福通,林兒南走。二十六年,終於建康。

於是乘時並奮者,方國珍據浙東[101]。

史略:至正八年,黃巖民方國珍兵起。黃巖今台州府屬縣。國珍結黨入海,刧掠漕運。元兵討之,不克,勢遂熾。十一年,焚掠沿海州郡,元遣使招之。自是屢降屢叛,閩浙運道遂爲所阻。國珍擁巨艘千餘,據海道,阻絕糧運,元人始困。尋據有台、溫、慶元三郡地。二十五年,元授國珍淮南行省左丞相,分省慶元。

張士誠據浙西。

史略:至正十三年,泰州白駒場亭民張士誠兵起。白駒場在今高郵州興化縣東北百二十里。陷泰州及興化,即今興化縣。進據高郵,稱王。士誠自稱誠王,國號周。十四年,寇揚州,陷盱眙及泗州[102],盱眙縣今屬泗州。既而脫脫[103]擊敗士誠於高郵城外,取天長、六合諸城戍。天長縣今屬泗州,六合縣屬應天府。士誠窮蹙。會脫脫獲罪去,泰不花[104]代總其兵,士誠遂復熾。十六年,陷平江路[105],據之。士誠改平江路爲隆平府。進陷湖州、松江、常州諸路,又遣兵破杭州,既而元復取之。陷淮安。十七年,士誠降元。二十三年,稱吳王。時士誠遣兵據杭州,又并嘉興路,表求王爵。元主未許,遂自稱吳王。又兼有紹興路，北逾江，據通、泰、高郵、淮安、徐、泗、宿、濠、安豐諸郡，號爲富強。

陳友諒[106]據湖廣。

史略：先是至正十一年，羅田人徐壽輝[107]兵起，壽輝一名貞興，麻城人，鄒普勝共起兵，亦以紅巾爲號。羅田、麻城，今黃州府屬縣也。陷蘄水縣及黃州府。蘄水縣亦爲黃州府。壽輝遂據蘄水稱帝，國號天完。遣兵陷饒、信諸州。十二年，陷漢陽、武昌及安陸、沔陽，安陸府今日承天府，沔陽府今承天府屬州。又陷興國、九江[108]，宋興國軍，元爲興國路。九江元曰江州路。復分兵略東西諸州郡。時西陷鄂州及房州，東陷南康及袁、瑞諸州。又別將項普略自饒州，轉陷徽州及杭州，爲元將董振霄所敗，杭徽二州復爲元有。又遣將據池陽、太平諸路[109]。池陽，元曰池州路。太平路即今府。時壽輝將趙普勝據池陽、太平，遂攻安慶。元將星吉募兵進擊，克池州及江州。普勝與吉戰於湖口，吉敗死，遂復據其地。十三年，元兵攻壽輝於蘄水，壽輝走黃州。時江西、浙江、湖廣行省，共討壽輝，復饒州、江州、富州、臨江、瑞州及武昌、漢陽諸郡；進攻蘄水，拔之。富州，今南昌府豐城縣也，元置州於此。十五年，壽輝將倪文俊復破沔陽，入襄陽，襄陽旋爲元兵所復。轉陷中興路。即今荊州府。十六年，又取漢陽，遂營宮室，迎壽輝入據之；復進陷常德、澧州、衡州、岳州諸路[110]。明年，陷峽州[111]，遂入蜀，使明玉珍[112]守之而還。尋謀殺壽輝，不果，乃奔黃州。別將陳友諒襲殺文俊，并其兵，自稱平章。友諒本沔陽漁人子，從壽輝等起兵，隸文俊麾下。尋別領一軍爲元帥，既并文俊兵，遂強，遽不可制。十八年，友諒陷安慶路，又破龍興路，復略吉安、建昌，進攻贛州及汀州諸路[113]，皆陷之。十九年，取信州路，進略衢州，分遣兵陷襄陽府，又南入杉關[114]。先是友諒遣將攻邵武未下，至是復分兵陷杉關，侵福建諸州郡。杉關在今邵武府光澤縣西北九十里，詳福建重險。既而徙其主壽輝於江西，自稱漢王。初壽輝聞友諒破龍興，欲徙都之，至是引兵自漢陽東下。友諒忌其逼己，伏兵江州城西，壽輝至，伏發盡殺其部曲，止存壽輝一人，居之江州。二十年，友諒陷太平，弒其主壽輝於舟中，友諒帥舟師犯太平，挾壽輝俱東。太平陷，急謀僭竊，乃殺之於采石舟中。僭稱帝，國號漢。都江州，時湖廣、江西以及江東境內州郡多爲友諒所竊據，地廣兵強，爲上游勁敵。

明玉珍據兩川[115]。

　　史略：至正十七年，徐壽輝將明玉珍從倪文俊入蜀，玉珍，隨州人，從壽輝起
　　兵爲別將。所至潰降。文俊因命玉珍守成都而還。文俊既死，玉珍以蜀
　　地險遠易固，遂謀據之，益掠取附近諸城邑。二十一年，取嘉定等路，又
　　悉并東川郡縣。明年，引兵侵雲南，屯金馬山。在雲南府東二十五里。既而
　　敗卻，於是東扼夔關，即夔州府。南戍瀘水，即金沙江也，見前忽必烈逾金沙江。
　　時玉珍屢越瀘水侵雲南，皆不克。稱隴蜀王。既又分兵克龍州青川[116]，今龍
　　安府東百二十里青川所是也。掠興元、鞏昌諸路，復敗還。二十三年，稱帝。
　　國號夏，都成都。二十六年，卒，子昇嗣。

陳友定據福建[117]。

　　史略：至正十九年，清流人陳友定起義兵擊賊，清流，今汀州府屬縣。以功授
　　行省參政。二十三年，復取汀州路，時汀州爲陳友諒所有。元主命友定分省
　　汀州。二十四年，遷於延平。尋授福建行省平章事，友定遂據有八
　　閩[118]之地。

何真據廣東[119]。

　　史略：至正二十年，東莞人何真起義兵擊賊，東莞，今廣州府屬縣。元主立江
　　西分省於廣州，命真爲右丞。真據東莞，兼有循、惠二州地[120]。

擴廓據山西。

　　史略：初擴廓帖木兒代父任，擴廓一名王保保，本察罕姊子也。總兵柄。至正
　　二十五年，封河南王，時命擴廓總制關、陝、晉、冀、山東諸道，并逸南一應軍馬，討
　　江、淮、川、蜀拒命者。擴廓屯懷慶，尋移彰德，調度各路軍馬。節制諸軍。會陝西
　　諸將李思齊[121]等不受命，擴廓遂治兵相攻。時擴廓以陝西行省參政張良

弼[122]首謀拒命,遣兵攻之,軍於鹿臺。李思齊等遂與良弼合兵拒擴廓。擴廓因遣軍屯濟南,以控山東,而悉力與思齊等相持。鹿臺在今西安府高陵縣西南三十里鹿苑原上。二十七年,詔解擴廓兵柄。擴廓遂還據澤州,復遣兵入太原,時元主以擴廓擁兵彰德,擅攻陝西諸將,疑其有異志,命太子總天下兵馬使,擴廓自潼關以東清江淮,李思齊等自鳳翔以西取川、蜀、陝西行省,禿魯等出武關取襄、樊。擴廓復不受分兵之命。於是其將貊高、關保等皆叛,且列擴廓罪狀於朝,請討之。元主落擴廓職,使以河南王食邑汝州,所在諸將分統其兵。擴廓復不受命。既而自澤州西保晉寧[123]。初擴廓趨澤州,衛輝、彰德爲貊高所據。至是,澤、潞二州爲關保所據,與高合兵攻平陽。尋皆爲擴廓所擒。元主尋復其官。擴廓引兵北出,據守太原。

李思齊、張思道等據關中。

史略:初,羅山人李思齊與察罕共起義兵,羅山,今河南信陽州屬縣。積功爲陝西行省[124]。至正二十五年,擴廓受總制諸軍之命。思齊不奉詔,與張良弼等合兵拒之。良弼一名思道,至正二十四年,爲陝西行省參政,屯藍田[125],與思齊相攻。至是,與其黨奉思齊爲盟主,以拒擴廓。藍田,今西安府屬縣。擴廓遣兵攻之,不克。思齊等遂專制陝西之地。

劉益據遼東[126]。

史略:劉益仕元,至正中,爲遼陽行省平章事,遂據有其地。

梁王、段氏據滇、洱[127]。

史略:把匝剌瓦爾密一名字羅世守雲南,至元四年,封皇子忽哥赤爲雲南王,爲都元帥保合丁所毒死。二十七年,改封皇孫甘麻剌爲梁王。自是鎮雲南者多以梁王及雲南王爲封爵。至正初,把匝剌瓦爾密以宗室襲封梁王。而段氏亦世爲大理酋長,段思平自石晉天福中,據有南詔地,稱大理國。宋寶祐三年,蒙古忽必烈攻大理,段興智迎降,因改置大理萬户府授之。尋又改爲大理路總管,使世守其職。共據滇、洱之

境。滇池在雲南府城南；洱海在大理府城東。俱詳見雲南大川。（下略）

——據嘉慶十六年(1811)敷文閣刊本

【解題】

《讀史方輿紀要》，一百三十卷，明末清初顧祖禹撰。清初的歷史沿革地理名著。

從《漢書》開始，我國古代的許多"正史"都有《地理志》(或稱《州郡志》、《地形志》、《郡縣志》)，記載各歷史時期的郡縣建置、户口多寡，兼及山川、風俗、物產，爲古代地理和歷史的研究提供了重要資料。但由於歷代政區劃分常有變動，各地區開發早晚不一，自然環境和水利工程等屢有變異，人口移徙不定等等，每每給史家的研究工作帶來很大困難。所以從唐、宋以後，不少學者都注意把古今地理因革變遷連貫起來考察。杜佑《通典·州郡門》開了端緒。此後研究日多，沿革地理遂成爲專科學問。南宋學者，用力更勤。鄭樵《通志·二十略》的《地理略》、馬端臨《文獻通考·輿地考》以及王應麟的《通鑑地理通釋》，都稱名著。顧祖禹和前人研究地理沿革的最大不同處，就是非常注意"切實用"。本書《總敍》有一段話，便是明證："祖禹之爲此書也，以史爲主，以志證之；形勢爲主，以理通之。河渠溝洫，足備式遏，關隘尤重，則增入之。朝貢四夷諸蠻，嚴別内外，風土嗜好，則詳載之。山川設險，所以守國，遊覽賦詩，何與人事？則汰去之。"顯然，作者屬於明清之際主張"經世致用"那一派學者之林。他們既痛心於明末統治的腐敗，又不滿於清初統治者嚴重侵害漢族地主階級的利益。這種矛盾的情緒，在《讀史方輿紀要》裏表現得十分突出，例如說："凡吾所爲此書者，亦重望夫世之先知之也。不先知之，而以惘然無所適從者任天下之事，舉宗廟社稷之重，一旦束手而畀之他人，此先君子所爲憤痛呼號以至於死也。"(《總敍》三)又如反對當時流行的對北方少數族軍事力量的畏懼心理，以爲"起於西北者可以并東南，而起於東南者又未嘗不可以并西北"(《總敍》二)。正因如此，作者研究歷史地理，主要是用軍事史家的眼光看問題。他推崇《孫子兵法》關於地利、嚮導的理論，自述本書即爲明地利之作，"以俟來者"，"世亂則由此而佐折衝、鋤强暴，時平則以此而經邦國、理人民"(《總敍》三)。這就是他心目中的"致用"。所以他的摯友魏禧評論本書時，認爲"其深思遠識，有在於言語文字之外，非方輿可得紀者"(《讀史方輿紀要敍》)。

本書首列歷代州域形勢，凡九卷，仿朱熹《通鑑綱目》的體例，自撰綱要，再爲作注。次以明代兩京(直隸、江南)十三布政司(省)的行政區劃爲單位，分別敍述，凡一百十四卷。都先冠以總序，次附地圖，再次爲正文。總序列疆域沿革和名山大川的險要，使讀者對這一方的形勢洞然明瞭。正文則分別按府、州、縣爲綱，次第敍述它的城邑、山川和關隘，並加特見(專述某城某山)、附見(述一山或一水而附以別山或別水)和互見(言某山而旁及某水等)。再次六卷總述山川、漕河和海道。最後一卷記載分野。全書正文頂行寫，注低一格寫(本書選篇改爲低二字)，或引用當時正史稗乘的記載以説明正文，或援據後人意見乃至直抒己見以進行評論；夾行小字(本書選篇改爲單行小字)是注中之注。眉目清楚，脈絡分明。卷首有《總敍》三篇，自述著述動機和目的；凡例二十六則，概述全書要旨。

本書詳論"山川險易，古今用兵戰守攻取之宜，興亡成敗得失之迹"，而不録"景物遊覽之勝"(魏禧《敍》)。意在從地理形勢的角度，總結歷代軍事行動勝負得失的經驗教訓。所以本書有別於其他封建書生談兵之作，不僅是歷史沿革地理的名著，也是軍事地理史的鉅製。同時，作者撰著態度嚴謹，對以往那些專著襲僞踵謬、名實乖錯的地方，一一根據正史考訂修正，並且重視實地調查訪問。他説："至於舟車所經，亦必覽城郭，按山川，稽里道，問關津；以及商旅之子、征戍之夫，或與從容談論，考核異同。"(《總敍》二)雖然受當時條件限制，未能周遊全國，特別是未能親自去邊塞進行實地考察，主要依靠書本知識，未免仍有缺誤；但如彭士望《敍》所説："是人則踽踽窮餓妻子之不惜，獨身閉一室之中心，周行大地九萬里之內外，別白真僞，如視掌中，手畫口宣，立爲判決。召東西南北海之人，質之而無疑；聚魁奇雄傑、閎深敏異之士，辯之而不窮，據之而有用。"

顧祖禹在書中把明朝的覆亡歸咎於當事者不明山川形勢，過於强調地理環境的決定性影響；對於農民起義，抱着傳統的敵視態度。同時所論僅至明嘉靖朝，以後則語焉不詳，對當世則絶口不提；而全書的着眼點只在山川險要、戰守形勢，對各地區的經濟、物產、人口、風俗等很少注意。

本書由於作者對清朝抱着明顯的不合作態度，所以很受當時統治者所忌。今本中遼東行都司一卷所記建州史實，便被清人任意删削。原本稱明朝爲"國朝"，今本悉經後人改爲"明"。乾隆中修《四庫全書》，館中雖採進本書刻本、傳鈔本數種，但始終未被列入《全書》中。本書在作者生前，僅由無錫華氏於康熙五年(1666)刻出其中《歷代州域形勢》部分五卷。直到嘉慶十六年(1811)，才由四川敷文閣龍氏刻出全稿。敷文閣本由彭元瑞校定，較爲精審。1955年中華書局曾據商務印書館《國學基本叢書》排印本重印，尚可供參考。

《元代州域形勢》，節選自《讀史方輿紀要》卷八。《歷代州域形勢》類似全書總論。如果注意到元朝同清朝一樣，也是中國古代少數民族建立的王朝，又同明朝一樣，也是被農民起義推翻的王朝,那末,對於作者在這篇關於元朝政治地理的總論中間,爲甚麼一面詳細記録元末農民起義的地理分佈,一面卻在遣詞造句時表示對各路義軍的貶斥,便不難索解。

顧祖禹(1631—1692),明末清初歷史地理學家。字景范,常住無錫宛溪,學者稱宛溪先生。江蘇無錫人。高祖大棟,明嘉靖中,官光禄丞,曾撰《九邊圖説》行世,對祖禹治學方向影響甚大。父柔謙,精史學。明亡後,移家常熟,隱居不仕,同江陰黄毓祺等交好。清軍南下,毓祺等死於抗清鬥爭,柔謙非常悲憤。他以爲《明一統志》對於戰守攻取之要,大都不詳;於山川條列,又復割裂失倫;以致學者對封疆形勢,惘然不知,一旦當政,關河天險也都不知防守,終於亡國。因此,他每告誡祖禹,"掇拾遺言,網羅舊典,發舒志意,昭示來兹"(《總敘》一)。祖禹遵循遺志,隱居鄉里,在極度貧困的生活條件下,不顧妻子窮餓,專心撰述《讀史方輿紀要》。從二十九歲開始,徧考羣書,貫穿諸史,旁及稗乘,搜羅官私所修各種地志,兼及親身見聞,前後歷二十年,凡十易草稿,到五十歲,才撰成本書。晚年,曾應徐乾學召,一度預修《大清一統志》。同局的閻若璩、胡渭、黄儀等,都是通曉歷史地理的考據學者。顧祖禹同他們切磋研究,又得縱觀局中豐富的藏書,學問陡進,這對《讀史方輿紀要》的定稿是有幫助的。徐乾學欲推薦他出仕,力辭作罷。康熙三十一年(1692),卒於家,年六十二。著作除本書外,還有《輿圖要覽》四卷、《古本方輿書目》二卷。傳見《清史稿》卷五〇六、《清史列傳》卷七〇。

【注釋】

[1] 世祖忽必烈因累世之業:忽必烈(1215—1294),成吉思汗孫,元朝建立者。"因累世之業",指忽必烈即位前,蒙古汗國已三世四傳。即位後,他統治了汗國的主要部分,滅亡南宋,統一中國,建立元朝。紀見《元史》卷四至一七、《新元史》卷七至十二。

[2] 史略:歷史記載的節略。

[3] 忽必烈襲位於開平,遣使如宋議和,不報:開平在今內蒙古正藍旗東閃電河北岸。南宋理宗寶祐五年(元憲宗七年,1257),蒙古軍分三路攻宋。憲宗蒙哥自將一路軍攻蜀,命弟忽必烈率一路軍攻鄂州(今湖北武昌)。南宋遣權臣賈似道領兵援鄂。賈似道密遣使到元軍請和、願稱臣納幣。

適蒙哥攻合州(今四川合川東)陣亡,發生汗位繼承問題,忽必烈急於北返爭位,遂許和退師,約南宋歲納銀絹各二十萬。賈似道謊報擊退蒙古兵以邀功。忽必烈到開平,不經"庫烈爾台"大會推舉,即大汗位,於中統元年(1260),派郝經等使宋索取歲幣。賈似道怕請和、謊報事敗露,密令淮東制置使李庭芝拘囚蒙古使臣。忽必烈因下詔攻宋,值與幼弟阿里不哥發生爭奪汗位戰爭,未即行。

[4] 襄陽:今湖北襄陽。宋宣和元年(1119)升襄州置襄陽府,是南宋邊防重鎮。宋將呂文煥率兵駐此抗元,力守孤城五年,以勢窮援絕請降。

[5] 伯顏:(1236—1294)元代大將。蒙古巴鄰部人。生長在西亞的伊兒汗國。至元十一年(宋咸淳十年,1274)官中書左丞相,領河南等路行中書省,率大軍南下攻宋。二年後滅宋。以後長期在北方邊地同擁兵割據的蒙古貴族海都作戰。世祖死,奉成宗鐵木耳即位,官開府儀同三司、太傅,錄軍國重事。傳見《元史》卷一二七、《新元史》卷一〇六。

[6] 伯顏以帝后北去:元至元十二年(南宋恭宗德祐元年,1275),伯顏率大軍分三路包圍宋都臨安(今浙江杭州),長驅直入,俘恭宗趙㬎及謝、全兩太后,並驅宋宗室、百官、三學(太學、文學、武學)學生,攜圖書、冊籍、鹵簿、祭器等,北歸大都。元世祖封宋帝爲瀛國公。

[7] 自是窮踤遠島,宋無遺境矣:臨安被元軍佔領後,陸秀夫、張世傑、陳宜中等在福州(今福建福州)擁立益王趙昰(度宗庶子)爲帝,改元景炎;轉戰閩、廣一帶。元至元十五年(宋景炎三年,1278),被迫退駐碙洲(今作硇洲或碙州,島嶼名,在廣東雷州灣外東海島東南海中),昰病死。張世傑又擁立昰弟昺爲帝,改元祥興。徙守厓山(今廣東新會南)。次年,與元將張弘範在海上決戰,兵敗。陸秀夫負昺投海死。世傑也在突圍時遭颱風溺死,南宋徹底覆亡。

[8] 燕:即燕京,今北京市。唐時稱幽州。遼太宗會同元年(938),以幽州爲南京,一稱燕京。金初,專稱燕京。到海陵王貞元元年(1153),定都於此,改稱中都。成吉思汗攻下金中都,又改爲燕京路。

[9] 都邑考:係作者據歷史記載考訂王朝都城建置以及沿革興廢等。

[10] 和林:喀拉和林的簡稱。故址在今蒙古境內鄂爾渾河上游東岸哈爾和

林。窩闊台汗(太宗)、貴由(定宗)、蒙哥(憲宗)皆都此。忽必烈即位,遷都開平,改設和林宣慰司都元帥府。其弟阿里不哥曾據此自立爲大汗,同忽必烈發生戰爭。顧氏夾注説"自是五傳皆都於此",恐係包括阿里不哥在内。

[11] 省部:指中書省及所統六部,詳下注。

[12] 中書省:忽必烈即位後,從漢族顧問劉秉忠、許衡等建議,制定内外官制。中央設中書省以總理政務,樞密院掌軍政,御史臺掌監察。中書省最高長官爲中書令(後虛而不設);下設左、右丞相各一人,典六部;平章政事四人,參決機務;右、左丞各一人,裁決庶務,號左、右轄;參知政事二人,參議大政,位次右、左丞。合稱"宰執"。宰執下設參議府,以參議中書省事掌領,管轄六曹。設吏、户、禮、兵、刑、工六部,各設尚書、侍郎。百官都以蒙古人爲長,漢人、南人爲副貳。

[13] 行中書省:元代地方行政區域的名稱。南宋、金時,地方已有行省名稱。元代在各路設行中書省,代行中書省職權。除"腹裏"(今河北、山西、山東)直屬中書省外,全國共置十一個行省。設官名稱同中書省(無中書令,而以丞相一人總省事),凡地方民政、錢糧、兵甲、屯種、漕運以及一切軍國重事,無不兼領,職權頗重。與行御史臺,宣慰使司合稱"監司"。

[14] 曹州:北周時改西兗州置,本治左城(隋改濟陰,今山東曹縣西北)。金時移治乘氏(改名濟陰,今菏澤)。元沿而未改。

[15] 順寧、中山、河中:順寧府,明改宣府鎮,爲明"九邊"之一,治鎮城(今河北宣化)。中山府,北宋末升定州置,治安喜(今河北定縣)。河中府,唐開元初升蒲州置,治河東(今山西永濟蒲州鎮)。元沿而未改。

[16] 嶺北:元仁宗皇慶元年(1312)改和林行省置。治和林。轄境相當今蒙古人民共和國、蘇聯亞洲大部分及我國内蒙古東、北部地區和黑龍江、吉林、遼寧的一部分。

[17] 遼陽:元世祖至元二十四年(1287)置省。治東京路(後改遼陽路,今遼寧遼陽)。轄境相當今遼寧、吉林、黑龍江三省及河北灤河下游以東、内蒙古大興安嶺以東等地區。

[18] 咸平府:金海陵王天德二年(1150),升咸州置,治咸平(今遼寧開原東

北）。元順帝初，降爲縣。

[19] 元志：指《元史·地理志》，下同。

[20] 河南：又稱河南江北等處行中書省。元至元十年（1273）置。治汴梁（今河南開封）。轄境相當今河南黃河以南全部，黃河以北部分地區及江蘇、安徽、湖北三省長江以北地區，兼及湖北的長江以南石首、長陽等縣。

[21] 南陽：元至元八年（1271）升申州置南陽府。治南陽（今河南南陽）。

[22] 荊門州：唐設荊門縣（今湖北荊門），宋設荊門軍，元改軍爲州。

[23] 陝西：元初設行省，治奉元（今陝西西安）。轄境相當今陝西及甘肅白銀市以南、四川茂汶羌族自治縣以西、漢源縣以北地區。

[24] 奉元：元皇慶元年（1312）改安西路置。治長安（今陝西西安）。

[25] 鳳翔：唐至德二年（757）升鳳翔郡爲府，治天興（今陝西鳳翔）。金升爲路。元初，復廢路爲府。

[26] 邠州：唐開元中改豳州置，治新平（今陝西彬縣）。

[27] 四川西山：在今四川華陽縣西，一名雪嶺。

[28] 四川：元至元十二年（1275），分陝西四川行省爲陝西、四川二省。四川行省治成都（今四川成都），轄境相當今四川大部分及湖南東部、貴州西部地區。

[29] 潼川、紹慶、懷德：潼川府，北宋末升梓州置，治郪縣（今四川三台）。紹慶府，南宋紹定元年（1228）改黔州置，治彭水（今四川彭水）。懷德府，今地未詳，本文云在明西陽宣撫司西南，但按此宣撫司治何所也未詳，疑在今四川或貴州少數民族聚居地區。

[30] 保寧、廣安：保寧府，元至元十三年（1276）升閬州置，治閬中（今四川閬中）。廣安府，元改廣安軍置，治廣安（今四川廣安）。

[31] 長寧：宋改長寧羈縻州爲軍，治長寧（今四川長寧）。

[32] 甘肅：元初置省，治甘州（今甘肅張掖）。轄境相當今甘肅大部分、寧夏及青海北部地區。

[33] 山丹、西寧：山丹州，元至元二十二年（1285）升山丹縣（今甘肅山丹）置。西寧州，宋崇寧三年（1104）改鄯州置，治今青海西寧。

[34] 西涼、瓜、靈、鳴沙、應理：西涼州，西夏時稱西寧府，治姑臧（今甘肅武

威),元代降爲州。瓜州,唐初置,治晉昌(今甘肅安西雙塔堡附近),西夏亡後廢,元至元十四年(1277)復置。靈州,北魏時置,治今寧夏靈武西南。鳴沙州,元升鳴沙縣置,治所在今寧夏中衛境内。應理州,元始置,治今寧夏中衛縣治。

[35] 中興府:元至元八年(1271)置,治今寧夏銀川市。

[36] 莊浪衛:明初置。治今甘肅永登。

[37] 雲南:元滅大理國,立雲南諸路行中書省。治中慶(今雲南昆明)。轄境相當今雲南、四川西南部及貴州西部。

[38] 仁德、柏興:仁德府,元始置,治今雲南尋甸縣仁德鎮。柏興府,元初置,治閏鹽(今四川鹽源)。

[39] 北勝、永昌、騰衝:北勝府,元初置州,後升府,治今雲南永勝。永昌府,大理國改永昌節度(南詔時置)爲府,治今雲南保山。騰衝府,南詔所置,元改爲騰越州,旋升爲府,治今雲南騰衝。

[40] 江浙:元至元二十二年(1285)改江淮行省置。治杭州路(今浙江杭州)。轄境相當今浙江、福建及江西鄱陽湖以東、江蘇和安徽兩省長江以南地區。

[41] 松江:元至元十五年(1278)改華亭府置。治華亭(今上海市松江縣)。

[42] 江陰、鉛山:江陰州,五代南唐時置軍,元初升爲路,未幾降爲州。治江陰(今江蘇江陰)。鉛山州,五代設縣,元升爲州,治鉛山(今江西鉛山)。

[43] 江西之湖東:指江西鄱陽湖以東。

[44] 泉州路:唐景雲中改武榮州爲泉州,治晉江(今福建泉州)。元升爲路。

[45] 福州:唐開元中置閩州置。治閩縣(今福建福州)。元升爲路。

[46] 饒州府:隋開皇中置饒州,治鄱陽(今江西波陽)。元初升爲路。明初改鄱陽府,未幾改饒州府。

[47] 江西:行省名,治龍興(今江西南昌)。轄境包括今江西(鄱陽湖以東除外)、廣東兩省。

[48] 南豐:唐、宋時爲南豐縣,元升爲州。治今江西南豐。

[49] 建昌府:北宋初,改建武軍爲建昌軍,治南城(今江西南城)。元升爲路。明初改肇昌府,未幾改建昌府。

[50] 湖廣：元至元中置。治武昌路（今湖北武昌）。轄境相當今湖北長江以北的小部分、以南的大部分、湖南全省、廣西全區、廣東自電白、茂名以西和貴州除北盤江流域以外的地區。

[51] 歸州：唐初割夔州秭歸、巴東二縣置。治秭歸（今湖北秭歸）。元至元中升爲路，未幾降爲州。

[52] 漢陽、平樂：漢陽，五代周置軍，治漢陽（今湖北漢陽）。元改爲府，爲江防重地。平樂，三國吳置縣，元升爲府，治今廣西平樂。

[53] 南寧、萬安、吉陽：南寧軍、宋始置，元因而未改。治宜倫（今廣東儋縣）。萬安軍，唐置萬安州，宋神宗時改軍，治萬安（今廣東萬寧）。吉陽軍，宋初置崖州，又改吉陽軍。治寧遠（今廣東崖縣崖城鎮）。

[54] 靜江路：元始置。治臨桂（今廣西桂林）。

[55] 征東：元至元中，爲攻日本置征東行省於高麗（今朝鮮）。治開城（今朝鮮開城）。由高麗王兼行省丞相。尋廢。大德中復置，後屢置屢廢。

[56] 瀋陽等路高麗軍民總管府：元置，治今遼寧遼陽。

[57] 耽羅軍民總管府：元置，治今朝鮮濟州。

[58] 路、府、州、軍、安撫司：都是元代行中書省所統轄的地方行政機構。一般是以路領州，州領縣；也有以路領府、府領州，州領縣；又有府、州不隸於路而直屬行省的。軍，元代僅設四處，多在邊境；安撫司，專設在少數民族聚居地區；二者並隸行省。

[59] 播州沿邊安撫司：宋末置播州安撫司，治今貴州遵義。元初因之；至元末，改爲宣撫司。土司楊氏世襲其地。

[60] 思州軍民安撫司：思州，唐初改務州置。元改安撫司，治龍泉平長官司（今貴州鳳岡）。

[61] 慶遠南丹溪洞等處軍民安撫司：宋爲慶遠府。元置慶遠路，又改爲安撫司。治宜山（今廣西宜山）。

[62] 乾寧軍民安撫司：唐初分崖州置瓊州。元天曆初，改爲乾寧軍民安撫司，治瓊山（今廣東瓊山）。

[63] 順元等路軍民安撫司：元初置，治今貴州貴陽。

[64] 新添葛蠻安撫司：元置，治新添（今貴州貴定）。世襲土司爲宋氏。

［65］ 盧番静海軍安撫司：元置，治所在今貴州惠水縣北五里。世襲土司爲盧氏。明改置盧番長官司。

［66］ 程番武勝軍安撫司：元置，治今貴州惠水縣治。明改置程番長官司。世襲土司爲程氏。

［67］ 方番河中府安撫司：元置，治所在今貴州惠水縣南八里。世襲土司爲方氏。明改方番長官司。

［68］ 卧龍番南寧州安撫司：元置，治所在今貴州惠水縣南十五里。世襲土司爲龍氏。明改卧龍番長官司。

［69］ 金石番太平軍安撫司：元置，治所在今貴州惠水縣東二十五里。世襲土司爲金氏。明改置金石番長官司。

［70］ 小龍番静蠻軍安撫司：元置，治所在今貴州惠水縣東南二十里。世襲土司爲龍氏。明改小龍番長官司。

［71］ 大龍番應天府安撫司：元置，治所在今貴州惠水縣東三十里。世襲土司爲龍氏。明改大龍番長官司。

［72］ 羅番過蠻軍安撫司：元置，治所在今貴州惠水縣南三十里。世襲土司爲龍氏。明改羅番長官司。

［73］ 鄭氏：指宋代撰《通志》的鄭樵。

［74］ 王氏：指明代撰《續文獻通考》的王圻。

［75］ 劉福通潁上一呼：劉福通，元末紅巾軍領袖。潁州（治今安徽阜陽）人。原屬白蓮教首領，至正十一年（1351），參加韓山童發動的反元起義。失敗，回鄉再發動起義，以紅巾爲號，陸續攻下附近州縣，衆至十餘萬。迎韓山童子韓林兒，立爲小明王。自己成爲中原紅巾軍的實際領袖。後被張士誠部將吕珍所殺。傳見《新元史》卷二二五。潁上，即潁州一帶，因境内流有潁河。

［76］ 元主妥懽帖睦爾：即元順帝。

［77］ 欒城韓山童：韓山童（？—1351），元末農民起義軍領袖。原籍欒城（今河北欒城）。後因祖父傳授白蓮教，謫徙河北永年。繼續以白蓮教組織羣衆，倡言天下大亂，彌勒佛降生，明王出世。自稱是宋徽宗八世孫，當爲中國主。至正十一年（1351），首倡起義，被推爲明王，旋被捕犧牲。傳見

《新元史》卷二二五、《明史》卷一二二。

[78] 朱皋：在今安徽阜陽南。

[79] 汝寧府及光、息二州：汝寧府，元至元末升蔡州置，治汝陽（今河南汝南）。光州，南朝梁置，唐以後治定城（今河南潢川）。息州，今河南息縣。

[80] 韓林兒：（？—1366）韓山童子。山童死，隨母逃武安（今河北涉縣）山中。劉福通迎立爲小明王，國號宋，建元龍鳳。後福通兵敗，朱元璋遣人將他迎往應天（今江蘇南京），密令渡江時把舟鑿沉，使他溺死。傳見《新元史》卷二二五、《明史》卷一二二。

[81] 碭山：今江蘇碭山。

[82] 亳州：北周末改南兖州置，治譙縣（今安徽亳縣）。

[83] 安豐：今安徽壽縣南安豐塘北。

[84] 太康：今河南太康。

[85] 毛貴陷膠州：毛貴，劉福通部將。曾在山東堅持抗元三年，立賓興院，選用元故官分守諸路。又在萊州設屯田三百餘處，定官民田賦爲十二，頗多建樹。後爲紅巾軍另一將領趙均用攻殺。事蹟略見《明史·韓林兒傳》。膠州，今山東膠縣。

[86] 倪文俊陷陝、虢諸州，破潼關，掠同、華以西：倪文俊，元末農民起義領袖之一，徐壽輝部將，任壽輝丞相，略地甚多。後同壽輝分裂出奔，爲部將陳友諒所殺。陝州，治陝城（今河南陝縣）。虢州，治弘農（今河南靈寶北）。潼關，今陝西潼關。同州，治今陝西大荔。華州，治今陝西華縣。按《明史》和《新元史》的《徐壽輝傳》，文俊未嘗攻關中，本文疑誤。

[87] 李武等亦入武關，破商州，趣長安：李武，劉福通部將。破商州後，曾轉戰今晉、豫、陝三省交界地區。後因孤軍深入失敗，降於李思齊。武關，今陝西丹鳳東南。商州，治上洛（今陝西商縣）。

[88] 察罕帖木兒：蒙族人，世居沈邱（今河南沈邱）。至正間，組織地主武裝，鎮壓紅巾軍，被元順帝授爲中書刑部侍郎。累官中書平章政事，後被仇家刺死。

[89] 關先生：劉福通部將，名失傳。至正十七年（1357），劉福通分三路北伐，關先生和破頭潘、馮長舅、沙劉二、王士誠等分路率軍北進，從大同直攻

下上都,再東下克遼陽。二十年(1360),在高麗戰死。

[90] 白不信:劉福通部將。福通北伐時,他和李喜喜、大刀敖等率西路軍,軍鋒直抵隴西。後爲察罕帖木兒所敗。兵分兩支,一入寧夏,一進四川。

[91] 益都:今山東益都。

[92] 曹、濮、大名及衛輝諸路:曹州,見前注[14]。濮州,治鄄城(今山東鄄城北舊城)。大名府,治大名(今河北大名東)。衛輝路,治汲縣(今河南汲縣)。

[93] 興元、鞏昌、鳳翔:興元路,治南鄭(今陝西漢中)。鞏昌府,治隴西(今甘肅隴西)。鳳翔府,治天興(今陝西鳳翔)。

[94] 田豐陷東平:田豐初爲元鄉兵萬户,守黄河,至正十七年(1357)降劉福通,轉戰魯、冀間。後詐降察罕帖木兒,將他刺死,入益都。未幾,兵敗戰死。

[95] 清、滄諸州,長蘆鎮、河間、直沽、薊州、漷州、柳林:清州,治會川(今河北青縣)。滄州,治清池(今河北滄縣東南)。長蘆鎮,今河北滄州。河間路,治河間(今河北河間)。直沽,金、元時對潞河(今北運河)與衛河(今南運河)會合處的統稱;又元時稱今河北天津市内獅子林橋西端、舊三汊口一帶爲小直沽,稱其東南海口一帶(今天津市東南海河北岸)爲大直沽。薊州,治漁陽(今天津市薊縣)。漷州,治今北京通縣東南漷縣鎮。柳林,今北京通縣南。

[96] 絳州、沁州、上黨、遼州、雁門、雲中、代郡、上谷:絳州,治正平(今山西新絳)。沁州,治今山西沁縣。上黨,治今山西長治。遼州,治遼山(今山西左權)。雁門,今山西代縣。雲中,今山西大同。代郡,指蔚州(治今河北蔚縣)。上谷,治易縣(今河北易縣)。

[97] 懷慶路、滕州:懷慶路,治河内(今河南沁陽)。滕州,治今山東滕縣。

[98] 順德:原爲府,至元初改爲路,治邢臺(今河北邢臺)。

[99] 擴廓帖木兒:即王保保,沈邱人,本漢族,爲察罕帖木兒義子。隨察罕鎮壓紅巾軍,由元順帝賜蒙名。後繼統察罕軍,襲任河南行省平章政事,進封河南王。他擁兵跋扈,不受元廷節制,同其他軍閥互相攻擊,是元末實力最强的封建軍閥。

[100] 張士誠：(1321—1367)小名九四。元末泰州(今江蘇泰州)白駒場人。原爲鹽販。至正十三年(1353)，與弟士德、士信率鹽丁起兵。累下泰州、興化(今江蘇興化)、高郵(今江蘇高郵)。自稱誠王，國號周，建元天佑。渡江克常熟、松江、常州等地。後爲朱元璋所敗，降元。未幾，又自稱吳王。至正二十七年(1367)，被朱元璋所俘，自縊死。傳見《新元史》卷二二五、《明史》卷一二三。

[101] 方國珍據浙東：方國珍(1319—1374)，方珍的字。元末黃巖(今浙江黃巖)人。世以販鹽浮海爲業。至正八年(1348)，爲仇家誣告通海寇，遂與兄國璋等率衆數千人入海，攔劫元廷的海運漕糧。後受元朝招撫，降元，任海道運糧漕運萬戶，據溫州、台州、慶元(今浙江寧波)三郡。後降朱元璋。傳見《新元史》卷二二七、《明史》卷一二三。

[102] 盱眙、泗州：盱眙，今江蘇盱眙。泗州，治臨淮(今盱眙對岸、泗洪東南)。

[103] 脫脫：(1314—1355)蔑兒吉氏，字大用。元順帝至元末發動政變，驅除權相伯顏。次年任丞相，恢復科舉，用賈魯治黃河，主修宋、遼、金三史。農民軍起，以其弟也先帖木兒主持鎮壓軍事失敗，自己統兵到高郵圍攻張士誠。旋被順帝倖臣劾其老師費財，流雲南，被鴆死。傳見《元史》卷一三八。

[104] 泰不花：(1304—1352)"花"一作"華"。初名達普化。字兼善，伯牙吾台氏。家居台州(今浙江臨海)。進士出身，累官禮部尚書，監修宋、遼、金三史。後在鎮壓農民起義時戰死。傳見《元史》卷一四三、《新元史》卷二一七。

[105] 平江路：平江路，治長洲(今江蘇蘇州)。

[106] 陳友諒：(1320—1363)元末沔陽(今湖北沔陽)人。漁民出身。初爲縣吏，至正十一年(1351)從倪文俊起義，參加徐壽輝部，以功任元帥。後殺文俊，兼併其衆。又殺壽輝，稱帝，建都江州(今江西九江)，國號漢，改元大義。後爲朱元璋所敗，退都武昌。原壽輝舊部紛紛脫離，力量日弱。至正二十三年(1363)，被朱元璋大敗於鄱陽湖，中箭死。子理襲位，未幾，降於朱元璋。傳見《新元史》卷二二六、《明史》卷一二三。

[107] 羅田人徐壽輝：羅田，今湖北羅田。徐壽輝(？—1360)，又名真一(或作

真逸。從《明史》。本文作貞與,疑誤)。布販出身。至正十一年
(1351),與瀏陽人彭瑩玉(彭和尚)、麻城人鄒普勝(鐵工出身)、倪文俊
等共同起義,用紅巾爲號。被擁立爲帝,都蘄水(今湖北浠水),國號天
完,建元治平。軍力達湘、鄂、贛以至江、浙、川、陝數省。但權在部將,
無力指揮。後移都漢陽,爲倪文俊所挾持。文俊爲陳友諒所殺,又被友
諒所制。未幾,被友諒殺死。傳見《新元史》卷二二六、《明史》卷一
二三。

[108] 黃州、饒州、信州、安陸、興國:黃州路,治黃岡(今湖北黃岡)。饒州路,
治鄱陽(今江西波陽)。信州路,治上饒(今江西上饒)。安陸府,治長壽
(今湖北鍾祥)。興國路,治興國(今江西興國)。

[109] 池陽、太平:池陽,應爲池州。宋時爲池州池陽郡,元改爲池州路。治秋
浦(今安徽貴池)。太平路,治當塗(今安徽當塗)。

[110] 常德、澧州、衡州、岳州:常德路,治武陵(今湖南常德)。澧州路,治澧陽
(今湖南澧縣)。衡州路,治衡陽(今湖南衡陽)。岳州路,治巴陵(今湖
南岳陽)。

[111] 峽州:峽州路,治今湖北宜昌。

[112] 明玉珍:(1331—1366)元末隨州(今湖北隨縣)人。地主出身。徐壽輝
起義,玉珍聚衆千餘人屯青山自保。壽輝稱帝,迫玉珍引衆降,任倪文
俊部下元帥。後率兵入川,陸續佔有四川大部分地區。陳友諒殺壽輝,
他據成都,自稱隴蜀王。二年後,稱帝,國號夏,建元天統。定賦稅什
一,免勞役,蜀民安之。卒後,子昇嗣。洪武四年(1371)降明。傳見《新
元史》卷二二六、《明史》卷一二三。

[113] 安慶路、龍興路、吉安、建昌、贛州、汀州:安慶路,治今安徽安慶。龍興
路,治今江西南昌。吉安路,治廬陵(今江西吉安)。建昌路,治南城(今
江西南城)。贛州路,治贛縣(今江西贛縣)。汀州路,治長汀(今福建
長汀)。

[114] 衢州、杉關:衢州路,治西安(今浙江衢縣)。杉關,在今福建光澤和江西
黎川兩縣間,武夷山脈重要山口,閩、贛兩省間交通要道。

[115] 兩川:東川、西川的合稱。唐至德,初分設東、西兩川節度使,始有“兩

川”名稱。

[116] 嘉定、金馬山、夔關、瀘水、龍州、青川：嘉定路，治龍游（今四川樂山）。金馬山，在今雲南昆明市東五公里處。夔關，即夔州路，治奉節（今四川奉節）。瀘水，古代稱今雅礱江下游及金沙江與雅礱江合流後的一段為瀘水，也叫瀘江水。龍州，治今四川江油東北。青川，今四川青川。

[117] 陳友定據福建：陳友定，一名有定，字安國。元末清流（今福建清寧舊清流縣治）人。地主出身。至正中，應募聚鄉兵與農民軍為敵。授汀州路總管，敗陳友諒部將鄧克明，復取汀州路。授福建行省平章，盡據福建八郡，擅作威福。後被朱元璋將湯和俘殺。傳見《新元史》卷二一九、《明史》卷一二四。

[118] 八閩：八閩，即福建。因元代福建省分福州、興化、建寧、延平、汀州、邵武、泉州、漳州八路，明改為八府，故稱。

[119] 何真據廣東：何真（1319—1388），字邦佐。元末東莞（今廣東東莞）人。元末，組織地主武裝，對抗農民軍，被元順帝任命為廣東分行省右丞，割據一方。後降明，累官湖廣布政使，封東莞伯。傳見《新元史》卷二二七、《明史》卷一三〇。

[120] 循、惠二州：循州，治龍川（今廣東龍川）。惠州，治歸善（今廣東惠陽東）。

[121] 李思齊：元羅山（今河南羅山）人，與察罕帖木兒同時起兵鎮壓農民軍，趁勢割據關中，駐鳳翔，官至陝西等處行中書省平章政事。後元順帝命其聽從擴廓鐵木兒征調，拒之；雙方長期混戰，給朱元璋以北伐之機。

[122] 張良弼：一名張思道，元末割據秦、隴一帶的封建軍閥，累官陝西行省參政，與李思齊結盟對抗擴廓鐵木兒。

[123] 澤州、太原、晉寧：澤州，治晉城（今山西晉城）。太原路，治陽曲（今山西太原）。按太原路，從元成宗大德後改名冀寧路，明初始復改太原府，本文欠確切。晉寧路，治臨汾（今山西臨汾）。

[124] 陝西行省：指李思齊官陝西等處行中書省平章政事。

[125] 藍田：今陝西藍田。

[126] 劉益據遼東：劉益，《元史》、《新元史》都無傳。事蹟略見本文。

[127] 梁王、段氏據滇、洱：梁王即把匝剌瓦爾密，元世祖第五子雲南王忽哥赤的後裔，襲封梁王，鎮守雲南。元亡，他仍據守雲南。朱元璋勸降不成，於洪武十四年(1381)，派傅友德等率兵進攻。他抵抗失敗，全家自殺。傳見《新元史》卷一一四、《明史》卷一二四。段氏略見本文。

書　教　下〔文史通義卷一〕

《易》曰："筮之德圓而神，卦之德方以智。"[1]間嘗竊取其義以概古今之載籍，撰述欲其圓而神，記注欲其方以智也。夫"智以藏往，神以知來"[2]；記注欲往事之不忘，撰述欲來者之興起；故記注藏往似智，而撰述知來擬神也。藏往欲其賅備無遺，故體有一定而其德爲方；知來欲其決擇去取，故例不拘常而其德爲圓。周官三百六十[3]，天人官曲之故，可謂無不備矣。然諸史[4]皆掌記注，而未嘗有撰述之官，祝史命告[5]未嘗非撰述，然無撰史之人。如《尚書》誓、誥，自出史職；至於《帝典》諸篇，並無應撰之官。則傳世行遠之業，不可拘於職司，必待其人而後行；非聖哲神明，深知二帝三王精微之極致，不足以與此。此《尚書》之所以無定法也。

《尚書》、《春秋》，皆聖人之典也。《尚書》無定法，而《春秋》有成例；故《書》之支裔折入《春秋》[6]，而《書》無嗣音。有成例者易循，而無定法者難繼，此人之所知也。然圓神方智，自有載籍以還，二者不偏廢也。不能究六藝之深耳，未有不得其遺意者也。史氏繼《春秋》而有作，莫如馬、班[7]；馬則近於圓而神，班則近於方以智也。

《尚書》一變而爲左氏之《春秋》，《尚書》無成法，而左氏有定例以緯經[8]也；左氏一變而爲史遷之紀傳，左氏依年月，而遷書分類例以搜逸也；遷書一變而爲班氏之斷代，遷書通變化，而班氏守繩墨以示包括也。就形貌而言，遷書遠異左氏，而班史近同遷書。蓋左氏體直，自爲編年之祖；而馬、班曲備，皆爲紀傳之祖也。推精微而言，則遷書之去左氏也近，而班史之去遷書也遠。蓋遷書體圓用神，多得《尚書》之遺；班氏體方用智，多得《官》《禮》之意[9]也。

遷書紀、表、書、傳，本左氏而略示區分，不甚拘拘於題目也。《伯夷列傳》乃七十篇之序例，非專爲伯夷傳也[10]；《屈賈列傳》所以惡絳、灌之讒，其敍屈之文，非爲屈氏表忠，乃弔賈之賦也[11]。《倉公》録其醫案，《貨殖》兼書物產,《龜策》但言卜筮[12],亦有因事命篇之意,初不沾沾爲一人具始末也。《張耳》、《陳餘》,因此可以見彼耳[13];《孟子》、《荀卿》,總括遊士著書耳[14]。名姓標題,往往不拘義例,僅取名篇,譬如《關雎》、《鹿鳴》,所指乃在嘉賓淑女[15]。而或且譏其位置不倫,如孟子與三鄒子。[16]或又摘其重複失檢,如子貢已在《弟子傳》,又見於《貨殖》。[17]不知古人著書之旨,而轉以後世拘守之成法反訾古人之變通,亦知遷書體圓而用神,猶有《尚書》之遺者乎!

遷史不可爲定法,固書因遷之體而爲一成之義例,遂爲後世不祧之宗[18]焉。三代以下,史才不世出,而謹守繩墨,待其人而後行,勢之不得不然也。然而固書本撰述而非記注,則於近方近智之中,仍有圓且神者以爲之裁制,是以能成家而可以傳世行遠也。後史失班史之意,而以紀、表、志、傳同於科舉之程式[19]、官府之簿書,則於記注撰述兩無所似,而古人著書之宗旨不可復言矣。史不成家而事文皆晦,而猶拘守成法,以謂其書固祖馬而宗班也,而史學之失傳也久矣!

憲法久則必差,推步後而愈密[20],前人所以論司天也,而史學亦復類此。《尚書》變而爲《春秋》,則因事命篇、不爲常例者,得從比事屬辭[21]爲稍密矣;《左》、《國》變而爲紀傳,則年經事緯、不能旁通者,得從類別區分爲益密矣。紀傳行之千有餘年,學者相承,殆如夏葛冬裘,渴飲饑食,無更易矣。然無別識心裁,可以傳世行遠之具,而斤斤如守科舉之程式,不敢稍變,如治胥吏之簿書,繁不可刪。以云方智,則冗複疎舛,難爲典據;以云圓神,則蕪濫浩瀚,不可誦識。蓋族史[22]但知求全於紀、表、志、傳之成規,而書爲體例所拘,但欲方圓求備,不知紀傳原本《春秋》,《春秋》原合《尚書》之初意也。《易》曰:"窮則變,變則通,通則久。"[23]紀傳實爲三代以後之良法,而演習既久,先王之大經大法[24]轉爲末世拘守之紀傳所蒙,曷可不思所以變通之道歟!

左氏編年,不能曲分類例;《史》《漢》紀、表、傳、志,所以濟類例之窮也。族史轉爲類例所拘,以致書繁而事晦;亦猶訓詁注疏所以釋經,俗師反溺訓詁注疏而晦經旨也。夫經爲解晦,當求無解之初;史爲例拘,當求無例之始。例自《春秋》左氏始也[25],盍求《尚書》未入《春秋》之初意歟!

神奇化臭腐,臭腐復化爲神奇[26],解莊書者,以謂天地自有變化,人則從而奇腐云耳。事屢變而復初，文飾窮而反質，天下自然之理也。《尚書》圓而神，其於史也，可謂天之至矣。非其人不行，故折入左氏，而又合流於馬、班。蓋自劉知幾以還，莫不以謂《書》教中絕[27]，史官不得衍其緒矣。又自隋《經籍志》著錄，以紀傳爲正史，編年爲古史，歷代依之，遂分正附，莫不甲紀傳而乙編年[28]。則馬、班之史，以支子而嗣《春秋》；荀悅、袁宏[29]，且以左氏大宗而降爲旁庶矣。司馬《通鑑》病紀傳之分而合之以編年；袁樞《紀事本末》又病《通鑑》之合而分之以事類。按本末之爲體也，因事命篇，不爲常格，非深知古今大體、天下經綸，不能網羅驟括，無遺無濫。文省於紀傳，事豁於編年，決斷去取，體圓用神，斯真《尚書》之遺也。在袁氏初無其意，且其學亦未足與此，書亦不盡合於所稱，故歷代著錄諸家次其書於雜史，自屬纂錄之家便觀覽耳。但即其成法，沉思冥索，加以神明變化，則古史之原隱然可見。書有作者甚淺而觀者甚深，此類是也。故曰：神奇化臭腐，而臭腐復化爲神奇，本一理耳。

夫史爲記事之書，事萬變而不齊，史文屈曲而適如其事，則必因事命篇，不爲常例所拘，而後能起訖自如，無一言之或遺而或溢也。此《尚書》之所以神明變化，不可方物[30]；降而左氏之傳，已不免於以文徇例，理勢不得不然也。以上古神聖之制作，而責於晚近之史官，豈不懸絕歟！不知經不可學而能，意固可師而倣也；且《尚書》固有不可盡學者也。即紀事本末，不過纂錄小書，亦不盡取以爲史法，而特以義有所近，不得以辭害意也。斟酌古今之史，而定文質之中，則師《尚書》之意，而以遷史義例通左氏之裁制焉，所以救紀傳之極弊，非好爲更張也。

紀傳雖創於史遷，然亦有所受也。觀於《太古年紀》、《夏殷春秋》、《竹書紀年》[31]，則本紀編年之例，自文字以來即有之矣。《尚書》爲史文之別具，如用左氏之例而合於編年，即傳也。以《尚書》之義爲《春秋》之傳，則左氏不致以文徇例，而浮文之刊落者多矣；以《尚書》之義爲遷史之傳，則《八書》、《三十世家》不必分類，皆可倣左氏而統名曰傳。或考典章制作，或紋人事終始，或究一人之行，即列傳本體。或合同類之事，或錄一時之言，訓誥之類。或著一代之文，因事命篇，以緯本紀，則較之左氏翼經，可無局於年月後先之累，較之遷史之分列，可無歧出互見之煩，文省而事益加明，例簡而義益加精，豈非文質之適宜,古今之中道歟!至於人名事類,合於本末之中,難於稽檢,則別編爲表以經緯之;天象、地形、輿服、儀器,非可本末該之,且亦難以文字著者,別繪爲圖以表明之。蓋通《尚書》、《春秋》之本原,而拯馬史、班書之流弊,其道莫過於此。至於創立新裁,疏別條目,較古今之述作,定一書之規模,別具《圓通》之篇[32],此不具言。

——據嘉業堂刊本《章氏遺書》本,參考道光壬辰(1832)章氏家刻本《文史通義》及1956年古籍出版社標點本《文史通義》

【解題】

《文史通義》,《章氏遺書》本編爲九卷,清章學誠撰。它是我國中世紀後期,繼《史通》以後的又一部史學理論專著。

章學誠生在考據學(漢學、樸學)盛行、理學(宋學)仍被統治者尊爲學術正宗的乾隆、嘉慶時代。清朝前期,由於受明末清初學風的影響,研究學問目的在於經世致用,研究方法反對空談臆説,強調資料的搜集、整理和考訂,一時蔚爲風氣。但隨着清朝統治的逐步穩固,朝廷對學術思想的控制也隨而嚴刻,研究現實政治歷史的學者多罹橫禍。因此,到了乾嘉時代,學者多致力於古籍整理和語言文字的研究,從校訂經書擴大到史籍和諸子,從解釋經義擴大到考證歷史、地理、曆算、音律,而形成盛極一時的"樸學"(考據學)。另一方面,由於清朝最高統治者的利用,空談義理而不顧歷史的程朱理學,在官僚士大夫中仍佔優勢,於是形成兩個學派的鬥爭。章學誠對兩方面都表示不滿,一方面認爲樸學家長於考據而鮮言經世,"徵實太多,發揮太少","有如桑蠶食葉而不能抽絲"(《文史通義·外編》三《與汪龍莊書》),就是説脱離社會實際;另一方面認爲好談義理的理學家是"外輕經濟事功,内輕學問文章","守陋自是,枵腹空談性天",爲"通儒"所恥言(同上《家書》五),也同樣脱離歷史實際。他爲了矯正這兩種學風,"專爲著作之林較讐得失"(同上《與陳鑑定論學》),因此從乾隆三十七年(1772)起,開始撰著《文史通義》;歷時二十四年,到嘉慶元年(1796),方才部分刊行。

《章氏遺書》本《文史通義》分内外篇兩部分。《内篇》六卷,五十篇(缺其中《士習》一篇),有若干篇(如《易教》、《書教》等)又分上、中、下三篇或上、下二篇,少數篇(如《朱陸》、《詩話》等)又附録一、二篇。多數是論史學,兼及經學、文學的理論探討。《外篇》三卷,七十篇,其中《史學例議》篇分上、下,《雜説》分上、中、下三篇。主要是書序、跋文及與師友子弟論文史書等雜著。議論廣泛,作者關於史學的許多重要理論,都概括在内。因爲全書内容包羅廣泛,不專談史,所以命名爲《文史通義》。

《文史通義》所闡述的史學理論的核心,是它開宗明義所提出的"六經皆史"説(《内篇》一《易教》上)。關於經、史關係問題,唐、宋、明、清不少學者都曾討論過。王守仁曾提出五經皆史説,李贄曾提出經史相爲表裏説,錢大昕在乾嘉學者中首倡經史非二學説,以爲"《尚書》、《春秋》實爲史學之權輿"。但將這類見解體系化,並試圖進行全面論證的,則是章學誠。他認爲:六經只是先王施政的歷史記録,"皆先王得位行道、經緯世宙之迹,而非託於空言"(《易教》上)。這就是説,"古無經史之分","六藝皆古史之遺"(《章氏遺書外篇·丙辰劄記》)。他所謂的"史",專指"史學",而不是指歷史資料。他認爲,唐、宋以來的史部著作,都不是"史學","世士以博稽言史,則'史考'也;以文筆言史,則'史選'也;以故實言史,則'史纂'也;以議論言史,則'史評'也;以體裁言史,則'史例'也。唐、宋至今,積學之士,不過史纂、史考、史例;能文之士,不過史選、史評。古人所謂'史學',則未之聞矣"(《補遺·上朱大司馬論文》)。史學所以與史考等不同,是因爲它具有"義"或"史意",也就是《春秋》筆削之"義"。六經所以"皆史",亦即因爲其中有"史意"存在。而"史意"的特點在於"切人事",因此必有"經世"之用;"史學所以經世,固非空言著述也"(《内篇》五《浙東學術》)。他反對那種泥古不化、墨守師説的論調,説:"古之糟魄,可以爲今之精華;非貴糟魄而直以爲精華也,因糟魄之存而可以想見精華之所出也。古之疵病,可以爲後世之典型;非取疵病而直之以爲典型也,因疵病之存而可以想見典型之存也。"(《内篇》四《説林》)又説:"鄙人不甚好古,往往隨人愛慕而旋置之,以爲古猶今耳;至於古而有用,則幾於身命徇之矣。"(《章氏遺書》卷二九《與阮學使論求遺書》)在當時的歷史條件下,章學誠的這種主張,正是針對脱離實際的考據學和空洞説教的理學的批評。

從"六經皆史"、史學是"經世"之學的立論出發,《文史通義》探討了古今學術源流的演變,並提出對史學一整套的看法。首先,章學誠認爲歷史是進化的,史學也是不斷發展的。"濫觴流爲江河,事始簡而終鉅也"(《書教》中),"三王不相襲,三皇五帝亦不相沿矣"(《易教》上)。因此,他十分重視"通古今之變而成一家之言"(《答客問》上)。以爲這樣才能"綱紀天人,推明大道"。把這一原則應用到對過去史著的評論,正同劉知幾相反,他竭力贊美通史而貶抑斷代史。他認爲修編通史有六便:免重複,均類例,便銓配,平是非,去牴牾,詳鄰事;有二長:具翦裁,立家法;但也有三弊:無短長,仍原題,忘標目。他以爲"通者,所以通天下之不通"(《釋通》),所以他極力推崇爲清儒攻擊的鄭樵,認爲《通志》發凡起例,具有別識通裁,"自爲經緯,成一家言"(《申鄭》)。其次,在史學領域中,章學誠又特別強調"撰述"和"記注"的分別,並由此引申出"著述"和"比類"的分別。他所説的"撰述"或"著述",近於現代歷史學的論著,而"記注"或"比類",則等於今人所説的史料。他認爲唐、宋以來的史籍都不是"著述"，因而也不能稱爲"史學"，"吾於史學，貴其著述成家，不取方圓求備，有同類纂"(《家書》三)。因此他對袁樞首創因事命篇的紀事本末體，備加贊揚，認爲有化臭腐爲神奇的效果。在考據學盛行的乾嘉時代，提倡史學應以著述爲貴，自成一家之言、獨斷之學，這很顯然是另樹一幟。第三，基於"史所貴者義也"的觀點，章學誠又進一步發揮了劉知幾的"史才三長"理論，認爲"才、學、識三者，得一不易，而兼三尤難"，但史家又需兼三，"非識無以斷其義，非才無以善其文，非學無以練其事"。而三者之中尤重史識。但"能具史識者，必知史德"。什麼是"史德"呢？就是"著書者之心術"。在他看來，史學家如果沒有正當的"心術"，縱然有才有學，所著的書也只能是"穢史"，是"謗書"(《史德》)。固然，章學誠所謂的史德，最根本的一條，便是不能違背"名教"，並沒有超脫傳統的封建道德範疇，但他對某些史家單憑私人利益和好惡、不惜歪曲歷史真相的主觀作風所作的揭露和批評，則無疑具有積極意義。第四，在史學實踐上，章學誠致力於地方志的倡導和纂修。他認爲："史"的範疇可分四類："綜紀一朝"是"天下之史"，"部府縣志"是"一國之史"，"家乘譜諜"是"一家之史"，"傳狀志述"是"一人之史"。只有基層的"史"詳密，然後合纂國史、天下史時才能有所徵信，擇善而從(《方志略例·州縣請立志科議》)。他一生除主編過《永清縣志》、《和州志》等外，對於地方志的史料採集、修纂方式和體例內容，都有系統的建議。如主張州縣設立"志科"，重視地圖等，對我國方志學的發展，作出了貢獻。

章學誠對自己的史學理論很自負，説："吾於史學，蓋有天授，自信發凡起例，多爲後世開山。"(《家書》二)有人把他比作劉知幾，使他很憤然，以爲劉知幾只懂"史法"，僅能適應設館修史的需要，唯有他才懂"史意"，才能上繼孔子編撰《春秋》的事業。通觀《文史通義》全書，對於籠罩乾嘉學術界的文化專制主義，非但不敢譏評，反而一再爲清朝皇帝利用的程朱理學辯護。他完全抹煞經學與史學的區別，歌頌六經是史學的楷模，在客觀上祇能起到維護儒教經典神聖性的作用。因而，對敢於斥責"理學殺人"的戴震和企圖公正地評論孔、墨是非的汪中，他都罵作"誹聖謗賢"，"好誕之至"。就連最佩服他的胡適，也不得不承認他有"衛道"的成見。他的具體見解，例如對斷代史的否定，失於片面；對漢學的批判，並未完全中肯；對以往史學理論繼承而加以發展的固多，卻每每對被繼承者過份否定；他屢爲司馬遷、鄭樵雪謗申冤，以表明自己反對的只是"亂臣賊子之居心"，等等。

《文史通義》在章學誠生前，僅刊行了一部分。他臨終前，曾以全部著作請王宗炎編定。王宗炎編定目錄一份，未付刊而卒。到道光十二年(1832)，才由他的次子華紱刊行《文史通義》內篇五卷、外篇三卷及《校讎通義》三卷。以後有《文史通義補編》、《章實齋文集鈔》等，散見於粵雅堂、靈鶼閣等叢書中。1921年，浙江圖書館將所藏鈔本《章氏遺書》

十八册編爲二十四卷排印出版。同年,劉承幹多方搜集章氏遺稿,依王宗炎所編舊目,斟酌變通,編次爲《章氏遺書》五十一卷,彙刻爲嘉業堂本行世。其中的《文史通義》,被重編成九卷。所以現在通行的,有章氏家刻的八卷本和嘉業堂刻的九卷本兩種,篇目也有出入。1922 年,四川省圖書館《圖書集刊》又發表《章氏遺書逸篇》五篇。1956 年,古籍出版社將上述《逸篇》作爲《補遺續》,附入劉刻本,重新排印出版標點本的《文史通義》。

《書教》下,選自《文史通義》卷一《内篇》一。"《書》教"即《尚書》的遺教。在這個題目下,作者共寫了三篇論文,成文時間約在清乾隆五十七年(1792),代表作者比較成熟的史學見解。自有紀傳、編年二體以來,應該怎樣寫歷史,似乎早已不成問題。但本篇卻以爲,紀傳代替編年,本是史學體裁的進步,但從《漢書》變成"正史"的楷模後,這種體裁就愈來愈僵化,成爲束縛史學的八股。因此必須改革,恢復《尚書》"因事命篇,不爲常例所拘"的遺意。

章學誠(1738—1801),清代史學家。字實齋,號少巖,浙江會稽(今浙江紹興)人。父鑣,乾隆中,官河北應城知縣,以好學名。學誠少魯鈍,隨父居應城縣署讀書,不喜章句之學。二十歲後,始專心史學,習聞劉宗周、黄宗羲的學説,熟悉明代歷史,所知往往超出正史記載。屢應順天鄉試不第,入國子監讀書。後師事朱筠;筠藏書豐富,因得縱覽羣籍,並得與往來筠門的當時學者名流討論學問。筠提督安徽學政,隨入幕中,與史學家邵晉涵同事,遂成莫逆,相與討究學術。後客遊寧紹臺道署馮廷丞處,遇著名學者戴震、汪中,並同震辯論史事,意見多不合。這時期,曾主編《和州志》。乾隆四十一年(1776),任國子監典籍。應邀主修《永清縣志》,並主講定州定武書院。四十三年(1778),才中進士,歸部候選,未得官。此後,先後主講肥鄉清漳、永平敬勝、保定蓮池等書院。後依河南巡撫畢沅,主編《史籍考》,並主講歸德文正書院。又依亳州知州裴振,修《亳州志》。再投湖廣總督畢沅,修《湖北通志》,並助編《續資治通鑑》。沅貶官,返鄉,依安徽巡撫朱珪、揚州鹽運使曾燠。晚年來往會稽、揚州間。嘉慶六年(1801)病卒,年六十四。章氏一生不得志,爲衣食所迫,寄人籬下,但撰寫不絕,著作豐富,僅《史籍考》即多達三百二十五卷。所著絕大部分生前未能刊行,遺稿散失更多。一生精力所萃,僅《文史通義》尚屬完整,《校讎通義》已缺一卷,《史籍考》僅存總目,原稿已下落不明。所以章氏生前死後,長時期中,少被人知;直到清末,才漸受注意。至於他的著作全部刊行、學術思想被人研究,則是晚近數十年的事。傳見《清史稿》卷四九〇、《清史列傳》卷七二。另《章氏遺書附録》輯有譚獻《復堂存稿》和《兩浙輶軒録補遺》等書所載章氏傳及諸家爲章氏著作所作題跋等多篇,胡適著、姚名達訂補的《章實齋先生年譜》,也可供參考。

【注釋】

[1] 筮之德圓而神,卦之德方以智:語見《周易·繫辭》上。筮,原文作著,用著草占筮。陰陽不測叫做神。卦,就是占筮時擺出的卦形。智,原文作知;智、知通。晉韓康伯注:"圓者,運而不窮;方者,止而有分。""著以圓象神;卦以方象知也。"唐孔穎達《正義》:"著之變通則無窮,神之象也;卦列爻分有定體,知之象也。"

[2] 智以藏往,神以知來:語亦本《周易·繫辭》上。原文作"神以知來,知以藏往"。《正義》:"神以知來,是來無方也;知以藏往,是往有常也。"原意是説,未來的吉凶都包含在事先不可預測的占筮變化裏,而過去的吉凶則從已筮的卦形裏可以得到確定的判斷。這裏引喻歷史著述和記注的不同要求猶如著卦的不同運用。

[3] 周官三百六十:《禮記·明堂位》:"有虞氏官五十,夏后氏官百,殷二百,周三百。"漢鄭玄注:"周之六卿,其屬各六十,則周三百六十官也。"按古文經學派主張今傳本《周禮》(即《周官》)專記周代的官制,其官屬有三百六十。

[4] 諸史:泛指《周禮》所説的"史",包括屬於卿大夫和士級的"五史"——内史、外史、太史、小史、御史,以及作爲諸官屬吏的"史"。章學誠以爲,前者"所掌圖書紀載命令法式之事,今之所謂内閣六科翰林中書之屬也";後者乃"庶人在官供書役者,今之所謂書吏是也";"然則無異義者,則皆守掌故,而以法存先王之道也"。見本書《内篇》三《史釋》。

[5] 祝史命告:指上古祭祀時,由祝、史宣讀的訓下告上之辭。

[6] 書之支裔折入春秋:章學誠反對古代有記言記事的分工,"言爲《尚書》,事爲《春秋》"的説法,以爲《尚書》和《春秋》代表先後出現的兩種歷史體裁,《春秋》中已包含了《尚書》的體例。見本書《内篇》一《書教》中。

[7] 馬、班:馬指司馬遷《史記》,班指班固《漢書》。

[8] 左氏有定例以緯經:經,指《春秋》。章學誠從古文經學説,認爲《左傳》是專爲解釋《春秋》的著作;並説傳中載"宰孔之命齊侯","王子虎之命晉侯",都屬於訓語之文,説明《春秋》之事"則齊桓、晉文"。因而既證明

　　“《左氏》附傳以翼經”，又證明“《書》入《春秋》”。見本書《内篇》一《書教》上。

[９]　官禮之意：官禮，指《周禮》；這裏謂《漢書》體例詳賅完備，得《周禮》的遺意。

[10]　伯夷列傳……非專爲伯夷傳也：《史記》列傳篇數七十，《伯夷列傳》列在第一。這篇列傳議論多而事實少，所以章學誠認爲是列傳的序例。

[11]　屈賈列傳……乃弔賈之賦也：《屈原賈誼列傳》見《史記》卷八四、《列傳》第二四。絳，絳侯周勃；灌，灌嬰。漢文帝時，諸侯王專横擅政，影響中央集權，賈誼建議遷諸侯王於封國就食，遭到周勃、灌嬰等的反對，被黜爲長沙王太傅。誼渡湘水，作賦弔屈原，以發洩自己的苦悶。

[12]　倉公録其醫案，貨殖兼書物産，龜策但言卜筮：《倉公》、《貨殖》、《龜策》都是《史記》列傳的篇名，見卷一〇五、一二九、一二八。倉公，大倉公淳于意，傳中備録診斷病人的醫方。《貨殖列傳》除記載人物外，兼載各地區的土特産。《龜策列傳》除記載宋元王與博士衛平的問答外，且備載龜卜的方法，徵兆吉兇的判斷等。

[13]　張耳、陳餘，因此可以見彼耳：《張耳陳餘列傳》見《史記》卷八九、《列傳》第二九。張耳的事實多附載在陳餘傳中。

[14]　孟子、荀卿，總括遊士著書耳：《孟子荀卿列傳》見《史記》卷七四、《列傳》第一四。傳中兼載鄒忌、鄒衍、淳于髠、慎到、環淵、接子、田駢、鄒奭諸子的事蹟學説。

[15]　關雎、鹿鳴，所指乃在嘉賓淑女：《關雎》、《鹿鳴》都是《詩經》的篇名。《關雎》列在《國風·周南》第一篇，是描寫男女相戀的詩歌。《鹿鳴》列在《小雅》第一篇，是描寫宴請賓客與親睦宗族的篇章。據《毛傳》説，前者旨在淑女宜以君子爲配偶，後者旨在宴樂嘉賓。

[16]　孟子與三鄒子：孟子，儒家；三鄒子即鄒忌、鄒衍、鄒奭，都屬陰陽家；所以或者譏其位置不倫。

[17]　子貢已在弟子傳，又見於貨殖：子貢，孔子學生，已見於《史記》卷六七《仲尼弟子列傳》，又見於卷一二九《貨殖列傳》。

[18]　不祧之宗：遠廟曰祧（tiāo）。古代宗廟之數，依貴賤親疏而有定制。遠祖

世次,超過定制以上,則遷神主於祧廟。不祧之宗,即永遠奉祀而不遷的宗廟。這裏喻《漢書》爲後世建立不變的史體。

[19]　科舉之程式:程式,程文格式。宋朝以後,把科舉考試所取的士子試卷,叫做程文。金、元時,主持考試的官員也需各作程文一道,發給參加考試的舉人作爲答卷的範本,即所謂程式。明、清時專稱考官的範文爲"程文",而別稱中式試卷爲"墨卷",合稱"程墨"。它們的格式,即通常所説的八股。這種文體,怎麽寫,寫甚麽,以及文章段落、字數,都有刻板的規定,出格者必落選。

[20]　憲法久則必差,推步後而愈密:古代天文學不够精密,天文曆法應用日久,就會産生差誤;推算日月、星辰、節氣的運行變化,都是愈後愈密。

[21]　比事屬辭:語本《禮記·經解》。原文作"屬辭比事,《春秋》教也"。唐孔穎達《正義》:"屬,合也。比,近也。《春秋》聚合會同之辭是屬辭,比次褒貶之事是比事。"

[22]　族史:衆史。族有叢生、雜聚意。這裏指後代只知模倣《漢書》形式的諸"正史",含有譏斥的意思。

[23]　窮則變,變則通,通則久:語見《周易·繫辭》下。這是《繫辭》作者概括由伏犧、神農、黄帝到堯、舜,不斷改變器物,"使民宜之"的話。孔穎達《正義》:"言《易》道若窮,則須隨時改變;所以須變者,變則開通得久長。"

[24]　先王之大經大法:先王,指三代之王。《禮記·中庸》篇説"惟天下至誠能爲經綸天下之大經",鄭玄注謂指孔子作《春秋》。《尚書》有《洪範》篇,據僞孔傳説篇名即表明"言天下之大法"。

[25]　例自春秋左氏始也:《左傳》有關於書法的解釋,都以"凡"字居首,散見於各年内,計五十凡。杜預《春秋經傳集解序》以爲,這是發凡以説明孔子修《春秋》的體例。

[26]　神奇化臭腐,臭腐復化爲神奇:語見《莊子·知北遊》篇。意思是説萬物的發展變化周而復始,循環而不息。

[27]　自劉知幾以還,莫不以謂書教中絶:參見本書所選《史通·六家》"《尚書》家"。

[28]　甲紀傳而乙編年:甲、乙是代詞,表示次序的先後。古代史學家和目録學

家大都將紀傳體的地位放在編年體之前,如《隋書·經籍志》便是以紀傳
爲正史、編年爲古史。

[29] 荀悦、袁宏:已見本書《史通·六家》篇注[38]、[59]。

[30] 不可方物:已見本書所選《楚昭王問於觀射父》注[18]。原意是批評民神
相混,不能區別名位。這裏把貶意改爲褒意,形容《尚書》的寫法靈巧,後
人無法識別其體例,因而無法傚效。

[31] 太古年紀、夏殷春秋、竹書紀年:書名。皆古代編年史。前兩書,早佚,已
不可考。《竹書紀年》,是西晉武帝太康時在魏襄王(一説魏安釐王)墓中
發現。凡十三篇。記夏、殷以來到周幽王被犬戎所殺;後接述魏國史事,
到安釐王二十年止。係魏國史書。本書已佚,今傳本係後人僞託。近人
王國維輯有《古本竹書紀年輯校》一卷;并另撰《今本竹書紀年疏證》二
卷,考證今本的僞託。

[32] 圓通之篇:章學誠晚年擬撰的論文,未成。大意見乾隆五十七年(1792)
《與邵二雲論修宋史書》,摘録如下:"近撰《書教》之篇,所見較前似有進
境";"遷書所創紀傳之法,本自圓神,後世襲用紀傳成法,不知變通,而史
才史識史學轉爲史例拘牽,愈襲愈舛";"《紀事本末》本無深意,而因事命
題,不爲成法,則引而伸之,擴而充之,遂覺體圓用神;《尚書》神聖制作,
數千年來可仰望而不可接者,至此可以仰追。豈非窮變通久自有其會,
紀傳流弊至於極盡,而天誘僕衷爲從此百千年後史學開蠶叢乎? 今仍紀
傳之體,而參本末之法,增圖譜之例,而删書志之名,發凡起例,別具《圓
通》之篇"。

永清縣志·輿地圖序例〔文史通義卷七〕（節録）

史部要義，本紀爲經，而諸體爲緯。有文辭者，曰“書”，曰“傳”；無文辭者，曰“表”，曰“圖”。虛實相資，詳略互見，庶幾可以無遺憾矣。

昔司馬氏創定百三十篇，但知本周譜而作表[1]，不知溯夏鼎而爲圖[2]，遂使古人之世次年月可以推求，而前世之形勢名象無能蹤蹟。此則學《春秋》而得其譜麻[3]之義，未知溯《易》象[4]而得其圖書之通也。夫列傳之需表而整齊，猶書、志之待圖而明顯也。先儒嘗謂表闕而列傳不得不繁，殊不知其圖闕而書、志不得不冗也。嗚呼！馬、班以來二千年矣，曾無創其例者，此則窮源竟委，深爲百三十篇惜矣！

鄭樵圖譜之略[5]，自謂獨得之學，此特爲著録書目、表章部次之法爾；其實史部鴻裁，兼收博采，並存家學，以備遺忘，樵亦未能見及此也。且如《通志》紀傳悉仍古人，反“表”爲“譜”，改“志”稱“略”[6]，體亦可爲備矣！如何但知收録圖譜之目，而不知自創圖體以補前史之所無，以此而傲漢、唐諸儒所不得聞[7]，寧不愧歟！又樵録圖譜，自謂部次專則易存，分則易失，其説似矣。然今按以樵之部目，依檢前代之圖，其流亡散失，正復與前不甚相遠。然則，專家之學，不可不入史氏鴻編，非僅區區著於部録，便能保使無失也。司馬遷有表，而周譜遺法，至今猶存；任宏録圖[8]，鄭樵云：“任宏校兵書，有書有圖，其法可謂善矣。”而漢家儀制，魏、晉已不可考。則爭於著録之功小，創定史體之功大，其理易明也。

史不立表，而世次年月猶可補綴於文辭；史不立圖，而形狀名象必不可旁求於文字。此耳治、目治之所以不同，而圖之要義所以更甚於表也。古人口耳之學，有非文字所能著者，貴其心領而神會也。至於圖象之學，又非口耳之所能授者，貴其目擊而道存也。以鄭康成[9]之學而憑文字以求，則娑尊詁爲鳳舞，至於鑿背之犧既出，而王肅之義長矣[10]。以孔穎達[11]之學，而就文義以解江源出自岷山，至金沙之道既通，而緬志之流遠矣[12]。此無他，一則困於三代圖亡,一則困於班固《地理》無圖學也。《地理志》,自班固始,故專責之。雖有好學深思之士,讀史而不見其圖,未免冥行而擿埴[13]矣。

唐、宋州郡之書,多以圖經爲號[14]。而地理統圖,起於蕭何之收圖籍[15]。是圖之存於古者,代有其書,而特以史部不收,則其力不能孤行於千古也。且其爲體也,無文辭可以誦習,非纂輯可以約收;事存專家之學,業非文士所能;史部不與編摩,則再傳而失其本矣。且如《三輔黄圖》[16]、《元和圖志》[17],今俱存書亡圖,是豈一朝一夕故耶!蓋古無鑴木印書,圖學難以摩畫;而竹帛之體繁重,則又難家有其編。馬、班專門之學,不爲裁定其體;而後人溯流忘源,宜其相率而不爲也。解經多舛,而讀史如迷,凡以此也。

近代方志往往有圖,而不聞可以爲典則者。其弊有二:一則逐於景物,而山水摩畫工其繪事,則無當於史裁也;一則廁於序目凡例而視同弁髦[18],不爲繫説命名、釐定篇次,則不可以立體也。夫表有經緯而無辭説,圖有形象而無經緯,皆爲書志列傳之要删[19],而流俗相沿,苟爲悦人耳目之具矣。則傳之既久,欲望如《三輔黄圖》、《元和圖志》之猶存文字且不可得,而況能補馬、班之不逮,成史部之大觀也哉!

圖體無經緯,而地理之圖則亦略存經緯焉。孟子曰:"行仁政必自經界始。"[20]《釋名》[21]曰:"南北爲經,東西爲緯。"地理之求經緯尚已。今之州縣輿圖,往往即楮幅之廣狹,爲圖體之舒縮,此則丹青繪事之故習,而不可入於史部之通裁也。今以開方計里爲經,而以縣鄉村落爲緯,使後之閲者,按格而稽,不爽銖黍[22],此圖經之義也。

——據章氏家刻本《文史通義》,參考嘉業堂刊《章氏遺書》本及原刻本《永清縣志》

【解題】

本篇選自《文史通義》卷七《外篇》二。原刻本《永清縣志》列於《輿地圖第一》正文之前,未標明"序例"二字。這個標題是章氏家刻本編者所加。

《永清縣志》,乾隆四十二—四十四年(1777—1779)間,章學誠應永清知縣周震榮邀所修。原刊本二十五篇,不分卷,題周氏主修。一九二一年劉承幹彙刻《章氏遺書》時,始依《湖北通志檢存稿》體例,編爲十卷(包括《永清文徵》三卷),又將"臣震榮"云云一概削去,以示名從主人。本書凡分紀(《皇言》、《恩澤》)、表(職官、選舉、士族)、圖(輿地、建置、水道)、書(吏、户、禮、兵、刑、工)、略(政略)、列傳六體。分記永清一縣政治、地理、經濟、社會、風俗習慣、民生利病等概況。是清代地方志中的名著。

中國的方志著作極爲豐富。今存方志,何者最早,由於對"方志"的認識不同,因而説法不一。目前較流行的意見,以爲方志乃記述地方情況的史志,可分全國性的總志和地方性的州郡府縣志兩類。據此或以爲方志的出現可上推至兩漢六朝。唐、宋以後,由於各地區間發展不平衡的現象,日益爲士大夫所注意,方志撰著日多,尤以清代最盛。清代由於統治者的提倡,康熙、雍正都曾下詔各省、府、州、縣修輯志書;後並定出各州縣志書六十年一修的制度。各地督撫守令,也多重視修志,或自撰,或延請著名學者纂輯,所以地方志著作極多。據朱士嘉所編《中國地方志綜録》一書著録的五千八百三十二種、九萬三千二百三十七卷歷代方志中,清代所修即達四千六百五十五種、七萬六千八百六十卷。這類作品,以地區爲中心,範圍較窄,纂修者能够直接取材於各地保存的檔案函札碑碣等原始資料;倘遇關疑不明處,還可直接實地採訪調查。所以不僅保存了大量史料,而且材料的可靠性也每在他書之上。同時,歷代正史因受體例及材料限制,所載偏詳政治方面,至於社會、經濟等方面,記載都很籠統;但方志保存的各地社會經濟史料,如户口、田賦、物產、關稅、風俗、方言等,都極詳備,給歷史研究者提供了第一手資料。引人注意的還有方志所保存的關於科學技術史的資料,上自天文氣象,下至地理地質,以及生物的分佈,礦產的蘊藏,工具的特色,生產的經驗,無不有所反映,並已受到中外自然科學家和科學技術史家的重視。

章學誠的史學實踐,薈萃於幾部方志的編修中。他不滿以往學者都將方志列爲地理專著,而認"志屬信史",是一地方的歷史。因此編撰時十分注意義例的創新。《文史通義》的《外篇》,便集中收録了他對編修方志見解的主要論文,因而使他在歷史地理學者中,享有"方志學"建立者的聲譽。他編寫的方志,如《永清縣志》,每篇篇首,都詳述自己的著作意圖,並對前人工作進行總結式的批評。同時改志爲表,重視地圖,創立六書等,都有特見。其中圖、書二體,詳載永清疆域沿革、面積分野、户口賦役、土地關係、物產狀況、風俗習慣等,是本書價值較高的部分。全書綱領分明,考證詳密。但本書觀點仍然陳腐,如"恩澤紀"專録旌表册贈詔令,"職官表"但列歷代長吏姓名,"士族表"着重襃明世家閥閲,"列女傳"專意表彰"節""孝",都没能超脱傳統而有真正的創新,給本書帶來了大量糟粕。

【注釋】

[1] 昔司馬氏創定百三十篇,但知本周譜而作表:司馬遷作《史記》一百三十卷,其中《三代世表》周的部分係根據周族譜牒而成,開始了後來史家"表"的體裁。

[2] 不知溯夏鼎而爲圖:相傳夏禹時,集天下銅以鑄九鼎,鼎上鏤刻以象九州:冀、兗、青、徐、揚、荆、豫、梁、雍,見《漢書·郊祀志》。這裏批評司馬遷不能上溯夏禹九鼎的圖象而創立史書中"圖"的體例。

[3] 譜牒:歷代的譜牒(記世系名諡的書),如《五帝繫牒》、《春秋曆譜牒》等,司馬遷據以撰成《史記》中的《三代世表》、《十二諸侯年表》諸篇。

[4] 易象:指《易經》的圖象。相傳河出《圖》、洛出《書》,伏羲依河圖的形象而作八卦,見《易·繫辭》上。

[5] 鄭樵圖譜之略:鄭樵《通志》二十略,其一爲《圖譜略》,列第十六,凡一卷。內分索象、原學、明用、記有、記無諸門。"索象"說圖象的重要性及古今圖譜存留散失的原委;"原學"說圖譜學失傳的流弊;"明用"分爲十六類,說部勒圖譜的方法;"記有"記錄現存的圖譜;"記無"記錄散亡的圖譜。

[6] 且如通志紀傳悉仍古人,反表爲譜,改志稱略:鄭樵《通志》的體裁有紀、傳、譜、略;譜有世譜、年譜,略有天文略、地理略等。譜即《史記》的表,略即《漢書》的志(如《天文略》相當於《天文志》,《地理略》相當於《地理志》),名稱雖異,内容實同。

[7] 而傲漢、唐諸儒所不得聞:《通志·總序》謂二十略中十五略,爲漢、唐諸儒所不得而聞,已詳本書選文。

[8] 任宏錄圖:漢成帝時,步兵校尉任宏受詔校兵書於秘府(宫内藏書處),成《兵書略》,分爲四種,有書五十三家、七百九十篇,有圖四十三卷。劉歆採載《七略》中,爲今傳班固《漢書·藝文志》"兵書略"所本。

[9] 鄭康成:鄭玄(127—200)的字。玄,東漢著名經學家。北海高密(今山東高密)人。曾入太學學今文《易》和《公羊》學,又受古文經學於張恭祖和馬融。後居鄉講學,門徒千餘人。玄學綜合今古文經典而歸於古文。著作豐富,注有《周易》、《毛詩》、《周禮》、《儀禮》、《禮記》、《論語》、《孝經》、

《尚書大傳》等,著有《六藝論》、《駁許慎五經異義》等,凡百餘萬言。傳見《後漢書》卷六五。

[10] 娑尊詁爲鳳舞,至於鑿背之犧既出,而王肅之義長矣:娑尊或稱犧尊,古代酒器,《詩·魯頌·閟宮》和《禮記·禮器》等都有記載。器的形製和雕刻花紋,學者間説各不同。漢鄭玄以爲畫鳳凰飛舞形,"若鳳羽婆娑然,故言娑尊。"魏王肅據明帝太和中在魯郡發現齊大夫子尾送女器,以爲刻尊鑿背,象犧牛形,當稱犧尊。章氏主王肅説,但清王念孫仍認鄭説爲是。王肅,已見本書《史通·六家》篇注[7]。

[11] 孔穎達:(574—648)字冲遠,冀州衡水(今河北衡水)人。唐代著名經學家。少從劉焯學。隋末舉"明經",爲郡博士。後仕唐,官至國子祭酒。曾與魏徵等撰成《隋史》,修定五禮;又主編《五經正義》等書。傳見《舊唐書》卷七三、《新唐書》卷一九八。

[12] 江源出自岷山,至金沙之道既通,而緬志之流遠矣:孔穎達説見《尚書·禹貢》正義。《禹貢》作者以爲江源是嘉陵江,出自岷山,即隴西西縣(今甘肅天水西南一百二十里)境。從《漢書·地理志》開始,認爲今岷江是江源,江水所出爲岷山,即今四川松潘北的岷江源。漢以後,地理知識益廣,知江源更遠,岷山已不是江水所出。唐、宋以後,已漸知金沙江是江源。章氏認爲因圖籍亡佚,連孔穎達這樣博學的人也仍然因襲漢人錯誤。"緬志",未詳。疑元、明或清初人的書中引用到有關緬甸地理某種記載("緬志")内,有説到伊洛瓦底江的。伊洛瓦底江一稱大金沙江,但與江源無關。章氏或誤以爲大金沙江即當時稱作江源的金沙江,因此有"緬志之流遠矣"的説法。

[13] 冥行而擿埴:語出揚雄《法言·修身》篇:"擿埴索塗,冥行而已。"擿(zhì),投擲;埴,泥土;説盲人用杖點地以探求道路。這裏譬喻有史而無圖,一如盲人行路。

[14] 唐、宋州郡之書,多以圖經爲號:《隋書·經籍志》:"隋大業中,普詔天下諸郡,條其風俗、物産、地圖,上於尚書,故隋代有……諸州圖經集一百卷。"並載有《冀州圖經》、《齊州圖經》、《幽州圖經》各一卷。《舊唐書·經籍志》載有孫處玄《潤州圖經》二十卷。宋鄭樵《通志》"藝文略"四,分地

理爲十種,其一曰"圖經",載有《開封府圖經》、《畿內諸縣圖經》、《京東路圖經》等三十三部,七百十七卷。按各書都已亡佚。

[15] 地理統圖,起於蕭何之收圖籍:秦末,劉邦攻入咸陽,諸將多爭取金帛財物,蕭何獨先入收藏秦丞相、御史府的律令圖書,助劉邦得知地形險要和戶口多少。事見《史記・蕭相國世家》。籍,簿書,記錄戶口和田畝。

[16] 三輔黃圖:古地理書。撰人姓名不詳,經後人考訂,係六朝梁、陳間人作品,經唐人刪補。原書一卷,後人分爲六卷或二卷。所記皆周、秦以來古蹟,而以漢代長安爲主,故稱《三輔黃圖》。三輔即京兆、左馮翊、左扶風。本書對宮殿、苑囿之制,條分縷析,相當詳備,是研究漢代長安古蹟的重要參考書。

[17] 元和圖志:原稱《元和郡縣圖志》。四十卷。唐李吉甫撰。記載唐中葉起京兆府盡隴右道四十七鎮的疆界、山川、關隘、州郡、城邑的地理。每鎮篇首有圖,冠在敍事之前。憲宗元和八年(813)呈上,故稱。宋時,圖已散佚,僅存志文。所以宋陳振孫《直齋書錄解題》改稱爲《元和郡縣志》。後志文又佚去七卷半。它的體例完備,創後來編撰方志的規模。

[18] 弁髦:借喻沒有用的物品。弁,緇布冠;髦,童子的垂髮。古代冠禮,先用弁斂括垂髮;成冠後,弁、髦就無用而被捨棄。

[19] 要刪:詞見《史記・十二諸侯年表》序。這裏說表、圖是刪約書、志、列傳的要旨而成的另一種體裁。

[20] 孟子曰:行仁政必自經界始:語見《孟子・滕文公》上。經、界同義,原指田畝的劃分界域,這裏引喻地理學書的經緯綫。

[21] 釋名:亦名《逸雅》。漢劉熙撰,八卷。本書以同聲相諧,以求古訓的異同和源委,是訓詁學以及研究古代典章制度的重要書籍。清江聲撰有《釋名疏證》及《續釋名》,王先謙又撰有《釋名疏證補》等。

[22] 不爽銖黍:銖、黍都是古代權衡重量的名稱。十黍爲一銖,二十四銖爲一兩,或說十黍爲一累,十累爲一銖。兩者的重量都很輕,差度小。這裏形容圖的比例度分毫不差。

經史子集之名何昉〔潛研堂文集卷一三·答問十〕

問：經、史、子、集之名何昉乎？

曰：漢時分羣書爲六略[1]，曰六藝者，經部也；詩賦者，集部也；諸子、兵書、術數、方技，皆子部也。《世本》、《戰國策》、《楚漢春秋》、《太史公書》、《漢著記》，則入之《春秋》類[2]；《古封禪羣祀》、《封禪議對》、《漢封禪羣祀》，入之《禮》類[3]；《高祖傳》、《孝文傳》、《河間獻王對上下三雍宮》，入之儒家類[4]。是時蓋無四部之名，而史家亦未別爲一類也。魏文帝《典論自敍》稱："五經、四部、《史》《漢》、諸子百家之言，靡不畢覽。"[5]所謂"四部"者，似在五經、諸子之外，亦不知其何所指[6]。

晉荀勗撰《中經簿》[7]：一曰"甲部"，紀六藝及小學；二曰"乙部"，有古諸子家、近世子家、兵書、兵家、術數；三曰"丙部"，有史記舊事、皇覽簿、雜事；四曰"丁部"，有詩賦、圖讚、汲冢書[8]。四部之分，實始於此。而"乙部"爲子，"丙部"爲史，則子猶先於史也。及李充[9]爲著作郎，以典籍混亂，刪除煩重，以類相從，分爲四部：五經爲"甲部"，史記爲"乙部"，諸子爲"丙部"，詩賦爲"丁部"，而經、史、子、集之次始定。

宋元徽初，秘書丞王儉撰《七志》[10]：曰經典志，紀六藝、小學、史記、雜傳；曰諸子志，紀今古諸子；曰文翰志，紀詩賦；曰軍書志，紀兵書；曰陰陽志，紀陰陽、圖緯；曰術藝志，紀方技；曰圖譜志，紀地域及圖書；而以道、佛附見，合爲九條。蓋仿漢之《七略》，而改"輯略"[11]爲圖譜。又附入老、釋書，則儉自立新意也。齊永明中，秘書丞王亮、監謝朏，造《四部書目》[12]。梁秘書監任昉、殷鈞，亦撰《四部目錄》[13]；而術數之書，別爲一部，令奉朝請祖暅撰次，故稱《五部目錄》[14]。普通中，處士阮孝緒更爲《七錄》[15]，曰：經典錄、紀傳錄、子兵錄、文集錄、技術錄、佛錄、道錄。釋、老二氏，各爲一錄，而進佛於道之右，則以梁武方崇其教故也[16]。其前五錄蓋沿《五部》之舊，然則，齊、梁四部，亦史先於子可知矣。

隋、唐以後,敍書目者,大率循經、史、子、集之次。而子家寥寥,常并釋、道、方技而一之。自道學興於宋儒,人人各有"語録",而儒家之目亦滋多矣。

——據《潛研堂全書》本,參考《四部叢刊》本

【解題】

《潛研堂文集》,五十卷,清錢大昕撰。本書是錢氏卒後,由長子東壁與門生等彙編錢氏專著以外的經史論著、序跋、信札、傳記、墓志銘等文章而成。

從六朝開始,就出現了將一人或若干人的文章彙編成一書,稱爲"文集"。文集大致分爲兩類:個人的稱爲"別集",集合的稱爲"總集"。別集傳世較早的,有西漢末揚雄的《揚子雲集》、東漢末蔡邕的《蔡中郎集》等。總集最早的有南朝梁昭明太子蕭統編的《文選》(《昭明文選》)等。這些別集和總集,歷來都認爲是由《漢書·藝文志》中的"詩賦略"所著録的作品演變而來,祇從狹義的文學觀點去研究它。其實這些文集,内容非常繁複,反映社會各種現象,如果我們能分别精華和糟粕,實是極爲豐富的史料。更其是像錢大昕一類的考據學家,和史學關係尤其密切,決不可因爲傳統目録學將他的文集列於"集部"而加以忽略。

錢大昕生活在清朝的乾嘉時代。這個時代,由於康熙、雍正、乾隆三朝厲行文化專制主義的結果,也由於滿、漢地主階級内部矛盾相對緩和的結果,清朝學術界的風氣已有很大變化。當初顧炎武、黄宗羲等提倡的"經世致用"之學,已被經史考據之學所代替。許多學者,都自覺地或不自覺地避開現實的政治問題,而以巨大的精力,投入資料的搜集、整理和審核考訂的工作。他們的研究對象,是古代的儒家經典,明以前的史學著作,旁及諸子、金石和天算地志等史料。他們的研究要求,是弄清材料的本來面貌,以及把零散的或亡佚的材料系統化,即訓詁、考證、訂補、校勘、輯佚等。他們的研究方法,是對所研究的問題,廣泛地搜尋材料,每事必窮根源,所言必求依據,講究旁參互證,解決邏輯矛盾,反對空談臆度,也反對孤證立説。這種風尚,到乾隆、嘉慶之際達到全盛時期,所以人們唤做乾嘉考據學;當時學者則自稱樸學(因提倡做學問要樸質無華),或漢學(因研究兩漢經學爲主,並示同所謂宋學的理學相區别)。

初期的乾嘉學者,多集中於治經;從文字音韻入手,致力於名物的解釋,典制的考索,事蹟的正誤等等。名爲治經,實則考史。而且愈往後,愈將精力轉向治史,即古代史料的研究。錢大昕就是由考證經書轉向考證史著的。他用後半生精力作成的《廿二史考異》一百卷,仿照《通鑑考異》的體例,對於除《舊五代史》和《明史》以外的全部"正史"及其注

解,進行了細緻的文字校勘,以及訓詁、地理、職官、氏族、名物、年代等方面的縝密考訂,是與王鳴盛的《十七史商榷》、趙翼的《廿二史劄記》齊名的清代三大考史名著之一。他的《十駕齋養新錄》、《三史拾遺》、《諸史拾遺》、《通鑑注辨正》、《宋遼金元四史朔閏考》、《疑年錄》等,也都是古代史料學的傑作。他尤其下工夫研究元代史料,除《元史考異》特詳外,還有關於《元史》的補表、補志,雖然很少發議論,但被人們看作是他關注清史即當時的現代史的含蓄表現。但以上著作,範圍主要限於史料的審核。要瞭解錢大昕的學術觀點和研究方法,從而瞭解他何以成爲乾嘉史學的代表人物,還需要看《潛研堂文集》。

本書體例分爲十四類,是錢大昕生前所自定,計:賦、頌、奏摺一卷,論、說二卷,答問十二卷,辨、考一卷,箴、銘、贊、雜著三卷,記二卷,記事一卷,序四卷,題跋六卷,書四卷,傳四卷,碑一卷,墓志銘等八卷,家傳、行述、祭文一卷。其中卷四到卷十五的經史問答,仿全祖望《鮚埼亭集》的體例,附列集中,不另單行,更值得注意。

本書同《廿二史考異》、《十駕齋養新錄》同樣以考訂、校勘、訓詁見長,特別是有關重要事實的考訂方面。如論唐、宋官制中守、判、試知、檢校等稱號的源流演變,剖析甚爲精當(見卷三四《答袁簡齋書》);論漢代贅婿實是典身爲奴,解釋了千年來史學家的積疑(見卷一二《答問》九)等等,都是十分重要的發現。另如《秦四十郡辨》、《漢百三郡國考》等篇(卷一六),闡明了秦、漢政區的劃分,也爲學者所重視。錢大昕也偶或表示對清朝皇帝專橫暴虐的不滿,但更多的是對專制統治進行辯護,甚至說如果不得已而改朝換代,那麼與其讓農民領袖學湯武革命,還不如投降“主三綱五常”的異族。即使專談學術,也儘量曲折、含蓄,提倡“護惜古人”,避免開罪時人,例如他爲趙翼《廿二史劄記》寫的序,因批評了考據學家重經輕史的風氣,主張古代經史並非二學,便不肯收入文集。因而,他的史學見解,雖在許多史籍的序跋中偶有表見,但總覺不夠系統。集中賦、頌、箴、銘之類,多數是歌頌封建功德,抒發庸俗情感,無甚學術價值。傳、碑、墓銘之類,也多諱飾。有些討論學術的論著,或者不免觀點陳舊,或者僅作客觀主義的闡述,價值也不高。所以,乾嘉考據學者所共有的長處和短處,在《潛研堂文集》中反映得相當集中。

本書初刊於作者死後二年,當嘉慶十一年(1806)。以後收印於《潛研堂全書》中。通行本有商務印書館《四部叢刊》的影印本,可供參考。

《經史子集之名何昉》,選自《潛研堂文集》卷一三《答問十》。本篇考訂了中國目錄學史的一個重要問題,即“四部”的區分從甚麼時候開始的。

錢大昕(1728—1804),清代史學家、音韻學家、金石學家。字曉徵,一字及之,號辛楣,又號竹汀居士。江蘇太倉州嘉定縣(今屬上海市)人。乾隆十六年(1751),被乾隆召試,特賜舉人,授內閣中書學習行走。十九年(1754)中進士,歷任翰林院庶吉士、編修、侍講學士,多次充當山東、湖南、浙江、河南等省鄉試正、副主考官,並曾任《大清一統志》和《三通》館纂修官,頗得乾隆賞識。官至詹事府少詹事,提督廣東學政。退休後累主講鍾山、婁東、紫陽等書院二十餘年。錢大昕年青時以詩文知名,治經屬惠棟爲首的吳派,也受到皖派領袖戴震的推許。他用治經的方法轉而治史,從文字音韻入手,並兼及曆算、金石、地理。創獲也多。如音韻學方面,首先注意古聲母的研究,證明古無輕唇、重唇音和舌頭、舌上的區別;金石學方面,強調古器物碑碣銘文等考古材料可同紙上材料相印證。他的主要成就仍在史學;清代後期的元史學、年代學、譜牒學和西北地理學等,都受過他研究成果的影響。弱點在於過份誇大史料的作用,以及過份強調護惜古人,這使他的成就局限於史料學,而且影響到乾嘉末流盲目崇古復古的傾向。著作極多,彙刊爲《潛研堂全書》。一說另有《元史稿》若干冊,但下落不明。晚年有手編自題《竹汀居士年譜》。道咸間有其曾孫錢慶曾校注的續編行世。傳見《清史列傳》卷六八,《清史稿》卷四八七。

【注釋】

[1] 六略:漢成帝時,命光祿大夫劉向總校羣書。每校完一書,劉向著錄篇目,撰寫提要。向卒,其子歆繼父業,總羣書而成《七略》。原書已佚,清馬國翰、洪頤煊、陶濬宣、姚振宗等均有輯本。班固據《七略》撰《漢書·藝文志》,去《輯略》而成六略。《漢志》六略即六藝略、諸子略、詩賦略、兵書略、數術略和方技略。

[2] 世本……則入之春秋類:《漢志·六藝略》春秋家一類中列有《世本》十五篇、《戰國策》三十三篇、《楚漢春秋》九篇、《太史公》百三十篇、《漢著記》百九十卷。案《世本》、《戰國策》均已選入本書。《楚漢春秋》已佚,清洪頤煊、茆泮林、黃奭等都有輯本。《太史公》即司馬遷所撰《史記》,見《廿二史考異》卷五"爲太史公書"條。《漢著記》已佚。

[3] 古封禪羣祀……入之禮類:《漢志·六藝略》禮家一類中列有《古封禪羣祀》二十二篇、《封禪議對》十九篇、《漢封禪羣祀》三十六篇。按書已佚。

[4] 高祖傳……入之儒家類:《漢志·諸子略》儒家一類中列有《高祖傳》十三篇、《孝文傳》十一篇、《河間獻王對上下三雍宮》三篇。按書已佚。

[5] 典論自敘……靡不畢覽:《典論》,書名,魏文帝曹丕撰,現存三篇。引文見《三國志·魏書·文帝本紀》注。

[6] 所謂四部者,似在五經、諸子之外,亦不知其何所指:據近人余嘉錫考證,《漢書·藝文志》六藝略分爲《易》、《書》、《詩》、《禮》、《樂》、《春秋》、《論語》、《孝經》、小學九種。當時立博士的有"五經",併入樂則稱"六藝"。漢、魏間人以爲只舉五經,嫌不完備,故連稱"五經四部"。所謂"四部"指六藝略中《樂》、《論語》、《孝經》、小學四種,與晉荀勖所分"四部"不同。說詳余著《目録學發微》。

[7] 晉荀勖撰中經簿:荀勖字公曾,潁川潁陰(今河南許昌)人。仕魏,累官侍中。入晉,封濟北郡公。勖領秘書監,與中書令張華整理書籍,編爲《中經簿》。又《隋書·經籍志》序謂:魏秘書郎鄭默始制《中經》,晉秘書監荀勖又因《中經》更著《新簿》,分爲四部,總括羣書。勖傳見《晉書》卷三六。

[8] 汲冢書:晉咸寧五年(279)汲郡人不準盜發魏國古墓,發見竹簡古書,後經整理爲十六部、七五卷。荀勖曾參與整理工作。近人朱希祖著有《汲冢書考》。

[9] 李充:字弘度,晉江夏(治今湖北雲夢)人。當時典籍混亂,充任著作郎,整理書籍,刪除繁重,以類相從,分爲四部。《隋書·經籍志》序謂:"惠、懷之亂,京華蕩覆,渠閣文籍,靡有孑遺。東晉之初,漸更鳩集。著作郎李充以勖舊簿校之,其見存者但有三千十四卷。充遂總没衆篇之名,但以甲乙爲次。自爾因循,無所變革。"傳見《晉書》卷九二。

[10] 秘書丞王儉撰七志:王儉,字仲寶,琅邪臨沂(今山東臨沂)人。南北朝宋時秘書丞。佐齊高帝即位,曾任侍中、尚書令、鎮軍等職。儉好讀書,校勘古籍,依劉歆《七略》例作《七志》三十卷,一説四十卷。在我國目録學史上有重要地位。原書已佚。傳見《南齊書》卷二三、《南史》卷二二。

[11] 輯略:劉歆《七略》,首爲《輯略》。顏師古《漢書注》:輯與集同,謂諸書之總要。

[12] 齊永明中,秘書丞王亮、監謝朏,造四部書目:按文本《隋書·經籍志》。王亮字奉叔,南北朝琅邪臨沂(今山東臨沂)人。初仕齊,任秘書監。明帝時,遷吏部尚書,用人惟拘資次,爲時所譏。梁受禪,曾廢爲庶人。後

又起爲中書監,加散騎常侍。傳見《梁書》卷一六、《南史》卷二三。謝朓字敬沖,南北朝陳郡陽夏(今河南太康)人。幼聰慧,稱爲奇童。宋時,官左長史、侍中。入齊,任義興太守,轉尚書。梁受禪,初不屈,後仍出仕,歷侍中、司徒、尚書令等職。所著書及文章行於當世。傳見《梁書》卷一五、《南史》卷二〇。

[13] 梁秘書監任昉、殷鈞,亦撰四部目録:按文亦本《隋書·經籍志》。任昉字顏昇,南北朝樂安博昌(今山東博興南)人。八歲能屬文。初仕齊爲太學博士,王儉、沈約都稱許他。梁武帝時,官義興、新安太守,爲政清省。家貧,聚書萬餘卷,頗有異本。所著文章數十萬言,有《文章緣起》、《述異記》等。傳見《梁書》卷一四、《南史》卷五九。殷鈞字季和,南北朝陳郡長平(今河南西華東北)人。以孝聞。好學,善隸書。歷官臨川内史、國子祭酒。傳見《梁書》卷二七、《南史》卷六〇。

[14] 而術數之書,別爲一部,令奉朝請祖暅撰次,故稱五部目録:按文亦本《隋書·經籍志》。祖暅,《南史》作祖暅之。暅之字景爍,著名科學家祖沖之之子。南北朝范陽遒(今河北淶水縣北)人。傳父學,明曆算,有巧思。梁天監初,繼父重修何承天曆法,行於世。官至太府卿。傳見《南史》卷七二。

[15] 處士阮孝緒更爲七録:阮孝緒,字士宗,梁陳留尉氏(今河南尉氏)人。好學不仕,撰《七録》,收録圖書六千二百八十八種、四萬四千五百二十卷。本書在一定程度上總結了前代目録學的成就,在我國目録學史上佔有重要地位。原書已佚,序目保存在《廣弘明集》卷三中。孝緒傳見《梁書》卷五一、《南史》卷七六。

[16] 梁武方崇其教故也:即梁武帝蕭衍。紀見《梁書》卷一至三。武帝信奉佛教,曾在重雲殿及同泰寺講説佛經,并親寫《涅槃經》等數百卷。

元史多用投下字〔潛研堂文集卷一三‧答問十〕

問:《元史》多用"投下"字,似是部落之稱,未知其審?

曰:"投下",遼時謂之"頭下"。《遼史‧地理志》:"頭下軍州皆諸王、外戚、大臣及諸部從征俘掠,或置生口,各團集建州縣以居之。橫帳諸王、國舅、公主[1],許創立州城,自餘不得建城郭[2]。朝廷賜州縣額,其節度使朝廷命之;刺史以下,皆以本主部曲充焉。官位九品之下,及井邑商賈之家,征稅各歸頭下,唯酒稅課納上京[3]鹽鐵司。"

元時各投下不設節度使,自魯、趙諸王外,亦未見有建立城郭者。其餘大約與遼制同。史傳所載投下之目,有云"四投下"者,《兵志》:"木華黎[4]奉太祖命,收札剌兒、兀魯、忙兀、納海四投下"是也[5]。有云"五投下"者,《朮赤台傳》:"其先剌真八都以才武雄諸部。生子曰兀魯兀台,曰忙兀,與札剌兒、瓮吉剌、亦乞列思等當開創之初,協建大業。太祖即位,命其子孫因其名爲氏,號'五投下'。"[6]《元典章》[7]載:"至元二年,中書省欽奉聖旨,據納陳駙馬、帖里干駙馬、連哥國王、鍛真、忽都五投下戶計"云云。所稱納陳駙馬者,瓮吉剌氏也;帖里干駙馬者,亦乞列思氏也孛禿之子;鍛真,兀魯兀台也;連哥國王,當是札剌兒氏,史所稱國王頭輦哥也;忽都當是忙兀氏[8]。與《朮赤台傳》正合,《博魯歡傳》[9]謂之"五諸侯"。有云"十投下"者,《木華黎傳》:"丙戌,夏,詔封功臣戶口爲食邑,曰'十投下',孛魯居其一"[10]是也。有云"十七投下"者,許有壬[11]撰《怯烈公[12]神道碑》云:"世祖立極,以公舊部及降虜千人爲貴赤[13]。命公之孫莊家爲千戶,曾孫也里卜花爲百戶[14],世所稱'十七投下',此其一也。"怯烈公名鎮海,太宗時右丞相。餘不可考。又有云"三投下"者,《食貨志》:"左手萬戶三投下。"[15]謂孛羅臺萬戶、忒木臺駙馬、斡闊烈闍里必三人也。有云"兩投下"者,《食貨志》"和斜漫兩投下"是也。

——據《潛研堂全書》本,參考《四部叢刊》本

【解題】

　　本篇選自《潛研堂文集》卷一三《答問十》。"投下"是契丹、蒙古族向封建制轉化過程中，一種作戰與生產相結合的特殊組織形態。錢大昕首先揭示了它的組成狀況。更詳細的研究有吳晗《投下考》(見《讀史劄記》)。

【注釋】

［1］　橫帳諸王、國舅、公主：即遼朝皇帝的直系親屬和外戚。遼代皇族分爲二院、四帳。二院是太祖耶律阿保機的高祖努爾蘇(追尊肅祖)和曾祖薩剌達(追尊懿祖)的其他後裔，共五房，同皇室關係較疏。阿保機祖伊德實(追尊玄祖)的後裔，稱"孟父房"、"仲父房"、"季父房"，連太祖"橫帳"共三房一帳，稱爲四帳，是皇室近支，世選北宰相職。因遼俗東嚮尚左，皇帝所居"御帳"向東；東西爲橫，所以"御帳"稱"橫帳"。"橫帳"諸王公主指阿保機的直系子孫。國舅即皇后或太后的兄弟，共五帳，世選南宰相職。他們同皇帝的關係最密切，享受特權也最多。

［2］　自餘不得建城郭：此説似不妥。《遼史·百官志四》："其間宗室外戚大臣之家，築城賜額，謂之頭下州軍。惟節度使朝廷命之，後往往皆歸王府。不能州者謂之軍，不能縣者謂之城，不能城者謂之堡。"據此則其他大臣也可築城，並可知頭下州又因俘戶多少而分州、軍、縣、城、堡諸等。

［3］　上京：遼初國號契丹，不設都名，但依時令遷徙行在。橫帳常駐處叫西樓。阿保機時，在西樓建皇都。太宗耶律德光改皇都爲上京臨潢府，故址在今内蒙古巴林左旗南波羅城。又置東京遼陽府(今遼寧遼陽)、南京幽都府(今北京城西南)，合稱三京。中葉後，又續置中京大定府(今内蒙古寧城縣西南大明城)、西京大同府(今山西大同)，合稱五京。

［4］　木華黎(1170—1223)：蒙古大將。札剌兒氏。以勇力智謀著稱。初從成吉思汗，參加統一蒙古諸部的戰爭，後攻金取得遼東、西諸地，立有大功，封太師國王。累率軍攻金，連下河北、河東、山東等地。擬直指河南，取金汴京，到聞喜(今山西聞喜)，病卒。追封魯國王。傳見《元史》卷一一

九、《新元史》卷一一九。

[5] 兵志……納海四投下是也:原文見《元史》卷九九《兵志》宿衛條。札剌兒
等與下條兀魯兀台等,都是氏族名稱。

[6] 朮赤台傳……號五投下:傳見《元史》卷一二〇。朮赤台即兀魯兀台氏。
以膽略聞名,從成吉思汗平定蒙古諸部,每戰必任先鋒。甚得寵,命其子
孫統兀魯兀四千人,世襲不替。據《元史》卷九九《兵志》宿衛條載,這五
投下後徵取爲探馬赤軍(蒙古以外契丹、女真諸部族中十五到七十歲徵
取的男子所組成的一種作戰和生產相結合的部落兵),伐金攻宋,都任主
力;每下一地,隨處鎮守。世祖初,曾立蒙古探馬赤總管府,統轄這五投
下探馬赤。

[7] 元典章:即元朝官修的《大元聖政國朝典章》。今存前集六十卷。分詔
令、聖政、朝綱、台綱、吏部、户部、禮部、兵部、刑部、工部十門,記元英宗
以前的典章制度。其中材料多《元史》所不載,爲研究元代政治、法律、經
濟、風俗的重要史料,素爲《元史》研究者所取材。今人陳垣據清末沈家
本刻本與元刻本、鈔本互勘,撰有《沈刻元典章校補》十卷和《元典章校補
釋例》六卷,可供參考。

[8] 連哥、忽都:據《通制條格》卷二載本詔作頭輦哥、忽都虎。

[9] 博魯歡傳:博魯歡,今本《元史》卷一二一、《新元史》卷一二四都作博
羅歡。

[10] 木華黎傳……孛魯居其一:"孛魯居其一",《元史》卷一一九《木華黎傳》
作"孛魯居其首"。孛魯即木華黎子,成吉思汗時,以父故居功臣之首,襲
封魯國王。據今人吳晗考證,這"十投下"實即前引《朮赤台傳》"五投下"
與《元典章》所載的"五投下"的合稱,也就是木華黎在1217年統率過的
弘(甕)吉剌等十軍。兀魯兀台等"五投下"是探馬赤軍,納陳等"五投下"
則都是蒙古軍。説見《讀史劄記·投下考》。

[11] 許有壬:字可用,元湯陰(今河南湯陰)人。幼聰穎,善筆札,工詞章。延
祐進士。累官集賢大學士、樞密副使、中書左丞。歷七朝,近五十年。卒
謚文忠。著有《至正集》、《圭塘小稿》等。傳見《元史》卷一八二、《新元
史》卷二〇八。

[12] 怯烈公:即鎮海,怯烈台氏。或説本漢人,田姓,後至漠北始改氏。初以軍伍長從鐵木真統一蒙古諸部,與諸王百官大會斡難河,共推鐵木真爲成吉思汗。屢從征有功,獲賜甚厚。窩闊台汗時,官中書右丞相。傳見《元史》一二〇、《新元史》卷一三三。

[13] 貴赤:蒙古語。《元史》卷一三五《明安傳》載世祖忽必烈曾詔民之蕩析離居及僧道漏籍不當差徭者萬餘人充"貴赤",疑即蒙語"千户所"意。

[14] 千户、百户:元沿金制,設世襲軍職,置萬户爲"萬夫之長",統屬於中央的樞密院;駐於各路的,則分屬行省。置萬户府以統千户所。千户所統百户所,分上千户所(統兵七百以上)、中千户所(五百以上)、下千户所(三百以上)三等。每所設達魯花赤一員、千户("千夫之長")一員。百户所分兩等:上所設蒙、漢百户("百夫之長")各一員,下所設百户一員。

[15] 左手萬户三投下:《元史》卷九五《食貨志》三歲賜門作"右手萬户三投下"。成吉思汗建國初,官職甚簡,僅設斷事官(札魯忽赤)綜理政刑,後又設達魯花赤爲掌印官,而以左右(手)萬户掌兵權,即掌大汗的宿衛親軍。

漢初布衣將相之局〔廿二史劄記卷二〕

漢初諸臣,惟張良出身最貴[1],韓相之子也。其次則張蒼[2],秦御史;叔孫通[3],秦待詔博士。次則蕭何[4],沛主吏掾;曹參[5],獄掾;任敖[6],獄吏;周苛[7],泗水卒史;傅寬[8],魏騎將;申屠嘉[9],材官。其餘陳平、王陵、陸賈、酈商、酈食其、夏侯嬰等,皆白徒[10]。樊噲則屠狗者[11],周勃則織薄曲吹簫給喪事者[12],灌嬰[13]則販繒者,婁敬[14]則輓車者。一時人才皆出其中,致身將相,前此所未有也。

蓋秦、漢間爲天地一大變局。自古皆封建諸侯,各君其國,卿大夫亦世其官,成例相沿,視爲固然。其後積弊日甚,暴君荒主既虐用其民,無有底止;强臣大族又篡弒相仍,禍亂不已。再并而爲七國,益務戰爭,肝腦塗地。其勢不得不變,而數千年世侯、世卿之局一時亦難遽變,於是先從在下者起。游説則范睢、蔡澤、蘇秦、張儀等徒步而爲相[15],征戰則孫臏、白起、樂毅、廉頗、王翦等白身而爲將[16],此已開後世布衣將相之例。而兼并之力,尚在有國者,天方藉其力以成混一,固不能一旦掃除之,使匹夫而有天下也。於是縱秦皇盡滅六國,以開一統之局。使秦皇當日發政施仁,與民休息,則禍亂不興,下雖無世祿之臣,而上猶是繼體之主也。惟其威虐毒痛,人人思亂,四海鼎沸,草澤競奮。於是漢祖以匹夫起事[17],角羣雄而定一尊。其君既起自布衣,其臣亦自多亡命無賴之徒,立功以取將相,此氣運爲之也。天之變局,至是始定。

然楚、漢之際,六國各立後,尚有楚懷王心、趙王歇、魏王咎、魏王豹、韓王成、韓王信、齊王田儋、田榮、田廣、田安、田市等[18]。即漢所封功臣,亦先裂地以王彭、韓等,繼分國以侯絳、灌等[19]。蓋人情習見前世封建故事,不得而遽易之也。乃不數年而六國諸王皆敗滅;漢所封異姓王八人,其七人亦皆敗滅[20]。則知人情猶狃於故見,而天意已另換新局,故除之易易耳。而是時尚有分封子弟諸國。迨至七國反[21]後,又嚴諸侯王禁制,除吏皆自天朝,諸侯王惟得食租衣税,又多以事失侯[22]。於是三代世侯世卿之遺法始蕩然淨盡,而成後世徵辟、選舉、科目、雜流[23]之天下矣,豈非天哉!

——據嘉慶五年(1800)湛貽堂本,參考《四部備要》本

【解題】

《廿二史劄記》,三十六卷,清趙翼撰。本書用讀書筆記的形式,對我國歷代正史的編撰、體裁和主要内容進行考證、分析和評論,是清朝中葉的考史名著。

史學家在研究過程中,注意到同一歷史事件記載相互歧異,經過排比、分析和考證辨偽,弄清具體事件的真相,並將研究成果隨時記錄下來,逐漸積累編次成書,這種治學方法,在宋代即已開始出現。司馬光的《通鑑考異》就是這類著作早期的代表作品。以後洪邁的《容齋隨筆》、陸游的《老學庵筆記》、沈括的《夢溪筆談》、王應麟的《困學紀聞》等,雖然内容不限於史學,但採用的方法是相同的。到了清朝乾隆、嘉慶時期,考據學達到全盛程度,在史學領域中,便出現了許多歷史考證的名著。其中趙翼的《廿二史劄記》、錢大昕的《廿二史考異》和王鳴盛的《十七史商榷》,尤爲傑出。

趙翼從乾隆三十七年(1772)辭官歸家後,自説:“閒居無事,翻書度日”;“歷代史書,事顯而義淺,便於流覽,爰取爲日課,有所得,輒劄記別紙,積久遂多。”(《廿二史劄記小引》)到乾隆六十年(1795),整理成書。他自述撰述目的,含有學習顧炎武著《日知錄》的意圖:“或以比顧亭林《日知錄》,謂身雖不仕而其言有可用者,則吾豈敢!”(《小引》)實委婉地提出了他的本意在於供統治者以史爲鑑。

關於本書作者問題,清李慈銘曾説本書和《陔餘叢考》係乾嘉時常州一老儒所作,被趙翼所據有(《越縵堂日記》三),但並未能提出確鑿證據。今人或同意這説法,並從趙翼致友人信中,未提范曄以前諸家《後漢書》一事,而判定趙翼缺乏一般史學常識,進而認爲本書和《陔餘叢考》都非趙翼所作。但錢大昕爲本書作序,稱“予生平嗜好與先生同”,并曾贊美趙翼“碩學淹貫,通達古今”。李保泰的《序》也説“方先生屬稿時,每得與聞緒論”,並在書成時參加編校。他們一爲同作者有學術交往的史學名家,一爲向作者問學多年的入門弟子。如果不能證明他們在有意無意地幫助作者泯滅剽竊痕迹,那末懷疑作者真偽的説法,便令人感覺孤證不足爲據。

本書所考正史,實際包括從《史記》到《明史》全部二十四史;所以命名爲《廿二史劄記》,是因爲《舊唐書》和《舊五代史》,在當時尚未被清廷正式承認爲“正史”的緣故。本書考證《史記》、《漢書》共三卷,《後漢書》二卷,《三國志》、《晉書》共三卷,《宋》、《齊》、《梁》、

《陳書》并《南史》四卷，《魏》、《（北）齊》、《周》、《隋書》并《北史》三卷，新、舊《唐書》五卷，《五代史》二卷，《宋》、《遼》、《金史》共六卷，《元史》二卷，《明史》六卷。每卷又分若干條，計共五百四十四條。詳近略遠，考訂元、明二史的條目佔全書四分之一。書末附有《補遺》，將乾隆間修《御批歷代通鑑輯覽》時奉旨改譯的遼、金、元三史的人名、官名、地名和舊譯名對照，全部録出。

本書和《廿二史考異》、《十七史商榷》二書，在形式和性質上都相類似，但内容各有特點：《考異》致力於文字校勘和名物訓詁；《商榷》着重典章故事的論述，兼及版本義例；本書則注意總貫諸史，評其得失，尤詳於有關一代興衰變革的重大問題。趙翼自説：“此編多就正史紀傳表志中參互勘校，其有牴牾處自見，輒摘出。”“至古今風會之遞變，政事之屢更，有關於治亂興衰之故者，亦隨所見附著之。”（《小引》）這説明，作者考史，雖然仍主要採用乾嘉學者所通用的治學方法，但他已感到不足，因而他企圖突破就事論事的局限，欲通過就事論理來説明歷史事件的相互聯繫，從中找出支配着古往今來政治變革的必然性。

正因如此，本書才具有較嚴格採用正統考據方法的同類作品，例如《廿二史考異》，既相似又不同的若干特色。首先，就二十四史的編撰人、編撰經過、成書時間、材料來源及其真偽、方法的優劣與史料價值的高下等，進行敍述和審核；如論“《史》、《漢》互有得失”、“《舊唐書》前半全用實録國史舊本”、宋、遼、金三史初修重修的始末等，對二十四史作了全面介紹和評價，使讀者閱後就能瞭解各史的一般情況。其次，整理、排比了各個時代的重大歷史事件，將同一性質的分散史料，按專題歸納比類，並加以綜合分析，不專論個人善惡和一事得失，使讀者能大體瞭解一代政治的利弊和興廢沿革的原因。而且在複雜紛紜的史料中，鈎稽出重大事件。如論漢初布衣將相之局、六朝清談之習、南朝多以寒人掌機要、江左世族無功臣、唐代宦官節度使之禍、南宋取民無藝、元初諸將多掠人爲私户、明鄉官虐民之害等，都揭出了影響一代政治生活的大事。這些都是本書的主要部分。

不過，在史學方法上，趙翼仍然深受清儒以經證經的影響，採用以本書證本書，或以其他正史證某一正史，而不像其他考史家喜用稗説野史同正史歧異的互證。他以爲：“蓋一代修史時，此等記載，無不蒐入史局，其所以棄而不取者，必有難以徵信之處，今或反據以駁正史之訛，不免貽譏有識。”（《小引》）這一方法的採用，對於揭露歷代正史在史料方面的自相矛盾，無疑是有用的。如“元史自相歧誤處”條，以本史《憲宗紀》證《鄭鼎傳》之誤；“宋元二史不符處”條，以《宋史·洪福傳》證《元史·世祖紀》洪福降元之誤。又如“《金史》當參觀《元史》”諸條，指出閱讀史籍時，應對有關諸書作綜合比較等，都是例證。

至於一般封建史家共同的缺點，在趙翼身上也很顯著。他對史籍所載五行災異，認爲非盡空言;對一些委瑣小事,也不惜詳載,如"齊文宣帝能預知"、"誦經獲報"等條。同時懾於清朝統治,涉及漢族王朝對少數族關係時,也殊多曲筆;如贊成秦檜主和,斥明末主張抗清諸臣爲書生誤國等。而完全否認野史筆記的記録眞實性,也不是實事求是的態度。這些都給本書帶來了一定損害,使用時必須審愼辨識。

本書有嘉慶五年(1800)趙翼自刻本。後收入《甌北全集》。翻刻本甚多。目前通行的有商務印書館 1937 年初版、1958 年重印的排印本。

《漢初布衣將相之局》,選自《廿二史劄記》卷二。作者從《史記》、《漢書》中搜求了大量例證,仔細考察了西漢初期將相大臣的出身。由此發現一則重要史實,那就是漢初的統治集團,絶大部分來自平民,與古代的世卿專政的局面迥異。因而他斷定,"秦漢間爲天地一大變局",並進一步論證,這個變化在戰國時已開始出現。當然,他的唯心史觀,使他無法理解變化的眞正原因,而只好訴諸"天意"。

趙翼(1727—1814),清代史學家、文學家。字雲崧,又字耘松,號甌北。江蘇陽湖(今江蘇常州)人。少有才名。乾隆十五年(1750)中秀才後,到北京劉統勳家參加修史。十九年(1754)由舉人選用内閣中書。二十六年(1761)成進士,授編修,曾參與修撰《通鑑輯覽》。後出知廣西鎮安府,曾改革常社倉弊政。調廣州知府,擢貴西兵備道。三十七年(1772),因廣州讞獄案降級,遂以母老辭官歸家,不復出仕。此後四十多年中,除五十二年(1787)曾應閩督李侍堯邀,參預鎮壓臺灣林爽文起義軍事外,一直在家專心著述,並主講安定書院。卒年八十八。翼精於史學,和錢大昕、王鳴盛齊名。又工詩,善五古、七律,風格清新,才力雄健,和蔣士銓、袁枚齊名。刻有《甌北全集》。除《廿二史劄記》外,有《陔餘叢考》四十三卷、《簷曝雜記》正續七卷、《皇朝武功紀盛》四卷、《甌北詩鈔》十七卷、《甌北詩話》十二卷、《甌北文集》五十三卷。傳見《清史稿》卷四九〇、《清史列傳》卷七二。《甌北全集》末附"年譜",也可參考。

【注釋】

[1] 張良出身最貴:張良(? —前 186),字子房,相傳爲西漢城父(今安徽亳縣東南)人。父祖曾五世相韓。秦滅韓後,曾引刺客狙擊秦始皇。秦末曾擁立韓王成,任韓司徒。後歸劉邦,爲劉邦畫策滅楚興漢,封留侯。傳見《史記》卷五五、《漢書》卷四〇。

［2］　張蒼：張蒼（前 256—前 152），陽武（今河南原陽東南）人。秦時爲御史，後歸漢，從攻臧荼有功，封北平侯。精律曆，明習圖書計籍。蕭何爲相，蒼以列侯居相府，主持郡國上計十四年。遷御史大夫。文帝初爲丞相，後以病免。傳見《史記》卷九六、《漢書》卷四二。

［3］　叔孫通：薛（今山東滕縣東南）人。秦時爲博士，號稷嗣君。秦亡，初依項羽，後歸劉邦。邦稱帝，通說邦徵魯諸生，雜採古禮和秦制，共立朝儀。高祖（劉邦）大悦，謂：“吾乃今日知爲皇帝之貴也！”拜通爲奉常，遷太子太傅。待詔博士，秦時博士之一。傳見《史記》卷九九、《漢書》卷四三。

［4］　蕭何：已見本書《晉書·食貨志》注［33］。掾，縣令、丞、尉以下的小吏，秩百石以下。主吏掾，掌一縣吏事。

［5］　曹參：曹參（？—前 190），沛（今江蘇沛縣）人。曾爲沛縣獄掾（即典獄長），從劉邦起兵。漢初，任齊相九年，封平陽侯，號稱“賢相”。惠帝時，蕭何臨終，薦參繼任相國。他繼續遵行何所定“與民休息”政策，促進了生產的恢復發展。傳見《史記》卷五四、《漢書》卷三九。

［6］　任敖：西漢沛人。少爲沛縣獄吏，與劉邦友善。後從邦起兵。邦東擊項羽，以爲上黨守。陳豨反，敖堅守，封廣阿侯。吕后時，官御史大夫。傳見《史記》卷九六、《漢書》卷四二。

［7］　周苛：西漢沛人。初爲泗水卒史（縣中掾屬，秩百石）。劉邦爲漢王，任御史大夫，守滎陽。項羽拔滎陽，被俘。羽以上將軍、爵萬户侯誘降，不屈，被烹死。傳見《史記》卷九六、《漢書》卷四二。

［8］　傅寬：初爲魏五大夫騎將。從劉邦爲舍人，累有戰功。邦爲漢王，從入漢中，官右騎將。先後平定三秦及齊地，封陽陵侯。曾任齊相五年、丞相二年。傳見《史記》卷九八、《漢書》卷四一。

［9］　申屠嘉：申屠嘉（？—前 155），西漢梁（今河南商丘南）人。初任材官，從劉邦擊項羽。累官都尉、淮陽守。文帝時，遷御史大夫、丞相，封故安侯。爲人廉直，曾欲斬文帝幸臣鄧通。景帝時，與晁錯相争，帝袒錯，憤恨嘔血死。傳見《史記》卷九六、《漢書》卷四二。

［10］　陳平、王陵、陸賈、酈商、酈食其、夏侯嬰等皆白徒：白徒，没有任何官職的平民。陳平，已見本書《晉書·劉毅傳》注［12］。王陵，沛人，初爲縣豪

强,劉邦曾兄事他。邦起兵,陵聚衆數千相屬。邦稱帝,封安國侯,爲右丞相。後以反對呂后立諸呂爲王,託病免。傳見《史記》卷九、《漢書》卷四〇。陸賈,楚人。以客從劉邦統一全國。奉使説南越尉佗稱臣。還官大中大夫。曾爲高祖説《詩》、《書》,著書十二篇,述秦、漢興亡之故,稱爲《新語》。惠帝時反對呂后王諸呂,以病免,教丞相陳平交歡太尉周勃以誅呂氏。文帝時,復以大中大夫使南越。以壽終。傳見《史記》卷九七、《漢書》卷四三。酈商,陳留高陽(今河南杞縣西)人。劉邦起兵,進軍至陳留,商率四千人歸邦。從擊項羽、英布。以功封曲周侯。官至右丞相。傳見《史記》卷九五、《漢書》卷四一。酈食其,酈商兄。好讀書,家貧爲里監門。劉邦軍至陳留,食其説邦,定計下陳留。號爲廣野君。常爲邦説客,使諸侯,不戰而下齊七十餘城。及韓信襲齊,齊以食其賣己,烹之。傳見《史記》卷九七、《漢書》卷四三。夏侯嬰,沛人,與劉邦相善。邦起兵,以嬰爲太僕,從擊項羽,屢立戰功。漢初,封汝陰侯。後與大臣共立文帝,復爲太僕。傳見《史記》卷九五、《漢書》卷四一。

[11] 樊噲:樊噲(? —前189),沛人。以屠狗爲業,曾與劉邦同匿芒碭山中。秦末陳勝起義後,曹參、蕭何使噲迎邦,立爲沛公,起兵反秦。噲從邦屢立戰功,封賢成君。邦入咸陽,欲居秦宮室,從噲諫還軍灞上。項羽在鴻門宴上擬殺邦,他持盾直入營門責羽,邦得趁機脱逃。漢朝建立,又隨邦平臧荼、陳豨和韓王信叛亂。累遷左丞相,封舞陽侯。傳見《史記》卷九五、《漢書》卷四一。

[12] 周勃:周勃(? —前169),沛人。以織薄曲(養蠶工具)爲生,常爲人吹簫助喪事。從劉邦起兵,邦以爲敦厚可屬大事。漢朝建立,以軍功官將軍,封絳侯。又從邦平韓王信、陳豨和盧綰叛亂。呂后死,與陳平合謀,盡誅諸呂,迎立文帝,官右丞相。傳見《漢書》卷四〇。

[13] 灌嬰:睢陽(今河南商丘南)人。少以販繒爲業。秦末,隨劉邦轉戰各地。邦稱帝,任車騎將軍,封潁陰侯。呂后死,與陳平、周勃共誅諸呂,立文帝。進太尉,旋代勃爲丞相。傳見《史記》卷九五、《漢書》卷四一。

[14] 婁敬:即劉敬。齊(今山東)人。因建議劉邦入都關中有功,賜姓劉,號奉春君。尋封關內侯,號建信侯。劉邦在白登被匈奴所圍,敬建和親策,並

出使結約。又建議遷徙六國貴族後裔及豪强大族十萬餘人充實關中,以鏟除山東舊豪强勢力。傳見《漢書》卷四三。

[15] 游説則范睢、蔡澤、蘇秦、張儀等徒步而爲相:游説指戰國時往來各國,憑口舌辯説,取得高官厚禄的策士(縱橫家)。范睢,字叔,戰圍魏人。化名張禄,入秦説昭王驅除專權外戚及行遠交近攻的策略。拜客卿,旋爲相,封於應(今河南寶豐),號應侯。執政時,曾在長平大勝趙軍。傳見《史記》卷七九。蔡澤,戰國燕人。後入秦,拜爲客卿,尋代范睢爲相。獻計秦昭王攻滅東周。數月後,辭相位,封爲剛成君。傳見《史記》卷七九。蘇秦,字季子。戰國時東周洛陽(今河南洛陽東)人。奉燕昭王命入齊,説齊湣王向西發展,以放鬆對燕的壓力,被任爲齊相。曾聯合齊、趙等五國合縱攻秦,並趁機滅宋。後因燕攻齊,反間計暴露,被車裂而死。《史記》卷七〇有傳,但和馬王堆漢墓出土帛書中蘇秦書信和説辭多所不同,據今人研究當以帛書所載事蹟近是。張儀(? ——前310),魏國貴族後代。以游説著名。任秦相,迫魏國獻上郡地,助秦惠文君稱王。又以連橫策説六國,使各背縱約而事秦,瓦解齊、楚連盟,奪取楚漢中地。號武信君。傳見《史記》卷七〇。

[16] 征戰則孫臏、白起、樂毅、廉頗、王翦等白身而爲將:白身,同上注[10]白徒,没有官爵的人。孫臏,已見本書所選《史記·孫子列傳》。白起(? ——前257)即公孫起。戰國時軍事家。秦國郿(今陝西眉縣)人。秦昭王時,從左庶長官至大良造。善用兵,前後攻取韓、魏、趙、楚地七十餘城。曾破楚都郢,封武安君。長平戰役,大破趙將趙括軍,坑降卒四十餘萬。後與范睢有隙,稱病不起,免爲士伍,被迫自殺。傳見《史記》卷七三。樂毅,戰國時燕名將,已見本書《三國志·諸葛亮傳》注[5]和《曹操自明本志令》注[18]。廉頗,戰國時趙名將。趙惠文王時,任上卿,以勇氣聞名諸侯,屢次戰勝齊、魏等國。初矜功忌藺相如,後因相如忍讓而愧悟,負荆請罪,成爲知交。趙孝成王時,將兵禦秦,在長平堅壁固守三年。趙王中秦反間計,改用趙括,致遭大敗。後破燕軍入侵,封信平君,爲假相國。趙悼襄王立,不得志,出奔魏,未見用。秦攻趙,趙王欲復用頗,爲使者受賄所間而不召。後任楚將,無功而卒。傳見《史記》卷八一。王翦,戰國

末秦將,頻陽(今陝西富平東北)東鄉人。先後破趙、克燕、滅楚。率軍攻
楚前,爲免除秦王(即秦始皇)猜忌,多次請賜田宅園池,以表示無異志。
封武成侯。傳見《史記》卷七三,事蹟參見本書上册《史記·秦始皇
本紀》。

[17] 漢祖以匹夫起事:漢祖即漢高祖劉邦。邦起兵反秦前曾任泗水亭長,史
稱他"無賴,不治生業",故這裏説以匹夫起事。

[18] 然楚、漢之際,六國各立後,尚有楚懷王心、趙王歇、魏王咎、魏王豹、韓王
成、韓王信、齊王田儋、田榮、田廣、田安、田市等:楚懷王心,楚懷王熊槐
之孫。秦末楚將項燕後人項梁起兵,求得心於民間,立爲楚懷王,居盱
眙。後與項羽有隙。羽陽尊懷王爲義帝,逼徙長沙,令人擊殺於江中。
事蹟見《史記》卷七《項羽本紀》。趙王歇,爲秦末張耳、陳餘所立。項羽
分封十八王,徙歇爲代王。後爲韓信所殺。事蹟見《史記》卷七。魏王
咎,原號寧陵君,故魏公子,秦末爲陳涉將周市所立,後秦將章邯破魏,咎
自殺。事蹟參見《史記·陳涉世家》。魏王豹,咎弟。咎死,自立爲王。
項羽分封諸侯,徙豹爲西魏王,後被韓信所俘。事蹟見《史記》卷七。韓
王成,故韓公子,封橫陽君。張良擁立爲韓王。項羽分封諸侯,謂成無
功,不令就國,隨羽至彭城,被殺。事蹟見《史記》卷七。韓王信,故韓襄
王孫。項羽殺韓王成,漢立信爲韓王,後降匈奴。傳見《史記》卷九三、
《漢書》卷三三。齊王田儋,故齊王宗族。秦末殺狄令自立爲齊王,後爲
章邯所殺。田廣,項羽殺齊王田榮,榮弟橫殺羽所立齊王田假,立榮子廣
爲王,後爲韓信所俘。田安,故齊王建孫。項羽渡河救趙,安以濟北數城
降羽,羽立爲濟北王,後被田榮所殺。田市,田儋子。儋死,田榮逐齊人
所立故齊王建弟假,立市爲王。項羽分齊爲三,徙市爲膠東王,不久爲田
榮所殺。儋、廣、安、市事蹟都見《史記》卷九四、《漢書》卷三三。

[19] 漢所封功臣,亦先裂地以王彭、韓等,繼分國以侯絳、灌等:楚、漢相争時,
劉邦遣將四出攻城略地,就以所得土地封他(或被迫承認既成事實,或使
功臣互相牽制)。彭指彭越,漢高祖四年(前203)封梁王,轄魏故地,都定
陶(今山東定陶)。韓指韓信,高祖四年封齊王,五年改封楚王,轄齊故淮
北地,先都臨菑(今山東淄博市東北),後都下邳(今江蘇睢寧西北)。絳

指絳侯周勃,封邑八千一百户。灌指灌嬰,封潁陰侯,邑五千户。漢高祖末年,共封侯一百四十三人。

[20] 漢所封異姓王八人,其七人亦皆敗滅:漢初封異姓王八人爲:齊王韓信;梁王彭越;趙王張耳,轄趙故地,都襄國(今河北邢臺西南);韓王信,轄韓故地,都陽翟(今河南禹縣),後徙都馬邑(今山西朔縣);淮南王英布,轄楚故地,都六(今安徽六安縣北);燕王臧茶,轄燕故地及遼東地,都薊(今北京城西南),五年(前202),茶反,高祖平之,改封盧綰爲燕王;長沙王吳芮,轄楚故地,都臨湘(今湖南長沙)。八王除吳芮曾子孫五傳、到文帝時因無後國除外,餘七人都不得善終。韓信在高祖六年被告發謀反,被執國除,降封淮陰侯,十一年爲呂后所誅;彭越也在十一年以謀反族誅;張耳子敖襲位,在九年廢爲宣平侯;韓王信在七年反,降匈奴;英布在十一年反,次年被誅;盧綰在十一年亡入匈奴。

[21] 七國反:指西漢景帝時吳、楚七國的叛亂。漢初大封同姓諸侯王,王國勢力漸強,形成尾大不掉的局面。文帝時,賈誼已建議削地分封。景帝時,採納鼂錯建議,實行削藩。三年(前154),吳王濞糾合楚王戊、趙王遂、膠東王雄渠、膠西王卬、濟南王辟光,菑川王賢七國,以誅鼂錯清君側爲藉口,發動叛亂。景帝被迫斬錯,派周亞夫、竇嬰率兵平亂。次年二月,將七國完全擊破,吳王濞被殺,其他六王都自殺。

[22] 又多以事失侯:漢武帝用主父偃建議,下推恩令,以削弱諸侯。又每藉口酎金(獻給皇帝以助宗廟祭祀的黃金)成色少惡,免除侯國。武帝時,列侯坐酎金失侯的達一百餘人。

[23] 徵辟、選舉、科目、雜流:都是漢代選拔官吏的制度。徵辟,又稱辟除。漢朝地方或中央高級官員選拔僚屬,都可自行徵聘,然後向中央推薦任命。選舉,漢代稱察舉,由丞相、列侯、刺史、郡國守相等推薦,經過考試,任以官職。察舉有各種科目,主要有賢良方正、賢良文學、孝廉、博士弟子等。另有隨時按需要薦舉的,如茂材異等、孝悌力田等,稱特科。至於不由上述科目,而由其他途徑進身的,如上書言事得官等,稱雜流。

明 代 宦 官 〔廿二史劄記卷三五〕

有明一代宦官之禍,視唐雖稍輕,然至劉瑾、魏忠賢[1],亦不減東漢末造矣!

初明祖著令,内官不得與政事,秩不得過四品[2]。永樂中,遣鄭和下西洋[3],侯顯使西番[4],馬騏鎮交趾[5];且以西北諸將多洪武舊人,不能無疑慮,乃設鎮守之官,以中人參之;京師内又設東廠偵事[6],宦官始進用。宣宗時,中使四出,取花鳥及諸珍異亦多。然袁琦、裴可烈等,有犯輒誅[7],故不敢肆。正統以後,則邊方鎮守,京營掌兵,經理倉場,提督營造,珠池、銀礦、市舶、織造,無處無之。何元朗[8]云:"嘉靖中有内官語朱象元[9]云:'昔日張先生璁[10]進朝,我們要打恭;後夏先生言[11],我們平眼看他;今嚴先生嵩[12],與我們拱手始進去。'"案世宗馭内侍最嚴,四十餘年間,未嘗任以事,故嘉靖中内官最斂戢,然已先後不同如此,何況正德、天啓等朝乎! 稗史載:永樂中,差内官到五府、六部[13],俱離府、部官一丈作揖;途遇公、侯、駙馬,皆下馬旁立。今則呼唤府、部官如屬吏;公、侯、駙馬途遇内官,反迴避之,且稱以"翁父";至大臣,則並叩頭跪拜矣! 此可見有明一代宦官權勢之大概也。

總而論之,明代宦官擅權,自王振始[14]。然其時廷臣附之者,惟王驥、王祐[15]等數人,其他尚不肯俯首,故薛瑄、李時勉[16]皆被誣害。及汪直[17]擅權,附之者漸多。奉使出巡案,御史等迎拜馬首,巡撫亦戎裝謁路,王越、陳鉞[18]等結爲奥援。然閣臣商輅、劉翊[19]尚連章劾奏,尚書項中、馬文升[20]等亦薄之而爲所陷,則士大夫之氣猶不盡屈也。至劉瑾,則焦芳、劉宇、張綵等爲之腹心[21],戕賊善類,徵責賄賂,流毒幾遍天下。然瑾惡翰林不屈,而以《通鑑纂要》謄寫不謹,譴謫諸纂修官[22],可見是時廷臣尚未靡然從風。且王振、汪直好延攬名士:振慕薛瑄、陳繼忠[23]之名,特物色之;直慕楊繼忠[24]之名,親往弔之;瑾慕康海[25]之名,因其救李夢陽[26]一言,而立出之獄,是亦尚不敢奴隸朝臣也。迨魏忠賢竊權,而三案[27]被劾察典被謫

諸人,欲借其力以傾正人,遂羣起附之。文臣則崔呈秀、田吉、吳淳夫、李龍、
倪文煥[28],號"五虎";武臣則田爾耕、許顯純、孫雲鶴、楊寰、崔應元[29],號
"五彪";又尚書周應秋、卿寺曹欽程等[30],號"十狗"。又有"十孩兒"、"四十
孫"之號。自内閣、六部,至四方督撫,無非逆黨,駸駸乎可成篡弑之禍矣!

《明史》載太祖制,内官不許讀書識字。宣宗始設内書堂,選小内侍,令
大學士陳山[31]教之,遂爲定制,用是多通文義。《四友齋叢説》則謂永樂中已令吏
部聽選教職,入内教書;王振始以教職入内,遂自宫以進,至司禮監。數傳之後,勢成積重
云。然考其致禍之由,亦不盡由於通文義也。王振、汪直、劉瑾,固稍知文
墨;魏忠賢則目不識丁,而禍更烈。大概總由於人主童昏,漫不省事,故若輩
得以愚弄而竊威權。如憲宗稍能自主,則汪直始雖肆恣,後終一斥不用。武
宗之於瑾,亦能擒而戮之。惟英、熹二朝,皆以沖齡嗣位,故振、忠賢得肆行
無忌。然正統之初,三楊[32]當國,振尚心憚之,未敢逞;迨三楊相繼歿,而後
跋扈不可制。天啓之初,衆正盈朝,忠賢亦未大橫。四年以後,葉向高、趙南
星、高攀龍、楊漣、左光斗[33]等相繼去,而後肆其毒痡。計振、忠賢之擅權,
多不過六七年,少僅三四年,而禍敗已如是。設令正統、天啓之初,二豎即大
權在握,其禍更有不可勝言者!然則,廣樹正人,以端政本而防亂源,固有天
下者之要務哉!

案明代宦官擅權,其富亦駭人聽聞。今見於記載者:王振時,每朝觀官
來見者,以百金爲率;千金者始得醉飽而出。《稗史類編》。是時賄賂初開,千
金已爲厚禮,然振籍没時,金銀六十餘庫,玉盤百,珊瑚高六七尺者二十餘
株,《明史·振傳》。則其富已不訾矣!李廣[34]歿後,孝宗得其賂籍,文武大臣
餽黄白米各千百石。帝曰:"廣食幾何,乃受米如許?"左右曰:"隱語耳!黄
者金,白者銀也。"《廣傳》。則視振已更甚。劉瑾時,天下三司官入覲,例索千
金,甚至有四五千金者。《蔣欽傳》。科道[35]出使歸,例有重賄。給事中周燴
勘事歸,淮安知府趙俊許貸千金,既而不與,燴計無所出,至桃源自刎死。《許
天錫傳》。偶一出使,即需重賂,其他可知也。稗史又記布政使須納二萬金,則
更不止四五千金矣!瑾敗後,籍没之數,據王鏊《筆記》,大玉帶八十束,黄金
二百五十萬兩,銀五千萬餘兩,他珍寶無算。計瑾竊柄不過六七年,而所積
已如此。其後錢寧[36]籍没時,黄金十餘萬兩,白金三千箱,玉帶二千五百

束,《寧傳》。亦幾及瑾之半。至魏忠賢竊柄,史雖不載其籍没之數,然其權勝於瑾,則其富更勝於瑾可知也。

顧納賄亦不必奄寺,凡勢之所在,利即隨之。如錢寧敗後,江彬[37]以武臣得幸,籍没時,黄金七十櫃,白金二千三百櫃,《彬傳》。非宦官也。世宗時,宦官無擅權者,而嚴嵩爲相二十年,《明史》所記籍没之數,黄金三萬餘兩,白金二百萬餘兩,他珍寶不可數計。此已屬可駭! 而稗史所載嚴世蕃與其妻窖金於地,每百萬爲一窖,凡十數窖,曰:"不可不使老人見之。"及嵩至,亦大駭,以多藏厚亡爲慮。則史傳所載,尚非實數。今案沈鍊[38]劾嵩,謂其"攬御史之權,雖州縣小吏,亦以貨取";"索撫案之歲例,致有司遞相承奉,而民財日削"。楊繼盛[39]劾嵩疏,謂"文武遷擢,不論可否,但問賄之多寡。將弁賄嵩,不得不朘削士卒;有司賄嵩,不得不掊克百姓"。徐學詩[40]劾嵩疏,謂"都城有警,嵩密運財南還,大車數十乘,樓船十餘艘"。王宗茂[41]劾嵩,謂"文吏以賂而出其門,則必剥民之財;武將以賂而出其門,則必尅軍之餉。陛下帑藏,不足支諸邊一年之費;而嵩所積,可支數年。與其開賣官爵之令,何如籍其家以紓患"。周冕[42]劾嵩,謂"邊臣失事,納賕於嵩,無功可受賞,有罪可不誅。文武大臣之贈謐,遲速予奪,一視賂之厚薄"。張翀[43]劾嵩,謂"文武將吏,率由賄進。户部發邊餉,朝出度支之門,暮入奸嵩之府;輸邊者四,餽嵩者六。邊鎮使人伺嵩門下,未饋其父,先饋其子;未饋其子,先饋家人。家人嚴年,已踰數十萬"。董傳策[44]劾嵩,謂"邊軍歲餉數百萬,半入嵩家。吏、兵二部,持簿就嵩填注。文選郎萬寀、職方郎方祥,人稱爲文武管家。嵩貲多水陸舟車載還其鄉,月無虛日"。鄒應龍[45]劾嵩,謂"嵩籍本袁州,乃廣置良田美宅於南京、揚州,無慮數十所"。合諸疏觀之,可見嵩之納賄,實自古權奸所未有。其後陳演[46]罷相,以貲多不能行,國變後爲闖賊所得,亦皆非宦官也。是可知賄隨權集。權在宦官,則賄亦在宦官;權在大臣,則賄亦在大臣。此權門賄賂之往鑒也。

——據嘉慶五年(1800)湛貽堂本,參考《四部備要》本

【解題】

本篇選自《廿二史剳記》卷三五。皇帝的家奴用宦官充任,是君主專制所造成的畸形

現象。而宦官跋扈乃至控制朝政，更是封建專制統治腐化程度的反映。本篇作者因不懂出現宦官專權的實際原因，而惋惜皇權之旁落；可是他由《明史》內鈎稽出的大量史料，集中暴露了明朝統治集團內部的黑暗。

【注釋】

[1]　劉瑾、魏忠賢：都是明代著名宦官。劉瑾(？—1510)，興平(今陝西興平)人。本姓談，冒宦官劉氏姓。武宗初，掌鐘鼓司，以日進鷹犬歌舞邀帝寵。改授內官監，總督團營。奏置皇莊，增至三百餘所。大學士劉健、謝遷等疏請誅瑾，武宗大怒，立命瑾掌司禮監。瑾得志，專擅威福，宣示劉健等大臣數十人爲奸黨。又在原東、西二廠外，設內行廠，以加強鎮壓異己，屢興大獄，恣意受賄。正德五年(1510)，被太監張永利用安化王寘鐇謀反，奏瑾圖謀不軌，磔死。傳見《明史》卷三〇四。魏忠賢(？—1627)，肅寧(今河北河間舊肅寧縣境)人。少無賴。萬曆中，被選入宮，諂事太監魏朝，因得與皇長孫乳母客氏勾結。光宗卒，長孫嗣立，即熹宗。忠賢被任爲司禮秉筆太監，兼掌東廠。專斷國政，斥逐異己，大殺東林黨人。時內外大權盡歸忠賢，進爵上公，號稱“九千歲”。朝廷大臣依附者有五虎、五彪、十狗、十孩兒等名目。自內閣六部，至四方督撫，遍置死黨，章疏票旨都稱“廠臣”而不名，生祠遍於全國。崇禎即位，貶黜至鳳陽，途中畏罪自縊。傳見《明史》卷三〇五。

[2]　初明祖著令，內官不得與政事，秩不得過四品：明祖即明太祖。太祖末年，頒“祖訓”，規定宦官不得識字，不得兼外臣文武官銜，不得御外臣冠服，官不得過四品，月米一石，衣食都仰給內庭。並鑴一鐵牌，置宮門：“內臣不得干預政事，犯者斬！”并敕諸司不得與宦官公文往來。

[3]　鄭和下西洋：鄭和(1371—1435)，明代傑出航海家。本姓馬，小字三保。回族。雲南昆陽(今雲南晉寧境)人。祖、父都到過伊斯蘭教聖地麥加。和從小入宮爲宦官，從燕王起兵，賜姓鄭，任內宮監太監。洪武、永樂兩朝，常欲通使外國，但當時中亞細亞有強勁的蒙古後裔帖木兒帝國，蓄意東進，陸路被阻，因此出使多由海道。永樂三年(1405)，和奉敕與副使王景弘率水手、官兵二萬七千八百餘人，乘大舶六十二艘通使“西洋”，遍歷

南洋各地,兩年而返。永樂時又曾出航五次,宣宗宣德時出航一次。前後七次,凡二十八年,經三十餘國,最遠曾達非洲東岸、紅海和麥加。這就是歷史上著名的"三保太監下西洋"。傳見《明史》卷三〇四。

[4] 侯顯使西番:侯顯,明代宦官。永樂時,任司禮少監。成祖聞烏斯藏(今西藏)僧有道術,永樂元年(1403),命顯攜書幣往聘,陸行數萬里,至四年(1406),始偕僧返京。擢司禮太監。繼又參加鄭和的第二、三次航行。永樂十三、十八年,又兩次單獨出使到榜葛剌(今孟加拉國和印度西孟加拉邦一帶),受到當地人民的熱烈歡迎。宣宗宣德二年(1427),又奉使入藏,并出使尼八剌(今尼泊爾)、地涌塔兩國。在當時,名望僅次於鄭和。傳見《明史》卷三〇四。

[5] 馬騏鎮交趾:馬騏,明代宦官。永樂時,安南內亂,成祖遣張輔等前往,俘其王黎季犛,以其地設交阯布政司。馬騏奉命到安南採辦,大索珍寶,布政使黃洽不能制,激起居民的反抗。明政府遂罷郡縣,復以安南為藩屬。騏事蹟見《明史》卷三二一《安南傳》。

[6] 京師內又設東廠偵事:明成祖起兵篡位,得建文帝左右的宦官為耳目,偵報消息。即位後,在京師東安門北設立東廠,令親信宦官提領,專緝訪謀逆、妖言、大奸惡等,與錦衣衛有同等權力。

[7] 袁琦、裴可烈等,有犯輒誅:袁琦、裴可烈都是宣宗時宦官。時宦官借採辦為名,恣意搜刮。宣宗屢詔罷減,宦官仍陽奉陰違。宣宗乃誅殺袁琦等十餘人,民患稍息。琦、可烈,《明史》都無傳。

[8] 何元朗:何良俊的字。良俊,明松江華亭(今上海市松江縣)人。與弟良傅都有才學。少篤學,二十年不下樓,遍閱藏書四萬卷。以歲貢授翰林院孔目。撰有《何氏語林》、《四友齋叢說》、《何翰林集》。傳見《明史》卷二八七。這段引文見《四友齋叢說》。

[9] 朱象元:"元"應作"玄",本文著者避清聖祖玄燁諱改。象玄,朱大韶的字。大韶,明松江華亭(今上海市松江縣)人。嘉靖進士,官南雍司業。未幾,辭職歸,建文園,築精舍藏書,以文酒為事。《明史》無傳。

[10] 張璁:(1475—1539)字秉用。後賜名孚敬,字茂恭。明永嘉(今浙江溫州市)人。正德末進士。嘉靖初,為詔議追崇本生父興獻王事,為世宗所

喜,官禮部尚書,兼文淵閣大學士,入參機務。繼排斥首輔楊一清,擢居首輔。爲相時,力抑宦官權勢。後爲夏言所排,罷相。撰有《張文忠集》等。傳見《明史》卷一九六。

[11] 夏言:(1482—1548)字公謹。明貴溪(今江西貴溪)人。正德進士。嘉靖初,主張廢除積弊。累官兵、吏二科都給事中。以建分祀天地二郊議爲世宗所賞識,未一歲,累擢禮部尚書。嘉靖十五年(1536),兼武英殿大學士,入參機務,旋拜首輔。言意驕滿,爲郭勛、嚴嵩排擠罷官。後復用,專壓嚴嵩。嵩深恨,未幾,乘言支持陝西總督曾銑收復河套爲帝不滿,竭力攻言,坐棄市。傳見《明史》卷一九六。

[12] 嚴嵩:(1480—1569)字惟中,一字介溪。明分宜(今江西分宜)人。弘治末進士,授編修。以疾歸山讀書十年,有清名,召爲國子祭酒。嘉靖初,累官南京吏部尚書、禮部尚書兼翰林學士,總修《宋史》。力排夏言。二十一年(1542),拜武英殿大學士,入閣,專擅國政二十一年。善迎合帝意,結黨營私,以子世蕃等爲爪牙,殺逐大臣,受賄無數,戶部所發軍餉大半入私囊,以致邊防廢弛,財政困難,又濫增賦稅鹽課。晚年漸被世宗疏遠,爲徐階所排。御史鄒應龍等乘機彈劾世蕃,世蕃棄市,嵩被黜爲民,家產籍没。不久,病死。著有《鈐山堂集》。傳見《明史》卷三〇八。

[13] 五府、六部:五府疑指五軍(前、後、中、左、右)都督府,洪武時改京師大都督府置,統領在京和外地的都司、衛所。六部指吏、戶、禮、兵、刑、工六部。洪武初置。

[14] 明代宦官擅權,自王振始:王振(? —1449),明蔚州(今河北蔚縣)人。少侍東宮。英宗九歲即位,振得寵用事,掌司禮監。排擠宰輔三楊(榮、士奇、溥),獨攬大權。英宗呼爲"先生",公侯勳戚呼爲"翁父"。正統十四年(1449),瓦剌也先入侵,振挾英宗親征,至土木堡(今河北懷來東),全軍覆没,英宗被俘,振被亂軍所殺。史稱"土木之變"。振專權期間,很少遣派宦官外出採買,一般人民蒙受宦官禍害較輕。傳見《明史》卷三〇四。

[15] 王驥、王祐:王驥(1378—1460),字尚德。明束鹿(今河北束鹿)人。善騎射。永樂進士。累官兵部尚書。正統三年(1438),麓川(今雲南瑞麗縣

境)土司思任發舉兵反抗。驥結王振,得任總督雲南軍務,率大軍征討。凡三征麓川,勞師費財,爲時所譏。傳見《明史》卷一七一。王祐,《明史》無傳。《王振傳》謂振專權,工部郎中王祐以善諂擢本部侍郎。

[16] 薛瑄、李時勉:薛瑄(1389—1464),明代理學家、文學家。字德温,號敬軒。山西河津(今山西河津縣)人。永樂進士。累官山東提學僉事。王振好招攬名士,以三楊薦,召瑄爲大理寺正卿。瑄遇振不禮。振怒,下瑄獄,減死戍邊。後起爲南京大理寺卿,英宗復辟,遷禮部右侍郎,入閣。旋致仕歸家講學。所學宗程、朱,號爲河東學派。撰有《讀書録》、《薛文清集》。傳見《明史》卷二八二、《明儒學案》卷七。李時勉,李懋的字,以字行。明安福(今江西安福)人。永樂進士,選庶吉士。正統間,官國子監祭酒,有名於時。時勉遇王振不禮,振借口他事,將其荷枷國子監門以示侮辱。撰有《古廉集》。傳見《明史》卷一六三。

[17] 汪直:明憲宗時宦官。大藤峽(今廣西桂平西北)人。瑶族。成化間,任御馬監太監。十二年(1476),於東廠外增設西廠,以直主持,所領緹騎倍於東廠;直又欲立邊功自固,請出巡邊,任監軍,監督十二團營,勢傾當時。後被劾。憲宗疑忌,因罷西廠,降直爲奉御,盡逐其黨。傳見《明史》卷三○四。

[18] 王越、陳鉞:王越(1423—1498),字世昌。明濬(今河南濬縣)人。景泰進士。歷官兵部尚書,總制大同及延綏、甘寧軍務,封威寧伯。越善於用人,得部衆心。但前結汪直,後依李廣(孝宗時太監),爲士大夫所輕。著有《王襄敏集》。傳見《明史》卷一七一。陳鉞,籍貫不詳。汪直擅權,引用王越爲兵部尚書兼左都御史,陳鉞爲右副都御史巡撫遼東。鉞説直立邊功以自固,擢右都御史。時人稱王越、陳鉞爲汪直"兩鉞"。直降級,王越牽連貶謫,鉞已致仕不問。事蹟略見《明史》卷三○四《汪直傳》。

[19] 商輅、劉翊:商輅(1414—1486),字弘載,號素庵。明淳安(今浙江淳安)人。景泰中,官兵部尚書。英宗復辟,下獄,革職爲民。憲宗初,復故官入閣,進謹身殿大學士。在內閣十年,以汪直專權,彈劾不勝,辭官。著作有《商文毅公集》、《商文毅疏稿略》、《蔗山筆塵》等。傳見《明史》卷一七六。劉翊係劉珝之誤。劉珝(? —1490),字叔温,號古直,又號文和。

明壽光(今山東壽光)人。官至吏部尚書、謹身殿大學士。爲相時,惡汪直專權,曾多次上章彈劾。傳見《明史》卷一六八。

[20] 項中、馬文升:項中係項忠之誤。項忠(1421—1502),字藎臣,號喬松。明嘉興(今浙江嘉興)人。累官兵部尚書。汪直開西廠,忠聯合九卿共同劾奏,被革職。傳見《明史》卷一七八。馬文升(1426—1510),字負圖。明鈞州(今河南禹縣)人,以長期在陝西守邊,進兵部侍郎。被汪直參劾下獄。直敗後,復官。有《馬端肅奏議》。傳見《明史》卷一八二。

[21] 焦芳、劉宇、張綵:焦芳,明泌陽(今河南泌陽)人。正德初累官吏部尚書。諂事劉瑾,入閣爲宰輔,累擢華蓋殿大學士,變更舊制,殺逐大臣。瑾敗,革職。劉宇,字至大。明鈞州(今河南禹縣)人。成化進士,累遷右都御史,總督宣大山西軍務。因焦芳交結劉瑾,進吏部尚書,兼文淵閣大學士。瑾敗,革職。張綵,明安定(今甘肅定西)人。弘治進士。以諂事劉瑾累官吏部尚書。曾説瑾嚴懲官吏送賄賂者,以爭取人心。瑾敗,下獄病死。焦、劉、張傳都見《明史》卷三〇六。

[22] 以通鑑纂要膳寫不謹,譴謫諸纂修官:《歷代通鑑纂要》九十二卷,明弘治中李東陽等奉敕修。正德初,繕正進上。時劉瑾新授司禮監,宰輔劉健、謝遷及東陽等都求辭官。武宗以東陽謀逐劉瑾態度較緩,獨留用。但瑾仍於《通鑑纂要》書成時,令人尋摘筆畫小疵,革膳録官數名,擬禍及東陽。東陽懼,求焦芳、張綵代解,得免。

[23] 陳繼忠:《明史》無傳。按這時有陳繼,疑"忠"字衍。陳繼字嗣初。吳(今江蘇蘇州)人。治經學,號"陳五經"。仁宗時爲國子博士,改翰林五經博士,入直弘文閣。宣宗初,遷檢討。傳附見《明史》卷一五二《陳濟傳》。

[24] 楊繼忠:"忠"係"宗"之譌。楊繼宗,字承芳。明陽城(今山西陽城)人。天順初進士,授刑部主事,善決疑獄。成化初,遷嘉興知府,爲官清正,不附宦官。汪直擅權,慕名召見,不允。直曾對憲宗贊美道:"天下不愛錢者,惟楊繼宗一人耳!"後以右僉都御史巡撫順天,屢奪還權貴侵佔的民田。又上疏劾宦官及文武諸臣貪殘狀,並請召還宦官出鎮者。遂遭權遺所排,左遷雲南副使。傳見《明史》卷一五九。

[25] 康海:(1475—1540)字德涵,號對山。明武功(今陝西武功縣)人。弘治

進士第一,授修撰。劉瑾專權,招海,不往。適李夢陽忤瑾下獄,寄書請救。海因此謁瑾,夢陽次日即得釋。後瑾敗,坐革職。海精音樂,善琵琶,並能作曲。傳附見《明史》卷二八六《李夢陽傳》。

[26] 李夢陽:(1475—1531)字獻吉,自號空同子。明慶陽(今甘肅慶陽)人。弘治進士。授户部主事。正德時,因代尚書韓文起疏草劾劉瑾,被逮下獄,賴康海救,免官歸家。瑾誅,復官江西提學副使。夢陽有才思,工詩古文。著有《空同子集》。傳見《明史》卷二八六。

[27] 三案:晚明宮廷中梃擊、紅丸、移宮三案的總稱。三案本身並不重要,但因被東林、閹黨借爲進行黨爭的口實,鬨動當時。宦官魏忠賢曾編《三朝要典》一書,欲藉此清除東林黨人。

[28] 崔呈秀、田吉、吳淳夫、李龍、倪文煥:崔呈秀,明薊州(今河北薊縣)人。萬曆進士。天啓初,巡按淮揚,因貪贓被都御史高攀龍所劾,革職。呈秀走依魏忠賢,求爲養子,得復職。爲忠賢主要腹心。累官兵部尚書,兼左都御史。崇禎即位,畏罪自縊。田吉,明故城(今河北故城)人。投魏忠賢爲義子,未一年,連擢兵部尚書,加太子太保。崇禎即位,被處死,家財籍没。吳淳夫,明晉江(今福建晉江)人。萬曆進士。天啓中,累官兵部郎中。因崔呈秀投魏忠賢爲義子,擢太僕少卿。一年中,六遷至工部尚書,太子太傅。崇禎即位,被處死。倪文煥,明江都(今江蘇揚州)人。天啓進士,授御史。因崔呈秀投依魏忠賢。曾劾奏貶殺李邦華等數十人。歷官太常卿。崇禎即位,被處死。崔、田、吳、倪傳都見《明史》卷三〇六。李龍,《明史》無傳。按《明史·崔呈秀傳》,崇禎即位,因交結魏忠賢,與田吉、倪文煥等同時處死的十九人中有李夔龍,疑即一人。夔龍,官至吏部文選司郎中,與吏部尚書周應秋賣官分贓。

[29] 田爾耕、許顯純、孫雲鶴、楊寰、崔應元:田爾耕,明任丘(今河北任丘)人。以祖蔭補官,累官左都督。曾助魏忠賢數起大獄,極被忠賢親信,有"大兒田爾耕"之號。崇禎即位,被處死。許顯純,明定興(今河北定興)人。武進士出身。累官鎮撫司。依附魏忠賢,助鑄大獄,左光斗、楊漣等都死其手。崇禎即位,被處死。孫雲鶴,霸州(今河北霸縣)人。爲東廠理刑官。楊寰,吳縣(今江蘇蘇州)人。隸籍錦衣衛,爲東司理刑,是田爾耕的

心腹。崔應元，大興（今北京内城）人。出身市井無賴，充校尉，冒緝捕功，積官至錦衣指揮。凡許顯純鑄大獄殺人，都有雲鶴等三人參預。崇禎即位，三人都讁戍，後皆論死；時寰已先死戍所。田、許等五人傳都見《明史》卷三○六。

[30] 周應秋、曹欽程：周應秋，明金壇（今江蘇金壇）人。萬曆進士。累官工部侍郎。阿附魏忠賢，遷左都御史。常用佳肴邀忠賢義子魏良卿歡心，時號"煨蹄（燉豬蹄）總憲"。進吏部尚書，專事賣官受賕。崇禎即位，充軍死。曹欽程，明江西德化（今江西九江）人。進士出身，授吳江知縣，以貪暴著名。被劾改國子助教。諂事汪文言，得遷工部主事。文言敗，又阿附魏忠賢。忠賢被殺，下獄論死。李自成攻克北京，破獄出降，後不知所終。周、曹傳都見《明史》卷三○六。

[31] 陳山：《明史》無傳。

[32] 三楊：指英宗正統初内閣三宰輔：楊士奇、楊榮、楊溥。楊士奇，楊寓的字，以字行。寓（1365—1444），一字東里。明泰和（今江西泰和）人。建文初，入翰林。永樂初，入閣，典機務。仁宗即位，擢禮部侍郎，兼華蓋殿大學士，又兼兵部尚書。宣宗時，屢次建議蠲賦息兵。正統初，仍任宰輔，與榮、溥同稱賢相。善獎拔人才，于謙、況鍾、周忱等都是他推薦。撰有《東里全集》、《文淵閣書目》、《歷代名臣奏議》等。楊榮（1371—1440），初名子榮，字勉仁。明建安（今福建建甌）人。進士出身。建文初，任編修。成祖即位，入文淵閣，爲更名，數次隨從出塞，專理軍務，累官文淵閣大學士。仁宗時，進工部尚書。正統初，進太子少師。累相四朝，爲政有能名。撰有《楊文敏集》、《後北征記》。楊溥（1372—1446），字弘濟，明石首（今湖北石首）人。與楊榮同舉進士。建文初，任編修。永樂初，官太子洗馬。後因太子遣使迎帝過遲，被逮下錦衣衛獄十年。仁宗即位，被釋，任翰林學士。宣宗初，召入内閣，與士奇等共典機務，官禮部尚書。英宗初，進武英殿大學士。時稱士奇有學行，榮有才識，溥有雅操。後王振專政，榮、士奇相繼卒，溥孤立。卒後不久，就發生"土木堡之變"。撰有《水雲錄》。三楊傳都見《明史》卷一四八。

[33] 葉向高、趙南星、高攀龍、楊漣、左光斗：葉向高（1559—1627），字進卿，號

台山。明福建福清(今福建福清)人。萬曆進士。萬曆三十五年(1607)，擢禮部尚書，兼東閣大學士。未幾，首輔朱賡卒，次輔及其他閣臣不理事，向高遂獨相。在位時，務求調和朝臣各黨派矛盾，京察(考察官吏治績以定黜陟)時不加偏袒，但無法實現。四十二年，辭職。熹宗初，再爲首輔。被魏忠賢等指爲東林黨魁，又辭職。撰有《說類》。傳見《明史》卷二四〇。趙南星(1550—1627)，字夢白。明高邑(今河北元氏縣舊高邑縣境)人。萬曆進士。累官文選員外郎。以忤執政辭職。再起任考功郎中，主持京察，凡當朝權勢所任命的私人，大半貶斥，觸怒首輔王錫爵，被革職。光宗立，拜左郎御史，再主京察，將東林黨人以外的徇私任用的官吏盡行貶逐。進吏部尚書。被魏忠賢矯詔革職，充軍卒。撰有《史韵》、《學庸正說》。傳見《明史》卷二四三。高攀龍(1562—1626)，字存之，又字景逸。明無錫(今江蘇無錫)人。萬曆進士。授行人。以劾楊應宿，被貶揭陽典史。後歸家，與顧憲成講學於無錫東林書院，成爲東林黨領袖，時稱高、顧。熹宗立，累官左都御史。因反對魏忠賢，被革職。崔呈秀又派人逮問，投水自殺。撰有《高子遺書》、《周易易簡》、《正蒙釋》等。傳見《明史》卷二四三、《明儒學案》卷五八。楊漣(1572—1625)，字天孺，號大洪。明應山(今湖北應山)人。萬曆進士。累官兵科右給事中。光宗死，熹宗當立，撫養他的李選侍欲乘帝年幼，把持朝政，漣與左光斗等力請李選侍移宫別居。後官至左副都御史，疏劾魏忠賢二十四大罪，被忠賢誣爲結黨納賄，下獄慘死。撰有《楊大洪集》。左光斗(1575—1625)，字遺直，又字共之。號滄嶼先生，又號浮丘生。明桐城(今安徽桐城)人。萬曆進士，授御史。熹宗立，任左僉都御史。參與楊漣劾魏忠賢事，又自劾忠賢有三十二斬罪。被誣陷，與漣同下獄死。楊、左傳都見《明史》卷二四四。

[34] 李廣：明孝宗時宦官。以進符籙被寵信。曾勸帝建毓秀亭於萬歲山。亭成，適帝幼女死，清寧宫又遭火災，日者言廣建亭犯忌。帝祖母怒，廣懼罪自殺，家產被抄沒。傳見《明史》卷三〇四。

[35] 科道：明代六科給事中(掌監察六部、糾彈官吏)和都察院各道(十三道)監察御史(掌巡按州縣、考察官吏)的合稱，俗稱"兩衙門"。

[36] 錢寧：明武宗倖臣。幼被賣於宦官錢能家爲奴，冒姓錢。正德初，諂事劉瑾，得幸於武宗。瑾敗，以計免。曾請在宮内建豹房新寺，縱情聲伎爲樂。又誘武宗微服出游。後被告發通寧王宸濠，家産籍没。嘉靖初，處死。傳見《明史》卷三〇七。

[37] 江彬：明武宗倖臣。宣府(今河北宣化)人。善騎射，武宗召見大悦，立升都指揮僉事，出入豹房，與同寢處。命統四鎮軍，權傾朝野。武宗死，與四子同被處決，家産籍没。傳見《明史》卷三〇七。

[38] 沈鍊：(1507—1557)字純甫，號青霞。明會稽(今浙江紹興)人。嘉靖進士。累官錦衣衛經歷。性剛直。俺答入侵，上疏劾嚴嵩十大罪，謂敵來都由嚴嵩父子當權。嵩大怒，杖數十，謫戍保安。鍊縶草人象李林甫、秦檜與嵩，令子弟射之。總督楊順等承嵩意，誣鍊通白蓮教謀反，棄市。撰有《青霞集》。傳見《明史》卷二〇九。

[39] 楊繼盛：(1516—1555)字仲芳，號椒山。明容城(今河北徐水縣舊容城縣境)人。嘉靖進士。累官南京兵部右侍郎。正直敢言。俺答入侵，劾大將軍仇鸞畏寇誤國，貶狄道典史。鸞誅，復遷刑部員外郎。嚴嵩喜繼盛曾劾仇鸞，改兵部武選司。繼盛惡嵩專權，劾其十大罪。下獄三年，被處死。有《楊忠愍集》。傳見《明史》卷二〇九。

[40] 徐學詩：(1517—1567)字以言，號龍川。明上虞(今浙江上虞)人。嘉靖進士。官刑部郎中。俺答入侵，學詩謂大奸柄國爲亂之本，上疏劾嚴嵩。下獄，革職。穆宗初，起爲南京通政參議，未及赴辛。有《石龍菴詩草》。傳見《明史》卷二一一。

[41] 王宗茂：字時育。明京山(今湖北京山)人。嘉靖進士。累官南京御史。時先後劾嚴嵩者都遭禍。宗茂到任未三月，即劾嵩負國八罪，謫平陽縣丞。丁憂歸，爲嵩所迫，憤死。傳見《明史》卷二一〇。

[42] 周冕：明資縣(今四川資陽)人。嘉靖進士。官御史，屢因言事被謫，而無所屈。累官兵部武選司郎中。劾嚴嵩和嚴效忠冒功，下獄，革職爲民。傳見《明史》卷二一〇。

[43] 張翀：字子儀。明柳州(今廣西柳州)人。嘉靖進士，授刑部主事。以劾嚴嵩父子，謫戍都勻。穆宗時，召回，累官刑部右侍郎。撰有《渾然子》。

傳見《明史》卷二一〇。

[44] 董傳策：字原漢。明松江華亭(今上海市松江縣)人。嘉靖進士,官刑部
主事。疏劾嚴嵩稔惡誤國六大罪。下獄,謫戍南寧。穆宗初,復官。萬
曆時,累官南京禮、工二部侍郎。後免官歸。以虐待家奴,被奴所殺。有
《采薇集》、《幽貞集》等多種。傳見《明史》卷二一〇。

[45] 鄒應龍：字雲卿。明長安(今陝西西安)人。嘉靖進士。累官御史。嚴嵩
晚年失寵,應龍劾嵩及世蕃,得名。歷兵部侍郎,巡撫雲南,揭發黔國公
沐朝弼罪。後被劾革職。傳見《明史》卷二一〇。

[46] 陳演：明井研(今四川井研)人。天啓進士。崇禎時,累官吏部尚書、武英
殿大學士。當時明統治已極度不穩,演無所籌劃,唯一味貪贓納賄。李
自成攻下北京,逮捕演,拷掠追贓。演獻巨金得釋,尋被殺。傳見《明史》
卷二五三。

乙丙之際箸議第七〔龔自珍全集〕

夏之既夷，豫假夫商所以興，夏不假六百年矣乎？商之既夷，豫假夫周所以興，商不假八百年矣乎[1]？無八百年不夷之天下，天下有萬億年不夷之道[2]。然而十年而夷，五十年而夷，則以拘一祖之法，憚千夫之議，聽其自陊[3]，以俟踵興者之改圖爾。

一祖之法無不敝，千夫之議無不靡[4]。與其贈來者以勁改革，孰若自改革？抑思我祖所以興，豈非革前代之敗[5]耶？前代所以興，又非革前代之敗耶？何莽然其不一姓也[6]？天何必不樂一姓耶？鬼何必不享一姓耶？奮之，奮之[7]！將敗則豫師來姓，又將敗則豫師來姓。《易》曰："窮則變，變則通，通則久。"[8]非爲黃帝以來六七姓[9]括言之也，爲一姓勸豫也。

——據 1959 年中華書局出版《龔自珍全集》

【解題】

《龔自珍全集》，清龔自珍撰，1959 年中華書局編印。

《全集》分爲十一輯，收集文章兩百多篇、詩詞五百多首。第一輯爲政治、學術論文，二輯爲碑傳、紀事，三輯爲書序、題録，四輯爲金石題跋，五輯爲表啓、書箋，六輯爲佛學論著，七輯爲賦頌、箴銘，八輯爲語録，九輯爲編年詩，十輯爲"己亥雜詩"，十一輯爲詞。末附年譜及佚著目録等。

乾隆中葉以後，表面平静的清王朝内部所隱伏的社會危機已逐漸暴露。嘉慶初的和珅案件，集中表現了清統治集團内部的腐化和矛盾鬥爭的尖鋭；乾、嘉之際此起彼伏的農民起義，直接揭露了階級鬥爭的激烈程度。一些開明的地主階級知識分子，已隱然覺察到農民戰争暴風雨將要來臨前的雷聲，龔自珍就曾預言"山中之民，有大音聲起，天地爲之鐘鼓，神人爲之波濤矣！"（《尊隱》篇）同時，鴉片流毒，白銀外流，民窮財盡，外國侵略者正在覷覦中國，在龔自珍死前一年，爆發了鴉片戰争。内憂外患交迫，中國正是處在龔氏所説的"人畜思痛，鬼神思變置"（《平均》篇）的"衰世"（見本書《乙丙之際箸議第九》）。在學術思潮上,出現了對乾、嘉以來盛行的考據學的反動。龔自珍和魏源等早期改良主義的先驅者,都在闡發今文經學中公羊學説"微言大義"的旗幟下,憑藉經義寫作政論,譏彈時政,發表自己的政治見解。同時,隨着與外國的交涉增多,熟悉外國情形的人也多起來,學者視野擴大,逐漸形成了向西方找尋富國强兵的道路,也就是魏源所説"師夷長技以制夷"(《海國圖志叙》)的思想。龔自珍的思想和著作,就是這樣一個時代的反映。

龔自珍以"經"通"史",援"史"論今,對史學雖没有什麽專門著作,但不受史料學、歷史編纂學的束縛,發抒自己對史學的特見,如《尊史》、《古史鉤沈論》等文,敏感地反映出時代精神,對乾嘉學派顯示着不同的光彩。其他如《乙丙之際箸議》、《明良論》、《平均篇》等,對當時社會的黑暗面給以無情的揭露和批判,指出社會危機即將到來。在《地丁正名》中,對當時的土地賦税制度表示"私憂"。在《農宗》、《上學士書》等文中,提出了挽救社會危機的各種方案;又提出了"自古及今,法無不改"的"更法"主張,爲後來康有爲、梁啓超輩所發揮,替舊民主主義改良派運動提供了依據。道光十八年(1838),林則徐被派往廣東查禁鴉片,他寫了一篇《送欽差大臣侯官林公序》,對抵禦外國侵略提出了十條具體的建議,主張嚴禁鴉片,保護農業,講求火器,裁減關税,同時不爲羣議所動。這些建議,多被林則徐所採納。這些作品,誠如梁啓超在《清代學術概論》中所説:"晚清思想之解放,自珍確與有功焉。"

龔自珍在二十二歲(1817)時,便自編文集,題名《佇泣亭文集》;後又自編爲《定盦古文》二卷。龔自珍死後,他的友人魏源删定爲《定盦文録》和《外録》,共二十五卷。他的兒子龔橙又删削爲文九卷、詩詞三卷。這些定本都没有流傳下來。同治七年(1868),吴煦刊印了《定盦文集》三卷、《續集》四卷、《補》五卷。以後朱之榛又刊印了《定盦文集補編》四卷。現在流行的商務印書館《四部叢刊》本,便是吴、朱二書的合編本。清末從事輯龔氏詩文的頗不少,見於《風雨樓叢書》、《娟鏡樓叢書》等中。中華書局《四部備要》本,又添些輯佚的文字,爲《定盦文集增補》(包括《金壇方言小記》等三篇),但仍不完備。解放後,中華書局因重加編校,印成《全集》本,以便學者研究。

本篇選自《全集》第一輯。乙丙之際,指清嘉慶二十年乙亥(1815)和二十一年丙子(1816)。據《定盦年譜》,凡題爲"乙丙之際箸議"諸文,都寫在這兩年。"箸議"亦作"塾議"。朱刻《補編》本,本篇題爲"勸豫"。早在鴉片戰爭前二十多年,年輕的龔自珍便已預見到社會改革是不可避免的。雖然他幻想清朝統治者會自動實行改革,但他又指出墨守祖法,拒絶改革,必然引起人民的强烈反對;而後者却很快被事實所證明。

　　龔自珍(1792—1841)，又名鞏祚，字璱人，號定盦，浙江仁和(今杭州)人，是我國 19
世紀初期的傑出思想家和文學家。他是清代著名文字學家段玉裁的外孫，幼年即治《説
文》。青年時，以貢生充武英殿校録，又治史料學、校勘學。後留京，從劉逢禄治《公羊春
秋》，遂成爲清代後期今文經學派的健將，憑藉經義以譏評時政，和魏源齊名，稱爲龔、魏。
他在科舉仕途上很不得志，屢試不中，直到三十八歲才成進士。曾任内閣中書，禮部主事
等閒曹。四十八歲，即辭官南歸。離京時，不攜帶眷屬僕從，僱一車自載，一車載文集，夷
然不因貧困而氣餒。後就丹陽雲陽書院講席，不久便因急病而死。

　　龔自珍治經之外，兼治史學，曾採章學誠“六經皆史”説，撰寫《古史鉤沈論》等文。尤
長西北地理，嘗助修《清會典》“理藩院”一門，手繪青海、西藏各圖，并因撰《蒙古圖志》和
《西域置行省議》。散文縱橫奇詭，自成一家。詩詞尤瑰麗，頗爲清末文士所愛好。傳見
《清史稿》卷四九一、《清史列傳》卷七三及《清儒學案》卷一五八。清吳昌綬撰《定盦先生
年譜》，近人張祖廉撰《年譜外記》，都可參考。

【注釋】

[１]　夏之既夷……商不假八百年矣乎：夷，削平，這裏作淩夷解，意爲衰替；
　　　豫，通預；假，借。這裏大意是説：夏朝既已衰替，就預先給了商朝以興起
　　　的機會，因而商有天下六百年可説得之於夏；商朝既已衰替，就預先給了
　　　周朝以興起的機會，因而周有天下八百年可説得之於商。

[２]　無八百年不夷之天下，天下有萬億年不夷之道：中國歷朝，以周王朝歷年
　　　最長，計八百餘年，故説“無八百年不夷之天下”。朝代雖有更遞，但“道”
　　　是不變的，故説“天下有萬億年不夷之道”。這種説法襲自西漢經今文學
　　　家董仲舒。董仲舒在《天人三策》第三策中説：“道者，亡弊；弊者，道之失
　　　也。”又説：“故王者有改制之名，亡變道之實。”又説：“道之大原出於天，
　　　天不變，道亦不變。”可參看董撰《春秋繁露·楚莊王》等篇。

[３]　陊(duò)：墮落，破敗。“聽其自陊”即聽其衰落意。

[４]　一祖之法無不敝，千夫之議無不靡：靡(mǐ)，倒伏。一祖之法指一個王
　　　朝創始時的法制，當時雖可行，但行之既久，沒有不敝的，而封建統治者
　　　却往往提出“祖制”、“祖訓”等反對改革。千夫之議指衆人的議論；這種
　　　議論，總要隨着時過境遷而消失的，因此應該不畏衆議而大膽改革。

［5］ 敗：一本作"敝"，下數句"敗"字同。

［6］ 何莽然其不一姓也：莽或作萃。莽然，草木茂盛貌。這裏是説，歷代王朝就像茂密的草木一樣，彼枯此榮，然總不能長久地維持一姓統治，這是什麼道理呢？

［7］ 奮之，奮之：一本作"奮之，又奮之"，多一"又"字。奮之，振作貌，《淮南子・説林》："人莫不奮於其所不足。"

［8］ 窮則變，變則通，通則久：見《易・繫辭》下。

［9］ 黃帝以來六七姓：指黃帝以下顓頊、帝嚳、唐堯、虞舜以及夏、商、周三代。

乙丙之際箸議第九〔龔自珍全集〕

吾聞深於《春秋》者，其論史也，曰：書契以降，世有三等[1]；三等之世，皆觀其才。才之差，治世爲一等，亂世爲一等，衰世別爲一等。

衰世者，文類治世，名類治世，聲音笑貌類治世。黑白雜而五色[2]可廢也，似治世之太素[3]；宮羽漭而五聲[4]可鑠也，似治世之希聲[5]；道路荒而畔岸隳也，似治世之蕩蕩便便[6]；人心混混而無口過[7]也，似治世之不議[8]。左無才相，右無才史，閫[9]無才將，庠序無才士，隴無才民，廛無才工，衢無才商；抑[10]巷無才偷，市無才駔，藪澤無才盜；則非但瓞君子也，抑小人甚瓞[11]。當彼其世也，而才士與才民出[12]，則百不才督之，縛之，以至於戮之。戮之非刀，非鋸，非水火，文亦戮之，名亦戮之，聲音笑貌亦戮之。戮之權不告於君，不告於大夫，不宣於司市[13]，君大夫亦不任受，其法亦不及要領，徒戮其心。戮其能憂心，能憤心，能思慮心，能作爲[14]心，能有廉恥心，能無渣滓心。又非一日而戮之，乃以漸，或三歲而戮之，十年而戮之，百年而戮之。才者自度將見戮，則蚤夜號以求治；求治而不得，悖悍者則蚤夜號以求亂。夫悖且悍，且瞑然眴然[15]以思世之一便己，才不可問矣，鼂之倫惡有辭矣[16]。然而起視其世，亂亦竟不遠矣。

是故智者受三千年史氏之書，則能以良史之憂憂天下：憂不才而庸，如其憂才而悖；憂不才而衆憐，如其憂才而衆畏。履霜之屨，寒於堅冰；未雨之鳥，戚於飄搖；痹癆之疾，殆於癰疽；將萎之華，慘於槁木[17]。三代神聖，不忍薄譴士勇夫[18]，而厚豢駑羸，探世變也，聖之至也。

——據 1959 年中華書局出版《龔自珍全集》

【解題】

本篇選自《全集》第一輯，朱刻本題爲《乙丙之際塾議二》。龔自珍認爲一切領域都極端地缺乏人材,而統治者還繼續用"誅心"的手段竭力摧殘人材,結果勢必促使大批聰明才智之士,被迫走上叛逆的道路。這正是清朝統治難以維持的最大危機所在。因此,龔自珍大聲疾呼:"我願天公重抖擻,不拘一格降人才。"它的迫切性可由本篇提供解釋。

【注釋】

[1] 世有三等:西漢董仲舒《春秋繁露》以爲《春秋》有三世之義,說:"《春秋》分十二世爲三等,有見,有聞,有傳聞;有見三世,有聞四世,有傳聞五世。"至東漢何休《公羊解詁》,又以衰亂、升平、太平釋三世,說:"於所傳聞之世,見治起於衰亂之中。……於所聞之世,見治升平。……至所見之世,著治太平。"董仲舒、何休都是今文經學家,都是龔氏認爲"深於《春秋》者"。龔氏把"世有三等"分爲治世、亂世、衰世,而肯定當時社會爲"衰世"。

[2] 五色:指青、赤、黃、白、黑,古代叫作正色,以爲是其他"間色"的質地。

[3] 太素:指形成天地的原質。《白虎通·天地》:"始起先有太初,後有太始;形兆既成,名曰太素。"

[4] 五聲:即宮、商、角、徵、羽,中國古代音樂中的五個基本音階。

[5] 希聲:《老子》第四十一章:"大音希聲。"第十四章:"聽之不聞名曰希。"

[6] 蕩蕩便便:一本"便便"作"平平"。按古"便""平"通用。《尚書·洪範》:"無偏無黨,王道蕩蕩;無黨無偏,王道平平。"蕩蕩,寬廣貌;便便即平平,都是形容治世的景象。

[7] 口過:《孝經》:"言滿天下無口過。"口過即失言。這裏"無口過"喻渾渾噩噩、不明是非。

[8] 不議:《論語·季氏》:"天下有道,則庶人不議。"

[9] 闉:郭門,即外城門。古稱軍事將領爲闉外。《史記·張釋之馮唐列傳》:"上古王者之遣將也,跪而推轂,曰:'闉以內者,寡人制之;闉以外者,將軍制之。'"

[10] 抑:一本無"抑"字。

[11] 則非但尟君子也,抑小人甚尟:一本無此十二字。尟,同鮮,少。

[12] 與才民出:一本作"孤根以升"。

[13] 司市：《周禮》官名，爲地官的屬官，掌市場的治教政刑，量度禁令；處決死囚即由司市當衆宣告。

[14] 作爲：一本作"擔荷"。

[15] 睊(juān)然眮(tóng)然：《孟子·梁惠王》下"睊睊胥讒"，睊然義同睊睊，側目相視貌。《説文》謂瞋目顧視曰眮，係吳、楚間方言。

[16] 舋之倫憇有辭矣：憇字，字書未見，疑爲"憩"字的誤刻。憩(jiē)，同憩，《詩·召南·甘棠》："蔽芾甘棠，勿翦勿敗，召伯所憇。"毛傳："憇，息也。"陸德明《經典釋文》："字又作愒。"這裏説，以前那批人無所事事便有理由了。

[17] 履霜之屩，寒於堅冰；未雨之鳥，戚於飄搖；痹瘓之疾，殆於癥疽；將萎之華，慘於槁木：《易·坤卦·爻辭》："履霜堅冰至。"謂因履霜而預知堅冰將至。屩，麻鞋。《詩·豳風·鴟鴞》："予室翹翹，風雨所漂搖。""飄搖"即"漂搖"，衝擊意。"華"同"花"。這幾句話觸目驚心地刻畫出行將解體的社會慘象。

[18] 不忍薄謫士勇夫：一本作"不忍棄才屛智士"。

籌海篇一·議守上〔海國圖志卷一〕（節録）

　　自夷變[1]以來，帷幄所擘畫，疆場所經營，非戰即款[2]，非款即戰；未有專主守者，未有善言守者。不能守，何以戰？不能守，何以款？以守爲戰，而後外夷服我調度，是謂"以夷攻夷"。以守爲款，而後外夷範我馳驅，是謂"以夷款夷"。自守之策二：一曰，守外洋不如守海口，守海口不如守內河[3]；二曰，調客兵不如練土兵，調水師不如練水勇[4]。攻夷之策二：曰調夷之仇國以攻夷；師夷之長技以制夷[5]。款夷之策二：曰聽互市各國以款夷；持鴉片初約以通市[6]。今請先言守。

　　今議防堵者，莫不曰："禦諸內河，不若禦諸海口；禦諸海口，不若禦諸外洋。"不知此適得其反也。制敵者，必使敵失其所長。夷艘所長者，外洋乎？內河乎？吾之所禦賊者，不過二端：一曰礮擊，一曰火攻。夷之兵船，大者長十丈、闊數丈，聯以堅木，澆以厚鉛，旁列大礮二層。我礮若僅中其舷旁，則船在大洋，乘水力活，不過退卻搖蕩，不破不沉；必中其桅與頭鼻，方不能行駛，即有火輪舟牽往別港，連夜修治；惟中其火藥艙，始轟發翻沉，絕無洇底鑿沉之説。其難一。若以火舟出洋焚之，則底質堅厚，焚不能然；必以火箭噴筒焚其帆索，油薪火藥轟其柁尾、頭鼻。而夷船桅斗上常有夷兵遠鏡瞭望，我火舟未至，早已棄椗駛避。其難二。夷船起椗，必須一時之久，故遇急則斬纜棄椗而遁。夷舶三五爲幫，分泊深洋，四面棋布，並非連檣排列。我火船攻其一船，則各船之礮皆可環擊，並分遣杉船小舟救援。縱使晦夜乘潮，能突傷其一二艘，終不能使之大創。而我海岸縣長，處處防其闖突。賊逸我勞，賊合我分。其難三。海戰在乘上風，如使風潮皆順，則即雇閩、廣之人梭船、大米艇、外裏糖包[7]亦可得勝。鄭成功之破荷蘭[8]，明汪鋐之破佛郎機[9]，皆偶乘風潮，出其不意。若久與交戰，則海洋極寥闊，夷船善駕駛，往往轉下風爲上風，我舟即不能敵。即水勇水雷，亦止能洇攻內河淡水，不能洇伏鹹洋：其難四。觀於安南兩次創夷，片帆不返[10]，皆誘其深入內河，而後大創之。

則知欲奏奇功,斷無舍內河而禦大洋之理。賊入內河,則止能魚貫,不能棋錯四布。我止禦上游一面,先擇淺狹要隘,沉舟絚筏以遏其前,沙垣大礮以守其側,再備下游樁筏以斷其後;而後乘風潮,選水勇,或駕火舟,首尾而攻之。沉舟塞港之處,必留洪路,以出火舟。或仿粵中所造西洋水雷,黑夜泅送船底,出其不意,一舉而轟裂之,夷船尚能如大洋之隨意駛避、互相救應乎?倘夷分兵登陸,繞我後路,則預掘暗溝以截其前,層伏地雷以奪其魄,夷船尚能縱橫進退自如乎?兩岸兵礮,水陸夾攻,夷礮不能透垣,我礮可以及船;風濤四起,草木皆兵,夷船自救不暇,尚能回礮攻我乎?即使向下游沉筏之地,豕突衝竄,而稽留片時之間,我火箭噴筒已爇其帆,火罐火斗已傷其人,水勇已登其艙,岸上步兵又扛礮以攻其後;乘上風,縱毒煙,播沙灰以眯其目,有不聚而殲旃者乎?是口門以內,守急而戰緩,守正而戰奇;口門以外,則戰守俱難爲力。一要既操,四難俱釋矣!

或曰:門戶失守,則民心驚惶;縱賊入庭,則必干罪戾。倘賊方入口,即分夷兵登岸夾攻我後,或進攻我城,則如之何?曰:所謂誘賊入內河者,謂兵、礮、地雷,水陸埋伏,如設穽以待虎,設罾以待魚,必能制其死命而後縱其入險,非開門延盜之謂也。奏明兵機,以縱爲擒,何失守之有!賊雖入口,尚未至我所扼守之地,何驚惶之有!然海口全無一兵,尚恐賊疑,未敢長驅深入,必兼以廢礮羸師佯與相持,而後棄走,引入死地。即如粵之三元里,非內地乎?若非夷兵登岸肆擾,安能成圍酋截敵之舉[11]!松江府城,非內河乎?尤提軍於上海失守之後,整兵二千以待夷船駛入,放礮相持,二日而退[12]。使先備火攻,塞去路,安在不可奏安南殄敵之功!《傳》曰:“不備不虞,不可以師。”[13]《易》曰:“王公設險,以守其國。”[14]夫險者,非徒據口拒守,敵不能入之謂;謂其口內四路可以設伏,口門要害可截其走,寇能入而不能出也。自用兵以來,寇入粵東珠江者一,入寧波甬江者一,入黃埔松江者一,皆惟全力拒口外,而堂奧門庭蕩然無備,及門庭一失,而腹地皆潰。使舍守口外之力以守內河,守口外兵六七千者,守口內兵不過三千,得以其餘爲犄角奇伏之用。猾賊知兵,必不肯入。如果深入送死,一處受創,處處戒心,斷不敢東闖西突,而長江高枕矣!何至鯨駛石頭之磯,霆震金、焦之下[15]哉!

故曰:守遠不若守近,守多不若守約,守正不若守奇,守闊不若守狹,守

深不若守淺。(下略)

——據光緒二年(1876)平慶涇固道署重刊本

【解題】

《海國圖志》,一百卷,清魏源編撰。本書從研究世界歷史和地理的角度,探索富國強兵的道路,闡發作者的政治思想和社會改革理論,是鴉片戰爭後關於世界史地和早期改良主義思想的名著。

1840 年鴉片戰爭的結果,外國侵略者用軍艦和大砲打開了腐朽的清王朝閉關自守的大門,賣國的《南京條約》的簽訂標誌着中國淪入半封建半殖民地的地位。"中國向何處去?"這是時代在早期改良主義知識分子面前提出的尖銳問題。魏源和龔自珍等早期改良主義先驅者,都憑藉經義寫作政論,提倡"經世致用"之學。許多學者都從事外國歷史、地理的研究,出現了許多著作;如本書和林則徐的《四洲志》、汪文泰的《紅毛英吉利考略》、楊炳南的《海錄》、徐繼畬的《瀛環志略》等。其次,對邊疆史地研究的風氣也很盛行,如張穆(撰《蒙古游牧記》)、何秋濤(撰《朔方備乘》)對西北地理,龔自珍對蒙古地理,以及魏源對《元史》的改編等。

本書根據林則徐編譯的《四洲志》,搜集歷代史志和明以來"島志"等有關外國歷史記載,並廣泛參考初期傳入中國的外國史地著作和地圖,加以裁削增補而成。初編爲六十卷(一說爲五十卷,後增爲六十卷),後更進一步搜錄資料,補成一百卷。前二卷爲《籌海篇》四篇,敍述自己對當時的軍備攻守、通商外交的見解,有似全書總論。次二卷爲地圖,包括歷代西域沿革圖,亞、歐、非各洲沿革圖,地球正背面圖和亞、歐、非、美各洲地圖。以下各卷均屬輯錄性質,材料分部排列,注明出處,並附以必要的按語、引注、考證等。從卷五到卷七十分敍世界各國史地概況,尤詳於英、俄、法、美等國。《四洲志》原文三十三段,被分別輯入三十七卷中作爲主文。再次爲南洋、西洋各國宗教、中西紀年通表、中西曆異同表等各一卷。《國地總論》三卷,縱論世界地理形勢,輯錄利瑪竇、南懷仁等外國傳教士的有關著作。繼以《籌海總論》四卷,輯錄時人(如林則徐、奕山等)奏稿論著及有關中外條約;《夷情備採》三卷,包括林則徐約人翻譯的《華事夷言》和《澳門月報》的全部。再以十二卷的篇幅詳議西洋戰艦、火砲、火銃、水雷、望遠鏡等製造技術,並附以自己的貨幣理論。最後五卷爲《地球天文合論》。卷首冠以《敍》和《後敍》。《敍》闡述著述動機,揭示全書中心思想,並仿《史記 · 太史公自序》形式序錄各篇的主要內容。《後敍》主要評介所採摭的外國著作的優點。全書綱領分明,搜羅宏富,剖析詳晰,文筆生動。

　　魏源對當時清王朝腐朽的統治非常不滿。他論元末歷史説："如外强中乾之人,軀幹龐然,一朝瘻木,於是河潰於北,漕梗於南,兵起於東。大盜則一招再招,官至極品,空名宣敕,逢人即授。屯膏吝賞於未熾之初,而曲奉驕子於燎原之後。人心愈涣,天命靡常。二三豪傑魁壘忠義之士,亦冥冥中輒自相鷸蚌,潛被顛倒,而莫爲之所。若天意,若人事焉!"(《古微堂外集》卷三《擬進呈元史新編序》)這也正是當時統治者活生生的寫照。他痛恨國家危機四伏,認爲危機首在"人心之積患"。什麼是"積患"? "非水非火,非刃非金,非沿海之奸民,非吸煙販煙之莠民",而一爲"人心之寐患",一爲"人材之虛患"。要革除"寐患",必須"去僞,去飾,去畏難,去養癰,去營窟",也就是革除專制制度的積弊。要革除"虛患",就必須"以實事程實功,以實功程實事",反對專講特權等級而不講求事功。"寐患去而天日昌,虛患去而風雷行",使國家的命運"傾否而之泰",而後纔可平外患,"馭外夷"(都見本書《敍》)。因此,魏源撰著本書,首在發揮他的政治主張,期望爲中國變法自强"創榛闢莽,前驅先路"(《敍》)。他認爲途徑就在"以夷攻夷"、"以夷款夷"、"師夷長技以制夷"。本書撰著的直接目的,就是要尋找通過這一途徑的具體辦法。"攻"指建立强固的國防力量,製定正確的戰守策略,做到船堅砲利,兵精將良,爲此就要"師夷長技",向西方資本主義國家學習先進的生產技術和練兵養兵的方法。所謂"款"是指製定正確的外交和通商政策。魏源的這些思想,建立在對西方世界狀況初步瞭解的基礎上,在當時具有很强的説服力,使被"閉關自守"政策禁錮了頭腦的中國人,耳目頓時爲之一新。因而很快爲具有改良主義思想的先進知識分子所接受,所發展,成了以後維新變法運動的理論依據之一。

　　本書寫作的時候,中國人民對於列强的侵略,還剛進入感性認識階段。因而作者的觀點,往往失於幼稚、模糊,甚至把假象當作本質,那是難免的。書中集中揭露了英國侵略者兇狠無恥的行徑,但卻沒有認識到沙俄等侵略者的卑鄙陰謀;看到了它們之間的矛盾,卻没能覺察到它們在侵略中國的根本目的上一致。因此,他的"以夷攻夷"、"以夷款夷"的理論,很大程度建立在對俄、美、法等國侵略者寄托幻想的基礎上。這在《望廈條約》和《黃埔條約》業已訂立的當時,不能不算是一個錯誤。同時,書中對清朝統治的腐朽雖時有暴露或抨擊,但他的目的只是爲了改良這種統治,而不是徹底否定產生這種統治的制度;因此,他的富國强兵主張也只能限於"師夷長技"。所以他雖是改良主義的先驅者,但這種思想也能被洋務派説成是"中儒西釋,其最先焉"(左宗棠《重刻海國圖志敍》)。

　　本書在道光二十二年(1842)完成,初刻於揚州,計五十卷。至道光二十四年(1844),已增補爲六十卷。以後續有修訂,道光二十七年(1847),增爲百卷,重刻於揚州。咸豐二年(1852),再加訂補,最後定稿,仍爲一百卷,刊於高郵州。光緒二年(1876),魏氏孫光燾因刻本流傳很少，又加重刻，即今較易得的甘肅平、慶、涇、固道署重刊本。本書六十卷本刻成後，曾迅速流傳到日本，在咸豐四年(1854 年，日本安政元年)翻刻，對日本的"明治維新"運動，也曾發生積極的影響。

《籌海篇一·議守上》，節選自《海國圖志》卷一。對付外國侵略者必須能攻善守，以守爲上策；而"攻"的策略，在於利用列強間的矛盾，學習他們的先進技術來武裝自己；同時還要放棄閉關政策，區別對待從事正常貿易和非法貿易的外國商人，同願意和中國進行合法往來的外國講友好。作者的這個基本見解，在本篇中有清楚的概述。

魏源(1794—1857)，我國 19 世紀初期的思想家、史學家和經學家。字默深。湖南邵陽人。嘉慶十八年(1813)舉拔貢。次年，從胡承珙、姚學塽學漢、宋儒學；復從劉逢禄學《公羊春秋》，與龔自珍議論相得。道光二年(1822)，順天鄉試舉人。入江蘇布政使賀長齡幕，編《皇朝經世文編》。六年(1826)，參加會試，與龔自珍俱落第，但聲譽更增，號稱龔、魏。同年入貲爲內閣中書。十年(1830)，與林則徐、龔自珍、黃爵滋等在北京結宣南詩社，提倡經世致用之學。鴉片戰爭起，隨抵抗派裕謙在浙江抗英。裕謙戰敗自殺，清政府簽訂賣國的《南京條約》，源激於愛國悲憤，開始編寫《海國圖志》，同時又撰《聖武記》(1842 年刊行)。道光二十四年(1844)成進士，權知江蘇興化州。二十六年(1846)，丁母憂家居，撰成《海國圖志》六十卷。起復後，補江蘇高郵知州。咸豐三年(1853)，太平軍攻克南京，他在高郵首倡團練，企圖抵拒。後坐遲誤驛遞免職。尋復原官。未幾又罷職回家，轉治佛學，信净土宗，陷入宗教迷信。七年(1857)，卒於杭州，年六十四。

魏源治經宗今文派公羊學說，曾著《詩古微》，攻擊《詩》毛《傳》及《大小序》；又著《書古微》，懷疑東漢馬融、鄭玄的《古文尚書》也是僞書，而闡述《今文尚書》的"微言大義"。在史學上有相當造詣，除本書及《聖武記》外，以《元史》蕪雜，重搜國內元朝史料，撰成《元史新編》。此外還有《古微堂內外集》、《老子本義》等。傳見《清史稿》卷四九一、《清史列傳》卷六九。

【注釋】

[1] 夷變：指第一次鴉片戰爭。

[2] 款：原訓爲叩，爲求通。《史記·太史公自序》"重譯款塞"。《集解》："款，叩也，皆叩塞門來服從也。"按本文爲求和作諱飾。

［3］ 守外洋……不如守内河：説詳下篇《議守》下。

［4］ 調客兵……不如練水勇：説詳下篇《議守》下。

［5］ 調夷之仇國以攻夷；師夷之長技以制夷：説詳《籌海篇三·議戰》。夷，在
本篇中專指英國（英夷）。魏源在《議戰》篇中着重分析了英國和其他列
强及東南亞幾個被英國覬覦國家的矛盾。認爲可利用英、俄争奪印度統
治的矛盾和廓爾喀反抗英國侵略的情緒，從陸上直接威脅英國侵略中國
的根據地。又可利用英、法争奪北美殖民地所結下的深仇，和美國曾進
行獨立戰争擺脱了英國統治的矛盾，使兩國從海上助我國抵抗英海軍進
犯。如此，便可抑止英國的無厭貪求，使和議可成。魏源雖過分誇大了
列强之間的矛盾，但他在當時能見到這種矛盾，尤其能見到廓爾喀等被
侵略諸國同英國侵略者的根本矛盾，卻是進步見解。魏源還認爲未講和
前宜"以夷制夷"，而既和之後，"則宜師夷長技以制夷"。他以爲"夷之長
技"有三：戰艦、火器、養兵練兵之法。他抨擊當時統治者在廣東互市二
百年中，於奇技淫巧、邪教毒煙都能接受，"獨於行軍利器則不一師其長
技"，"但肯受害而不肯受益"。建議在廣東設船廠、火器局，學習西方國
家的先進生産技術，並裁併水師的冗兵濫餉，革除軍隊積弊，"盡得西洋
之長技爲中國之長技"，達到富國强兵的目的。

［6］ 聽互市各國以款夷；持鴉片初約以通市：説詳《籌海篇四·議款》。魏源
認爲當時白銀外流、國計日絀的主因在於鴉片流毒，因此力主禁煙。他
駁斥當時投降派的繳煙激變的論調，認爲激變絶不由繳煙，而由於停止
貿易。因此，主張只要各國保證不進行鴉片貿易，就不禁止正常貿易，並
給予海關等各方面的優待，"夷必樂從"。鴉片初約疑指林則徐在廣州頒
佈的禁煙令，命外商具結保證不夾帶鴉片即可照常貿易。

［7］ 外裹糖包：一種小艇的名稱。

［8］ 鄭成功之破荷蘭：鄭成功（1624—1662），本名森，字大木。明末南安（今
福建南安）石井巡司人。明亡，其父芝龍等在福州擁立唐王聿鍵，即南明
隆武帝。成功受隆武賜姓朱，號國姓爺。芝龍在順治三年（1646）降清。
成功遯入海起兵抗清，以金門、廈門爲根據地，奉南明永曆年號，受封延
平郡王。順治十六年（1659），與張煌言合兵北攻南京。旋戰敗退軍，乃

在臺灣人民配合下,於順治十八年(1661)率艦隊橫渡臺灣海峽,驅逐侵佔我國臺灣達十八年之久的荷蘭殖民者,建立政權,設官定律,置郡縣,行屯田,使漢人與高山族人民共同發展農業生產。次年,病卒。傳見《清史稿》卷二三〇、《清史列傳》卷八〇《鄭芝龍傳》。

[9] 明汪鋐之破佛郎機:汪鋐,字宣之,明婺源(今江西婺源)人。嘉靖時,任右副都御史,巡撫南贛、汀、漳諸州。累官吏部尚書,兼兵部。佛郎機即葡萄牙和西班牙。嘉靖二年(1523),葡萄牙海盜性商隊侵略廣東新會沿海,鋐率兵抵禦,擊潰葡商隊,俘其將別都盧、疎世利等,並繳獲"佛郎機大炮",獻於朝廷。鋐傳見《明史》卷一八六。

[10] 安南兩次創夷,片帆不返:據《海國圖志》卷五《東南洋》一越南一引葉鍾進《寄味山房雜記》載《英吉利夷情記略》謂:嘉慶十一、二年(1806—1807)間,安南曾將英國軍艦七艘誘入內河,用火攻予以全殲。又據此篇引武林郁永河《禪海紀遊》載,荷蘭曾以巨艦侵安南,兩次都被誘入內河擊沉。本文所言,或指此事。

[11] 粤之三元里……成圍酋截敵之舉:三元里,今廣東廣州市北三元里村。這裏指道光二十一年(1841)五月二十七日,英軍搶劫三元里,激起三元里人民樹立平英團大旗抵抗。於二十九日將英軍誘至附近牛欄崗水田窪中,乘天大雨,英軍彈藥皆濕,圍殲英軍官伯麥、畢霞以下二百餘人,生俘十餘人。英軍總司令郭富(H. Gough)率大隊來攻,又被數萬義軍擊潰,並包圍在四方砲臺內,賴漢奸廣州知府余保純解圍,得狼狽逃脫。詳見本書所選《中西紀事·粤民義師》。

[12] 尤提軍……二日而退:尤提軍,即壽春鎮總兵尤渤。鴉片戰爭起,奉調率陝、甘兵二千名駐守松江。道光二十二年(1842)六月,英艦三十餘艘駛入長江口,進攻吳淞砲臺,提督陳化成戰死,兩江總督牛鑑潰逃南京,上海、寶山二城淪陷。十三日,英軍又乘火輪船二艘、舢板船四五隻,駛入松江。尤渤先命人塞港口,率兵守於距城八里處米市塘。英軍開砲,守兵伏避,砲過後起發砲還擊。相持半日,英軍退却。次日復來進攻,又如法相持,英軍乃退走,松江因得保全。

[13] 傳曰:"不備不虞,不可以師。":語見《左傳》隱公四年。

［14］ 易曰："王公設險,以守其國。"：語見《易·坎卦》象辭。

［15］ 石頭之磯,霆震金、焦之下：石頭即今江蘇南京,古稱石頭城,因戰國初楚國因石頭山(今清涼山)建金陵城而得名。石頭之磯,指今南京東北郊長江濱的燕子磯。磯石三面臨江,形勢險要。金、焦指今江蘇鎮江的金山和焦山。金山在鎮江西北,原屹立江中,後與陸連。焦山在鎮江東北,屹立江中。二山向爲歷史上江防要地,許多著名戰役發生在這裏。

籌海篇二・議守下〔海國圖志卷二〕（節錄）

　　夷事無所謂用兵也，但聞調兵而已，但聞調鄰省之兵而已。夷攻粵，則調各省之兵以赴粵；夷攻浙，則調各省之兵以赴浙；夷攻江蘇，則又調各省之兵以赴江蘇。兵至而夷已就撫，則供客兵者又逆歸兵；兵甫旋而夷或敗盟，則又調歸兵以爲戰兵。夫國家各省養兵，原以備各省緩急之用，而沿海尤重兵所在。江蘇五萬，浙江逾四萬，福建六萬，廣東將及七萬。若謂本省不皆精銳，而選調客兵必皆精銳乎？則何以夷初至閩、粵時，未嘗調他省一兵，而守禦屹然；及徵兵半天下，重集於粵，而粵敗塗地；重集於浙、於江，而江、浙又敗塗地？若謂英夷強寇，非一省所能抵禦乎？則夷兵艦大小不過五十艘，其攻城上岸不過二三千人；豈一省養兵數萬，無數千可用之兵；沿海民風強悍，豈無數千可團之義勇！若謂閩、粵民兵雖可用，而多通外夷；江、浙雖無漢奸，而民多柔弱。則何以廣東之斬夷首、捐戰艦者皆義民[1]；兩禽夷舶於臺灣[2]，火攻夷船於南澳[3]者亦義民；而明人平倭寇皆處州、義烏之兵[4]，近日戰定海、保松江者皆壽春之兵[5]？然則，各省之勇民原足充各省之精兵，練一省之精兵原足捍一省之疆圉。所要者止在募練之得法，所難者止在調度之得人，不在紛紛多調客兵也。前代錢氏有吳越[6]，王氏有閩[7]，劉氏有粵[8]，各通番舶；倘有海警，豈能借助於鄰援，又豈能合從以禦侮！況防海宜習水戰，而多調陸兵；舍長用短，以短攻長，不利一。在籍有安家，在途有傳食，事竣有回遞。縣縣傳送，驛驛供張，則累在官；來如乳虎，敗如鳥散，則騷在民。每士兵四五而贍一客兵，曷若省客兵之費以練土著，不利二。故曰：調兵者，選調本省之兵而已；募兵者，選練本省之人而已。遠調不如近調，遠募不如近募。

　　或曰：賊如舍沿海而專攻一省，他省有兵無賊，此省賊多兵少，則如之何？承平恬熙，水陸弛懈；即有可用之兵而無訓練，有可募之勇而無紀律；安能俟數月訓練之成，以應倉卒之敵，則如之何？曰：一巡撫提督所轄，則本省之兵也；一總督所轄，則近省之兵也。賊少，專用本省；賊多，兼用近省。如寇攻粵，則募本省水勇爲水師，而廣西出陸兵以佐之；賊攻浙，則練金、處、溫、台勁兵備陸戰，而福建選水勇以佐之；夷攻蘇，則練淮、揚、松江水勇與徐州兵備戰，而安徽壽春兵佐之。合兩省之兵勇，豈尚不足禦一面之賊！故曰：要在募練之得法，難在調度之得人，不在紛紛多調客兵爲也。

問曰：遠調不如近調則然矣，至募勇則當糾合四方精銳，而曰遠募不如近募，何耶？曰：挑選土著之利有三：一曰服水土，二曰熟道路，三曰顧身家。計調兵一，而當募勇之費十，當土著之兵五。以十丁之費募一丁，以五兵之費養一兵；練益精則調益寡，調益寡則費益省。以所省者練兵，兵何患不精，費何患不給！或曰：戚繼光論選兵之法[9]，除城市柔猾奸巧之人必不可用外，必選氣力，選武藝，選身軀，選靈警，而尤必以膽爲主。無膽，則氣力、武藝、偉岸、靈警皆無所用。又曰：選浙兵，處州爲上，義烏次之，台州次之，紹興又次之。此外，雖韓、白[10]復生，不可用。選兵若是之難，“罷相之圖”[11]幾何人乎？曰：此言專爲杭、嘉、湖、蘇、松之人而發，又爲福建上四府[12]而發。至漳、泉、惠、潮之民，械鬥則爭先赴敵，頂凶則視死如歸矣，舟戰則出沒風濤如履平地矣。江北穎、亳、壽、泗、徐、沛之民，家家延教師，人人佩刀劍，或一人能負放大礮矣。儀徵下河販鹽小舟入捍舟，持械冒險，莫敢誰何矣。此其膽何待選，武藝何待教？故選精兵於杭、嘉、蘇、松，是求魚於山、求鹿於原也。選精兵於海南、於江北，則求柴胡、桔梗於沮澤也，不可以勝收也。一省且有可調不可調、可募不可募，況紛然徵調於數千里外哉！故選兵先在選地。

募水勇之事，天津、山東不如江、浙，江、浙不如閩、廣。以福建言之，當夷艘初犯廈門，大吏激厲水勇[13]，人人思奮，故出洋立功。及款議興，俘夷釋[14]，軍賞遷延，而氣一挫。是秋所募赴浙水勇八百，皆人人精悍；及至浙，而定海款議成[15]，水勇空往空返，而氣再挫。次年又募精銳千人赴粵，及至粵，而前數日款議成[16]，水勇空往空返，而氣三挫。顏制軍召募本省水勇八千，聞粵東款議，漫然散遣[17]，不擇其精銳撥補水師，而氣四挫。自是，水勇人人離心，及夷船再至，無暇號召，其猾者甚且內應，而廈門不守矣。廣東初年，水勇五千，前後出洋，燒夷艇、匪艇[18]，逆夷望風畏竄。及款議興，一朝散遣，而氣一挫。新至諸帥，誤疑粵民盡漢奸，無一可信；又不約束客兵，騷擾居民[19]，而氣再挫。於是虎門不守，而省城累卵[20]矣。及夷兵淫掠，激民之怒，於是一戰於三元里而夷酋大困，一截燒於虎門、橫檔，而夷艘煨燼[21]。可見閩、粵民風之勁悍，各省所無，外夷所懾；而水戰、火攻，尤其絕技，斷不可望於山東、天津漁鹽之戶。蓋東南長水，西北長陸；遷地弗良，得人者昌。（下略）

——據光緒二年(1876)平慶涇固道署重刊本

【解題】

本篇節選自《海國圖志》卷一。作者認爲，同外國侵略者戰或和，都必須建立在防禦的基礎上。上篇説了防禦的策略思想，應該是誘敵深入。本篇則説，防禦的軍事力量，應該是就地選兵。作者揭露清朝統治者在這兩方面的主觀指導上的錯誤，尤以本篇刻畫得更明顯。

【注釋】

[1]　廣東之斬夷酋、捐戰艦者皆義民：斬夷酋，指三元里平英圍義勇曾擊殺英侵略軍官畢霞等，見前篇注[11]。捐戰艦，指廣州富紳潘仕成曾捐資延請美國軍官（魏氏《聖武記》卷十《道光洋艘征撫記》下載爲“佛蘭西洋官”，誤；此據本書卷九二所收潘仕成《攻船水雷圖説》一文説）雷壬士於家，製造洋船、洋砲、水雷。曾捐所造雙桅戰艦四艘，每艘造價二萬兩；每枚水雷造價四十兩。道光帝曾下詔令廣東新造戰艦都交潘氏承辦，不許官吏經手，以杜侵蝕。但因督撫格阻，事旋中止。

[2]　兩禽夷舶於臺灣：指鴉片戰爭中臺灣軍民在鷄籠（今基隆）、大安殲滅英艦的鬥爭。臺灣兵備道姚瑩、總兵達洪阿於道光二十年(1840)十月曾擊退進犯鹿耳門外洋的英艦。次年九月底，英軍雙桅炮艦一艘轟擊鷄籠，被參將邱鎮功開炮擊傷，觸礁沉没；英軍被斃俘一百六十二人。十一月中，又擊退在三沙灣登陸的英軍。二十二年(1842)二月英軍三桅兵船三

艘駛入大安港尋釁,被沿海漁民配合守軍俘虜四十九人,繳獲英軍從寧波掠得的軍器、號衣、旗幟等。後英軍全權代表璞鼎查(Henry Pottinger)在廈門誣爲扣留因風失事的船員,投降派耆英也攻許臺灣鎮道,清政府遂將姚瑩、達洪阿革職逮問。

[3] 火攻夷船於南澳:道光二十年(1840)四月,有英艦停泊於南澳島(今廣東南澳縣主島)西北,爲水勇偵見,僞裝商船駛近英艦,突舉火猛攻其首尾,傷其船長及水兵數十人,英艦狼狽逃去。

[4] 明人平倭寇皆處州、義烏之兵:明嘉靖間,日本海盜集團倭寇勾結我國東南沿海不法商人和豪族大姓,經常入侵浙江、福建沿海一帶,爲患日烈。嘉靖三十四年(1555),倭寇復大舉入侵。明廷任譚綸、俞大猷、戚繼光等爲將,以胡宗憲總督江南、浙江軍事,負責圍勦。戚繼光以官軍低劣,倡議練土兵(民兵)以代"客兵"(外省調來的官軍),得到胡宗憲支持,遂招募處州(府名,今浙江麗水)、義烏(今浙江義烏)以勇敢剽悍聞名的農民和礦工三千人,加以嚴格訓練,號"戚家軍"。他以這支軍隊爲主力,先後勦滅了浙、閩沿海的倭寇。

[5] 近日戰定海、保松江者皆壽春之兵:戰定海,指鴉片戰爭中,英艦二十九艘於道光二十一年(1841)九月二次進犯舟山。壽春總兵王錫朋奉兩江總督裕謙命,率壽春鎮兵自吳淞增援定海,與定海總兵葛雲飛、處州總兵鄭國鴻分守要害,血戰六晝夜,殲敵千餘人,因彈盡援絶,相繼戰死。保松江者,指留守松江的壽春總兵尤渤率領的陝、甘兵,已見前篇注[12]。

[6] 錢氏有吳越:指五代時錢鏐建立的吳越國。錢鏐(852—932),唐末杭州臨安(今浙江杭州)人。歷任杭州刺史和鎮海軍節度使。昭宗乾寧二年(895),盡兼兩浙和蘇南十三州地。受後梁冊封,稱吳越國王,統治兩浙近四十年。在位時鼓勵發展商業和海上交通。後五傳至曾孫俶,降於北宋。傳見《舊五代史》卷一三三、《新五代史》卷六七。

[7] 王氏有閩:指五代時王審知所建的閩國。王審知(862—925),唐末光州固始(今河南固始)人。世爲農民。參加王緒部義軍轉戰入福建。後割據泉州,受唐封爲琅邪王、福建武威軍節度使,又受後梁封爲閩王。在位時獎勵發展海外貿易。六傳至王延政,爲南唐所滅。傳見《舊五代史》卷

一三四、《新五代史》卷六八。

[8]　劉氏有粵：指五代時劉隱所建的南漢。劉隱（874—911），唐末上蔡（今河南上蔡）人。世爲商賈，移家南海（今廣東廣州）。唐末官嶺南節度使。後梁時，封南海王。其弟龔繼立，稱帝，國號大越；又改爲漢，史稱南漢。五傳至劉鋹，爲北宋所滅。傳見《舊五代史》卷一三五、《新五代史》卷六五。

[9]　戚繼光論選兵之法：戚繼光（1528—1587），字元敬，號南塘，晚號孟諸。明東牟（今山東萊蕪）人。出身將家。嘉靖三十四年（1555）任浙江參將，鎮守寧波、紹興、台州三府。相繼勦滅浙、閩倭寇，升總兵。後北調鎮守薊州，前後十六年，深爲宰輔張居正所倚重。累官太子太保、左都督。居正死，被排擠去職。繼光對選兵、練兵、治械、陣圖等，都有創見；所撰《紀效新書》、《練兵實紀》，被兵家所重視。另著有《止止堂集》。傳見《明史》卷二一二。這裏所指論選兵之法，見《紀效新書》卷首及傳維鱗《明書》卷一四一《戚繼光傳》。

[10]　韓、白：指漢初名將韓信和戰國末秦名將白起。

[11]　矍相之圃：矍相，古地名，在今山東曲阜城內闕里西。圃，菜園。《禮記·射義》：“孔子射於矍相之圃，蓋觀者如堵牆。射於司馬，使子路執弓矢出延射曰：‘賁軍（敗軍）之將，亡國之大夫，與爲人後者，不入。其餘皆入。’蓋去者半，入者半。”這裏借喻戚繼光論選兵之難。

[12]　福建上四府：福建省共八府，即俗稱八閩。上四府指北、西部四府：福州（治閩縣，今福州）、建寧（治今建寧）、延平（治今南平）、邵武（治今邵武）。

[13]　當夷艘初犯廈門，大吏激厲水勇：指道光二十年（1840）六月，英艦五艘攻福建廈門，閩浙總督鄧廷楨率軍抗擊，將敵艦擊退。大吏即指鄧廷楨。

[14]　及款議興，俘夷釋：款議興，指道光二十年（1840）六月，英軍攻陷定海，北上進犯大沽。道光帝驚惶，命投降派兩江總督伊里布爲欽差大臣，到浙江寧波視師。又將林則徐、鄧廷楨革職，派琦善爲欽差大臣，赴廣東以查辦爲名議和。伊里布於九月到寧波。先是，英艦隊砲兵司令安突德（Anstruther）在定海縣屬青林壘山上測量地勢，被寧波府巡哨兵丁捕獲。十月初，英國代表義律到鎮海見伊里布，要求釋放安突德，伊里布則要求

英軍先退出定海後釋俘,爭執未決。十月底,伊里布派人齎牛羊鷄鴨往定海英艦"犘師",並請歸還定海,英侵略者堅持廣東和議定後交出,並要求釋放安突德及後被餘姚知縣汪仲洋誘至軟沙生擒的英武裝運輸船 Kite 號船長助治參利(Lieutenant Douglas)以下二十九人,議無結果。至次年初,琦善同義律議定的賣國的《川鼻草約》中有英軍退出定海、中國釋放寧波俘虜一條,伊里布即與定海英軍磋商,定二月二十四日人地兩交,但他在前一天(二十三日)即派人送回安突德等。魏源謂款議與即釋俘夷,時間上不夠確切。

[15] 定海款議成:道光二十年(1840)十一月,義律在離定海赴粵同琦善議和前,曾同伊里布簽訂一停戰協定,即本文所稱"定海款議",內容爲中、英雙方停止軍事行動,浙江當局不禁止人民供給定海英人需要物,英軍活動不得逾舟山及附近長白山、普陀山等小島範圍以外。但伊里布因私自訂約,不敢上報清廷,僅奏聞應義律請求,出示禁民捉拿夷衆云云。

[16] 及至粵,而前數日款議成:這裏指"廣州和約"。道光二十年(1840)十月,投降派琦善到廣東後,一反林則徐所爲,撤防弛兵,以媚外求和。英侵略軍乘機發動進攻,虎門砲臺淪陷,提督關天培戰死。琦善立即同英國代表義律談判,於次年初私訂賣國協定《川鼻草約》,允許割讓香港,賠款六百萬圓,開放廣州等。事被怡良、裕謙揭發,道光帝大怒,革琦善職,令宗室奕山爲靖逆將軍,馳往廣東。奕山一戰即敗,於五月二十七日派廣州知府余保純向英軍求和,同義律議定:繳贖城費六百萬圓,賠償英國商館損失三十萬圓,限七日繳足,奕山等率軍退出廣州城等條款,史稱《廣州和約》。福建水勇在和約後二日到廣州。

[17] 顏制軍召募本省水勇八千,聞粵東款議,漫然散遣:顏制軍,指閩浙總督顏伯燾。顏伯燾(?—1855),字魯典,廣東連平(今廣東和平人)。道光二一年(1841),任閩浙總督。上任後,即劾原廈門水師提督陳階平在英艦進攻廈門時告病規避,以及琦善、楊芳等主和誤國。又以爲鄧廷楨主守不主攻,使"賊逸我勞,賊省我費",乃請餉銀二百萬,造戰艦五十餘艘,募新兵數千,水勇八千,欲出海作戰。又在海口外增造嵎嶼等三砲臺,新鑄大砲一千。但船砲多未成。八月,英艦攻廈門,顏督師抵抗,擊傷敵艦

五艘。厦門淪陷,坐革職。傳見《清史稿》卷三七七、《清史列傳》卷四八。廣州和約後,清廷以爲"夷亂已平",令各省裁兵省費。但顏伯燾以爲厦門防務緊要,未即遵命裁撤水勇。後怡良奉命調查厦門失守事,奏中還有"水勇練勇九千餘名,分路派撥"等語,魏説蓋誤。

[18] 廣東初年,水勇五千,前後出洋,燒夷艇、匪艇:初年,指鴉片戰爭開始的1840年。林則徐就任兩廣總督,積極修備海防。以原有水師腐敗不堪,乃招募漁民、蜑户壯丁五千人,編爲水勇。先是,廣州封港後,英國商船五十餘艘在英艦二隻嚴密保護下,停泊銅鼓洋,利用漢奸偷販鴉片。林則徐於是在二月底,遣游擊馬辰等各帶水勇出海掩襲,燒燬泊在英船外圍的漢奸運煙和販賣食物的大小船艇二十三艘(林則徐稱爲"濟夷匪船"),並延燒到英船高頭舢板一隻。六月初,又遣副將李賢等率水勇乘火船十艘,襲擊聚泊磨刀洋的英船,燒燬英船二艘,燒傷一艘,延燒煙販大小辦艇十一艘。

[19] 新至諸帥,誤疑粵民盡漢奸,無一可信;又不約束客兵,騷擾居民:新至諸帥,指派往廣東的靖逆將軍奕山,參贊大臣楊芳、隆文和代琦善爲兩廣總督的祁埧。奕山屢奏"粵民盡漢奸,粵兵盡賊黨",自稱"防民甚於防寇"。又疑忌各省調往廣東的一萬餘名弁兵,用滿人文員西拉本、岱昌等爲將,將各省兵士互調各離本營,使兵將互不熟悉,又所發口糧給養,厚薄不均。祁埧且吝惜費用,令士兵十五人共居一帳房,擁擠不堪。因而兵將戰鬥力俱失,毫無紀律,一遇機會,便搶掠騷擾。

[20] 虎門不守,而省城累卵:指琦善到廣東撤弛戰備後,英軍乘機攻陷廣州海口要塞虎門和橫檔二砲臺,使廣州失去屏障,岌岌可危。奕山到後,又一戰而敗,英艦三面環攻廣州,城外天字、泥城、四方等砲臺全部失守。

[21] 一截燒於虎門、橫檔,而夷艘煨燼:指在奕山對英軍作戰前數天,有新安縣武舉人庾體群在夜半率火舟三隊,從穿鼻洋乘漲潮進攻停泊虎門口的英船,燒燬一艘,餘船都棄椗竄逃。

粵民義師 〔中西紀事卷一三〕（節錄）

道光二十一年夏，粵東義民創夷人於蕭關三元里[1]，遂起團練之師。始自南海、番禺，而香山、新安等縣繼之。紳民嗺血，丁壯荷戈，誓與英夷爲不共之仇。踰年，聞白門撫事[2]定，弗善也。未幾，耆英[3]任兩廣總督，伊里布[4]任廣州將軍，黃恩彤[5]自江寧藩司升授粵撫。三人者皆前在江寧同預於撫事之約，英夷來往粵東，方挾之以爲質[6]。粵之紳民獨執通商舊制，起而爭之。

初粵東開港始於乾隆之中葉，定制以澳門爲貿易之區，以黃埔爲卸貨之地，洋商交易事竣，仍押回澳門住冬，不得逗留省城洋行，擅自出入。至五十八年，英人來貢，請撥給廣東附近省城小地方一處，畀該商寄住。奉敕諭："向來西洋各國夷商，居住澳門貿易，劃定住址地界，不得逾越尺寸；其赴洋行發貨夷商亦不得擅入省城；用以杜華夷之爭論，立中外之大防"等因，載入粵東檔案。嗣以壬寅之役挾兵要撫，所議通商各款，內有省城設立棧房及洋領事入城之約。於是寧波、上海等處，出入自便。而福建以福州爲通商碼頭，遂於省城烏石山起造洋樓，大府與之修來往晉接之儀。粵人聞之，謂夷人向不准入城，爲天朝二百年來例禁；況五口通商，粵東但有澳門，不聞廣州也，爰合詞懇於大府，請申洋商入城之禁。不省，乃大集南海、番禺之紳士耆老，傳遞義民公檄，議令富者助餉，貧者出力，舉行團練。按戶抽丁，除老弱殘廢及單丁不計外，每戶三丁抽一。以百人爲一甲，八甲爲一總，八總爲一社，八社爲一大總。旬日之間，城鄉鎮集，燈楮旗布爲之一空。自是衆議洶洶，不藉官餉，亦不受地方官約束，薰蕕雜處，重之以枘鑿，浸浸乎與官爲仇矣。

壬寅議撫之次年，濮鼎查[7]至粵，請入城見制府[8]。粵民不可。濮方逞志金陵，懼以此偶挫其銳，遂逡巡去。

二十五年，洋艘至粵，首請入城見制府。制府難之。其年冬十二月，夷酋復以相商事件，請入制署。耆相乃遣廣州知府劉潯登夷舟，謂將曉諭軍民，訂期相見。粵人偵知之，遂於城廂內外徧張揭帖，約以夷人入城之日，閉城起事。適太守自夷船速賓歸，驅從前導，有擔油者攔坐，輿過，弗避也；隸觸而汙焉，又捽其髮，而當階笞之。市人譁而言曰：“官方清道以迎洋鬼，其以吾民爲魚肉也！”一時烏合之衆乘釁而起。太守回署，則堂皇嘯聚數千人，闖入宅門內，劫取太守衣笥，陳之堂下，破其鐍[9]，搜其朝珠公服而焚之。曰：“彼將事夷，不復爲大清官矣！”太守自後院毀垣出，奔告制撫。制撫懼激變，亟出示安撫之；軍民乃散。旋揭帖議搶劫城外十三洋行[10]；夷酋遂逸去。

維時廣州人益自得，遇夷人登岸，輒多方窘辱之。夷人不堪，反以爲大吏之發縱指示也，則數數貽書譙讓之。大府不能辯，而恒懼粵民之敗撫局，無計以消弭之。謀於粵中之紳士，則曰：“此衆怒，不可以說動也。”又曰：“吾鄉之民，能爲國家效勤力，不願從撫也。若制撫將軍一朝令於國中，示以能執干戈禦外侮者受上賞，某雖不武，前驅陪後，唯命之從。”大府卒無以難也。伊相在廣州以憂死。耆相旋密謀於首揆[11]，得旨內召。於是粵人乘間以翻撫事之局，夷人入城之議卒不果行。

二十六年，粵撫黃恩彤被劾，罷歸。時徐廣縉[12]起復入都，自藩司升授粵撫；葉名琛[13]亦以是年之冬授粵東藩司。踰年，耆相內召，授徐廣縉爲兩廣總督，葉名琛爲廣東巡撫。先是，英人堅執白門前約，數請入城。耆相以粵民爲詞，請徐圖之。及相國內召，夷人以其管轄五口，又原議撫事之大臣，固請定入城之約而後去。於是相國謾語英酋，期以二年之後，當踐前約。該酋復要以據情入告，許之。昔見咸豐七年香港新聞紙內稱：道光年間曾定有二年之後入城之約，初以爲相國佯許之詞。及見粵人所撰《廣州紀事》則云：“夷人要相國奏請，二年後入城。”又核之許祥光[14]所致夷書，則二十六、七年間，耆相將去粵東事也。自相國去後，英人自持其積午之狼亢[15]，見後至者以爲土室懦夫，易而侮之。又見昔年之預撫局者先後去粵，其所要求更有出於所議之外者，遂復以入城相商，照會制府。制府不答。粵之紳士乃乘間說曰：“番舟每歲一至，悉索敝賦[16]，公等能終事之乎？不能，則需者，事之賊也[17]。今吾粵之眈眈者皆在夷矣，若明公投袂一呼，則負杖入保者皆至，何求而不克！”

二十九年己酉,英舟至粵,復請入城與制府議事。制府辭之,即乘舟出虎門外,親詣夷舟。夷酋出其所求通商各款,並申二年入城之約。制府不答。回至會城,密與撫軍畫戰守策。時則南海、番禺各鄉團練之師,先後並至。紳士請師期。制府告曰:"夷人志在入城;不許,則必挾兵以要我。先守後戰,曲在彼矣。"越日,夷舟闖入省河,連檣相接,輪煙蔽天,制府復單舸前往,諭以衆怒不可犯。夷酋謀質制府舟中,以要入城之請。俄而省河兩岸義勇呼聲震天,夷酋大懼,乃以罷兵修好請。自此不言入城事。制府窺其妄念已息,復溫言撫之,遂開艙互市如初。

事畢,據情入告。成廟[18]方悟粵東民情之可用,而前此諸臣皆以交臂失之,覽奏欣慰。奉上諭:"夷務之興,將十年矣;沿海擾累,糜餉勞師。近年雖略臻靜謐,而馭之之法,剛柔不得其平,流弊以漸而出。朕深恐沿海居民有蹂躪之虞,故一切隱忍待之。蓋小屈必有大伸,理固然也。昨因英夷復申粵東入城之請,督臣徐廣縉等迭次奏報,辦理悉合機宜。本日又由驛馳奏,該處商民深明大義,捐貲禦侮,紳士實力匡勷,入城之議已寢;該夷照舊通商,中外綏靖。不折一兵,不發一矢,該督撫安民撫夷,處處皆抉摘根源,令該夷馴服,無絲毫勉強,可以歷久相安。朕嘉悅之忱,難以盡述;允宜懋賞,以獎殊勳:徐廣縉著加恩賞給子爵,准其世襲,並賞戴雙眼花翎[19];葉名琛著加恩賞給男爵,准其世襲,並賞戴花翎,以昭優眷。發去花翎二枝,著即分別祗領。穆特恩、烏蘭泰[20]等合力同心,各盡厥職,均著加恩,照軍功例,交部從優議敍。候補道許祥光、候補郎中伍崇曜[21],著加恩以道員儘先選用,並賞給三品頂戴。至我粵東百姓,素稱驍勇;乃近年深明大義,有勇知方,固由化導之神,亦其天性之厚;難得十萬之衆,利不奪而勢不移。朕念其翊戴之功,能無惻然有動於中者乎!著徐廣縉、葉名琛宣布朕言,俾家喻戶曉,益勵急公親上之心,共享樂業安居之福。其應如何獎勵,及給予匾額之處,著該督等第其勞勩[22],錫以光榮,毋稍屯膏[23],以慰朕意。餘均著照所議辦理。該部知道。欽此。"是役也,論者謂平西域張逆以後之曠典[24];而成廟謂前此諸臣主勦既失機宜,議和復無把握,特加二臣封爵以愧厲之。然實粵民團練之師,先人而奪之者也。

維時粵東有好事者,播散流言,將欲乘勝沮其通商之局。英之公使文翰[25]者,聞而懼焉,貽書制府,請重定粵東華夷通商之約。於是粵之紳士言於制府曰:"夷人覬覦入城,誤自白門之約未經顯揭耳。今必欲以粵東專約請者,須首嚴夷商入城之禁,載入約中,以杜其異日復萌之漸。"文見衆怒洶洶,不敢堅執,遂涖盟。粵人又要以出示曉諭夷商,恪遵新約;亦許之。制府據以奏聞,載入檔案。自是英夷在粵者稍稍斂戢,相與休息者數年。

咸豐六年,英夷以執舟子事起釁[26],謀入粵城面見制府訴其事。制府辭之。時葉名琛以大學士任兩廣總督,當道光戊申、己酉間,與英人重定粵東之約,相國預焉。至是,粵人執前約,及英人示諭洋商不准入城載入新聞紙者,上書爭之。新聞紙係西人自撰,粵人恐其日久背約,勒令載之新聞紙中,以爲他日左券[27]。英人在粵之領事巴夏里[28]者,以舟子事教唆水師提督西某及來粵之公使包某[29],欲藉以破入城之約。屢由公使致書相國,謂:"壬寅請款,凡領事官有相商事件,得於地方官衙署相見。自粵東禁止入城以來,傳言誤聽,壅閼不通,請仍循江寧舊約,以通中外之好。"不省。於是西水師興兵,攻沿河砲臺,遂窺省會。粵人請率團練義勇入保。相國諭曰:"夷人啓釁,志在進城;今藉端滋事,本部堂援前約反覆開導,彼終不聽;然本部堂必堅執前盟,不能曲從其請也。爾等勿復驚疑,宜一心堵守,同仇敵愾。"

是年九月,英夷攻城不克。十一月,又移攻近城砲臺。粵民守城,見夷勢猖獗,烏合之衆思泄其憤,藉以牽制英師,於是積薪灌油火烈具舉,毁英人在粵之洋行凡六。一時洋艘之至粵者,被義勇沿河截擊,或傷其船主,或擊其舟人,大府弗能禁也。方英行被火之後,有火輪船一,尾繫一划艇,載其灰燼之餘所拾珍玩重器,自省河駛至虎門。夜半,突有華艇百,蟻集於前,開砲轟擊。火輪船見勢急,斷划艇繩索而走,遂爲粵民所奪。英人不勝其憤,馳告本國主,請再遣公使入粵,並帶兵船與大府理論。

七年,英使額羅金[30]至粵,兩致書相國。不省。遂糾佛朗西、彌利堅[31]、俄羅斯三國之兵,合從攻粵。粵民以連年構釁端,大府出示禁止,以爲官之陽勸而陰撫也;又見英夷屢致書於大府,大府祕不宣示,疑其別有請託;於是紛紛解體,各謀自衛之計。是年十二月,英夷屢糾佛兵再攻粵城,克之。粵之北門外,有九十六鄉,即昔年創夷人於三元里者,聞粵省陷,銳意恢復,募勇團練,而佛山鎮之義師起。

八年春,粵紳大會南海、番禺之義民,設團練局於佛山鎮,主其事者侍郎羅惇衍[32]、翰林院編修龍元僖[33]、給事中蘇廷魁[34]也。英、佛據城,附郭之民多不附者;而北門外之九十六鄉,素與夷人爲仇,各謀保衛之計。首嚴清野,禁絕漢奸。又聲言夷人入其界者,登時格殺弗論。英、佛聞而憚之。正、二月間,侍郎等親赴各鄉團練,得數萬人。揚言戒期攻城。城中兇懼。是時將軍都統皆在城中,英人防其內應,悉收駐防兵械,脅旗民而降之。司道聞佛山起義,間行而逃;惟巡撫被夷兵防守,不得出。

初中西不睦,地方官出示,禁止華人受僱外洋,供其服役。迨省城陷後,英人逼令巡撫出示,諭以"中外講和,不日罷兵通商,爾等凡有在麥高、香港等處麥高與香港對洋,香港在珠江口之北,麥高在珠江口之南,其民多仰食於外洋者。爲英、法署中辦理文案及受僱服役人等法與佛同,西人月報皆作法。遵前示辭退者,仍速回原署,照舊辦理,毋得心懷疑慮觀望不前"等因。據西人月報係七年十二月,蓋即破城後事。佛山紳士聞之,謂中西之釁,實起自漢奸。向來違抗封艙之案[35],必先撤其沙文[36],使之供應窘絕。遂於三月間,由局中出示,令"粵中各府縣鄉村耆老首事通飭民間,男女有在香港、麥高等處爲外洋人教書、辦理文案及一切僱工服役人等,限一月內槩行辭退回家。有不遵者,收其家屬者,繫其親族"。於是漢奸兇懼,一月之內,告歸者二萬餘人。夷人身司炊爨,不堪其苦,以告領事巴某。巴言:"非破佛山之局,不能挽回。然水師提督當赴天津時,曾戒諭在粵兵丁,毋得與粵人挑戰。今日之事,非我所得專也。"無已,且以弛禁告。遂由巴領事出示曉喻華民,言:"現經公使水師提督在天津與大清議和好[37],不日即可通商,爾等仍各還原業。即地方官亦應仰體皇上之意,毋再阻撓,致激他釁"云云。遣火輪船一隻,前往新安張貼間,有鄉勇伏發,殺傷夷人數名;貼示者係新安地方之民,亦被殺。其麥高之示,交與駐麥高之夷官,轉達於香山大尹,聞新安事發亦中止。英、法之在省者聞其事,因起兵攻新安,陷焉。佛山之局,紳民同心,聲勢響應,惜不能成紀律之師,故築室多謀而攻城鮮效。繼此天津之役[38]、滬上之行[39],執政主和,疆臣觀望,紳民之掣肘愈甚,而克復無期矣。

是年六月,天津撫議成,上飭大學士桂良[40]、尚書花沙納[41]等至滬商定稅則事宜。八月,欽差到上海,英之公使額羅金後至,請罷撫議。緣是時英、佛在粵方攻陷新安,侍郎等請緩撤團練之師。而英人謂:"天津定和,早已知會入粵,何以紳士羅某等仍在粵中招勇,且徧張賞格,謂:'有能得巴領事之首者,賞銀三萬兩。'又復開砲傷斃我國兵丁,致有新安之役,請問是何意見?"等語。

蓋是時粵人見和議已成,該夷仍復佔居省會,軍民憤憤,因有偽造廷寄,謂:"英、法心懷叵測,上已密飭羅惇衍等相機攻勦。"額羅金到滬,方接駐粵夷人照會之文,咨送欽使查辦,必欲撤回黃總制及三紳士團練之兵,方肯定議。欽使據以奏聞。十二月二十七日奉上諭:"本日據桂良等呈奏英國咨文各件,內有偽造廷寄諭旨一道,據稱係英國人得自廣東者。披覽深爲詫異。中國自來撫馭各國,一秉大公,從無設計暗害之事。自葉名琛失事後,命黃宗漢[42]爲兩廣總督,接受欽差大臣關防,原以保守疆土。即侍郎羅惇衍等,激於義憤,團勇自衛,亦紳士應辦之事。迨桂良等在天津和議已成,黃宗漢專辦各地軍務,羅惇衍等亦遵旨專辦土匪,並無與英、佛二國交兵之舉。該國現雖尚未交還廣東省城,但能約束兵丁,不擾居民,自可相安無事。乃有偽造廷寄,令羅惇衍等與該二國爲難,以致英人疑慮。著黃宗漢嚴拏偽造之人,盡法懲辦。使各國皆知中國辦事,光明正大,一經定議,盡釋嫌疑;造言生事之人,無從煽惑。至上海現辦通商事宜,粵省相距較遠,著即授兩江總督何桂清[43]爲欽差大臣,辦理各國事務。所有欽差大臣關防,著黃宗漢派員齎交,何桂清祇領接辦。欽此。"是時桂相等力主和議,委曲調停,而該夷人肆其桀黠,必欲請旨查辦,以釋前疑。於是粵人銳意恢復之懷,一旦爲之奪氣矣!

——據同治十年(1871)雪中人重印本

【解題】

《中西紀事》,二十四卷,託名江上蹇叟,實清夏燮撰。本書用紀事本末體,記錄清末鴉片戰爭和第二次鴉片戰爭的史實。揭露英、法、美、俄等國侵略的罪行,清朝統治階級的腐朽,並表揚愛國反侵略的人民,是我國較早的近代史著作。

道光三十年(1850),燮憤鴉片戰爭的失敗,將道光二十年(1840,庚子)以來英人入寇始末,搜集邸鈔文報,旁及新聞報,編次成書。自説:"蒿目增傷,裂眦懷憤。"又説:"珍此享帚之藏,竊懷挾書之懼。"(見卷首原序)他外憤英帝國的侵略,内懼反動統治的文字獄,情感都非常强列。咸豐九年(1859),又續據十年來的見聞,合併前稿,分類紀述,定爲十六卷,自説:"中西争競之關鍵略具於此。"次年(1860,庚申),燮由江西縣官被調入曾國藩幕下,又將罷兵换約前後的奏咨稿案和軍機糧臺的來往函札編爲"庚申續記"。又次年(1861),燮回江西,親身參加長江設關、教士傳教等交涉,並親見續頒條約和暫定章程。同治四年(1865),再取"庚申"以後史實,增定舊稿,才成今本。計初稿到成書,先後達十五年左右。

本書初稿蓋受魏源《海國圖志》的影響。他説:"是編草創未就,得見同年魏默深中翰所撰《海國圖志》,愛其采摭之博。"(見卷首目録跋文)但本書體例不同於魏書,首"通番之始",次"猾夏之漸",三"互市檔案",四"漏卮本末",凡四卷,闡明鴉片戰争的原由。從卷五"英人窺邊請撫",到卷十四"大沽前後之役",凡十卷,記載鴉片戰争的經過,多據邸抄和奏咨各案,並參以西人比較可信的記録。從卷十五"庚申撫約之役",到卷二十一"江、楚黜教",凡七卷,續録"庚申"以後的條約章程頒行於各省而可考的。下附卷二十二"勘撫異同",卷二十三"管蠡一得",係作者綜合史實,自抒己見。最後卷二十四"海疆殉難",仿吴偉業《綏寇紀略補遺》的體例,依時間先後,記録各地殉難人士的姓名和事蹟;因資料較多,分爲上下兩子卷。

當時清政府雖已"摇摇欲墜",但記載中外交涉事實,揭露統治者的腐朽,仍容易招禍,所以夏氏不敢直署真名,而託名江上蹇叟。書初刊印,曾被清政府大吏禁毁。同治十年(1871),由雪中人(筆名)根據舊本重印,才漸流行。後來劉錦藻撰《清朝續文獻通考》,在"征榷攷"二録本書卷十七"長江設關","市糴攷"二録本書卷三"互市檔案",已都署夏燮真名。按夏氏未曾親歷外事,所知真實史料較少;但本書叙述史實,條理清楚,而且所據各書,今已多數散佚,所以仍有很大的參考價值。

本書版本,除同治各本外,光緒十年(1884)、光緒二十四年(1898)都有翻印本,還另有石印小字本等。

《粤民義師》,節選自《中西紀事》卷一三。兩次鴉片戰争時期,廣州都處於反侵略的前綫。因而廣東人民同外國侵略者的鬬争,充分顯示中國人民反對外來侵略和壓迫的大無畏精神。但在腐敗的封建統治下,自發的人民鬬争,最終不能取得勝利,而且還可能被封建統治者利用去作爲盲目排外的工具。本篇所記録的一系列事實,便是封建統治者對人民自發的反侵略鬬争既利用又破壞的例證。

夏燮(1800—1875),字季理,號謙甫,亦作嗛父。慕全祖望(謝山)的史學,別號謝山居士。筆名江上蹇叟。清安徽當塗人。父鑾,兄炘和煟,都有相當學問。燮,道光元年(1821)舉人,曾任安徽青陽、直隸(今河北)臨城訓導,轉江西永新、宜黃、永寧等縣知縣。咸豐十年(1860),調入兩江總督曾國藩幕下。時英、法聯軍進攻北京,劫掠圓明園,咸豐帝逃避避熱河,燮曾隨清軍北上。《北京條約》簽訂後,回任舊職,曾親預長江設關及西教士傳教等事。著作除《中西紀事》外,有《明通鑑》、《粵氛紀事》、《五服釋例》、《韻述》、《校漢書八表》及《金剛愨公(光筋)傳略》等;並編有明吳應箕《樓山堂遺書》。另撰《謝山堂文集》若干卷,未見刊印。燮一生精力在編寫《明通鑑》一書,他的好友平步青曾說他"覃精五十年,聚書千百種,貫串考訂,卓然成一家言"。又說他"事叢文贍,不愧史才;《考異》尤爲精博"(見平氏《樵隱昔寱》卷四《與夏嗛父書三》)。雖不免過譽,但也可見夏氏研究史學的專深。燮傳,《三十三種清代傳記綜合索引》及今人陳乃乾《清代碑傳文通檢》都沒有著録。

【注釋】

[1] 創夷人於蕭關三元里:已見本書《海國圖志·籌海篇一·議守上》注[11]。

[2] 白門撫事:指第一次鴉片戰爭清政府與英國在南京簽訂《南京條約》。白門,南京的別稱。撫事,意謂安撫英軍,諱言投降求和。

[3] 耆英:(1790—1858)清宗室。字介春。隸正藍旗。歷任工部、户部尚書,盛京將軍等。鴉片戰爭起,繼琦善任廣州將軍,授欽差大臣,督辦浙江洋務。與大學士穆彰阿力主和議。1844年,調兩廣總督兼辦通商事宜。因粵民義憤,知不易爲,請留京供職。同治帝即位,降爲部屬。第二次鴉片戰爭期間,上書自請效力,英人拒不見。尋因欺謾罪命自殺。傳見《清史稿》列傳卷一五七。

[4] 伊里布:(1772—1843)字莘農。隸鑲黃旗。歷任陝西巡撫、雲貴總督、兩江總督等。鴉片戰爭起,以遣家丁赴敵船,被解職。旋隨耆英主持南京議和事,又授廣州將軍、欽差大臣,辦理善後事宜。1843年抵廣東,因民心憤激,憂死。傳見《清史稿》列傳卷一五七。

[5] 黃恩彤:(1801—1883)字石琴。清山東寧陽人。1840年署江寧布政使,

參與江寧和議。隨伊里布赴粵，升廣東布政使。1845 年署巡撫。主張內抑民變，是投降派主要人物。次年，被劾革職。太平天國革命爆發，在籍辦團練。同治初，以鎮壓捻軍功，給三品銜。撰有《撫遠紀略》、《知止堂全集》，另北京圖書館藏有《黃恩彤五種》。傳附見《清史稿》列傳卷一五八《祁墳傳》。

[6] 方挾之以爲質：1842 年簽訂的《南京條約》規定開放廣州、福州、廈門、寧波、上海爲商埠，英國侵略者挾持這條件，要強進廣州城。

[7] 濮鼎查：(Henry Pottinger, 1789—1856) 或譯璞鼎查。1841 年四月，繼查理·義律 (Charles Elliot) 任對華交涉的全權代表，率艦隊攻陷廈門、定海、寧波和乍浦；次年又指揮英軍侵入長江，攻陷吳淞和鎮江，強迫清政府締結《南京條約》。1843 年兼任香港第一任總督。

[8] 制府：清代知府的尊稱。明武宗自稱“總督軍務”，臣下避諱，改稱總督爲總制，後又有制台、制軍等稱。清代沿襲不改，因有制府、制撫（巡撫）等稱號。

[9] 鐍(jué)：這裏作“鎖鑰”解。

[10] 十三洋行：清初實行閉關政策，外商用“朝貢”名義進行貿易，僅限廣州一口，並規定種種禁例，加以限制。廣州城外設置洋行，充當清政府同外商一切交涉的中間人。鴉片戰爭後，洋行在清政府的支持下，勾結外商，私販貨物，包運鴉片，作爲合法專業。這種洋行通稱爲“十三行”，但並非固定的十三家。

[11] 首揆：猶言首相，語源《尚書·舜典》：“納於百揆。”揆訓爲度，度百事，總百官，言總持國政。

[12] 徐廣縉：(1797—1870) 字仲升，清河南鹿邑人。1848 年，任兩廣總督，兼通商大臣。以接受民意，拒絕英人進城，被道光帝所贊許。太平軍起，調署湖廣總督，以延誤軍機，論死罪。1853 年，太平軍入河南，被清廷責帶罪自效。後又曾鎮壓捻軍。傳見《清史稿》列傳卷一八一。

[13] 葉名琛：(1807—1859) 字崑臣，清湖北漢陽人。任廣東巡撫時，以助總督徐廣縉拒英人進城，於 1852 年升兩廣總督。咸豐初，受英、法等軍火接濟，殘暴鎮壓廣東天地會起義。1857 年，英軍借口亞羅號走私船事，攻陷

廣州,名琛被俘,囚於印度孟加拉,猶自署爲"海上蘇武"。時人譏他"不戰不和不守,不死不降不走。相臣度量,疆臣抱負。古之所無,今之罕見"。傳見《清史稿》列傳卷一八一。

[14] 許祥光:字賓衢,號冰渠。清廣東番禺人。以候補道助徐廣縉同英人談判通商入城事。《三十三種清代傳記綜合引得》未著録。

[15] 狼沆:沆也作抗,作伉,疊韻聯綿詞,乖戾、桀傲貌。

[16] 悉索敝賦:成語,見《左傳》襄公八年及三十一年傳。原意謂盡取敝國的財賦兵力,這裏引申作盡量搜刮解。

[17] 需者,事之賊也:成語,見《左傳》哀公十四年傳。原文無者字,謂需疑則害事。

[18] 成廟:指清道光帝旻寧。道光三十年(1850)帝死,尊謚爲"成皇帝",廟號"宣宗"。作者追述前事,故用謚廟號。

[19] 雙眼花翎:花翎是清代褒賞有功大臣的冠飾,形如羽箭。好的花翎上有眼狀的花紋。大臣以得有雙眼花翎爲榮。

[20] 穆特恩、烏蘭泰:穆特恩,《三十三種清代傳記綜合引得》未著録。烏蘭泰字遠芳,滿洲正紅旗人。曾任廣東副都統。太平軍起,於1852年在桂林受傷死。傳見《清史稿》列傳卷一八九。

[21] 伍崇曜:字良輔,號紫垣。清廣東南海人。父秉鑑,以辦"十三洋行"致富。崇曜繼父業爲買辦,在兩次鴉片戰爭中均充當清朝投降派與英國侵略者間的引綫人物。刻有《粵雅堂叢書》、《嶺南遺書》、《廣東十三家集》等。《清史稿》無傳。

[22] 勩(yì):義同勞。

[23] 屯膏:作留難、吝嗇解。膏指膏澤,屯謂屯難,語源《易·屯卦》。

[24] 平西域張逆以後之曠典:西域張逆指張格爾(?—1828),新疆南部葉爾羌、喀什噶爾地區封建主大和卓木波羅泥都(乾隆中叛清被殺)之孫,伊斯蘭教白山派的和卓(意謂穆罕默德的後代),英殖民主義者入侵新疆的代理人。清嘉慶二十五年(1820),他利用南疆維吾爾族人民對清統治者和本民族封建主的不滿,率兵數百侵入喀什噶爾境内,爲清軍擊敗。道光六年(1826),再次煽動南疆西四城(喀什噶爾、英吉沙爾、葉爾羌、和

闖)叛亂。英國派特務給以種種援助。同年,清軍出師討伐。次年,亂平。張格爾旋被處死。曠典,久未舉行的典禮。按此謂:從張格爾平定以來,久未舉行賞賜大臣的典禮。

[25] 英之公使文翰:(Samuel George Bonham,1803—1863)英國外交官。1848 年,任香港總督兼駐華公使,任職期間向廣州、上海擴大侵略活動。1853 年,太平軍攻佔南京,他到天京偵察,向英政府提出"中立"並相機干涉計劃。

[26] 咸豐六年,英夷以執舟子事起釁:指咸豐六年(1856)"亞羅號事件"。這年十月廣東水師搜查走私船隻,在中國船亞羅(Arrow)號上逮捕水手十二人。英人借端挑釁,宣稱違法捕人,侮辱大英國旗,想借此強入廣州城。

[27] 左券:券,契約,分為左右,雙方各執其一,以作憑證;後"左券"引申為"憑證"的代詞。

[28] 巴夏里:(Harry Smith Parkes,1828—1885)或譯巴夏禮。英國外交官。1856 年,任英國駐廣州代理領事,捏造"亞羅號"事件,參與挑起第二次鴉片戰爭。後晉封爵士,任駐上海領事,勾結清政府鎮壓太平軍,未幾陞任駐日公使。1883 至 1885 年,任駐華公使。

[29] 水師提督西某及來粵之公使包某:西某按即西馬·廖各里(Michael Seymour,1802—1887)。第二次鴉片戰爭時期,任英國侵略軍艦隊司令,幫同額爾金佔領廣州、天津等地,脅迫清政府締結《天津條約》。包某按即包令(John Bowring,1792—1872)。英國外交官。1849 年任英國駐廣州領事。1854 年繼文翰任香港總督兼駐華公使。1856 年藉口"亞羅號"事件,挑動第二次鴉片戰爭。

[30] 額羅金:(James Bruce, Earl of Elgin and Kinoardine,1811—1863)或譯額爾金。英國外交官。曾任加拿大和印度總督。第二次鴉片戰爭期間,任英國侵略軍全權代表,同法國侵略軍全權代表葛羅(Jean Baptiste Louis Gros),率領英、法聯軍侵略中國,脅迫清政府簽訂《天津條約》和《北京條約》,并指揮英軍刼掠焚燬圓明園。

[31] 佛朗西、彌利堅:法蘭西、美利堅的舊譯。

[32] 羅惇衍：(1814—1874)字兆蕃，號椒生。清廣東順德人。道光十五年
(1835)進士。曾任左副都御史、刑部侍郎。佛山團練局成立，即以在籍
侍郎身份控制領導權。太平軍起，屢次向清廷抗論時事，彈劾疆吏。同
治初升户部尚書。平生宗宋學，善書法，著有《庸言》、《孔子集語》等書。
傳見《清史稿》列傳卷二〇八。

[33] 龍元僖：清廣東人。曾官翰林院編修、太常寺少卿。咸豐八年(1858)，與
羅惇衍、蘇廷魁辦佛山團練局。《三十三種清代傳記綜合引得》未著録。

[34] 蘇廷魁：字賡堂。清廣東高要人。曾任御史、河南布政使、東河總督等
職。鴉片戰爭起，上疏請修虎門砲臺及諸要隘。太平軍起，清臣或議借
外兵，力爭始罷。第二次鴉片戰爭期間，與羅惇衍等倡設團防。光緒四
年(1878)死。傳見《清史稿》列傳卷一六五。

[35] 封艙之案：指道光十九年(1839)三月林則徐的禁煙運動。當時外商拒絕
繳煙，湖廣總督林則徐下令封艙，停止貿易，派兵圍守洋館，斷絕蜑船往
來，迫使洋人呈繳鴉片。

[36] 撤其沙文：沙文，英語 servant 的音譯，即僕人、催工。指撤回受僱在洋
館中服役的中國籍僕人。

[37] 在天津與大清議和好：清咸豐八年(1858)，英、法聯軍北上，襲擊天津大
沽炮臺，攻迫天津。清政府震驚，派大學士桂良、吏部尚書花沙納爲欽差
大臣，出面議和，訂立《天津條約》，允許洋人赴内地游歷傳教，增開牛莊、
登州、臺灣、潮州、瓊州五口通商。

[38] 天津之役：指英、法聯軍偷襲天津大沽炮臺事。

[39] 滬上之行：《天津條約》簽訂後，英、法聯軍退兵南下，清政府派桂良、花沙
納會同兩江總督何桂清到上海同英、法聯軍談判通商税則問題，簽訂《中
英、中法通商章程善後條約》十款，規定進出口貨物值百抽五，並聘英人
幫辦税務等款。

[40] 桂良：(1785—1862)字燕山，瓜爾佳氏，隸正紅旗。以貲入仕，曾任雲貴、
直隸總督。第二次鴉片戰爭時，任東閣大學士，與吏部尚書花沙納主持
和議，晉文華殿大學士，授内大臣。1860 年英法聯軍再佔天津，他又被派
議和，未達成協議。侵略者遂進而攻陷北京。傳見《清史稿》列傳卷一

七五。

[41] 花沙納：(1806—1859)字毓仲,烏米氏,蒙古正黃旗人。曾署理藩院尚書、工部尚書。咸豐八年(1858)任吏部尚書,隨桂良同英、法簽訂《天津條約》。後赴上海會同何桂清簽訂中英、中法、中美通商章程。傳見《清史列傳》卷四一。

[42] 黃宗漢：(? —1864)字壽臣,清福建晉江人。曾任浙江巡撫,太平軍起,爲清廷辦理海運,被咸豐帝所賞識,升任四川總督。第二次鴉片戰爭起,調兩廣總督兼五口通商大臣。在廣州內懼民憤,外畏強敵,軟弱無所措施。慈禧太后發動政變後,被劾爲肅順同黨,革職。傳見《清史稿》列傳卷一八一。

[43] 何桂清：(1816—1862)字叢山,號根雲。清雲南昆明人。曾任浙江巡撫、兩江總督等職。太平軍起,初爲清廷調度兵餉,1858年隨桂良與英、法、美改訂稅則及通商章程。1860年太平軍攻破江南大營,他棄職逃離常州,被曾國藩疏劾,處死。傳見《清史稿》列傳卷一八四。

敍〔孔子改制考〕

孔子卒後二千三百七十六年[1]，康有爲讀其遺言，淵淵然[2]思，淒淒然悲，曰：嗟夫！使我不得見太平之治[3]，被大同[4]之樂者，何哉？使我中國二千年，方萬里之地，四萬萬神明之裔，不得見太平之治，被大同之樂者，何哉？使大地不早見太平之治，逢大同之樂者，何哉？

天既哀大地生人之多艱，黑帝乃降精而救民患[5]，爲神明，爲聖王，爲萬世作師，爲萬民作保，爲大地教主。生於亂世，乃據亂世而立三世之法[6]，而垂精太平[7]。乃因其所生之國而立三世之義[8]，而注意於大地遠近大小若一之大一統[9]。乃立元以統天[10]，以天爲仁，以神氣流形而教庶物[11]，以不忍心而爲仁政[12]。合鬼神山川，公侯庶人，昆蟲草木，一統于其教，而先愛其圓顱方趾之同類[13]，改除亂世勇亂戰爭角力之法，而立《春秋》新王行仁之制[14]。其道本神明，配天地，育萬物，澤萬世，明本數，繫末度，小大精粗，六通四辟，無乎不在[15]。此制乎，不過於元中立諸天[16]；於一天中立地[17]，於一地中立世[18]，於一世中隨時立法[19]，務在行仁，憂民憂[20]，以除民患而已。《易》之言曰："書不盡言，言不盡意。"[21]《詩》、《書》、《禮》、《樂》、《易》、《春秋》爲其書，口傳七十子後學爲其言。此制乎，不過其夏葛冬裘，隨時救民之言而已。

若大聖人之意，窈矣，深矣，博矣，大矣。世運既變，治道斯移，則始於粗糲[22]，終於精微[23]。教化大行，家給人足[24]。無怨望忿怒之患，强弱之難。無殘賊妒疾之人。民修德而美好，被髮銜哺而游，毒蛇不螫，猛獸不搏，抵蟲[25]不觸。朱草[26]生，醴泉[27]出，鳳凰麒麟遊於郊棷[28]。囹圄空虛，畫衣裳而民不犯[29]。則斯制也，利用發蒙[30]；聲色之以化民，末也[31]。

夫兩漢君臣、儒生，尊從《春秋》撥亂之制[32]而雜以霸術[33]，猶未盡行也。聖制萌芽，新歆[34]遽出，僞《左》[35]盛行，古文篡亂[36]。於是削移孔子之經而爲周公[37]，降孔子之聖王而爲先師[38]；《公羊》之學廢[39]，改制之義湮，三世之説微；太平之治，大同之樂，闇而不明，鬱而不發。我華我夏，雜以魏、晉、隋、唐佛老詞章之學[40]，亂以氐、羌、突厥、契丹、蒙古之風，非惟不識太平，並求漢人撥亂之義亦乖刺而不可得。而中國之民，遂二千年被暴主、夷狄之酷政，耗[41]矣。哀哉！

朱子生於大統絕學之後，揭鼓揚旗而發明之[42]。多言義而寡言仁，知省身救過[43]而少救民患，蔽於據亂之説而不知太平大同之義，雜以佛老[44]，其道縠苦[45]。所以爲治教者，亦僅如東周、劉蜀、蕭詧[46]之偏安而已。

大昏也，博夜[47]也，冥冥汶汶[48]，霠霧雰雰[49]，重重鋼昏，皎日墜淵[50]。萬百億千縫掖俊民[51]，跂跂脈脈[52]而望，篝燈[53]而求明，囊螢而自珍[54]，然卒不聞孔子天地之全[55]，太平之治，大同之樂。悲夫！

天哀生民，默牖其明[56]，白日流光，焕炳瑩晶[57]。予小子夢執禮器而西行[58]，乃覩此廣樂鈞天[59]，復見宗廟百官之美富[60]。門户既得，乃掃荊榛而開塗徑，撥雲霧而覽日月，非復人間世矣。不敢隱匿大道，乃與門人數輩朝夕鈎撢[61]，八年於兹。删除繁蕪，就成簡要，爲《改制考》三十卷[62]。同邑陳千秋禮吉[63]，曹泰箸偉[64]，雅才好博[65]，好學深思，編檢尤勞，墓草已宿[66]。然使大地大同太平之治可見，其亦不負二三子鉛槧之勞[67]也夫！

嗟夫！見大同太平之治也，猶孔子之生也。《孔子改制考》成書，去孔子之生二千四百四十九年也。光緒二十四年正月元日[68]，南海康有爲廣夏記。

——據 1913 年出版《不忍雜誌》第一册，參考中華書局 1958 年版《孔子改制考》

【解題】

《孔子改制考》二十一卷，近人康有爲撰。主要闡發資産階級改良主義的政治思想和歷史觀念。

康有爲在 1891 年發表的《新學僞經考》，宣稱清朝尊信的儒家經籍，大部分不是孔子的本經，而是劉歆爲幫助王莽篡漢編造的"僞經"；清儒服膺的漢學，也根本不是孔子的真傳，而是劉歆替新莽統治尋找合法根據，變亂孔子之道的"新學"。這種懷疑，雖然從劉逢禄、龔自珍、魏源到廖平,都已在復活西漢公羊學的旗號下提出過,却都没有像他説得那麽徹底、大膽。當時正值中法戰爭以後,民族危機加深,有識之士對於清朝能否照老樣子繼續統治下去發生了懷疑,因而《新學僞經考》一出版,立即在思想界引起了轟動;康有爲也因此而知名於世。

《孔子改制考》,就是繼《新學僞經考》而作。如書名所顯示的,康有爲認爲要尊奉孔子的"大道",就必須改革不合理的社會政治制度,使中國由亂世逐漸進入治世,由封建主義的"小康"社會逐漸進入資本主義的"大同"世界。當時,由於中國在甲午戰爭中的慘敗,一種更深刻的民族危機感刺激着人們,要求變法維新,救亡圖存的呼聲日益强烈。康有爲通過發動"公車上書"等實際活動,進一步明確了他學習西方以改革舊制度的主張。他還熱心尋求西方資産階級的各種社會政治學説。1896 年,他閲讀嚴復譯述的《天演論》,深爲其中的新道理所傾倒,很快將它吸收來構造"改制"的理論體系。這就是《孔子改制考》的由來。

《孔子改制考》也打着申張孔子教義的旗號。但據康有爲自稱,《僞經考》意在"別其真贋",《改制考》則專門"發明聖作"(《春秋筆削微言大義考·自序》)。就内容來看,《僞經考》的確還散發着經今文學的濃烈氣味;《改制考》宣傳的則是資産階級的變法理論。

全書從上古歷史茫昧無稽説起,繼論頌古非今是人之常情;人們往往迷信古人而不知古代歷史真相,所以先秦諸子各自創立教義,宣傳改制,紛紛把自己的理想社會制度説成古已有之,假冒先王的牌號,以贏得人們信仰,如老子託黄帝,墨子託大禹,許行託神農,都是例子。接着又説,孔子也是託古改制的一個人,"六經中之堯舜文王,皆孔子民主君主之所寄託。所謂盡君道,盡臣道,事君治民,止孝止慈,以爲軌則,不必其爲堯舜文王之事實也"(卷十二《孔子改制法堯舜文王考》)。康有爲認爲,由於孔子創立的儒教,教義比較完善,所以在儒、墨、道三教劇烈争奪中佔了優勢,終於定於一尊,而孔子也從此成爲神明聖王。

全書的寫法,與《新學僞經考》相同,也採用考證歷史的形式,廣引古書,分類編次,再加按語説明每卷"總義"、分節"大義",對重要引語進行解釋。全書綱目完備,思路清楚,引文很少删節並注明出處,給人以"言必有據"的印象。

康有爲寫作神化孔子的《改制考》,本意在於借用原始"聖經"的權威來打擊經院哲學的權威。因爲據康有爲説,孔子"祖述堯舜,憲章文武",衹是爲了寄託對未來"太平世"的理想,所以編造歷史作爲未來的倒影。但結果却出乎意料。既然孔子以前的古聖先王實無其人,兩千年來家喻户曉的上古史無非是孔子爲救世改制而有意編造出來的宣傳,這就把漢唐以來士大夫們深信不疑的"道統",所謂堯、舜、禹、湯、文、武、周公、孔子之道"一以貫之"的觀念打破了；而孔子不過同先秦諸子一樣，是個託古改制的專家，原不必把他說的歷史當真。這一來，那種以爲今不如古，漢唐不如三代，三代不如五帝的歷史退化論，便統統站不住脚。既然孔子頌古意在改制，那麼對所謂合乎道統的祖宗成法，假如堅持不變，無疑將使中國亂世永存，太平無望，從而大悖孔教的真諦。

不消説，這是向現存的統治秩序的挑戰。所以，《孔子改制考》一問世，反對變法的王先謙、葉德輝等，痛詆康有爲"無父無君"，要求清廷處死他。主張"中體西用"的張之洞，專門寫了《勸學篇》，從理論上進行反攻。連對維新派表示好感的孫家鼐、陳寶箴等，也畏禍而呈請皇帝下詔禁燬康有爲的著作。可見它在戊戌維新時期，的確起了衝擊正統思想的作用。本書中所提出的"託古改制"歷史觀，對"五四"以後的中國史學界一度盛行的"疑古"思潮，也有着直接影響。

但康有爲把專制思想統治的起點，算在兩漢之際，指劉歆爲變亂孔子之道的罪魁，這已經不合事實。而他在《孔子改制考》中，還把作爲最大偶像的孔子，説成受命於天、爲萬世制法的中國耶穌，則更加違反歷史。爲了同頑固派爭奪孔子這具偶像，他因襲陸王心學"六經皆我注脚"的手法，先立論，後求證，從字裏行間穿鑿出原書所無的意思。這祇能表明，他抨擊劉歆，實際自己在模倣劉歆；他宣傳孔子託古改制，正是自己要託古改制。它反映了康有爲的政治思想中，包含濃厚的正統主義色彩。同時，康有爲在《孔子改制託古考》中説："布衣改制，事大駭人。故不如與之先王，既不驚人，自可避禍。"也反映出資産階級改良派政治上的軟弱性。

本書於 1897 年寫成，在上海刊行，即遭清政府燬板。1900 年再度被清政府查禁。1920 年以萬木草堂名義在北京重刻，1922 年印行。1958 年，中華書局據萬木草堂重刊本，加標點重排印行，並由《不忍雜誌》輯出序文列於卷首，可供參考。

《孔子改制考敍》，作者自述寫於戊戌變法那一年初，但到 1913 年才正式發表。本文概述了《改制考》一書的主要論旨，用進化論附會《公羊》三世説，對正統觀念進行抨擊。但作者把自己説成是接受天啓而重建孔教的當代救世主，打着敵人的旗幟來向敵人進攻，恰好説明資産階級改良派自覺缺乏實現歷史性變革的力量。

康有爲(1858—1927)，曾用名祖詒，字廣厦，號長素，廣東南海人。祖、父都做過清朝官員。少年時受程朱理學教育，十九歲從著名學者朱次琦受"經世致用"學問的教育，後自修歷史和佛學，尤潛心於陸王心學。同時，他又接觸一些西方著作，並相繼在香港、上海目睹資本主義式的社會秩序，因而萌生向西方學習以改革政治的思想。1888 年，首次向光緒皇帝上書,建議變法。次年在粤晤晚清經今文學者廖平後,放棄自己過去採用的《周禮》舊説,轉而採用《公羊》三世説,爲變法維新張目,並開始從事改良主義宣傳。1893年中舉人。1895年他上京會試,正值"馬關條約"簽訂。他聯合各省舉人,發動著名的"公車上書",要求清政府"拒和"、"遷都"、"變法"。這年中進士,授工部主事;發起强學會,編印《中外紀聞》、《上海强學報》。1897年,他又上書請求變法,得到光緒皇帝支持。1898年他在京組織保國會,被光緒皇帝任命在總理衙門章京上行走,領導"百日維新"。同年九月,慈禧太后發動政變,廢除新政。他被迫逃亡海外,組織保皇會,同資産階級革命派對立,轉爲反對在中國實行民主革命。辛亥革命以後,他繼續著書立説,並於1913年創辦《不忍雜誌》,發表反對共和、建立孔教的言論。1917年參與張勳復辟,失敗後仍然堅持反民主的立場。1927年病死於青島。康有爲著作極多,除《新學僞經考》、《孔子改制考》、《大同書》外,主要的還有《禮運注》、《春秋微言大義考》、《春秋董氏學》、《共和平議》、《諸天講》、《戊戌奏稿》等。他的生平,可參看《康南海自編年譜》(收入中國史學會編《戊戌變法》第四册),梁啓超《康南海傳》(《清議報全編》卷八),張伯楨《南海康先生傳》(收入《滄海叢書》第二輯),趙豐田《康長素先生年譜稿》(《史學年報》二卷一期,1934年9月出版)等。近人也有不少專論可供參考。

【注釋】

[1] 孔子卒後二千三百七十六年:即公元1898年。康有爲反對用君主年號紀年,主張採用孔子的生年或卒年爲中國歷史統一紀年的開始。本文蓋用《史記·孔子世家》説,以孔子卒於公元前479年(魯哀公十六年)。

[2] 淵淵然:沉思貌。

[3] 太平之治:康有爲理想社會的最高階段,詳後注。

[4] 大同:康有爲設計太平世的社會圖景,説那時人人講公道,人人都平等,一切貴賤、貧富、種族、男女的差别全部消滅。這個概念原出《禮記·禮運》。康有爲依據西方的進化論和天賦人權説,對它加以附會闡發,先後著有《禮運注》、《人類公理》,並擴充修訂爲《大同書》,以寄託自己的烏托邦社會主義的理想。

[5] 黑帝乃降精而救民患:黑帝,古代陰陽五行學説所謂主宰北方的天帝,代表水德,尚黑。漢高祖劉邦曾自居爲黑帝之後,因而漢朝的儒生附會陰

陽五行説來神化孔子，謂孔子乃其母感黑帝而生，所以稱爲"玄聖"（《春秋緯演孔圖》）。詳見本書卷八《孔子爲制法之王考》。

[6] 乃據亂世而立三世之法：漢朝的公羊學派解釋《春秋》，説孔子通過它來透露三種社會形態更迭的消息。《公羊傳》隱公元年："所見異辭，所聞異辭，所傳聞異辭。"何休《解詁》："於所傳聞之世，乃起治於衰亂之中；於所聞之世，見治升平；至所見之世，著治太平。"康有爲據此附會進化論，以爲社會進化總是分成三個階段，即亂世、升平世、太平世，叫做三世；孔子生當亂世，於是制定了撥亂反正，經升平世循序漸進到太平世的種種辦法。參見康有爲《禮運注敍》。

[7] 垂精太平：全神貫注於未來的太平世。

[8] 因其所生之國而立三世之義：所生之國，指春秋時的魯國。公羊學派説孔子作《春秋》的原則是"以《春秋》當新王，上黜杞，下新周，而故宋"（《公羊傳》宣公十六年何休解詁），即所謂"據魯，親周，故殷"，經今文學者謂之公羊三世説的涵義。

[9] 大一統：《公羊傳》隱公元年："何言乎王正月？大一統也。"統，始；本意是推重新王政教之始，但以後多釋爲疆域統一。

[10] 立元以統天：元，《春秋》以新君即位第一年稱"元年"。董仲舒《春秋繁露》以爲，元意爲始、原，"唯聖人能屬萬物於一，而繫之元也"，所以《春秋》變"一"爲"元"，表明王道"隨天地終始"的意思（《重政》）。此蓋用董説，謂《春秋》包羅宇宙間的一切道理。

[11] 以神氣流形而教庶物：這是用何休《公羊解詁》説。何休以爲，元即氣，是造成天地的本始，《春秋》變一爲元，"明王者當繼天奉元，養成萬物"（隱公元年解詁）。

[12] 以不忍心而爲仁政：不忍心，康有爲對"博愛"概念的提法，以爲它相當於孔子所説的"仁"，是世界一切宗教的共同出發點，因而也應該成爲政治理想的歸宿，"人人有不忍人之心，則救國救天下也，欲已而不能自已"（梁啓超《康南海傳》第七章）。

[13] 合鬼神山川……而先愛其圓顱方趾之同類：前四語出自何休對《春秋》大一統的解釋，見《公羊解詁》隱公元年。圓顱方趾，指人類，趾即足。這是

說,孔子從博愛出發,旨在使宇宙間的一切都得到平等的恩賜,首先要爲人類社會除暴亂而存仁愛。

[14] 立《春秋》新王行仁之制:董仲舒在《春秋繁露》中認爲:孔子的《春秋》是爲繼周之餘緒而作,爲受命改制的新王立法(《楚莊王》、《三代改制質文》)。康有爲承其說。詳見本書卷八《孔子爲改制之王考》、卷十二《孔子改制法堯舜文王考》。

[15] 其道本神明……無乎不在:引自《莊子·天下》,字句有改動。神明,指神妙的天理。本數,指仁義。末度,指名法。小大精粗,謂小至萬物,大至陰陽,精如神智,粗如形像,都包括在道內。六通,即天地六合之間到處通行。辟,通闢,開拓。四辟,四時順暢。《天下》篇的本意是贊頌《詩》、《書》、《禮》、《樂》包括了宇宙間的根本法則,康有爲移用來神化孔子。

[16] 諸天:康有爲用佛教的三十三天說,附會康德—拉普拉斯的星雲說,以爲上帝創造的統一宇宙,是由層級結構的"天"所組成;已知最大的爲霞雲天,即星系,而天外必還有天,可推至無量數,總稱諸天。他早年在這方面的見解,部分保存於他死後出版的《諸天講》中。但這裏說諸天爲孔子於元中所立,顯係牽强附會。

[17] 於一天中立地:即在星系這個"天"中創造了地球。

[18] 立世:指在地球上創造人類社會。

[19] 於一世中隨時立法:康有爲因孔子"道難躐等"說,設想了兩種社會改良方案,以備不同世道採擇:一爲"小康"之法,專供據亂世者應用,以改良專制政體;一爲"大同"之道,專供據太平世者應用,以由立憲政體進入人類大同。這就叫隨時立法。

[20] 憂民憂:與民同憂。語出《孟子·梁惠王下》:"憂民之憂者,民亦憂其憂。"

[21] 書不盡言,言不盡意:見《周易·繫辭上》。

[22] 粗觕:指"小康"之道。

[23] 精微:指"大同"之道。

[24] 家給人足:由此語以下至"畫衣裳而民不犯",節引自《春秋繁露·王道》。

[25] 抵蟲:《春秋繁露》凌曙注謂"抵"字誤,當依清武英殿聚珍本作鷙。鷙蟲,

猛禽悍獸的泛稱。

[26] 朱草：一種赤草，究爲何種植物，説法不同。《春秋繁露》凌曙注引《三禮義宗》，謂可染絳爲服，以別尊卑，但須王者施德，才會應德而生。

[27] 醴泉：甘美的泉水。古人以爲甘泉出是王者施德的徵兆。

[28] 鳳凰麒麟遊於郊棷：棷(sǒu)，澤。陸德明《經典釋文》謂字本或作藪。語見《禮記·禮運》，謂王者至仁，則鳳凰麒麟都在境内出現。

[29] 畫衣裳而民不犯：相傳堯、舜時刑法只作象徵，對待犯法之民，應服上刑的命穿雜以異色的赭衣，服中刑的命穿雜屨，服下刑的“墨幪”即不許冠飾，“以居州里，而民恥之”。見《尚書大傳·甫刑》。

[30] 利用發蒙：謂孔子制法，重在以仁義之道啓發蒙昧。

[31] 聲色之以化民，末也：語出《禮記·中庸》，原文“之”下有“於”字。意爲理想的政治，統治者“篤恭而天下平”，用疾言厲色來訓化小民，祇是無可奈何的下策。

[32] 《春秋》撥亂之制：指漢朝統治者引用《公羊傳》、《穀梁傳》所説的《春秋》大義，例如“大居正”、“大一統”、“立子以貴不以長，立嫡以長不以賢，母以子貴，子以母貴”、“大夫無遂事”之類，作爲立法施政的理論依據。

[33] 雜以霸術：漢宣帝曾訓斥太子(漢元帝)説：“漢家自有制度，本以霸王道雜之，奈何純任德教、用周政乎！”(《漢書·元帝紀》)康有爲以爲這是漢朝雖然獨尊儒術，實則連“小康”之道也沒完全遵行的表現。

[34] 新歆：指劉歆。劉歆(？—23)，字子駿，西漢經古文學的開創者。曾因爭取立《左傳》、《毛詩》、《逸禮》、《古文尚書》於學官，同今文經學博士激烈辯論。後幫助王莽建立新朝，被封爲國師。傳見《漢書》卷六三。康有爲欲利用《公羊》三世説作爲變法的依據，力攻劉歆，作《新學僞經考》，説古文經傳都是劉歆爲助王莽篡漢而假借孔子名義造作的“僞經”，因而古文經學祇配稱作“亂聖制”的“新學”，即新莽之學。

[35] 僞《左》：《左》，指《左傳》。康有爲發揮清朝自劉逢禄到廖平的説法，否認《左傳》是傳《春秋》的著作，而斥之爲劉歆割裂《國語》所造的僞書。

[36] 古文篡亂：古文即古文經傳。秦始皇焚書，典籍散佚。漢初儒生傳授孔學，都憑記憶口授，而用當時通行的隸書記録流傳，稱爲今文經；漢武帝

時,陸續發現了用籀文寫成的《尚書》、《逸禮》等,西漢末劉向、劉歆父子在校定宮廷藏書時又發現了古文《左傳》等,均稱爲"古文經"。兩者的篇目、字句和内容都有很多不同。今文經傳都立於學官,古文經傳被排斥不得立博士,兩派經學家展開了激烈鬥爭。康有爲沿用了經今文學者對古文經傳的貶詞。

[37] 削移孔子之經而爲周公:經古文學派尊奉周公,以爲周公是儒家學説的開創者,孔子"述而不作",是古代歷史文化的保存者。經今文學派認爲這是借周公壓孔子的"非聖"謬論。

[38] 降孔子之聖王而爲先師:本書卷十《六經皆孔子改制所作考》:"漢以來皆祀孔子爲先聖也,唐貞觀乃以周公爲先聖,而黜孔子爲先師。孔子以聖被黜,可謂極背謬矣。"

[39] 《公羊》之學廢:三國以後,《左傳》大行,《公羊傳》日衰,東晉後便不得立於學官,唐、宋以後幾被廢棄,到清中葉才復興。

[40] 佛老詞章之學:指玄學、佛學以及魏晉至隋唐間頗受統治者重視的詩賦文章。

[41] 耗(máo):盡,無。

[42] 揭鼓揚旗而發明之:指朱熹極力表彰孔孟的"道統",對孔子學派的經書重新整理、考辨、編訂和注釋,特別強調"三綱五常"、"修齊治平"一類倫理政治準則,把孔子尊奉爲破除萬古黑暗的通天教主。

[43] 知省身救過:指朱熹提倡窮理必先居敬,即專心體察天理而杜絶一切不合綱常名教的欲望,所謂"修己以敬,下面安人安百姓,皆由於此"(《朱子語類》卷十二)。

[44] 雜以佛老:指朱熹大量採擇佛道哲學來建立自己的理學體系,如宇宙觀雜糅源出道教的太極説;修身論取自佛教的禪定説;還曾化名"空同道士鄒訢"解説道教經典《陰符經》和《周易參同契》等。

[45] 其道觳苦:觳(jué),無潤澤,枯瘠。這是説朱熹提倡内省禁欲,是使人們思想貧乏,安於忍受生活痛苦的僧侶主義。康有爲以爲追求快樂是人生的終極目的,他用王守仁的"人心亡時而不求樂"的思想解釋人類必將由小康進入大同的原動力,所以批評朱熹不懂孔子的至治理想。

[46] 蕭詧(chá)：南朝梁武帝之孫。西魏、北齊分裂梁朝後，被西魏立爲傀儡君主，都江陵，史稱後梁宣帝(555—562 在位)。

[47] 博夜：形容統治的黑暗。《管子·侈靡》：“大昏也，博夜也。”尹知章注：“夜，謂暗昧之行也；令人主至於大昏者，則以博(擲骰子賭博)爲夜事故也。”

[48] 冥冥汶汶：形容昏暗不明。汶汶(mén mén)，蒙塵垢貌。

[49] 雺(wù)霧霧霧：《爾雅·釋天》：“天氣下，地不應曰雺；地氣發，天不應曰霧。”《説文》段玉裁注以爲“雺”字非，當作霧，讀如蒙(méng)，意爲晦。雺，霧氣。

[50] 皎日墜淵：白日落入深淵，即“暗無天日”意。

[51] 縫掖俊民：縫，逢的借字。逢掖，大袖單衣。《禮記·儒行》：“丘少居魯，衣逢掖之衣。”後用來稱儒服。俊民，優秀的士人。

[52] 跂跂脈脈：語出《漢書·東方朔傳》，本形容蜥蜴緣壁邊爬行邊張望的樣子，這裏借以形容士人想在黑暗中努力找到出路。

[53] 篝燈：置燈於籠中。

[54] 囊螢而自珍：囊螢，晉朝車胤家貧，夜讀時曾用練囊盛螢數十照明。這裏借喻諸儒生所得到的孔子之道，只是一點微光，便被當作寶貝。

[55] 天地之全：謂孔子之道的全部。

[56] 默牖其明：牖，通誘，導。這是説天可憐人類在受難，所以暗中誘導他們通向光明。

[57] 焕炳瑩晶：形容光明。這是説因爲康有爲得到了孔子的大道，所以世界頓時又陽光燦爛，重現光明。康有爲自喻聖人，謂“天未喪斯文，牖予小明，得悟筆削微言大義於二千載之下”，“先聖太平之大道，隱而復明，闇而復彰”(《春秋筆削微言大義考自序》)。

[58] 夢執禮器而西行：語出《文心雕龍·序志》。康有爲所説禮器，蓋指孔子的大同之道；西行則謂將此道同西方文明的實際相勘驗。

[59] 廣樂鈞天：廣樂，天上的音樂。鈞天，中央之天，所謂天帝的居所。相傳春秋時秦穆公，戰國時趙簡子，都曾昏睡七日，夢遊天國，聽廣樂，非常快樂。見《史記·趙世家》。

[60] 宗廟百官之美富：《論語·子張》："夫子之牆數仞，不得其門而入，不見宗廟之美，百官之富；得其門者或寡矣。"康有爲把西方世界比作天國，是實現了孔子大道的理想社會。

[61] 鉤撢(tàn)：深入探討。

[62] 三十卷：今本分爲二十一卷。

[63] 陳千秋禮吉：康有爲最早的學生之一，曾任"萬木草堂"學長。禮吉是他的名。

[64] 曹泰箸偉：康有爲早期的學生，箸偉是他的字。

[65] 好博：好字疑誤。

[66] 墓草已宿：宿，指草根已生一年以上。《禮記·檀弓》："朋友之墓，有宿草而不哭焉。"這裏是説陳千秋、曹泰都已去世很久。

[67] 鉛槧之勞：鉛，鉛粉筆，古代用來塗改絹帛或紙書的誤字。槧，削木待用的書版。這是説陳千秋等都爲編校《改制考》花過很大工夫。

[68] 光緒二十四年正月元日：即公元 1898 年農曆正月初一。按《孔子改制考》初刊於 1897 年，此敍當爲後來所寫。

清　　儒〔訄書第十二〕

古之言虛[1]，以爲兩纑之間，當其無纑。本《墨子·經上》。纑即櫨，柱上小方木[2]也。六藝者凡言六藝在周爲禮樂射御書數，在漢爲六經[3]。此自古今異語，各不相因，言者各就便宜，無爲甘辛互忌。古《詩》積三千餘篇[4]，其佗益繁，觔觸無協[5]，仲尼刜其什九[6]，而弗能貫之以纑間[7]。故曰：達於九流，非儒家擅之也。

六藝，史也[8]。上古以史爲天官[9]，其記録有近於神話，《宗教學概論》[10]曰：古者祭司皆僧侶，其祭祀率有定時，故因歲時之計算，而興天文之觀測。至於法律組織，亦因測定歲時，以施命令。是在僧侶，則爲歷算之根本，教權因掌歷數[11]，於是掌紀年、歷史記録之屬。如猶太《列王紀略》、《民數紀略》，並列入《聖書》[12]中。日本忌部氏[13]亦掌古記録。印度之《富蘭那》[14]，即紀年書也。且僧侶兼司教育，故學術多出其口：或稱神造則以研究天然，爲天然科學所自始；或因神祇以立傳記；或說宇宙始終以定教旨。斯其流浸繁矣。案：此則古史多出神官，中外一也。人言[15]“六經皆史”，未知古史皆經也。學説則駁。

《易》之爲道：披佗告拉斯家[16]希臘學派以爲，凡百事物，皆模效數理[17]，其性質有相爲正乏[18]者十種：一曰有限無限，二曰奇偶，三曰一多，四曰左右，五曰牝牡[19]，六曰静動，七曰直線曲線，八曰昏明，九曰善惡，十曰平方直角[20]，天地不率其秩序，不能以成萬物，盡之矣[21]。案：是説所謂十性，其八皆《周易》中恆義。惟直線曲線、平方直角二性，《易》無明文。莊忠棫《周易通義》[22]曰：曲成萬物[23]，在《周髀》[24]爲勾股弦，引申之爲和爲較[25]，言得一角則諸角可以推也。《易》不言勾股弦，而言“曲成”，何也？勾股弦不能盡萬物，故一言“曲成萬物”，又言“不遺”[26]也。天之運行十二辰[27]，曲成也。地之山川溪澗，曲成也。人物之筋脈轉動，曲成也。故言“曲成”可以該《周髀》，言《周髀》不可以該“曲成”也。

《詩》若《薄伽梵歌》[28]，《書》若《富蘭那》神話，下取民義，而上與九天出王[29]。惟《樂》，猶《佬馬》[30]吠陀歌詩、《黑邪柔》[31]吠陀贊誦祝詞及諸密語，有黑白二邪柔矣。鳥獸將將[32]，天翟率舞[33]，觀徵召[34]，而怪迂侏大[35]可知也。

《禮》、《春秋》者，其言雅馴近人世，故荀子爲之隆禮義、殺《詩》、《書》[36]。禮義隆，則《士禮》、《周官》與夫公冠、奔喪之典[37]，雜沓並出而偕列於"經"。《詩》、《書》殺，則伏生刪百篇而爲二十九[38]。《尚書大傳》明言"六誓"、"五誥"[39]，其篇具在伏書。伏書所無，如《湯誥》[40]者，雖序[41]在百篇，而"五誥"不與焉。以是知二十九篇，伏生自定，其目乃就百篇殺之，特託其辭於孔子耳。謂授讀未卒遽死[42]者，非也。知殺《詩》、《書》之説，則近儒謂孔子本無百篇，壁中之書[43]，皆歆、莽駕言僞撰[44]者，亦非也。《齊詩》之説五際、六情[45]，庋[46]《頌》與《國風》，而舉二《雅》。连鶴壽[47]曰：十五《國風》，諸侯之風也；三《頌》，宗廟之樂也；唯二《雅》述王者政教，故四始[48]、五際專用二《雅》，不用《風》《頌》。案：劉子駿《移大常博士》曰："一人不能獨盡其經，或爲《雅》，或爲《頌》，相合而成。"蓋過矣。三家《詩》皆殺本經，而專取其一袂；今可見者，獨《齊詩》。《齊詩》怪誕，誠不可爲典要[49]，以證荀説行於漢儒[50]爾。雖然，治經恆以誦法討論爲劑。誦法者，以其義束身，而有隆殺[51]；討論者，以其事觀世，有其隆之，無或殺也[52]。西京之儒，其誦法既陿隘，事不周浹[53]而比次之，是故齫差[54]失實，猶以師説效用於王官，制法決事，兹益害也。

杜、賈、馬、鄭[55]之倫作，即知"搏國不在敦古"[56]，博其別記[57]，稽其法度，覈其名實，論其社會以觀世，而"六藝"復返於史。神話之病，不漬於今[58]，其源流清濁之所處，風化芳臭氣澤之所及，則昭然察矣。亂於魏晉，及宋明益蕩。繼漢有作，而次清儒。

清世理學之言，竭而無餘華[59]；多忌[60]，故歌詩文史楛[61]；愚民，故經世先王之志衰[62]。三事[63]皆有作者，然其弗逮宋明遠甚。家有智慧，大湊於説經，亦以紓死，而其術近工眇踔善[64]矣。

始故明職方郎崑山顧炎武爲《唐韻正》、《易詩本音》[65]，古韻始明，其後言聲音訓詁者稟焉。大原閻若璩[66]撰《古文尚書疏證》，定東晉晚書爲作僞[67]，學者宗之；濟陽張爾岐[68]始明《儀禮》；而德清胡渭[69]審察地望，繫之《禹貢》，皆爲碩儒。然草創未精博，時糅雜宋明讕言[70]。其成學箸系統者，自乾隆朝始。一自吳，一自皖南。

吳始惠棟[71]，其學好博而尊聞。皖南始戴震[72]，綜形名，任裁斷。此其所異也。

先棟時，有何焯[73]、陳景雲[74]、沈德潛[75]，皆尚洽通，雜治經、史、文辭。至棟，承其父士奇[76]學，揖志[77]經術，撰《九經古義》、《周易述》、《明堂大道録》、《古文尚書考》、《左傳補注》，始精眇，不惑於謏聞[78]；然亦氾濫百家[79]，嘗注《後漢書》及王士禎[80]詩，其餘筆語尤衆[81]。棟弟子有江聲、余蕭客[82]。聲爲《尚書集注音疏》，蕭客爲《古經解鉤沈》，大共篤於尊信[83]，綴次古義，鮮下己見。而王鳴盛[84]、錢大昕亦被其風，稍益發舒。教於揚州[85]，則汪中[86]、劉台拱[87]、李惇[88]、賈田祖[89]，以次興起。蕭客弟子甘泉江藩[90]，復續《周易述》[91]，皆陳義爾雅、淵乎古訓是則[92]者也。

震生休寧，受學婺源江永[93]，治小學、禮經、算術、輿地，皆深通。其鄉里同學，有金榜[94]、程瑤田[95]，後有凌廷堪[96]、三胡。三胡者，匡衷[97]、承珙[98]、培翬[99]也，皆善治《禮》。而瑤田兼通水地、聲律、工藝、穀食之學[100]。震又教於京師[101]。任大椿[102]、盧文弨[103]、孔廣森[104]，皆從問業。弟子最知名者，金壇段玉裁[105]、高郵王念孫[106]。玉裁爲《六書音韻表》以解《説文》[107]，《説文》明。念孫疏《廣雅》[108]，以經、傳、諸子轉相證明，諸古書文義詰詘者皆理解。授子引之[109]，爲《經傳釋詞》[110]，明三古[111]辭氣，漢儒所不能理繹。其小學訓詁，自魏以來，未嘗有也。王引之嘗被詔修《字典》[112]，今《字典》繆妄如故，豈虛署其名邪？抑朽蠹之質不足刻彫也？近世德清俞樾[113]、瑞安孫詒讓[114]，皆承念孫之學。樾爲《古書疑義舉例》[115]，辨古人稱名[116]牴牾者，各從條列，使人無所疑眩，尤微至[117]。世多以段、王、俞、孫爲經儒，卒最精者乃在小學，往往近名家[118]者流，非漢世《凡將》、《急就》[119]之儕也。凡戴學數家，分析條理，皆㕛密嚴瑮[120]，上溯古義，而斷以己之律令，與蘇州諸學殊矣。

然自明末有浙東之學，萬斯大、斯同[121]兄弟，皆鄞人，師事餘姚黄宗羲，稱説《禮經》，雜陳漢、宋，而斯同獨尊史法。其後餘姚邵晉涵[122]、鄞全祖望[123]繼之，尤善言明末遺事。會稽章學誠爲《文史》、《校讎》諸通義，以復歆、固之學[124]，其卓約過《史通》。而説《禮》者羈縻不絶。定海黄式三[125]傳浙東學，始與皖南交通。其子以周[126]作《禮書通故》，三代度制大定。唯漸江[127]上下諸學説，亦至是完集云。

初，太湖之濱，蘇、常、松江、太倉諸邑，其民佚麗[128]。自晚明以來，憙爲文辭比興[129]，飲食會同[130]，以博依[131]相問難，故好瀏覽而無紀綱，其流風徧江之南北。惠棟興，猶尚該洽百氏[132]，樂文采者相與依違[133]之。及戴震起休寧。休寧於江南爲高原，其民勤苦善治生，故求學深邃，言直覈而無溫藉[134]，不便文士。震始入四庫館[135]，諸儒皆震竦之，願斂衽爲弟子。天下視文士漸輕。文士與經儒始交惡。而江淮間治文辭者，故有方苞[136]、姚範[137]、劉大櫆[138]，皆産桐城，以效法曾鞏[139]，歸有光[140]相高，亦願尸程朱[141]爲後世，謂之桐城義法。震爲《孟子字義疏證》[142]，以明材性[143]，學者自是薄程朱。桐城諸家，本未得程朱要領，徒援引膚末，大言自壯。案：方苞出自寒素，雖未識程朱深旨，其孝友嚴整躬行足多矣。諸姚[144]生於紈綺綺襦之間，特稍恬愉自持，席富厚者自易爲之，其佗躬行，未有聞者。既非誠求宋學，委蛇寧靖[145]，亦不足稱實踐，斯愈庳也。故尤被輕蔑。範從子姚鼐[146]，欲從震學，震謝之[147]，猶亟以微言匡飭[148]。鼐不平，數持論詆樸學殘碎[149]。其後方東樹[150]爲《漢學商兌》，徽章益分。陽湖惲敬[151]、陸繼輅[152]，亦陰自桐城受義法。其餘爲儷辭[153]者衆，或陽奉戴氏，實不與其學相容。儷辭諸家，獨汪中稱頌戴氏，學已不類。其佗率多辭人，或略近惠氏，戴則絶遠。夫經説尚樸質，而文辭貴優衍[154]；其分涂自然也。

文士既已熙蕩[155]自喜，又恥不習經典，於是有常州今文之學[156]，務爲瑰意眇辭[157]，以便文士。今文者：《春秋》，公羊；《詩》，齊；《尚書》，伏生；而排斥《周官》、《左氏春秋》、《毛詩》、馬鄭《尚書》[158]。然皆以公羊爲宗。始武進莊存與[159]與戴震同時，獨憙治公羊氏，作《春秋正辭》，猶稱説《周官》[160]。其徒陽湖劉逢祿[161]，始專主董生、李育[162]，爲《公羊釋例》[163]，屬辭比事[164]，類列彰較，亦不欲苟爲恢詭。然其辭義溫厚，能使覽者説繹[165]。及長洲宋翔鳳[166]，最善傅會，牽引飾説，或采翼奉[167]諸家，而雜以讖緯神祕之辭。翔鳳嘗語人曰："《説文》始一而終亥[168]，即古之《歸藏》[169]也。"其義瑰瑋，而文特萃妙，與治樸學者異術，故文士尤利之。道光末，邵陽魏源，夸誕好言經世，嘗以術奸説貴人[170]，不遇，晚官高郵知州，益牢落[171]，乃思治今文爲名高；然素不知師法略例，又不識字，作《詩》、《書古微》[172]。凡《詩》今文有齊、魯、韓，《書》今文有歐陽、大小夏侯[173]，故不一致。而齊、魯、大小夏侯，尤相攻擊如仇讎[174]。源一切捆合之，所不能通，即歸之古文，尤亂越無條理。仁和龔自珍，段玉裁外孫也，稍知書，亦治《公羊》，與魏源相稱譽。而仁和邵懿辰[175]爲《尚書通義》、《禮經通論》，指《逸書》十六篇、《逸禮》三十九篇爲劉歆矯造，顧反信東晉古文，稱誦不衰，斯所謂倒植者。要之，三子皆好爲姚易卓犖[176]之辭，欲以前漢經術助其文采，不素習繩墨，故所論支離自陷，乃往往如讖語。惟德清戴望[177]述《公羊》以贊《論語》，爲有師法。而湘潭王闓運[178]並注五經。闓運弟子，有井研廖平[179]傳其學，時有新義，以莊周爲儒術[180]，説雖不根，然猶愈魏源輩絶無倫類者。

大氐清世經儒，自"今文"而外，大體與漢儒絶異。不以經術明治亂，故短於風議；不以陰陽斷人事，故長於求是。短長雖異，要之皆徵其文明[181]。何者？傳記、通論，闊遠難用，固不周於治亂。建議而不讎，夸誣何益？覘鬼[182]、象緯[183]、五行、占卦之術，以宗教蔽六藝，怪妄。孰與斷之人道，夷六藝於古史，徒料簡事類[184]，不曰吐言爲律，則上世社會汙隆[185]之迹，猶大略可知。以此綜貫，則可以明進化；以此裂分，則可以審因革。故惟惠棟、張惠言[186]諸家，其治《周易》，不能無捃摭陰陽，其他幾於屏閣，雖或瑣碎識小，庶將遠於巫祝者矣。

晚有番禺陳澧[187]，當惠戴學衰，今文家又守章句，不調洽於佗書，始鳩合漢宋，爲諸《通義》及《讀書記》，以鄭玄、朱熹遺説最多，故棄其大體絶異者，獨取小小盙盉[188]，以爲比類。此猶揃豪[189]於千馬，必有其分刌[190]色理同者。澧既善傅會，諸顯貴務名者多張之。弟子稍尚記誦，以言談勸説取人。仲長子[191]曰："天下學士有三姦焉。實不知，詳不言[192]，一也；竊他人之説，以成己説，二也；受無名者，移知者[193]，三也。"見《意林》五引《昌言》。

自古今文師法散絶，則唐有《五經》、《周禮》、《儀禮》諸疏[194]。宋人繼之，命曰《十三經注疏》[195]。然《易》用王弼[196]，《書》用枚頤，《左氏春秋》用杜預[197]，《孝經》用唐玄宗，皆不厭人望。枚頤僞爲古文，仍世以爲壁藏於宣父[198]，其當刊正久矣。毛、鄭傳注無間也[199]，疏人[200]或未通故言，多違其本。

至清世爲疏者，《易》有惠棟《述》[201]，江藩、李林松[202]《述補》，用荀、虞二家[203]爲主，兼采漢儒各家及《乾鑿度》[204]諸緯書。張惠言《虞氏義》。《書》有江聲《集注音疏》，孫星衍[205]《古今文注疏》。皆削僞古文。其注，孫用《大傳》、《史記》、馬、鄭爲主。江間入己説。然皆采自古書，未有以意鉥析[206]者。《詩》有陳奐[207]《傳疏》。用毛《傳》，棄鄭《箋》。《周禮》有孫詒讓《正義》。《儀禮》有胡培翬《正義》。《春秋左傳》有劉文淇[208]《正義》。用賈、服注；不具，則兼采杜解。《公羊傳》有陳立[209]《義疏》。《論語》有劉寶楠[210]《正義》。《孝經》有皮錫瑞[211]《鄭注疏》。《爾雅》有邵晉涵《正義》，郝懿行[212]《義疏》。《孟子》有焦循[213]《正義》。《詩》疏稍膠，其佗皆過舊釋。用物精多，時使之也。惟《禮記》、《穀梁傳》獨闕。將孔疏[214]翔實，後儒弗能加，而穀梁氏淡泊鮮味，治之者稀，前無所襲，非一人所能就故。

他《易》有姚配中[215]，箸《周易姚氏學》。《書》有劉逢祿，箸《書序述聞》、《尚書今古文集解》。《詩》有馬瑞辰[216]、箸《毛詩傳箋通釋》。胡承珙，箸《毛詩後箋》。探賾[217]達恉，或高出新疏上。若惠士奇、段玉裁之於《周禮》，惠有《禮說》，段有《漢讀考》。段玉裁、王鳴盛之於《尚書》，段有《古文尚書撰異》，王有《尚書後案》。劉逢祿、凌曙[218]、包慎言[219]之於《公羊》，劉有《公羊何氏釋例》及《解詁箋》，凌有《公羊禮疏》，包有《公羊曆譜》。惠棟之於《左氏》，有補注。皆新疏所本也。焦循爲《易通釋》，取諸卦爻中文字聲類相比[220]者，從其方部，觸類而長，所到冰釋。或以“天元一”[221]術通之，雖陳義屈奇，詭更師法，亦足以名其家。黄式三爲《論語後案》，時有善言，異於先師，信美而不離其樞者也。《穀梁傳》惟侯康[222]爲可觀，箸《穀梁禮證》。其餘大氏疏闊。《禮記》在三《禮》間，故無專書訓說。陳喬樅[223]、俞樾並有《鄭讀考》，江永有《訓義擇言》，皆短促不能具大體。其他《禮經綱目》，江永箸。《五禮通考》，秦蕙田[224]箸。《禮箋》，金榜箸。《禮說》，金鶚[225]箸。《禮書通故》黄以周箸。諸書，博綜三《禮》，則四十九篇[226]在其中矣。

然流俗言《丨三經》。《孟子》故儒家[227]，宜出。唯《孝經》、《論語》，《七略》入之六藝，使專爲一種，亦以尊聖泰甚，徇其時俗。六藝者，官書，異於口說。禮堂六經之策[228]，皆長二尺四寸。《鹽鐵論·詔聖篇》，二尺四寸之律[229]，古今一也。《後漢書·曹褒傳》，《新禮》[230]寫以二尺四寸簡。是官書之長，周、漢不異。《孝經》謙半之[231]。《論語》八寸策者，三分居一，又謙焉。本《鉤命決》[232]及鄭《論語序》。以是知二書故不爲經，宜隸《論語》儒家，出《孝經》，使傅《禮記通論》，凡名經者，不皆正經，賈子《容經》[233]，亦《禮》之傳記也。即《十三經》者當財減也。

至於古之六藝，唐、宋注疏所不存者，《逸周書》則校釋於朱右曾[234]，《尚書》歐陽、夏侯遺説，則考於陳喬樅，三家《詩》遺説考於陳喬樅，《齊詩》翼氏學疏證於陳喬樅，《大戴禮記》補注於孔廣森，《國語》疏於龔麗正[235]、董增齡[236]，其扶微輔弱，亦足多云。及夫單篇通論，醇美搞固[237]者，不可勝數。一言一事，必求其徵，雖時有穿鑿，弗能越其繩尺，寧若計簿善承弻視[238]而不惟其道，以俟後之咨於故實而考迹上世社會者，舉而措之，則質文蕃變[239]，較然如丹墨可別也。然故明故訓者，多説諸子，唯古史亦以度制事狀徵驗，其務觀世知化，不欲以經術致用，灼然矣。若康熙、雍正、乾隆三世，纂修七經[240]，辭義往往鄙倍[241]，雖蔡沈[242]、陳澔[243]，爲之臣僕而不敢辭；時援古義，又椎鈍弗能理解，譬如薰糞雜糅，徒覩其汙點耳。而徇俗賤儒，如朱彝尊[244]、顧棟高[245]、任啓運[246]之徒，瞽學冥行，奮筆無怍，所謂鄉曲之學，深可忿疾，譬之斗筲，何足選也！

——據 1906 年日本東京翔鸞社再版《訄書》，參考 1904 年日本東京翔鸞社初版《訄書》

【解題】

《訄書》，近人章炳麟撰。

本書是章炳麟早期總結歷史經驗、闡述哲學見解和提倡社會改革的重要著作。隨着作者的認識在社會實踐中起變化，本書結集的篇目曾經幾度調整，内容也在不斷修改和補充。因而每次結集，都呈現出新的面貌。

辛亥革命以前，本書曾三次結集，正式刊行的有兩種。初刻本於 1900 年在蘇州木版印行，共收章炳麟在戊戌維新前後所寫的論文五十二篇，包括列入目録的五十篇，補佚二篇。雖然這時作者在哲學、歷史和政治見解上，已同康有爲、梁啓超等發生一系列分歧，但還置身於資産階級改良派行列，因而初刻本的總見解，仍爲宣傳社會改良，並對清朝皇帝寄以幻想。1900 年八國聯軍侵略中國，事實證明清朝已腐爛得無可救藥，而康、梁等却還在熱衷於趁亂起兵、擁戴光緒皇帝恢復權力。章炳麟反對無效，憤而剪辮示絶，從此走上與孫中山等共同提倡反清革命的道路。這時他便對自己剛出版的《訄書》初刻本表示不滿，在亡命生活中開始重新修訂（修訂初稿的目録和新增手稿殘篇，今存上海圖書館）。1902 年修訂完成，於 1904 年在日本排印出版；當時章炳麟却因宣傳革命，正身陷上海"西牢"。這個在辛亥革命準備時期起過重要思想影響的修訂本，就是我們現在所習稱的《訄書》。此外，復旦大學歷史系中國思想文化史研究室的同志，於 1975 年在北京圖館所藏章炳麟的著作手稿内,發現了《訄書》的第三次結集本手稿,包括結集目録和擬收入新本而已改畢的全部修訂本舊稿。這個新改本,對修訂本的篇目作了大幅度調整,新增篇目居全書三分之一,多爲作者於 1907 年後新發表的學術論著。結集時間是 1910 年,對於研究辛亥革命前夜的思想史和章炳麟本人的思想演變,都有相當價值。

《訄書》(修訂本,下同)共收章炳麟在本世紀最初兩年新寫和修改的論文六十三篇。另對初刻本兩篇突出"尊清"的文章,附加嚴格的自我批評跋語,放在卷首作爲"前録",同卷尾聲明與清朝統治者誓不兩立的《解辮髪》相映照,顯示出一位有學問的革命家的堅强性格。

"《訄書》之作,與康、梁保皇同時"(章炳麟《獄中答新聞報》)。章炳麟寫作此書,正是爲了從思想上系統地清算康有爲改良主義的理論基礎,同時提出同康、梁的政治主張相對立的改造中國之方案。因而,它雖然是一部論文集,分開來看,每一篇都可以獨立;合起來看,便可發現全書的邏輯結構十分嚴密,從歷史到哲學,從文化到政治,層層展開,構成一個相當完整的資産階級民主主義的理論體系。

《訄書》"述鞀迫言"(《訄書目》後敍)。它所輯集的内容,在章炳麟看來,都是迫切要説的話,都是救中國所必需的最低限度的知識。那是些甚麼話呢? 本書開宗明義,便提出學問主要是社會環境的産物,做學問的正確道路,應該是"觀省社會,因其政俗,而明一指"(《原學》)。這是全書的出發點。

接着,作者便引導人們反省中國思想的變化過程。如何看待從孔子、孟子、荀子到戴震、魏源各種學説的盛衰榮辱? 章炳麟認爲,學説總是隨着時代的變化而變化,但某個時代流行某種學説,卻不一定是由於它能滿足時代需要,而是因爲它的倡導者得到封建統治者賞識。"才與道術,本各異出,而流俗多視是崇墮之"(《訂孔》)。這就給辨別學説是非帶來困難。因此,章炳麟着重對康有爲等崇拜的幾個人——孔子、董仲舒、王守仁和魏源,作了分析,以爲他們學説都充滿矛盾和謬誤,就因善於迎合統治者需要,結果謬説盛行,真理反湮没不彰。

從歷史轉向哲學和社會學,章炳麟討論了當時人們因接觸西方新道理而引起關心的一連串問題:認識的基礎、中國的種族區別、漢族的起源和形成、中國古代社會如何進化、貴族的由來、人口問題怎麽解決、古代宗教活動的社會内容,以及語言問題、文字問題、統計問題,等等。在這些龐雜的内容中間,貫穿着一條清楚的線索,那就是進化論。他反覆強調,社會進化的基本原則是生存競爭,文明民族失去競爭能力,必將導致民族退化,而競爭能力的強弱取決於民族内部的團結與否。

因此,章炳麟便將討論轉向社會改造問題。他首先駁斥了康有爲所謂人類公理的説教,認爲意見來自生存環境,不存在全人類普遍認可的"公言",也不可能實現全人類的普遍平等,只有大家把爲社會看作爲個人的風氣形成以後,改革才能實現。接着,他再次回顧中國政治和法律的歷史,同西方資産階級制度進行對比,從中引出了他的全面實行社會改革的方案。其中如實行"平均地權"以解決農民土地問題的設想,是根據他同孫中山的討論寫成的。説明他的方案,在相當程度上反映着當時革命民主派的共同意見。

就這樣,《訄書》的問世,首次給幼小的革命民主派提供了一個理論體系,不僅可據以駁斥康、梁反對"排滿革命"的理論根據和歷史根據,而且可用來説服那些懷疑革命民主派有無建立共和國能力的同情者。因此,儘管這個體系本身也很幼稚,理論上的錯誤不少,尤其是存在着以資産階級民族主義意識模糊反對封建思想的傾向,對歷史的看法也失於片面,整體上屬於"意見支配世界"的唯心史觀;但它在當時的先進知識分子中間,仍然是革命必讀的權威作品。

本書如同章炳麟的大部分著作一樣,文筆古奥,風格樸實。作者是近代中國著名的大學問家,於學無所不窺,既精通中國古代的各種學説,又十分注意從西方、印度和日本的古今哲學社會學説和自然科學著作裏吸取營養,寫作時信手稱引,毫不費力。但對一般讀者來説,卻頗難理解,常有如讀"天書"之嘆。這一優點轉化成的缺點,也是他思想遠比梁啓超深刻,而影響卻遠不及梁啓超廣泛的一大原因。

本書最初於1904年由日本東京翔鸞社鉛印出版,次年即再次重印。此版長處是有斷句,弊處是校勘粗略,錯漏百出;但流傳甚廣,1958年上海古典文學出版社也曾據以重排印行。1906年9月,日本東京翔鸞社又印行了再版本,改正了絶大多數文字錯訛,卻又取消了句讀,結果流傳不廣。最近上海人民出版社組織編校的《章太炎全集》第三卷,收入了兼取上述二版長處的《訄書》校點本。

《清儒》,選自《訄書》第十二篇。本篇是對清朝二百餘年學術變遷史的系統總結。原篇分三節。首節分析"經"的性質,認爲同世界文明古國的記録一樣,是夾雜着神話迷信的古史,硬拿來搞"通經致用",結果既不通歷史,又危害政治。次節説乾嘉考據學者恢復了把六經當作歷史研究的傳統,所以在學術上放出異彩;但樸質的考證,不合文士的口味,於是有攻擊漢學的桐城派出現,於是又有欣賞《公羊》三世説的常州學派出現,於是又有調和漢、宋學以求名的陳澧等出現。末節是關於清朝經學研究具體成果的評論。最後針對康有爲等否定考據學作用的意見,認爲考據學家強調無徵不信,竭力搜集證據,到未來的歷史家應用時,便會看到這種樸實的東西發出光輝。全篇雖對清朝今文學派的批評有失公正,對戴震一派的估價也未免過分,但材料豐富,分析清楚,是近代總結清朝學術史的首出作品。以後,劉師培著《清儒得失論》,梁啓超著《清代學術概論》等,都明顯地以它爲繼續研究的起點。

章炳麟(1869—1936),曾用名絳,字枚叔,號太炎,浙江餘杭(今杭州)人。父爲清朝廩生,會醫術。他少年時不喜八股。十七歲開始自修經史諸子。1890 年入杭州詁經精舍,從晚清著名學者俞樾學習經史考證之學,遍讀中國古代各種學術著作,但主要精力用於語言文字和歷史的研究。相繼寫出《膏蘭室札記》、《春秋左傳讀》等考證著作。甲午戰爭爆發,他開始學習西方的新道理,並於 1895 年主動報名加入上海强學會,從此走上宣傳社會改革的道路。1897 年初,他應梁啓超等聘請,赴上海任《時務報》編輯,一度接受《公羊》三世説的影響;但不久因反對康有爲孔教説而同康門弟子衝突,辭職。此後曾相繼任杭州《經世報》、上海《譯書公會報》主筆,武昌《正學報》幫辦,爲上海《昌言報》撰述。戊戌政變發生後,被清政府通緝,亡命臺灣,尋又到日本,繼續同梁啓超等合作。1900 年八國聯軍侵略中國,使他對清王朝完全絕望,遂同康、梁決裂,投身革命。同年和次年,因"自立軍"事件被牽連,兩度受到清政府追捕。1902 年初,在蘇州東吳大學任教時因宣傳反清,被江蘇巡撫指名捉拿,遂再度亡命日本。在東京同孫中山正式訂交,因發起"中夏亡國紀念會",曾被日本警方應清朝駐日公使要求傳訊。1903 年任教於上海愛國學社,爲鄒容的《革命軍》作序,發表著名的《駁康有爲論革命書》,被清政府勾結上海外國租界當局逮捕。但對他和鄒容的審判,卻引起了國內外輿論對中國革命民主派活動的注意和同情。他被判三年監禁。在獄期間,參與建立光復會的籌劃,與蔡元培、陶成章同爲光復會領袖。1906 年出獄,即赴日本,加入同盟會,就任《民報》主編,領導革命民主派同改良派的論戰。1907 年,他同流亡在日本的印度革命者發起組織"亞洲和親會",這是迄今所知亞洲各被壓迫民族愛國志士組織反帝同盟的較早嘗試。同年,他又支持張繼、劉師培舉辦"社會主義講習會",研究無政府主義,但不久便宣稱它不合中國國情,並同在巴黎鼓吹無政府主義的吳敬恆展開筆戰。1908 年,《民報》遭日本當局封禁,他繼續在東京講學,撰寫論著。黄侃、錢玄同、朱希祖、許壽裳、魯迅等,都在這時先後成爲他的學生。《民報》停刊前後,同盟會內部矛盾日益尖銳。章炳麟認爲自己受到孫中山一派的排斥,遂由內部爭論發展到公開攻訐,並同陶成章於 1910 年重建光復會,任會長。次年武昌起義後,即回國,開始同江浙地區的立憲派張謇等結合,先後組織中華民國聯合會、統一黨等,並不斷批評南京臨時政府的各項措施,寄南北統一的希望於袁世凱。辛亥革命後,他還相繼擔任過孫中山的樞密顧問、袁世凱的高等顧問、東三省籌邊使。1913 年宋教仁被刺,他對袁世凱的幻想破滅,在北京隻身登總統府大罵袁世凱包藏禍心,結果被囚禁,到

1916 年袁死才獲釋。被囚期間,他的思想開始消極,修改《訄書》,更名《檢論》,便增添了不少對國家前途表示缺乏信心的文字;又改定《齊物論釋》,表明他已逃遁到主觀唯心主義的幻想中求安慰。1918 年,他曾一度參加孫中山的"護法"政府,未幾便退出。此後,便主要從事講學。在學問上重走當年研究古文經學的老路,很少有所發明;在政治上常被軍閥政客利用來反對新的民主革命運動,屢受人民批評。晚年,定居蘇州,主持"章氏國學講習會"。1931 年"九一八"事件發生,再度喚起了他的愛國主義激情。他不斷發表言論,公開譴責蔣介石誤國賣國,反對國民黨鎮壓學生愛國運動,並拒絕蔣介石的威脅利誘,堅持抗日主張,直到去世。他一生著作約三百萬字左右。除《訄書》外,生前曾自定《章氏叢書》初、續二編。初編收錄著作十三種,但革命時期所寫的很多文章未被收入。此編以浙江圖書館 1919 年出版的木刻版較好。續編收七種,多爲經學考據作品,1933 年刊行於北平。他去世後,章氏國學講習會曾刊行《太炎文録續編》等。他的全部論著函電等,已由上海人民出版社組織學者輯校標點爲《章太炎全集》,於 1982 年起分卷出版。他的代表論著,可參看上海人民出版社 1981 年出版的《章太炎選集》注釋本。他生前曾自定年譜,記述到五十五歲爲止的生平事蹟(《近代史資料》1957 年第一號重刊)。數十年來研究他的生平和思想的論著甚多。但除魯迅《關於太炎先生二三事》一文(見《且介亭雜文末編》)、許壽裳《章炳麟》一書外,尚無一部較好的傳記。

【注釋】

[1] 虛:空間,無。

[2] 柱上小方木:似斗形,安在屋柱頂端,支撐房樑,又稱斗拱。

[3] 六經:《易》、《詩》、《書》、《禮》、《樂》、《春秋》。章炳麟認爲六經在孔子前已存在,"道、墨所周聞",見本書《訂孔》。

[4] 詩積三千餘篇:《史記·孔子世家》:"古者《詩》三千餘篇,及至孔子,去其重,取可施於禮義,上採契、后稷,中述殷、周之盛,至幽、厲之缺,……三百五篇。"清朝學者多不信其説。

[5] 觚觸無協:觚(jué)觸,相互抵觸。無協,不協調。

[6] 剟其什九:剟(duō),刊削、刪除。指所謂孔子刪定六經;把《詩》、《書》等都刪存爲原有内容的十分之一。

[7] 弗能貫之以纏間:意爲孔子對六經也只能刪繁就簡,沒有能力融會貫通。

［8］　六藝、史也：即“六經皆史”，清朝章學誠主此説，見本書所選《文史通義·
　　　書教下》。

［9］　天官：神官，即祭司。相傳黄帝時設立史官，掌管天文曆法和祭祀、占卜
　　　等事。

［10］　宗教學概論：日本姉崎正治撰。章炳麟曾屢引其書。

［11］　歷數：《尚書·洪範》孔穎達疏：“算日月行道所曆，計氣朔早晚之數，所以
　　　爲一歲之曆。”古代也指天道。

［12］　聖書：指基督教“聖經”中的《舊約全書》，其中多爲猶太民族古代的歷史
　　　和傳説。《列王紀略》和《民數紀略》是其中兩篇，前者記載古代猶太族統
　　　治者的世系，後者記載古以色列的武士、税收數字、家族組織和宗教規矩
　　　等情況。

［13］　忌部氏：又稱齋部氏，日本封建時代掌管朝廷祭祀的世襲氏族，居於和歌
　　　山縣一帶。

［14］　富蘭那：梵語 Furāna 的音譯，古印度傳説中的人類始祖，原意爲史話，今
　　　通譯“往世書”，現存的有正續兩種，各十八卷，結集於公元 4 世紀中葉至
　　　8 世紀，是古印度宗教史詩的彙編，被婆羅門教奉爲聖典，其中也保存若
　　　干傳説歷史資料。

［15］　人言：見章學誠《文史通義·易教上》。

［16］　披佗告拉斯：今通譯畢達哥拉斯（約公元前 580—前 500 年），古希臘數
　　　學家，奴隸主貴族哲學家。在西方首先提出勾股定理，他認爲數是宇宙
　　　的本原，靈魂是不死的；在哲學上是唯心主義者，但有樸素辯證法因素。
　　　他建立了畢達哥拉斯社團，在政治上反對奴隸制民主派。

［17］　模效數理：數，原刊誤植爲“敷”，據文意改。畢達哥拉斯認爲：“數是萬物
　　　的本質，宇宙的組織在其規定中通常是數及其關係的和諧的體系。”（亞
　　　里士多德《形而上學》所引）

［18］　相爲正乏：互爲對立面。正，箭靶子。乏，擋箭牌。畢達哥拉斯派認爲，
　　　一是一切數的基礎，一元是衆神之母，二元是自然界中對立性和否定性
　　　的原則，萬物都由對立面組成，主要的對立面有十種。

［19］　牝牡：女和男，也譯作陰陽。

[20] 平方直角：畢達哥拉斯派原意爲正方和長方。

[21] 盡之矣：這是長句的結語，意爲《易》中所述變化的法則，在畢達哥拉斯派關於數的學説裏，已包羅無遺了。

[22] 莊忠棫：當爲“莊中白棫”之誤。莊棫（1828—1878），字中白，江蘇丹徒人。清朝經學家。英法聯軍侵略中國時，曾反對清政府簽訂天津條約，晚年入曾國藩幕府校書。與經學家戴望友善，研究《周易》，相信緯候。著有《周易通義》、《易緯通義》、《静觀堂文》等。

[23] 曲成萬物：語出《周易·繫辭上》，鄭玄注：“曲成者，乘變以應物，不係一方者也。”意爲要順勢變化來適應對方，不拘束於一種辦法。

[24] 周髀：即《周髀算經》，我國古代數學名著，託名周公、商高問答，闡述蓋天説和割圓術、三角量法等幾何定理，最早提出了勾股定理。共二卷，成書約在戰國秦漢間。

[25] 較：數學名詞，今稱“差”。

[26] 又言“不遺”：《周易·繫辭上》：“曲成萬物而不遺。”意爲照此成就萬物，而無所遺漏。

[27] 十二辰：古代分一晝夜爲十二時，即夜半（子時）、雞鳴（丑時）、平旦（寅時）、日出（卯時）、食時（辰時）、隅中（巳時）、日中（午時）、日昳（未時）、晡時（申時）、日入（酉時）、黄昏（戌時）、人定（亥時），見《左傳》昭公五年杜預注。

[28] 薄伽梵歌：古印度宗教史詩《摩訶婆羅多》的一個片斷。歌頌“薄伽梵”即無所不入的大神，被後期婆羅門教吠檀多派奉爲經典。

[29] 上與九天出王：九天，九重天，形容高不可測。出王，出現於世間的神王。意爲《詩》、《書》都像古印度神話傳説一樣，由民間贊成的事情中汲取題材，而將希望寄託在由天上下凡的聖君身上。

[30] 傞馬：今通譯“娑摩”，原意爲歌，古印度原始宗教經典四“吠陀”（古譯爲明，意譯即“知識”、“智”）之一。相傳爲雅利安人入居古印度五河地區後結集的，内容主要是頌神的贊歌。

[31] 邪柔：今通譯“夜珠”，原意爲祠，古印度四“吠陀”之一，主要記載祭祀儀式、祈禱文和驅邪逐鬼的咒語，有黑白兩種傳本。

[32]　將將：狀聲之詞,形容鳥獸鳴叫。

[33]　天翟：獸名,《呂氏春秋・古樂》:"因令鳳鳥、天翟舞之,帝嚳大喜。"

[34]　徵召:徵,舞列,見《嵇書・辨樂》;召,口呼,指原始舞蹈中模做鳥獸的鳴叫。

[35]　侏大:即侏張,強梁。

[36]　隆禮義、殺詩書:尊崇禮義,貶抑詩書。見《荀子・儒效》。殺音晒(shài),減衰。

[37]　《士禮》、《周官》與夫公冠、奔喪之典:《士禮》,即《儀禮》,先秦儒家關於禮儀制度的著作彙編,今本存十七篇。周官,即《周禮》,已見本書《史通・六家》注[15]。公冠、奔喪之典,指《禮記》、《大戴禮記》等,因其中多記載祭祀、朝聘、冠(男子成年)婚、喪事等禮節儀式。《禮記》今存四十九篇,《大戴禮記》僅存殘篇。

[38]　伏生刪百篇而爲二十九:伏生,曾任秦博士,名勝。相傳《尚書》經孔子刪定後爲百篇。《史記・儒林列傳》:"秦時焚書,伏生壁藏之。其後,兵大起,流亡。漢定,伏生求其書,亡數十篇,獨得二十九篇。"

[39]　尚書大傳明言"六誓"、"五誥":《尚書大傳》,相傳爲伏生所著,今存四卷,補遺一卷。六誓,指《今文尚書》的《甘誓》、《湯誓》、《泰誓》、《牧誓》、《費誓》、《秦誓》。五誥,指《今文尚書》的《康誥》、《酒誥》、《召誥》、《洛誥》、《大誥》。

[40]　湯誥:《古文尚書》篇名,《今文尚書》所無。

[41]　序:指《尚書序》,相傳爲孔子所作,今文經學家多以爲後人僞託,但《史記》的本紀、世家中多次引用。《湯誥》序,見《史記・殷本紀》。

[42]　謂授讀未卒遽死:説見康有爲《新學僞經考》。

[43]　壁中之書:相傳《古文尚書》是漢武帝時發壁藏所得,《漢書・劉歆傳》:"魯恭王壞孔子宅,欲以爲宮,而得古文壞壁之中,《逸禮》有三十九篇,《書》十六篇。"其書已佚,僅存篇目。今傳本《古文尚書》,是東晉時枚頤(梅賾)所獻的僞書。

[44]　皆歆、莽駕言僞撰:歆,劉歆。莽,王莽。駕言,傳言,指謠言。康有爲在《新學僞經考》中説孔壁發現《古文尚書》一事,是劉歆爲王莽"託古改制"

找根據而杜撰的。

[45] 齊詩之説五際、六情：《齊詩》即西漢時齊人轅固生所傳的《詩》學，屬於今文經學，其説夾雜陰陽術數，具有濃厚的神祕主義氣息。際，際會。《漢書·翼奉傳》：“奉竊學《齊詩》，聞五際之要。”孟康注引《齊詩内傳》：“五際，卯、酉、午、戌、亥也，陰陽終始際會之歲，於此則有變改之政也。”《詩緯氾歷樞》：“午亥之際爲革命，卯酉之際爲改正(政)。”六情，指喜、怒、哀、樂、愛、惡，見《白虎通·情性》；一説指廉貞、寬大、公正三善，姦邪、陰賊、貪狼三惡，見《漢書·翼奉傳》顏師古注。

[46] 庋(guǐ)：擱置。

[47] 迮鶴壽：(1773—1836)字青匡，號蘭宮，江蘇吳江人，道光進士，曾任池州府教授。著有《夏殷周九州經界疏證》等。引文略見其所著《齊詩翼氏學·詩文專用二雅解》。

[48] 四始：已見本書《宋書·謝靈運傳論》注[5]。

[49] 不可爲典要：語出《周易·繫辭下》。此謂《齊詩》不能當作研究荀況“殺《詩》、《書》”狀況和影響的根據。

[50] 荀説行於漢儒：西漢所傳孔門諸經書大都出自荀況，因而清朝一些學者認爲西漢的經學，實爲“荀學”。

[51] 而有隆殺：意爲既然要以“通經”進行自我修養，就必定對本師學説有取有捨。

[52] 無或殺也：意爲既然要討論“致用”，就必定只推崇可用的經義，不會再去貶低本師學説。

[53] 周浹：周到。

[54] 齫差：讀如愚雌(yū cī)，參差不齊。

[55] 杜、賈、馬、鄭：均爲東漢經學家。杜，指杜林，字伯山，扶風茂陵(今陝西興平)人，光武帝時曾任侍御史、大司空，曾得漆書《古文尚書》一卷，引起經學家的爭論。傳見《後漢書》卷五七。賈，指賈逵，已見本書《史通·六家》注[50]。馬，指馬融，字季長，扶風茂陵人，曾任校書郎，武都、南郡太守，門徒千餘，號稱“通儒”，曾遍注孔學經書和《老子》、《淮南子》等。傳見《後漢書》卷九〇上。鄭，指鄭玄，已見本書《永清縣志·輿地圖第一》

注[9]。

[56] 摶國不在敦古：治國的辦法不在於效法古代，語出《管子·霸言》："夫摶國不在敦古，理世不在善攻，霸王不在成曲。"

[57] 博其別記：廣泛尋求有關古代歷史的各種記錄。

[58] 不瀆於今：是説經過賈逵、鄭玄等整理注解以後，"六經"又可作爲歷史讀了，如今才不會受到古代那種巫史不分的弊病的沾染。

[59] 竭而無餘華：意爲連最後一點生氣也消失了。

[60] 多忌：指清朝統治者多次搞文字獄。

[61] 楛(kǔ)：器物粗製濫造，這裏指低劣。

[62] 經世先王之志衰：《莊子·齊物論》："春秋經世先王之志，聖人議而不辯。"章炳麟《齊物論釋》："《律歷志》有《世經》，則歷譜世紀之書，其短促者乃是紀年。《春秋》以十二公名篇，亦歷譜世紀也。志即史志。《慎子》曰：'《詩》，往志也；《書》，往誥也；《春秋》，往事也。'往事即先王之志，明非爲後王制法也。"這裏是説，由於清朝實行愚民政策，所以史學衰落了。

[63] 三事：即詩歌、文章、歷史。

[64] 工眇趠善：眇，通"妙"。工眇，精妙。趠，通"趠"，高遠。趠善，極佳。

[65] 唐韻正、易詩本音：顧炎武《音學五書》中的三種。《易、詩本音》，即《易音》、《詩本音》。《唐韻正》以古音糾正唐韻的錯處，《易音》由《周易》求古音，《詩本音》證明《詩經》最初讀音，對清朝韻學研究影響很大。

[66] 閻若璩：(1636—1704)字百詩，號潛邱，山西太原人。清朝考據學家。康熙中曾助徐乾學修《一統志》。除《古文尚書疏證》外，還著有《四書釋地》、《潛邱劄記》等。傳見《清史稿》卷四八一、《清史列傳》卷六八。

[67] 定東晉晚書爲作僞：晚書，晚出之書，指東晉時枚頤所獻的《古文尚書》。閻若璩的《古文尚書疏證》，曾證明它是僞書，被清朝學者奉作辨僞的楷模。其後丁晏又作《尚書餘論》，追指《僞古文尚書》是魏王肅所僞造。

[68] 張爾岐：(1612—1677)字稷若，號蒿庵，山東濟陽人。清初經學家。所著《儀禮鄭注句讀》，對號稱難讀的《儀禮》和鄭玄注加以校注整理，大受顧炎武欣賞，因而知名。傳見《清史稿》卷四八一、《清史列傳》卷六八。

[69] 胡渭：(1633—1714)字朏明，自號東樵，浙江德清人。清朝地理學家、經

學家。康熙中曾參與修《一統志》,一生主要精力用於研究歷史地理。所
著《禹貢錐指》二十卷,圖一卷,闡釋《尚書·禹貢》,詳述九州分域、山川
脈絡的沿革變化,對於研究我國歷代政治地理和自然地理的變遷,都有
參考價值。另有《易圖明辨》也屬名著。傳見《清史稿》卷四八一、《清史
列傳》卷六八。

[70] 宋明讕言:指程朱理學。

[71] 惠棟:(1697—1758)字定宇,號松崖,江蘇元和(今江蘇蘇州)人。清朝吳
派經學的主要代表。乾隆初以經術出名,特別推崇漢儒經說,以爲凡漢
必真,非漢必僞。著有《周易述》、《九經古義》、《後漢書補注》等。傳見
《清史稿》卷四八一、《清史列傳》卷六八。

[72] 戴震:(1723—1777)字東原,安徽休寧人。清朝哲學家,皖派經學的主要
代表。曾任《四庫全書》纂修官。學問淵博,長於考證。所撰《孟子字義
疏證》、《原善》、《聲韻考》、《聲類表》、《方言疏證》、《水經注校正》等,均著
名。傳見《清史稿》卷四八一、《清史列傳》卷六八。

[73] 何焯:(1661—1722)字屺瞻,號茶仙,江蘇長洲(今蘇州)人。康熙時曾任
翰林院庶吉士、武英殿纂修官,著有《義門讀書記》等。傳見《清史稿》卷
四八四、《清史列傳》卷七一。

[74] 陳景雲:(1670—1747)字少章,江蘇吳江人。清諸生。同何焯共講"通
儒"之學。著有《讀書記聞》、《紀元考略》等。傳見《清史稿》卷四八四、
《清史列傳》卷七一。

[75] 沈德潛:(1673—1769)字確士,號歸愚,江蘇長洲人。清朝前期詩人。曾
任内閣學士兼禮部侍郎。所編《唐詩別裁》、《明詩別裁》、《清詩別裁》、
《古詩源》等,是清代著名的古詩選集。傳見《清史稿》卷三〇五、《清史列
傳》卷一九。

[76] 士奇:惠士奇(1671—1741),字天牧,一字仲孺,晚自號半農居士,學者稱
紅豆先生。康熙、雍正時曾任廣東學政,提倡經學,與其父惠周惕、其子
惠棟,同爲吳派經學倡導人,著有《易說》、《禮說》、《春秋說》等書。傳見
《清史稿》卷四八一、《清史列傳》卷六八。

[77] 揖志:揖通壹。揖志謂專心致志。

[78]　誂(xiǎo)聞：略得聲名，語出《禮記·學記》。

[79]　氾濫百家：出入於各種學問，即並不專門搞經學。

[80]　王士禎：(1634—1711)原名士禎，字子真，一字貽上，號阮亭，別號漁洋山
　　　人，山東新城(今桓臺)人。清初詩人。康熙時官至刑部尚書，晚年曾仿
　　　宋朝黃庭堅《精華錄》體例，自編詩集《漁洋山人精華錄》。惠棟祖父惠周
　　　惕是王士禎門人，因而惠棟也模仿南宋任淵注黃庭堅詩體例，爲王士禎
　　　《精華錄》作注(《訓纂》)及補，凡二十九卷，引證繁瑣，見解陳腐。

[81]　筆語尤衆：據江藩《漢學師承記》，惠棟已刻、未刻的各種筆記、文鈔之類，
　　　有七八種之多。

[82]　江聲、余蕭客：都是清代經學家。江聲(1721—1799)，字叔澐，號艮庭，江
　　　蘇吳縣人，曾依據閻若璩、惠棟對《尚書》真偽的考辨成果，重新整理《今
　　　文尚書》，著有《尚書集注音疏》等。余蕭客(1732—1778)，字仲林，別字
　　　古農，江蘇吳縣人。乾隆時以熟悉經義文章而著名。所輯《古經解鈎
　　　沉》，輯集唐以前儒家解釋經典的舊注，爲吳派經學代表作之一。傳並見
　　　《清史稿》卷四八一、《清史列傳》卷六八。

[83]　大共篤於尊信：大共，總歸。指墨守惠棟的“古訓不可改，經師(之說)不
　　　可廢”的泥古態度。

[84]　王鳴盛：(1722—1797)字鳳喈，號禮堂，又號西莊，晚號西沚居士。江蘇
　　　嘉定(今屬上海市)人。清朝史學家、經學家。乾隆時官至內閣學士兼禮
　　　部侍郎，因無行左遷光祿寺卿。受惠棟影響，作《尚書後案》，使《僞古文
　　　尚書》基本定讞。又以治經方法考訂歷史，著有《十七史商榷》、《蛾術編》
　　　等。傳見《清史稿》卷四八一、《清史列傳》卷六八。

[85]　教於揚州：指惠棟中年以後，曾長期受兩淮鹽運使盧見曾的供養，經常居
　　　於揚州。見清李保泰《跋後漢書補注》、江藩《漢學師承記》。

[86]　汪中：(1745—1794)字容甫，江蘇江都(今揚州)人。清朝考據學家、史學
　　　家、文學家。乾隆時長期充當朱筠、畢沅等大吏的幕僚。在經學上對吳、
　　　皖二派並重，尤其佩服戴震；對先秦諸子很有研究，曾作《墨子序》、《荀卿
　　　子通論》，認爲墨翟爲救世仁人，荀況是孔子的繼承者，否定孟軻在“道
　　　統”上的地位，因而被統治者看作“名教罪人”，而對清末革新思潮有一定

影響。著作現存的有《述學》内外篇等。傳見《清史稿》卷四八一、《清史列傳》卷六八。

[87] 劉台拱：(1751—1805)字端臨，江蘇寶應人。乾隆、嘉慶時曾任丹徒訓導。兼習程朱理學和考據學。著有《論語駢技》、《荀子補注》、《漢學拾遺》等。傳見《清史列傳》卷六八。

[88] 李惇：(1734—1784)字孝臣，一字成裕，江蘇高郵人，與王念孫、汪中、劉台拱等友善。經學上主要研究《詩》、《春秋》，晚年專治天文曆法。著有《左傳通釋》、《羣經識小録》、《歷代官制考》、《渾天圖説》等。傳見《清史稿》卷四八一、《清史列傳》卷六八。

[89] 賈田祖：(1714—1777)字稻孫，又字禮畊，江蘇高郵人。廩生。與王念孫、李惇友善。喜《左傳》，著有《稻孫集》、《春秋左氏通解》。傳見《清史稿》卷四八一。

[90] 江藩：(1761—1830)字子屛，號鄭堂，江蘇甘泉(今江蘇揚州)人。監生。著有《國朝漢學師承記》、《國朝宋學淵源記》，將經學分爲漢學和宋學，實則排斥程朱理學。另有《周易述補》等。傳見《清史列傳》卷六九。

[91] 續《周易述》：惠棟著《周易述》，未成而卒。嘉慶時江藩續足，書名《周易述補》，凡四卷。

[92] 陳義爾雅、淵乎古訓是則：爾雅，語出《史記·儒林列傳》：“文章爾雅，訓辭深厚。”古訓，即故訓，古代遺留的典章，《詩·大雅·烝民》：“古訓是式，威儀是力。”

[93] 江永：(1681—1762)字慎修，安徽婺源(今屬江西)人。清朝經學家、音韻學家。在經學上着重考訂三《禮》，觀點深受朱熹影響；音韻學上對顧炎武的學説加以發展，曾定古韻爲十三部；又把天文數學看作學問的基礎，曾研究西方天算成果。他的治學方法，對皖派學者有頗大影響。著有《周禮疑義舉要》、《禮書綱目》、《深衣考誤》、《古韻標準》、《推步法解》等。傳見《清史稿》卷四八一、《清史列傳》卷六八。

[94] 金榜：(1735—1801)字輔之，一字蕊中，號蘂齋，安徽歙縣人。乾隆時曾任翰林院修撰。江永的學生。專據鄭玄注研究三《禮》，著有《禮箋》。傳見《清史稿》卷四八一、《清史列傳》卷六九。

[95]　程瑤田：(1725—1814)字易田，一字易疇，號讓堂，安徽歙縣人。清朝經學家。曾任江蘇嘉定教諭。與戴震同學於江永，好用圖表說明古代器物。著《通藝録》十九種，附録八種。傳見《清史列傳》卷六八。

[96]　凌廷堪：(1755—1809)字次仲，號仲子，安徽歙縣人。清朝經學家。乾隆時曾任寧國府教授。對於經學、史學、語言、數學、音樂、詞曲等都有研究，著有《禮經釋例》、《燕樂考原》、《校禮堂文集》等。傳見《清史稿》卷四八一、《清史列傳》卷六八。

[97]　匡衷：胡匡衷(約乾隆末卒，年七十四)，字寅臣，號樸齋，安徽績溪人。清朝經學家。乾隆時貢生。精於《儀禮》學，著有《儀禮釋官》、《鄭氏儀禮目録校證》等。傳見《清史列傳》卷六八。

[98]　承珙：胡承珙(1776—1832)，字景孟，號墨莊，安徽涇縣人。清朝經學家。嘉慶時曾任臺灣兵備道。以研究《詩經》，推崇毛傳鄭箋知名，著有《毛詩後箋》、《儀禮古今文義疏》等。傳見《清史稿》卷四八二、《清史列傳》卷六九。

[99]　培翬：胡培翬(huī)(1782—1849)字載屏，號竹村，胡匡衷之孫。清朝經學家。嘉慶時曾任户部主事。所著《儀禮正義》，用力四十餘年，是較完備的《儀禮》考訂著作。傳見《清史稿》卷四八二、《清史列傳》卷六九。

[100]　瑤田兼通……穀食之學：程瑤田《通藝録》，收録有水利、地理、穀物、農藝、工藝和音樂等論著十多種，如《溝洫疆理小記》、《水地小記》、《九穀考》、《釋草小記》、《考工創物小記》、《聲律小記》等，頗受學者推許。

[101]　教於京師：指乾隆二十七年(1762)後，戴震在北京充當王念孫的家庭教師期間。

[102]　任大椿：(1738—1789)字幼植，一字子田，江蘇興化人。清朝經學家。乾隆時曾任四庫全書館纂修官。學術上受戴震影響，專門研究禮制，著有《弁服釋例》、《釋繒》、《小學鈎沈》等。傳見《清史列傳》卷六八。

[103]　盧文弨：(1717—1795)字召弓，號磯漁，晚號弓父，學者稱抱經先生，浙江餘姚人。清朝校勘學家、藏書家。乾隆時曾任翰林院侍讀學士、湖南學政。主講江、浙各書院。曾彙刻所編校書二十種爲《抱經堂彙刻書》。又取經史子集三十八種，倣《經典釋文》例摘字校訂補正，爲《羣書拾

補》。著有《抱經堂文集》等。傳見《清史稿》卷四八一、《清史列傳》卷
六八。

[104] 孔廣森:(1752—1786)字衆仲,又字撝約,號顨軒,山東曲阜人。清朝經
學家、文學家。戴震弟子。乾隆時曾任翰林院檢討。研究三《禮》,以駢
文知名。曾搜集漢晉以來諸家《春秋》注,專取“通於公羊”的内容,撰成
《春秋公羊經傳通義》。另著有《大戴禮記補注》、《詩聲類》、《禮學卮
言》、《經學卮言》等。傳見《清史稿》卷四八一、《清史列傳》卷六八。

[105] 段玉裁:(1735—1815)字若膺,一字懋堂,江蘇金壇人,清朝文字學家、
經學家。乾隆時曾任四川巫山縣知縣。戴震弟子。以研究《説文》知
名。所著《説文解字注》、《六書音均表》,是研究古代語言文字的重要論
著。另著作頗多,彙刻爲《經韻樓叢書》。傳見《清史稿》卷四八一、《清
史列傳》卷六八。

[106] 王念孫:(1744—1832)字懷祖,號石臞,江蘇高郵人。清朝音韻訓詁學
家。嘉慶時曾任永定河道,少年時從戴震學習音韻文字,以訓詁校勘著
名,著有《廣雅疏證》、《讀書雜志》等。傳見《清史稿》卷四八一、《清史列
傳》卷三四。

[107] 説文:即《説文解字》,東漢許慎撰,我國最早的較完整的字典,共收九千
三百五十三字,又重文一千一百六十三字,按文字形體及偏旁構造排
列,首創部首編排法。段玉裁的《六書音均表》,分古韻爲六類十七部,
並據此在《説文解字注》中注明每個古字所屬韻部,使漢字的形聲聯繫
較易明瞭。

[108] 廣雅:三國魏張揖用《爾雅》作底本擴充編成的古漢語詞典,共收一萬八
千一百五十字或詞。王念孫的《廣雅疏證》,對其中音同形異、音近義同
的古字,多所考釋,使漢字的形聲義三者聯繫較易理解,並訂正《廣雅》
譌脱等一千三百餘處。

[109] 引之:王引之(1766—1834),字伯申,號曼卿。清朝訓詁學家。嘉慶時
曾任工部尚書,充武英殿總裁。與父念孫稱高郵二王。所著除《經傳釋
詞》外,並據向王念孫問學的記録,校定經書傳寫錯誤六百餘條,著成
《經義述聞》。傳見《清史稿》卷四八一、《清史列傳》卷三四。

[110] 經傳釋詞：王引之所編古漢字虛字字典，共收先秦至西漢古書中的虛字一百六十個，詳細考證各字用法及其變遷。

[111] 三古：指夏、商、周三代，見《經傳釋詞》序。

[112] 字典：指《康熙字典》，清朝康熙帝敕令編輯的漢文字典，共收漢字四萬七千零三十五字，廣錄冷僻古字，在清代流行極廣。但其中讀音釋義的錯誤極多，道光帝曾命王引之修改。王引之訂正訛誤二千五百八十八條。均爲細枝末節。這裏諷刺《康熙字典》荒謬得無法修改，也爲王引之辯護。

[113] 俞樾：(1821—1907)字蔭甫，號曲園，浙江德清人。清末學者。咸豐時曾任翰林院編修、河南學政。罷官後專讀二王父子書，即以考據爲業。長期主講杭州詁經精舍。章炳麟介紹他的學術成就，謂"成《羣經平議》，以劃《述聞》；又規《雜誌》，作《諸子平議》；最後作《古書疑義舉例》"。此外著作甚多，彙編爲《春在堂全書》。傳見《太炎文錄》卷二《俞先生傳》、《清史稿》卷四八二。

[114] 孫詒讓：(1848—1908)字仲容，號籀高(廎)，浙江瑞安人。清末學者。舉人。晚年曾任溫州師範學校校長、浙江教育會會長，同情資產階級民主運動。章炳麟介紹他的學術成就，謂他"以爲典莫備於六官，故疏《周禮》；行莫賢於墨翟，故次《墨子閒詁》；文莫正於宗彝，故作《古籀拾遺》"（章太炎《孫詒讓傳》）。對近代關於先秦諸子、金文甲骨文的研究，都有影響。章炳麟曾自稱是他的"後學"。傳見《太炎文錄》卷二《孫詒讓傳》、《清史稿》卷四八二。

[115] 古書疑義舉例：俞樾考辨周、秦、兩漢古漢語語法的主要著作，共歸納八十八條規則。章炳麟以爲成就超過《經傳釋詞》。近人劉師培、楊樹達等相繼作過補充。

[116] 稱名：名稱。俞樾考辨古人稱謂概念貌似混亂而實有規則諸條，見《古書疑義舉例》卷三。

[117] 微至：精妙之極。

[118] 名家：即先秦諸子中的"名家"，章炳麟認爲應以荀況和墨家爲代表，詳見《章太炎選集》所錄《論諸子學》。

[119] 凡將、急就：均爲古字書。《凡將》，西漢司馬相如編，已佚，清黃奭《漢學堂叢書》有輯本。《急就》，西漢史游編。把當時的常用字編成三、四、七言的韻語，以便記誦，與《凡將》都是供兒童學習識字的"蒙書"（初級課本）。唐顏師古、宋王應麟曾作注，清孫星衍有考異。

[120] 参密嚴瑮：参，驂的本字，通"縝"。参密，即縝密。瑮，《説文》謂形容玉的色彩排列很有秩序，字或假借作㮚。嚴瑮，謹嚴有序。

[121] 萬斯大、斯同：萬斯大（1633—1683），字充宗，號跛翁，浙江鄞縣人。清初經學家。與弟斯同均爲黃宗羲的學生，研究三《禮》、《春秋》，多懷疑鄭玄等漢儒的傳注，著有《學禮質疑》、《周官辨非》等。傳見《清史稿》卷四八一、《清史列傳》卷六八。萬斯同（1638—1702），字季野，學者稱石園先生，私諡貞文。清初史學家。康熙時開《明史》館，徵黃宗羲纂修，黃派子百家和萬斯同"以布衣參史局"。斯同據宗羲手定條例，修成《明史》稿，又曾代徐乾學編纂《讀禮通考》。另著有《歷代史表》、《羣書疑辨》、《石經考》等。傳見《清史稿》卷四八三、《清史列傳》卷六八。

[122] 邵晉涵：（1743—1796）字與桐，號二雲，浙江餘姚人。清朝史學家。乾隆時曾任《四庫全書》館纂修官、侍講學士。曾預修《續三通》、《八旗通志》，從《永樂大典》等書中輯出久已失傳的《舊五代史》，並注意搜集南明史料。著有《爾雅正義》、《舊五代史箋注》、《南江文鈔》等。傳見《清史稿》卷四八一、《清史列傳》卷六八。

[123] 全祖望：（1705—1755）字紹衣，號謝山，浙江鄞縣人。清朝史學家。乾隆時曾任翰林院庶吉士，在學術上推崇黃宗羲，續修《宋元學案》，七校《水經注》。所著《鮚埼亭集》，收明清之際義士、學者的碑傳很多。傳見《清史稿》卷四八一、《清史列傳》卷六八。

[124] 歆、固之學：指劉歆、班固的史學。劉歆曾編《七略》，班固據以增刪而成《漢書·藝文志》，將西漢以前所有著作分門別類，編列目録，並有提要和簡單評論。章炳麟推崇爲繼上孔子《春秋》的史學理論著作。

[125] 黃式三：（1789—1862）字薇香，浙江定海人。清朝經學家。歲貢生。著有《論語後案》、《儆居集》等。傳見《清史稿》卷四八二、《清史列傳》卷六九。

[126]　以周：黃以周(1828—1899)，字元同，號儆季。清朝經學家。同治末曾
　　　　任浙江處州府學教授，晚年主講江陰南菁書院。章炳麟年青時曾向他
　　　　問學，説他“爲學不拘索漢宋門户”，稱頌他的《禮經通故》“蓋與杜氏《通
　　　　典》比隆，其校核異義，過之諸先儒，不決之義，盡明之矣”。另著有《續
　　　　資治通鑑長編拾補》、《儆季雜著》等。傳見《太炎文録》卷二《黃先生
　　　　傳》，又《清史稿》卷四八二、《清史列傳》卷六九。

[127]　漸江：浙江古稱。

[128]　佚麗：愛美。佚，通“逸”，樂。

[129]　比興：《毛詩序》説《詩》“六義”中的兩種。章炳麟認爲比(批評性的比
　　　　喻)、興(頌揚性的借喻)是兩種詩體。文辭比興，文章詩歌。

[130]　會同：會盟，會合，指結社。

[131]　博依：依靠廣泛的比喻，《禮記·學記》：“不學博依，不能安詩。”

[132]　該洽百氏：兼和百家。

[133]　依違：徘徊，乍合乍離。

[134]　温藉：同藴藉，很含蓄。

[135]　四庫館：《四庫全書》館，清乾隆三十七年(1772)所開審查整理宮廷藏書
　　　　和國内圖書的專館，奉命參加審訂的都是當時知名學者，審訂歷時十
　　　　年，修成《四庫全書》，有三千五百零三種，七萬九千三百三十七卷，分爲
　　　　經、史、子、集四部，總稱《四庫全書》。章炳麟斥清廷此舉意在毀滅歷
　　　　史，“使莫能罪狀己以階革命”。參見《章太炎選集》所録《哀焚書》。

[136]　方苞：(1668—1749)字鳳九，號靈皋，又號望溪，安徽桐城人。清朝散文
　　　　家，桐城派創始人。康熙時曾受文字獄株連，入旗爲奴，雍正初赦歸籍，
　　　　充《一統志》總裁，乾隆時官禮部右侍郎。作文標榜“義法”，宣揚“義理、
　　　　考據、詞章”三者並重，模倣韓柳古文，宣傳程朱理學。著有《望溪全
　　　　集》。傳見《清史稿》卷二九〇、《清史列傳》卷一九。

[137]　姚範：(1702—1771)字南青，號薑塢，安徽桐城人。清朝桐城派文學家。
　　　　提倡詩文以達意爲主。乾隆時曾任翰林院編修、三禮館纂修官。著有
　　　　《援鶉堂文集》等。傳見《清史列傳》卷七二。

[138]　劉大櫆：(1698—1779)字才甫，一字耕南，號海峰，安徽桐城人。清朝桐

城派文學家。與姚範同爲方苞的學生。乾隆時曾任安徽黟縣教諭。論文提倡"義理、書卷、經濟",即用文章宣傳程朱理學,又强調重神氣,講究音節、字句。著有《海峰文集》及《詩集》等。傳見《清史稿》卷四八五、《清史列傳》卷七一。

[139] 曾鞏:已見本書《宋史紀事本末・王安石變法》注[3]。

[140] 歸有光:(1506—1571)字熙甫,號震川,崑山(今屬江蘇)人。明朝文學家。嘉靖時曾任南京太僕寺丞。反對"文必秦漢",主張效法唐宋文,尤其推崇歐陽修。散文善於敘事、道情,宣傳封建倫理道德,對桐城派頗有影響,著有《震川先生集》。傳見《明史》卷二八七。

[141] 尸程朱:尊奉程、朱爲神主。

[142] 孟子字義疏證:戴震的主要哲學著作,用考據學的形式批評理學,含蓄指責封建統治者"以'理'殺人"。章炳麟對其很推崇,認爲戴震提倡考據的真意就在此書中,參見《章太炎選集》所錄《悲先戴》。

[143] 材性:《孟子字義疏證》卷下:"氣化生人生物,據其限於所分而言,謂之命;據其爲人物之本始而言,謂之性;據其體質而言,謂之才。由成性各殊,故才質亦殊。才質者,性之所呈也。……以人物譬之器,才則其器之質也。"

[144] 諸姚:指姚範、姚鼐、姚瑩等桐城派作家。

[145] 委蛇寧靖:形容謙恭有禮,安分守己。

[146] 姚鼐:(1731—1815)字姬傳,一字夢穀,室名惜抱軒,或稱惜抱先生,姚範之姪。清朝桐城派主要作家。乾隆時曾任刑部郎中、四庫館纂修官。劉大櫆的學生。後主講鍾山等書院。標榜不拘漢宋門户,但作文仍宗程朱,所編《古文辭類纂》,於清朝只選方苞、劉大櫆,由此出現"桐城派"名稱。著有《惜抱軒全集》。傳見《清史稿》卷四八五、《清史列傳》卷七二。

[147] 震謝之:指乾隆間,姚鼐在四庫館,要拜戴震爲師,稱之爲"夫子"。戴震不受,說"僕與足下無妨交相師",見段玉裁所編戴震《年譜》。

[148] 以微言匡飭:見戴震《與姚孝廉姬傳書》。

[149] 詆楔學殘碎:姚鼐排擊考據學多見於《惜抱軒尺牘》。曾罵戴震講義理

爲"愚妄不自量之甚","其意乃欲與程朱爭名,安得不爲天下之惡","身滅嗣絕"。

[150]　方東樹:(1772—1851)字植之,晚自號儀衛,安徽桐城人。清朝理學家、文學家。姚鼐的學生。諸生。於道光初作《漢學商兌》,借批評江藩《漢學師承記》,否定乾嘉考據學,維護程朱正統。另著有《儀衛堂文集》等。傳見《清史稿》卷四八六、《清史列傳》卷六七。

[151]　惲敬:(1757—1817)字子居,號簡堂,江蘇陽湖(今常州)人。清朝文學家。乾隆間歷任浙江富陽、江山知縣。自稱其學非漢非宋,文章學韓非、李斯,實則模倣蘇洵。與張惠言同爲陽湖派的代表者,著有《大雲山房文稿》等。傳見《清史稿》卷四八五、《清史列傳》卷七二。

[152]　陸繼輅:(1772—1834)字祁孫,一字修平,江蘇陽湖人。清朝陽湖派詩人。嘉慶時歷任合肥縣學訓導,江西貴溪知縣。著有《崇百藥齋詩文集》等。傳見《清史列傳》卷七二。

[153]　儷辭:對偶之辭,指駢文。

[154]　優衍:美好。衍,形容美的樣子,見《詩經·小雅·伐木》毛傳。

[155]　熙蕩:遊戲放蕩。熙通嬉。

[156]　常州今文之學:即清朝的經今文學派。因這派初期代表莊存與、劉逢祿都是江蘇常州人,所以也稱"常州學派"。

[157]　瑰意眇辭:奇異的想法,動聽的辭令。

[158]　馬鄭尚書:即東漢古文經學家馬融、鄭玄注解過的《尚書》,爲今古文的合編本,但其中古文部分已佚,僅存篇目。

[159]　莊存與:(1719—1788)字方耕,江蘇武進(今常州)人。清朝經學家。乾隆時曾任禮部左侍郎,治程朱理學,又研究《公羊傳》,自稱"獨得先聖微言大義於語言文字之外"。所著《春秋正辭》,被視爲清代經今文學開山作。著作彙編爲《味經齋遺書》。傳見《清史稿》卷三〇五、《清史列傳》卷二四。

[160]　猶稱說周官:莊存與反對"辯古籍真僞",以爲僞《古文尚書》等"皆聖人之真言","帝胄天孫,不能旁覽雜氏,惟賴幼習五經之簡,長以通治天下"(龔自珍《武進莊公神道銘》引)。他肯定《周禮》,撰有《周官記》、《周

官説》等。

[161] 劉逢禄：(1776—1829)字申受，江蘇武進人。清朝經學家。嘉慶時曾任禮部主事。莊存與的外孫和再傳弟子。所撰《春秋公羊經傳何氏釋例》等，首樹清朝今文經學旗幟。又撰《左氏春秋考證》，攻擊古文經學，實爲打擊乾嘉考據學。對清末康有爲頗有影響。章炳麟曾多次撰論駁難，參見《章太炎選集》所錄《駁箴膏肓評三書敍》。傳見《清史稿》卷四八二、《清史列傳》卷六九。

[162] 李育：字元春，扶風(今陝西彬縣)人。東漢經學家。曾任侍中。東漢章帝時，在白虎觀辯論"五經同異"，力申《公羊》經義，同古文經學家賈逵相對立，著有《難左氏義》，已佚。傳見《後漢書》卷一〇九。

[163] 公羊釋例：即《春秋公羊經傳何氏釋例》，劉逢禄依據東漢今文經學家何休《公羊解詁》，發揮自己的哲學見解，以爲"撥亂反正，莫近《春秋》，董、何之言，受命如響；然則求觀聖人之志，七十子所傳，舍是奚適焉"。

[164] 屬辭比事：《禮記·經解》："屬辭比事，《春秋》教也。"孔穎達疏："屬，合也；比，近也。《春秋》聚合會同之事，是屬辭；比次褒貶之事，是比事也。"

[165] 説繹：説通悅。説繹，樂於尋繹，喜歡讀下去。

[166] 宋翔鳳：(1776—1860)字于庭，江蘇長洲(今蘇州)人。清朝經學家。嘉慶時曾任湖南新寧縣知縣，莊存與的再傳弟子，發揮董仲舒的"天人感應"理論，把孔學解釋成純粹的神學，著有《周易考異》、《論語發微》、《過庭錄》等。傳見《清史稿》卷四八二、《清史列傳》卷六九。

[167] 翼奉：字少君，下邳(今江蘇睢寧西北)人。西漢經學家。其説見前注[45]。傳見《漢書》卷七五。

[168] 始一而終亥：東漢許慎的《説文解字》分文字爲五百四十部，首爲"一"部，末爲"亥"部。

[169] 歸藏：相傳爲《周易》以前的古《易》，《歸藏》卦由純坤(䷁)開始，坤象徵地，"萬物莫不歸藏於地"，故名。今傳本《古三墳書》中的《歸藏》，係後人僞造。清馬國翰《玉函山房輯佚書》輯有《歸藏》一卷，雖不可信，但晉代郭璞著書已經引用，説明成書時代比較早。

[170] 嘗以術奸説貴人：奸説，干説。指魏源曾代清朝江蘇布政使賀長齡編《皇朝經世文編》，又著《聖武記》，宣傳清朝康雍乾三朝的强盛。章炳麟認爲是借學術取媚清朝，在本書《學隱》篇曾予以指責。

[171] 牢落：寥落，形容失輩後的孤寂狀態。

[172] 詩書古微：即《詩古微》和《書古微》，魏源排擊戴震一派考據學者的兩部著作。以爲三家《詩》說明"作《詩》者之意爲主"，"《毛詩》則以采詩編詩之意爲主"，因而"三家《詩》比較《毛傳》，多合於事實"。又以爲，《古文尚書》不但東晉梅賾所獻者是僞書，而且東漢馬融、鄭玄所傳的也是僞書，因而説《尚書》必須據伏生、歐陽、大小夏侯所傳"微言大義"。

[173] 歐陽、大小夏侯：指漢朝傳授今文《尚書》的三家：伏生的門徒歐陽生所開創的《尚書》歐陽學；夏侯勝開創的大夏侯學；夏侯勝之姪夏侯建開創的小夏侯學。三家在漢宣帝時均立爲博士。

[174] 相攻擊如仇讎：《漢書·夏侯建傳》："自師事勝及歐陽高，左右采獲；又從五經諸儒問與《尚書》相出入者，索引以次章句，具文飾説。勝非之，曰：'建所謂章句小儒，破碎大道。'建亦非勝爲學疏略，難以應敵。"

[175] 邵懿辰：(1810—1861)字位西，浙江仁和(今杭州)人。清朝經學家、目錄學家。道光時曾任刑部員外郎，後在杭州頑抗太平軍，城破自殺。用李光地、方苞的理學觀點排擊乾嘉考據學。所著《尚書通義》、《禮經通論》，認爲古文《尚書》、《禮經》均爲劉歆僞造，而推崇梅賾的僞《古文尚書》。另編有《四庫簡明目錄標注》等。傳見《清史稿》卷四八〇、《清史列傳》卷六七。

[176] 姚易卓犖：飛揚怪異，與衆不同。

[177] 戴望：(1837—1873)字子高，浙江德清人。清朝經學家。同治中曾任金陵書局校勘，宋翔鳳的學生。墨守師法，遇本派論學不守公羊派師説的，就辯駁不止。章炳麟寫過《哀後戴》(見《章太炎選集》)，贊他有民族氣節，惜他的學説被康有爲發展成"新學僞經之説"。著有《論語注》、《管子校正》、《顏氏學記》等。傳見《清史列傳》卷六九。

[178] 王闓運：(1832—1916)字壬秋，晚號緗綺老人，湖南湘潭人。清末文學家。早年充曾國藩的幕僚，後著《湘軍志》。同、光時任成都尊經書院主

講。清末得岑春煊推薦，任翰林院檢討。辛亥革命後被袁世凱任命爲清史館館長。推崇何休《公羊解詁》，曾以清朝今文經學解說爲依據，并注五經。著有《周易説》、《尚書箋》等説經著作十部。傳見《清史稿》卷四八二。

[179] 井研廖平：井研，本書 1904、1906 年版均作資州，據北京圖書館藏《煊書》手改本訂正。廖平（1852—1932），字季平，晚號六譯，四川井研人。近代學者。清同治時在成都尊經書院隨王闓運學習《公羊傳》。研究經學以善變出名，先後凡六變；始著《今古學考》，以爲先秦已有今文和古文的分野，孔子早年是古文家，晚年是今文家；繼則著《古學考》等文，主張今文是孔子的真學，古文是劉歆的僞造，此説是康有爲《新學僞經考》的依據；然後又稱頌劉歆，説《周禮》是“世界主義”，《禮記·王制》（今文）是“國家主義”；再變成“天人之學”，以爲儒者最高理想在《中庸》，屬“天學”，一萬年後將會實行；最後兩變，則發揮這個“天學”論。所著書已刻者有九十七種，内七十餘種彙編爲《六譯館叢書》。

[180] 以莊周爲儒術：指廖平以爲《莊子》講出了《中庸》想説而説不清的話，是“天學”的頂點。

[181] 文明：《周易·乾卦》文言：“見龍在田，天下文明。”孔穎達疏：“天下文明者，陽氣在田，始生萬物，故天下有文章而光明也。”這裏借指社會開化狀態，與野蠻相對而言。

[182] 鼃鬼：鼃(jī)，《説文》：“鬼俗也。……《淮南傳》曰：吴人鬼，越人鼃。”段玉裁注：“謂好事鬼成俗也。”

[183] 象緯：象數，讖緯。象數即龜筮，用龜卜或蓍筮表示吉凶、陰陽的象和數。

[184] 料簡事類：分門別類考察事實。

[185] 汙隆：上下，即興衰。

[186] 張惠言：（1761—1802）字皋文，號茗柯，江蘇武進（今常州）人。清朝經學家、陽湖派散文家。嘉慶時曾任翰林院編修。主要據三國吳虞翻的《易注》殘篇，議論天地陰陽、人事變化的“消息”。所著《周易虞氏義》、《周易虞氏消息》等六部説《易》作品，與惠棟的《易漢學》，神秘主義氣息

都很濃。傳見《清史稿》卷四八二、《清史列傳》卷六九。

[187]　陳澧：(1810—1882)字蘭甫，號東塾，廣東番禺人。清朝學者、文學家。
曾主講廣東學海堂等。所著《東塾讀書記》，主張兼容漢、宋學。另著有
《切韻考》、《漢儒通義》等。傳見《清史稿》卷四八二、《清史列傳》卷
六九。

[188]　翕(xì)盍：也作翕呷、噏呷，衣服張起貌，引申比喻小動作。

[189]　揃豪：揃通剪。豪通毫。揃豪，剪毛。

[190]　刌：通寸。

[191]　仲長子：即仲長統，傳已選入本書。

[192]　詳不言：詳通佯。指本來無知，却僞裝知道不説。

[193]　受無名者，移知者：謂學問是小人物傳授的，却詭稱是大人物教的。

[194]　諸疏：唐太宗曾命孔穎達等撰《五經正義》，即《周易》、《尚書》、《毛詩》、
《禮記》、《春秋左氏傳》五書的統一注釋，高宗時作爲官定教科書。此外
唐初還將“五經”與《周禮》、《儀禮》、《公羊》、《穀梁》二傳，合稱“九經”，
後四部分另用賈公彥的《周禮疏》、《儀禮疏》，徐彥的《春秋公羊傳疏》，
楊士勛的《春秋穀梁傳疏》。

[195]　《十三經注疏》：南宋時將三國魏何晏注、宋邢昺疏的《論語》，唐玄宗注、
邢昺疏的《孝經》，晉郭璞注、邢昺疏的《爾雅》，漢趙岐注、宋孫奭疏的
《孟子》、與唐人九經注疏，合刊稱《十三經注疏》。

[196]　王弼：(226—249)字輔嗣，山陽(今河南焦作)人。三國魏哲學家。曾任
尚書郎。與何晏等開玄學清談的風氣。曾注《周易》和《老子》，用西漢
經學家費直的方法，以《周易》的彖辭、象辭、繫辭、文言解説經文，只談
義理，排斥鄭玄用象數解《易》的訓詁章句方法，又用老莊思想解釋《周
易》，因而大爲經學家不滿。傳見《三國志·魏志》卷二八。

[197]　杜預：已見本書《晉書·食貨志》注[18]。

[198]　宣父：唐太宗貞觀十一年，下詔尊孔子爲宣父。

[199]　毛、鄭傳注無間也：謂《詩經》毛公傳和鄭玄注很完善，使人無懈可擊。

[200]　疏人：指唐朝《毛詩正義》的作者孔穎達、王德韶、齊威等。

[201]　述：即惠棟所著《周易述》。下引書皆略去經名，不另注。

［202］ 李林松：(生卒年不詳)字仲熙，號心庵，上海人。清朝經學家。嘉慶時任户部主事。曾增訂惠棟的《周易述》，成《周易述補》。

［203］ 荀、虞二家：荀，東漢經學家荀爽，曾注《周易》。虞，三國吴經學家虞翻。二人注釋均佚，片斷保留在李鼎祚所輯《周易集解》中。惠棟、張惠言等都據此論述他們的《易》學。

［204］ 乾鑿度：《周易》緯書的一種，鄭玄曾爲作注。原書已佚，清馬國翰、黄奭等有輯本。

［205］ 孫星衍：(1753—1818)字淵如，一字伯淵，號季述，江蘇陽湖(今常州市)人。清朝經學家。乾隆時曾任刑部主事、山東督糧道。後主講鍾山書院、詁經精舍。所著《尚書今古文注疏》，輯録漢唐舊注，兼取清朝王鳴盛、江聲、段玉裁等人考證，而摒棄宋以後理學家的"臆説"，在清代《尚書》注解中是較完備的一種。另刻有《平津館叢書》，著作彙編爲《孫淵如全集》等。傳見《清史稿》卷四八一、《清史列傳》卷六九。

［206］ 鈲(pì)析：裁破，割裂。

［207］ 陳奂：(1786—1863)字碩甫，號師竹，江蘇長洲(今蘇州)人。清朝經學家。段玉裁弟子。所著《詩毛氏傳疏》，專解説《詩經》毛傳，以爲鄭玄注文繁而義不精，因而擯斥不用。傳見《清史稿》卷四八二、《清史列傳》卷六九。

［208］ 劉文淇：(1789—1854)字孟瞻，江蘇儀徵人。清朝經學家。一生研究《左傳》，搜集東漢經學家賈逵、服虔、鄭玄三家舊注和清人補注，加以疏通考證，著《左傳舊注疏證》。子毓崧、孫壽曾相繼續編到襄公五年爲止，仍未完成。傳見《清史稿》卷四八二、《清史列傳》卷六九。

［209］ 陳立：(1809—1869)字卓人，一字默齋，江蘇句容人。清朝經學家。道光時曾任雲南曲靖知府。凌曙、劉文淇的學生。曾著《白虎通疏證》。所著《公羊義疏》，輯録唐以前舊説和清代孔廣森、劉逢禄等的新注，加以疏解。識見不高，但較完備。傳見《清史稿》卷四八八、《清史列傳》卷六九。

［210］ 劉寶楠：(1791—1855)字楚楨，江蘇寶應人。清朝經學家。道光時歷任河北文安、三河知縣。劉台拱的侄兒和學生，但經學上也採納宋朝理學

家解釋。所著《論語正義》，以何晏《論語集解》爲主，輯録新舊各家注疏，着重糾正皇侃疏、邢昺注的弊病，在清代《論語》注中最詳細。傳見《清史稿》卷四八二、《清史列傳》卷六九。

[211]　皮錫瑞：(1850—1908)字鹿門，湖南善化(今長沙)人。清朝經學家。曾主講湖南龍潭書院。戊戌變法時，與譚嗣同等合辦南學會，任學長。變法失敗後，被清政府革去舉人，交地方官管束。後在湖南高等學堂任教。以研究伏生《尚書大傳》出名。所著《孝經鄭注疏》，章炳麟評爲“雖多持緯候，扶微繼絶”，但對皮的《王制箋》等著作，則斥爲荒謬，“牧豎所不道”(見《駁皮錫瑞三書》)。傳可參考皮名振《皮鹿門先生年譜》。

[212]　郝懿行：(1757—1825)字恂九，一字蘭皋，山東栖霞人。清朝經學家。嘉慶時曾任户部主事。所著《爾雅義疏》，在清代與邵晉涵的《爾雅正義》同稱名作。傳見《清史稿》卷四八二、《清史列傳》卷六九。

[213]　焦循：(1763—1820)字理堂，一字里堂，江蘇甘泉(今揚州)人。清朝數學家、哲學家。對《周易》、數學都有研究，所著《孟子正義》，以東漢趙岐注爲主，引用清代注家百餘人的説法作證，較詳備。傳見《清史稿》卷四八二、《清史列傳》卷六九。

[214]　孔疏：指孔穎達的《禮記正義》。

[215]　姚配中：(1792—1844)字仲虞，安徽旌德人。諸生。曾據鄭玄用象數解《易》，撰《周易姚氏學》。另著有《一經廬文鈔》。傳見《清史列傳》卷六九。

[216]　馬瑞辰：(1782—1853)字元伯，一字獻生，安徽桐城人。嘉、道間曾任工部員外郎。後主講江西白鹿山、安徽廬陽等書院，因頑抗太平軍被殺。所撰《毛詩傳箋通釋》，以考辨真僞、分析讀音見長。傳見《清史列傳》卷六九。

[217]　探賾：賾，幽深。探賾，探索奥妙。

[218]　凌曙：(1775—1829)字曉樓，江蘇江都(今揚州)人。道光時曾爲阮元校書，充當幕客。所著《公羊禮疏》、《公羊問答》等，專門發揮何休説。另有《春秋繁露注》等。傳見《清史稿》卷四八二、《清史列傳》卷六九。

[219]　包慎言：(生卒年不詳)字孟開，安徽涇縣人。道光舉人。著有《公羊歷

譜》、《廣英堂遺稿》等。

[220] 相比：相近。焦循解釋《周易》的方法，王引之認爲"比例二字盡之"，也就是從音韻訓詁入手，在經文中尋找經文的解釋。

[221] 天元一：我國古代數學名詞，代表開方時所求的未知數，即代數中的 x。天元一術，用開方求未知數的古算法，相當於代數中的恆等方程式。焦循著有《天元一釋》、《開方通釋》，用近代代數知識説明天元一術。他又企圖用此法解釋《周易》，以爲全部自然界和人類社會規律，都可以用天元一術概括。《檢論·清儒》曾加注對焦循此點進行批評。

[222] 侯康：(1798—1837)字君謨，廣東番禺人。道光舉人。曾用三《禮》考證《春秋穀梁傳》，著《穀梁禮證》，未完成。傳見《清史列傳》卷六九。

[223] 陳喬樅：(1809—1869)字樸園，一字樹滋，福建閩侯人。清朝經學家。道、咸間曾任撫州知府。效法其父陳壽祺，專事西漢今文輯佚學。著有《魯詩遺説考》、《齊詩遺説考》、《禮記鄭讀考》等十餘種。總稱《小琅嬛館叢書》，又名《左海續集》。傳見《清史稿》卷四八二、《清史列傳》卷六九。

[224] 秦蕙田：(1702—1764)字樹峰，號味經，江蘇無錫人。乾隆時官至刑部尚書。據徐乾學《讀禮通考》體例，撰《五禮通考》，堆砌古代吉、凶、軍、賓、嘉五禮的各種史料，達二百六十二卷。傳見《清史稿》卷三〇四、《清史列傳》卷二〇。

[225] 金鶚：(1771—1819)字秋史，號誠齋，浙江臨海人。曾肄業於杭州詁經精舍。著有《禮説》、《鄉黨正義》等。

[226] 四十九篇：即今存《禮記》篇數。

[227] 故儒家：《漢書·藝文志》列《孟子》入《諸子略·儒家類》，南宋時升爲"經"。

[228] 禮堂六經之策：指鄭玄編注的經書，《後漢書·鄭玄傳》："所好羣書，率皆腐敝，不得於禮堂寫定，傳與其人。"

[229] 二尺四寸之律：《詔聖》篇原指秦漢時的法律，都寫在二尺四寸長的竹簡上。

[230] 新禮：曹襃所著，解説"冠婚吉凶終始制度"。《後漢書·曹襃傳》："和帝

即位,襃乃爲作章句,帝遂以《新禮》二篇冠。"

[231]　謙半之:表示謙讓,書寫用的簡策僅及"六經"所用長度的一半。鄭玄
　　　　《論語序》:"《春秋》二尺四寸書之,《孝經》一尺二寸書之,《論語》八寸。"

[232]　鉤命決:《孝經》緯書的一種,已佚,清馬國翰、趙在翰等有輯本。

[233]　賈子《容經》:賈子即西漢文學家賈誼。《容經》爲他所著《賈子新書》中
　　　　一篇,記録西漢時各種禮節。

[234]　朱右曾:(生卒年不詳)字尊魯,一字亮甫,江蘇嘉定人。道、咸間曾任貴
　　　　州遵義知府,鎮壓過當地農民起義。所著《周書集訓校釋》,是清朝關於
　　　　《逸周書》注解較完備的一部。傳見《清史列傳》卷六九。

[235]　龔麗正:(1766—1841)字闇齋,浙江仁和(今杭州)人。龔自珍父。嘉慶
　　　　時曾任禮部郎中。著有《國語韋昭注疏》。傳見江藩《國朝漢學師承記》
　　　　卷五。

[236]　董增齡:(生卒年不詳)字慶千,清浙江烏程人。著有《國語正義》。

[237]　墻固:堅不可拔。

[238]　善承珏視:能够捧着翻閱。珏,即展。

[239]　蕃變:盛變。質文蕃變,由樸實不斷變出光彩。

[240]　七經:指《周易》、《尚書》、《詩經》、《周禮》、《儀禮》、《禮記》、《春秋》。清
　　　　朝康熙、雍正、乾隆三帝,都曾設置專門官署對這"七經"進行整理注釋,
　　　　有《周易折中》、《日講書經解義》、《詩義折中》、《周禮義疏》、《儀禮義
　　　　疏》、《禮記義疏》、《春秋直解》等。

[241]　倍:通背。鄙倍,淺陋背理。

[242]　蔡沈:(1167—1230)字仲默,福建建陽人。南宋理學家。朱熹的學生,
　　　　撰有《書集傳》,元以後作爲科舉取士的官方教科書。傳見《宋史》卷四
　　　　三四。

[243]　陳澔:(1261—1341)字可大,號雲莊,江西都昌人。元朝理學家。所撰
　　　　《禮記集説》,尊奉朱熹,明朝定爲科舉取士的官方教科書。傳見《新元
　　　　史》卷二三六。

[244]　朱彝尊:(1629—1709)字錫鬯,號竹垞,浙江秀水人。清朝學者、文學
　　　　家。康熙時曾任翰林院檢討,參與修《明史》。所編《經義考》,詳録歷代

解釋孔學經籍的書目，并附有關原書的序跋、論説或考證，共三百卷。傳見《清史稿》卷四八九、《清史列傳》卷三一。

[245] 顧棟高：(1679—1759)字震滄，又字復初，江蘇無錫人。清朝史學家。乾隆時曾任國子監祭酒。曾搜録春秋大小事宜，分類列表，編成《春秋大事表》，共五十卷。又著《尚書質疑》，抄襲前人舊論，作爲本人心得。傳見《清史稿》卷四八〇、《清史列傳》卷六八。

[246] 任啓運：(1670—1744)字翼聖，號鈞臺，江蘇宜興人。康、雍間曾任三禮館副總裁，宗人府府丞。著《肆獻祼饋食禮》、《宫室考》等，補朱熹未傳之《儀禮》，開清人治此經之先河。但學宗朱熹，取舊注爲"己説"，故爲章炳麟所譏。另著有《四書約旨》、《禮記章句》、《清芬樓遺稿》等。傳見《清史稿》卷四八一、《清史列傳》卷六八。

中國之舊史〔新史學第一章〕

於今日泰西[1]通行諸學科中,爲中國所固有者,惟史學。史學者,學問之最博大而最切要者也,國民之明鏡也,愛國心之源泉也。今日歐洲民族主義所以發達,列國所以日進文明,史學之功居其半焉。然則,但患其國之無茲學耳;苟其有之,則國民安有不團結,羣治安有不進化者。雖然,我國茲學之盛如彼,而其現象如此,則又何也?

今請舉中國史學之派別表示之,而略論之。

第一　正史
  （甲）官書　所謂二十四史[2]是也。
  （乙）別史　如華嶠《後漢書》、習鑿齒《蜀漢春秋》、《十六國春秋》、《華陽國志》、《元祕史》[3]等,其實皆正史體也。

第二　編年　《資治通鑑》等是也。

第三　紀事本末
  （甲）通體　如《通鑑紀事本末》、《繹史》[4]等是也。
  （乙）別體　如平定某某方略、"三案"始末[5]等是也。

第四　政書
  （甲）通體　如《通典》、《文獻通考》等是也。
  （乙）別體　如《唐開元禮》、《大清會典》、《大清通禮》[6]等是也。
  （丙）小紀　如《漢官儀》[7]等是也。

第五　雜史
  （甲）綜　紀　如《國語》、《戰國策》等是也。
  （乙）瑣　紀　如《世説新語》、《唐代叢書》、《明季稗史》[8]等是也。
  （丙）詔令奏議　《四庫》另列一門,其實雜史耳。

第六　傳記
  （甲）通體　如《滿漢名臣傳》、《國朝先正事略》[9]等是也。
  （乙）別體　如某帝實録、某人年譜等是也。

第七　地志
  （甲）通體　如各省通志、《大卜郡國利病書》[10]等是也。
  （乙）別體　如紀行[11]等書是也。

第八　學史　如《明儒學案》、《國朝漢學師承記》[12]等是也。

第九　史論
  （甲）理論　如《史通》、《文史通義》等是也。
  （乙）事論　如歷代史論[13]、《讀通鑑論》等是也。
  （丙）雜論　如《廿二史劄記》、《十七史商榷》[14]等是也。

第十　附庸
  （甲）外史　如《西域圖考》、《職方外紀》[15]等是也。
  （乙）考據　如《禹貢圖考》[16]等是也。
  （丙）注釋　如裴松之《三國志注》等是也。

都爲十種、二十二類。

　　試一繙四庫之書,其汗牛充棟、浩如煙海者,非史學書居十六七乎! 上自太史公、班孟堅,下至畢秋帆、趙甌北[17],以史家名者不下數百,茲學之發達,二千年於茲矣! 然而陳陳相因,一邱之貉,未聞有能爲史界闢一新天地,而令茲學之功德普及於國民者,何也? 吾推其病源,有四端焉。

　　一曰:知有朝廷而不知有國家。　吾黨常言,二十四史非史也,二十四姓之家譜而已。其言似稍過當;然按之作史者之精神,其實際固不誣也。吾國史家以爲:天下者,君主一人之天下,故其爲史也,不過敍某朝以何而得之,以何而治之,以何而失之而已,舍此則非所聞也。昔人謂《左傳》爲"相砍書"[18];豈惟《左傳》,若二十四史,真可謂地球上空前絕後之一大相砍書也。雖以司馬溫公之賢,其作《通鑑》,亦不過以備君王之瀏覽。其"論"語,無一非忠告君主者。蓋從來作史者,皆爲朝廷上之君若臣而作,曾無有一書爲國民而作者也。其大蔽在不知朝廷與國家之分別,以爲舍朝廷外無國家。於是乎有所謂正統、閏統[19]之爭論,有所謂鼎革[20]前後之筆法。如歐陽之《新五代史》[21],朱子之《通鑑綱目》[22]等,今日盜賊,明日聖神;甲也天命,乙也僭逆。正如羣蛆啄矢,爭其甘苦;狙公賦芧,辨其四三[23];自欺欺人,莫此爲甚! 吾中國國家思想至今不能興起者,數千年之史家,豈能辭其咎耶!

　　二曰:知有個人而不知有羣體。　歷史者,英雄之舞臺也;舍英雄幾無歷史。雖泰西良史,亦豈能不置重於人物哉! 雖然,善爲史者,以人物爲歷史之材料,不聞以歷史爲人物之畫像;以人物爲時代之代表,不聞以時代爲人物之附屬。中國之史,則本紀、列傳,一篇一篇,如海岸之石,亂堆錯落。質而言之,則合無數之墓志銘而成者耳。夫所貴乎史者,貴其能敍一羣人相交涉、相競爭、相團結之道,能述一羣人所以休養生息、同體進化之狀,使後之讀者愛其羣、善其羣之心油然生焉! 今史家多於鯽魚,而未聞有一人之眼光能見及此者。此我國民之羣力、羣智、羣德所以永不發生,而羣體終不成立也。

　　三曰:知有陳迹而不知有今務。　凡著書貴宗旨,作史者,將爲若干之陳死人作紀念碑耶? 爲若干之過去事作歌舞劇耶? 殆非也;將使今世之人,鑑之裁之,以爲經世之用也。故泰西之史,愈近世則記載愈詳。中國不然,非鼎革之後,則一朝之史不能出現。又不惟正史而已,即各體莫不皆然。故溫公《通鑑》，亦起戰國而終五代。果如是也，使其朝自今以往，永不易姓，則史不其中絶乎！使如日本之數千年一系，豈不並史之爲物而無之乎！太史公作《史記》，直至《今上本紀》[24]，且其記述不少隱諱焉，史家之天職然也。後世專制政體日以進步，民氣學風日以腐敗，其末流遂極於今日！推病根所從起，實由認歷史爲朝廷所專有物，舍朝廷外無可記載故也。不然，則雖有忌諱於朝廷，而民間之事，其可紀者不亦多多乎！何並此而無也！今日我輩欲研究二百六十八年以來之事實[25]，竟無一書可憑藉，非官牘鋪張循例之言，則口碑影響疑似之説耳。時或藉外國人之著述，窺其片鱗殘甲。然甲國人論乙國之事，例固百不得一，況吾國之向閉關不與人通者耶！於是乎吾輩乃窮。語曰：“知古而不知今，謂之陸沈。”[26]夫陸沈我國民之罪，史家實尸之矣！

四曰：知有事實而不知有理想。　人身者，合四十餘種原質而成者也，合眼、耳、鼻、舌、手足、臟腑、皮毛、筋絡、骨節、血輪、精管而成者也。然使采集四十餘種原質，作爲眼、耳、鼻、舌、手足、臟腑、皮毛、筋絡、骨節、血輪、精管無一不備，若是者，可謂之人乎？必不可！何則？無其精神也。史之精神維何？曰理想是已。大羣之中有小羣，大時代之中有小時代，而羣與羣之相際，時代與時代之相續，其間有消息焉，有原理焉。作史者苟能勘破之，知其以若彼之因，故生若此之果，鑑既往之大例，示將來之風潮，然後其書乃有益於世界。今中國之史但呆然曰：某日有甲事，某日有乙事。至此事之何以生，其遠因何在，近因何在，莫能言也。其事之影響於他事或他日者若何，當得善果，當得惡果，莫能言也。故汗牛充棟之史書，皆如蠟人院之偶像，毫無生氣，讀之徒費腦力。是中國之史，非益民智之具，而耗民智之具也。

以上四者，實數千年史家學識之程度也。緣此四蔽，復生二病。

其一，能鋪叙而不能別裁。　英儒斯賓塞[27]曰：“或有告者曰，鄰家之猫，昨日産一子。以云事實，誠事實也；然誰不知爲無用之事實乎！何也？以其與他事毫無關涉，於吾人生活上之行爲毫無影響也。然歷史上之事蹟，其類是者正多，能推此例以讀書觀萬物，則思過半矣！”此斯氏教人以作史、讀史之方也。泰西舊史家，固不免之，而中國殆更甚焉：某日日食也，某日地震也，某日册封皇子也，某日某大臣死也，某日有某詔書也。滿紙填塞，皆此等"鄰貓生子"之事實,往往有讀盡一卷而無一語有入腦之價值者。就中如《通鑑》一書,屬稿十九年,別擇最稱精善,然今日以讀西史之眼讀之,覺其有用者亦不過十之二三耳。《通鑑》載奏議最多,蓋此書專爲格君而作也。吾輩今日讀之,實嫌其冗。其他更何論焉! 至如《新五代史》之類,以別裁自命,實則將大事皆删去,而惟存"鄰貓生子"等語,其可厭不更甚耶! 故今日欲治中國史學,真有無從下手之慨。《二十四史》也,《九通》也,《通鑑》、《續通鑑》也,《大清會典》、《大清通禮》也,十朝實録、十朝聖訓[28]也,此等書皆萬不可不讀。不讀其一,則罣漏正多;然盡此數書而讀之,日讀十卷,已非三四十年不爲功矣! 況僅讀此數書,而決不能足用,勢不可不於前所列十種二十二類者一一涉獵之。雜史、傳志、劄記等所載常有有用過於正史者,何則? 彼等常載民間風俗,不似正史專爲帝王作家譜也。人壽幾何,何以堪此! 故吾中國史學智識之不能普及,皆由無一善別裁之良史故也。

其二,能因襲而不能創作。中國萬事,皆取"述而不作"[29]主義,而史學其一端也。細數二千年來史家,其稍有創作之才者,惟六人:一曰太史公,誠史界之造物主也。其書亦常有國民思想,如項羽而列諸本紀,孔子、陳涉而列諸世家、儒林、游俠、刺客、貨殖而爲之列傳,皆有深意存焉! 其爲立傳者,大率皆於時代極有關係之人也。而後世之效顰者,則胡爲也! 二曰杜君卿《通典》之作,不紀事而紀制度。制度於國民全體之關係,有重於事焉者也。前此所無而杜創之,雖其完備不及《通考》,然創作之功,馬何敢望杜耶! 三曰鄭漁仲夾漈之史識,卓絶千古,而史才不足以稱之。其《通志・二十略》,以論斷爲主,以記述爲輔,實爲中國史界放一光明也。惜其爲太史公範圍所困,以紀傳十之七八填塞全書,支牀疊屋,爲大體玷。四曰司馬溫公。《通鑑》亦天地一大文也,其結構之宏偉,取材之豐贍,使後世有欲著通史者,勢不能不據爲藍本,而至今卒未有能逾之者焉。溫公亦偉人哉! 五曰袁樞。今日西史,大率皆紀事本末之體也,而此體在中國,實惟袁樞創之,其功在史界者亦不少。但其著《通鑑紀事本末》也,非有見於事與事之相聯屬,而欲求其原因結果也,不過爲讀《通鑑》之方便法門,著此以代抄録云爾;雖爲創作,實則無意識之創作。故其書不過爲《通鑑》之一附庸,不能使學者讀之有特別之益也。六曰黄梨洲。黄梨洲著《明儒學案》,史家未曾有之盛業也。中國數千年,惟有政治史,而其他一無所聞。梨洲乃創爲學史之格,使後人能師其意,則中國文學史可作也,中國種族史可作也,中國財富史可作也,中國宗教史可作也;諸類此者,其數無限。梨洲既成《明儒學案》,復爲《宋元學案》,未成而卒。使假以十年,或且有漢唐學案、周秦學案之宏著,未可料也。梨洲誠我國思想界之雄也。若夫此六君子以外,袁樞實不能在此列。則皆所謂"公等碌碌,因人成事"[30]!《史記》以後,而二十一部皆刻畫《史記》;《通典》以後,而八部皆摹仿《通典》;何其奴隸性至於此甚耶!若琴瑟之專壹,誰能聽之!以故每一讀輒惟恐卧,而思想所以不進也。

合此六弊,其所貽讀者之惡果,厥有三端:一曰難讀。浩如煙海,窮年莫殫,前既言之矣。二曰難別擇。即使有暇日,有耐性,徧讀應讀之書,而苟非有極敏之眼光、極高之學識,不能別擇其某條有用、某條無用,徒枉費時日腦力。三曰無感觸。雖盡讀全史,而曾無有足以激厲其愛國之心,團結其合羣之力,以應今日之時勢而立于萬國者。然則,吾中國史學,外貌雖極發達,而不能如歐、美各國民之實受其益也,職此之由。

今日欲提倡民族主義,使我四萬萬同胞强立於此優勝劣敗之世界乎!則本國史學一科,實爲無老無幼、無男無女、無智無愚、無賢無不肖所皆當從事,視之如渴飲飢食,一刻不容緩者也。然遍覽乙庫[31]中數十萬卷之著録,其資格可以養吾所欲、給吾所求者,殆無一焉。嗚呼!史界革命不起,則吾國遂不可救。悠悠萬事,惟此爲大!新史學之著,吾豈好異哉!吾不得已也。

——據 1902 年 2 月 8 日出版《新民叢報》第一號所刊《新史學》第一章,參考 1932 年中華書局印行《飲冰室合集・文集》第四册本

【解題】

《新史學》,近人梁啓超撰,是用進化論觀點批判舊史學,主張重新研究全部中國歷史的早期論著。

梁啓超是戊戌維新時期的著名宣傳家。變法失敗以後,他於 1902 年創辦《新民叢報》,本着要造就新國民必先"從灌輸常識入手"的認識,廣泛介紹西方各種進步學説,宣

傳進化論和民權思想,尤其注意到歷史教育具有重要的啓蒙作用。他認爲,人類社會的發展有五種現象,即智力(哲學和學術)、產業、美術(包括工藝技術)、宗教和政治,可是中國的舊史書却陳陳相因,只有政治史,根本不注意"國民發達史","所謂政治史,又實爲紀一姓之勢力圈,不足以爲政治之真相","雖名爲史,實不過一人一家之譜牒"(《中國史叙論》)。這種舊史學無濟於探索歷史規則,促進社會進化。因此,他在《新民叢報》上特闢了"史傳"專欄,並且親自撰文批判舊史學,呼吁"史界革命"。這也正是梁啓超撰寫《新史學》的出發點和主題。

梁啓超在《新史學》中指出,過去的史學家,"不知朝廷與國家之分別,以爲舍朝廷外無國家",於是引出一連串的錯誤,而頂荒謬的莫過於争正統、言書法。他說,提出所謂正統者,本身已表明他把國家當作君主私產,要借天命論證明其"生而有特別之權利","則固已舉全國之人民,視同無物",還談甚麼正不正? 他嘲笑由朱熹到乾隆的正統說,不但所立標準互相矛盾,而且按照他們的標準,自周秦以後,没一個王朝可稱正統,"成即爲王,敗即爲寇,此真持正統論之史家所奉爲月旦法門者";"自爲奴隸根性所束縛,而復以煽後人之奴隸根性而已"(《論正統》)。

梁啓超批判了專講一字褒貶的所謂書法。他認爲,一個民族的進化或墮落,原因決不在某一二人,個人不過"偶爲其同類之代表";認爲只要斥逐一二人,國家馬上就會變好,"實爲舊史家謬說所迷"。舊史家所以專科一二人之功罪,無非爲同類卸責,"上之啓梟雄私天下之心,下之墮齊民尊人格之念","此羣治所以終不進也。"他說,要講書法,只能是研究怎樣把歷史寫得對讀者有鼓舞和借鑑作用,決不可專務褒貶個人,否則只會被專制者利用去愚民(《論書法》)。

《新史學》歷數舊史學的四弊二病三惡果,舉以證明"史界革命"的重要性。他要求用進化論的發展觀念來重新研究歷史,要求不停滯於歷史現象的叙述,更不拘泥於單純羅列政治生活的現象,而應該努力尋找人類社會發展的"公理公例"。當然,《新史學》中所表明的認識也有其自身的局限性,例如其運用於社會歷史研究的進化論,實際上是一種庸俗的進化論,中間還夾雜着《公羊》三世說的成分;這種本質是唯心主義的資產階級歷史觀,在他晚年所寫的《中國歷史研究法》及其《補編》、《先秦政治思想史》等著作中,發展成相當完整的思想體系。又如不承認争正統、務褒貶同《春秋》傳統有聯繫,誇大史學遺產的糟粕成分,輕視舊史學家中間重視史料的傳統,也不免失之片面。但是,在經過文化專制主義的長期歷迫和束縛,治史者或高談義理,或埋首考據,全然不問歷史的發展規律和史學的實踐品格的晚清,梁啓超把舊史學的種種弊病抖露出來,對於當時沉悶的史學界來說,無疑是發聾震聵的一聲猛喝。1902 年起出版的進步刊物,都紛紛倣效開闢史傳專欄,可見梁啓超首倡的新史學對"史界革命"產生了很大的影響。

《新史學》連載於《新民叢報》。從《新民叢報》第一號起,陸續發表了六章:《中國之舊史》《史學之界說》《歷史與人種之關係》《論正統》《論書法》《論紀年》,發表時都署名"中國之新民"。當時作者同時撰寫幾部論著,因此,《新史學》也同他青年時代的多數著作一樣,沒有最後寫完。後來編集時便取消章數,僅存章題,列入"文集",如目前通行的《飲冰室合集》本就是如此。

《中國之舊史》,選自《新史學》第一章。文中提出史學作用的新觀念。指出舊時代的舊史著,都如同帝王將相的家譜,目的只在供君主從中吸取統治術,或者只爲死人樹碑,知古而不知今,知果而不知因;沒有見識,沒有創造,既難讀,又無用;因此必須"爲史界闢一新天地",使史學真正起到促進國民團結、社會進化的作用。這就是作者主張"史界革命"的根據和理由。

梁啓超(1873—1929),字卓如,號任公,別號飲冰室主人。廣東新會人。近代資產階級改良主義的政治活動家、政論家和史學家。光緒十五年(1889)舉人,入學海堂爲正課生,因同學陳千秋的介紹,師事康有爲,籌設萬木草堂,專究經學、史學以及宋、明理學。後去北京,廣泛閱讀西方有關政治、史地的著作。和譚嗣同、夏曾佑交友,好談龔自珍、魏源的學術思想,也兼讀佛教經論。這是他初期累積學識的過程。光緒二十年(1894),中國在甲午戰爭中慘敗。梁啓超爲國恥所激,奮起投身於政治,參加康有爲領導的變法維新運動。二十二年(1896),在上海主編《時務報》,發表《變法通議》,編輯《西政叢書》。次年,應聘前往當時已成爲變法運動中心之一的湖南,擔任湖南時務學堂總教習,積極宣傳維新變法。這時,他的聲望和影響僅次於康有爲,人以"康、梁"併稱。二十四年(1898)入京會試。戊戌變法起,以六品銜受命辦京師大學堂、譯書局事務,協助康有爲、譚嗣同等主持新政。政變後,亡命日本,和康有爲創辦《清議報》,一度傾向同孫中山合作反清,後又同康有爲組織保皇黨。中途因義和團起回國,但唐才常等自立軍起事失敗,又亡命出國,主辦《新民叢報》。1903 年革命高漲時期到來後,梁啓超害怕革命的本性逐漸暴露,在《新民叢報》上堅持主張君主立憲,鼓吹"開明專制",同孫中山領導的同盟會所主張的民主革命理論相對抗,受到同盟會機關刊物《民報》的批判。這時期並曾周遊夏威夷、南洋、印度、澳洲諸地,在華僑中宣傳君主立憲。辛亥革命後,以立憲黨爲基礎,組成進步黨,擁護袁世凱,出任司法總長。1916 年,袁世凱恢復帝制,他又和蔡鍔組織"護國軍"反袁。此後成爲依附北洋軍閥的政客,曾把國民協進會、共和建設討論會合併組成民主黨,把民主黨和共和黨置於自己影響之下。又組織了憲法研究會(即研究系),出任段祺瑞內閣的財政總長。1918年,歐戰結束,出國游歷。1920年回國後,任清華大學研究院導師,組織共學社、講學社,到處講學;創辦《解放與改造》(後更名《改造》)雜誌,提倡唯心主義和社會改良主義,反對唯物主義和社會主義。在"東西文化"、"科學和人生觀"、社會主義三次論戰中,受到社會主義者的批判。晚年在清華研究院講學。他在學術研究中樂於獎掖後進,不恥於接受後輩新見。這種氣度和修養,在近代學者中顯得很突出。北伐戰争發生後不久,病故於北京。

梁啓超是近代中國最多産的作者之一。他的文章,自1902年起,凡七次結集刊行。目前通行的,是1932年中華書局印行的《飲冰室合集》。由他的友人林志鈞編輯,楊樹達、陳寅恪幫助校訂。共平裝四十冊,以編年體爲主,分爲兩大類:甲類稱"文集",凡四十五種、十六冊;乙類稱"專集",收專著,附以門人筆記,凡一百零三種,二十四冊。他去世後,丁文江、趙豐田編有《梁啓超年譜長編》,近年經修訂後已由上海人民出版社出版。

【注釋】

[1] 泰西:猶言極西,指歐、美各國。我國歷來稱中亞一帶爲西域,南海以西到非洲東岸爲西洋,歐、美各國更在這地區的西面,故云。同歐、美人稱我們爲"遠東"相對稱。

[2] 二十四史:歷代朝廷指定爲"正史"的紀傳體歷史著作。正史的名稱,始見於《隋書·經籍志》。宋代凡十七史,明增爲二十一史,清乾隆間增爲二十四史。民國八年(1919)又增柯紹忞《新元史》二五七卷,稱二十五史。廿四史,除本書上冊所選《史記》、《漢書》、《後漢書》、《三國志》、《晉書》、《宋書》等五史外,還有梁蕭子顯《南齊書》五九卷、唐姚思廉《梁書》五六卷、《陳書》三六卷、北魏魏收《魏書》一一四卷、唐李百藥《北齊書》五〇卷、令狐德棻《周書》五〇卷、魏徵《隋書》八五卷、李延壽《南史》八〇卷、《北史》一百卷、後晉劉昫《舊唐書》二百卷、宋歐陽修《新唐書》二二五卷、薛居正《舊五代史》一五〇卷、歐陽修《新五代史》七五卷、元托克托《宋史》四九六卷、《遼史》一一六卷、《金史》一三五卷、明宋濂《元史》二一〇卷、清張廷玉《明史》三三六卷。廿四史通行本有清武英殿刊本及江寧、蘇州、揚州、杭州、武昌五書局合刊本,近有商務印書館"百衲"本。開

明書店加《新元史》，有二十五史小字本，附有《二十五史人名索引》；并另收集補表、補志，編有《二十五史補編》。近年中華書局已出版廿四史標點本。便參考。

［3］ 華嶠後漢書、習鑿齒蜀漢春秋、十六國春秋、華陽國志、元祕史：華嶠，已見本書《史通·二體》注[4]。嶠所撰史書，據《晉書·華表傳》及《史通·古今正史》，都作《漢後書》。習鑿齒，字彥威，晉襄陽（今湖化襄陽）人。博學，善文筆。桓溫曾辟爲從事，後忤溫，出爲滎陽太守。時溫擬篡位，鑿齒撰《漢晉春秋》，以蜀漢爲正統，以裁正溫。傳見《晉書》卷八二。《漢晉春秋》今佚，清黃奭《黃氏逸書考》、湯球《廣雅書局叢書》都有輯本。《十六國春秋》，舊題南北朝魏崔鴻撰，記晉代五胡十六國史實，有百卷本及十六卷本；前者出於僞託，後者疑是節本。清湯球《廣雅書局叢書》另有輯本。《華陽國志》十二卷，晉常璩撰。其書專記巴、蜀、漢中史實，上起遠古，下終晉永和三年(347)。書今存，以前目錄學家列入"載記"類。《元祕史》，亦名《元朝祕史》、《蒙古祕史》，十五卷。明初，由原以蒙古文、回鶻文撰寫未經修正的《忙豁侖紐察脫必赤顏》（意爲蒙古的秘密歷史）轉譯爲漢文。譯者姓名失傳。其書上起成吉思汗的先世，下至元太宗十二年(1240)，爲蒙古史的原始資料。書今存。清李文田曾爲作注，施世傑、丁謙曾考證其山川地名等。今人道潤梯步又據葉德輝影元鈔本重新漢譯，改正了傳世本不少錯誤，并加簡注。

［4］ 繹史：一百六十卷，清馬驌撰。分太古、三代、春秋、戰國、外錄五部。前四部用紀事本末體，外錄相當於正史的表志，是比較完整的先秦史資料彙編。引書注明出處，間附考證，是其優點；但不分真僞，删節原文，缺點也不少。

［5］ 平定某某方略、三案始末：平定某某方略如清康熙朝官修的《平定三逆方略》六十卷，記吳三桂、尚之信、耿精忠叛變事；又如乾隆朝官修的《平定金川方略》三十二卷、《平定兩金川方略》一百五十二卷，記鎮壓邊疆少數民族金川土司事等。三案指晚明宮廷中的梃擊、紅丸、移宮三案。記錄三案史實，如明陸夢龍撰《梃擊始末》一卷，專記萬曆四十三年(1564)張差手執木棍，闖進太子住宮，打傷守門太監，引起朝廷爭論事。

［6］ 唐開元禮、大清會典、大清通禮：《大唐開元禮》一百五十卷，唐蕭嵩等奉
敕撰。彙載唐代五禮，分爲序例、吉禮、賓禮、軍禮、嘉禮、凶禮六部分。
唐貞元中，曾以本書設科取士；新、舊《唐書‧禮志》也都取材於此。書今
存。《大清會典》，清康熙三十三年(1694)初修，雍正、乾隆、嘉慶、光緒各
朝迭加修纂。光緒二十五年(1899)重修本計會典一百卷、事例一千二百
二十卷、圖二百七十卷。其書以六部爲綱，詳載各級行政機構的職掌和
事例，爲研究清代典章制度的重要資料。《大清通禮》，五十卷，乾隆二十
一年(1756)敕撰。首列朝廟大典及儀禮，次按吉、嘉、軍、賓、凶五禮次第
加以叙述，蓋參考《唐開元禮》、宋《政和五禮新儀》、《大金集禮》、《明集
禮》等書的體例，删繁就簡，以備應用。嘉慶二十四年(1819)，又下詔重
修，增吉、嘉、凶禮四卷，計五十四卷，道光四年(1824)成書。

［7］ 漢官儀：或稱《漢舊儀》、《漢官舊儀》。或署漢衛宏撰，或署漢應劭撰，或
不著撰人姓名。清乾隆間四庫全書館臣從《永樂大典》中輯爲《漢官舊
儀》一卷，補遺一卷。後孫星衍校輯《漢舊儀》二卷、補遺二卷，指爲衛宏
撰；又另輯《漢官儀》二卷，指爲應劭撰。

［8］ 唐代叢書、明季稗史：《唐代叢書》，清王文誥輯。彙集唐人筆記、地志、傳
奇、小說以及論評書畫、種植農藥等書，範圍甚廣，計三百六十四種，三百
六十七卷，分爲六集。有嘉慶十一年(1806)序刊本。《明季稗史》即《明
季稗史彙編》，題清留雲居士輯。彙刊晚明各種筆記，如文秉《烈皇小
識》、朱子素《嘉定屠城紀略》、王秀楚《揚州十日記》等十六種，共二十六
卷；對研究明、清之際史實，頗有用處。有清都城琉璃廠刊本及光緒二十
二年(1896)上海圖書集成局排印本。

［9］ 滿漢名臣傳、國朝先正事略：滿漢名臣傳如清乾隆間敕撰的《宗室王公功
績表傳》十二卷、《蒙古王公功績表傳》十二卷、王炳鑒撰《國朝名臣言行
錄》十六卷、朱孔彰撰《中興將帥別傳》三十卷等。《國朝先正事略》，六十
卷，清李元度撰。收錄清代同治以前人物一一〇八人，分爲名臣、名儒、
經學、文苑、遺逸、循良、孝義七類，爲清代人物傳記彙編之一。書中搜錄
較多原始資料，可供參考。

［10］ 天下郡國利病書：一百二十卷，清顧炎武編撰。據正史、實錄、方志以及

歷代奏議文集,分類輯錄有關民生部份,對明代兩直隸、十三省的疆域形勢、水利、屯田、關隘、邊防等方面,加以論述,作爲撰寫《肇域志》的底稿,是我國地理學的名著。但因稿未完成,編次尚未統一,論點也多互異。有商務印書館《四部叢刊》三編本。

[11] 紀行:最著名的有唐玄奘述、辯機編的《大唐西域記》;其他用記、録、日記、日録、行紀、紀程、紀略等名書的,各代都有。

[12] 國朝漢學師承記:八卷、清江藩撰。用傳記體叙述清代學者的學術思想及其師承關係,是研究清代學術史的參考資料。江氏屬於漢學的吳派,故書中對皖派的叙述不夠詳盡,對常州派(公羊學派)也甚缺略,且不無偏見。江氏另撰有《國朝宋學淵源記》三卷,專記清代在野的宋學家。

[13] 歷代史論:著名的如明清之際王夫之《讀通鑑論》、《宋論》等。

[14] 十七史商榷:一百卷,清王鳴盛撰。王氏屬於漢學吳派,由經學兼治史學,取明汲古閣《十七史》本,益以《舊唐書》、《舊五代史》,爲考訂衍誤,詮釋滯義,兼旁搜其他文獻金石,相互校戡,殊爲淵博,同錢大昕《廿二史考異》一書性質近似。

[15] 西域圖考、職方外紀:《西域圖考》蓋指清乾隆間敕撰的《皇輿西域圖志》。書凡五十二卷,其中卷五至卷七爲“圖考”,計歷代舊圖十二,新圖二十一,古今互校,以顯示清代的武功。又清李光廷曾撰有《漢西域圖考》七卷,收入《皇朝(清)藩屬輿地叢書》第四集中。《職方外紀》,五卷,意大利人艾儒略(Julio Aleni)撰。艾氏是明末來華的天主教耶穌會傳教士,他根據利瑪竇、龐迪我所翻譯進呈的《萬國圖志》,加以修正,記述世界五大洲的地理。前有“萬國全圖”,後附“四海總説”。因所紀爲中國歷代輿圖所未及,故名。

[16] 禹貢圖考:蓋指清胡渭《禹貢錐指》。書凡二十卷,圖一卷,專釋《尚書·禹貢》。於九州分域、山川脈絡、古今同異之故,搜集各種文獻,詳加考核,爲宋、元以來詮釋《禹貢》最重要的著作。以後丁晏曾撰有《禹貢錐指正誤》一卷。兩書都收入《清正續經解》中。

[17] 畢秋帆、趙甌北:秋帆,畢沅的字,已見本書《續資治通鑑》解題。甌北,趙翼的號,已見本書《廿二史劄記》解題。

[18] 昔人謂左傳爲相斫書：晉魚豢向隗禧問《左氏傳》，禧答道：“《左傳》相斫書耳，不足精意。”謂《左傳》專記列國戰爭，不值得注意。見豢所撰《魏略》。

[19] 正統、閏統：封建史學家從“天下不可一日無君”、“天無二日、民無二王”的觀點出發，在撰寫幾個封建政權同時并存時，便選取其中一個爲正統，餘爲閏統，説它不得正統的王命，好像歲月的分餘爲閏。如陳壽撰《三國志》，以魏爲正統，蜀漢、吳爲閏統；習鑿齒撰《漢晉春秋》，則又以蜀漢爲正統。梁氏的《新史學》中另有《論正統》篇，叙述他對這個問題的看法。

[20] 鼎革：鼎新革故的略語。詞出《易·雜卦》：“革，去故也；鼎，取新也。”鼎是古代烹飪工具，烹飪能成新品，故云鼎新。鼎革引申爲改朝換代的代詞。

[21] 歐陽之新五代史：指北宋歐陽修編撰的《新五代史記》，簡稱《新五代史》。凡七十五卷。爲唐以後私人修撰的唯一“正史”。體例謹嚴，文筆簡潔，但寫法刻意模倣《春秋》；專在體現褒貶的“誅心”字句上用工夫，對史實不甚考核，致引起後來史學家的批評。宋吳縝曾撰有《五代史記纂誤》，以後清人吳蘭庭、吳光耀、周壽昌等又撰有《纂誤補》、《纂誤續補》等。

[22] 朱子之通鑑綱目：指南宋朱熹編修的《通鑑綱目》。計五十九卷，首凡例一卷，由朱氏門人趙師淵幫助編成。根據司馬光《資治通鑑》，提綱絜領，成爲簡編，每條以提要爲“綱”，記述爲“目”，創立了編年史中的“綱目體”。其書模擬《春秋》筆法，專重禮教，以鞏固封建統治，爲近現代史學家所譏評。

[23] 狙公賦芋，辨其四三：喻語，見《莊子·齊物論》。狙，獼猴；狙公，養狙的老翁。宋有狙公，愛狙，養之成羣，能解狙意，不久漸匱乏，將減少給狙的食物，先説：“與若芋（橡粟），朝三而暮四，足乎？”衆狙都起立發怒。又説：“朝四而暮三，足乎？”衆狙都伏而喜。《莊子》引這故事譬喻愚者不辨名異實同。這裏引申爲自欺欺人。

[24] 今上本紀：司馬遷著《史記》，“本記”末篇（第十二篇）爲《今上本紀》。遷著書在漢孝武帝時，今上即指孝武帝。這篇本有目無書。今傳本《孝武本紀》或以爲褚少孫補作，蓋不足信。

[25] 二百六十八年以來之事實：指清朝的歷史。清太宗皇太極於明崇禎九年
(1636)改後金國號爲大清，改元崇德；到梁氏撰寫本文的清德宗光緒二
十八年(1902)，先後計二百六十七年。此云二百六十八年，蓋偶誤。

[26] 知古而不知今，謂之陸沈：語出東漢王充《論衡·謝短》。

[27] 斯賓塞：(Herbert Spencer, 1820—1903)，英國哲學家和社會學家。主
張"不可知論"。他從庸俗進化論出發，虛構一個"綜合哲學"的公式，以
解釋一切自然現象和社會現象，提出"社會有機論"和"均衡論"。主要著
作有《綜合哲學體系》十卷，清末章炳麟、曾廣銓首先譯出他論社會學的
部分，名爲《斯賓塞爾文集》；另有《社會學原理》，嚴復曾譯出，稱爲《群學
肆言》。

[28] 十朝實錄、十朝聖訓：十朝《實錄》指清太祖努爾哈赤到穆宗同治帝載淳
十朝的《實錄》。十朝外還有後出的《德宗實錄》(光緒帝載湉)和《宣統政
紀》。抗日戰爭時，僞滿將全書印行，計一百二十二函，一千二百二十冊。
稱爲《清實錄》。十朝聖訓指清代太祖到穆宗十朝的皇帝詔令，見於《四
庫全書總目》的，有太祖、太宗、世祖、聖祖、世宗五朝。

[29] 述而不作：語見《論語·述而》。述，記述；作，創作；即偏重繼承意。

[30] 公等碌碌，因人成事：語見《史記·平原君列傳》。毛遂説："公等錄錄，所
謂因人成事者也。"錄通碌，亦通作祿、逯、睩、陸，都是同音重言聯綿詞。
本字應作娽，《説文》訓娽爲隨從。

[31] 乙庫：即乙部，指史部書籍，已見本書《潛研堂文集·經史子集之名
何昉》。

史學之界説〔新史學第二章〕

欲創新史學,不可不先明史學之界説。欲知史學之界説,不可不先明歷史之範圍。今請析其條理而論述之。

第一: 歷史者,叙述進化之現象也。　現象者何? 事物之變化也。宇宙間之現象有二種: 一曰爲循環之狀者,二曰爲進化之狀者。何謂循環? 其進化有一定之時期,及期則周而復始,如四時之變遷、天體之運行是也。何謂進化? 其變化有一定之次序,生長焉,發達焉,如生物界及人間世之現象是也。循環者,去而復來者也,止而不進者也;凡學問之屬於此類者,謂之"天然學"[1]。進化者,往而不返者也,進而無極者也;凡學問之屬於此類者,謂之"歷史學"。天下萬事萬物,皆在空間,又在時間,空間、時間,佛典譯語,日本人沿用之。若依中國古義,則空間,宇也;時間,宙也,其語不盡通行,故用譯語。而天然界與歷史界,實分佔兩者之範圍。天然學者,研究空間之現象者也;歷史學者,研究時間之現象者也。就天然界以觀宇宙,則見其一成不變,萬古不易;故其體爲完全,其象如一圓圈。就歷史界以觀宇宙,則見其生長而不已,進步而不知所終;故其體爲不完全,且其進步又非爲一直線,或尺進而寸退,或大漲而小落,其象如一螺線。明此理者,可以知歷史之真相矣。

由此觀之,凡屬於歷史界之學,凡政治學、群學、平準學[2]、宗教學等,皆近歷史界之範圍。其研究常較難;凡屬於天然界之學,凡天文學、地理學、物質學、化學等,皆天然界之範圍。其研究常較易。何以故? 天然界,已完全者也;來復頻繁,可以推算;狀態一定,可以試驗。歷史學,未完全者也;今猶日在生長發達之中,非逮宇宙之末劫,則歷史不能終極;吾生有涯,而此學無涯。此所以天然諸科學起源甚古,今已斐然大成;而關於歷史之各學,其出現甚後,而其完備難期也。

此界説既定,則知凡百事物,有生長、有發達、有進步者,則屬於歷史之範圍;反是者,則不能屬於歷史之範圍。又如於一定期中,雖有生長發達,而及期之極點則又反其始,斯仍不得不以循環目之。如動植物,如人類,雖依一定之次第,以生以成,然或一年,或十年,或百年,而盈其限焉,而反其初焉。一生一死,實循環之現象也。故物理學、生理學等,皆天然學之範圍,非歷史學之範圍也。

孟子曰:"天下之生久矣,一治一亂。"[3]此誤會歷史真相之言也。苟治亂相嬗無已時,則歷史之象當爲循環,與天然等;而歷史學將不能成立。孟子此言蓋爲螺線之狀所迷,而誤以爲圓狀,未嘗綜觀自有人類以來萬數千年之大勢,而察其真方嚮之所在;徒觀一小時代之或進或退、或漲或落,遂以爲歷史之實狀如是云爾。譬之江河東流以朝宗於海者,其大勢也;乃或所見局於一部,偶見其有倒流處,有曲流處,因以爲江河之行,一東一西,一北一南,是豈能知江河之性矣乎!《春秋》家言,有三統[4],有三世[5]。三統者,循環之象也。所謂三王之道若循環,周而復始是也。三世者,進化之象也。所謂據亂、升平、太平,與世漸進是也。三世則歷史之情狀也,三統則非歷史之情狀也。三世之義,既治者則不能復亂;藉曰有小亂,而必非與前此之亂等也。苟其一治則復一亂,則所謂治者,必非真治。故言史學者,當從孔子之義,不當從孟子之義。吾中國所以數千年無良史者,以其於進化之現象,見之未明也。

第二:歷史者,叙述人羣進化之現象也。 進化之義既定矣。雖然,進化之人理,不獨人類爲然,即動植物乃至無機世界,亦常有進化者存;而通行歷史所紀述,常限於人類者,則何以故? 此不徒吾人之自私其類而已。人也者,進化之極則也,其變化千形萬狀而不窮者也。故言歷史之廣義,則非包萬有而并載之,不能完成;至語其狹義,則惟以人類爲之界。雖然,歷史之範圍可限於人類;而人類之事實不能盡納諸歷史。夫人類亦不過一種之動物耳,其一生一死,固不免於循環;即其日用飲食、言論行事,亦不過大略相等,而無進化之可言。故欲求進化之跡,必於人羣。使人人析而獨立,則進化終不可期,而歷史終不可起。蓋人類進化云者,一羣之進也,非一人之進也。如以一人也,則今人必無以遠過於古人。語其體魄,則四肢五官,古猶今也;質點血輪[6],古猶今也。語其性靈,則古代周、孔、柏柏拉圖[7]、阿阿里士多德[8]之智識能力,必不讓於今人,舉世所同認矣。然往往有周、孔、柏、阿所不能知之理、不能行之事,而今乳臭小兒知之能之者,何也? 無他,食羣之福,享羣之利,藉羣力之相接相較、相争相師、相摩相盪、相維相繫、相傳相嬗,而智慧進焉,而才力進焉,而道德進焉。進也者,人格之羣,非尋常之個人也。人類天性之能力,能隨文明進化之運而漸次增長與否,此問題頗難決定。試以文明國之一小兒,不許受教育,不許蒙社會之感化、沐文明之恩澤,則其長成,能有以異於野蠻國之小兒乎?恐不能也。蓋由動物進而爲人,已爲生理上進化之極點;由小兒進爲成人,已爲生理上進化之極點。然則,一個人殆無進化也。進化者,別超於個人之上之一人格而已,即人羣是也。然則,歷史所最當注意者,惟人羣之事。苟其事不關係人羣者,雖奇言異行,而必不足以入歷史之範圍也。

疇昔史家,往往視歷史如人物傳者然。夫人物之關係於歷史,固也;然所以關係者,亦謂其於一羣有影響云爾。所重者在一羣,非在一人也。而中國作史者,全反於此目的,動輒以立佳傳爲其人之光寵。馴至連篇累牘,臚列無關世運之人之言論行事,使讀者欲臥欲嘔,雖盡數千卷,猶不能於本羣之大勢有所知焉,由不知史之界説限於羣故也。

第三:歷史者,敍述人羣進化之現象,而求得其公理公例者也。　凡學問必有客觀主觀二界。客觀者,謂所研究之事物也;主觀者,謂能研究此事物之心靈也。亦名"所界"、"能界"。"能"、"所"二字,佛典譯語常用爲名詞。和合二觀,然後學問出焉。史學之客體,則過去現在之事實是也;其主體,則作史、讀史者心識中所懷之哲理是也。有客觀而無主觀,則其史有魄無魂,謂之非史焉可也。偏於主觀而略於客觀者,則雖有佳書,亦不過爲一家言,不得謂之爲史。是故善爲史者,必研究人羣進化之現象,而求其公理公例之所在,於是有所謂歷史哲學者出焉。歷史與歷史哲學雖殊科,要之,苟無哲學之理想者,必不能爲良史,有斷然也。雖然,求史學之公理公例,固非易易,如彼天然科學者,其材料完全,其範圍有涯,故其理例亦易得焉。如天文學,如物質學[9],如化學,所已求得之公理公例不可磨滅者,既已多端;而政治學、羣學、宗教學等,則瞠乎其後,皆由現象之繁賾而未到終點也。但其事雖難,而治此學者不可不勉。大抵前者史家不能有得於是者,其蔽二端:一曰,知有一局部之史,而不知自有人類以來全體之史也。或局於一地,或局於一時代。如中國之史,其地位則僅敍述本國耳,於吾國外之現象,非所知也;前者,他國之史亦如是。其時代,則上至書、契以來,下至勝朝[10]之末止矣;前乎此,後乎此,非所聞也。

夫欲求人羣進化之真相,必當合人類全體而比較之,通古今文野之界而觀察之。內自鄉邑之法團,凡民間之結集而成一人格之團體者,謂之法團,亦謂之法人。法人者,法律上視之與一個人無異也。一州之州會,一市之市會,乃至一學校、一會館、一公司,皆統名爲法團。外至五洲之全局;上自穹古之石史,地質學家從地底僵石中考求人物進化之跡,號曰"石史"。下至昨今之新聞,何一而非客觀所當取材者。綜是焉以求其公理公例,雖未克完備,而所得必已多矣。問疇昔之史家,有能焉者否也?二曰,徒知有史學,而不知史學與他學之關係也。夫地理學也,地質學也,人種學也,人類學也,言語學也,羣學也,政治學也,宗教學也,法律學也,平準學也,即日本所謂經濟學。皆與史學有直接之關係。其他如哲學範圍所屬之倫理學、心理學、論理學[11]、文章學,及天然科學範圍所屬之天文學、物質學、化學、生理學,其理論亦常與史學有間接之關係,何一而非主觀所當憑藉者。取諸學之公理公例,而參伍鉤距[12]之,雖未盡適用,而所得又必多矣。問疇昔之史家,有能焉者否也?

夫所以必求其公理公例者,非欲以爲理論之美觀而已,將以施諸實用焉,將以貽諸來者焉。歷史者,以過去之進化,導未來之進化者也。吾輩食今日文明之福,是爲對於古人已得之權利;而繼續此文明,增長此文明,孳殖此文明,又對於後人而不可不盡之義務也;而史家所以盡此義務之道,即求得前此進化之公理公例,而使後人循其理、率其例以增幸福於無疆也。史乎史乎! 其責任至重,而其成就至難。中國前此之無真史家也,又何怪焉! 而無真史家,亦即吾國進化遲緩之一原因也。吾願與同胞國民篳路藍縷[13]以闢此途也。

以上説界説竟。作者初研究史學,見地極淺,自覺其界説尚有未盡未安者,視吾學他日之進化,乃補正之。著者識。

——據 1902 年 3 月 10 日出版《新民叢報》第三號所刊《新史學》第二章,參考 1932 年中華書局印行《飲冰室合集·文集》第四冊本

【解題】

本篇選自《新史學》第二章。人們有權利享受古人進化所創造的文明果實,但人們更

有義務爲後代着想,使現代文明得到延續、增長和繁盛。作者認爲史學家的義務,就在於找到歷史上社會進化的共同規律,説明體現規律的共同標準,以使後人可以遵循它繼續前進。所以作者認爲,研究歷史不該追求理論的美觀,而應該使它成爲"以過去之進化,導未來之進化"的學問。這就是作者所理想的"新史學"。

【注釋】

[1] 天然學:自然科學的舊譯名。

[2] 群學、平準學:即社會學、經濟學的舊譯名。

[3] 天下之生久矣,一治一亂:語見《孟子・滕文公》篇。

[4] 三統:這是我國古代一種循環論的歷史觀。比較系統的文獻見於西漢董仲舒《春秋繁露・三代改制質文》篇。在這以前,《禮記・檀弓》《明堂位》篇和相傳爲漢初伏生撰的《尚書大傳》已有這種説法。它們以爲夏是黑統,尚黑色;以十三月(孟春)爲正月,以平旦爲朔。商是白統,尚白色;以十二月(季冬)爲正月,以鷄鳴爲朔。周是赤統,尚赤色;以十一月(仲冬)爲正月,以夜半爲朔。代周而起的王朝,應該轉爲黑統而尚黑色,終而復始。

[5] 三世:這是我國古代《春秋》公羊學派宣傳的歷史觀。已見本書《龔自珍全集・乙丙之際箸議第九》注[1]。參見本書《孔子改制考叙》)。

[6] 質點血輪:即細胞和血球。

[7] 柏拉圖:(Platōn,前 427—前 347)古希臘大哲學家,蘇格拉底的弟子。是概念辯證法的創始人,典型的客觀唯心主義者。曾於公元前 387 年,在雅典附近創辦哲學學院"學園",撰有《理想國》等對話著作。

[8] 阿里士多德:(Aristetelēs,前 384—前 322)今譯亞里士多德。古希臘大哲學家、科學家。柏拉圖的弟子。曾任亞歷山大大帝的教師。是形式邏輯的奠基者,并研究辯證思維的最基本形式,恩格斯曾稱爲"古代世界的黑格爾"。對生物學、生理學、醫學等方面也有貢獻。著作豐富,重要的有《工具論》、《形而上學》、《物理學》、《政治學》、《詩學》等。

[9] 物質學:物理學的舊譯名。

[10] 勝朝:指前朝,即爲本朝所勝的朝代,如清人稱明朝爲勝朝。

[11] 論理學：邏輯的舊譯名。

[12] 參伍鈎距：參伍，詞見《易·繫辭》："參伍以變，錯綜其數。"參即三，伍即五，或三或五，相互校核，加以斟酌。鈎距，詞見《漢書·趙廣漢傳》："(廣漢)善爲'鈎距'，以得事情。"鈎謂像鈎取物，距與致同義，説鈎而致之，取得真相。

[13] 篳路藍縷：語出《左傳》宣公十二年傳："篳路藍縷，以啓山林。"篳路，柴車；藍縷，蔽衣。《史記·楚世家》作"華露藍蔞"，《方言》引作"襤褸"，義同。謂駕柴車，衣蔽衣，以開闢山林；引申爲艱苦創始事業。

圖書在版編目(CIP)數據

中國歷史文選 / 周予同主編. —上海:上海古籍
出版社,2013.6(2025.9重印)
(高等學校文科教材)
ISBN 978 - 7 - 5325 - 6767 - 6

Ⅰ.①中… Ⅱ.①周… Ⅲ. ①中國歷史—古代史—史
籍—高等學校—教材 Ⅳ.①K204

中國版本圖書館 CIP 數據核字(2013)第 035765 號

高等學校文科教材

中國歷史文選

(全二册)

周予同　主編

上海古籍出版社出版發行

(上海市閔行區號景路 159 弄 1 - 5 號 A 座 5F　郵政編碼 201101)
(1)網址:www.guji.com.cn
(2)E - mail: gujil@ guji.com.cn
(3)易文網網址:www.ewen.co

常熟市人民印刷有限公司印刷

開本 700×1000　1/16　印張 43　字數 639,000
2013 年 6 月第 1 版　2025 年 9 月第 15 次印刷
印數:69,301 - 71,400
ISBN 978 - 7 - 5325 - 6767 - 6
K·1694　定價:98.00 元

如有質量問題,請與承印公司聯繫